仁化年鉴

RENHUA YEARBOOK

2021

仁化年鉴编纂委员会 编

方志出版社
Publishing House of Local Records

图书在版编目（CIP）数据

仁化年鉴 . 2021 / 仁化年鉴编纂委员会编 . --北京：方志出版社，2021.11
ISBN 978 – 7 – 5144 – 4963 – 1

Ⅰ. ①仁… Ⅱ. ①仁… Ⅲ. ①仁化县—2021—年鉴 Ⅳ. ①Z526.54

中国版本图书馆CIP数据核字（2021）第265528号

仁化年鉴（2021）

编　　者：仁化年鉴编纂委员会
责任编辑：刘方圆
出 版 者：方志出版社
地址　北京市朝阳区潘家园东里9号（国家方志馆4层）
邮编　100021
网址　http：//www.zgfzcb.cn
发　　行：方志出版社图书营销中心
电话（010）67110500
经　　销：各地新华书店
印　　刷：韶关市新华宏达印务有限公司
开　　本：889 × 1194　　1/16
印　　张：29
字　　数：713千字
版　　次：2021年11月第1版　　2021年11月第1次印刷
印　　数：0001~1000册

ISBN 978 – 7 – 5144 – 4963 – 1　　定价：280.00元

编 辑 说 明

一、《仁化年鉴（2021）》以马克思列宁主义、毛泽东思想、邓小平理论、“三个代表”重要思想、科学发展观、习近平新时代中国特色社会主义思想为指导，坚持辩证唯物主义和历史唯物主义的立场、观点和方法，全面、客观、系统、真实地记述2020年仁化县自然、政治、经济、文化、社会等方面的概貌和发展情况，为读者了解和研究仁化提供基本资料。

二、《仁化年鉴（2021）》采用分类编辑法，主体内容设类目、分目、条目三个结构层次，以条目为表现内容的基本形式。全书条目的标题统一用黑体加【 】表示，少数包含多方面资料的条目则在文内用楷体标题标明各段内容的主题。

三、《仁化年鉴（2021）》着重反映2020年仁化县经济社会发展基本情况。全书分正文和彩页两大部分，正文内容由特辑、大事记、概貌、中国共产党仁化县委员会、仁化县人民代表大会、仁化县人民政府、中国人民政治协商会议仁化县委员会、中国共产党仁化县纪律检查委员会仁化县监察委员会、民主党派·群众团体、法治、军事、交通·邮电·信息化、供电·供水·供气、水利·气象·水文监测、城乡建设·环境保护、经济综合管理、农业农村、工业、商贸、旅游业、财政·税务、银行·保险·证券、教科文卫体、社会生活、中央省市驻仁化单位、镇（街道）、人物、先进单位·先进个人、社会经济统计资料、附录、索引组成；彩页主要反映年内全县政务活动（部分内容适当下延至2021年）。

四、《仁化年鉴（2021）》所录资料，分别由县域各有关部门负责提供，并经各撰稿单位领导审核。附录所选文献均照录原文。文中“党”除特别说明，均指“中国共产党”。统计数据以县统计局提供的“社会经济统计资料”为准。文中“上年”指“2019年”。计量单位采用法定单位（附录除外）。

五、《仁化年鉴（2021）》稿件撰稿人姓名署于条目之后，若连续两个以上条目均由同一人撰写，则在最后一个条目下署名。

《仁化年鉴（2021）》撰稿人名单

王泽云	王春生	文小平	邓壬路	邓红莲	邓贵胜	邓慧华	邓慧娟	卢俊林	卢家赋
叶永华	叶仲林	叶华青	叶庚兰	叶选明	叶莉华	叶　谦	叶　瑞	申　坤	包秀琴
兰长福	宁家红	朱亚梅	朱　殷	朱家强	朱锦华	华少滨	刘文平	刘向群	刘庆华
刘　红	刘　志	刘志梅	刘志强	刘春香	刘俊文	刘洁灵	刘洁真	刘晓瑜	刘雪娟
刘紫韵	刘智川	刘慧霞	刘耀东	许　钰	麦海燕	李功华	李庆云	李志芹	李志鹏
李坤艳	李佳文	李诗怡	李　荣	李　威	李信章	李勇明	李　莹	李晓玲	李倩倩
李嘉明	李慧萍	连柳娇	肖健军	肖　雪	吴孙强	吴　芹	吴秋云	吴根堃	吴啟帆
吴　静	吴静涛	岑武秀	邱　妍	邱晓梅	何　沫	何俊华	何智艳	余香莲	余健勇
邹云娣	邹健伟	张玉珍	张其亿	张征祥	张秋利	张　澎	张雪琴	张智生	陈贤坤
陈诗华	范　琦	林龙田	欧辛格	欧剑彬	卓碧君	易向荣	易　佳	罗永芳	罗志平
罗和昌	罗　姗	罗昭谦	罗　培	罗楚红	周庆国	周林峰	周　霞	庞国雄	胡桂敏
胡富容	钟礼俊	钟旭东	钟鲁萍	钟　燕	侯泽文	侯燕梅	姜悦悦	顾　燕	徐志勇
凌朝晖	郭慧玲	黄子诚	黄优姣	黄汝君	黄林珍	黄金福	曹小莹	崔　鑫	彭艳芳
曾宪衍	温荣生	谢理丽	谢嘉文	谢　磊	谢耀华	蓝传宝	蓝春娣	蒙万胜	蒙秀霞
赖剑和	赖　亮	谭小玲	谭文军	谭玉娟	谭芳苗	谭玮玲	黎学荣	黎奎芳	潘思琴

广东省地图院　编制

审图号：粤FS（2021）002号

2020年新冠病毒肺炎疫情突如其来，仁化县高度重视，认真贯彻落实中共中央总书记习近平关于新冠肺炎疫情的重要讲话和重要指示批示精神，全面贯彻中央“坚定信心、同舟共济、科学防控、精准施策”总要求，按照省、市工作要求，突出党建引领，坚持以“必胜之心、责任之心、仁爱之心、谨慎之心”，迎难而上、主动担当，通过采取“网格化、片区化”等疫情防控措施，充分发挥临时党支部战斗堡垒作用和“领导在先、党员在先、干部在先”作用，打好全民疫情防控阻击战，实现唯一一例输入型确诊病例“零扩散”“零死亡”，坚决守住疫情防控“北大门”。

2020 年 1 月 29 日凌晨，中共仁化县委、县人民政府主要领导到省际边界检查站调研疫情防控工作（龙全明 摄）

2020 年 2 月 17 日，县领导到县农贸市场检查疫情防控“菜篮子”保障工作（龙全明 摄）

2020 年 2 月 15 日，仁化县文明办组织志愿者组成疫情防控“小喇叭”宣传队开展社会宣传活动（陈志文 摄）

2020 年 2 月 19 日，仁化县疫情防控应急党员先锋队在疫情防控值守点开展疫情防控工作（石塘镇 供图）

2020 年 5 月 25 日，县有关部门负责人到县企业实地察看企业复工情况（县人社局 供图）

2020年1月19日，中国共产党仁化县第十三届委员会第十次全体会议提出，以“一线两带两区”（以实施“一三九”发展战略为工作主线，大力推进红色文化旅游经济带、武深高速农业经济带，董塘凡口绿色工业园区、省产业转移工业园区）建设为工作抓手，努力推动生态经济实现高质量发展。一年来，全县同心协力，感恩奋进，担当作为，“一线两带两区”建设取得可喜成绩。

红军长征粤北纪念馆（龙全明 摄）

中共仁化县委、仁化县第一个乡农会、仁化县第一个乡党支部、仁化县第一个苏维埃政权诞生地——革命老区村董塘镇安岗村“红色安岗”村标（龙全明 摄）

双峰寨保卫战发生地旧址全貌（龙全明　摄）

铜鼓岭红军烈士纪念碑（龙全明　摄）

风光旖旎、山水环绕的阅丹公路（龙全明 摄）

省道休息驿站（龙全明 摄）

全国乡村旅游重点村丹霞街道黄屋村委会瑶塘新村

（县文广旅体局 供图）

环丹美丽乡村丹霞街道夏富暖坑村（龙全明 摄）

旅游民宿乌有同金寨 （县文广旅体局 供图）

美丽乡村示范点董塘镇新坪村（龙全明 摄）

2020 年 6 月 13 日，2020 年 “文化和自然遗产日” 非遗宣传展示广东主会场暨 “全域旅游行动·广东人游广东” 健康出行季系列活动在丹霞山举行（丹霞山管委会　供图）

2020 年 11 月 28 日，“第十三届 ‘农行杯’ 穿越丹霞山 50 公里徒步赛” 在丹霞山举行（丹霞山管委会　供图）

2020 年 12 月 6 日，丹霞山山地马拉松赛举行（龙全明 摄）

2020 年 12 月 26 日，南粤古驿道五周年系列活动之仁化定向比赛在仁化县石塘古村举行（龙全明 摄）

武深高速仁化段立交枢纽（龙全明 摄）

国家地理标志保护产品长坝沙田柚生产基地（龙全明 摄）

果农在采摘丰收的国家地理标志保护产品丹霞贡柑（龙全明　摄）

茶农在国家地理标志保护产品仁化白毛茶生产基地采摘茶叶
（龙全明　摄）

“中国毛竹之乡”长江镇万亩竹海之局部（龙全明 摄）

国家第三批名特优新农产品扶溪大米的鸭稻共作模式（龙全明 摄）

省级“一村一品”建设示范项目扶溪镇农产品鸭稻米（龙全明 摄）

仁化县水稻种植主产区之一——丹霞街道夏富村稻区（龙全明 摄）

董塘镇江头村产业扶贫蔬菜种植基地（龙全明　摄）

董塘镇安岗村绣球花培育基地（龙全明　摄）

2020 年 7 月 10 日，第四届平甫柰李开园展销节“一村一品·平甫柰李”品牌推介暨全民直播带货活动在仁化县周田镇平甫村柰李种植基地启动（谭丽玲 摄）

2020 年 9 月 22 日，中国农民丰收节仁化系列活动在董塘镇安岗村开幕（县委宣传部 供图）

2020 年 12 月 1 日，“丹霞贡柑 果珍不凡”2020 仁化县农业招商（博览）会暨丹霞贡柑开园节在丹霞山举行（陈志文 摄）

董塘凡口绿色工业园区（龙全明　摄）

广东凡口国家矿山公园（龙全明　摄）

丹霞冶炼厂全貌（龙全明　摄）

省产业转移工业园区全貌（龙全明 摄）

省产业转移工业园区一角（龙全明 摄）

仁化县在中国共产党领导下，全县人民大步迈向社会主义现代化建设新征程，各项社会事业不断取得新成就，人民群众安居乐业，获得感、幸福感、安全感不断提升。

丹霞新城社区新城广场（龙全明　摄）

位于丹霞新城内的诚信公园（肖梅芳　摄）

位于仁化县城南森林公园内的法治公园（龙全明　摄）

丹霞绿道一角
（龙全明 摄）

仁化县妇幼保健院与儿童保健中心（龙全明 摄）

美丽新农村
（龙全明 摄）

万里碧道工程仁化县城锦江段（龙全明 摄）

万里碧道工程仁化县丹霞街道夏富锦江河段（谢嘉文 摄）

万里碧道工程仁化县董塘河界江—车湾段（龙全明 摄）

丹霞山滨江栈道（谢嘉文 摄）

市民在县城文化广场晨练（龙全明 摄）

小学生在县城风度书屋开心阅读（龙全明 摄）

少儿在仁化县青少年宫前的体育健身设施上锻炼（龙全明 摄）

仁化县历来高度重视精神文明建设工作，自2015年2月获得全国县级文明城市2015—2017年创建周期提名资格后，于2020年11月，荣膺城市品牌中综合性强、含金量高、影响力大的第六届“全国文明城市”荣誉称号，是广东省此次获得“全国文明城市”荣誉的3个城市之一，也是粤东粤西粤北地区首个获此殊荣的县（市、区）。

仁化县获“全国文明城市”牌匾（龙全明 摄）

2020年12月25日，仁化县举行“全国文明城市”揭牌仪式（县委宣传部 供图）

全国文明城市仁化县城（龙全明 摄）

2020 年 1 月 21 日，“我们的中国　仁爱贺新春”春节文艺会演在县城文化广场举行（陈志文　摄）

2020 年 6 月 8 日，仁化县在职党员到社区报到启动仪式暨“争做环保卫士　共创美丽家园”世界环境日活动在县城举行（龙全明　摄）

2020 年 8 月 1 日，仁化县“最美”系列人物名单发布仪式暨“八一”文艺汇演在丹霞新城全民健身广场举行

（龙全明　摄）

2020 年 10 月 30 日，“仁化新乡贤”“仁化好人”发布仪式在丹霞新城全民健身广场举行（县创文办　供图）

2020 年 11 月 28 日，粤见森林·悦见美好——第二届广东省森林文化周暨韶关市全域创建国家森林城市巡回主题宣传活动——仁化县创建国家森林城市文艺晚会仁化县“最美村道”颁奖仪式举行

（龙全明　摄）

2020 年 12 月 25 日，“唱响红色主旋律　打造绚美大丹霞”广东仁化第四届文化旅游节系列活动开幕式在县城文化广场举行（县委宣传部　供图）

2020 年 12 月 30 日，仁化县“拔出精气神　展现新形象”迎新年拔河比赛在县城文化广场举行（龙全明　摄）

目　录

中国共产党仁化县委员会

仁化县人民代表大会

仁化县人民政府

法　治

军　　事

交通·邮电·信息业

供电·供水·供气

水利・气象・水文监测

城乡建设・环境保护

经济综合管理

农业农村

工　　业

商　　贸

旅游业

财政·税务

银行·保险·证券

教科文卫体

社会生活

中央、省、市驻仁化单位

镇（街道）

人　物

先进单位·先进个人

社会经济统计资料

附　录

索　引

特　　辑

仁化县荣获“全国文明城市”称号

【概况】 仁化县历来高度重视精神文明建设工作，2009年被省委、省政府授予“广东省文明县城”称号后，于2012年启动全国文明城市创建工作，并于2015年2月获得全国县级文明城市2015—2017年创建周期提名资格。在2015—2017年创建周期内，由于基础薄弱、工作经验不足等原因，与全国文明城市标准有所差距，该县未能成功创建。2018年2月，仁化县再次获得全国县级文明城市2018—2020年创建周期提名资格。经过3个创建周期历时9年的努力，仁化县于2020年11月，荣膺城市品牌中综合性强、含金量高、影响力大的第六届“全国文明城市”荣誉称号，是广东省此次获得“全国文明城市”荣誉的3个城市之一，也是粤东粤西粤北地区首个获此殊荣的县（市、区），为全省破解区域发展不平衡不协调提供了有益的探索。

【坚持党建引领】 近年来，仁化县坚持党建引领，打造全民参与、全城创建“仁爱之城”。始终把文明城市创建作为重大政治任务纳入经济社会发展重点工作，建立健全党委统一领导、党政齐抓共管、指挥部组织协调、有关部门各司其职、全社会积极参与的领导体制和工作机制。由县委牵头抓总、政府落实责任、人大政协督查推进，强化顶层设计、畅通机制、督导检查、考核奖罚，确保创文工作靶心发力、高效推进。充分发挥领导在先、党员在先、干部在先参与文明创建作用。县四套班子、县直单位主要领导率先垂范，带头开展文明劝导志愿服务。结合“一线双联”“民情夜访”，各级党组织和广大党员干部打头阵、当先锋、作表率，积极投身到文明城市创建工作最前沿。将志愿服务延伸至基层一线，聚焦精准扶贫、乡村振兴、疫情防控、基层党建等中心工作推动落实。发挥全国新时代文明实践中心试点县优势，发动群众、凝聚群众，高标准建设文明实践阵地144个，通过新时代文明实践阵地、县融媒体中心、县镇党校、农村夜校等载体，以“送戏下乡”、讲党课等通俗易懂、群众喜闻乐见形式开展群众性精神文明创建活动，推动群众知晓、拥护和参与文明城市创建。全县实名注册志愿者2.9万人，常态化开展文明交通、文明旅游、文明上网、文明用餐等文明引导行动。固化每周五下午为“公共卫生日”，组织党员干部群众常态化开展环境卫生整治和文明劝导等志愿服务活动。

【坚持以文化人】 坚持以文化底蕴，打造崇德向善向上“仁爱之城”。擦亮“仁爱仁化”城市文化品牌，深入挖掘“仁化”的丰富文化底蕴内涵，深耕“仁爱”文化品牌。建成一批“仁”文化主题广场、公园，在国省道、高速路口等位置设立一批“仁”“爱”文化元素大型户外景观小品。结合文明校园、文明镇村创建工作，开展“仁爱”主题文明校园、文明镇村建设。将仁化独有的红色资源、自然景观、生态环境与“仁爱仁化”城市文化深度融合，串联打造具有红色文化、丹霞文化、绿色文化特色的文明矩阵，建成红军长征粤北纪念馆以及城口红色小镇、安岗“红色村”。加强红色文化资源保护和活化利用，推动“红色文化”深入人心。实现群众文明素质和城市文明程度“双提升”，深入推进文明城市、文明村镇、文明单位、文明家庭、文明校园创建活动。全县共获评全国、省、市、县文明村镇137个，市县文明单位93个，市文明校园17所，全国五好家庭1户，省、市、县“文明家庭”125户、“星级文明户”3039户；打造广东省家庭文明建设示范点2个、韶关市首批“家风家训实践基地”1个。利用“我们的节日”、重大节庆纪念日等时间节点，将仁化县非物质文化遗产月姐歌、仁化石塘堆花米酒等地方元素融入主题活动，发挥思想熏陶和文化教育功能。开展广东省精神文明创建九大行动，提升市民文明素养，市民普遍养成不随便丢弃垃圾、不闯红灯、文明礼让、尊老爱幼等良好文明习惯，实现全民综合素质和社会文明程度有效提升。运用多种形式着力培育时代新人，坚持把选树先进人物作为推进公民道德建设的有力抓手，作为培育和践行社会主义核心价值观的重要载体，常态化开展“道德模范”“仁化好人”“仁化新乡贤”“最美人物”等系列典型选树活动，累计培育省、市、县好人115人，市、县道德模范46人，仁化新乡贤19人，最美系列人物90人，“新时代好少年”75名。坚持以社会主义核心价值观引领培养时代新人，推动理想信念教育常态化制度化，引导青少年树立建设社会主义现代化国家的远大理想，以公益广告、公园景观、文化产品、市民公约、村规民约、学生守则等为载体，推动核心价值观有效融入日常生活、形成浓厚氛围。

【坚持利民惠民】 坚持利民惠民，打造生态活力幸福“仁爱之城”。大力发展生态经济产业，始终坚持创建为民惠民，把全国文明城市创建作为破解区域协调发展的重要抓手，融入发展生态经济、建设活力城乡、保障幸福民生的全过程。深入推进“一线两带两区”建设，“一村一品、一镇一业”特色专业镇村认定数全市第一，成功创建国家全域旅游示范区，构建以生态农业、绿色工业、生态旅游为主体的富民强县生态经济产业体系。坚持尽力而为量力而行补齐公共服务领域基础设施短板。通过争取上级资金、地债和引导社会资本投入等方式多渠道筹措资金，把有限资金用在解决群众最为迫切的民生实事上，坚持节约资金原则，科学谋划施工时序，避免重复开挖、重复投资，有效缩短施工周期，降低工程扰民，实现“花小钱、办大事”。显著提升城乡风貌，打造了岭南特色乡村风貌带和省际廊道美丽乡村示范带；切实解决群众出行难、停车难，城市内涝以及污水处理问题等疑难问题，打造了“公园绿地文体便民10分钟服务圈”，率先在全市实现县镇污水处理全覆盖、城乡一体化垃圾清运处理和保洁体系全覆盖。

【坚持绣花功夫】 坚持绣花功夫，打造务实管用、常态长效“仁爱之城”。仁化县立足长效精细化管理，坚持以“绣花功夫”管理城市理念，不断探索行之有效的城市管理机制。常态化开展扬尘、“六乱”、道路路域环境整治，对重点区域实行定区域、定人员、定责任的“三定”精细化模式。通过建立健全城乡综合管理长效机制，推进市政设施、市政公用事业管理运营专业化、市场化。实施创文网格化管理模式，将县城划分为16个创文网格区，每个网格区成立临时党支部，采取县领导挂点，社区为主体，网格小区为单位，部门重点帮扶的工作机制，设立区长、路长、街长，广大党员干部发挥模范带头作用，积极参与网格化管理工作，形成上下联动、齐抓共管城市管理格局，确保文明创建成果持续巩固提升，文明创建理念深入人心。提升创建工作精准程度，坚持精准对标《全国文明城市测评体系》，力争做到指标解读精准、任务分解精准、工作对标精准，确保各责任单位对测评指标清楚、任务清单清晰、时间节点了解，切实当好创文测评的答卷人。全县各创文责任单位严格对照测评体系要求，大力开展“查问题、补短板、促提升”行动，深查在网报材料、实地考察、问卷调查等方面存在的问题，精准发力，补齐短板，切实提升全国文明城市创建工作水平。

【创建成效】 通过持续九年的创建，仁化发生了较大变化。经济得到持续发展，人均可支配收入持续增长，人民生活水平不断提升。城乡面貌得到改善，城镇基础设施和公共配套服务设施建设得到极大改善，成功创建国家全域旅游示范区；城口红色小镇一期工程完工，成功打造省际交通廊道；乡村振兴取得积极成效，持续改善村容村貌和农村人居环境，60%的行政村已达到干净整洁村标准。人民群众获得感、幸福感和安全感得到提升，通过进社区（小区）随访和入户开展民意调查，共发放问卷10.33万余份，群众满意率97.68%。干部作风得到转变，广大领导干部在创文工作中得到锤炼，打造了一支想干事、能干事、干成事的干部队伍。干群关系得到密切，形成了党群合力、干群合力促发展的良好局面。工作实践证明，创文是牵一发而动全身的工作，是一项惠民利民的工作，也是粤东西北地区破解发展不平衡的重要抓手。

（县创文办）

唱响红色主旋律　打造绚美大丹霞

——仁化县创建国家全域旅游示范区纪实

仁化县是世界自然遗产丹霞山所在地，境内共有AAAAA级景区1家、AAA级景区4家，是第六届全国文明城市。2020年11月，仁化县入选文化和旅游部公布的创建“国家全域旅游示范区（第二批）”名录。

近年来，仁化县以创建全域旅游示范区为契机，积极构建旅游全面开放新格局，经过不懈努力，旅游配套设施日臻完善、文旅产品开发丰富、接待能力持续提升、创新举措层出不穷、服务水平不断提高，全域旅游示范区建设取得显著成效。

“旅游+”产业发展得到高度融合。“旅游+文化”方面，完成广兴栈等16个文旅项目建设，连续多年举办“仁化县文化旅游节”和“红色古驿道·迷你微长征”徒步等文旅节庆活动，打造了石塘古村、城口红色小镇等文旅融合示范区。“旅游+体育”方面，成功举办南粤古驿道定向大赛、环丹霞山国际自行车赛、徒步穿越丹霞、丹霞山山地马拉松等大型赛事活动。“旅游+工业”方面，依托凡口国家矿山公园等资源，培育工矿遗迹游等特色工业旅游。“旅游+科普”方面，充分利用南岭生态气象中心科普教育基地等资源，发展研学科普教育旅游，开发丹霞山研学课程200余个，年接待研学旅游者40万人次，丹霞印象等6个点被评为首批韶关市中小学生研学实践教育营（基）地。做强“旅游+农业+林业”，打造了长坝沙田柚、黄坑贡柑等一批生态观光采摘园，评选首批20家“森林人家”和“最美茶园”，打造了2条省级森林旅游特色线路。“旅游+互联网”方面，利用“抖音”“快手”等新媒体（自媒体）平台，积极鼓励旅游企业和游客通过互联网社交网络推广仁化旅游。

旅游公共服务体系得到充分完善。新建县级旅游集散中心1个、新（改）建镇级旅游咨询中心10个、新建改建道路旅游指示标识396块；建设自驾车游营地5个；新（改）建旅游厕所86座、旅游驿站9个、旅游停车场26个、旅游观景台16个，完善乡镇客运站旅游服务点8个；建成集“旅游大数据平台”“旅游短信平台”“仁化旅游App”“旅游景区监控指挥中心”“舆情通”于一体的仁化县智慧旅游综合管理系统。

旅游综合监管水平得到全面提高。成立各种旅游行业协会，加强行业自律，旅游管理体制得到革新。严格旅游市场监管，推进“1+3+N”的旅游综合管理模式，设立旅游行业诚信“红黑榜”。旅游服务体系得到改善，建立了一支旅游志愿者队伍，并在全县各旅游景区景点、游客集散中心、旅游咨询点等设置了旅游服务站点。

弘扬长征精神，激发红色旅游新热点。近年来，仁化县成功打造了省内唯一一个以红军长征为主题的红军长征粤北纪念馆及城口红色小镇、石塘红色酒香古镇、安岗红色村等红色“拳头产品”，编制了红色革命文化遗址保护利用规划，全面系统有效推进红色革命遗址保护工作；出台《仁化县红色旅游发展实施方案》《仁化县扶持旅游文化产业发展实施细则（试行）》等政策文件。加快精品红色旅游景区（点）打造，以红军长征粤北纪念馆为中心，打造城口红色小镇；以安岗村党员红色教育展馆为中心，打造安岗红色村；以石塘双峰寨为中心，打造石塘古村旅游景区。完成铜鼓岭红军烈士纪念园升级改造，保护性提升修缮红军街、广兴栈、地下交通联络站、人民礼堂、谭甫仁将军旧居、阮啸仙旧居、思诒堂、董劝书院、华阳寨遗址等一批红色亮点工程，形成遍布城乡、点面结合、布局合理的红色文化旅游产业分布格局。加快红色文化旅游产业品牌创建，通过编制《仁化县红色旅游线路规划》，规划打造5条红色旅游线路，其中丹霞红色文化旅游线路被广东省文化和旅游厅认定为省级乡村旅游精品线路。举办红旅足迹徒步暨露营节活动、南粤古驿道仁化定向大赛、文化旅游节等体育、节庆活动，弘扬红军长征精神、打造红色户外运动品牌。加快文化与旅游、研学等融合发展，成功将石塘村和瑶塘村申报成为广东省文化和旅游特色村，将城口红色小镇申报成为韶关市文旅融合示范区和韶关市中小学研学实践教育基地。城口镇被列为全国20个“我心目中的长征纪念地”之一，铜鼓岭红军烈士纪念园被命名为“广东省国防教育基地”，红军长征粤北纪念馆、铜鼓岭红军烈士纪念碑、城口红色革命遗址群被列为广东省中共党史教育基地。加大红色文化旅游宣传，利用参加各类旅游博览会、交易会契机，大力宣传红色文化。以红色文化为题材编排红色革命历史题材歌舞晚会，拍摄了“壮丽70年，奋斗新时代”快闪视频，创作了以红色仁化、红色史迹为主题的歌曲《红军碗》等，出版了《一盏煤油灯——阮啸仙的故事》等红色书籍，采访、录像口述历史人物56人，专题制作了9个红色故事电视片，致力于把仁化县打造成为全省一流红色教育高地、全省乃至全国的红色旅游区域。

促进融合发展，焕发丹霞旅游新活力。为焕发丹霞山旅游新活力，改变该景区旅游发展停滞不前被动局面，仁化县在环丹霞山区域内科学谋划建设一系列丹霞民宿、农家乐、观景台、停车场、风度书房、健身器材、旅游驿站等文旅体配套设施，为游客提供更多舒适的休憩和体验场所。建成丹霞山南门、西南门、西门、大中门、阅丹公路及沿线旅游休闲驿站8个，打造丹霞山美景与田园风光串珠成链的旅游景观路。创新谋划穿越丹霞山生态徒步游、丹霞山国际山地马拉松赛、环丹霞山自行车公开赛和丹霞山科普研学游等知名品牌赛事活动，促进文体旅的融合发展。以万里碧道（仁化段）建设为契机，对锦江河、董塘河等沿线18个行政村120个村小组实施农村人居环境整治提升项目建设，利用闲置地边角地建成86处景观节点建设，建有厌氧池及人工湿地215个，形成“水清岸绿、鱼翔浅底、水草丰美、白鹭成群”“水碧岸美+水岸联动”生态廊道，结合中小河流治理工作，对丹霞山南门到万里碧道景观进行延伸，打造了一条高质量旅游线路，让更多大湾区游客到丹霞山领略仁化山水之美，焕发丹霞山旅游新活力。

加大开发力度，打造全域旅游新高地。在“旅游+”品牌创建方面，成功创建了石塘古村、金喆园、五马寨生态园、凡口国家矿山公园等4个国家AAA级景区；丹霞源水利风景区获评国家级水利风景区；打造了总长约54.6千米的广东最美旅游公路“阅丹公路”；丹霞红色文化线路被认定为首批“广东省乡村旅游精品线路”；环丹霞山生态休闲美丽乡村精品线路入选“广东美丽乡村”精品线路；金果农业生态园等9个点成功创建市级“休闲农业和乡村旅游示范点”；瑶塘村被评为首批“全国乡村旅游重点村”；石塘村、瑶塘村被评为首批“广东省文化和旅游特色村”；“长坝沙田柚”“仁化白毛茶”“丹霞贡柑”入选国家农产品地理标志登记保护名单。

打响民宿品牌，尽显乡村旅游新魅力。近年来，仁化县抓住发展乡村旅游、深入实施乡村振兴战略这一历史机遇，依托绿水青山生态背景，通过以点带面、以面带全等形式，大力发展以文创、农创等为主题的精品民宿，通过“党委领导、政府推动、法律规范、政策引导、社会主办、民众参与、协会组织实施”方式，超过200家客栈民宿围绕着丹霞山“遍地开花”，形成广东著名的民宿群。而丹霞山周边的瑶塘新村、断石村和青湖塘村3个特色民宿聚集片区则形成“三足鼎立”格局，其中丹霞印象、艺术家客栈、原色客栈、燕子呢喃依山民宿、乌有同金寨客栈等成为一张张客栈民宿业发展的靓丽名片，曾获得国内、省内民宿行业颁发的最美民宿、最受欢迎客栈等各种荣誉。

（刘晓瑜）

仁化县抗击新冠肺炎疫情防控工作

自突如其来的新冠肺炎疫情发生后，仁化县认真贯彻落实习近平总书记系列重要讲话和指示批示精神，以及中共中央、省委、市委部署要求，把人民群众生命安全和身体健康放在第一位，统筹推进新冠肺炎疫情防控和经济社会发展工作。

截至2020年12月31日，仁化县累计确诊新冠肺炎病例1例，累计疑似病例1例，均已治愈并解除隔离，密切接触者25

人，均于2月解除集中隔离。大数据累计反馈人员604人，全部按要求做好跟踪和“回头看”工作。全县累计县外返回73人，累计排查中高风险地区到仁化人员1170人，累计隔离人员7222人，集中隔离点累计集中隔离188人，全部解除隔离。累计发热门诊就诊数18016人次，累计登记和报告购买止咳退烧药人员55035人次，检查药店1809家次。

（一）实施“四个三”工作机制，抓好前期疫情防控工作

1.坚持“组织发动”，以“三个一”闭环机制健全防控指挥体系。迅速成立由县委书记任总指挥的仁化县疫情防控指挥部，下设综合组、疫情防控组、医疗救治组、宣传信息组、物资保障组、督查督办组、社会稳定组、基层党建组、后勤保障组9个专项工作组（后增设若干工作专班），抽调14名骨干力量充实到县指挥部办公室，全面落实省指挥部“四个一”应急处置要求，做到“一位分管县领导牵头负责、有一个工作专班跟进处置、有一个专项工作方案统筹应对、统一一个口径上报和发布信息”“四个一”应急处置。建立“三个一”工作闭环机制，即指挥部每天一部署工作、镇（街）党委每天一会商、网格支部每天一小会，形成三级党组织集中会商、研判、决策、部署和落实机制，确保指挥部每天发出的指令得到不折不扣落实。

充分发挥指挥部牵头抓总的作用。疫情防控应急一级响应期间，指挥部每天在市视频会议后召开与乡镇连线会议，及时传达学习上级有关精神，听取各镇（街）工作情况汇报，分析当前疫情形势，研究部署下一步工作。疫情响应级别调整后，每周召开1～4次专项工作会议或工作例会。截至2020年12月31日，指挥部召开会议296次。

发挥镇（街）党委主体作用。每天一会商，研究落实指挥部的工作部署的细化措施，将工作安排责任到岗、落实到人，积极宣传、组织和发动群众参与到疫情防控工作当中。各镇（街）一把手落实每天一巡、每天一查、每天一核，每天巡查镇（街）现状、路面情况，每天查辖区的卡口、检查站工作是否落实到位，每天核实县指挥部下发的指令是否得到落实并上报。

发挥网格支部前沿哨所作用。全县划分区域、行业、单位“三套网格”，每个网格成立临时党支部。其中，区域网格方面，县城设立16个网格区，由80多个县直单位包区管理，县城小区实行疫情防控期间封闭管理；11个镇（街）125个村（居）均设立覆盖到村组的网格区。行业网格管理方面，划分教育、工业、建筑业、商贸旅游业等重点行业网格，将防控工作分解细化到学校、工业企业、建筑企业、商旅经营业主等行业主体。单位网格方面，成立由单位主要领导负总责的网格化管理。落实网格支部每天一小会，逐条逐项地对照查看指挥部、镇（街）党委的部署的工作任务是否落实，查漏补缺，及时跟进，每天17时前将防控情况统一归口报指挥部办公室，确保指挥部指令在防控最末端得到落实，并反馈指挥部，形成工作闭环。

2.坚持“干部主动”，以“三个在先”夯实防控组织体系。坚持领导在先。各级党组织领导班子特别是主要负责人带头坚守岗位、靠前指挥，带头站在防控斗争第一线，县党政主要负责人放弃春节休假，率先垂范、以身作则、靠前指挥，亲临检查点、各大市场商场、镇村一线检查指导工作，在医院、村（社区）以及各值守卡点等战“疫”一线与广大党员干部并肩作战。县直单位主要负责人分批到全县各路口防疫检查站参与轮班值守，各镇（街）领导班子成员做到“干部在岗、群众过节”，采取“一对一”“一对多”盯防隔离户，带领镇村党员干部到各检查站、群防群治点24小时

值班值守，连续作战无怨言，奋战奉献在一线。

坚持党员在先。认真落实《中共中央关于加强党的领导、为打赢疫情防控阻击战提供坚强政治保证的通知》精神和省、市部署要求，注重发挥基层党组织战斗堡垒和党员先锋模范作用，在网格区、检查点、卡口建立临时党支部420个，把党组织建到疫情防控最前线。全县成立由2000多名党员组成的消杀先锋队，对全县125个村（居、社区）开展全覆盖消杀；在县域5个高速路、国省道省际检查站设立临时党支部及党员先锋岗，从公安、卫健、林业、交通、农业农村等部门抽调168名党员干部并编入相应临时党支部和党小组，切实做好往来车辆司乘人员体温检测、信息登记等工作，在疫情防控一线中践行初心使命。2月底，检测卡口优化调整时，各镇（街）的村（居、社区）121个卡口检查车辆442457辆次，检查人员795155人次。

坚持干部在先。落实“一名县机关干部、一名镇干部、一名村干部”的“三级包干”责任，凝聚奋勇争先、众志成城的强大力量。尤其是医护一线人员，在新冠肺炎疫情防控中不畏艰险、挺身而出，视疫情为命令、全力救治预防，为全县疫情防控工作做出了重大贡献。

3.坚持“党群互动”，以“三个到位”筑起群防群治体系。物质保障到位。优先配齐一线工作人员及医务人员的防护服、口罩等防护防寒装备。疫情防控应急一级响应期间，在6个高速公路出口卡口搭建两层活动板房，配备空调、微波炉、取暖器、简易休息设施、军用大衣等，保障值班人员安心工作。截至12月31日，累计为一线工作人员发放口罩247994只、手套14569副、红外线测温计128个、免水洗消毒剂1756瓶、防护服158套、棉被335床、冬大衣683件、帐篷93顶、折叠床79张、雨衣492套、手电筒488个、水鞋582双、枕头59个、毛毯16张、雨伞170把，确保一线工作人员装备齐全。

人文关怀到位。加强对隔离村民的心理安抚，全力帮助群众解决实际困难，如与用工企业沟通，协调新坪村2名居家隔离村民延后上班，保障村民生计不受影响。加强对敬老院、养老院、福利院、救助站等机构，以及散居孤寡老人、“五保”户、残疾人、留守儿童、流浪乞讨人员等特殊群体的关爱。累计对各类特殊群体上门走访或电话访4025人次，其中，走访分散供养特困人员412人692人次、低保户3217人次、困境儿童116人次，对特殊人群发放各类疫情防控宣传资料6722份。全县125名孤儿和事实无人抚养儿童均落实生活照料和救助政策，未发现监测异常情况。

宣传教育到位。组织党员干部、工青妇等群团组织及志愿者力量，结合网格化管理，开展敲门行动，发放防控知识及预防指引等资料。开展“五个小喇叭”（一个卡口一个喇叭、一辆摩托一个喇叭、一辆宣传车一个喇叭、一个排查组一个喇叭、一个先锋队一个喇叭）行动，广泛运用广播电视、抖音等传统和新媒体，及时准确发布信息和推送先进典型，普及科学防护知识，发动群众参与到群防群治中。

4.坚持“条块联动”，以“三套网格”织密联防联控体系。仁化县迅速形成区域、行业、单位“三套网格”摸排机制，全覆盖、地毯式开展返乡人员摸排监测。在县城社区设立4个重点片区、16个网格区以及20个临时党支部，分别由县领导和县直单位包片管理。将11个镇（街）125个村（居、社区）细分为396个网格，县教育、工业、建筑业、商贸旅游业等重点行业将防控工作分解细化到行业主体。县党政领导根据分工安排，组织分管单位实行全方位网格化管理，构建横向到边、纵向到底、无死角全覆盖的疫情排查体系和工作落实体系。落实指挥部每天一部署工作、镇街党委每天一会商、网格支部每天一小会机制，形成三级党组织联防联控格局。加强拘留所、看守所等监管场所监控，疫情期间实行全封闭管理。疫情防控应急一级响应期间，截至2月25日高速路、国省道卡口撤销时，共有38841人次参与群防群众点值班值守，检查车辆267577辆次，测量体温629401人次。

（二）持续做好疫情防控常态化工作

1.落实冷链食品及进口食品监管工作。自2020年6月起，对全县农贸市场、超市的海产品、水产品，以及禽畜肉档口开展市场环境污染监测、重点冷冻食品种类监测以及从业人员应急监测。截至12月8日，累计采集相关人员核酸送检434人，累计采集产品样品485份，累计采集农贸市场相关环境样品536份，均为阴性。

2.落实预检分诊和发热门诊管理。各医疗机构按要求切实落实预检分诊工作要求，对发热就诊患者做好就诊引导。截至12月31日，县人民医院发热门诊累计就诊7991人。落实发热门诊就诊患者和住院患者新冠病毒核酸检测筛查工作。截至12月31日，完成发热门诊就诊患者新冠病毒核酸检测8641人，住院患者新冠病毒核酸检测12207人。做好发热病人进行健康状况跟踪，已跟踪随访发热病人15959人。

3.加强核酸检测能力建设。6月，投入120万元完成县人民医院核酸检测实验室建设，日均最大检测量为300份。投入150万元完成县疾控中心核酸检测实验室改造建设，开展人员培训，于10月24日完成市级验收，日最高检测量1000人次。

4.积极申报县人民医院防疫楼建设项目。该项目已经十五届80次政府常务会以及县委常委会审议同意，所制定的《仁化县人民医院发热门诊及感染科防治楼建设方案》已经县政府常务会审议通过，于9月底举行动工仪式，并启动前期筹备工作，积极申请上级专项资金开展建设。

5.做好秋冬季疫情防控工作。仁化县按上级要求制定《仁化县应对秋冬季新冠肺炎疫情应急处置工作方案》，明确疫情防控保障领导小组和疫情防控处置领导小组各成员单位的职责，成立医疗专家组，全力做好应对秋冬季疫情防控及医疗救治工作。全县按疫情期间县卫健局防疫医疗物资库3个月的发放量做好物资储备计划，并要求县各医疗机构和县疾控中心按可满足30天使用量的标准妥善做好防疫物资储备。根据《韶关市新冠肺炎防控指挥办医疗救治组关于印发韶关市应对秋冬季新冠肺炎疫情医疗救治工作方案的通知》精神，提前做好新冠肺炎疫情医疗救治准备工作，结合全县实际制定《仁化县应对秋冬季新冠肺炎疫情医疗救治工作方案》。县卫生健康局、县应急管理局、消防大队、县疾控中心、卫生监督所，协同对疫情防控备用隔离酒店（董塘镇顺源酒店）进行综合督导检查，对存在的问题提出整改意见。提高应急处置和医疗救治能力，9月4日，开展2020年仁化县新冠肺炎现场流行病学实操培训暨新冠肺炎疫情应急演练；12月4日，全县近百名医务人员集中在周田镇中心小学举行新冠肺炎疫情全员核酸检测应急演练活动。

6.强化医疗机构感染防控工作。8月，组织开展各医疗机构院内感染防控工作现场指导抽查工作，督促指导各医疗机构严格执行院感防控制度。10月，成立4个督导小组到医疗机构开展疫情防控现场督察工作。11月，组织全县各级各类医疗卫生机构参加1期新冠肺炎医院感染防控和医疗救治工作培训班。

（县疫情防控指挥部办公室）

仁化县脱贫攻坚纪实

2020年，仁化县坚持把巩固脱贫成果、提升脱贫质量作为努力方向，聚焦“两不愁三保障”这一基本要求和核心指标，以高质量减贫为基础，积极探索推行减贫防贫体制机制，建立健全预警监测、防控返贫、长效帮扶“三项机制”，减贫、防贫“两手抓、两手硬”，积极探索消化贫困存量、控制贫困增量、提升脱贫质量的巩固提升脱贫成果路径，确保为打好打赢脱贫攻坚战、全面建成小康社会奠定坚实基础。

一、脱贫进展情况及成效

仁化县共有省定贫困村33个、分散村81个，经动态调整后，全县共有建档立卡贫困户3174户9115人。精准扶贫工作以来，在上级党委政府坚强领导和关心支持、社会各界倾力帮助和鼎力相助及全县干部群众的团结拼搏、合力共为下，全县实现33个省定贫困村退出及3174户9115名贫困人口脱贫退出标准。2020年，全县2019年新增45户119人贫困户达到脱贫标准，贫困人口人均可支配收入由2015年的3515元，增长到18370元。出台《仁化县关于建立困难群众动态监测预警帮扶机制的实施意见》《仁化县困难群众医疗救助兜底保障工作方案（试行）》等动态监测干预方案，即“4+2+2”政策，成立县镇村三级三人小组，建立防止返贫监测和帮扶机制，确定监测对象并建立帮扶台账，坚决攻克返贫致贫风险，巩固脱贫攻坚工作成效。截至2020年年底，县镇村三级共采取干预措施帮扶180户风险户，其中村级干预144户，镇级干预34户，县级干预2户。

二、强化责任落实

1.县级党委政府主要领导责任落实、党委书记遍访制度落实、防贫问效开展情况。2020年，仁化县以“一线双联”“民情夜访”“访贫问效、五访十问四整改”等活动为载体，县党政主要领导深入开展脱贫攻坚深度专题调研工作，及时掌握镇、村扶贫工作具体落实情况，为下一步工作决策部署提供依据。全年，县委书记、县长全年开展精准扶贫专题调研71天。全县召开县委常委会、县委书记专题会、县扶贫开发领导小组会议、县政府常务会、县长办公会等涉及脱贫攻坚工作会议议题47次，深入贯彻落实中央省市脱贫攻坚工作部署，研究分析存在的困难问题，及时协调解决，更好地推动全县扶贫事业高质量完成。县委书记对全县125个村（社区）进行了全覆盖遍访，全面完成县委书记遍访工作任务。印发《关于在“一线双联”“民情夜访”活动中开展脱贫问效工作的通知》《关于深化“一线双联”活动建立党员干部联系贫困户责任机制的通知》《关于进一步落实市委“五访十问四整改”访贫问效机制的工作方案》《关于建立“支部帮支部、书记帮书记、党员联党员”党建促扶贫工作机制的实施方案》等文件，切实推动党建促脱贫攻坚得到落实。全年，全县各级领导干部开展返贫问效活动9000余次，访问贫困户、边缘化和不稳定户、普通农户、“两委”干部及帮扶干部等5类对象约4800人次，收集意见建议2810个，帮助解决问题2750个。

2.扶贫开发领导小组统筹协调和行业扶贫责任制度落实情况。印发《仁化县脱贫攻坚行业部门联席会议制度》，各行业部门结合自身职责，根据部门脱贫攻坚工作进展情况，每季度均已召开行业部门分析会。县扶贫开发领导小组结合全县脱贫攻坚工作进展及部门反馈存在问题，每季度组织扶贫开发领导小组成员单位召开扶贫开发领导小组（部门联席）会议，研究解决脱贫攻坚工作存在问题并部署下一步工作；每半年通报一次全县脱贫攻坚情况；年末，以县委、县政府名义向市委、市政府报告全县脱贫攻坚情况。

三、确保政策落实

1.义务教育保障。建立控辍保学动态监测机制、“一对一”帮扶机制、特殊群体学生关爱机制和学困生心理行为问题，学生特别关爱与帮教制度，用关心关爱及实际行动来打消学生辍学念头。采取教师联系当地村干部、扶贫干部上门走访、空中家访等方式，深入有辍学倾向贫困学生家中，开展劝返工作，义务教育阶段适龄儿童入学率达到99.9%。全县建档立卡学生2019年秋季学期1866人，2020年春季1845人，均100%发放生活费补贴。

2.基本医疗保障。落实医疗保险代缴政策，全县建档立卡贫困人口9115人100%参加基本医疗保险，并对个人缴费部分进行财政全额资助。落实医疗报销政策，截至2020年10月31日，全县建档立卡贫困人员住院报销4484人次，大病报销1142人次，大病报销人数845人，医疗总费用为17792152.81元，合规医疗费用15754987.45元，医保报销13820962.15元，报销比例87.7%。100%落实医疗救助政策，截至2020年11月，医疗救助4484人次，发放医疗救助金239.422万元，救助比例92%。

3.住房安全保障。2020年，全县12户建档立卡贫困户纳入住房改造对象，其中市级指标1户，县级财政兜底4户，东莞帮扶村7户，均已完工并完成验收拨款，计拨付补助资金30万元，其中市财政拨付2万元用于1户无房户住房改造补助，东莞帮扶单位投入18万元，县财政兜底10万元。

4.饮水安全保障。全县在2019年实现33个贫困村中318个20户以上自然村集中供水、贫困户饮水安全全覆盖检测的基础上，结合全域自然村集中供水全覆盖工程项目，提升改善农村居民供水，共投入22971万元，新建或改造农村供水工程，覆盖全县11个镇15万人。全县完成贫困村、贫困户饮水安全状况动态监测台账建立工作，对饮水提升工程及饮用水源发生变化的贫困村贫困户进行全覆盖水质监测，全县省定贫困村、贫困户饮水安全保障100%全覆盖。

5.最低生活保障。对全县建档立卡2811人符合低保、357人符合特困人员救助对象，100%纳入低保或特困人员救助供养等政策性保障兜底范围。2020年前三季度，县财政兜底保障人数分别为210人、227人、170人。2020年10—11月，县财政兜底对象人数173人。加大临时救助力度，对遭遇临时性困难导致基本生活难以为继困难群众，开展应救尽救，2020年1—11月，全县精准扶贫对象享受临时救助195户次，累计发放精准扶贫对象临时救助金29.94万元。全县5024人贫困对象符合代缴政策范围，已100%落实城乡居民基本养老保险代缴政策；城乡居保年满60周岁应享受待遇1807人100%申领待遇。

四、夯实工作落实

1.党建扶贫。持续深化党支部建设标准化，推动基层组织达标创优，进一步建强村级基层组织，推动基层党组织全面进步全面过硬，筑牢脱贫攻坚战斗堡垒。加强“头雁”培育，选优配齐基层党组织干部，推动整体优化提升，充分发挥扶贫驻村工作力量、党员先锋模范作用和党支部战斗堡垒作用。开展“一线双联”“民情夜访”活动，推动县镇领导下沉基层一线，加强扶贫工作力量，由分管党群工作副书记担任镇（街）扶贫办主任，加大扶贫工作统筹、协调、推进力度，充分调动各方面资源、资金、力量投入脱贫攻坚各项工作任务中。各镇（街）成立临时党支部，镇（街）分管副书记兼任支部书记，并将所有扶贫驻村党员都纳入该支部，每周召开1次支部例会，学习最新精准扶贫理论知识，研究存在困难和问题，讨论下一阶段工作思路。不断健全干部激励机制和容错纠错机制，强化扶贫干部培训工作。2020年度，从扶贫干部及基层干部中提拔任用13人，晋升职级114人，年度百名考核优秀指标中设置扶贫领域类13名公务员年度考核优秀，组织县镇村扶贫干部培训11期2537人次。

2.产业扶贫。围绕打造“一镇一业、一村一品”或“一镇多业、一村多品”产业发展思路，大力发展镇村级主导产业，形成黄坑镇贡柑、大桥镇沙田柚、红山镇茶叶、周田镇平甫柰李、董塘镇河富村和江头村蔬菜、扶溪镇优质稻、城口镇和丹霞街道柑橘、长江镇毛竹和山楂、石塘镇贡柑、闻韶镇柑橘和毛竹等特色产业。全县贡柑种植面积1.33万公顷，其中贫困户参与种植面积273.33公顷，参与户数709户2124人；全县沙田柚种植面积0.19万公顷，种植农户280户，其中贫困户参与面积8.53公顷，参与户数19户88人；全县茶叶面积0.09万公顷，茶叶种植户1550户，其中贫困户参与面积7.67公顷，参与户数36户153人；全县优质稻面积0.94万公顷，种植农户4.2万户，其中贫困户参与面积134.3公顷，参与户数676户2405人；全县蔬菜种植面积0.34万公顷，蔬菜种植农户2.5万户，其中贫困户以自行种植、代种代管理等方式参与面积170公顷，参与户数215户740人；全县毛竹产业规模2.33万公顷，涉及农户2.8万户，其中贫困户参与0.15万公顷，涉及贫困户1020户3399人，全县有劳力在家务农贫困户100%参与产业扶贫项目。强化利益联结机制，全县建立68个镇、村级产业基地，覆盖所有镇（街）、省定贫困村，其中33个省定贫困村每村均建有1个以上产业扶贫基地，基地通过“公司/合作社+基地+贫困户”模式带动贫困户发展产业，实现增收。全面引导贫困户与新型经营主体签订产销合同，全县45家经营主体通过“公司/合作社/种养大户+农户（贫困户）、公司/合作社+基地+农户（贫困户）”模式带动农户（贫困户）发展产业，与637户有劳动能力发展产业贫困户签订产供销合同，有劳力在家务农贫困户100%与经营主体签订产销合同，形成有劳力在家务农贫困户家家有产业并有经营主体带动格局。全县培育创业致富带头人147名，33个贫困村每村均发展3名以上创业致富带头人，各贫困村创业致富带头人通过技术指导、吸纳务工、帮助销售、领种、代种代养等方式带动贫困户，平均每个致富带头人带动3户贫困户，其中申丽萍、罗斯伦被评为“广东省2020年优秀创业致富带头人”。积极培育发展农业龙头企业，2020年，丹霞女农业科技有限公司、仁化县奥达胶合板有限公司成功申报为省级扶贫龙头企业。

3.就业扶贫。2020年，全县对有就业意愿的贫困劳动力554人100%得到就业帮扶，统筹开发全县公益性岗位，帮扶60名贫困人口实现就业。认定5家企业为就业扶贫安置点，安置贫困劳动力就业24人。开发基层公共就业创业服务岗位，吸纳5名贫困家庭高校毕业生就业。开发社区工作者岗位，吸纳1名贫困家庭高校毕业生就业。组织镇（街）摸排符合补贴申领条件贫困人员，为7名建档立卡贫困户发放一次性创业资助7万元，其中3名建档立卡贫困户同时还享受每人每年4000元创业租金补贴。各镇（街）举办“粤菜师傅”培训班13期，培训贫困人员302人次。

4.消费扶贫。制定《仁化县关于深入开展消费扶贫助力打赢脱贫攻坚战的实施方案》，以消费促进贫困群众增收、促进稳定脱贫。深入推进各贫困村电子商务服务点建设，全县建立44个电商扶贫服务站，邮政服务网点在运营电商站点22个，电商服务点遍布33个相对贫困村及所在镇（街），积极开展乡村振兴丹霞贡柑产销对接大会等产销对接活动、扶贫产品产销活动，运用新华网、南方+、《韶关日报》、韶关发布等各类媒体开展消费扶贫宣传推介等措施深入开展消费扶贫。2020年1—11月，全县计销售“三鸟”、蔬菜、水果、干货类等各类农副产品3688.6吨，金额1138.92万元，带动贫困户1337户，其中省定贫困村、贫困户产品销售金额894.84万元，东莞对口消费扶贫金额455.14万元。

五、确保资金管理

仁化县做好财政专项扶贫资金使用成效、使用和监管工作。截至2020年11月30日，全县到位财政扶贫资金26282.5512万元，使用资金26282.5512万元，资金使用率100%。其中：人均2万元到位14063.062万元，资金使用率100%；中央财政资金到位885万元，资金使用率100%；省级财政资金到位113万元，资金使用率100%；韶关市财政资金到位1143万元，资金使用率100%；东莞引导资金到位7800万元，资金使用率100%；县级财政资金到位2278.4892万元，使用率100%。

六、做好工作衔接

1.建立扶贫资产管理长效机制情况。成立“仁化县扶贫资产管理领导小组”及县扶贫投资管理平台公司“仁化县锦霞投资开发有限公司”，负责全县所有扶贫资产监督管理工作。制定《仁化县扶贫资产与收益分配管理实施意见（试行）》，明确扶贫资产类型以及县、镇、村扶贫资产管理主体责任，规范扶贫资产确权、登记、排查、处置操作流程。将扶贫资产按其功能性质分为经营性、公益性和到户类扶贫资产，对各镇（街）、村自精准扶贫以来扶贫资产开展排查，明确扶贫资产范围和类型，建立县、镇、村三级扶贫资产管理台账。2016年以来，全县共形成扶贫资产819个，投资金额2.35亿元，100%完成确权登记。

2.总结提炼、宣传学习和舆论引导情况。利用广播、电视、报纸、网络等媒体，采取常规宣传、集中宣传、重点宣传、立体宣传等不同宣传手段，大力宣传习近平总书记有关精准扶贫的重要讲话精神，全面加大政策解读力度；大力宣传仁化县开展精准扶贫、加强机制创新等方面好经验、好做法；宣传各级各部门在脱贫攻坚中“单位包村、干部包户”、“第一书记”驻村、党员干部帮扶等方面的积极探索和创新经验；重点宣传一批在全县脱贫攻坚一线涌现出勇于担当、事迹突出、群众认可的模范人物、先进典型，发挥榜样示范引领作用，在全社会引起共鸣，形成共识，凝聚和激发扶贫济困的强大正能量。2020年，在新闻联播、新华网、新华社、中新网、《人民日报》、《南方日报》、《羊城晚报》、南方+、广东新闻联播、《韶关日报》、韶关发布等各级各类媒体上刊播全县脱贫攻坚相关新闻，形成脱贫攻坚宣传工作强大舆论气场。

3.扶贫档案管理情况。制定《仁化县精准扶贫档案工作实施方案》，将扶贫档案管理工作纳入档案、扶贫部门日常工作议程。制定镇、村、户精准扶贫档案归档清单并指导镇村开展扶贫档案收集整理工作。全面完成县、镇、村、户2016—2019年度扶贫档案收集整理工作。2020年8月21日，协助市档案、扶贫部门在仁化县举办全市精准扶贫档案管理工作现场会；2020年9月15日至17日，协助省档案、扶贫部门在仁化县举办全省精准扶贫档案管理培训班。仁化县分别在省市培训班就扶贫档案管理工作做经验交流发言。

七、强化日常工作

2016—2019年，仁化县精准扶贫精准脱贫攻坚工作共接受各级巡视巡察3次，发现问题52个；接受各级审计5次，发现问题18个。截至2020年年底，各级巡视巡察、审计发现问题全部完成整改。2020年6月29日至7月30日，省审计厅派出审计组，对仁化县2020年精准扶贫精准脱贫进行审计，审计反馈仁化县脱贫攻坚3个大类7个小项问题。仁化县及时制定整改工作责任清单，立行立改，反馈存在问题全部整改到位。2020年，省、市精准扶贫档案管理现场会在仁化县召开，并得到市扶贫办通报表扬；在全国扶贫开发信息系统数据录入综合排名全省第八、全市第一，并在全省财政专项扶贫资金绩效评暨产业扶贫资金“回头看”业务培训班上做项目库建设和管理经验交流发言，在全省扶贫资产管理专题调研座谈会上做扶贫资产管理经验交流发言。

（县扶贫办）

仁化：“一线两带两区”协同发展

2020年1月19日，中国共产党仁化县委员会第十三届委员会第十次全体会议提出，以“一线两带两区”（以实施“一三九”发展战略为工作主线，大力推进红色文化旅游经济带、武深高速农业经济带、董塘凡口绿色工业园区、省产业转移工业园区建设）为工作抓手，努力推动生态经济实现高质量发展。围绕这一战略发展目标，仁化县感恩奋进，担当作为，在“一线两带两区”协同发展进程中，取得可喜成效。

一、全力推进武深高速农业经济带建设，优质特色农产品供给能力显著提升

1.完善现代农业产业规划，推进农业科学发展。仁化县着眼实际，谋划长远，站在打造粤港澳大湾区优质农产品基地的战略定位上，编制印发《仁化县现代农业产业发展规划（2019—2022年）》，在全县取得农业产业成效基础上，进一步梳理仁化县在产业基础、产业融合、土地流转、品牌建设、经营主体带动能力、养殖业转型升级等方面存在的短板和不足，结合“三大发展机遇”（消费升级浪潮给区域农业产业发展带来的重构机遇、粤港澳大湾区给辐射区域的城市带来重大战略发展机遇、粤北生态发展区规划给区域绿色生态农业发展机遇），按照“一县一园、一镇一业、一村一品”产业总体布局，实施区域联动、连片打造模式，打造红色休闲农业采摘区、环丹农旅观光体验带，以第一产业为基础，促进“三产”（第一产业、第二产业、第三产业）融合，全县“一盘棋”统筹推进全县农业产业兴旺发展和农业农村经济高质量发展。

2.推进农业产业园建设，做大做强龙头产业。以提升现代农业示范园建设为抓手，大力推进仁化省级柑橘产业园建设，做强做大全县贡柑龙头产业。建设一批标准化种植示范基地，推进果园机械化作业，减少人力成本；制定相关防控技术规程，在各镇成立产业协会，县一级成立产业联盟，在园区内每个镇建立1个以上柑橘黄龙病综合防控标准示范基地，示范带动全县柑橘产业健康持续发展。推进柑橘品控中心建设，建成2家以上精细分选生产线，建立优质果品统一标准，进行精品包装并授权“丹霞贡柑”“长坝沙田柚”等区域公用品牌。打造“北柑南柚”生态农业公园，以产业园南部沙田柚、北部贡柑环丹区域各打造1个以柑橘为主题的农业公园或产业观光带，发展农事体验、休闲观光、科普、民宿及农家乐等综合性融合产业，推进联农带农相关行业发展。建成长坝沙田柚万亩基地、黄坑镇下营村贡柑基地观光道、观光亭等基础设施。

3.推进“一村一品、一镇一业”项目建设，做精优势特色产业。以发展“一村一品、一镇一业”富民兴村产业为主要抓手，通过积极统筹用好上级奖补资金，围绕仁化的贡柑、沙田柚、茶叶、柰李、鸭稻米等优势、特色产业，重点推进绿色产业示范基地建设，打造广东“双区”（服务粤港澳大湾区、支持深圳先行示范区）“菜篮子”“米袋子”“果篮子”，形成仁化县特色产业发展格局，大桥镇长坝村、黄坑镇黄坑村、红山镇鱼皇村获评为国家级专业村，有5个镇13个村被认定为省级专业镇村，5个镇9个村被认定为市级专业镇村。

4.强化农业品牌建设，引领产业提质增效。以打造优质特色农产品品牌为重点，有计划宣传和打造“丹霞贡柑”“长坝沙田柚”“仁化白毛茶”“扶溪大米”“平甫柰李”等优质特色农产品品牌，提升全县优质特色农产品品牌知名度和口碑，促进农户增产增收。全县累计有国家地理标志保护农产品3个、全国名特优新农产品3个、“三品认证”产品65个、省级名牌农产品25个、省级著名商标2个、省级“菜篮子”基地5个、粤港澳大湾区“菜篮子”基地4个。

5.全面做好农产品稳产保供。保障粮食蔬菜生产和农产品供给，稳定“粮袋子”，保障“菜篮子”，研究制定《仁化县关于做好新型冠状病毒感染的肺炎疫情防控期间农产品稳价保供的工作预案》《仁化县关于疫情期间促进农业生产发展的若干措施》《仁化县关于疫情期间促进农业生产发展的奖补办法》《仁化县2020年粮食生产工作方案》《仁化县推进2020年粮食生产工作的激励方案》等系列扶持政策，激励提升农业经营主体、种植户发展农业生产积极性。组织做好技术服务工作和农业技术指导，推广水肥一体化、机械化育秧、地膜减量增效等农业技术，促进农业生产。落实中央、省、市扶持政策，推进规模化、标准化养殖场建设，加快推进生猪产业园建设，推进畜禽养殖产业发展，稳定全县生猪生产和市场供应，超额完成市下达仁化县2020年粮食生产任务。

二、全力推进红色文化旅游经济带建设

着力构建全域旅游新体系，夯实大丹霞经济圈基础。2020年6月，仁化县成功创建广东省全域旅游示范区。做好广东省文化和旅游特色村申报工作，积极推动县域民宿发展，打造丹霞民宿特色品牌，建设阅丹公路沿线精品旅游民宿群，指导民宿行业协会开展工作，组织民宿经营业主申报市星级民宿。指导景区星级创建工作，稳步推进灵溪河申报AAAA级景区、城口红色小镇申报AAA级景区。

积极推广文旅融合成果，宣传县域旅游文化资源。参加2020广东国际旅游产业博览会，县域非遗项目和优秀文旅企业“仁化石塘堆花米酒酿造技艺”“丹霞红豆饰品制作”“杨泰和米饼制作”以及表演唱《五更鸡仔月姐歌》被选中代表仁化县参展；参加韶关文旅体（东莞）推介会，仁化县灵溪河景区、丰源温泉、杨泰和米饼、水上丹霞公司等相关特色旅游企业参与现场推介，向东莞市民推介当季旅游特色以及旅游路线；参加广东国际旅游产业博览会，联合景区、非遗代表性项目等文旅企业现场展示仁化县热门旅游景点、线路和文创产品等；参加市局组织的旅游宣传推介会，组织景区和优秀文旅企业代表走出去，展示全县丰富的文化和旅游资源；举办仁化县文化旅游节系列活动、2020年“文明旅游　我们的节日”主题宣传活动、国庆主题文明旅游宣传活动、文化惠民演出活动、新时代文明实践活动之“锦江欢歌”广场文化系列活动、“我们的节日”系列活动，全方位展示全县旅游精品线路、文旅企业项目和特色美食等；按照

《韶关市文化旅游融合发展示范区创建办法（试行）》要求，成功申报石塘古村和城口红色特色小镇2个文化旅游融合示范区。丹霞红色文化旅游线路被认定为“省级乡村旅游精品线路”；仁化红军长征历史文化游径，广东省工业旅游精品线路，览绚美大丹霞、品乡村古神韵线路（韶关市丹霞山AAAAA级风景名胜区—阅丹公路—灵溪河森林公园—古村古树古文化），寻根粤北红色之源、探秘仁化竹海茶乡线路（红色小镇城口镇—森林小镇长江镇—白毛茶之乡红山镇）4条旅游线路得到省文化和旅游厅认可；城口红色小镇研学实践教育基地认定为第二批韶关市中小学生研学实践教育基地，城口红色小镇被评为韶关市文旅融合示范区。

旅游文化重点项目建设稳步推进。红军长征粤北纪念馆成为韶关红色教育和红色旅游“爆点”，2020年接待游客10.26万人次。按期保质完成环丹霞山旅游标识标牌、红军长征粤北纪念馆、铜鼓岭红军烈士纪念园、广兴栈修缮展陈、谭甫仁将军旧居修缮展陈、城口人民礼堂、双峰寨爱国主义教育基地展陈、仁化县智慧旅游管理系统等系列项目工程建设。积极协助宝能国际旅游度假区、丹霞山南门古洋水乡度假区、丹霞山1号、丰源温泉酒店、灵溪景区等旅游项目在建设过程中遇到的立项、征地、调规、建设、评审、工农协调等一系列问题，确保项目建设开展。

借力资源禀赋，推进“旅游+”多业融合。“旅游+红色文化”方面，全力推进红军长征粤北纪念馆、城口红色小镇、董塘安岗红色村、双峰寨陈列布展等红色旅游项目建设，对铜鼓岭红军烈士纪念园、谭甫仁将军旧居、广兴栈（毛泽东长征期间寄宿地）等26处红色革命遗址进行修缮，举办“红色古驿道·迷你微长征”徒步等红色节庆活动。“旅游+体育”方面，大力发展户外运动项目，定期开展穿越丹霞山、国际自行车赛、国际马拉松赛等户外运动项目。“旅游+工业”方面，依托凡口国家矿山公园等资源，培育工矿遗迹游等特色工业旅游。“旅游+科普”方面，利用丹霞山自然学校、南岭生态气象中心、五马寨生态园、金喆园、丹霞印象、石塘古村等科普研学基地，推进各项做强科普名山系列活动，发展研学科普教育旅游。做强“旅游+农业+林业”，打造长坝沙田柚等一批生态观光园以及火龙果、贡柑等一批生态观光采摘园，评选首批20家“森林人家”和“最美茶园”。“旅游+互联网”方面，利用“抖音”“快手”等新媒体（自媒体）平台，积极鼓励旅游企业和游客通过互联网社交网络推广仁化旅游；开展网上艾糍传统文化节、云游仁化直播等活动；成功举办首场全民健身徒步赛事活动——阅丹公路万里碧道徒步行和2020年“文化和自然遗产日”非遗宣传展示广东主会场暨“全域旅游在行动·广东人游广东”健康出行季系列活动。通过“旅游+”新业态，实现旅游产品从单一观光游向观光、休闲、度假、体验并重结构转型。

三、全力推进董塘凡口绿色工业园区和省级产业转移工业园区建设

凡口矿尾矿资源综合回收及环境治理开发、凡口矿采掘废石资源综合利用、丹冶炼锌渣绿色化升级改造等项目建设进展顺利。

园区开发区域实现“九通一平”建设，形成有色金属深加工产业、储能产业、新能源电池材料产业集聚发展格局。建成滨江东路、工业二路、新庄五路等路网11.53千米，完成排水排污管道7.9千米。建成投产企业25家，规模以上企业11家，产值超亿元企业4家，高新技术企业6家。

加快在建项目建设，进一步完善基础配套建设。2020年，园区充分利用地债资金启动园区基础设施建设项目，产业转移园工业六路及新庄五路南段市政工程开工，完成投资4063万元，完成新庄五路混凝土路面施工，工业六路混凝土路面施工进度完成95%。完成园区标准厂房建设项目可研编制，总投资7834万元，分两期建设，其中，一期计划修建3层厂房1栋，建筑面积7350平方米，于9月30日挂网招标，10月29日开标，11月进场动工建设。园区在建工业项目进展顺利，完成升隆电源蓄电池生产绿色升级改造项目建设。6月，动工建设广东源著能源设备有限公司纳米硅镁高低温环保蓄电池项目进行厂房基础施工，完成投资7488万元。7月，动工建设广东西力电源有限公司年产100万千伏安时铅酸蓄电池建设项目，完成厂房一结构施工和厂房二基础施工，进行附属工程施工和厂房内地面硬化，完成投资5031万元；商业综合体项目动工建设，完成基础底板浇筑和建筑基础施工，进行建筑主体施工，完成投资1672万元；完成韶关盈瑾金属有限公司年产8000万件空调管路件项目一期厂房主体结构建设，附属工程进入施工，完成投资8687万元。

优化园区营商环境，招商引资有成效。新签约招商引资项目22个，其中超亿元项目12个，超额完成市下达任务。园区已签订框架协议项目2个，为总投资5亿元的凯捷集团国际有限公司年产120万千伏安时蓄电池生产基地项目、总投资1.09亿元的深圳耀邦日用品集团有限公司年产6.5亿片妇婴卫生用品建设项目。有新企业韶关市弘钜科技有限公司、韶关市庆和实业有限公司、申能（集团）有限公司子公司上海申能能创能源发展有限公司3家进入洽谈。

高标准完成园区规划修编工作，明确“一区多园”发展模式。2020年，完成《仁化县产业转移工业园总体规划（2020—2035年）》修编，将仁化产业转移工业园的发展模式由“一园”转变为“一区四园”，园区面积由500公顷增加至1045.14公顷。通过盘活原有工业用地和降低土地开发成本，优化资源空间布局，达到园区土地高效利用效果。

（县政府办）

记录历史　传承文明　服务社会

——仁化县档案馆荣获全国档案系统先进集体

2019年12月23日，在北京召开的全国档案工作暨表彰先进会议上，仁化县档案馆被人力资源和社会保障部、国家档案馆授予“全国档案系统先进集体”称号，并颁发荣誉证书和牌匾，是全省上榜三个单位之一，也是韶关市档案系统首次获得该项殊荣。

【以收集为基石“丰富资源”】 仁化县档案馆总建筑面积为4212.5平方米，馆藏档案10万余卷（件）、资料1.4万余卷册。保存1949—2013年全县党、政、群团机关全部档案资料，馆藏国家重点档案1849卷（张、本），其中，档案价值较高的有宣统二年《宣化妙经》、光绪甲辰年《条规注释》等。加强民生档案、声像档案接收征集力度，丰富馆藏档案资源。现有民生档案5.2万卷（件），占馆藏量50%以上，拍摄原始数码照片1.8万余张。大力抢救和保护国家重点档案，馆藏9册古籍以及约100册民国书籍资料实现专柜存放，并录入粤北古籍普查系统。复制珍贵照片档案，以复制件代替原件进行利用。完成馆藏民国档案1396卷、革命历史档案107卷、民国地图355张的裱糊和扫描等抢救工作。

【以安全为生命线“为国守史”】 档案工作担负着记录历史、传承文明、服务社会、造福人民的使命。建馆以来，仁化县档案馆以安全为生命线“为党管档、为国守史”，始终把档案安全工作作为防范化解风险重点工作之一，把安全防范管理摆在日常管理工作首位，建设集消防、监控、自动温湿度环境控制、入侵报警、门禁等系统于一体智能馆库系统，配备企业级防火墙、磁盘阵列、双机热备等技术手段，增强网络信息系统整体主动防御功能。严格按照馆库“十一防”要求做好各项管护措施，定期对库房进行安全巡查，隐患排查，做到每周必查、查后必改。定期对馆藏档案、资料进行全面清点及安全检查，确保馆藏档案数量完整和实体安全。加强涉密档案管理，历时两年组织各涉密档案清理单位开展涉密档案清理、密级变更及解密工作，完成64个全宗单位15588卷案卷的挑密，同步做好档案移交与接收进馆、数字化外包和档案开放利用中的安全保密审查。

【以价值最大化为导向“为民服务”】 发挥档案文史育人、留史资政、存凭惠民、息纷止争作用，建立健全方便人民群众档案利用体系。全面建设“一个中心、两个平台、三个资源库、四个来源”数字档案馆，建设项目总投资965万元，实现全县档案系统存量档案数字化、增量档案电子化、档案管理系统化、档案保存安全化、档案利用网络化。依托数字档案系统和升级OA平台，采用中间库方式进行业务数据交换，对电子文件、电子档案实施全程控制和网络化集成化管理，为政务网用户提供在线档案查阅利用、档案业务指导及其他档案工作服务，推动档案服务工作从传统服务方式向信息服务方式转变，有效提高服务效率和质量。截至2019年12月，馆藏档案目录、资料目录及馆藏照片档案数字化达到100%，馆藏档案全文数字化累计5.41万卷/件、144.5万余页，累计接收电子档案2805件15817页，馆藏全文数字化比例达168%（基于2010年馆藏量）。

优化档案服务模式，创新开展“民忧档案”“一线双联”“民情夜访”等档案服务活动。近3年，接待查档人员约4000人次，查阅各类档案资料8000余卷（册），查到率98%以上，解决了工龄接续、养老保险缴纳、地权林权确认、房产证办理、落实待遇等涉及群众切身利益诸多问题，为全县经济社会发展提供大量翔实的第一手档案资料。2015年4月，通过查阅民国档案520卷，为编辑出版《韶关市抗战时期人口伤亡和财产损失》提供翔实档案依据。2016年5月，县档案馆工作人员谢纪根利用馆藏民国档案，编纂《红军英勇穿越仁化山区》一文，真实反映红军长征过境仁化历史。编辑出版《档案法律法规文件汇编》《仁化县档案利用效果实例选编》，与县史志办编辑联合出版《仁化县历代方志集成》《红军与仁化》等。

档案是记录展示地域发展的有效载体。仁化县档案馆建成集图片、实物、3D微视频等相结合的社会发展史档案陈列展厅，生动展示了仁化在经济、政治、文化、社会、生态文明建设中的历史性成就和历史性变化，充分发挥档案馆爱国主义教育基地作用，每年组织中小学生分批次参观社会发展史档案陈列展厅，开展学生研学实践活动和爱国主义教育。

（蒙秀霞　黄优姣）

仁化县生态文明建设综述

自然资源是发展之基、生态之源、民生之本。2020年，仁化县深入学习贯彻习近平生态文明思想，积极践行“绿水青山就是金山银山”发展理念，扎实推进自然资源、林业生态、河长制等工作，围绕统筹打好“蓝天、碧水、净土”保卫战，全方位筑牢粤北生态屏障，全县生态文明建设取得天蓝土净、水清岸绿、景美宜居成效。

一、严守国土空间“三条控制线”，提升生态环境

仁化县强化国土空间用途管制，划定并严守生态保护红线、永久基本农田、城镇开发边界“三条控制线”，科学统筹布局生态、农业、城镇等功能空间。组织召开生态保护红线调整优化会议与城镇开发边界划定预案协调会议，主动与林业部门衔接，套核分析自然保护地整合优化成果，有序推进“三线”划定，合理确定城市开发边界，强化底线约束，为可持续发展预留空间奠定基础，发挥规划引领和管控作用。

维护自然资源管理秩序，严格耕地保护执法监察。积极做好农村乱占耕地建房整治工作，通过外业实地核查、内业数据分析等方式，对省下发的22514个疑似农村乱占耕地建房图斑完成核实工作并上报至省、市审核。2020年8月，印发《仁化县开展农村乱占耕地建房问题整治先行摸底排查工作方案的通知》；9月25日，召开农村乱占耕地建房整治专项行动摸排工作解读及摸排信息采集填报系统应用培训视频会。

严格落实“八不准”（不准占用永久基本农田建房；不准强占多占耕地建房；不准买卖、流转耕地违法建房；不准在承包耕地上违法建房；不准巧立名目违法占用耕地建房；不准违反“一户一宅”规定占用耕地建房；不准非法出售占用耕地建的房屋；不准违法审批占用耕地建房）、“六个严禁”（严禁违规占用耕地绿化造林；严禁超标准建设绿色通道；严禁违规占用耕地挖湖造景；严禁占用永久基本农田扩大自然保护地；严禁违规占用耕地从事非农建设；严禁违法违规批地用地）要求，坚决遏制农村乱占耕地建房。打牢工作基础，强化工作督导，发挥舆论宣传积极作用，向村民广泛宣传并解读“八不准”和保障农村村民住宅建设合理用地等相关政策要求，及时发现和解决工作中遇到的问题，引导广大群众自觉遵守规定，自觉参与保护耕地和遏制农村乱占耕地建房行动。加快摸排进度，通过工作调研了解基层情况，及时解决困难。截至2020年年底，全县纳入摸排范围图斑22519个，自主摸排上报图斑5个，悬挂横幅55条，张贴海报2700张，入户宣传“八不准”“六个严禁”宣传资料1.55万张。

全力推进矿山生态修复，不断改善提升生态环境。做到“旧账基本偿清，不欠新账”，始终坚持“因地制宜、科学治理、用好政策、讲究效率”。根据习近平生态文明思想、对广东重要讲话和重要指示批示精神，牢固树立生态发展理念，全面开展矿山地质环境治理恢复工作，2020年治理修复面积5.396公顷。推进绿色矿山建设，开展广东省绿色矿业发展示范区建设，建成省级绿色矿山2家。

切实保障所有者合法权益，全面开展林权登记工作。积极与林业主管部门沟通协调，衔接好林权登记工作，以统一登记前的林权登记原始资料作为林权类不动产登记重要依据，对林权类不动产数据进行整合，建立林权类不动产登记数据库。仁化县不动产登记中心共办理林权登记678宗，其中首次登记172宗，抵押登记329宗，转移登记31宗，变更登记50宗，注销登记4宗，更正登记3宗，查封登记89宗，补换证登记0宗，其他登记0宗。

（李倩倩）

二、抓严森林资源管护，保护生态成果

稳步推进林业“四大工程”建设。抓好植树造林和绿化，全年全县完成造林与生态修复1148.87公顷、碳汇造林133.33公顷、碳汇造林抚育287.33公顷、中央财政补助造林抚育133.33公顷，义务植树56.6万余棵，义务植树尽责率98%。持续推进“森林进城，公园下乡”建设，完成红城林场森林生态综合示范基地项目建设，开展城南生态公益林保护管理示范区建设。抓好乡村绿化美化，完成长江镇油洞村、黄坑镇黄坑村等13个省定贫困村乡村绿化美化示范点建设任务；完成丹霞街道麻塘村、董塘镇大井村、城口镇恩村村3个绿美古树（红色）乡村项目建设；绿化美化董中村委湾塘村、何屋“三清三拆”村庄空置地乡村公园。完善景观林带建设，实施2019—2023年重点防护林体系工程珠江防护林封山育林建设项目，在锦江、浈江两岸封山育林4733.33公顷，完成林地全封育4600公顷、林地新种补植16.47公顷、林地人工促进更新作业118.8公顷，在环丹夏富1.8千米路段和大岭工业园至车湾1.07千米路段种植绿化苗木1.75万余株。

严抓森林防火工作，保护生态成果。疫情防控期间，每天出动森林消防及各类车辆40台次，护林员摩托车300多辆，流动式向沿路以及人群较多的地方开展森林防火和疫情防控宣传教育。通过电视、微信、横幅、派发宣传资料等方式全面铺开森林防火宣传。累计悬挂森林防火横幅1500余条，发放《韶关市野外用火管理条例》《仁化县人民政府禁火令》等宣传资料20余万份、宣传小礼品2万多份。加强隐患排查整治，开展“五清”（清坟边、清林边、清地边、清隔离带和旅游景区）可燃物行动，及时消除森林火灾隐患。严控火源入山，将疫情防控卡点和森林防火检查站布设结合、疫情卡点工作人员与森林防火检查人员履职结合，协助做好清明期间及秋冬季森林防火临时检查站管控工作。在森林防火临时检查站大力推广微信防火码，严格检查进入林区车辆、人员，严防火源上山。严厉打击野外违规用火行为，从快从重从严处理各类违规野外用火行为，全年查办违规野外用火案件15起，治安拘留2人。

抓严抓实森林资源保护管理。保持打击涉林违法犯罪高压态势，严厉打击涉野生动物违法犯罪、乱砍滥伐等破坏森林资源违法犯罪行为。出动人员3394人次、车辆1396台次，立刑事案件5宗，已办结4宗；行政案45宗，已办结38宗；治安案件15宗，已全部办结。加强林地定额管理和用途管制制度，坚持节约高效用地原则，严把建设项目使用林地审核审批关。依法办理建设项目使用林地申请28宗，涉及使用林地面积计101.86公顷，其中永久性使用林地已批项目10宗，面积27.56公顷；临时使用林地已批项目5宗，面积38.17公顷；正在审批项目13宗，涉及使用林地面积36.6公顷。抓好林业有害生物防控，保护林木资源。抓住春季防治林业有害生物的有利时机，及时组织基层单位采取防治措施，做到治早、防小控制虫情。组织11个镇（街）、5个林场（所）监测站点，全面查清辖区内松材线虫病疫情，其中春季普查调查面积2.13万公顷，秋季普查调查面积5.996万公顷。多次组织人员深入林区排查和除治零散松材线虫病枯死树，控制疫情扩散。组织各站、场开展红火蚁排查和防治，防治重点区域红火蚁巢2140个，防治面积3.83公顷。

积极扶持林业产业，大力发展林下经济。做好林业产业经营主体培育工作，为符合条件的经营户申报林下经济项目，组织申报省林业龙头企业、省林业专业合作社示范社、省示范家庭林场和省林下经济示范基地。韶关金喆园生态农业有限公司被认定为广东省林业龙头企业，长坝菇菌种植专业合作社被授予“广东省林业专业合作社示范社”称号，丹霞街道巴孖园家庭农场、石塘茂盛家庭农场、石塘铭记家庭农场被授予“广东省示范家庭林场”称号，丹仁南药种植农民专业合作社被认定为广东省林下经济示范基地。充分发掘林业特色和亮点，将林业和旅游结合，积极申报省自然教育基地、省森林旅游特色线路、省森林旅游新兴品牌地等项目，推动林旅融合发展，拓宽林农增收渠道。城南森林公园被认定为广东省自然教育基地，“览绚美大丹霞，品乡村古神韵”“寻根粤北红色之源，探秘仁化竹海茶乡”2条旅游线路被认定为广东省森林旅游特色线路，金喆园、五马寨生态园被认定为广东省森林旅游新兴品牌地，红城林场生态康养基地被认定为广东省森林康养基地（试点）。

（钟鲁萍）

三、守护碧水清流，展示生态新貌

夯实主体责任强化履职担当。仁化县建立健全“党政领导、河长主导、流域统筹、部门联动、系统治理、齐抓共管”河长制工作格局，推动河长制湖长制从“有名”到“有实”，从“全面建立”到“全面见效”。发挥河长“领头雁”作用，成立仁化县全面推行河长制工作领导小组，建成县、镇、村、组四级主要领导干部各担其责的责任体系。组织召开河长制工作领导小组会议4次、专题会议22次，着力解决万里碧道规划建设工作、饮用水水源地环境保护整治工作、中小河流治理工作、全域自然村集中供水全覆盖工作、城镇截污管网及污水处理厂工作、病险山塘除险加固工程等河湖突出问题。县域河流实行“一河一长、一河一档、一河一策、一河一治”，确立109条河流和54座湖库1046名河长。6位县级河长每月现场巡河调研督导1次，千名镇村级河长严格落实巡河要求，根据县域水系和工作区域划分扎实开展日常巡查管护工作，协调处理各类存在问题。在2018年、2019年韶关市河长制工作考核中，仁化县连续两年获得优秀。

打好打赢水污染防治攻坚战。加强污水处理设施建设，县城污水处理厂正常运行，各新建镇级污水处理厂均在试运营中；全面完成敷设县、镇配套管网总长39.055千米；完成农村生活污水设施建设自然村682个，建成率68.06%，有827个自然村完成雨污分流、污水排放管道收集或暗渠化，完成率 82.53% 。建成农村公厕 178座，全县农村无害化户厕普及率 100%。全县 80%以上村庄达到干净整洁村标准，40%以上行政村达到美丽宜居村标准。加强禽畜养殖污染整治，严把工作导向，有序推动规模化、科学化、环保型生猪养殖产业落地。全年在适养区新建和改扩建高效生态养殖场9家，高效生态养殖场累计15家。65家规模养殖场粪污处理设施装备配套率 100%，全县畜禽粪污综合利用率80.47%。加强工业源污染治理和执法监管，县域加油站提前完成油罐防渗设施改造工作，完成所有固定污染源排污许可证发放登记工作。落实工业企业达标管理，严厉打击偷排、超标排放环境违法行为。加强工业集聚区集中污水处理设施管理，突击检查5次。抓好船舶港口污染防治工作，联合市海事局、县应急局等部门对水运企业水上丹霞公司港口码头船舶开展突击执法检查。做好水生态修复，改善水环境。

推广绿色生态综合防控措施，全县农作物绿色防控覆盖率已达到50 %以上，农药化肥利用率均达到 40%以上，测土配方施肥覆盖全县109 个行政村，覆盖率 90%以上，实现农药化肥使用量负增长。加强水源涵养林建设。严控饮用水水源地、重点水库及主要江河周边林地砍伐，综合采用“造、改、封”等措施补齐短板，加快水源地单一林种更新为具有生态保护功能的树种，完成碳汇造林133.33公顷，实施珠江防护林封山育林项目建设 4675.27公顷。

常态化开展河湖“五清”（清理非法排污口、清理水面漂浮物、清理底泥污染物、清理河湖障碍物、清理涉河湖违法违建）、“清四乱”（乱占、乱采、乱堆、乱建）专项整治，巩固成效。深化市场化运作模式，委托专业公司负责实施河道管护工作，推进河道管护重点难点问题解决及14.6千米碧道管护，做好监管，年内完成清漂专项行动2次，投入资金 1007 万元，出动人员19067人次、船车8820次，清理县域各河段水上漂浮物和生活垃圾11184吨，完成入河排污口234个排查录入工作，河流排查120千米，发现河湖“四乱”问题1宗并完成整改。

高标准高质量完成万里碧道建设。严格落实省委、省政府“5+1”碧道重点建设任务，成立工作专班，明确部门职责和任务分工，倒排工期、挂图作战，党政主要领导多次现场实地调研并专题研究推进碧道建设，加强项目组织实施和统筹协调，县人大、政协、县检察院等监督部门充分发挥监督作用，有效推动碧道建设。累计完成9.6千米董塘—丹霞街道段碧道建设，配合完成6.4千米省碧道试点环丹霞山碧道项目，将碧道日常管护纳入河道管护市场化项目，做到“建”“管”并重。实现与省级碧道试点项目连通，提升阅丹公路景观，优化生态、生产、生活空间格局，提升河道景观品味、沿岸文化内涵，实现碧道沿线村庄一体化发展，成为衔接环丹霞山旅游带、带动本地乡村旅游与经济发展联动重要纽带。

做实做细河湖管护基础工作。科学编制“十四五”水利规划，谋划全县水利事业长远发展。全面完成27条集雨面积50平方千米以上579.251千米河道管理范围划定和采砂规划编制工作。完成131千米山区五市中小河流治理项目并验收，提升河道抗洪能力。加强水利基础设施建设，夯实水利安全基础。高质量完成全域自然村集中供水全覆盖工程，有序推进县域辖区内河道水利工程清淤工作；开展98宗病险山塘除险加固工程工作，发挥山塘应有效益；投入移民资金1100万元，加强水库移民建管工作，改善移民村人居环境。建立健全跨界协调机制，全面完成省际跨界区域河湖联防工作，与湖南省汝城县、江西省崇义县和江西省大余县联合开展边界区域

董塘—丹霞街道段碧道（龙全明　摄）

河长制工作交流并签订跨界河流问题治理会商协议书及边界区域河长制合作协议，达成河长制工作联合执法、联合宣传、信息共享共识，召开粤湘赣三省四县边界区域河长制工作联席会议，提升全县省级边界区域河长制工作协作水平，深化三省四县跨区域合作。加强与毗邻跨界县区始兴的沟通协调，促进跨界河流水质改善提升、水生态环境持续向好。

强化执法监督维护河湖秩序。出动环境执法人员1196人次，检查企业562 家次。加强重点污染源监管，开展重点流域和重点行业交叉执法、联合执法，坚决查处偷排、超排、漏排等环境违法行为；执法巡查县内江河、湖泊、水库等各类水域209次，巡查检查非煤矿山企业60余次，发出“责令停止违法行为通知书”17份，立案查处非法采（运）砂案件13宗，没有发生因环境污染引发的环境污染事故和群体性事件。

切实加强河长制工作督导考核。在沿河显著地段设置河长制公示牌并及时更新公示信息，通过新闻媒体等方式主动向社会公布各级河长名单。建立健全河长制闭环管理制度，突出督导考核对推动河长制落实关键作用，全面建立县、镇两级督查工作体系， 实现常态化督查。配套制定仁化县河流网格化管理一览表，实行“挂图作战”，采取明察与暗访相结合方式，检查指导各镇（街）和相关部门河长制工作开展情况。发挥县人大、政协、县检察院等部门监督作用，跟踪问效。

多措并举做好河长制宣传工作。通过在省、市主流媒体宣传，悬挂横幅标语、网络媒体、入户宣传教育等活动，切实引导群众增强环保意识。在省、市、县及主流媒体上发布相关信息80余条。结合“3·9”保护母亲河日、“3·22”世界水日、“6·5”世界环境日，开展环境保护主题进社区、进学校、进企业、进家庭宣传活动，派发各种宣传资料2.9万余份，环保袋3000余个；组织民间河长、公益组织志愿者、河小青志愿者开展巡河护河志愿活动600人次。向县、镇、村、组四级河长推广“广东智慧河长”微信平台，在各镇（街）举办“全面践行河长制，共护共享仁爱河”主题送戏下乡文艺演出活动。

（刘　志）

青山绿水中的交通“动脉”

——仁化县被评为2020年“四好农村路”省级示范县工作侧记

农村公路是保障农民群众生产生活的基本条件，是农业农村发展的先导性、基础性设施，是社会主义新农村建设的重要支撑。近年来，仁化县委、县政府从实施乡村振兴、打赢脱贫攻坚战的战略高度出发，充分认识“四好”（建好、管好、护好、运营好）农村路建设重大意义，围绕“建好、管好、护好、运营好”农村公路奋斗目标，扎实推进农村公路提质增效、科学发展，取得显著成效。截至2020年年底，仁化县建成高标准农村公路总里程1272.458千米，其中地养省道2条、148.261千米，县道8条、103.815千米，乡道121

条、622.646千米，村道232条、397.736千米，公路密度每百平方千米71.3千米。全县109个行政村全部通水泥（柏油）路、通客车，行政村通车率100%，农村公路管养率100%。2020年，仁化县被评为“四好农村路”省级示范县。

一、全面发力建好路，当好交通“先行官”

发挥交通运输在经济发展中“先行官”作用。仁化县委、县政府高位推进“四好农村路”建设，成立仁化县“四好农村路”建设领导小组，负责对全县“四好农村路”建设工作进行督促、监督、检查、指导和考核，由县长任组长，分管副县长任副组长，各镇（街）及相关职能部门负责人为成员，办公室设在县交通运输局，负责日常工作开展。

融会贯通“交通+”理念，全面打通农村公路“毛细血管”，构建“内畅外联”现代化综合交通路网体系，推动农村公路由“窄”变“宽”、由“通”向“畅”、由“线”成“网”，形成管养覆盖、路景相融、畅安舒美格局。

“交通+生态旅游”。结合仁化县获评为中国最佳生态休闲旅游名县、全国最美生态旅游示范县，瑶塘新村入选全国乡村旅游重点村，阅丹公路被誉为广东省最美网红旅游公路，环丹霞山生态休闲美丽乡村精品线路入选广东省美丽乡村精品线路，发挥与融合生态价值、美学价值和旅游价值，打造“四好农村路+生态旅游”融合发展典范。完成美丽乡村建设沿线丹霞街道车湾、夏富等22个村小组道路提升30千米、绿化面积6240平方米，设置旅游服务点6个，发展丹霞特色民宿客栈400余家，涉旅企业1100余家。

“交通+红色文化”。仁化县红色资源丰富，近年来，县委县政府借助红军长征粤北纪念馆、城口红色小镇、省级“红色村”党建示范点安岗村等红色项目，以“四好农村路”建设为契机，完善各红色旅游景点周边交通网络，强化镇、村内街巷道路建设，形成“畅、安、舒、洁、绿、美”农村交通发展新格局，助力“活化”和宣传红色资源、红色故事。

“交通+产业扶贫”。产业围绕公路走，公路围绕产业建。统筹整合交通、农业农村、水务等部门涉农资金，发挥多部门联动作用，因地制宜，在江头村产业扶贫蔬菜基地实施砂土路改造3.6千米、水沟7000米，解决蔬菜基地日常灌溉用水、强降雨天泄洪和物流运输难问题，带动周边农户就业超1000人次，其中贫困户60余户。

“交通+美丽乡村”。瑶山村是丹霞山景区内的一个自然村，阅丹公路的修建使该村昔日泥泞路变为漂亮的沥青旅游路，并通往各家各户。借助阅丹公路“东风”，村民们开起农家乐、旅游客栈，农产品和手工产品有了好销路。瑶山村通过景观门票收入分成、土地租金、项目务工、带动农民开办农家乐等旅游经济直接增加村民收入，村民年均增收4000元以上。

二、层层推进管好路，创新发展路长制

建设是基础，管理是关键。仁化县以普通公路路长制“136”［“1”指制定一个方案；“3”指组建县级、镇（街）级、村（居）级三支队伍；“6”指加强普通公路规划建设、促进公路路域环境提升、强化道路交通安全管理、规范道路运输秩序、提升公路养护水平、改善普通公路运营环境6项重点工作］行动为抓手，全县域实行路长负责制，由县委书记担任总路长，县四套班子领导担任各镇（街）普通公路路长，形成全覆盖组织管理体系、党政领导负责制责任体系和权责清晰的普通公路管理机制，实现标准化、精细化、网格化、制度化、长效化管理。建立健全县、镇、村三级路长组织体系、责任体系、管理体系和考核体系，明确县、镇、村三级路长职责。县、镇、村三级路长当好“管家”，每周到所负责路段现场办公研究解决当前突出问题，层层压实责任，逐级传导压力。深入持续开展路域环境整治行动，重点整治“六乱”（公路沿线乱摆卖、乱堆放、乱停放、乱拉挂、乱张贴、乱搭建）行为，形成执法信息共享、执法力量整合、违法案件共办的齐抓共管、合力执法局面，公路路域环境得到显著改善。狠抓超限超载治理。建立多部门联合执法机制，配足人员和设备，加强巡查检查力度，合理设置超载超限执法点，严厉打击道路违法行为，有效维护路产路权。

三、多措并举养护好，畅安舒洁绿美路

仁化县按照“以县为主、分级负责，因地制宜、注重实效，全面管养、保障畅通”原则，推动全县农村公路向建养并重、均衡发展转变，确保建即有养，养即到位，推进全县农业现代化服务。围绕打造“畅、安、舒、洁、绿、美”公路通行环境，建立健全农村公路长效机制，努力保障农村公路健康持续发展。加大养护投入，严格落实《关于加快推进“四好农村路”建设的实施意见》（粤办发〔2018〕36号）要求，保障养护经费每千米不少于1000元；镇村通过统筹调配、“一事一议”等方式筹措养护资金。探索公路养护实行政府购买服务、服务外包模式，推进建立农村公路日常养护新机制，推动农村公路养护市场化进程。优先聘任贫困户为公路养护员，负责公路日常巡逻、道路清扫和及时发现损毁路段工作。

四、探索运营新发展，德政工程得民心

实现建制村“村村通客车”。以服务农村和实现农村群众方便、快捷、安全乘车为目标，实施镇通村振兴战略，推动仁化县“四好”农村路建设，助力实现农村脱贫攻坚任务。2020年4月，韶关粤运仁化汽车站率先在董塘镇以新莲、新龙、高莲和丹霞街道办夏富、车湾等村为试点，投入5辆小型汽车启动预约响应式农村客运服务，并成立客户服务中心。通过提前预约（主要采取建立微信群、在群里扫码付款及电话预约）方式约车，方便农村群众随时随地、方便快捷安全出行，提高村民出行满意度和幸福感。2020年4月28日至6月30日期间，接受预约数量1680单，总营收2.4万余元。2020年7月中旬，韶关粤运仁化汽车站加大农村客运投入，投入100多万元新购置宝骏730型号7座镇通村小型汽车15台，推进这一普惠、便民、基础民生工程，为逐步实现仁化县镇通村农村客运全覆盖迈出坚实的一步。

云端绕玉带，青山起岚烟。通达的是道路，连接的是民心。一条条“四好农村公路”像一根根纽带，带动农村群众思想解放和观念转变，联结了干部和群众。仁化县“四好农村路”的提质提升，改善了人民群众生产生活条件，为全县实施乡村振兴战略，全面建成小康社会提供了坚实的交通保障。

（胡富容）

仁化县着力打造农村人居环境整治“仁化样板”

近年来，仁化县大力开展农村人居环境整治工作，将其作为乡村振兴重要抓手，积极开展村庄基础环境整治、农村生活污水治理、农村“厕所革命”、农村生活垃圾治理等工作。多措并举、精准发力。打造农村人居环境整治典型村庄，充分调动村民积极性，摸索总结出一套能推广、可复制工作经验，打造出农村人居环境整治“仁化样板”。

一、高位推进，加强组织领导

仁化县农村基础比较薄弱，待整治提升村庄较多，部分镇（街）所需人居环境整治资金不足，长效机制需要进一步健全和完善。面对这一现状，仁化县坚持高位推进，县党政班子积极开展全面有效指导。仁化县党委作为农村工作“一线指挥部”，各镇（街）党（工）委和村党组织负责全面领导镇（街）、村各项农村工作，将农村人居环境整治工作纳入重点。制定《仁化县2020年农业农村重点工作（人居环境）网格化安排表》，明确四大片区、11个镇（街）、109个行政村包干责任。由县委主要领导担任片区长，县四套班子领导挂点包干各镇（街），县职能部门、省帮扶单位负责挂点落实到村。结合开展“不忘初心、牢记使命”主题教育及“一线双联”“民情夜访”等工作，充分发挥基层党组织在农村人居环境整治工作中的战斗堡垒作用。县领导、挂点帮扶单位、镇（街）干部定期深入村（社区）群众家中座谈，帮助村一级理清农村人居环境整治工作思路、解决实际问题，开展农村人居环境整治工作。县委定期召开农村工作领导小组会议，县委、县政府主要领导听取农村人居环境整治工作情况汇报，及时集中优势资源解决工作问题。健全评比评分机制，将农村人居环境整治作为乡村振兴绩效考核重要组成部分，列入县绩效考核范围。对标省农村人居环境整治考核要求，对仁化县各镇（街）、县各有关单位开展考核。强化督导。由县人大办、县政协办牵头，县纪委监委、县委组织部及县委农办等部门抽调人员组成10个检查组对仁化县11个镇（街）开展乡村振兴和农村人居环境整治工作督导。对标省农村人居环境整治标准，针对农村人居环境短板，及时开展查漏补缺，及时发现，立即反馈，做到即查即补。采取分片区形式，由县委农办组织工程核查组对省定贫困村人居环境整治等工程开展现场勘查及复核工作，加强各镇（街）农村人居环境整治项目建设指导，实现农村人居环境整治工程高质量推进。

二、村民主体，干群共同建设

人人参与，家家行动。在农村人居环境整治过程中，仁化县坚持以群众为主体，抓实宣传引导，激发农民群众参与农村人居环境整治积极性，充分发挥农民群众主力军作用。抓好宣传引导。积极通过电视台、微信公众号、村内“大喇叭”、村内公告栏、宣传标语等方式，多层次、多方面向广大农民群众宣传农村人居环境整治政策。通过走村入户，派发宣传小册子形式，面对面向群众开展宣传教育，营造人人参与、人人支持氛围。抓好习惯培养。在农村大力开展村庄基础环境卫生习惯教育，强化农民群众家园意识。在教育形式上，积极开好村民理事会、村民代表大会，组织修订村规民约，将村庄清洁、农房风貌管控等农村人居环境整治内容纳入村规民约，让农民群众参与进来，不断激发群众积极性。在教育实施上，常态化开展村庄清洁行动，连续开展2019—2020年村庄清洁战役。县、镇、村干部以身作则，下沉一线挂点村庄开展村庄基础环境整治，协助村庄做好村庄基础环境整治，注重发动、教育、引导村民自己搞卫生，实现由“干部干、群众看”到“干部群众一起干”转变。开展激励活动，由县文明办、县妇联、团县委组织开展“星级文明户”、“家越美、粤幸福”美丽家园建设、“小手拉大手”等活动。通过在部分村庄示范开展“美丽家园”项目化积分制度，对达到不同等级要求村民记名积分，每年按积分排名给予表现优秀村民一定物质奖励，激发村民参与“家越美、粤幸福”美丽家园建设热情，引导农民群众参与农村人居环境整治工作。

三、摸清短板，分类推进整治

仁化县农村点多面广，各镇（街）农村公共基础设施建设程度不同，各村情况千差万别。要切实摸清农村人居环境整治的短板，以解决民生为出发点，聚焦农村破旧泥砖房“拆清用”工作、开展农村“厕所革命”、农村人居环境整治长效管护等重点工作分类分层次开展建设，有效推进仁化县农村人居环境整治工作向更深处开展。深入开展农村“厕所革命”。加快公厕及户厕建设，根据省、市工作要求，出台《仁化县农村“厕所革命”整村推进工作实施方案》及农村公厕、农村户厕建设指引，扎实推进农村公厕及户厕建设。全县累计建有农村卫生公厕184座，改成无害化卫生户厕数量45330户，无害化卫生户厕普及率达100%。加强日常管理。出台《仁化县农村公厕管理维护工作制度（试行）》，明确村级公厕由村委会负责管理，聘请保洁员负责日常保洁和日常维护工作，各镇（街）、村与保洁员签订公厕相关保洁协议，确保保洁到位，有农村公厕专（兼）职保洁员154人。做好农村破旧泥砖房“拆清用”工作。对标省、市工作要求，稳步推进，着重做好农村破旧泥砖房拆除“后半篇”文章。全县累计拆除农村破旧泥砖房63161间177.6万平方米，多措并举做好农村破旧泥砖房“拆清用”工作。引导村民累计建设小菜园、小果园、小花园、小公园3000余处，建设面积24.5万平方米，发动群众建成美丽庭院35个，建设面积4418平方米。扎实推进生态宜居美丽乡村建设工作。在干净整洁村创建方面，持续加快推进干净整洁村创建工程，其中完成省定贫困村、环丹片区村庄及国省道沿线重点村庄村内道路、污水处理、垃圾处理、集中供水等基础设施，达到干净整洁村标准。完成丹霞街道、董塘镇内110个自然村整洁达标建设，建设完成率100%。在美丽宜居村创建方面，仁化县先后实施环丹沿线、阅丹沿线、董塘河碧道美丽乡村以及董塘镇示范镇创建等工程建设，累计提升127个自然村整体风貌，完成外立面、绿化美化、小广场等配套服务设施一批。阅丹公路沿线车湾、夏富美丽乡村工程及夏富新时代文明实践广场已基本完工。完成董塘河碧道沿线美丽乡村工程环丹片区外立面整治16.4万平方米。完成绿化景观、竹艺围栏、鹅卵石地面建设一批；稳步推进省道沿线片区污水处理设施、村庄绿化美化、道路硬底化等。

四、全面推进农村人居环境整治工作

完善工作机制。仁化县结合农村人居环境整治长效管护工作，出台《仁化县农村人居环境整治长效管护工作方案（试行）》等系列配套制度，完成村规民约修订工作，结合“一线双联”“民情夜访”工作，压实县、镇（街）、村（居、社区）责任。结合农村破旧泥砖房“拆清用”、农村疫情防控等工作，由各镇（街）、县各帮扶单位组织村民定期开展村庄大扫除，推动村庄清洁行动常态化、制度化、持续化，引导农民群众提高清洁卫生文明意识，养成健康生活方式和良好生活习惯。全县完成984个自然村“三清三拆三整治”，累计清理村巷道及生产工具、建筑材料乱堆乱放42412处，清理杂草、积存垃圾45645处，清理沟渠池塘溪河淤泥、漂浮物和障碍物18543处，拆除乱搭乱建、非法广告1352处，完成生活垃圾、污水、水体污染整治7768宗，开展进村入户宣传教育6950场次，发放宣传资料77370份，张贴宣传标语4084条，发动农民群众投工投劳22126人次。

（吴啟帆）

仁化县被列为广东省率先实现农业农村现代化试点县

2020年2月，根据广东省农业农村厅《关于推荐率先基本实现农业农村现代化试点县的通知》要求，仁化县积极做好申报工作，经韶关市农业农村局推荐上报广东省农业农村厅。5月，经广东省农业农村厅综合评估，仁化县和其他22个县（市、区）被确定为广东省率先实现农业农村现代化试点县。

被确定为广东省率先实现农业农村现代化试点县后，仁化县根据《广东省率先实现农业农村现代化推进方案》，结合全县实际，扎实推进农业农村现代化试点县各项工作。

一、认真研究制定工作方案，明确目标任务

根据广东省农业农村厅《广东省率先实现农业农村现代化推进方案》工作要求，起草制定《仁化县农业农村试点县建设工作方案》，明确到2022年，仁化县现代农业产业体系、生产体系、经营体系三大体系建设进一步完善，农业科技创新体系和农业社会化服务体系持续拓展，城乡融合和城乡区域协调发展进一步提升。其中，粮食面积稳定在1万公顷以上，全县粮食综合生产能力达到6.9万吨，生猪供应达到20万头，高标准农田建设总面积达到1.8万公顷，新增大湾区“菜篮子”认定基地3个以上，农产品品牌总量突破110个，全县农民专业合作社达到340家，家庭农场达到390家，受污染耕地安全利用率达90%，主要农作物秸秆综合利用率达90%以上，农作物机械化综合率达55%，农业主推技术到位率达99%，畜禽粪污综合利用率提升至90%以上，规模场粪污处理设施装备配套率达到100%。美丽乡村建设进一步提升，80%以上行政村达到干净整洁村标准，40%以上行政村达到美丽宜居村标准，原省定贫困村60%以上自然村达到美丽宜居村标准。

二、全面推进各项工作任务，工作成效初显

抓好现代农业发展，有序推进现代农业产业园建设。全面开展现代农业产业园区项目建设，通过省级近8000万元专项资金撬动6亿多元社会资本，规划并开工建设项目35个（已完工20个）。加快标准化种植基地建设，建成柑橘种植示范园、柑橘黄龙病综合防控基地、优质石斛育苗基地等现代化种植基地和丹霞贡柑品控中心等一批现代化加工企业。推进现代农业产业集群建设，成功申报白毛茶省级产业园，仁化县长坝沙田柚在韶关市协调下联合梅州片区打造粤北金柚产业集群，全面拓展柑橘农业产业链条。

全力发展优势主导产业，富民兴村产业快速发展。仁化县优势主导产业规模不断扩大，2020年，全县优质稻种植面积0.89万公顷、贡柑1.33万公顷、沙田柚0.19万公顷、茶叶0.17万公顷、蔬菜0.31万公顷、毛竹2.67万公顷、生猪出栏17.5万头，全县农林牧渔业总产值37.96亿元，同比增长4.3%。富民兴村产业优势持续扩大，基本实现“一县多园、一镇一业、一村一品”产业联动发展格局。全县被认定全国“一村一品”示范村3个，全国名特优新农产品3个，“三品认证”产品65个，省级以上名牌农产品26个，粤港澳大湾区“菜篮子”基地4个、省级“菜篮子”基地8个。

大力培育新型农业经营主体，集约化经营水平显著提升。仁化县继续做好新型农业经营主体培育工作，按照县委工作要求，指导11个镇（街）完成农业公司成立工作，每个镇（街）都成立农业公司至少1家。大力发展农民专业合作社和家庭农场，积极引导种养大户登记注册农民专业合作社和家庭农场。截至2020年年底，全县有工商注册登记的农民专业合作社338家、家庭农场370家。大力促进新型农业经营主体增量提质。2020年，全县新增认定县级农业龙头企业6家、县级农民专业合作社示范社5家、县级示范家庭农场13家，市级农业龙头企业2家、市级示范家庭农场6家，省级农业龙头企业1家、省级农民专业合作社示范社1家、省级示范家庭农场2家。

强化农业科技推广，农业服务能力有效提升。加强科技支撑，创建集“农业宣传+产品交易+农业信息”于一体的现代农业综合馆，打造一批山地果园机械化生产示范样板，推广一批无人机喷药、水肥一体化等智能设施设备，持续提升农业现代化服务能力。加速乡村人才培养，创新开展“农村夜校”技能培训，试点设立农村夜校15所，培育新型职业农民1200余名。推广省市县镇四级农技服务体系，建立基层农技推广队伍。截至2020年年底，全县农业主推技术到位率95%、良种覆盖率98%。

美丽乡村示范点丹霞街道夏富瑶山组（龙全明　摄）

全力打赢脱贫攻坚战，脱贫任务如期实现。截至2020年年底，仁化县实现33个省定贫困村及3174户9115名建档立卡贫困户全部达到脱贫出列标准。建档立卡贫困对象年度医疗参保率100%、年度养老参保率100%，满60周岁人口年度待遇领取率100%。为防止返贫现象发生，对全县建档立卡贫困户以及有致贫风险农村家庭进行动态监测和预警帮扶工作，建立健全扶贫预警机制和制定兜底保障政策，并率先全面开展扶贫档案归档，工作成效获省市肯定。

持续推进人居环境整治，美丽乡村建设成效显著。全县109个行政村、984个村庄完成“三清三拆三整治”，集中供水、垃圾处理实现100%全覆盖。全县农村无害化户厕普及率99.8%，60%以上村庄达到干净整洁村标准。大力开展美丽乡村建设工程，累计提升127个自然村整体风貌，村庄绿化覆盖率32.1%，建成美丽乡村示范点丹霞街道夏富瑶山组、董塘镇新源组等一批。2020年6月，《韶关信息专报》刊载仁化县农房管控风貌提升工作经验。

（吴根堃）

大事记

1月

1日 即日起，仁化县城乡最低生活保障标准调整为城镇772元/人·月，农村532元/人·月；城镇特困人员供养标准调整为1236元/人·月，农村特困人员供养标准调整为928元/人·月。

是日 仁化县全面实施居民生活用气阶梯气价，管道燃气价格由原来的每立方米4.8元调整为：第一档每立方米4.32元（350立方米及以下/户年用量），第二档每立方米4.75元（350～500立方米/户年用量），第三档每立方米5.62元（500立方米/户年用量以上）。

9日 仁化县召开工业、农业、旅游业、建筑业等企业家代表座谈会。

9日和18—19日 《经济日报》记者到董塘镇、城口镇开展“新春走基层”活动，对仁化县脱贫攻坚、乡村振兴工作经验和做法进行报道。

14日 中共仁化县委、仁化县人民政府在县政府礼堂召开全县老干部春节座谈会。

16日 仁化县“不忘初心、牢记使命”主题教育总结会议在县城召开。

19日 中国共产党仁化县第十三届委员会第十次全体会议在县城召开。

是日 仁化县派员到澳门参加澳门韶关地区联谊会第九届理监事就职典礼暨2020年新春晚会。

21日 “我们的中国梦 仁爱贺新春”2020年迎新春文艺会演暨2019年第三、四季度“仁化好人”发布仪式活动在仁化县城文化广场举办。

24日 黄坑镇科学技术协会成立暨第一次代表大会在黄坑镇召开。

是日 董塘镇新龙村发现1例疑似感染新冠肺炎病例，患者为是日由受新冠肺炎疫情突袭的武汉返乡村民；26日，该疑似病例确诊；2月10日，全县唯一一例新冠肺炎确诊患者符合解除隔离和出院标准，痊愈出院。

25日 春节，韶关市人民政府市长、韶关市防控工作指挥部常务副组长殷焕明率市交通局、市公安局、市卫健局等部门到仁化县检查新型冠状病毒感染的肺炎疫情防控情况。

27日 中共韶关市委书记、韶关市疫情防控工作指挥部总指挥李红军到仁化县检查新型冠状病毒感染的肺炎疫情防控情况。

是月 仁化县残疾人“两项补贴”提标，生活补贴由原来165元/人·月提高至175元/人·月，护理补贴由220元/人·/月提高至235元/人·月。全县孤儿基本生活费提标，由原来1025元/人·月提高至1110元/人·月。

2月

2日 韶关市人民政府市长、韶关市疫情防控工作指挥部常务副总指挥殷焕明到武深高速公路城口省际检查站检查高速路口疫情防控工作。

7日 仁化县启动应急广播建设工作。

8日 元宵节，韶关市人民政府市长、韶关市疫情防控工作指挥部常务副总指挥殷焕明到武深高速公路城口省际检查站督导检查高速路口疫情防控工作，并慰问抗击新冠肺炎疫情防控一线工作人员。

20日 仁化县工商业联合会接收社会爱心企业和人士捐赠水果5.3吨，定向用于坚守疫情防控工作前线民警。

21日 广东省人民政府国有资产监督管理委员会党委书记、主任李成到凡口矿调研。

24日 仁化县范围内的高速路口、国省道防疫检查点撤除。

26日 仁化县召开全县农业农村工作会议。

26日 仁化县以视频会议形式召开2020年全县宣传思想工作会议。

3月

12日 植树节，仁化县四套班子领导带队参加义务植树活动。

是日 中共韶关市委书记李红军到仁化县调研阅丹公路沿线环境提升和碧道建设情况。

是日 珠江电影集团党委书记、董事长王垂林到挂点帮扶村仁化县周田镇较坑村调研指导精准扶贫工作并参加植树活动。

13日 红军长征粤北纪念馆、安岗红色村、董劝书院、城口红色遗址群、仁化县气象防灾减灾自救互救认证科普中心被评为韶关市第七批爱国主义教育基地。

14日 仁化县召开全县决战决胜脱贫攻坚推进会。

19日 韶关市丹霞山管理委员会与中国联通韶关市分公司“5G创新应用战略合作”签订仪式在丹霞山管委会会议室举行。

24日 仁化县农产品、国家地理标志产品白毛茶在央视CCTV—17《农业气象》栏目全国气象预报板块播出。

是日 广东青年职业学院党委书记潘剑勇到仁化县红山镇调研脱贫攻坚工作。

25日 仁化县城口镇被评为“2019年度全省休闲农业与乡村旅游示范镇”。

26日 由丹霞山管委会、韶关联通公司、丹霞山经营公司策划的“宅家游景区，5G助疫—畅游丹霞山”直播活动在丹霞山风景区举行。

28日 2020年仁化白毛茶春茶采摘直播活动在红山镇东坑茶叶观光园开播。

30—31日 广东省商务厅到仁化县开展脱贫攻坚工作调研。

是月 仁化县启动公务员（含参公）职级晋升工作。

4月

9日 韶关市人民政府市长殷焕明率队到仁化县调研农村供水工程和文旅项目建设情况。

11日 省文明办常务副主任吴祖清到仁化县调研创文工作和新时代文明实践中心建设情况。

12日 中共韶关市委书记李红军到仁化县调研脱贫攻坚、产业扶贫、农村人居环境整治等工作。

是日 韶关丹霞女农业科技有限公司被认定为第四批粤港澳大湾区“菜篮子”生产基地。

13日 广东省消防救援总队政治委员吴瑞山到仁化县开展消防救援工作检查。

15日 仁化县全域自然村集中供水全覆盖工程建设开工仪式在董塘镇新龙村举行；该工程拟投资1.95亿元，对全县11个镇（街）88个行政村618个自然村供水工程进行新建或改造。

是日 仁化县在乐村淘淘宝电商开展鄂粤同心、百县村播直播活动。

17日 中共广东省委常委、统战部部长黄宁生到周田镇平甫村调研脱贫攻坚和乡村振兴工作。

是日 中共广东省委常委、组织部部长张义珍到仁化县长江镇调研乡村振兴、精准扶贫和基层党建工作。

是日 全县干部人事档案数字化项目启动实施。

20日 广东广播电视台对仁化县发展农业产业助力脱贫攻坚成果进行采访报道。

22日 仁化县石塘小学被中共韶关市委宣传部、韶关市精神文明建设委员会办公室、韶关市教育局、韶关市生态环境局评为2019年“韶关市绿色校园”。

22—28日 由丹霞山世界地质公园和雁荡山世界地质公园联合发起的“2020年友好姊妹公园世界地球日立展互动”在全国20家知名公园举行。

25日 广东省乡村振兴检查组到仁化县周田镇龙坑、上坪、鸡龙3个村委会进行乡村振兴工作成效考核。

27日 中共广东省党校常务副校长、广东行政学院常务副院长张广宁到仁化县调研红色文化建设和基层党校工作情况。

是日 仁化县第一批15所学校高中三年级、初中三年级学生返校复学。

28日 广东省政协副主席张少康到仁化县丹霞街道瑶塘新村、红军长征粤北纪念馆、丹霞山等地调研人居环境整治和生态发展情况。

是日 “2020云游韶关”系列活动及首场直播在丹霞山风景区举行。韶关市人民政府市长殷焕明、副市长李欣化身“超级推销员”，进入直播间向全国网友推广介绍韶关旅游农特产品。

是日 董塘至墩仔墟日班车开通。

5月

4日 广东广播电视台到仁化县双峰寨、红军长征粤北纪念馆拍摄《追寻红色足迹》系列纪录片。

是日 仁化县开展“绽放战疫青春·坚定制度自信”“五四”青年节线上主题宣传教育实践活动。

5日 韶关市人民政府市长殷焕明到仁化县开展山水林田湖草生态修复试点项目工作推进情况现场调研督导。

8日 广东省生态环境厅党组书记周德全、副厅长陈金銮到凡口铅锌矿调研尾矿库生态恢复情况和践行绿色发展观具体措施。

是日 《南方日报》地方新闻部《寻找南方优品》栏目组到仁化采访乡村振兴之特色农特产品石斛种植。

13日 仁化县“120”急救指挥中心成立。

17日 凡口铅锌矿环保管理中心环境监测站通过“CNAS”（中国合格评定国家认可委员会的英文China National Accreditation Service for Conformity Assessment缩写）复评审。

18日 广东省广晟资产经营有限公司党委书记、董事长刘卫东到凡口铅锌矿调研。

19日 仁化县2020年重大项目开工暨招商引资项目集中签约活动在仁化产业转移工业园区举办。

22—23日 中国人民政治协商会议第十一届仁化县委员会第五次会议在县城召开。

23—24日 仁化县第十五届人民代表大会第六次会议在县城召开。

28日 凤岗仁化脱贫攻坚工作座谈会在东莞市凤岗镇召开。

31日 广东省自然资源厅副厅长洪伟东到仁化县开展汛期地质灾害防治督导检查。

是月 仁化县、始兴县与梅州市跨市联合申报的广东金柚产业集群入选国家2020年优势特色产业集群建设项目。

6月

2日 仁化县温氏楼房式一体化生猪产业园民生“菜篮子”工程开工仪式在闻韶镇举行。

3日 仁化县在仁爱广场举行2020年仁化县文明餐桌行为启动仪式。

4日 仁化县“139”乡镇（镇街）整治提升暨“四好农村路”建设和路长制行动现场会在石塘镇召开。

5日 世界环境日，仁化县举行在职党员到社区报到启动仪式暨“争做环保卫士、共创

2020年6月9日，仁化县举办“档案见证小康路，聚焦扶贫决胜期”国际档案日主题档案图片宣传活动（龙全明 摄）

美丽家园”世界环境日活动。

是日 广东省农业科学院仁化专家工作站在丹霞人才驿站挂牌。

7日 仁化县举办全民健身徒步赛事活动阅丹公路万里碧道徒步行。

8日 广东省人民政府副省长许瑞生到仁化县调研丹霞山停车场、阅丹公路等建设工作。

9日 国际档案日，仁化县在县城文化广场举办“档案见证小康路，聚焦扶贫决胜期”主题档案图片展宣传活动。

是日 2020年仁化县离退休干部工作领导小组第一次会议和2020年仁化县委离退休干部工作委员会第一次会议在县城召开。

是日 闻韶镇人大代表中心联络站落成揭牌仪式在闻韶镇举行。

10日 仁化县召开全县“三防”应急工作视频会议。

11日 南方报业传媒集团南方农村报社到仁化县开展广东休闲农业与乡村旅游精品推介线路之“阅丹公路沿线、瑶塘新村”拍摄活动。

是日 中共韶关市委书记李红军陪同茂名市人大常委会副主任、市总工会党组书记、主席黄奕奕到仁化县调研农村人居环境整治、美丽乡村建设工作。

12日 民建广东省委会副秘书长聂周强到仁化县周田镇平甫村开展扶贫项目考察活动。

13日 文化和自然遗产日，广东省文化和旅游厅与韶关市人民政府联合主办的2020年“文化和自然遗产日”非遗宣传展示广东主会场暨“全程旅游在行动，广东人游广东”健康出行系列活动启动仪式在韶关丹霞山活动区举行。

是日 中共广东省委政策研究室副主任周俊波、省文化和旅游厅党组成员龙家有到仁化县丹霞街道丹霞山阳元石景区、翔龙湖、宝珠峰等地调研。

是日 中共广东省委宣传部副部长杜新山，中央广电总台广东总站大湾区总部筹备组领导蔡万麟、公海泉到仁化县调研红色文化建设情况。

16日 广东仁化、湖南汝城、江西崇义三省三地检察机关公益诉讼检察工作交流会议在仁化县召开，并联签《关于建立北江上游生态环境和自然资源保护公益诉讼协作机制的意见》。

是日 广东广播电视台到仁化县采访报道仁化县脱贫攻坚工作。

23日 仁化县人民医院核酸检测实验室建设完成并试用，日均可检测核酸200份。

28日 仁化县召开创建全国县级城市“百日攻坚”行动动员会。

29日 仁化县县域医共体总医院揭牌。

是月 仁化县成功创建广东省全域旅游示范区。

是月 仁化县董塘镇大井村2棵古樟树、丹霞街道麻塘村1棵古樟树入选韶关市“十大樟树王”。

7月

1日 啸仙园启用仪式在仁化县董塘镇安岗村举行。

2日 仁化县组织开展“七一”红色教育主题党日活动，庆祝中国共产党成立99周年。

7日 广东省农业农村厅二

级巡视员程文章到仁化县阅丹公路、环丹线，调研农房管控风貌提升工作情况农房管控风貌提升工作。

是日 仁化县城南森林公园被认定为广东省自然教育基地。

9日 广东省军区副司令员廖正荣到仁化县调研基层人武部党建工作。

10日 2020年（第四届）平甫柰李开园展销节“一村一品·平甫柰李”品牌推介暨全民直播带货活动在仁化县周田镇平甫村柰李种植基地开启，来自各地的20名网红主播携手种植户走进直播间带货PK，为平甫柰李代言。

10—14日 仁化县在丹霞街道、石塘镇、董塘镇开展新时代文明实践活动之仁化县2020年戏曲进乡村专场文艺演出。

13日 中共广东省委网信办组织的“脱贫攻坚——广东互联网企业在行动”结对帮扶项目实施活动启动仪式在仁化县黄坑镇举行。

15日 闻韶镇科学技术协会第一次代表大会在闻韶镇召开。

16日 广东省农业农村厅副厅长郑惠典到仁化县瑶山新村、瑶塘新村考察休闲农业建设情况。

是日 “览绚美大丹霞，品乡村古神韵”（丹霞山AAAAA级风景名胜区—阅丹公路—灵溪河森林公园—古村古树古文化）、“寻根粤北红色之源，探秘仁化竹海茶乡”（红色小镇城口镇—森林小镇长江镇—白毛茶之乡红山镇）两条森林旅游线路被认定为广东省100条森林旅游特色线路，金喆园、五马寨生态园被认定为广东省100个森林旅游新兴品牌地。

是日 广东教育杂志社记者到仁化县采访推进教育现代化典型经验。

是日 石塘镇双峰寨青少年红色教育研学基地被广东省教育厅评定为省级中小学生研学实践基地。

24日 中共韶关市委宣传部相关领导到仁化县检查电影院复业及农村电影放映准备工作。

25日 第三代工业CT机XRT-1400在凡口铅锌矿建筑材料厂吊装成功，标志着智能抛矿生产工艺实现飞跃。

29日 仁化县董塘镇新龙村入选第六批“广东省家庭文明建设示范点”。

30日 长江镇科学技术协会成立。

31日 中共韶关市委书记李红军带领韶关市各县（市、区）60余位正处级领导到丹霞街道岭田村上陂头组召开城乡人居环境整治现场会。

8月

1日 中共韶关市委、韶关市人民政府在仁化县召开韶关市城乡人居环境整治（仁化）现场会。

是日晚 仁化县在丹霞新城广场举行2020年仁化县“最美”系列人物名单发布仪式暨“八一”建军节文艺会演。

2日 中国丹霞入选世界自然遗产名录十周年纪念活动暨丹霞山暑期研学活动月启动仪式在丹霞山举行。

是日 全国农技中心首席专家李莉、园艺处处长周泽宇和广东省农技推广总站副站长罗雪梅到仁化县开展推动经济作物绿色高质量发展调研工作。

4日 韶关市生产安全隐患报告奖励制度推广工作现场会在仁化县召开。

5日 广东省人民政府省长马兴瑞到丹霞街道黄屋村委会瑶塘新村、夏富暖坑、夏富大村、阅丹公路大中门、水上丹霞竹筏码头视察建设工作。

6日 中共广东省委副书记、省长马兴瑞，省委常委、常务副省长林克庆，副省长许瑞生一行到丹霞山考察调研创建广东岭南国家公园、世界自然遗产丹霞山生态保护等工作。

6—7日 仁化县开展“2020年广东省科技志愿服务系列活动——科技工作者助力韶关脱贫攻坚、乡村振兴活动”专场活动，现场签订合作框架协议37份。

7日 韶关市人居环境综合整治和路域环境整治现场会在

仁化县召开。

是日 中国有色金属工业协会党委书记葛红林到凡口铅锌矿调研。

是日 仁化农商银行、县文广旅体局、县人民银行联合举行金融“1+1+N”促旅游商圈消费提质暨移动支付、“商易贷”“民宿贷”推介会，现场向4家民宿代表、5家个体工商户代表授信，授信金额合计2185万元。

8日 仁化县在县体育馆举行第十二个全民健身日系列活动。

是日 仁化县柑橘产业协会成立大会暨第一次会员代表大会在仁化县召开。

是日 仁化县举行2020年“决胜全面小康 决战脱贫攻坚”主题演讲比赛。

11—13日 仁化县组团参加在上海光大会展中心举办的“第四届上海·全国优质农产品博览会暨2020上海国际果蔬交易会”，推介仁化丹霞贡柑。

12日 广东省林业科学研究院副院长李兴伟到长江镇调研毛竹产业发展及蝗虫防治等情况。

13日 中共揭阳市委副书记陈小锋到仁化县考察丹霞街道黄屋瑶塘新村、夏富暖坑村、阅丹公路等地。

13—14日 香港《大公报》到仁化县丹霞街道夏富村牛鼻村小组采访报道“粤菜师傅”工程及供港菜基地有关情况。

14日 广东省人社厅厅长陈奕威在市领导王瑞军、高冬瑞等陪同下，到丹霞街道夏富村委会牛鼻村小组调研“粤菜师傅”工程推进情况。

是日 仁化县举办2020年“户外劳动者工会爱心驿站”暨“清凉一夏”夏日送清凉活动启动仪式。

是日 韶关市加强公安派出所建设第四次现场会在仁化县召开。

19日 红军长征粤北纪念馆、董塘镇安岗村党员红色教育展馆被认定为第二批“韶关市社会科学普及基地”。

是日 广州美术学院党委书记谢昌晶到丹霞山调研。

20—21日 由仁化县人民政府、韶关市人力资源保障局联合主办的2020年第二届“锦江杯”粤菜师傅技能工匠竞赛在县城举行。

21日 韶关市精准扶贫档案管理工作现场会在仁化县召开。

24日 广东省自然资源厅副厅长余云州到仁化县丹霞街道岭田村调研村垦造水田项目。

25—26日 韶关市广播电视台到仁化县丹霞山、石塘镇等地拍摄“善美韶关·家乡蝶变”主题抖音短视频宣传系列作品。

29日 中华全国供销合作总社党组成员、理事会副会长邹天敬到仁化县调研供销社基层社改造、助农服务体系建设情况。

9月

3日 仁化县召开2020年征兵公开审批定兵大会。

是日 广东省科协党组成员、副主席刘建军到仁化县调研丹霞山科普小镇建设情况。

是日 仁化县城口镇恩村古祠堂群、周田镇张屋古村张氏宗祠及门楼、董塘镇安岗思诒堂被列入韶关市第七批文物保护单位。

4日 仁化县人大常委会、仁化县政协组织部分县人大代表和政协委员联合视察全县创建全国县级文明城市和国家全域旅游示范区工作情况。

8日 仁化县创建国家义务教育优质均衡发展县动员会暨2020年教师节表彰大会在县城召开。

是日 韶关市“讲好脱贫攻坚故事”媒体采访团到仁化县采访脱贫攻坚成效及扶贫一线感人故事和先进典型。

9—10日 广东民族乐团到仁化县开展惠民演出活动。

10日 中国铀业党委委员、总会计师王辉到中核锦原铀业调研指导工作。

11日 董塘镇科学技术协会第一次代表大会召开。

14—16日 《南方日报》到仁化县开展万里碧道建设、生态环境保护等主题采访调研。

16日 全省精准扶贫档案管理工作现场推进会暨业务培训班在仁化县举行。

17日 仁化县科协、农业农村、卫健等20余个部门和单位在石塘镇文化广场联合举办2020年新时代文明实践之“全国科普日”科技集市活动。

21日 仁化县在广东东西部扶贫协作产品交易市场开展“丹霞贡柑市场对接活动专场”，宣传推介丹霞贡柑。

22日 “庆丰收·迎小康”2020年中国农民丰收节仁化系列活动在主会场董塘镇安岗村开幕，分会场设有董塘镇江头村、丹霞街道夏富村、大桥镇金喆园，活动持续至10月30日。

是日 仁化县黄坑镇电商公共服务中心举行广东省首批“E网兴农”农村电商示范站揭牌仪式。

23日 仁化县入围第六届全国文明城市参评名单。

是日 仁化县举行2020年全国“质量月”主题活动。

是日 广东广播电视台到仁化县开展“坐着高铁看中国”主题宣传活动。

25日 广东省工业和信息化厅党组成员、二级巡视员叶元龄到仁化县石塘镇石塘村调研“堆花酒”工坊情况。

28—30日 广东广播电视台到仁化县拍摄《决战决胜 乡村致富自有道》栏目。

29日 广东省生态环境厅副厅长何国森到石塘镇调研仁化县2万亩安全利用示范项目。

是日 “科学健身 绿色出行”仁化县2020年庆国庆全民健身暨创建国家森林城市万里碧道健步行活动在阅丹公路万里碧道举行。

是日 仁化县举行新时代文明实践之“我和祖国共成长”仁化县青少年书画大赛评选会。

30日 烈士纪念日，仁化县在烈士陵园举行公祭活动。

10月

1日 晚，仁化县在县城文化广场举办庆祝中华人民共和国成立71周年“全面建成小康社会 奋力谱写新篇章”文艺演出，共庆国庆中秋“双节”。

7日 共青团仁化县委员会第十六届第十次全会在县城召开。

11日 中国有色金属工业协会铅锌分会副秘书长赵振军、中冶集团专业技术领域首席专家李东波、长沙有色冶金设计研究院教授级杨运华到丹霞冶炼厂进行铅锌行业企业规范审核验收，专家组对工厂整体情况表示认可。

14日 仁化县组织县四套班子、部分干部职工收听收看深圳经济特区建立四十周年庆祝大会直播实况。

15日 献礼中国共产党成立100周年纪实专题片《智者乐水——革命老区仁化县水利建设回眸》开机仪式在仁化县水务局举行。

19日 仁化县首批7个名教师工作室成立并举行授牌仪式。

20日 中共广东省委常委、统战部部长黄宁生到周田镇平甫村调研脱贫攻坚和乡村振兴工作。

是日 仁化县红城林场被认定为广东省森林康养基地（试点）单位。

22日 仁化县率先全市完成镇级污水处理厂设施建设。

是日 仁化县举行离退休老干部重阳节茶话会。

是日 第十一届广东省双拥模范城（县）名单发布，仁化县再次成功创建广东省双拥模范县。

是日 仁化县长坝菇菌种植专业合作社被认定为广东省林业专业合作社示范社，石塘镇铭记家庭农场被认定为广东省示范家庭农场，韶关市金喆园生态农业有限公司被为广东省林业龙头企业。

23日 仁化县在县城召开全县县域社会治理现代化工作会议，全面部署县域社会治理现代化工作。

24日 仁化县疾控中心核酸实验室建设完成，并通过市级验收，具备核酸检测能力。

24—25日 《南方日报》

到仁化县城口镇就挖掘红色革命历史文化、弘扬革命精神进行采访报道。

25日 由韶关市人民政府主办，韶关市文化广电旅游体育局、韶关市丹霞山管理委员会、浈江区人民政府、仁化县人民政府承办的2020年环丹霞山自行车赛在丹霞山和阅丹公路鸣笛开赛，近万名运动员和骑行爱好者参与活动。

26日 广东省妇女联合会党组书记、主席许红到仁化县开展妇女创新创业工作调研。

27日 广东省“四好农村路”核查组到仁化县开展“四好农村路”省级示范县现场核查。

28日 自然资源部矿业权管理司司长姚华军到凡口铅锌矿调研。

是日 韶关市2020年全域创建国家森林城市工作现场推进会在仁化县召开。

29日 韶关市2020年党建引领“巾帼驿站”创建暨“家越美 粤幸福”工作推进会在仁化县召开。

是日 在江门市新会区举行的“广东摄影之乡”表彰仪式上，仁化县人民政府获广东省摄影家协会颁发的“2015—2020年期间在摄影组织管理建设、摄影品牌活动、摄影人才培训、塑造地方形象等方面积极努力，作为‘广东摄影之乡’为广东摄影发展作出了突出的成绩”荣誉证书。

是日 《南方日报》到仁化县宣传报道长坝沙田柚。

是日 部分来自基层、院校、企业和各行业的全国、省人大代表到仁化县开展“扫黑除恶”专项视察活动。

30日 羊城晚报集团广东建设报社对仁化县住建行业在“决胜全面小康、决战脱贫攻坚”方面所做工作及成果进行采访报道。

是日晚 仁化县在丹霞新城全民健身广场举行2020年“仁化新乡贤”“仁化好人”发布仪式晚会。

11月

1—2日 广东广播电视台到仁化拍摄《珠江周刊》栏目，对周田镇平甫村第一书记进行采访报道。

1—5日 中山大学历史系教授陈喆等一行24人到仁化县开展粤北革命史田野考察与口述访谈调研活动。

2日 中国共产党仁化县第十三届委员会第十一次全体会议在县城召开。

3日 公安部调研组到仁化县调研指导“惠民利企大走访大调研”和“昆仑2020”专项行动。

是日 仁化县与申能环境有限公司举行合作协议签约仪式。

5日 韶关市广播电视台到仁化开展《中国梦 小康梦 我的梦》主题采访，对仁化县基层工作者、村民和村干部致富奔康的个人故事进行采访报道。

7日 2020年“丹霞贡柑”电商预售会暨品牌联盟成立大会在仁化县现代农业综合馆举行。

10日 中国文明网公布仁化县成功入选第六届全国文明城市。

是日 东莞市凤岗镇文化服务中心到仁化就脱贫攻坚的奋斗历程、主要措施、重大成果和成功经验进行采访报道。

15日 仁化县举行第五届职工公益徒步赛。

16日 韶关电视台《全市新闻联播》栏目大型主题报道《学习贯彻十九届五中全会精神——奋进新时代 开启新征程》到仁化专访县委书记林国华。

是日 全国土壤污染防治管理现场调研会在仁化县董塘镇召开，生态环境部副部长庄国泰出席调研会。

17日 广东广播电视台对仁化县阅丹公路建给沿线村庄带来的变化和沿线村民脱贫致富成果进行采访报道。

是日 仁化县召开打击治理电信网络新型违法犯罪工作局际联席会议。

19日 广东省森林小镇省级核验组到仁化县周田镇开展创建森林小镇核验工作。

是日 广东省公安厅党委委员、副厅长张锐到仁化县调研社会治安管理工作。

20日 全国精神文明建设表彰大会在北京举行，中共仁化县委书记林国华代表仁化县到北京参加表彰大会，并领取“全国文明城市”牌匾。

是日 仁化县大桥镇长坝村入选2020年全国乡村特色产业亿元村。

21日 仁化县作家协会成立大会在县城召开，选举产生仁化县作家协会第一届组织机构组成人员。

22日 韶关市广播电视台《飞越广东》系列报道到仁化对村民和村干部在奔小康路上的喜人变化进行采访报道。

是日 2020年“南岭风”第三十二届粤湘赣边仁化、汝城、崇义三省三县文化艺术节晚会在仁化县文化广场举行。

24日 中国少年先锋队仁化县第四次代表大会在县城召开。

25日 仁化县首届丹霞贡柑果王争霸赛在黄坑镇丹霞贡柑品控中心举行。

是日 广东省人民代表大会常务委员会环境与资源保护委员会副主任委员何真率调研组到仁化县调研土壤污染防治情况。

26日 “南粤古驿道五周年系列活动2020仁化定向比赛”在仁化县石塘镇石塘古村举行。

是日 由广东省商务厅、仁化县人民政府主办的“2020仁化县消费促进活动”在县城仁爱广场开启。

是日 青岛市即墨区政协领导到仁化县行政服务中心政务服务大厅调研。

27日 以“丹霞贡柑 果珍不凡”为主题的2020仁化县农业招商（博览）会暨丹霞贡柑开园节系列活动在丹霞山开幕。

是日 仁化县人民政府举行仁化县现代农业综合馆开馆与乡村振兴双创基地落成仪式。

28日 由广东省体育局指导，韶关市人民政府主办的第十三届“农行杯”穿越丹霞山50千米徒步赛在阅丹公路鸣笛开赛，吸引粤港澳大湾区、省内外1.5万余名选手参赛。

是日 “粤见森林·悦见美好”第二届广东省森林文化周暨韶关市全城创建国家森林城市巡回主题宣传活动在仁化县举行。

30日 仁化县柑橘产业协会在北京新发地国际农产品会展中心举行丹霞贡柑（北京）品牌发布会暨广东仁化贡柑进京首售仪式。

是日 2020年韶关市重点项目开工、竣工活动——仁化分会场在仁化县产业转移工业园区举行，新开工、竣工项目7个，总投资11.86亿元。

12月

1日 凡口铅锌矿质控中心化验室获得中国合格评定国家认可委员会颁发的“实验室认可证书”。

2日 仁化县被文化和旅游部认定为国家全域旅游示范区。

4日 仁化县卫生健康局、县疾控中心、县人民医院、县妇幼保健院、县慢病站及各镇（街）卫生院近百名医务人员集中在周田镇中心小学举行新冠肺炎疫情全员核酸检测应急演练活动。

是日 由广东省文化和旅游厅、广东省海峡两岸交流促进会主办的第七届台湾青年岭南行广东世界遗产探寻之旅开营仪式在丹霞山举行，两岸青年90余人参加。

5—6日 中共韶关市委书记王瑞军到仁化县红山、黄坑、长江、扶溪、闻韶、大桥6个镇和中核锦原铀业有限公司调研乡村振兴、精准扶贫、基层党建和村“两委”换届等工作。

6日 由广东省体育局指导，韶关市人民政府主办的2020年丹霞山山地马拉松赛在韶关市丹霞山风景名胜区鸣笛开跑，吸引1万多名选手参赛。

是日 中国民主促进会韶关市仁化县支部第九次全体会员大会在仁化县召开。

8日 广东省应急管理厅党委书记、厅长王中丙到凡口铅锌矿检查非煤矿山安全生产工作。

9日 珠江电影集团党委书记、董事长王垂林等“一对一”帮扶责任人到挂点帮扶村周田镇较坑村走访慰问贫困户。

10日 仁化县董塘镇凹背家庭农场、石塘镇铭记家庭农场被认定为省级示范家庭农场。

11日 财政部副部长余蔚平到丹霞山调研国家公园建设工作。

是日 韶关市村镇建设相关业务现场推进会（城镇提升）在董塘镇召开。

18日 2020年韶关市中小学校未成年人思想道德建设工作品牌培育推进会在仁化县召开。

19日 由广东省体育局指导，韶关市人民政府主办的广东100跑山系列赛总决赛暨2020丹霞100跑山赛在丹霞山风景名胜区举行，赛事吸引国内顶尖选手1500名参赛。

21日 由市委宣传部、东莞韶关对口帮扶指挥部、广东省摄影家协会联合主办的“2020年‘善美韶城·画里丹霞’——美术摄影作品巡回展”在东莞市文化馆举办。

23日 凡口铅锌矿通过中央精神文明建设指导委员会复核，继续保留“全国文明单位”称号。

24日 仁化县特邀江西省于都县长征源合唱团在县城文化广场举行“弘扬长征精神 谱写红色乐章”主题文化惠民演出活动。

25日 仁化县举行县文明委2020年全体成员会议暨精神文明建设工作会议，并举行全国文明城市揭牌仪式。

是日 “唱响红色主旋律 打造绚美大丹霞”2020广东仁化第四届文化旅游节开幕式在仁化县仁爱广场举行。

26日 “南粤古驿道五周年系列活动之2020年仁化定向比赛”在石塘镇石塘古村举行。

27日 广东省商务厅党组书记、厅长，自贸办主任张劲松到仁化县黄坑镇调研贡柑产业发展情况。

28日 仁化县完成村（社区）党组织换届选举工作。

是日 仁化县扶溪大米入选2020年第三批全国名特优新农产品名录。

是日 仁化县丹霞贡柑网红直播擂台赛在仁化县电子商务公共服务中心举办。

29日 中国共产党仁化县第十三届委员会第十二次全体会议在仁化县城召开。

是日 《仁化县开展“一线双联”“民情夜访”推动大抓基层在一线》被评为2020年度韶关市改革创新典型案例，得到中共韶关市委全面深化改革委员会通报表扬。

是日 仁化县橘颂生态农业有限公司、仁化县锦霞农业有限公司被认定为市级农业龙头企业。

30日 仁化县在县体育馆举办新时代文明实践活动之仁化县精神文明建设工作先进系列名单发布仪式。

是日 中新社到仁化围绕该县荣获“全国文明城市”称号和国家全域旅游示范区等方面重点工作开展对外宣传报道。

31日 仁化县被广东省交通运输厅、广东省农业农村厅、广东省扶贫开发办公室联合命名为2020年“四好农村路”省级示范县。

是月 仁化县选取15个村建设村级人才驿站，在韶关丹霞女农业科技有限公司建设农业专家人才驿站。

是年 仁化县入选中宣部、财政部、文化和旅游部、国家文物局公布的第二批革命文物保护利用片区分县“长征片区（红一方面军）”名单。

是年 仁化县实现33个省定贫困村退出及3174户9115名贫困人口脱贫退出标准。

是年 全县1—12月房地产开发企业完成投资11.3亿元，同比上年下降4.5%；商品房销售17.06万平方米，同比上年上升0.8%，商品房销售额8.62亿元，同比上年下降3%。

是年 全县完成矿山石场复绿面积5.396公顷。

概　貌

自然环境

【位置、范围和面积】 仁化县隶属于广东省韶关市，位于南岭山脉南麓，广东省东北部，北纬24°49′10.1″~25°27′25.8″，东经113°30′09.5″~114°03′01.9″，东与始兴县、南雄市接壤，东北与江西省崇义县、大余县接壤，南面紧邻浈江区、曲江区，西与乐昌市、浈江区接壤，北与湖南省汝城县毗邻，是名副其实的粤、湘、赣三省交界地。县城距韶关市区49千米，距广州市区270千米。国道106线、323 线及省道345线、342线、246线穿越境内；韶赣高速公路经过境内周田镇，并设有出口；武深高速公路横穿县境，在县城设有出口；韶赣铁路在周田镇设立丹霞山火车站。县道四通八达，镇、村都有公路可通，交通便利。县境内东西相距47.3千米，南北相距44千米（最宽处为67.65千米），西北至东南最短距11千米。全县边境长303.6千米，总面积2223.22平方千米。

山体柱立的丹霞山（谢嘉文　摄）

【地质、地貌】 仁化县地处广东省最北部、南岭山脉中段，地势大体北高南低，地形复杂，以山地丘陵为主，其中山地约占70%，丘陵约占20%，小平原占10%，总体走向为东南向。北部及东南部主要为中低山及丘陵，中部以丘陵为主。董塘至县城一带为覆盖下岩溶盆地，地形平坦。丹霞山一带山体柱立，风景优美，以独特“丹霞地貌”闻名于世，是国家AAAAA级风景名胜区、世界地质公园、世界自然遗产。全县地势总体北部及东南部高，中部低。北部最高点万时山海拔1559米，南部长坝一带最低点海拔61.5米，相对高差1497米，北江支流锦江斜贯全境。

区域位于南岭巨型纬向构造带中段，地质结构发育，岩浆活动频繁。区内出露地层从老到新有寒武系、奥陶系、泥盆系、石炭系、二叠系、三叠系、侏罗系、白垩系、古近系、第四系。寒武系较广泛分布于县域中北部小楣水林场、丹霞林场及东南部黄坑、灵溪一带，岩性主要为一套板岩、浅变质砂岩。奥陶系见于东南部灵溪一带，岩性以板岩为主，次为浅变质砂岩。泥盆—石炭系分布于中部石塘、董塘、仁化县城、胡坑一带，岩性主要为灰岩、泥岩、砂岩。二叠系及三叠系见于西部董塘至花坪一带，岩性为含煤砂质岩。侏罗系零星分布于石塘西南侧，岩性主要为泥岩、砂岩。白垩—古近系分布于中南部丹霞山、周田、大桥一带，零星见于中北部塘村，岩性主要为砂砾岩、砂岩、泥岩。第四系主要见于中部董塘—仁化盆地，为冲洪积中细沙、粉砂、黏土，偶有砂砾层；侵入岩广泛分布于北部红山、城口、长江、扶溪及东部闻韶、黄坑一带，属诸广山岩体一部分，主体为印支期—燕山期侵入体，岩性主要为中粗粒黑云母花岗岩及中粗粒斑状黑云母花岗岩、中西粒黑云母花岗岩。扶溪一带有海西期花岗闪长岩呈岩株产出；区内地质结构有东西向、北东向、西北向3组，以东西向构造最为发育，表现为诸广山岩体及由泥盆—石炭系地层组成的董塘—仁化复向斜作东西向展布。北部向构造以断裂构造最为发育，为吴川—四会深断裂带北段（仁化—韶关断裂带）组成部分。北西向构造表现为寒武系、奥陶系地层作北西向紧密褶皱产出。

（李倩倩）

【气候】 气候特征。2020年，仁化县气候特点：年平均气温略偏高，年总降雨量正常，年日照正常略偏少，气象灾情属中等偏轻年景。全年全县无自然灾害情况发生。全年，全县平均气温20.5℃，比历年平均偏高0.6℃，属正常略偏高。年内季度气温变化：第一季度平均气温14.5℃，比历年同期偏高2.5℃；第二季度平均气温23.8℃，比历年同期偏高0.2℃；第三季度平均气温27.4℃，比历年同期偏低0.1℃；第四季度平均气温16.4℃，比历年同期偏低0.1℃。2020年气温异常偏高（或偏低）月份有1月（偏高2.8℃）、5月（偏高1.9℃）。全县年降水量为1753.3毫米，较常年正常略偏多。年内降雨时空分布不均。第一季度降水量476.8毫米，较历年同期偏多2成多；第二季度（前汛期）降水量792.7毫米，较历年同期偏多1成多；第三季度（后汛期）降水量436.1毫米，较历年同期正常略偏多；第四季度降水量47.7毫米，较历年同期偏少近7成。全县年日照时数1420.9小时，较历年平均偏少近2成。第一季度日照时数225.1小时，与常年基本持平；第二季度日照时数375.2小时，与常年基本持平；第三季度日照时数468小时，较历年平均偏少2成多；第四季度日照时数352.6小时，较历年平均偏少近2成。

特殊天气。2020年，全县出现雾日数22天、霾1天。县域各地四季均有雾出现。从季节分布看，冬季、春季雾日最多，秋季次之，夏季最少；从地形分布看，山区多于平地，林区多于荒山杂草地带；从雾的聚散时间看，一般形成于0—6时，太阳出来后雾浓度加大，上午9—10时逐渐消散。浓雾密布，水平能见度小，容易造成交通安全事故发生。出现霜4天、冰冻0天、降雪天气0天。出现日最高气温≥35℃以上高温天气44天，高温天数较常年平均30.7天偏多43%。

（蓝传宝）

【水文】 仁化县地处浈江流域，县区内河流均属于山区性河流。最大河流为锦江，全长108千米，集水面积1913平方千米，其中仁化县境内河长90千米，集水面积1874平方千米。县域内集水面积100平方千米以上的河流有扶溪河、城口河、黎屋河、董塘河、百顺河5条，其中百顺河为浈江一级支流，其余4条为锦江一级支流。

水资源量。仁化县属山丘区，地下水资源量即河川基流量，故地表水资源量已包含地下水资源量。2020年，仁化县地表水资源量为24亿立方米，比多年平均值增加10.1%，其中入境水量2.21亿立方米。地下水资源量7.51亿立方米，比多年平均值增加9.2%。

河流水库水质监测。2020年，仁化县境内河流水质监测断面14个，监测、评价一级河流水功能区4个、二级水功能区10个（对有二级区的一级区只计二级区个数），水库水功能区5个。全年全县水功能区水体水质达标率均为100%，总体情况良好。

2020年仁化县河流水库水质监测断面监测评价情况表

表1

类别	名　称	水质目标	水质现状	达标状况
一级河流水功能区	百顺水南雄—仁化保留区	Ⅲ类	Ⅰ类	达标
	灵溪水仁化保留区	Ⅲ类	Ⅰ类	达标
	浈江始兴—曲江保留区	Ⅲ类	Ⅱ类	达标
	扶溪水仁化保留区	Ⅲ类	Ⅰ类	达标
二级河流水功能区	灵溪水仁化饮用农业用水区	Ⅲ类	Ⅰ类	达标
	锦江丹霞山景观用水区	Ⅲ类	Ⅱ类	达标
	锦江江口饮用农业用水区	Ⅱ类	Ⅱ类	达标
	扶溪水仁化饮用农业用水区	Ⅲ类	Ⅱ类	达标
	董塘河仁化饮用农业用水区	Ⅲ类	Ⅱ类	达标
	沙村水仁化饮用水源区	Ⅱ类	Ⅰ类	达标
	澌溪河仁化饮用农业工业用水区	Ⅱ类	Ⅰ类	达标
	古溪水仁化饮用水源区	Ⅲ类	Ⅰ类	达标
	百顺水仁化农业工业用水区	Ⅲ类	Ⅰ类	达标
	塘村河（黎屋水）仁化农业渔业用水区	Ⅲ类	Ⅰ类	达标
水库水功能区	赤石迳水库开发利用区	Ⅱ类	Ⅱ类	达标
	锦江水库开发利用区	Ⅱ类	Ⅱ类	达标
	高坪水库开发利用区	Ⅱ类	Ⅰ类	达标
	大水坝水库开发利用区	Ⅲ类	Ⅰ类	达标
	澌溪河水库开发利用区	Ⅱ类	Ⅰ类	达标

（文小平　谢理丽）

资源物产

【土地资源】 仁化县土地资源丰富，全县总面积2223.22平方千米，户籍人口24.4万人，人均土地拥有量0.9公顷。2020年，全县耕地21325.69公顷，土地肥沃，灌溉条件良好，少风、水、旱灾害。全县25°以下山坡地中，有近万公顷可开发利用。截至2020年年底，全县有园地1859.34公顷，草地2560.64公顷，城镇村及工矿用地5094.56公顷，交通运输用地2068.28公顷，水域及水利设施用地7118.11公顷，其他土地2058.98公顷。

（李倩倩）

【水资源】 仁化县域内山多林密，雨量充沛，多年平均降雨量1669.1毫米，年降水总量36.8亿立方米；多年平均地表水资源量21.8亿立方米；多年平均地下水资源量6.88亿立方米。域内有流域面积100平方千米以上河流6条，流域面积100平方千米以下一至三级支流约120条，其中集雨面积100平方千米以上河流扶溪河、城口河、塘村河、董塘河，呈树枝状分布在锦江干流上，在大桥镇水江汇入浈江；黄坑河（百顺河）由南雄市百顺镇流经闻韶、黄坑和周田3个镇，由周田镇和平汇入浈江；灵溪河由周田镇平甫汇入浈江。全县年径流与降雨分布规律相似，多年平均径流深，自南向北分布在800～1100毫米之间。县域内，浈江河主干长约40千米，从周田镇（新庄电站处）入域水量约36.8亿立方米，从大桥镇（湾头电站处）出域水量约60.7亿立方米。域内，浈江河一级支流锦江河（仁化县主要流域地）全长108千米，流域面积1913平方千米，多年平均年产水量17.66亿立方米（含外省县292平方千米集雨面积产水量及湖南省龙洞水库跨流域引入流量为1立方米每秒水量）；浈江河一级支流黄坑河（百顺河）全长59千米（其中县域内32千米），流域面积392平方千米（其中县域内268平方千米），年产水量约6亿立方米；浈江河一级支流灵溪河全长38千米，流域面积116平方千米，年产水量约1.5亿立方米。截至2020年年底，全县水电站装机193440千瓦，水力资源开发超过理论蕴藏量约16万千瓦。域内有少量地热水资源，水量较少，属硫黄矿温泉，主要分布在城口、长江、红山、扶溪、闻韶和周田等镇，地热资源水量较小，较少开发。全年，全县降水量1753.3毫米，年降水总量约38.9亿立方米，为偏丰水年；有1万立方米以上蓄水工程352宗，蓄水库容3亿余立方米。

（刘　志）

【矿产资源】 仁化县矿产资源丰富，是中国“有色金属”之乡。探明和开发矿藏主要有铜、铅、锌、钼、铋、银、汞、镓、锗、铁、煤、铀、萤石、钾长石、石英石、水泥用灰岩、建筑用灰岩、地热水等，已发现矿产类型12类51种，其中探明有储量（查明上表矿区）矿产地7处，铅锌矿和煤矿资源分别在省、市占重要位置。县域分布矿产资源特点：矿产种类较多，分布范围广，大矿、富矿相对集中，域内凡口铅锌矿是东南亚最大铅锌矿生产基地，是中国目前探明储量最大的铅锌矿之一，矿石中除含14.1%铅锌金属外，还富含（伴生）银、锗、镓、汞、钼、铋等元素，是中国较大的银矿生产基地，也是中国三大镓、锗矿之一。全县大中型以上矿产地较少，非金属矿产则以小型为主。矿产资源丰富而分布不均匀。域内优势矿种为铅、锌、银、汞以及地热水、煤、铀等矿床，主要分布于董塘镇、长江镇，集中于凡口、格顶、云顶和棉花坑矿区；钨、锡、钼、铋多金属矿床多以伴生形式出露，铌、钽、稀土等与花岗岩密切相关矿床主要分布于县域北部诸广山岩体内。

（李倩倩）

【生物资源】 仁化县国土总面积2223.22平方千米。2020年，全县林业用地面积183264.3986公顷，占82.43%，森林覆盖率80.77%，活立木蓄积量1209.56万立方米。域内森林有针叶林、阔叶林、针阔混交林、经济林、毛竹林、灌木林等。在生态林保护区及自然保护地内，多为大面积连片、保护较完好的天然阔叶林。在阔叶林群落中，上层以壳斗科、木兰科、樟科、山茶科植物占优势，下层以桃金娘、细齿叶柃、芒萁、乌毛蕨为主。据调查统计，全县有维管植物191科611属1074种，其中栽培植物56科101属138种，野生植物176科534属936种。野生维管植物以草本植物占优势，其中蕨类植物全为草本，单子叶植物有101种为草本。野生动物资源较丰富。经调查鉴定，县域内野生动物资源有4纲26目53科148种，其中兽类23种，鸟类89种，爬行类21种，两栖类15种。分布有国家一级保护野生动物华南虎、云豹、黑鹿、豺、豹、白颈长尾雉、白鹳、小青脚鹬、黄嘴白鹭、穿山甲10种，国家二级保护野生动物白鹇、勺鸡、褐翅鸦鹃、大鲵（俗称“娃娃鱼”）等20余种。

（崔　鑫）

人口·语言

【人口】　2020年，仁化县户籍总人口75295户243995人，比2019年下降0.4%；出生入户人口2790人，出生入户率1.14%，比2019年出生入户人口2656人增长5.05%。乡村人口145861人，占总人口比重59.78%；城镇人口98134人，占总人口比重40.22%；男性人口125184人，占总人口比重为51.31%；女性人口118811人，占总人口比重48.69%；性别比例（女性=100）105.4。

（邓红莲）

【语言】　仁化县位于粤赣湘三省交界处的粤北边陲，境内城乡居民大多数是客家人，且有部分江西、湖南、粤语区（珠江三角洲）和河源县移民，加上有少量历史上早已定居县内的瑶民，方言比较多样。由于历史渊源不同，客方言就有董塘话、长江话、附城话、塞麻（同虱嫲、虱乸、虱婆）话（原与北江船话相通）、河源话5个变体。其中董塘话与兴宁、梅县、惠州客方言更为接近，说这种方言的人数约占全县客方言人口一半。2004年7月，调整韶关市行政区划，从曲江县划入仁化县管辖的周田、黄坑、大桥3个镇方言，因为村民所居与仁化相邻，客方言、虱婆声、粤方言（白话）等均与仁化县相同类别方言接近。在周田镇道管、新庄村委会与大桥镇共和村委会等处部分村民，还有一种连滩话，该方言与潮州话相似，属闽南方言系统。

（谢嘉文）

民族·宗教

【民族】　根据2020年第七次全国人口普查统计数据，仁化县常住人口186009人，以汉族为主，常住少数民族有瑶族、畲族、壮族、回族、满族、苗族、彝族、土家族、藏族、土族、仫佬族、蒙古族、傈僳族、黎族、仡佬族、侗族、朝鲜族、布依族、布朗族、毛南族、白族、维吾尔族、哈尼族、哈萨克族、傣族、水族、东乡族、拉祜族、纳西族29个，少数民族总人口3364人（比第六次全国人口普查减少46人），占全县常住人口的1.8%。县域少数民族人口主要以瑶族人口居多，瑶族人口占全县少数民族人口的59.33%，其中，董塘镇瑶族村委会有瑶族人口556人，周田镇瑶溪村委会有瑶族人口340人、小溪村委会瑶山村小组有瑶族人口176人。少数民族与汉族交错散居于各镇（街）22个村民小组。董塘瑶族村、周田瑶溪村等少数民族村均有本村少数民族村民担任村委干部，其他与汉族混居行政村亦安排有少数民族村民担任村干部。

【宗教】　截至2020年年底，全县登记开放宗教场所中，佛教有丹霞山别传寺、丹霞山锦石岩寺（下院）、董塘云龙寺、妙善禅寺4处，道教有丹霞山仙居岩道观1处，基督教有丹霞聚会点、基督教董塘聚会点2处。宗教备案僧尼、道士、传教教职人员65人，信徒（居士）701人。

（邹云娣　叶永华）

环境质量

【概况】　2020年，仁化县环境质量总体良好，县城集中式饮用水水源地水质达标率100%，锦江丹霞山国控断面和瑶山电站县控断面达到Ⅲ类水质要求，锦江广东桥和瑶山电站地表水重金属专项监测断面达到Ⅲ类水质要求，全县主要江河水质达标率100%，水环境质量不断改善；县城空气质量保持良好，二氧化硫、二氧化氮、PM10、PM2.5、臭氧、一氧化碳6项监测指标年均浓度均达到《环境空气质量标准》二级标准，县城环境空气质量改善明显；县城区域环境噪声昼间等效声级年平均值为49.5分贝，总体水平较高，区域声环境质量保持稳定。

【水环境质量】 2020年，仁化县县城区饮用水源地水质良好，2020年监测结果表明，仁化县县城区集中式饮用水水源地全部水质指标达到国家《地表水环境质量标准》（GB 3838—2002）Ⅲ类，大多数指标还优于国家《地表水环境质量标准》（GB 3838—2002）Ⅱ类。水质良好，水质达标率100%，完全符合饮用水源地取水水质标准。江河地表水按照各断面所处功能区类别相应标准进行判定，断面水质指标全部达国家《地表水环境质量标准》（GB 3838—2002）Ⅲ类标准。断面大多数水质指标还优于国家《地表水环境质量标准》（GB 3838—2002）Ⅱ类，水质良好。锦江河段达到Ⅲ类水质标准限值，董塘河段达到Ⅲ类水质标准限值，与2019年相比，总体上水质没有较大变化。

【大气环境质量】 2020年，仁化县县城区开展空气质量自动监测，监测主要项目有二氧化硫、二氧化氮、PM10、PM2.5、臭氧、一氧化碳，全年有效监测361天，取得AQI指数361个，AQI指数最大值149。根据空气污染指数AQI及对应的空气质量级别划分为优、良、轻度污染、中度污染、重度污染5等级，全年有效监测361天中，优为236天、良为121天、轻度污染为4天、中度污染为0天、重度污染为0天，优、良以上天数合计357天占比98.9%。

【声环境质量】 2020年，仁化县区域环境噪声和道路交通噪声监测安排在秋季进行。区域环境噪声按网格法布点，共布设网格101个。交通干线噪声监测布点方法是，在城市规划部门划定的城市主、次交通干线上，每个自然路段布1个测点，测点距任一路口距离应大于50米。长度不足100米路段，测点设于路段中间。测点位于人行道上距路面（含慢车道）20厘米处，实际监测点位15个。据监测，2020年度，仁化县县城区域环境噪声等效声级年平均值为49.5分贝，达到2类区昼间标准（60分贝），与2019年持平；城区区域环境噪声质量整体水平仍较好；县城区道路交通噪声等效声级平均值为67.5分贝，未超过标准值70分贝，与上年67.5分贝持平。平均车流量为831辆/小时，比上年777辆/小时减少54辆/小时。监测点位达标率80%，整体声环境质量有所改善。

（侯泽文）

蓝天白云下的丹山锦水（龙全明　摄）

建置·区划

【建置沿革】 仁化县古属百越之地，秦末汉初仁化地域属南越国南海郡。南越归汉，仁化为曲江县地域。南朝齐（479—502）析曲江县地，始置仁化县。南朝梁至唐垂拱三年（687）撤销仁化县，并入曲江县。唐垂拱四年（688）复置。北宋开宝五年（972），仁化县并入乐昌县，宋真宗咸平三年（1000）恢复建置。南宋至元、明、清、民国时期，均相沿未改。中华人民共和国成立后，1949年10月16日，成立仁化县人民政府。1958年11

月7日，仁化县并入广东省韶关市，为市辖郊区。1961年1月17日，仁化县从韶关市划出，恢复县建置，属广东省韶关地区。1983年6月，韶关市与韶关地区合并，以市带县，仁化县属广东省韶关市辖。2004年7月，韶关市部分行政区划调整，原曲江县辖黄坑镇、周田镇、大桥镇划归仁化县管辖。此后未再变动。

（谢嘉文）

【行政区划】 2020年，全县辖董塘、石塘、城口、红山、扶溪、闻韶、长江、黄坑、大桥、周田、丹霞街道办事处共10个镇、1个街道办事处，16个居民委员会（社区），109个村民委员会，1117个村民小组。

（叶莉华）

经济社会发展

【简述】 2020年，面对突如其来的新冠疫情，中共仁化县委、县人民政府统筹推进疫情防控和经济社会发展，强化各项工作措施，仁化县经济逐季回升。根据韶关市地区生产总值统一核算结果，2020年仁化县实现地区生产总值103.51亿元，按可比价格计算，同比增长2.9%，比一季度回升8.1个百分点，比上半年提高3.6个百分点，比前三季度提高0.2个百分点。其中，第一产业增加值22.76亿元，同比增长3.5%；第二产业增加值42.52亿元，同比增长5.6%，其中工业增加值33亿元，同比下降1.3%；第三产业增加值38.23亿元，同比下降0.1%。三次产业比为22：41.1：36.9。

【农业发展】 2020年，全县农林牧渔业增加值23.35亿元，同比增长5.2%；农林牧渔业产值37.96亿元，同比增长4.3%，保持平稳发展。

【财政收支】 2020年，全县一般公共预算收入完成5.94亿元，同比下降9.3%。其中，税收收入3.08亿元，同比下降25.8%，占一般公共预算收入51.9%。一般公共预算支出261921万元，同比下降7.5%。

【金融业发展】 2020年，全县金融机构各项存款余额107.8亿元，同比增长6.5%，其中住户存款余额85.4亿元，同比增长9.3%；各项贷款余额52.9亿元，同比增长13.5%。

【资质建筑业企业产值】 2020年，全县资质建筑业企业总产值11.58亿元，增长54.1%，延续2019年高速增长势头。

【服务业】 2020年，仁化县实现社会消费品零售总额23亿元，同比下降8.4%，增速同比下降16.6个百分点。批发业销售额13.05亿元，同比下降18.5%，其中限上批发业销售额6.92亿元，同比下降30.7%。零售业销售额10.32亿元，同比下降7.9%，其中限上零售业销售额1.56亿元，同比下降13.6%。住宿业营业收入0.7亿元，同比下降18.4%，其中限上住宿业营业收入0.39亿元，同比下降15.8%。餐饮业营业收入2.56亿元，同比下降21.1%，其中限上餐饮业营业收入0.31亿元，同比下降31.1%。

【工业发展】 规上工业增加值持续负增长。2020年，仁化县规模以上工业增加值同比下降2.7%，比上年同期降幅收窄0.3个百分点，比前三季度回落5.4个百分点，比全市低5.7个百分点。“三大支柱行业”完成增加值18.52亿元，下降1.2%。其中，电力、热力生产和供应业下降2.8%，有色金属矿采选业增长0.7%，有色金属冶炼和压延加工业下降8.9%。

固定资产投资继续回落。2020年，仁化县固定资产投资比上年下降2.8%。从投资主体看，国有及国有控股经济投资下降17.8%，外商及港澳台地区经济投资下降79.7%，民营经济投资下降18.1%。在三次产业中，第一产业投资同比增长289.9%，第二产业投资同比增长11.2%，第三产业投资同比下降19.3%。

商品房销售面积有所回升。2020年，仁化县房地产开发投资比上年下降4.5%。商品房销售面积回升转正，全年商品房销售面积17.06万平方米，同比增长0.8%，比上年回升45.7个百分点，销售面积降幅逐月收窄，在全年转正。其中，住宅商品房销售面积16.17万平方米，增长6.1%。商品房销售额86241万元，下降3%，其中，住宅商品房销售额80865万元，增长8.5%。

【旅游业】 2020年，仁化县接待游客总人数616.2万人次，同比下降41.4%，其中过夜人数245.72万人次，同比下降26.1%；实现旅游收入31亿元，同比下降51.6%。

【城乡居民收入】 2020年，仁化县城乡居民收入稳步增长，生活水平不断提高。全县居民可支配收入25125.2元，同比增长4.7%；城镇居民人均可支配收入30910元，比上年增长4.8%；农村居民人均可支配收入19409元，同比增长4.6%。城乡收入比1.59。

【社会保障体系】 2020年年末，仁化县参加城乡养老保险人数82343人，下降1.2%；参加职工企业养老保险37862人，增长6.6%；参加职工医疗保险29946人，增长1.2%；参加职工失业保险15204人，增长8.5%；参加城乡居民基本医疗保险177584人，下降0.5%；参加生育保险20847人，增长4.4%；参加工伤保险23227人，下降0.6%。全县享受社会养老保险离退休人员39147人，增长2.3%。

（罗　培）

精神文明建设

【概况】 2020年，仁化县精神文明建设工作坚持以习近平新时代中国特色社会主义思想为指导，深入贯彻落实中共十九大和十九届二中、三中、四中、五中全会精神，围绕举旗帜、聚民心、育新人、兴文化、展形象使命任务，着力培养担当民族复兴大任时代新人，弘扬共筑美好生活梦想时代新风，持续深化“全国县级文明城市”创建工作，推动新时代精神文明建设工作不断迈上新台阶。2020年11月20日，仁化县获“全国文明城市”称号。

【新时代文明实践中心建设】 2020年，仁化县高标推进新时代文明实践中心全国试点县建设。以“唱响红色主旋律，打造绚美大丹霞”为主线，依托“一线双联”“民情夜访”党建引擎，以组建特色队伍、彰显特色文化、建设特色场地、组织特色活动、融合特色节庆为抓手，创新方式方法，推动习近平新时代中国特色社会主义思想在仁化结出丰硕果实。组建覆盖各级党组织文明实践志愿服务队伍，结合创建全国县级文明城市工作，深度融合红色文化、非遗文化、民俗文化与“仁爱仁化”城市文化，实施科学理论政策宣讲等工程。突出整合、激活资源，构建“实践中心—实践所—实际站—实践点”四级架构，建成文明实践阵地144个。突出“县打品牌、镇有特色、村有主题”实践意识，结合乡村振兴、精准扶贫、疫情防控、创文、复工复产复学等中心工作，组织全县各级志愿服务队，以“线上+线下”“农村+县城”“集中+分散”“固定+流动”方式，组织开展“红心闪耀”“仁爱仁心”“全民尚文”“三农快线”“生态和美”“医心医意”“梦想启航”“企业护航”八大志愿服务品牌文明实践活动6500余场次，受众逾18万人次。2月，仁化县“全民尚文”志愿品牌文化志愿服务队获“广东省最佳志愿服务组织”称号。

【培育和践行社会主义核心价值观】 2020年，仁化县全面深化推广普及社会主义核心价值观，利用各类载体发布宣传阐释社会主义核心价值观24字内容和刊播公益广告10万余次，运用仁化文明网、仁化县人民政府网、“文明仁化”微信公众号等新媒体首页固定及定期推送方式，广泛宣传培育和践行社会主义核心价值观，印制文明礼仪手册、环保袋、纸巾5万份，开展全覆盖入户宣传。建立完善联合惩戒机制，发布诚信“红黑榜”名单87个。其中，入选仁化县诚信“红榜”名单企业55家，入选仁化县诚信“黑榜”名单企业13家、个人19人。利用“3·15”国际消费者权益日等节点，开展诚信教育活动。深入开展爱国主义教育活动，推进县爱国主义教育基地建设、管理和使用水平。3月，红军长征粤北纪念馆、安岗红色村、董劝书院、城口红色遗址群、气象防灾减灾自救互救认证科普中心被评为韶关市第七批爱国主义教育基地。

省文明村长江镇学堂坳村文化活动中心（县委农办　供图）

【**各类型文明创建**】　2020年，仁化县持续深入开展群众性精神文明创建活动，丰富群众精神文化生活。广泛开展文明村镇、文明单位、文明家庭、文明校园等创建活动，各类文明创建成效显著。深入推进文明镇村创建工作，指导11个镇（街）125个村（居）开展不同级别创建工作，完成乡村振兴文明村镇达标创建要求。全年，获评省文明村1个（长江镇学堂坳村），获韶关市文明镇3个（扶溪镇、长江镇、红山镇）、文明村12个（长江镇芭蕉垅村，扶溪镇紫岭村、斜周村、厚塘村，董塘镇董联村、南湖村，城口镇上寨村、恩村，石塘镇京群村、光明村、上中垒村，黄坑镇下营村）、文明社区3个（董塘镇社区、广东铝厂社区、凡口社区）、文明单位3个（县人民法院、县西岸水电工程管理所、红山镇卫生院）、文明示范窗口1个（县交通运输局违章处理股）、文明校园2个（城北小学、仁化县长江中心小学）、文明家庭4户，命名2018—2019年度仁化县文明镇1个、文明村23个、文明社区3个、文明单位8个；评选出县级“星级文明户”3039户、“文明家庭”60户。7月29日，董塘镇新龙村获广东省妇联和省文明办第六批“广东省家庭文明建设示范点”称号。

【**公民思想道德建设深入推进**】　2020年，仁化县深入开展系列典型选树，评选表彰“仁化好人”20名、最美系列人物90名、“仁化新乡贤”10名，举办大型宣传活动2场。将精神文明建设与疫情防控工作相结合，在全县深入开展抗疫典型先进学习宣传、文明餐桌、文明交通、文明上网、爱国卫生运动等主题活动。向市委宣传部选送21名战“疫”医务工作者先进典型事迹。印发《仁化县抗疫一线先进典型事迹》2期并组织全县干部职工学习先进典型。通过“仁爱仁化”App等媒介宣传发布“道德模范”等典型事迹248篇，宣传抗疫先进人物事迹138篇。开展传承好家风好家训活动125场次。倡导使用公筷公勺文明餐桌活动150余场次，张贴“文明健康　有你有我”公益广告海报1.1万余幅，公筷公勺宣传海报1万份，发放公勺公筷1000套至各镇（街）餐饮单位。开展“理性追思　文明祭祀”专题访谈、第五届客家艾糍线上文化节、“文化进万家”系列文艺演出、爱在重阳游园、敬老志愿服务活动等“我们的节日”主题活动180余场次。开展网上精神文明创建活动，在仁化文明网、“文明仁化”微信微博开展“我承诺　我行动　仁化县市民防疫文明实践九条”、仁化县“新时代文明　抗疫在行动”寻找感动瞬间网络文明传播活动。结合“4·23”世界读书日，在丹霞讲学堂举办粤鄂澳（门）线上、线下“共读半小时”阅读活动。开展文明喜庆过“双节”随手拍活动，引导群众文明过节。全县109个村通过村民议事会修订完善村规民约，明确红白喜事具体操作标准，规范约束村民行为，提倡喜事小办、丧事简办，挖掘宣传移风易俗先进典型事迹。

村民在村图书室阅读（龙全明　摄）

【未成年人思想道德建设强化】　2020年，仁化县思想道德教育实践活动有序开展。各中小学校严格执行思政课课程标准，开足开齐开好思政课，丰富德育课程内容和形式，充分挖掘仁化红色文化资源和深厚历史人文资源，利用博物馆、爱国主义教育基地、实践基地等资源开展德育活动，组织学生到粤北红军长征纪念馆、双峰寨、铜鼓岭烈士纪念园等教育基地，缅怀革命先烈，传承红色基因。完善家校协同育人机制，全县25所中小学校分层次建立家长委员会，健全家长开放日制度、家长会制度、家访制度和“优秀家长”评议制度，邀请专家、省级名班主任、优秀家长定期举办家庭教育系列专题讲座，促进家校沟通常态化、制度化、规范化。深入开展文明校园创建活动，表彰通报仁化县“新时代好少年”25名，入选广东“新时代好少年”1人。组织3万余名中小学生参与韶关市文明“网上祭英烈”、“传承红色基因　清明祭英烈”暨“我们的节日·清明”、“吟诗诵典，寄托哀思”、“艾在仁化”等活动。组建“心理辅导志愿队”，开通“QQ心理咨询室”。营造良好社会文化环境，文化、公安、市场监管、教育、住建等部门开展网吧、网络、文化出版物市场、校园周边环境、文化娱乐场所等专项整治。县级各媒体积极宣传，关爱保护未成年人健康成长。

（叶庚兰）

中国共产党仁化县委员会

综　　述

2020年，中国共产党仁化县委员会（简称中共仁化县委）在中共中央和中共广东省委、中共韶关市委坚强领导下，坚持以习近平新时代中国特色社会主义思想为指导，全面贯彻中共十九大和十九届二中、三中、四中、五中全会精神，深入贯彻习近平总书记出席深圳经济特区建立40周年庆祝大会和视察广东重要讲话、重要指示精神，认真贯彻落实中共中央和省委、市委各项决策部署，围绕省委“1+1+9”（“1”是加强党的全面领导和党的建设；“1”是以更大魄力、在更高起点上推进改革开放；“9”是9个方面的重点工作，即为举全省之力推进粤港澳大湾区建设和支持深圳建设中国特色社会主义先行示范区，扎实推进高质量发展、打造新发展格局的战略支点，加快建设科技创新强省，加快建设现代化经济体系，全面实施乡村振兴战略，高质量加快构建“一核一带一区”区域发展格局，深入推进文化强省建设，营造共建共治共享社会治理格局，统筹发展和安全建设更高水平的平安广东）工作部署和“一核一带一区”（“一核”即珠三角地区，是引领全省发展的核心区和主引擎；“一带”即沿海经济带，是新时代全省发展的主战场；“一区”即北部生态发展区，是全省重要的生态屏障，包括韶关、梅州、清远、河源、云浮5个市）区域发展格局要求，立足北部生态发展区定位，充分发挥县委总揽全局、协调各方核心作用，团结带领全县各级党组织和广大党员干部群众，积极融入和服务“双区”（粤港澳大湾区、深圳先行示范区）建设，统筹推进常态化疫情防控和经济社会发展，扎实做好“六稳”（稳就业、稳金融、稳外贸、稳外资、稳投资、稳预期）工作，全面落实“六保”（保居民就业、保基本民生、保市场主体、保粮食能源安全、保产业链供应链稳定、保基层运转）任务，深入推进“一线两带两区”建设（以实施“139”发展战略为工作主线，大力推进红色文化旅游经济带、武深高速农业经济带、董塘凡口绿色工业园区、省产业转移工业园区建设），全面加强中国共产党领导及其建设，经济社会各项事业发展取得新进步。2020年，全县完成地区生产总值103.51亿元，增长2.9%；地方一般公共预算收入5.94亿元，完成固定资产投资54.07亿元。仁化县成为全省“珠三角”以外成功创建的首个全国文明城市，成功创建国家全域旅游示范区，被评为全国信访工作“三无”（无进京越级上访、无大规模集体上访、无因信访问题引发的极端恶性事件）县，在国家重点生态功能区县域生态环境质量考核中全省排名第二，获广东省第11届“双拥模范县”、“四好农村路”省级示范县称号，被列为全国第二批新时代文明实践中心试点县、广东省率先实现农业农村现代化试点县。

重要会议

【县委全会】 中国共产党仁化县第十三届委员会第十次全体会议。2020年1月19日，中国共产党仁化县第十三届委员会第十次全体会议在仁化县城召开。

全会由县委常委会主持。全会听取中共仁化县委书记林国华代表县委常委会所作题为“铆足干劲 接续奋斗 干在实处 全力争当韶关生态文明和乡风文明建设排头兵”报告，审议县委常委会2019年抓党建工作情况报告和《中共仁化县委关于决胜全面建成小康社会工作任务清单》。

中国共产党仁化县第十三届委员会第十一次全体会议。2020年11月2日，中国共产党仁化县第十三届委员会第十一次全体会议在仁化县城召开。全会由县委常委会主持。全会听取县委书记林国华代表县委常委会所作工作报告，审议通过《仁化县贯彻落实省委十二届十次全会精神加快仁化高质量发展的实施方案》。

中国共产党仁化县第十三届委员会第十二次全体会议。2020年12月29日，中国共产党仁化县第十三届委员会第十二次全体会议在仁化县城召开。全会由县委常委会主持。全会深入学习贯彻习近平总书记在中共十九届五中全会上的重要讲话和五中全会精神，认真贯彻落实习近平总书记出席深圳经济特区建立40周年庆祝大会和视察广东重要讲话、重要指示精神，以及省委十二届十一次、十二次全会和市委十二届十三次全会精神，研究谋划“十四五”时期仁化经济社会发展，推动建设更高水平“生态、活力、幸福”新仁化，奋力打造北部生态发展区绿色发展仁化样板。全会听取林国华代表县委常委会所作报告，审议《仁化县关于落实韶关市〈关于深入学习贯彻习近平总书记出席深圳经济特区建立40周年庆祝大会和视察广东重要讲话重要指示精神高质量对接融入粤港澳大湾区深圳先行示范区建设的实施方案〉任务分工清单》。

【县委常委会】 2020年，中共仁化县委员会召开县委常委会65次，主要通过《仁化县党政领导干部安全生产责任制实施方案》《仁化县全域自然村集中供水全覆盖工程有关事项》《仁化县四套班子成员、法检“两长”风险排查清单》《仁化县乡村振兴战略规划（2018—2022年）》《仁化县全面推行河长制工作方案》《仁化县贯彻落实〈党委（党组）落实全面从严治党主体责任规定〉分工方案》《2020年仁化县创建全国县级文明城市“百日攻坚”行动实施方案》《中共仁化县镇（街）委员会、仁化县镇（街）人民政府职能配置、内设机构和人员编制规定》等相关文件及人事任免相关事宜。

重要决策

【乡镇街道体制改革】 2020年8月14日，中共仁化县委印发《仁化县深化乡镇街道体制改革完善基层治理体系实施方案》。在合理下放管理职权、统筹优化党政机构、健全协同高效运行机制、完善运行保障体系4个方面明确改革重点和任务。为进一步激发乡镇街道经济社会发展活力，夯实国家治理体系和治理能力基础，推动仁化县“139”发展战略顺利实施、争当全市乡风文明和生态文明建设排头兵提供坚强有力体制机制保障。

【路长制工作加强】 2020年9月4日，中共仁化县委、仁化县人民政府印发《仁化县普通公路路长制“136”行动工作方案》（以下简称《方案》）。《方案》在习近平新时代中国特色社会主义思想，市委、市政府关于路域环境综合整治指示精神下，以坚持党政领导、部门联动；坚持问题导向、因地制宜；坚持条块结合、分级管理；坚持全民参与、形成合力；坚持动态评价、严格考核为原则在全县国省道、县乡道和村道范围内，开展路长制“136”行动。在县域范围内形成道路管理规范、道路养护水平提升、路域环境优化公路路长制工作机制。

【食品安全工作加强】 2020年10月23日，中共仁化县委、仁化县人民政府印发《关于深化改革加强食品安全工作的实施方案》，规范食品安全管理和监督，在县域范围内形成全民重视、全民参与食品安全工作合力，保障全县人民财产和人身安全、明确食品企业主体责任和义务、规范食品市场生产和销售过程。

【招商引资服务工作加强】 2020年11月19日，中共仁化县委、仁化县人民政府印发《仁化县招商引资服务工作机制》，成立仁化县招商引资服务工作领导小组，强化招商工作领导权责意识、优化招商工作方式方法、提升招商工作落地力度、健全招商工作服务保障。在招商引资工作中发挥基础性作用，进一步促进全县营商环境优化提升，加快实现营商环境高质量发展。

（卢俊林）

重要活动

【"不忘初心、牢记使命"主题教育常态化】 2020年，仁化县探索建立四项长效机制，落实23项具体工作任务，推动全县"不忘初心、牢记使命"主题教育常态化制度化。一是建立推动学习教育走深走心走实长效机制。制定《仁化县推动形成"不忘初心、牢记使命"长效机制实施方案》，坚持以理论滋养初心、以理论引领使命。全面落实"第一议题"制度，把学习习近平总书记最新重要讲话精神、最新指示批示精神、党中央最新决策部署和党内法规作为县委常委会议、党委（党组）会议、理论中心组学习、"三会一课"第一议题。运用各级党校、党群服务中心、新时代文明实践中心（站、所）、党员远教平台、广东党建云、党员教育基地，结合仁化县丰富红色资源，常态化开展革命传统教育，持续激励党员传承红色文化、增强斗争精神。全年举办主体培训班26期次，其他班次210期次。二是建立增强"四个意识"、坚定"四个自信"、做到"两个维护"长效机制。加强理想信念教育和对党忠诚教育，抓好全县各级党员干部思想政治建设，加强党员干部教育培训，开展"大学习、深调研、真落实"工作，制订2020年调研课题和调研安排方案。常态化抓好8个方面整治工作，做到常学习、常对照、常检查、常整改。开展革命传统教育，引导党员干部知史爱党、知史爱国，各镇（街）党校授课184期（次），利用党员干部现代远程教育常态化开展学习830余次。三是建立领导干部深入基层、深入群众长效机制。深入开展"一线双联""民情夜访"活动，推动各级领导干部重心下移、力量下沉，在解决实际问题中践行初心和使命，截至6月，各级领导干部累计开展活动3519次，收集群众反映问题和建议1056个，解决群众关心的实际问题1013件，群众获得感和幸福感持续提升。四是建立激励干部担当作为长效机制。引导全县党员干部主动干事创业、担当作为，树立重实绩选人用人导向，坚持好干部标准，落实领导干部实绩档案、考验性管理等相关干部管理制度，通过正向激励和负向考验方式，推动干部能上能下。深化"六讲六比"作风建设活动，运用督查督办、明察暗访、执纪问责、示范引领、典型曝光等措施，以干部作风转变推动仁化实现高质量发展。

【机关与农村党组织互帮互助机制创新】 2020年，仁化县在"一线双联""民情夜访"党建平台基础上，推行机关党组织与农村党组织"支部帮支部、书记帮书记、党员联党员"党建促扶贫工作机制，推动机关支部和农村支部共建，组织全体机关党员和村（社区）党员一起过组织生活、走访贫困户、服务乡村，集中力量决战决胜脱贫攻坚任务。巩固机关党组织和农村党组织结对成果，提高基层党组织政治领导力、思想引领力、群众组织力和社会号召力，结合新一轮党建三年行动计划，在全县开展党支部“互学互帮互促”工作，从先进党支部带动后进党支部、实施“1+N”组团建强机关党支部、机关党组织结对农村（社区）党组织3个层面搭建党支部交流互鉴平台，促进各党支部相互学习、互相借鉴、互相督促、共同提高。召开全县基层党组织业务培训会，对党支部“互学互帮互促”工作作具体辅导。一是先进党支部带动后进党支部。全县111个先进党支部与后进党支部挂钩结对，结对党支部在支部规范化建设、党员作用发挥以及推动工作情况等方面开展互学，通过组织谈心谈话、党务业务交流、组织活动等方式促进互帮，采取列出问题清单限期整改、大胆批评、组织考评等举措互促提升，促进后进党支部实现晋位升级。二是在县直机关中实施“1+N ”组团建强机关党支部。在县级层面组建20个党建工作团，由规范化建设水平较高机关党组织与较弱机关党组织组团共建，团内建立统一工作标准、统一工作流程，通过互学互帮互促，实现组团党组织党建工作同频共振、整体推进。三是机关党组织结对农村（社区）党组织。按照“一线双联”活动县直单位与农村社区结对帮扶关系，机关党组织与农村（社区）党支部挂钩结对，推动全县机关单位与挂点联系村级党组织开展“支部帮支部、书记帮书记、党员联党员”共建活动，下沉机关单位工作资源和力量，提升基层党组织政治领导力、组织动员力、治理管控力、统筹协调力、宣传引导力。据统计，全年全县各级领导干部累计开展活动3519次，收集群众反映问题和建议1056个，解决群众关心的实际问题1013件，有效推动机关力量和资源向农村基层输入，夯实农村基层党组织，推动脱贫攻坚、乡村振兴、基层治理各项工作任务落实，群众获得感和幸福感持续提升。

（李嘉明）

县委理论学习中心组

【概况】 2020年，中共仁化县委理论学习中心组坚持以习近平新时代中国特色社会主义思想为指引，全面贯彻中共十九大和十九届二中、三中、四中、五中全会精神，深入学习宣传贯彻习近平总书记重要论述和重要讲话精神，树牢“四个意识”、坚定“四个自信”、做到“两个维护”，紧紧围绕县委、县政府中心工作，以求真务实作风坚决把中共中央决策部署落到实处，大力推进经济建设，不断创新工作思路，提高服务水平和质量，为仁化经济发展和社会进步提供强大精神动力、舆论支持和思想保证。

【中心组学习】 2020年，中共仁化县委理论学习中心组从建设学习型党委、推动学习型社会建设战略高度，充分认识新形势下加强党委中心组学习重要性和必要性，不断增强学习主动性和自觉性，规范学习方式和内容。全年组织理论中心组集中学习30场次，主要内容涵盖16个方面：深入学习领会习近平新时代中国特色社会主义思想；习近平总书记关于学习马克思主义经典的重要论述；习近平总书记关于坚持和完善中国特色社会主义制度，推进国家治理体系和治理能力现代化的重要论述；习近平总书记关于新冠肺炎疫情防控工作的重要论述；习近平总书记关于脱贫攻坚、全面小康的重要论述；习近平总书记关于乡村振兴的重要论述；习近平总书记关于“两个大局”的重要论述；习近平总书记关于坚持底线思维、防范化解重大风险的重要论述；习近平总书记关于贯彻新发展理念、做好经济工作的重要论述；习近平总书记关于深化改革、扩大开放的重要论述；习近平总书记关于创新驱动发展的重要论述；习近平总书记关于意识形态工作的重要论述；习近平总书记关于社会主义先进文化和精神文明建设的重要论述；习近平总书记关于历史特别是党史、新中国史、改革开放史、社会主义发展史的重要论述；习近平总书记关于加强党的领导和党的建设的重要论述；学习领会中共十九届五中全会精神。

【专题讲座】 2020年，中共仁化县委理论学习中心组针对改革发展中的重大理论和实践问题，先后邀请领导、专家、学者到仁化作专题辅导授课5场次，分别是：全国人大代表罗振作《聚焦全国“两会”精神——关注民生·为民解忧》专题辅导；县委法律顾问、广东天行健律师事务所主任王少敬作《中华人民共和国民法典》专题辅导，广东天行健律师事务所律师林柱育作《重大行政决策程序暂行条例》专题辅导；中共韶关市委宣传部副部长夏娟作《习近平谈治国理政》第三卷专题辅导；中共韶关市委党校副教授赵倩倩作“习近平总书记出席深圳经济特区建立40 周年庆祝大会和视察广东重要讲话重要指示精神”专题辅导；中共韶关市委党校副校长杨斌作“党的十九届五中全会精神”专题辅导。

【专题研讨】 2020年4月22日，中共仁化县委理论学习中心组召开举办“党的十九届四中全会暨李希同志在韶调研讲话精神专题学习研讨会”。9月27日至29日，中共仁化县委理论学习中心组召开举办《习近平谈治国理政》第三卷专题集中学习研讨会3次，主题分别是：“坚持和加强党的全面领导，全面落实管党治党责任”集中研讨；“坚持以人民为中心，以新作为推动新发展”集中研讨；“增强忧患意识，提高防范化解风险挑战能力”集中研讨。

【个人自学】 2020年，中共仁化县委理论学习中心组成员在抓好集中学习的同时，采取多种形式开展自学，内容主要包括《习近平谈治国理政》第三卷及《改革开放40年的执政党建设》《粤港澳大湾区发展规划纲要及小手册》《学习习近平生态文明思想问答》《新时代党的建设十五讲》《论坚持党对一切工作的领导》《只争朝夕不负韶华为全面建成小康社会而奋斗》《论“四个伟大”》《习近平关于力戒形式主义官僚主义重要理论选编》《中国制度面对面》《学习活页文选》《党委中心组学习》《党建》《时事报告》等。

【基层宣讲】 2020年，中共仁化县委理论学习中心组发挥县委宣讲团、领导干部宣讲团、百姓宣讲团、红色宣讲团等宣讲队伍作用，利用县域丰富的红色文化资源，全面铺开《习近平谈治国理政》第三卷、“习近平总书记在深圳经济特区建立40周年庆祝大会上重要讲话和视察广东重要讲话重要指示精神”宣讲，“中国制度故事”“小康故事”“抗疫故事”百姓宣讲及中共十九届五中全会精神的基层宣讲工作。全年，县委宣讲团前往各单位党委（党组）、各镇（街）党（工）委开展理论宣讲220余场，在各村（居）开展多种形式宣讲480余场，领导干部宣讲团开展宣讲510余场，深入机关、企业、学校、农村、社区等基层一线开展各类主题宣讲1300余场次。

（邓贵胜　刘智川）

县委办公室工作

【办文办会】 2020年，中共仁化县委办公室（简称县委办）坚持以服务县委工作为中心，求真务实，规范管理，做好参谋助手、统筹协调、办文办会职能工作，充分发挥“咽喉”“纽带”作用，切实保障县委各项工作高效运转，得到县委领导和上级主管部门肯定。办文严把起草关、审核关、缮印关、校对关、发送关。全年审核、校改县委、县政府（含县委办）文件380余件次，处理中共中央、省、市机要寄送件335件次，处理纸质来文和领导批示1555件，向市委办报备党内规范性文件14份，文件报备及时率与备案通过率均为100%。县委办认真做好会议统筹、文件材料印发、会场布置和后勤服务等会务工作。统筹做好上级领导到仁化调研和省市现场会筹备工作，确保调研活动和现场会顺利进行，各项工作得到省、市领导肯定。全年单独承办或与其他部门承办以及协助部门组织召开各种会议78次，其中大型会议2次。

【改革工作】 2020年，召开县委全面深化改革委员会工作会议2次，研究部署全面深化改革工作，持续推动改革引向深入、进行到底。不折不扣抓好中央和省委、市委部署工作任务，完成市委改革工作要点涉及仁化改革项目12项（含2项特色改革项目）。围绕11个领域的改革任务，稳步推进完成县委改革工作要点改革任务41项。

【督查工作】 2020年，县委督查室围绕县委“139”发展战略和“一线两带两区”发展格局，创新督查方式、突出工作重点、注重督查效果，坚持执行第一，落实为要，以求真务实、真抓实干作风推动督查工作取得新成效。始终将贯彻落实好习近平总书记重要讲话和重要指示批示精神落地落实作为首要政治任务，及时建立政治要件台账，定期梳理盘点台账每个事项落实情况，全年纳入台账政治要件65件，均顺利推进并取得阶段性成效。围绕县委全会精神、县委“139”发展战略，督查工作触角紧跟县委重大决策和重点任务，第一时间分解落实党委重要会议精神，分类建立台账，实行项目化分工、清单化推进、时限化管理、责任化落实，严格对账销号，定期梳理汇总落实情况反馈县委领导，切实做到上级工作及时办、领导批示紧跟踪、会议精神重点抓、重点工作专项推，通过抓督查、促落实、助发展，确保党委各项决策部署得以贯彻落实。全年组织开展各项专项督办活动80余次，下发各类督查通报25期。

2020年9月16日，全省精准扶贫档案管理培训班在仁化县举行，图为观摩现场（县档案馆　供图）

【档案工作】 2020年，仁化县档案局坚持以习近平新时代中国特色社会主义思想为指导，全面贯彻落实县委县政府工作部署，提高档案管理水平，增强档案服务能力，发挥档案“资政惠民”功能。启动董塘镇安岗村档案工作服务农村基层社会治理试点建设工作，并纳入省级改革试点，是仁化县档案部门继获得“全国档案系统先进集体”称号后开展的一项档案重点工作。仁化扶贫档案管理做法在全省、全市广泛推广。8月21日，仁化县承办全市精准扶贫档案管理工作现场推进会。9月16日，在省扶贫办和省档案局指导下承办全省精准扶贫档案管理工作现场推进会和业务培训班。

（卢俊林）

组织工作

【干部教育培训】 2020年，仁化县坚持以习近平新时代中国特色社会主义思想和中共十九大精神为指导，在抓好疫情防控工作基础上，扎实推进干部教育培训工作，促进党员干部增强“四个意识”、坚定“四个自信”、做到“两个维护”，提高专业化能力，培养造就忠诚干净担当高素质专业化干部队伍，推动仁化经济社会发展。牢牢把握学懂弄通做实要求，全面落实“第一议题”制度，坚持读原著学原文悟原理，引导党员干部深入学习《习近平谈治国理政》第一、第二、第三卷，习近平总书记系列重要论述摘编，跟进学习习近平总书记最新重要讲话和重要指示批示精神，做到真学真懂真信真用。全年举办主体培训班26期、专题培训230余期，集中培训干部2万余人次，着力加强各级党员干部思想淬炼、政治历练、实践锻炼和专业训练，增强党员干部“八种本领”（学习本领、政治领导本领、改革创新本领、科学发展本领、依法执政本领、群众工作本领、狠抓落实本领、驾驭风险本领）。

【干部选拔任用】 2020年，仁化县坚持好干部标准，始终把政治标准放在第一位，注重激励和约束并重，贯穿干部“选育用管”各个环节。建立一线考察识别干部机制。对全县11个镇（街）开展班子分析研判工作，结合一线调研、实地考察、督察检查等方式，发现在疫情防控工作中表现突出干部210名，为通报表彰、评先评优、提拔使用干部奠定基础。围绕干部队伍建设工作，尤其是2020年镇（街）换届工作，启动镇（街）领导班子调研工作和全县后备干部推荐考察工作，选拔优秀年轻后备干部136名（其中正职类43人，副职类63人），储备素质优良、数量充足、结构合理科级领导班子后备干部一批。建立健全干部激励约束机制。出台《仁化县公务员职级晋升激励约束办法（试行）》，按照统筹推进、分类实施、轻重缓急原则，组织实施公务员职级晋升推荐考察工作。组织开展2019年度落实县委“139”发展战略等县重点工作、中心工作，表现优秀、政绩明显、发挥作用突出“百名年度考核”优秀人选推荐工作，评选出2019年度嘉奖单位18个（县直单位15个、镇街3个）、嘉奖个人19名、记三等功人员6名，99名“百名年度考核优秀个人”。针对不敢担当、不善作为、工作落实不力现象，通报批评党组织1个，纳入考验性管理干部6名（其中，科级干部4名，一般干部2名），营造风清气正、干事创业政治生态，调动和激发干部队伍积极性、主动性、创造性，担当作为蔚然成风。加强领导干部日常监督管理。组织开展全县干部选拔任用、经商办企业、因私出国（境）管理、配偶已移居国（境）外干部等专项检查，落实“三示三书”（任职提示、勤廉提示、温馨提示，函询通知书、提醒通知书、诫勉通知书）预警告诫办法，结合疫情防控、脱贫攻坚等工作加大干部谈心谈话力度，各级领导干部开展谈心谈话772次，通过抓小抓早抓苗头，切实做到防微杜渐。健全完善干部选拔任用监督机制，加强选人用人监督工作，开展执行《党委（党组）讨论决定干部任免事项守则》专项整治工作，完善《仁化县中层领导干部（股级）选拔任用工作规程（试行）》，加强干部选拔任用有关任前事项报告和报备审批管理，根据专项检查和县委巡察反馈选人用人程序不规范、超职数配备、执行规定不到位等问题，对11个单位下发“提醒注意”函，要求针对反馈问题，举一反三，限期落实整改。扎实开展“六讲六比”（讲学习、比能力；讲宗旨、比服务；讲正气、比党性；讲发展、比创新；讲奉献、比实绩；讲落实、比担当）作风建设活动。全年开展“一线双联”等专项督查42次，在元旦、清明节、“五一”国际劳动节等节假日开展明察暗访33次，发出工作通报6期，有效遏制不担当、不作为、慢作为现象。

【人才培养与管理】 2020年，仁化县发挥党管人才和组织部门牵头抓总作用，实施人才引进计划和“丹霞英才”招聘计划，根据全县实际情况，招聘来自浙江大学、中山大学等高校“丹霞英才”186名，对接引进硕士研究生学历市直党政储备类“丹霞英才”2名到董塘镇、周田镇挂职镇长助理工作。推荐县域各类人才参加第二期享受市政府特殊津贴人才选拔，有3人获评。推进人才公寓建设，切实解决党政、医疗、教育急需紧缺人才后顾之忧。发挥人才驿站凝聚人才、对接产业、服务企业、推动发展功能，开展形式多样人才对接活动。组织省科学家13名到县域企业、镇村开展科技服务，签订合作框架协议35份，省农科院仁化专家工作站在丹霞人才驿站挂牌成立，形成长效合作机制。以全省首家“农村夜校”示范点黄坑镇下营村“农村夜校”为标杆，制定印发《仁化县“农村夜校”（人才驿站）工作实施方案（试行）》，在每个镇（街）选取1～2个村共15个村作为“农村夜校”、村级人才驿站和人才培训基地试点，有针对性开展政策理论、医疗卫生、生产技术等方面培训，组织省、市、县、镇四级专家到各“农村夜校”开展培训75期次，培训人数3500余人次。

【基层党组织建设】 2020年，仁化县以突出大抓基层工作导向，着眼全面进步、全面过硬要求，统筹抓好各领域党建工作，加快构筑基层党建新格局。

*发挥基层党组织和党员干部先锋模范作用，强化群防群治疫情防控一线合力。*2020年，仁化县组织动员全县400多个基层党组织万名党员第一时间投入疫情防控第一线，成立临时党组织420个，组建党员先锋队16支、“红袖章”队伍500余支，设置党员先锋岗315个，织密组织防线，构筑疫情防控“阻击网”。提拔重用疫情防控表现优秀干部8名，接收表现优秀积极分子加入党员队伍2名，收集各级党组织先进事迹100个和党员干部疫情防控先进事迹210人次。疫情防控工作成为检验和拓展“不忘初心、牢记使命”主题教育“试金石”。

*坚持县镇村“三级”联动，推进村级换届工作顺利开展。*对照实现“三个一肩挑”和“两委”交叉任职目标，逐村研判队伍结构，列出具体问题清单，评定出各村（社区）换届风险级别，由县委书记带队，利用一周时间，全覆盖深入全县11个镇（街）开展村“两委”换届调查摸底、研判风险对策和人选问题，其间与乡镇班子成员152名和部分重难点村支部书记逐个开展谈心谈话，排查出涉及人选匹配度、信访隐患等方面问题风险26条，并逐个明确责任和时限。要求“一线双联”挂点县直单位领导和乡镇班子成员与109个挂点村“两委”干部、村小组长、老党员和贫困户开展逐个谈心谈话，及时掌握思想动态，确定意向人选，全覆盖开展谈话3000余人次。全县125个村（居、社区）换届工作进展平稳有序、社会面风险整体可控。

*深入推进“头雁”工程，建强乡村振兴“主力军”。*全县125个村（居、社区）储备“头雁”后备干部250名，其中35岁以下119名，大专及以上学历135名，在职大专在读16名。制定村（居、社区）党组织书记县级备案管理、年度轮训、出国（境）管理等制度，全面提升“头雁”工程质量。落实“青苗培养”工程，严格落实每个村党组织委员数不少于村委委员数要求，优化村干部队伍结构。完善村（居、社区）班子和村（居、社区）干部绩效考核制度，充分调动村干部干事创业积极性，积极落实村党组织书记

通过法定程序担任村民委员会主任和村级集体经济组织、合作经济组织负责人。

抓严抓实党员队伍建设，实施南粤党员先锋工程。着力规范以“三会一课”为主的党内组织生活，全面推行“固定党日+”活动，确保广大党员每月至少参加集中学习1次、交纳党费1次，通过开展共产党员“戴党徽、亮身份、树形象”活动和悬挂“党员之家”牌、党的节日走访慰问等活动，增强党员身份意识，提升基层党支部凝聚力。结合“一线双联”“民情夜访”党建工作载体，积极开展在职党员到社区报到服务活动。全县累计在职党员在“党员报到”系统注册3820人，各社区发布相关活动1878场（次），党员参与活动31490人次，在系统签到总时长94287小时，人均时长24.68小时。

统筹推进各领域基层党组织建设，基层党组织战斗堡垒作用不断提升。深化“一线双联”党建工作机制，实行县领导包镇、单位包村、党员包户，发挥基层党组织战斗堡垒和党员先锋模范作用，推动乡村振兴、精准扶贫和农村人居环境整治等重点工作深入开展。以组织振兴推动产业振兴，助力精准扶贫，形成长坝沙田柚、丹霞贡柑、仁化白毛茶等主导产业和“一村一品、一镇一业”特色农业连片发展格局，经省、市级农业农村部门认定的专业镇、专业村个数均排名全市第一。以创文网格化为抓手，探索完善区域化党建模式，提升党建引领城市基层治理能力水平。以“双同步”工作为契机，进一步扩大“两个覆盖”，新成立“两新”党组织7个。扎实推进创建模范机关创建工作，提高机关党建工作水平，评选出模范部门10个。

创新打造“民情夜访”党建特色品牌，基层治理共建共治共享成效显著。坚持创新党建工作载体，不断发挥基层党组织作用。开展“支部共建、党员同行”主题党日活动，结合“民情夜访”制度，建立“支部帮支部、书记帮书记、党员联党员”党建促扶贫工作机制，推动全县工作力量下沉一线，全力加强群众思想沟通和教育引导工作，形成基层治理共建共创工作格局，共同推动乡村振兴、精准扶贫、农村人居环境整治、基层党建、扫黑除恶、三大攻坚战、创文等重点工作深入开展。“民情夜访”活动得到省、市领导肯定，并在全市推广。

建好用好镇（街）党校阵地，强化基层党员党性教育。持续加强镇（街）党校建设，破解镇（街）党校怎么建、党课怎么讲、效果怎么样等难题，实现全县11个镇街党校全覆盖，全面加强标准化建设，延伸设立村（居、社区）党校，建立起县、镇（街）二级师资队伍，并结合各镇（街）实际情况，围绕中共中央和省委、市委、县委关于落实乡村振兴战略、农村发展、基层治理和扫黑除恶专项斗争等最新会议精神和决策部署，有针对性开设教育培训课程。全年，各镇（街）党校授课436期（次），利用党员干部现代远程教育常态化开展学习1510余次，培训基层党员、干部、群众20224人次。

加强国企退休党员社会化管理工作，落实好党内关心关怀机制。制定《关于加强国企退休党员社会化管理工作的方案》，做好国企退休党员社会化管理工作“后半篇”文章，通过科学合理安排党员、优化党组织设置、选优配强党务干部、严格落实党内组织生活制度、健全完善阵地等，保障国企退休党员社会化管理有效落地。在春节、“七一”建党节等重要节日，定期走访慰问老党员，帮助生活困难或其他方面问题老党员申请党员关爱基金，让他们时刻感受到党组织关怀和温暖。

【党员发展和管理】 2020年，仁化县贯彻落实《中国共产党发展党员工作细则》，注重拓宽选人视野向农村基层倾斜，严格把好每道关口，强化跟踪培养考察，确保新发展党员质量过硬。全年全县发展党员186名，党员结构优化，其中，农村党员111名，同比增长5.71%；35岁以下党员140名，同比增长10.24%；高知识群体党员15名，同比增长275%。

（李嘉明）

宣传工作

【理论宣传】 2020年，仁化县贯彻《中国共产党宣传工作条例》，发挥县融媒体中心理论宣传主阵地作用，在“仁爱仁化”App、“仁化发布”微信公公众号等媒体平台开设“学习贯彻习近平新时代中国特色社会主义思想”专题专栏，转载中央媒体权威报道和理论文章170余条次。结合全国第二批新时代文明实践中心试点建设工作，由政治觉悟高、理论水平高、宣讲能力强领导干部和社科理论工作者组建成“仁爱人心”宣讲志愿服务队，深入城乡基层宣讲习近平新时代中国特色社会主义思想。持续做好“学习强国”学习平台推广使用工作，上传稿件309篇被“学习强国”广东学习平台使用，全市首个县级融媒强国号“仁化县融媒体中心”强国号上线运营。

【防疫宣传】 2020年，仁化县宣传部门做好新冠肺炎疫情防控宣传引导工作，成立疫情防控宣传信息审核小组，累计审核宣传信息1万余条次，派发宣传资料50余万份，滚动播放公益宣传片、标语宣传画3万余次，锤炼“仁义博爱、甘于奉献、大爱无疆”仁爱仁化精神，凝聚众志成城强大正能量。

【对外宣传】 2020年，仁化县宣传部门持续做好与中共中央以及省市主流媒体沟通合作，配合中央、省主流媒体开展“2020年中国农民丰收节”“坐着高铁看中国”等主题采访活动，其中《南方日报》“寻找南方优品”31期节目中，仁化县农产品占4期。中央及省市媒体宣传报道仁化县信息3200余条，其中中央媒体200余条、省级媒体1100余条。在《南方日报》设置仁化特刊2版，在《韶关日报》设置仁化专版34版。

【宣传引导】 2020年，仁化县宣传部门围绕疫情防控和经济社会发展、决胜全面小康、决战脱贫攻坚、推动乡村振兴、创建全国县级文明城市等重点工作推出新闻报道信息1.8万余条。坚持围绕中心、服务大局，统筹户外宣传阵地，适时设置中共十九届五中全会精神、乡村振兴、精准扶贫、扫黑除恶等户外广告及宣传标语。在县域主要交通干道、广场、公园等场所设置富有“仁爱仁化”城市品牌特色景观小品一批，提升城市形象。

【理论调研】 2020年，中共仁化县委宣传部围绕贯彻落实习近平新时代中国特色社会主义思想和中共十九届五中全会精神，完成“守好意识形态安全大门”“深入推进精神文明建设工作”专题调研2项，《“五举并重”探索新时代文明实践工作模式》《聚焦“12345”探索新时代文明实践新模式》被《广东宣传》采用，《坚持利民惠民 打造“仁爱之城”》入选2021年全市宣传部长会议交流材料。

【红色文化弘扬】 2020年，仁化县宣传部门全力配合做好长征国家文化公园建设（广东段）保护规划编制工作。完成新一轮红色革命遗址资源普查工作，收集摸排上报红色革命遗址300余处。在中宣部等四部门公布的第二批革命文物保护利用片区分县名单中，仁化分别入选长征片区和广东片区。成功争取省级红色革命遗址保护利用资金，加强红色遗址保护修缮。打响红色旅游品牌，丹霞山—瑶塘新村—铜鼓岭红军烈士纪念园—恩村古村—红军长征粤北纪念馆—红军街旅游线路分别入选广东省乡村旅游精品线路和广东省历史文化游径，城口—董塘红色教育研学线路被列入韶关市红色教育研学线路。利用红色文化遗址开展红色文化宣讲1100余场次。

【乡村文化振兴】 2020年，仁化县宣传部门结合文化惠民育民，举办“学廉洁成语，讲传统故事”图片线上展活动，开展农村电影公益放映活动1090余场，举办“传承戏曲经典 弘扬传统文化”戏曲进校园活动。以“4·23”世界读书日为契机，在各基层文化站开展线上线下“共读半小时”阅读推广活动36场次。组织县域非遗项目“石塘堆花米酒酿造技艺”“丹霞红豆饰品制作技艺”“杨泰和米饼制作技艺”参加2020年广东国际旅游产业博览会展示活动。“仁化县土法造纸技艺”传承人刘世祥被列入第六批省级非物质文化遗产代表性传承人名录。

【新时代文明实践中心建设】 2020年，仁化县成立新时代文明实践中心工作机构，组建覆盖各级党组织文明志愿服务队伍154个，全县注册“i志愿”组织334个、志愿者2.93万余人。高标准建成文明实践示范阵地19个，示范带动全县建成文明实践阵地144个，构建“实践中心—实践所—实践站—实践点”四级架构。深化“红心闪耀”等8大志愿服务品牌建设，结合乡村振兴、精准扶贫、疫情防控、创文、复工复产复学等中心工作，组织全县各级志愿服务队下沉到各文明实践阵地开展各类文明实践活动6500余场次，受众人次逾18万人次。

【党报党刊征订】 2020年，中共仁化县委宣传部继续做好党报党刊征订发行工作，全年征订《人民日报》330份、《求是》杂志160份、《南方日报》1896份、《南方》杂志3004份、《韶关日报》2490份、《经济日报》50份、《光明日报》50份。

【宣传队伍建设】 2020年，中共仁化县委宣传部持续加强宣传干部队伍建设。在疫情防控中，宣传系统干部主动参与防控值守，认真做好新闻报道和舆论引导，巩固“不忘初心、牢记使命”主题教育成果。完成韶关市县（市、区）党委交叉巡察反馈意见整改落实工作，全力配合省委第六巡视组巡视仁化期间开展意识形态专项检查工作。全面持续加强内部管理、干部廉洁自律教育和干部队伍作风建设，筑牢全面从严治党根基。

（叶　瑞）

创建全国县级文明城市工作

【概况】 2020年，仁化县坚持“以人民为中心”文明城市创建导向，全面提升市民文明素质、城市文明程度，以决战决胜、全程冲刺、全力以赴冲锋姿态，奋力争创全国文明城市。2020年11月，仁化县获第六届“全国文明城市”称号。

【领导机构成立】 2020年6月，成立2020年创文“百日攻坚”行动工作指挥部。由县委书记林国华任总指挥，县委副书记、县长周小明任常务副总指挥，县领导林静、丘光强、邹永祥、李伟杰、连辉标等13人任副总指挥。指挥部下设办公室，地点设在县创文办，由林静任办公室主任，县有关文明委成员单位为“百日攻坚”行动成员单位。下设统筹推进组、综合创建提升组、实地点位提升组、志愿服务提升组及督导督察组5个工作小组。

【制度保障完善】 2020年，仁化县党委政府始终把文明城市创建作为重大政治任务，作为重大民生工程，纳入经济社会发展工作重点。坚持和加强党对精神文明建设的全面领导，建立健全党委统一领导、党政齐抓共管、指挥部组织协调、部门各司其职、全社会积极参与工作机制。县创文办印发《仁化县2020年创建全国县级文明城市工作方案》《仁化县2020年创文网格区区长、路长、街长制工作考核方案》《仁化县2020年创文网格小区问卷调查提升工作考核方案》《2020年仁化县创建全国县级文明城市百日攻坚行动实施方案》《2020年仁化县创建全国县级文明城市“百日攻坚”行动奖惩实施方案》等文件，将创文工作与干部评先评优、职级晋升挂钩。创建过程中，县四套领导班子坚持全程参与、以上率下，亲自部署、亲自谋划，深入各网格小区、创文实地点位指挥创文工作，协调解决各种短板问题，全域、全民、全方位推进文明城市创建。召开2020年全县宣传思想工作会议、2020年文明创建工作推进会、2020年“百日攻坚补短板”专题会、创建全国县级文明城市“百日攻坚”行动动员会、仁化县创建全国县级文明城市暨创建国家全域旅游示范区工作推进会等重要会议，全面部署全县创文工作。

【创建精准度提升】 2020年，仁化县严格对照《全国县级文明城市测评体系》《全国未成年人思想道德建设工作测评体系》指标要求，开展文明城市创建工作。高标准提升网报材料质量。1月，印发文明城市测评体系网报材料和未成年人体系网报材料需求清单，明确每项指标责任单位、报送要求。成立网报材料工作组，认真研读测评指标，及时梳理存在问题，督促各单位抓好整改。4月3日、6月28日，举办大型创文网报材料培训班2期。8月，成立网报材料终审组，提升全县网报材料质量。精准对标抓好实地点位建设。根据《全国文明城市测评点位标准要求》及问题清单，组织开展专项督查，督促各有关单位及时抓好问题整改。县创文办督促推进农贸市场、不文明养宠、主次干道人行道统一划线停放摩托车等突出问题整治工作进度。全面完成实地测评点所有公益广告制作刊播任务。5月、8月，委托第三方机构对全县实地点位进行模拟测评2次，及时印发问题清单督促各有关单位整改。县创文巩卫督导组对16个网格小区每周一查，每月一排名，督促网格小区做好环境卫生综合整治工作。全面开展入户问卷调查提升工作。4月10日，启动全县性第一次创文入户宣传，由县城16个网格区对城区1.5万余户居民进行覆盖式入户宣传。7月17日，县创文办召开“2020年创文入户宣传”工作部署会，动员部署入户问卷调查工作。各网格责任单位在各网格区运用多种方式积极开展创文问卷调查提升活动，提升群众对全县创文工作知晓率、满意度和参与率。8月25日，印发《关于组织在职党员到居住地报到推动创文宣传走向深入的通知》，发动县城1536名在职党员积极联系群众，夜访群众约1.1万户。

【年度综合测评】 2020年8月10日至11日，省文明办通过网报材料、实地考察和问卷调查形式组织对包括仁化县在内7个提名城市文明城市创建工作进行2020年度测评，同时开展未成年人思想道德建设工作年度测评。8月14日，省文明委向中央文明办呈报《关于广东省第六届全国文明城市推荐及现有全国文明城市复查审核的报告》（粤文明委〔2020〕6号）。仁化县作为全省5个县级提名城市之一，被省文明委推荐参加中央文明办总测评。8月31日，仁化县按测评要求将三年网报材料上传到全国精神文明创建管理平台。9月14—15日，中央文明办委托第三方（国家统计局调查总队）组建实地测评组，对仁化进行实地考核和入户问卷调查，实地考察由系统随机抽实地点位，入户问卷调查随机选取社区200户。其间，中央文明办通过国家大数据系统核查、全国精神文明创建管理平台来综合审定各提名城市创建工作实施情况，并对全国166个县级提名城市进行综合排名，从中选出前80名为第六届全国文明城市。

【“全国文明城市”成功创建】 2020年11月10日，中国文明网发布“第六届全国文明城市入选城市名单和复查确认保留荣誉称号的前五届全国文明城市名单”，仁化县上榜第六届全国文明城市名单。11月20日，全国精神文明建设表彰大会在北京举行，中共中央总书记、国家主席、中央军委主席习近平会见参加大会的工作先进代表。会上，仁化县被授予“全国文明城市”称号，是广东省此次获得“全国文明城市”荣誉的3 个城市之一，也是粤东西北地区唯一一个获此殊荣的县（市、区）。县委书记林国华代表仁化县到北京参加表彰大会，并领取“全国文明城市”牌匾。12月 25 日，仁化县文明委召开2020年全体成员会议暨精神文明建设工作会议，表彰文明建设先进集体和先进个人一批。会前举行文明建设先进代表120 人会见会。省文明办副主任吴祖清莅会宣读仁化县获得“全国文明城市”荣誉称号的决定，省委宣传部四级调研员胡文松，仁化县四套班子领导参加会议并为“全国文明城市”揭牌。12月30日，县文明办在仁化县体育馆举办新时代文明实践活动之仁化县精神文明建设工作先进系列名单发布仪式，表彰仁化精神文明建设工作先进社区、先进村、先进企业、先进社会组织、先进志愿服务队伍，以及2020年“仁化好乡贤”“最美创文人”。

（叶庚兰）

统战工作

【统一战线工作】 2020年，中共仁化县委统战部（简称县委统战部）坚持把学习贯彻习近平新时代中国特色社会主义思想特别是习近平总书记关于加强和改进统一战线工作的重要论述作为思想政治引领，持续推动理论学习往深里走、往心里走、往实里走，切实增强新形势下做好统战工作的思想自觉、政治自觉和行动自觉。完善仁化县统一战线工作领导小组机制和民族宗教工作领导小组机制。加强统战工作重视，围绕“四个纳入”（把统一战线工作纳入重要议事日程，加强组织领导；把统一战线工作纳入党政领导班子工作考核内容，作为选拔任用领导干部的重要依据；把统一战线理论和方针政策纳入各级党校的教学内容，作为培训党政干部的必修课程；把统一战线理论和方针政策纳入宣传、新闻工作计划，扩大统一战线的社会影响）工作要求，形成做好新时代统战工作强大合力。坚持每季度召开一次以上全县统战工作会议，实现信息共享互通，加强工作衔接。把统战和民族宗教事务工作纳入年度绩效考核指标。从2020年起，将统战工作和民族宗教事务工作纳入对镇（街）及县直各相关单位绩效考核。

【精准脱贫】 2020年，县委统战部发挥统战资源优势，协助省委统战部对口帮扶周田镇平甫村精准脱贫。在省委统战部对口帮扶下，逐步建成周田镇平甫村黄泥塘美丽乡村建设等项目，平甫村脱贫攻坚成效显著。深入开展“一线双联”“民情夜访”，到挂点村大桥镇亲联村开展扶贫工作，收集群众意见建议80余条，为群众解决困难60余件，争取定向扶贫捐款资金5.7万元。

【党建工作】 2020年，县委统战部坚持把贯彻落实《广东省加强党的基层组织建设三年行动计划（2018—2020）》作为一项重大政治任务，贯彻落实中央、省委、县委关于党风廉政建设部署要求，严格落实全面从严治党主体责任，切实加强党组织建设，推进党建工作规范化。

【意识形态工作】 2020年，县委统战部严格贯彻落实《党委（党组）意识形态工作责任制实施办法》，不折不扣将意识形态工作责任制落到实处，坚持每季度召开分析会，研判宗教意识形态工作，规范场所管理和阵地建设，依法加强宗教事务管理，确保意识形态工作全覆盖，切实维护仁化县宗教领域意识形态领域安全、和谐、稳定。

【民主党派建设】 2020年，县委统战部引导参政议政，增强服务发展能力。组织民进会员参加中共仁化县委、县政府举办的各种协商会、通报会和座谈会。积极撰写参政议政精品，为推动仁化县经济和社会发展起到参谋作用。做好基层组织换届统筹工作。2020年，民主党派基层组织换届，县委统战部积极做好协助指导工作，11月底前，民进仁化县支部完成换届工作。

【新时代民营经济工作】 2020年，县委统战部发挥工商联和商会组织优势作用，团结促进“两个健康”（非公有制经济健康发展和非公有制经济人士健康成长），构建亲清新型政商关系。发挥工商联优势，坚持每周二工商联主席、执委轮值制度，加强政商政企沟通联系。年初，组织仁化县民营企业代表、珠三角商会代表召开各界人士座谈会。在疫情期间，开展民营企业谈心交流活动，助企纾困。引导民营企业积极履行社会责任，参与各项社会公益事业。动员民营企业家积极参与“万企帮千村”“光彩事业”“疫情防控”等社会事业，发挥乡贤作用，助力家乡建设。在疫情防控和“6·30”广东扶贫济困日活动中，广大民营企业捐资捐物合58万元。

【党外干部培养任用】 2020年，县委统战部加大党外干部培养任用力度，做好党外干部培养任用工作。年内，仁化县有副科级以上党外干部28名，其中，处级党外干部4名，科级党外干部24名。根据市委统战部有关要求，筹备成立仁化县党外知识分子联谊会工作并有序推进。10月底，与县委组织部联合举办党外干部培训班，全县科级以上干部、民主党派代表等参加培训50人。

（邹云娣）

台港澳事务

【台港澳专项工作】 2020年，仁化县台港澳事务局紧扣粤港澳大湾区建设战略部署，密切联系沟通，做港澳台代表人士“知心人”。加强与港澳台代表人士沟通联系，畅通沟通渠道，保持与代表人士经常性联系沟通，掌握其思想动态，倾听意见和要求，增进彼此了解和信赖。进一步完善港澳台乡亲资料库和代表人士资料库，按照中央、省、市要求开展乡情普查及利用第七次全国人口普查契机，摸清台港澳乡亲情况，运用镇、村及行政资源开展地毯式调查和网格化摸底，补充完善乡情数据。依托社团，利用发展会员等形式，收集乡亲情况，及时把乡亲发展为会员，努力实现乡情数据效益最大化。扎实开展专项工作。坚持定期走访台港澳企业，主动关心涉台人员生产生活，开展春节、中秋等重大节日走访慰问。加强疫情期间对同乡会的关心和沟通联系。不定期电话联系、慰问同乡会乡亲。

【台湾澳门交流合作】 2020年1月19日，县委统战部相关人员赴澳门旅游塔会议展览中心参加“澳门韶关地区联谊会第九届理监事就职典礼暨2020年新春晚会”。12月4日，由广东省文旅厅、广东省海峡两岸交流促进会主办的第七届台湾青年岭南行广东世界遗产探寻之旅开营仪式在丹霞山举行，海峡两岸青年同胞90余名参加开营仪式。

【香港同胞公益慈善捐赠】 2020年，仁化县台港澳事务局倡导扶贫助学、捐资助教社会风尚。“6·30”广东扶贫济困日爱心捐款活动中，香港同乡会筹集爱心捐款6万元，用于大桥镇亲联村等基础设施建设。

【因公赴香港（澳门）任务审核报批】 2020年，仁化县台港澳事务局贯彻执行中共中央、省、市关于港澳工作方针政策，严格落实工作要求，规范因公团组任务审核报批，坚持原则，严格把关，全年全县因公赴香港（澳门）任务审核报批2批9人次。

侨务工作

【概况】 2020年，仁化县积极履行侨务工作职责，秉着以人为本、为侨服务宗旨，以凝聚侨心、汇集侨智、发挥侨力、维护侨益为主线，团结和服务全县归侨侨眷和海外侨胞，履行侨务工作职责。做好慰问工作，组织开展节日慰问2次，慰问26人次。截至年底，全县有归侨19人、侨眷50人，华人华侨37人。

【侨情调查】 2020年，仁化县台港澳事务局组织开展全县侨情调查，完善侨务服务管理对象信息台账。经调查，全县有归侨19人、华人华侨37人、侨眷50人。

【服务归侨】 2020年，仁化县台港澳事务局结合日常走访、慰问活动，了解归侨生活生产方面情况，帮助解决生活生产困难，维护侨益。全年，走访、慰问归侨、侨眷、华人华侨26人次。

（邹云娣　蓝春娣）

县直属机关工委工作

【政治建设】 2020年，仁化县结合推进“两学一做”（学党章党规、学系列讲话，做合格党员）学习教育常态化制度化，持续深入学习宣传贯彻中共十九大精神和十九届二中、三中、四中、五中全会精神，习近平总书记在参加十三届全国人大一次会议广东代表团审议时发表重要讲话精神、在广东视察时重要讲话精神，学习《习近平谈治国理政》第一卷、第二卷、第三卷和《习近平新时代中国特色社会主义思想学习纲要》，学习中共广东省委十二届七次、八次、九次全会，中共韶关市委十二届十一次全会以及中共仁化县委第十三届十次全会精神，教育引导机关党员干部牢固树立“四个意识”、坚定“四个自信”、做到“两个维护”。

精心组织集中学习。2020年，仁化县利用党委（党组）理论学习中心组、“三会一课”（定期召开支部党员大会、支部委员会、党小组会，按时上好党课）等有效形式，深入学习贯彻习近平新时代中国特色社会主义思想，加强思想政治教育，推动学习教育往深里走、往心里走、往实里走。促进学习常态化制度化，坚持把习近平新时代中国特色社会主义思想作为领导班子会议第一议题和党委（党组）理论学习中心组学习常设议题，作为各级党组织“三会一课”长期主题，各级党组织和广大党员干部全面学习掌握《中共中央关于加强党的政治建设的意见》精神，坚决贯彻落实。各级党组织书记带头上党课，通过党组织书记领学，上党课带学，以及党员干部谈体会交流学，增强学习效果。

认真落实“一岗双责”。2020年，中共仁化县直属机关工委（简称县直机关工委）结合职能和分管工作，结合实际拟定责任清单，明确机关工委及其书记和领导班子其他成员承担的全面从严治党主体责任，强化责任担当，狠抓责任落实，认真履行职责范围内管党治党“一岗双责”，把县直机关工委主体责任抓严、抓实、抓到位。印发《2020年县直机关党的工作要点》《2020年全县机关推进“双争双促”主体实践活动常态化的实施方案》《2020年县直机关党风廉政宣传教育工作要点》等文件，有效推动“一岗双责”落实。

【基层党组织建设和党员队伍建设】 2020年，仁化县抓好《中国共产党支部工作条例（试行）》《中国共产党党和国家机关基层组织工作条例》学习贯彻，贯彻落实省、市、县委关于加强党的基层组织建设三年行动计划实施方案，抓好《县直机关党组织落实〈仁化县加强党的基层组织建设三年行动计划实施方案（2018—

2020年）〉工作方案》，创新开展机关党建“五好四优”创建活动。与下辖党委和党（总）支部签订“2020年度机关党建工作目标责任书”。

强化管理，建强队伍。严肃党内政治生活。明确抓支部鲜明导向，严格执行“三会一课”、党员民主评议、组织生活会、党员谈心谈话等党内组织生活制度，督促指导党员领导干部以普通党员身份参加所在支部组织生活，带头讲党课，带头参加学习。扎实开展“固定党日+”活动。把机关党员党性教育、廉政教育、法治教育和工矿文化教育相结合，加强党性锤炼。在推行“固定党日+”活动中，注重与落实“一线双联”“民情夜访”“网格治理”“党员到社区报到”工作相结合，把主题党日活动与疫情防控、精准扶贫、创文等中心工作相结合，丰富组织生活形式和内容，推动党组织活动融入中心服务大局。坚持开展“戴党徽、亮身份、树形象”等活动，设置“党员示范岗”“党员先锋岗”，增强机关党员党性意识。根据发展党员工作计划，加强发展对象队伍建设。举办县机关党员发展对象培训班，集中培训党员发展对象63名，教育和引导党员发展对象树立坚定共产主义理想和中国特色社会主义信念，严把发展党员质量关。加强机关各党组织发展党员工作程序指导和入党材料审批，严格按照发展党员程序实行材料预审制度、吸收预备党员与工委委员见面谈话制度，保质保量做好党员发展工作。全年完成发展党员任务37名，完成率100%。抓好《中国共产党党员教育管理工作条例》贯彻执行，注重加强党员干部教育培训，发挥党组（党委）理论学习中心组示范带头作用和党支部教育宣传主阵地作用，自觉主动学、及时跟进学、联系实际学、笃信笃行学，推动学习贯彻习近平新时代中国特色社会主义思想往深里走、往实里走、往心里走。县直属机关工委、县委党校联合举办县直机关党组织书记（党务干部）培训班3期，每期班安排5天，重点安排《习近平谈治国理政》第三卷、《中国共产党党和国家机关基层组织工作条例》、党组织换届选举、发展党员工作以及《中华人民共和国民法典》等授课内容，强化党务工作者理论水平和业务能力，通过课堂授课、个人自学等集中轮训机关党组织书记（党务干部）300余人。

走访慰问，关爱党员。落实《中国共产党党内关怀帮扶办法》，建立健全党内关怀帮扶长效机制，增强广大党员荣誉感、归属感、使命感，调动全党积极性、主动性、创造性。坚持把开展走访慰问生活困难党员和老党员工作作为学习宣传贯彻中共十九大精神、推进“两学一做”学习教育常态化制度化重要举措，组织机关党组织在做好春节期间开展走访慰问活动。发挥党员互助金作用，做好生活困难党员、老党员服务工作，办好走访慰问等实事。

抓好“广东党建云”“复兴壹号”试点运行工作。按照省委组织部部署要求，确保县直管理党组织和党员按要求上线“广东党建云”，加强日常管理监督，推动基层党建传统优势与信息技术深度融合，有序拓展基层党建信息化功能，整体推进基层党建信息化建设，注重大数据挖掘利用，满足基层党组织和党员共享需求，构建感应及时、交互高效、资源共享和决策智能基层党建工作新模式。全年，县直机关工委党员激活率99.97%，党务工作者激活率99.8%，平台普通管理员激活率100%。加强与中国银行合作，推广使用“复兴壹号”党建平台，实现全体党员在网上交纳党费，加强党费管理，减轻基层党务工作者负担。

积极开展机关党员到社区“双报到”活动。采取县直机关党组织与社区共建、机关党员到居住地（创文网格小区）社区报到两种形式，开展机关党员到社区“双报到”活动。结合创建全国文明县城、疫情防控、“一线双联”等，引导县直机关基层党组织在社区治理中发挥作用，引导机关党员主动融入社会事务管理，打造共建共治共享社会治理格局。

【作风建设】 2020年，仁化县落实中央全面从严治党要求，围绕县委实施“139”发展战略，开展创建模范机关活动，扎实践行“六讲六比”作风建设活动，推进机关党组织“双争双促”（争做推动发展战斗堡垒，争当干事敬业落实先锋；促进执行力提高，促进机关效能整体提升）主题实践活动常态化。

积极展现党建品牌。精心组织参加全市第四届机关工作创新创优竞赛，《“党建+普法：以法育苗 共护明天”》《以“一线双联”“民情夜访”助力乡村振兴》进入韶关市现场竞赛项目，被市直机关工委推荐参加第八届广东省市直机关“先锋杯”工作创新大赛，其中《以“一线双联”“民情夜访”助力乡村振兴》进入决赛环节，获得第八届广东省市直机关“先锋杯”工作创新大赛转变作风类项目第54名。

深入开展党风政风评议活动。制定出台《2020年县直机关民主评议党风政风工作方案》，确定重点评议单位23个，其他单位为一般评议单位。把党风政风评议纳入机关绩效考核指标体系，完善党风政风评议工作方式方法。

扎实开展机关绩效考核工作。完成2019年县机关绩效考核统计汇总工作，拟定《2020年仁化县机关绩效考核实施方案》，调优绩效考核项目内容和考核方式，继续突出“九大任务攻坚行动”分值权重，提高“党建”等工作占分比例，形成绩效目标工作导向，按照“年初定目标，年中找差距，年底考等次”，以时间倒逼工作进度，推动机关提高执行力。强化考核结果应用，突出机关绩效考核导向性、科学性、有效性。

【党风廉政建设】 2020年，仁化县履行党风廉政建设主体责任，制定2020年工作责任清单，把履行党风廉政建设主体责任与机关党建工作紧密结合，同部署同抓落实。坚持每个月召开工委委员会议1～2次，对“三重一大”问题都经过集体讨论决定。督促各机关单位，利用党委（党组）理论学习中心组、“三会一课”等方式，学习《中国共产党党员领导干部廉洁从政若干准则》《中国共产党纪律处分条例》等，严格执行《中共中央政治局贯彻落实中央八项规定实施细则》，持之以恒纠正“四风”，切实增强党员干部“四个意识”，增强拒腐防变能力。

【意识形态工作】 2020年，仁化县落实中心组学习制度，组织工委委员开展中心组学习24次。加强廉政文化建设，深化社会主义核心价值观宣传教育，加强党对意识形态工作领导。扎实做好宣传工作，开展党的宣传教育，营造“党味”浓厚的党建阵地。始终坚持正确的舆论导向，弘扬主旋律，传播正能量，营造全县机关拥党护党爱党氛围。

（曾宪衍）

老干部工作

【政治理论学习】 2020年，中共仁化县委老干部局（简称县委老干部局）加强离退休干部思想政治建设，打造政治学习阵地，在县老干部大学制作习近平新时代中国特色社会主义思想宣传栏和党建宣传长廊，为老干部学习营造浓厚氛围。成立离退休干部流动党员党支部，为老干部征订政治理论书籍一批，开设老干部学习“小课堂”，定期组织播放习近平总书记重要指示讲话精神、精准扶贫、创文巩卫、扫黑除恶、疫情防控、厉行节约等小视频，尽量满足不同老干部学习需求。结合“一线双联”“固定党日+”活动，组织局老干部党员开展“不忘初心、牢记使命”主题党日活动和“七一”红色主题党日活动，将初心使命教育贯穿始终。举办《习近平谈治国理政》第三卷辅导学习班、“疫情防控暨老年人保健知识讲座”、“老年人防诈骗知识”、《中华人民共和国民法典》等专题讲座，举办全县退休老干部学习习近平总书记出席深圳经济特区建立40周年庆祝大会、视察广东重要讲话重要指示精神和中共十九届五中全会精神专题学习辅导，组织老干部开展《习近平谈治国理政》《中华人民共和国民法典》知识测试和知识竞赛抢答活动。

【“增添正能量”系列活动】 2020年，县委老干部局发挥离退休干部独特政治优势、经验优势、威望优势。组建“仁化县老干部志愿者服务队”参与乡村振兴、人居环境整治、精准扶贫、创文、捐资助困及疫情防控等工作。组织开展“我看脱贫攻坚新成就”专题调研，通过学习、座谈、摄影、书画、征文等形式，组织老干部开展学习习近平总书记关于打赢脱贫攻坚战系列重要讲话精神3363人次。召开座谈会47次、访谈145次，收集老干部提出意见43条、征文87篇，创作诗书画摄影作品142件。组织召开“仁化县老干部座谈会”“仁化县老干部先进代表座谈会”“仁化县老干部‘我看脱贫攻坚新成就’座谈会”，听取老干部对全县经济发展和脱贫攻坚的建言献策，为仁化发展凝聚更多力量。组织县老干部金秋艺术团、县老干部曲艺队和县关工委“五老”（老干部、老战士、老专家、老教师、老劳模）宣讲团通过文艺会演、送学进校园、进社区等形式，为广大群众传递社会主义核心价值观和正能量，全年演出28场次，观众1.5万余人。县关工委编印《仁化县关工委成立二十周年纪念册》，县老干部大学编印学员作品选编，县老干部金秋艺术团送戏下乡演出26场次。县老干部大学开设手风琴班、剪纸班、葫芦丝班等4个班。“我们的节日·重阳”系列活动中举办台球、乒乓球、门球、套圈、猜谜语等一系列有益于身心健康游园文体竞赛活动。

【老干部“两个待遇”落实】 老干部“政治待遇”落实。2020年，仁化县开展“送学上门”活动，将习近平总书记最新讲话精神、中共十九届五中全会精神和县委县政府重要会议文件送到老干部家中，组织老干部代表参加县委重要会议，为全县离休干部订阅《秋光》《老人报》《中国老年报》，使老干部更多地了解中共路线方针政策。召开全县老干部春节座谈会和重阳节茶话会，向老干部通报全县经济社会发展情况，听取老干部对县域经济和社会发展工作提出的意见和建议。组织离休干部和副处级以上退休干部参观县城镇提升和新农村建设项目2次，体验全县实施“139”战略新成就。开展春节、“七一”中国共产党建党节、“八一”中国人民解放军建军节、中秋节、重阳节等重大节日老干部慰问活动。印发《关于做好离退休干部生病住院报告和慰问工作的通知》，及时对生病住院老干部给予关心关怀，全年慰问探访老干部200余人次，看望生病住院老干部60余人次。

老干部“生活待遇”落实。加大困难离退休干部帮扶力度，全年帮扶生活困难离退休干部121人，发放困难帮扶资金25.26万元。建立离退休干部医疗保障机制，制定《关于对离退休干部开展上门医疗义诊服务的方案》《关于建立离休干部就医“绿色通道”的方案》，组织开展行动不便离退休干部上门义诊活动2次。组织全县离休干部和副处以上退休干部健康体检1次，组织全县其他退休干部到所在镇（街）卫生院（社区医院）免费体检。专题研究部署离退休干部工作，将老干部工作纳入县直机关单位2020年绩效考核项目。

【老干部工作“三化”建设】 2020年，仁化县建立《县委老干部局“信息化、精准化、规范化”工作任务清单》，推进老干部工作信息化。采取线上、线下结合方式，通过“学习强国”、“离退休干部工作”微信公众号、“企信通”平台、送书上门，组织离退休干部开展习近平新时代中国特色社会主义思想和中共十九届五中全会精神内容学习。全县老干部及老干工作者通过网络观看“学好用好民法典”网上专题报告会527人，观看“弘扬伟大抗疫精神，做好疫情防控工作”网上专题报告会879人。推进老干部工作精准化。围绕“广东省离退休干部服务管理系统”建设，组织全县机关企事业单位按要求搭建组织架构，做到应建尽建，完成全县老干部基础数据录入22项，提升全县老干工作精准化建设水平。推进老干部工作规范化。建立离退休党（工）委经费保障机制，所需经费纳入县财政预算。建立班子成员联系基层党（工）委和离退休党支部制度，定期到所联系基层党（工）委和离退休党支部了解离退休党支部活动开展情况。建立离退休干部职工党组织书记工作补贴发放机制，激励离退休干部职工党组织书记更好履职尽责。开展老干工作“深调研”，开展县直单位及镇（街）离退休干部党支部调研活动，制定《离退休干部党支部规范化建设“八有”方案》，在全县建立规范化示范点一批，并给予一定资金支持。

【其他工作】 2020年，县委老干部局开展“固定党日+”活动，组织动员本局党员干部积极参与挂点村疫情防控、精准扶贫、乡村振兴等各项重点工作，帮助解决贫困户生活生产困难问题。做好创文工作，按要求组织本局党员干部到网格小区报到，参加创文环境卫生整治以及入户宣传工作，有效提升小区群众满意度。

（肖　雪）

编制工作

【乡镇街道体制改革工作】 前期调研。2020年1月下旬，中共仁化县委机构编制委员会办公室（简称县委编办）根据省乡镇街道体制改革培训会议及省委《关于深化乡镇街道体制改革完善基层治理体系的意见》文件精神，通过书面调研和实地走访形式，全面摸底调研全县各镇街及涉改单位，并形成材料。

制定方案。2020年，县委编办制定《仁化县深化乡镇街道体制改革完善基层治理体系实施方案》。该方案经县委、市委编委、省委编办审议同意后，县委办于8月14日印发实施。

组织实施。2020年，县委编办制定《关于成立仁化县委深化乡镇街道体制改革领导小组的通知》《仁化县深化乡镇街道体制改革完善基层治理体系组织实施工作方案》等重要改革配套文件，确保机构改革工作顺利实施。8月，县委编办重新制定全县11个镇街职能配置、内设机构和人员规定（简称“三定”规定），经县委、县政府批准，县委办、县政府办于10月30日印发实施。

督促指导。2020年，县委编办督促指导各镇街成立综合治理委员会、公共服务委员会、综合行政执法委员会，并配合县政务服务数据局、县司法局做好综合行政执法下放及乡镇街道权责清单工作。

【政府职能转变和机构改革工作】 制定县财政局“三定”规定。2020年，县委编办根据市委编办工作部署，巩固机构改革工作，重新制定县财政局“三定”规定，进一步完善全县机构职能设置。

调整优化丹霞山管理体制。2020年，县委编办积极配合市委组织部、市委编办以及丹霞山管委会调整优化丹霞山管理体制。

做好其他机构编制调整工作。2020年，县委编办配合做好全面深化改革、安全生产、乡村振兴等中心工作中涉及机构编制部分工作。

【分类推进事业单位改革和服务】 完成从事生产经营活动事业单位改革工作。2020年，县委编办通过加强统筹协调、健全工作机制，成立以县委书记为组长的改革工作领导小组，强化调查研究，科学分类明确改革路径，印发《仁化县机构编制委员会办公室关于开展从事生产经营活动事业单位调查摸底的通知》，调查摸底确定为经营服务类、公益三类、暂缓分类事业单位16个，最终确定纳入改革事业单位7个。制定改革方案，妥善安置人员。印发《仁化县从事生产经营活动事业单位改革方案》，从“总体要求，调查摸底、确定情况、改革内容、组织保障”5个方面组织实施；该次事业单位改革全县有1个事业单位下属检测室转企改制，原事业单位予以保留；3个事业单位职能弱化予以撤销；3个事业单位通过更名、调整公益类别、重新核定编制等方式优化整合。县委组织部、县委编办、县人社局和县财政局联合印发《关于印发〈仁化县从事生产经营活动事业单位改革人员从经费自理过渡到一类事业单位实施方案〉的通知》，通过笔试、面试过渡办法，妥善安置涉改单位在职在编11人、退休人员2人，保障职工利益，维护改革稳定性，完成事业单位改革和服务工作。

完成公益三类事业单位改革工作。2020年，县委编办完成公益三类事业单位改革工作，该次改革建立由组织、编办、人社、财政等部门参加联席会议制度，及时商议解决改革中遇到问题；依托实名制系统全面梳理公益三类、经营服务类事业单位，经过梳理并经县分类推进事业单位改革工作联席会议决定，确定公益三类3个和经营服务类事业单位1个纳入改革。根据省、市改革文件、政策解读等要求，结合仁化县实际并经县委编委会议审议，印发《中共仁化县委机构编制委员会办公室关于印发〈仁化县公益三类事业单位改革实施方案〉的通知》，该次改革中，1个公益三类事业单位因接收上级部门下划职能，调整为公益一类事业单位；1个公益三类事业单位因和相关部门协商后，有关事宜暂未明确，调整为公益二类事业单位；1个公益三类事业单位待县政府改革进一步明确工作任务后再确定分类，调整为暂不分类事业单位（经费自理）；1个经营服务类事业单位待债权债务处置完毕后撤销，调整为暂不分类事业单位（经费自理）；改革后，全县不再存在公益三类事业单位。

完成乡镇街道体制改革中事业单位改革工作。2020年，县委编办根据《仁化县深化乡镇街道体制改革完善基层治理体系实施方案》及市委编办有关精神，印发《中共仁化县委机构编制委员会办公室关于镇街所属事业单位调整的通知》（仁机编办发〔2020〕7号）；根据相关文件精神，印发《中共仁化县委机构编制委员会办公室关于印发仁化县丹霞街道所属事业单位机构编制方案的通知》等11份文件。通过推进事业单位改革和规范设置，该次镇街体制改革中事业单位机构数减少44个，进一步激发事业单位公益属性。

事业单位改革和服务工作。2020年，县委编办设立县“三防”技术事务中心，确保县委、县政府各项防灾抗灾指令协调落实。深化医药卫生体制改革，综合协调全县医疗资源，设立县“120”急救指挥中心，发挥各级医疗机构的救治能力，切实做好卫生强县工作。为适应机构改革后部分事业单位职能调整需要，重新制定并印发县自然资源信息中心等事业单位机构编制方案，促进事业单位工作顺利开展。贯彻落实习近平总书记关于加强乡镇卫生院和社区卫生服务中心疾病预防职责重要讲话精神，经室务会研究，同意在各镇卫生院加挂“仁化县XX镇疾病预防控制中心”，丹霞街道社区卫生服务中心加挂“仁化县丹霞街道社区疾病预防控制中心”牌子，加强基层卫生机构疾病预防控制职能，夯实联防联控基层基础。加强事业单位法人监督管理，采取以主管部门为单位、集中检查方式，对县史志办等70个单位开展事业单位法人公示信息抽查工作。市委编办组织检查组对仁化县自然资源信息中心等3家事业单位开展2020年事业单位法人公示信息抽查工作，维护事业单位登记管理工作严肃性和真实性。做好事业单位登记管理日常工作。全年，全县事业单位登记业务213宗，其中设立登记13宗，变更登记148宗，注销登记39宗，证书补领4宗，拟注销公告9宗。

【机构编制管理和实名制系统管理】 机构编制问题整改工作进一步落实。2020年，县委编办围绕中央、省、市关于加强机构编制问题整改推进审批联动意见，落实专人负责。严格规范机构编制基础工作，强化问题台账管理、实名制管理，建立健全联动制度机制。研究制定问题整改与机构编制审批、机构编制实名制管理等有机结合、相互促进具体措施，切实推动问题整改。通过深化“县管校聘”改革，加强编制统筹管理，盘活机构编制资源。按照“总量控制、动态管理”机制，实现教师岗位流动518名。年内，全县11所中小学校超编问题得到全部整改。

做好机构编制实名制系统管理和数据上报工作。2020年，县委编办按照机构编制实名制管理系统管理工作规定和省、市委编办相关工作要求，按规定对全县实名制管理系统数据进行监督检查和维护，做好2020年度机构编制统计和数据上报工作。

做好机构编制监督检查整改工作。2020年7月，市委编办对仁化县开展机构编制监督检查工作，检查仁化县机构编制实名制系统信息及时性、准确性、合规性和完整性，实地核查仁化县教育局等单位，重点对单位实有人员在工资资料、任职文件以及内设机构挂牌与实名制系统信息的匹配性进行比对核查。结合实地核查反馈情况，县委编办积极开展并完成整改工作。

《中国共产党机构编制工作条例》学习和宣传贯彻工作。2020年，县委编办利用各类学习会议组织全体干部职工学习《中国共产党机构编制工作条例》，利用各类学习平台加强《中国共产党机构编制工作条例》宣传贯彻，用足用活政策和机遇，规范全县机构编制管理工作，贯彻落实县委编委机构编制工作决策部署。

（李诗怡）

保密工作

【保密绩效考核】 2020年，仁化县国家保密局（简称县保密局）坚持以强化监督检查为重点，全面排查失泄密风险隐患，全力抓好相关工作。1月，对全县61个机关单位和11个镇（街）开展2019年度保密绩效考核暨保密风险排查工作，重点检查被考核单位领导干部保密工作责任制、涉密文件规范管理等情况。对检查中发现的涉密文件登记管理不规范、违规复印密件、在非涉密机编辑制作涉密内容等问题出具“整改告知书”，限期整改。通过检查，全县各单位均未发现严重违规行为及泄密案件。年初，结合县委要求，制定完善2020年仁化县直机关保密工作绩效考核方案以及2020年镇（街）工作绩效评价保密工作逆向指标扣分考核办法，为开展2020年绩效考核工作提供有效依据。11月底，开展全县各重点单位保密工作风险大排查，全面消除风险隐患，并通过省检。全年全县未发生任何泄密窃密事件和严重违规行为。

【全县保密工作会议】 2020年5月28日，仁化县召开县委保密委员全体（扩大）会议暨全县保密工作会议，传达学习全市保密工作会议精神，结合疫情影响分析有关保密工作形势，通报分析有关泄密案例，总结2019年全县保密工作，部署2020年全县保密工作任务。

【保密宣传教育】 2020年6—7月，仁化县开展新招录公务员保密工作培训2期，由县保密局专人向新入职公务员普及保密工作。9月，将保密教育纳入纪律教育学习月中，要求各单位积极征订保密宣传图文资料。12月，下发征订《保密工作》《保密科学技术》以及各类保密法律法规，宣传挂图、保密业务书籍、视频资料通知，要求全县各级各单位通过多种载体宣传保密法纪，为广大干部职工学习保密知识提供保障。开展保密进校园工作，活动期间开展保密教育主题宣讲、参观省保密教育示范基地（红军长征粤北纪念馆）、组织保密知识手抄报评选等活动，并分高中、初中、小学组进行表彰，让广大师生更好地了解保密与国家、个人的关系，增强保密意识。

【定密审批流程规范】 2020年，仁化县按照市国家保密局《关于开展2019年度定密事项统计分析工作的通知》要求和“谁定密，谁变更，谁解密”原则，引导全县辖区内机关、单位及各镇（街）开展国家秘密变更、解密审核和统计分析工作，及时做好2019年度报送和汇总工作。加强涉密人员备案管理，教育引导各单位注意加强临聘人员、借调人员保密教育，提高保密意识，抓好保密队伍配备与建设。

【保密基础设施建设】 2020年，县委办、县政府办保密室按保密要求，安装“三铁一器”（安装防盗报警器、铁门、铁窗、配备保密柜），并加装视频监控。完成涉密网络（电子政务内网）建设设备采购工作。

（申　坤）

巡察工作

【政治巡察】 2020年，中共仁化县委巡察机构始终把发现问题作为巡察主要任务，把推动解决问题作为巡察落脚点。按照市县巡察“三个聚焦”（聚焦基层贯彻落实党的路线方针政策和党中央决策部署情况，进一步促进基层党组织和党员干部担当作为；聚焦群众身边腐败问题和不正之风，进一步增强群众获得感幸福感安全感；聚焦基层党组织软弱涣散、组织力欠缺问题，进一步强化政治功能、打造坚强战斗堡垒）要求，结合被巡察单位职责和“三定”规定，有针对性地查找问题，提升巡察工作质量。全年开展常规巡察3轮，市县交叉巡察1轮，“政治体检”县直单位24个、村级党组织28个，发现问题565个（含村级党组织问题259个）。

【巡察整改监督】 2020年，仁化县要求县党政领导参加分管（挂点联系）单位巡察动员会、反馈会和整改专题民主生活会，提出整改要求，对主要负责人专题约谈，跟进监督巡察整改工作，压实被巡察单位整改主体责任。试行巡察整改检查评估机制，通过检查督促被巡察单位整改，对没有完成整改的问题，建立台账继续跟踪，要求定期汇报整改进展情况，直至问题整改完成销账。全年对被巡察的18个单位整改情况进行检查评估，巡察反馈的848个问题已整改落实831个，问题整改率98%，建立和完善制度212项，巡察整改群众满意率99.4%。全年向县纪委监委、其他部门分别移交问题线索59条、2条，推动立案23宗23人，给予党纪政务处分22人。

【巡察制度建设】 2020年，中共仁化县委巡察工作领导小组办公室起草、县纪委监委印发《关于建立健全县委巡察机构与县纪委监委有关部门协作配合机制的实施意见》，明确情况通报、人员选派、巡察期间沟通协调、巡察成果运用、巡察整改监督5项机制，强化巡察与纪检部门监督合力。

（朱　殷）

史志工作

【党史挖掘】 2020年，仁化县史志办公室（简称县史志办）坚持以习近平新时代中国特色社会主义思想为指导，全面贯彻落实“一突出、两跟进”精神，加强做好社会主义时期党史资料收集整理工作，完成省、市党史部门和县委、县政府交办的党史征研工作任务，征集革命历史文物“红军毯”“红军碗”等。

【革命遗址普查】 2020年，仁化县根据《中共广东省委宣传部、中共广东省委党史研究室、广东省文化和旅游厅、广东省退役军人事务厅〈关于开展广东省革命遗址大普查的通知〉》等要求，在上年初步摸查挖掘革命遗址线索基础上，做好革命遗址普查材料整理、审查、核实工作。5月13日，向市报送革命遗址材料一批，逾100万字，完成该次革命遗址普查工作。

【《仁化县革命老区发展史》出版】 2020年4月，县史志办主笔编纂的26万字《仁化县革命老区发展史》由广东人民出版社出版发行，内文分老区概况、红旗漫卷、抗日烽火、解放大业、建设宏图、改革开放、走进新时代7章21节。

【党史服务社会】 2020年，县史志办秉持发挥党史部门职能、服务社会理念，协助、配合有关部门做好红军长征国家文化公园（广东段）建设保护规划等党史资料和展陈史料审核，为各镇（街）及单位、部门及各界人士提供仁化红色史料约100万字，向各界捐赠史志书籍一批。

【申苏申老区工作】 2020年，县史志办做好全县申报苏区老区史料搜集、挖掘、整理工作，为该上级单位及各地媒体、党史、军史专家学者提供翔实历史资料100余万字。

【地方志资料年报验收】 2020年，县史志办收集2019年度地方志资料年报，承报单位覆盖全县95个单位，资料总字数逾400万字，截至年底，完成全县各呈报单位验收任务。

【《仁化县志（2001—2020）》（试点）编修】 2020年，县史志办继续做好第三轮《仁化县志（试点）》编修工作。年内，志书编修组人员根据《〈仁化县志（2001—2020）〉编修工作实施方案》，做好篇目拟定和资料搜集等工作。

【《仁化年鉴（2020）》编纂】 2020年，县史志办克服因疫情影响组稿迟等困难，做好《仁化年鉴（2020）》规范化编纂工作。12月，《仁化年鉴（2020）》由天津古籍出版社如期出版。

【数字化工作】 2020年，县史志办按省市地方志工作机构要求，做好数字化工作，以外包形式列出《革命老区仁化》《仁化县志》等志鉴、地情书籍18本20册给第三方，年内完成8本10册工作。

【史志宣传】 2020年，县史志办结合县域丰富红色史料，助推全域旅游，多次协助中央、省、市、县媒体拍摄红色题材视频。结合地方志资源开发利用工作，积极向省市史志部门投送稿件宣传推介仁化。全年，在“方志广东”微信公众号专题栏目《广东物产》《广东美丽乡村》推出《仁化玉扣纸｜别具特色的土法造纸》《瑶塘村｜丹霞山下，锦水之畔》2篇，在“韶关史志”微信公众号推出《走进韶关古村落：仁化县石塘镇石塘村》《走进韶关古村落：仁化县丹霞街道夏富村》等3篇；向省地方志办报送《广东乡村集萃系列丛书》《广东名村集萃系列丛书》材料4份；向市史志办报送古塔材料18座、古桥材料116座。

【史志理论研究】 2020年，县史志办结合史志工作职能，做好地方史志研究，向各级史志期刊和研讨会提交论文2篇。

【其他工作】 2020年，县史志办贯彻落实上级党委政府交办有关工作，配合做好县委巡察“回头看”整改、疫情防控、精准脱贫、“一线双联”、“创文巩卫”、“扫黑除恶”等工作，参与疫情防控卡点值守人员5人累计值守4000余小时，到帮扶挂点村丹霞街道黄屋村开展“固定党日+”6次，开展“民情夜访”50余次，帮助贫困户销售农产品1.2吨，帮扶贫困户1万余元，参与“创文巩卫”累计时长50余个工作日。年内，县史志办获韶关市第二届法治文化节组织奖。

（谢嘉文）

档案馆工作

【档案“三个体系”建设】 2020年，仁化县档案馆强化档案“三个体系”建设。①档案资源体系建设。全年新增档案量2274卷10615件，其中专门档案1423卷，实物档案25件。截至12月，馆藏档案总量84224卷24686件。加强征集力度，征集陇西堂（石塘）瑛珉璟祖李氏、石塘村和衷“继述堂”延下早禾田亨会公房、安岗谭氏、安岗田庄村叶氏、安岗杨屋杨氏、历林刘氏族谱，丰富馆藏档案资源。积极参与县重大会议活动档案收集归档，拍摄12场次，拍摄照片451张。②档案利用体系建设。全年接待查阅档案414人次，利用档案689卷/件，复印9721页。③档案安全体系建设。做好各项管护措施，定期对库房进行安全巡查，确保档案实体安全。完成数字档案馆信息系统二级等保项目。10月底，仁化县数字档案馆系统通过市公安局二级备案，达到保护档案信息系统重要资产目的。

【全县档案工作】 2020年，县档案馆配合县档案局对土地确权档案、重大建设项目、地名普查档案、防控新冠肺炎疫情档案、涉改单位档案、污染源普查档案、公安局基层派出所档案、民政局和气象局基建档案等进行指导，档案工作服务农村基层社会治理省级示范点安岗村按计划进度完成相关前期工作，提升全县档案事业发展。配合做好国有企业退休职工档案管理工作，全年接收国有企业退休人员人事档案2669份。强化业务培训，协助县档案局开展全县土地确权档案业务培训班、财政系统会计档案管理培训班及精准扶贫档案归档工作培训班等，提升档案工作人员业务水平，促进全县档案工作管理。

【档案信息化】 2020年，县档案馆按照“存量数字化、增量电子化”要求，推进档案信息化进度。开展档案“双套制”管理，做好各单位档案工作人员档案数字化业务指导及数字化副本移交接收工作，全年完成8个全宗单位1422卷7362件10.89万页数字化副本验收及接收工作。完成馆藏纸质档案数字化扫描1023卷9.3万页，累计完成馆藏纸质档案数字化6.05万卷225万页，完成馆藏量数字化比例60%以上。推动档案工作由传统管理、利用模式向现代化、专业化模式转变，馆藏信息及时、方便提供给利用者，服务群众效率得到提升。

（顾　燕）

县委党校（开放大学）工作

【干部教育培训】 2020年，中共仁化县委党校按照《干部教育培训工作条例》《仁化县2020年干部教育培训计划》要求，坚持“党校姓党”，做强主业主课，发挥阵地熔炉作用。全年，举办各类培训班26期，培训干部3186人次。7月，举办初任公务员培训班1期，培训干部129人次；举办县直机关党员培训班1期 63人次。9月，举办县村（社区）党组织书记主任培训班1期125人次。10月，举办县直机关党组织书记（党务干部）培训班3期295人次；公务员全员培训班12期1700人次；党外干部培训班1期48人次。11月，举办科级干部培训班1期50人次。12月，举办县直机关党员轮训班6期776人次；学校班子成员及培训处教师受县委讲师团外派到县直各单位、各镇开展送课36场次，受众1800余人。创新党课形式，通过讲故事形式开展党课教育，在县城新时代文明实践中心“善美讲坛”开展“红色故事”专题党课多次，受众1300余人。

【红色现场教学】 2020年，中共仁化县委党校根据市委党校、县委组织部、县委宣传部部署，依托红军长征粤北纪念馆，打造爱国主义教育和党员教育培训基地，打造“政治站位有高度、思想见解有深度、情感真挚有温度”红色现场教学精品课程。5月，组织编写教案《弘扬长征精神筑牢红色堡垒》《阮啸仙与苏维埃政府》，通过市委党校审核验收。6月中旬，县委组织部录制红色现场教学微视频《阮啸仙与苏维埃政府》。用活用好红色资源，讲好红色故事，打响仁化红色教育品牌，多次派员参与市委党校专家组、《南方日报》记者、中山大学历史系教授开展田野调查、专题调研。12月，做好《广东南岭干部学院优化完善分工》红色故事和典故深挖和收集整理工作。到城口红色小镇开展现场教学50余场，安岗开展红色现场教学16场，受众4000余人次。

【学历教育】 2020年，仁化开放大学克服生源日趋枯竭困难，抓好开放大学春秋两季招生工作，落实责任，强化措施，拓宽学校生存空间。开设专科、本科学历教育行政管理、法学、学前教育等专业。全年（春、秋两季）共招生录取151人。有学历班23个，其中本科班12个，专科班11个，涉及专业6个，学员488人。做好开放大学形成性、终结性测评系统网络考核课程工作及期末考试工作，未出现工作失误现象，毕业论文和社会调查报告省校终审通过率100%。全年专科毕业50人，本科毕业38人。

【教学教研教改】 2020年，中共仁化县委党校抓好教学教研教改工作，提高教学教研教改水平。深化教学科研改革，采用新教学方法，更新教学手段，丰富和提高课堂教学效果。组织开展“优质课竞赛”活动，鼓励教师积极参与教研教改，撰写论文。采取“请进来，走出去”方式，聘请市委党校、市开大或具有中级技术职称兼职教师讲课。建立兼职教师机制，成立镇（街）党校兼职教师队伍，聘请县、镇业务骨干任兼职教师。组织领导、教师参加市委党校红色教育现场教学观摩会5人次。组织教师参加省市党校教学研讨学习，其中，组织到省委党校培训1人次，组织教师参加浙江大学现场教学培训5人次，组织参加第二届全市党校系统精品课评选1人次。引进人才，下半年招聘天津师范大学中共党史研究生到校任教1名。

【内部管理】 2020年，中共仁化县委党校、仁化开放大学加强内部管理，建立完善有关规章制度，继续深化教学教研改革、干部人事制度改革、行政后勤改革，抓好思想政治建设和意识形态工作，强化工作责任制，严格考核奖惩，各项工作得到落实、推进。新制定《中共仁化县委党校（开放大学）校委会工作职责》等15项，修订《中共仁化县委党校（开放大学）党风廉政建设责任制》等9项。根据《党政领导干部选拔任用工作条例》《仁化县中层领导干部（股级）选拔任用工作规程》要求，免去副主任、负责人职务4名，提拔中层干部1名。实施上下班打卡制度，做到以制度管人管事，党员干部职工队伍精神状态、思想面貌、工作作风得到根本转变，学校各项工作协调快速发展。配合县委第一巡察组到校开展巡察工作，自觉接受监督，促进学校良性发展。

【创文及精准扶贫工作】 2020年，中共仁化县委党校、仁化开放大学积极参与“创文”工作和开展“精准扶贫”工作，被评为2019—2020年度仁化县精神文明建设先进集体。围绕“两不愁三保障”“责任落实、政策落实、工作落实”“精准识别、精准帮扶、精准推出”“责任、政策、帮扶、监管四个不摘”等要求，学校帮扶干部每周坚持上门联系贫困户1～2次，走访贫困户至少1次。常务副校长下沉贫困村每周2天，遍访贫困户至少1次，每天安排副校长1名蹲守挂点村，统筹单位挂点和干部上访等帮扶工作，挂点帮扶村全面脱贫。

（刘耀东）

仁化县人民代表大会

综　　述

2020年，仁化县人大常委会依法行使重大事项决定权、监督权、任免权。围绕省委“1+1+9”工作部署和县委“一线两带两区”战略布局，主动担当作为，完成县十五届人大六次会议确定的各项目标任务。全年召开县人大常委会会议9次，主任会议22次，听取和审议“一府两院”工作报告16项，并依法作出决议、决定，开展专题视察、调研11次，备案审查规范性文件3件，督办代表建议51件，为促进全县经济社会发展和民主法治建设做出积极贡献。年内，仁化县人大常委会被韶关市人大常委会评为“市人大宣传信息优秀单位”。

重要会议及决策

【代表会议】 县十五届人民代表大会第六次会议。2020年5月23—24日，仁化县第十五届人民代表大会第六次会议在县城召开。会议听取和审议《政府工作报告》《仁化县人民代表大会常务委员会工作报告》《仁化县人民法院工作报告》《仁化县人民检察院工作报告》，审查《仁化县2019年国民经济和社会发展计划执行情况与2020年国民经济和社会发展计划草案的报告》《仁化县2019年财政预算执行情况和2020年财政预算（草案）的报告》《仁化县2019年环境状况和环境保护目标完成情况报告》，作出相关决议。会议依法选举肖莲、谢耀华为仁化县十五届人大常委会委员。会议通过仁化县十五届人民代表大会设立社会建设委员会、监察和司法委员会的决定及其组成人员名单，票决仁化县人民政府2020年度民生实事项目。

【常委会会议】 县十五届人大常委会第37次会议。2020年1月10日，仁化县第十五届人大常委会第37次会议在县三中心一馆县人大常委会会议室召开。会议议程有2项：补选韶关市第十四届人大代表；听取和审议县政府《关于请求对“要求加快搬迁田家炳小学进度”等4宗议案结案的申请》。经表决，周伟源、刘剑城依法当选为韶关市第十四届人大代表。会议同意《关于迁移殡葬场址的议案》《关于加强封山育林，优化生态环境的议案》《要求加快搬迁田家炳小学进度的议案》3宗议案予以结案，《关于制订仁化县新建小区基础设施建设标准规定的议案》暂不予结案。

县十五届人大常委会第38次会议。2020年2月26日，仁化县第十五届人大常委会第38次会议在县三中心一馆县人大常委会会议室召开。会议议程有4项：传达学习《中国共产党农村工作条例》和中央1号文件《中共中央、国务院关于抓好“三农”领域重点工作，确保如期实现全面小康的意见》精神；听取城建工委《关于我县农村“厕所革命”工作推进情况的联合视察报告》；审议县政府《关于2019年县八件惠民实事办理情况的报告》；审议人事任免事项。经表决，同意免去梁晓晖仁化县副县长（挂职）职务，任命陈浩华为仁化县人民政府副县长（挂职）；

免去马甲娣仁化县统计局局长职务、叶志琴仁化县民族宗教事务局局长职务，任命梁海钧为仁化县统计局局长、刘润芳为仁化县民族宗教事务局局长；免去温志裕仁化县人民法院执行局局长职务、何丽萍仁化县人民法院长江人民法庭庭长职务，终止黄丛渊仁化县人民法院立案庭庭长职务、林树鸿仁化县人民法院民事审判第二庭庭长职务，任命温志裕为仁化县人民法院审判委员会专职委员、黄丛渊为仁化县人民法院立案庭（诉讼服务中心）庭长（主任）。

县十五届人大常委会第39次会议。2020年3月27日，仁化县第十五届人大常委会第39次会议在县三中心一馆县人大常委会会议室召开。会议议程有5项：传达学习3月18日中央政治局常委会会议精神；审议县政府《关于请求同意参照上年预算先行安排支出项目资金的请示》；审议县政府《关于提请人大常委会审议〈仁化县2020年度土地储备计划〉的报告》；审议县政府《关于提请人大常委会审议〈仁化县2020年国有建设用地供应计划〉的报告》；审议有关人事任免事项。会议表决通过《仁化县2020年度土地储备计划》《仁化县2020年国有建设用地供应计划》。经表决，同意张毅辞去仁化县监察委员会主任职务；终止朱玉明仁化县人民法院行政审判庭庭长职务，任命朱玉明为仁化县人民法院综合审判庭庭长、审判委员会委员。

县十五届人大常委会第40次会议。2020年4月29日，仁化县第十五届人大常委会第40次会议在县三中心一馆县人大常委会会议室召开。会议议程有5项：传达学习习近平总书记在陕西考察时的重要讲话精神；传达学习《2020年仁化县党风廉政宣传教育工作要点》及部署党风廉政建设工作；审议有关人事任免事项；听取和审议《仁化县人民政府关于仁化县2019年度审计查出突出问题整改情况的报告》；评议县政府2020年第一季度重点工作。经表决，同意廖志常辞去仁化县人大常委会主任、仁化县第十五届人大代表、韶关市第十四届人大代表职务；同意黄付养为仁化县第十五届人民代表大会常务委员会代理主任；任命梁美娥为仁化县人大常委会丹霞街道工作委员会主任、何海祥为仁化县人民法院审判员。

县十五届人大常委会第41次会议。2020年5月14日，仁化县第十五届人大常委会第41次会议在县三中心一馆县人大常委会会议室召开。会议议程有10项：传达学习习近平总书记在山西考察精神；审议县人大常委会工作报告；审议县十五届人大五次会议有关事项（会议议程、日程、各项建议名单等）；审议选举办法、表决办法和票决民生实事项目办法；审议代表资格审查报告；听取和初步审查《仁化县2019年国民经济和社会发展计划执行情况与2020年国民经济和社会发展计划草案的报告》；听取和初步审查《仁化县2019年预算执行情况和2020年预算草案的报告》；审议补选县第十五届人大常委会组成人员候选人名单；审议县人大社会建设委员会、监察和司法委员会组成人员名单；审议有关人事任免事项。经表决，同意终止赖慈辉仁化县人民法院民事审判第一庭庭长职务，终止许瑞林仁化县人民法院民事审判第二庭副庭长职务；免去许瑞琳仁化县人民法院审判员职务；任命赖慈辉为仁化县人民法院民事审判庭庭长，任命梁娟为仁化县人民法院审判委员会委员，任命朱艳群为仁化县人民法院刑事审判庭庭长、审判委员会委员，任命周远平为仁化县人民法院长江人民法庭庭长、审判委员会委员。

县十五届人大常委会第42次会议。2020年8月28日，仁化县第十五届人大常委会第42次会议在县三中心一馆县人大常委会会议室召开。会议议程有12项：学习《习近平谈治国理政》第三卷、省人大“贯彻落实省委人大工作会精神交流会”精神；听取《关于仁化县“一县多园、一镇一业、一村一品”农业产业发展情况的视察报告》；听取《仁化县红色文化旅游产业发展情况调研报告》；审议《仁化县2019年国有资产管理情况综合报告》；审议《仁化县人民代表大会常务委员会讨论决定重大事项办法》；审议《仁化县人大代表履职经费管理办法》；审议《仁化县万里碧道建设及生态保护实施方案（2020—2025）》；审议《仁化县2019年度企业（不含金融企业）国有资产管理情况报告》；审议县政府《关于2020年县级财政预算调整方案的报告》；审议县政府《关于2020年上半年预算执行情况的报告》；评议县政府2020年第二季度工作情况；审议有关人事任免事项。会议表决通过《关于2020年县级财政预算调整方案的报告》。经表决，同意曹正辞去县政府副县长（挂职）职务。同意免去刘永保仁化县人大常委会教育科学文化卫生工作委员会主任职务，免去邱建华仁化县人大常委会法制工作委员会主任职务，免去张展辉仁化县人大常委会选举联络人事任免工作委员会副主任职务，免去陈佳楣仁化县人大常委会教育科学文化卫生工作委员会副主任职务；任命刘永保为仁化县人大常委会法制工作委员会主任、邱建华为仁化县人大常委会教育科学文化卫生工作委员会主任、张展辉为仁化县人大常委会教育科学文化卫生工作委员会副主任、陈佳楣为仁化县人大常委会选举联络人事任免工作委员会副主任。同意免去梁家宁仁化县工业和信息化局局长职务；任命何述华为仁化县工业和信息化局局长。同意免去李红仁化县人民检察院副检察长、检查委员会委员、检察员职务；任命谢健为仁化县人民检察院副检察长、检查委员会委员、检察员。

县十五届人大常委会第43次会议。2020年9月28日，仁化县第十五届人大常委会第43次会议在县三中心一馆县人大常委会会议室召开。会议议程有7项：传达学习习近平总书记在湖南考察重要讲话精神、《中华人民共和国各级人民代表大会常务委员会监督法》和广东省委十二届十次全会精神；听取《关于县城生活污水管网升级改造工程推进情况的视察报告》（书面）；听取《关于仁化县创建全国县级文明城市和国家全域旅游示范区工作情况联合视察报告》（书面）；听取和审议《仁化县2020年上半年国民经济和社会发展计划执行情况的报告》；听取和审议《仁化县2019年度县级预算执行和其他财政收支审计工作报告》；听取和审议《仁化县2019年县级决算草案的报告》；审议有关人事任免事项。会议表决通过《仁化县2019年县级决算草案的报告》。经表决，同意免去刘永保仁化县第十五届人民代表大会社会建设委员会副主任委员职务，免去邱建华仁化县第十五届人民代表大会监察和司法委员会副主任委员职务，免去陈佳楣仁化县第十五届人民代表大会社会建设委员会委员职务；任命刘永保为仁化县第十五届人民代表大会监察和司法委员会副主任委员，邱建华为仁化县第十五届人民代表大会社会建设委员会副主任委员，张展辉为仁化县第十五届人民代表大会社会建设委员会委员。

县十五届人大常委会第44次会议。2020年11月27日，仁化县第十五届人大常委会第44次会议在县三中心一馆县人大常委会会议室召开。会议议程有4项：传达学习中共十九届五中全会、习近平在深圳经济特区建立40周年庆祝大会上的讲话以及全国精神文明建设表彰大会精神；审议《仁化县人大常委会关于优秀人大代表和先进代表小组评选暂行办法》；审议县政府《关于提请审议2020年县级财政第二次预算调整方案的报告》；评议第三季度县政府重点工作。会议表决通过《关于提请审议2020年县级财政第二次预算调整方案的报告》。

县十五届人大常委会第45

次会议。2020年12月28日，仁化县第十五届人大常委会第45次会议在县三中心一馆县人大常委会会议室召开。会议议程有7项：传达学习贯彻中央经济工作会议、省委十二届十二次全会和市委十二届十三次全会精神；听取《仁化县扫黑除恶专项斗争三年情况汇报》；听取和审议《关于仁化县地方政府性债务管理情况的报告》；听取和审议县政府《2020年县级财政第三次预算调整方案的报告》；听取和审议县政府《关于提请县人大常委会审议调整2020年国民经济和社会发展计划部分指标增长目标的议案》；听取和审议县政府《关于提请审议合肥阳光公司将金裕公司股权转让合肥睿朗公司的议案》；审议县检察院《关于郭静同志拟任职务的提请》。会议表决通过《2020年县级财政第三次预算调整方案的报告》《调整2020年国民经济和社会发展计划部分指标增长目标的议案》《关于提请审议合肥阳光公司将金裕公司股权转让合肥睿朗公司的议案》。经表决，同意任命郭静为仁化县人民检察院检察员。

重要活动

【脱贫攻坚调研】 2020年6月17日，韶关市人大常委会副主任邓小杰到仁化县调研脱贫攻坚工作。邓小杰一行到黄坑镇回归田园柑橘产业基地、董塘镇江头村蔬菜基地、董塘镇安岗村红色教育基地实地察看当地产业发展情况，并与相关人员详细交谈，了解当前产业帮扶情况以及发展情况。县人大常委会代理主任黄付养、副主任李建平陪同调研。

【全域创建森林城市专题调研】 2020年 8月20日，韶关市人大常委会副主任邓小杰率部分市人大代表到仁化县开展韶关市全域创建森林城市专题调研，县人大常委会副主任夏德文和有关县领导陪同调研。调研组一行到董塘镇大井村、董塘桥、凡口国家矿山公园、城南森林公园、丹霞街道办上度落村等地，对乡村绿化美化建设及古樟树保护情况、丹霞碧道及道路绿化工作、城市公园建设情况、绿美古树乡村建设情况等工作进行调研，详细了解各项工作进度。

【落实省人大工作会议精神“回头看”任务专题调研】 2020年8月25日，韶关市人大常委会副主任梁韶灵带领调研组到仁化县开展落实省人大工作会议精神“回头看”任务专题调研。县人大常委会副主任、代理主任黄付养，副主任马小荣陪同调研。调研组一行到大桥镇、共和村和董塘镇实地考察当地代表联络站建设情况，查看代表工作相关资料，并就如何深入贯彻落实省委人大工作会议精神“回头看”任务、进一步提高基层人大规范化水平等工作进行座谈。

【《韶关市红色资源保护条例》立法调研】 2020年10月23日，韶关市人大常委会副秘书长段平波带领调研组到仁化县开展《韶关市红色资源保护条例》立法调研。县人大常委会副主任、代理主任黄付养，副主任廖兰英陪同调研。调研组实地到城口镇铜鼓岭红军烈士纪念园、红军长征粤北纪念馆、红军街、董塘镇安岗村等地调研。座谈会上，县人大、县史志办、县文广旅体局结合各自部门职能和工作实际，畅所欲言，建言献策，对《韶关市红色资源保护条例》进行充分讨论，对红色文化资源保护和开发利用实践中存在的问题提出切实可行的建议意见和对策。

【县城品质提升“439”、乡镇整治提升“139”行动调研】 2020年11月12日，韶关市人大常委会副主任梁韶灵一行到仁化县开展县城品质提升“439”、乡镇整治提升“139”行动调研，县人大常委会副主任夏德文陪同调研。调研组到董塘镇、石塘镇及丹霞街道进行调研。调研组分别听取相关部门负责人介绍县城品质提升“439”、乡镇整治提升“139”行动情况。在董塘镇森林公园、石塘镇国道535线、旅游停车场、丹霞街道高坪社区、仁化县城污水处理厂等地，详细了解群众参与度、房屋外立面整治、污水管道建设等情况，实地调研全县城镇提升、路域整治、人居环境整治等县城品质提升“439”、乡镇（镇街）整治提升“139”行动项目建设工作，并对下一步建设规划提出意见和建议。

【环丹霞山碧道试点项目视察】 2020年11月18日，韶关市人大常委会副主任邓小杰率部分市人大代表到仁化县开展环丹霞山碧道试点项目视察活动，县人大常委会副主任、代理主任黄付养，副县长包伟红陪同视察活动。视察组到万里碧道夏富村河段，仔细察看项目规划图，并听取碧道项目有关情况介绍，了解万里碧道试点项目完成情况。

【土壤污染防治情况调研】 2020年11月25日，省人大环境资源委副主任委员何真率调研组到仁化县调研土壤污染防治情况。县人大常委会副主任夏德文、副县长钟卫苏陪同调研。调研组到董塘镇光伏发电站，实地察看土壤污染、污染物处理等情况，认真听取项目负责人介绍防治情况，详细询问项目进展及存在问题。

【创建南岭国家公园、推进粤北生态发展区高质量发展工作情况视察】 2020年11月26日，韶关市人大常委会组织省人大代表到仁化县视察创建南岭国家公园、推进粤北生态发展区高质量发展工作情况。市人大常委会副主任邓小杰、周伟源，秘书长高振忠参加视察。代表们沿阅丹公路走进丹霞山国家级自然保护区，察看该区古村落保护利用情况及生态旅游发展状况。

主要工作

【县委中心工作】 2020年新冠肺炎疫情防控期间，仁化县人大常委会组织机关干部认真落实县委决策部署，深入挂点镇村和县城网格区开展督导和值守工作，助力统筹推进疫情防控和全县经济社会发展。按照县委创建全国县级文明城市工作要求，成立督导组督促各单位扎实做好创文网报资料整理和实地点位整治提升，扎实做好网格区卫生保洁和文明劝导等工作，全力参与创建文明城市。落实“一线双联”“民情夜访”制度，定期到挂点镇村督导推进基层党建、脱贫攻坚、乡村振兴、森林防火、村“两委”换届、扫黑除恶等重点工作，督促协调解决群众反映问题100余个。

【监督工作】 紧扣重点创新监督方式。2020年，仁化县人大常委会制定实施《县人大常委会关于推动县政府落实2020年重点工作的责任分工安排》，对县政府工作开展清单式监督，积极跟进县政府167个大项、430个小项工作落实情况。制定落实《县人大常委会工作评议办法（试行）》，对县政府部分重点工作开展评议，全年评议县政府工作28个大项59个小项，有力推动县政府重点工作有效实施。

加强计划和预算执行监督。2020年，仁化县人大常委会听取和审议计划、预算执行情况等报告，依法审查批准决算和预算调整。加强全县专项资金使用情况监督，推动政府建立健全财政专项资金项目库管理制度，完善资金审批流程，确保全县财政平稳运行。加强政府债务使用情况监督，促进防范化解财政金融风险。调研企业（不含金融企业）国有资产管理情况，促进国资国企健康发展。

深化乡村振兴和民生领域监督。2020年，仁化县人大常委会组织人大代表开展“一县多园、一镇一业、一村一品”农业产业发展、农村“厕所革命”、县全域自然村集中供水全覆盖项目建设等视察和调研活动11次，提出针对性意见建议，推动乡村振兴发展。开展8件民生实事完成情况专项调研，推动民生实事全面落实。

加强生态文明建设监督。2020年，仁化县人大常委会调研县自然保护地整合优化预案、万里碧道建设及生态保护实施方案（2020—2025年）等工作情况。评议河长制落实情况、生活污水设施建设、健全完善污染治理体系、丹霞山人工林赎流转等重点工作，促进政府推动工作有效落实，助力全县在高水平生态保护中实现高质量发展。

【人事任免】 2020年，仁化县人大常委会坚持党管干部原则和人大依法行使任免权相统一，依法增补选市、县代表5名，依法任免县“一府一委两院”及县人大机关领导干部39人次，确保党组织推荐人选通过法定程序得到落实。

【重大事项决定】 2020年，仁化县人大常委会制定并严格实施《仁化县人大常委会讨论决定重大事项办法》，实施民生实事人大代表票决制，票决全县民生实事项目8项，听取和审议审计整改、土地储备等报告16个，依法对相关重大事项作出决议或提出审议意见，切实把县委重大决策通过法定程序转化为全县人民共同意愿和自觉行动。

【民主法治建设】 2020年，仁化县人大常委会组织学习宣传贯彻《中华人民共和国宪法》《中华人民共和国民法典》等法律法规，切实增强法治意识。调研基层公安派出所规范化建设、扫黑除恶等工作情况，审查《仁化县非法集资举报奖励办法》《仁化县农村土地（耕地）承包经营权流转管理办法》等规范性文件3件。加强涉法涉诉信访案件督办，积极化解矛盾纠纷，促进社会和谐稳定，全年接待人民群众涉诉来信来访6起51人次。

【代表工作】 *优化代表履职保障*。2020年，仁化县人大常委会采取集中培训、专题学习、远程培训等方式，组织市县代表和镇人大干部培训学习，组织全县各级代表专题学习《习近平谈治国理政》《中华人民共和国民法典》等政治理论和法律法规，组织各镇（街）人大干部分2批到广东省南岭干部学院参加市人大组织的乡镇人大干部培训班，提高代表政治素质和履职能力。组织人大代表参加县法院、检察院开放日活动，体现人大代表参政作用。全面铺开代表述职活动，激励人大代表积极履职，促进各代表小组规范积极地开展活动，评选出先进代表小组3个、优秀代表17名。

积极开展主题活动。2020年，仁化县人大常委会组织全县各级人大代表532名集中开展“我为民、我履职、我行动”代表主题实践活动，重点围绕城乡人居环境整治、全面完成脱贫攻坚等工作，开展专项视察和调研41次，收集社情民意和代表意见91条，形成代表建议35件。

提升建议办理质量。2020年，仁化县人大常委会通过召开交办会、推进办理会和检查、督促、指导承办单位建议办理等方式，切实加大代表建议督办力度，提高办理质量和效率。全年督办人大代表建议51件，表彰优秀代表建议8件。

【县乡人大规范化建设】 2020年，仁化县人大常委会贯彻省人大常委会部署要求，组织开展贯彻落实《广东省乡镇人民代表大会工作条例》情况自查活动和贯彻落实省委人大工作会议精神“回头看”活动，全面整改各项任务，健全县乡人大工作制度，新建规章制度6项。依法组织人大会议、人大监督、讨论决定重大事项和人事任免等工作，提升县乡人大工作规范化水平。全县各镇（街）完成办公用房扩容提升，配齐人大班子和办公室人员，提高基层人大规范化水平，按照“六有”（有活动阵地、有活动制度、有活动计划、有活动档案、有活动保证、有信息网络平台）标准建成镇（街）代表中心联络站11个、村级代表联络站20个。

（谢耀华　黄林珍）

仁化县人民政府

综　述

2020年，仁化县人民政府在中共仁化县委正确领导和县人大、县政协监督支持下，坚持以习近平新时代中国特色社会主义思想为指导，贯彻中共十九大和十九届二中、三中、四中、五中全会精神，全面落实习近平总书记对广东重要讲话和重要指示批示精神，围绕中央、省、市和县委各项决策部署，坚持稳中求进工作总基调，大力实施“139”发展战略，落实新发展理念，以生态优势融入粤港澳大湾区和深圳先行示范区建设，统筹做好稳增长、促改革、调结构、惠民生、防风险、保稳定各项工作，全县呈现经济发展增速换挡、发展质量显著提升、营商环境持续改善、生态环境稳步向好、民生福祉全面增进的局面。经统计，2020年，全县实现地区生产总值同比增长2.9%；完成固定资产投资54.07亿元；一般公共预算收入5.94亿元；新动工项目77个，总投资额45.22亿元；为企业减税降费1.23亿元；全县农林牧渔业产值增长4.3%；城镇登记失业率控制在3.5%以内。

重要会议

【县政府常务会议】 2020年，县政府召开县政府常务会议27次，主要讨论同意或审议通过《仁化县现代农业产业发展规划（2019—2022年）》《2019年仁化县“广东扶贫济困日”第一批非定向捐赠资金分配方案》《仁化县高端制造材料与动力（储能）电池产业发展规划》《仁化县促进个体工商户转为企业和小型微型企业升级为“四上”企业的实施意见》《关于请求将仁化县社区戒毒（康复）工作站专职社工纳入政府购买人员的请示》《关于上报2020年国民经济和社会发展计划主要指标增长目标的请示》《关于实施2020年农村人居环境整治建设美丽乡村项目建设的请示》《2020年县政府惠民实事》《县政府工作报告》《仁化县2019年国民经济和社会发展计划执行情况及2020年计划草案》《仁化县2019年预算执行情况和2020年预算草案的报告》《仁化县2019年环境状况和环境保护目标完成情况报告》《关于请求批准对仁化县全域自然村集中供水全覆盖工程采用EPC模式实施的请示》《仁化县韶赣铁路沿线村庄提升建设工作方案》《仁化县关于打赢疫情防控攻坚战支持本土企业共克时艰的若干措施》《仁化县2020年调整住房改革补贴和住房公积金测算方案》《仁化县财政局关于申请处置原检察院办公楼房产的请示》《关于仁化县应急广播系统工程建设项目开通绿色通道审批的请示》《2020—2022年度仁化县河道管护市场化委托运营项目实施方案》《关于2020年中央财政和省财政困难群众救助补助资金分配方案的请示》《2020年度县政府规范性文件制定（修订）计划目录的请示》《关于请求同意对〈仁化县银行卡助农取款服务点奖补方案（试行）〉相关条款进行修订的请示》《关于暂缓调整机关事业单位在职人员住房改革补贴标准的请示》《关于暂缓调整机关事业单位在职人员住房公积金缴存项目的请示》《关于支付省定贫困村集中供水工程进度款的请示》《仁化县生活垃圾分类实施方案》《仁化县城区生活垃圾分类试点实施方案》《仁化县2020年农业农村工作要点》《仁化县2020年工业工作要点》《仁化县2020年旅游业工作要点》《仁化县2020年住建工作要点》《关于请求解决脱贫攻坚贫困户产业、就业奖补及扶持资金所需缺口的请示》《关于继续入股广东中金岭南资产性收益项目的请示》《关于统筹推进新冠肺炎疫情防控和经济社会发展工作的若干措施》《关于县城三板桥至大岭红绿灯路段升级改造项目启动事宜的请示》《关于下达仁化县二〇二〇年度商品林采伐限额的请示》《关于解决农产品宣传推介工作经费的请示》《关于批准重启仁化县原假日山庄南侧地块出让的请示》《关于审批实施仁化县防汛防旱防风防冻应急预案的请示》《仁化县教师发展中心建设方案》《关于同意县文化馆提升改造方案的请示》《关于确定仁化县博物馆改造提升方案的请示》《关于确定仁化县图书馆改造提升方案的请示》《关于同意我县各镇（街）文化站进行评估定级改造的请示》《关于申请启动仁化县社区改造建设试点项目的请示》《关于申请启动县城主次干道沿街商铺广告牌更换项目（二期）的请示》《恳请同意实施仁化县丹霞山片区农村生态环境治理工程的请示》《关于恳请将锦江物业公司代管的国有经营性资产转由锦霞公司有偿代管的请示》《关于启动实施仁化一中篮球场抢险工程的请示》《仁化县2019年新增贫困户退出情况报告》《仁化县9000亩耕地安全利用示范项目实施方案》《仁化县推进粮食生产工作的激励方案》《仁化县自然保护地整合优化方案》《广东仁化县产业转移工业园区总体规划（2020—2035）》《仁化县2019年国有资产管理情况综合报告的请示》《仁化县2019年度企业（不含金融企业）国有资产管理情况报告的请示》《加强乡镇政府服务能力建设的实施方案的请示》《仁化县发展精致农业工作方案（2020—2022年）》《发布仁化县2020年度地质灾害防治方案的请示》《仁化县2020年垦造水田工作方案》《申请风度书房建设经费的请示》《请求同意优化后的三馆提升方案》《仁化县自然保护地整合优化建议方案》《仁化县普通公路路长制“136”行动工作方案》《仁化县“四好农村路”建设攻坚方案》《实施仁化县第二小学改造成幼儿园装修工程的请示》《关于启动仁化县产业转移工业园标准厂房一期项目的请示》《仁化县农村供水工程建后运营管理方案》《关于仁化县东田采石场采矿权变更的请示》《关于设置广东省仁化县石塘镇水历村杆子坪矿区砖瓦用砂岩矿的请示》《关于划拨土地上商业性房屋办理不动产登记涉及补缴土地出让金有关事项的请示》《关于批准仁化县长江镇锦江村枫树坍地块国有建设用地使用权网上交易方案的请示》《关于批准仁化县大桥镇长坝村众坝小组地块国有建设用地使用权网上交易方案的请示》《关于批准仁化县原银海有色金属厂房北侧地块国有建设用地使用权网上交易方案的请示》《武深高速仁化路段（丹霞山）高速公路服务站A、B地块国有建设用地使用权出让方案》《关于仁化县万里碧道建设及生态保护实施方案（2020—2025）》《关于审议2019年度环境保护考核结果的请示》《关于仁化县涉农资金统筹整合管理办法（试行）》《关于请求同意实施仁化县Y583线坪岗至广东铝厂段路面改造工程的请示》《关于批准仁化县城口丰源温泉北侧地块国有建设用地使用权出让方案的请示》《关于申请同意实施仁化县金霞小区改造项目的请示》《关于申请启动丹霞新城市政道路建设工程的请示》《关于请求县政府同意新城幼儿园（暂命名）建设项目实施的请示》《仁化县教育局关于请求县政府同意启动仁化县新城学校（暂命名）建设前期工作的请示》《划转仁化县部分国有资本充实社保基金工作建议方案》《关于申请同意开展2020年仁化县周田镇较坑村垦造水田项目工程施工招标的请示》《关于批准仁化县城口丰源温泉西侧地块国有建设用地使用权出让方案的请示》《关于批准仁化县周田有色金属循环经济产业基地入口东侧地块国有建设用地使用权网上交易方案的请示》《仁化县人民政府2020年度重大行政决策事项和听证事项目录》《关于申请启动实施仁化县固体废弃物（建筑垃圾）消纳场项目的请示》《仁化县国有企业退休人员社会化管理工作实施办法》《仁化县“十四五”规划基本思路》《仁化县紧密型县域医疗卫生共同体建设实施方案》《仁化县以食用为目的人工繁育陆生野生动物退出工作方案》《关于仁化县2020年山区和农村边远地区教师生活补助实施方案的请示》《关于完善珠三角地区与粤东粤西粤北地区对口帮扶协作机制的意见任务分工安排清单》《仁化县长江镇河田电站库区清淤工程评估报告》《仁化县城口镇三里亭电站库区清淤疏浚工程评估报告》《仁化县城口镇吊船滩电站库区清淤工程评估报告》《关于仁化县电子商务进农村示范创建实施方案的请示》《关于增加县纪委执纪审查专业陪护队员的请示》《关于批准仁化县鸿伟木业东南侧地块国有建设用地使用权出让方案的请示》《关于批准仁化县武深高速黄屋出口引线加油站地块国有建设用地使用权出让方案的请示》《关于批准仁化县闻韶镇镇泰中学西侧地块国有建设用地使用权出让方案》《关于批准仁化县丹霞街道岭田村学冲A、B地块国有建设用地使用权出让方案的请示》《关于同意我县创建国家全域旅游示范区工作的请示》《关于对国道G106线仁化广东桥至武深高速城口南出口路段进行路面改造的复函》《仁化县2020年重点产业土地储备规划方案》《仁化县周田有色金属循环经济产业基地XZE-2地块控规国有建设用地使用权出让方案》《仁化县大岭变电站北侧地块国有建设用地使用权出让方案》《仁化县周田有色金属循环经济产业基地入口东侧地块国有建设用地使用权出让方案》《仁化县武深高速黄屋出口引线加油站地块国有建设用地使用权出让方案》《仁化县农村宅基地审批管理工作指引》《仁化县农村土地（耕地）承包经营权流转管理办法》《仁化县农用地分类管理实施方案》《仁化县耕地安全利用示范项目实施方案》《仁化县新增车辆设备采购及公厕保洁方案》《仁化县2020年环境提升示范工作实施方案》《关于请求县政府同意中等职业学校实训楼建设项目实施的请示》《仁化县加快推动制造业高质量发展实施方案》《关于仁化县人民医院申请新建发热门诊及感染科防治楼的请示》《仁化县2020年上半年国民经济和社会发展计划执行情况的报告》《仁化县工业经济稳增长工作方案》《仁化县“房地一体”农村不动产登记发证工作实施意见》《仁化县质量提升行动实施方案》《关于深化改革加强食品安全工作的实施方案》《关于申请解除与天伦公司签订的投资合同及退款事项的请示》《关于实施新马屋新村土地平整的请示》《关于延长全域自然村集中供水全覆盖项目建设期限的请示》《关于发放2019年机关绩效考核奖励金有关事宜的请示》《关于上报2020年仁化县机关绩效考核奖励金预算方案的请示》《解决教师节表彰慰问及高中教育发展绩效资金的请示》《关于给予仁化县公交新增6台新能源纯电动公交车运营补助的请示》《仁化县原白水泥厂西侧地块国有建设用地使用权出让方案的请示》《关于聘请张伟强、朱雪梅、严亮同志为仁化县政府旅游顾问的请示》《仁化县构建“一核一带一区”区域发展新格局项目表》《关于编报2021年市重点建设项目计划和开展项目储备工作的请示》《关于调整2020年县重点项目的请示》《2019年度仁化县各镇（街）及县安委会成员单位安全生产责任制及消防工作考核结果》《规划二路征拆工作方案》《关于请求同意变更消费扶贫双创基地项目建设方案的请示》《关于实施2020年农村人居环境整治工程建设“干净整洁村”的工作方案》《仁化县扶贫专项资金管理办法（试行）》《仁化县集中式饮用水水源地保护区监督管理巡查工作方案》《关于启动坪岗工业园地块土壤污染状况调查与风险评估项目实施的请示》《仁化县产业转移工业园标准厂房建设项目（一期）预算价》《关于调整红色培训基地发展建设规划的请示》《关于做好我县公安机关执法勤务警员职务、警务技术职务序列工资政策套改工作的请示》《关于做好我县公务员职务与职级并行制度职级序列工资政策套改工作的请示》《关于医疗设备购置的请示》《仁化县人民医院新建发热门诊及感染科防治楼建设工作实施方案》《关于丹霞街道中心村北门片F地块等3地块国有建设用地使用权出让方案》《关于仁化县农村削坡建房专项整治行动实施方案（2020—2022）》《关于申请启动实施仁化县十镇一街环卫市场化项目的请示》《2019年度村（社区）干部绩效考核情况汇报》《关于审议中共仁化县镇（街）委员会、仁化县镇（街）人民政府职能配置、内设机构和人员编制规定的请示》《关于丹霞街道办中心村委征收19亩土地事宜》《仁化县贯彻落实省委十二届十次全会精神加快仁化高质量发展的实施方案》《关于批准黄坑镇高塘村委冯屋村黄坑路口北侧B2-2、B3-2、B8-2、B10-2地块国有建设用地使用权出让方案的请示》《关于批准丹冶公寓西北侧A、B地块国有建设用地使用权出让方案的请示》《关于审定仁化县2020年压减部门预算支出工作方案的请示》《仁化县人民政府关于提请审议2020年县级财政第二次预算调整方案的报告》《关于请求举办2020年中国丹霞贡柑开园节系列活动的请示》《仁化县关于对接省商务厅深入基层定点联系工作实施方案》《仁化县关于加强乡村振兴重点工作确保如期实现全面小康的实施方案》《关于请求县政府同意申请创建全国科普示范县的请示》《关于实施2020年仁化县周田镇麻洋村垦造水田项目的请示》《关于批准同意我县省级以上生态公益林落界成果报告的请示》《关于开展仁化县储备补充耕地整改工作的请示》《仁化县第二期享受政府特殊津贴人才选拔工作的情况汇报》《仁化县财政局职能配置、内设机构和人员编制规定》《仁化县疫苗管理联席会议制度》《关于请示县政府同意韶关仁化武深省际公安检查站升级增效建设项目实施的请示》《关于请示县政府同意新城幼儿园（暂命名）项目建设资金安排方案的请示》《关于将我县烈士纪念设施归口县退役军人事务局管理的请示》《关于申请同意实施仁化县第一批病险山塘工程项目建设的请示》《仁化县2021年部门预算编制工作方案》《仁化县2021年对镇（街）转移支付方案（试行）》《仁化县森林经营规划（2018—2050年）》《仁化县桉树林改造工作指引（2020—2025年）》《仁化县农村“四小园”建设实施方案》《2021年度仁化县高标准基本农田建设项目实施方案》《仁化县周田有色金属循环经济产业基地变电站地块国有建设用地使用权出让方案》《仁化县董塘镇铁屎岭南侧地块国有建设用地使用权出让方案》《关于移交城市基础设施配套费征收工作的请示》《关于贫困户公益性岗位延续问题的请示》《关于调整2020年国民经济和社会发展计划部分指标增长目标的请示》。

【县政府工作会议】 2020年1月8日，县长周小明在县政府办公室会议室主持召开会议，讨论并通过《关于开展修复夏富古村新时代文明实践广场的请示》《关于做好我县2020年涉农工作的请示》，研究部署安全生产工作、项目储备工作、烟花爆竹禁放工作等事项。研究仁化县中等职业学校宿舍楼建设处置工作、仁化县润力房地产开发有限公司金福雅苑处置工作。1月12日，县长周小明在董塘镇主持召开会议，专题研究处置董塘阳光电源项目相关后续问题。1月13日，县长周小明在县政府办公室会议室主持召开会议，专题研究阳光电源有关工作。1月19日，县长周小明在县政府办公室会议室主持召开会议，部署贯彻落实电视电话会议精神，加强安全生产和消防工作、防范重特大生产安全事故。1月20日，县长周小明在县政府办公室会议室主持召开会议，研究部署猪肉食品安全工作、阳光电源有关工作。1月20日晚，县长周小明在县电信局主持召开仁化县新型冠状病毒感染的肺炎疫情防控工作会议，部署全力做好疫情防控有关工作。1月23日，县长周小明在县政府办公室会议室主持召开会议，研究部署经济责任及自然资源管理和生态环境保护责任问题整改工作、九大任务三年攻坚行动完成情况。1月24日，县长周小明在县电信局主持召开仁化县新型冠状病毒感染的肺炎疫情防控工作紧急会议。1月30日，县长周小明在县政府办公室会议室主持召开会议，专题研究"网格化、片区化"疫情防控工作。2月2日，县长周小明在县政府办公室会议室主持召开会议，专题研究县城物业单位落实疫情防控工作。2月5日，县长周小明在县政府办公室会议室主持召开会议，专题研究企业复工复产有关工作。2月14日，县长周小明在县政府办公室会议室主持召开会议，研究部署全县全域自然村集中供水和农村人居环境整治有关工作。2月15日，县长周小明在县政府办公室会议室主持召开会议，专题研究丹霞街道梅花村房屋征收补偿有关事宜。2月16日，县长周小明在县政府办公室会议室主持召开会议，专题研究丹霞冶炼厂炼锌渣绿色化升级改造项目复工复产工作。2月24日晚，县长周小明在县政府办公室会议室主持召开会议，研究部署森林防火等有关工作。2月26日，县长周小明在县政府办公室会议室主持召开会议，专题研究重点项目调度。2月27日，县长周小明在县政府办公室会议室主持召开会议，研究推进全县党委政府、党政工作部门主要领导干部履行经济责任及自然资源资产管理和生态环境保护责任问题自查整改工作。2月28日晚，县长周小明在县政府办公室会议室主持召开会议，研究部署疫情防控和复工复产工作。2月29日，县长周小明在县政府办公室会议室主持召开会议，研究部署全县专项债券项目申报工作。3月1日，县长周小明在县三中心一馆主持召开专题会议，研究部署全县疫情防控工作形式主义若干表现问题对照自查整改工作。3月6日，县长周小明在仁化税务局会议室主持召开会议，研究丹霞山蔚景温德姆度假酒店项目推进工作。3月5日，县长周小明在扶溪中学高年段校区主持召开会议，研究扶溪中学高年段运动场山体滑坡治理工作。3月9日，县长周小明在县政府办公室会议室主持召开会议，研究仁化一中篮球场挡土墙险情应急处置工作。3月11日，县长周小明在县三中心一馆主持召开专题会议，研究部署农村乱占耕地建房专项整治工作、打击非法改装机动车以及"飙车"违法行为百日专项整治行动工作、土地卫片执法图斑查改工作。3月14日，县长周小明在县政府办公室会议室主持召开会议，研究县道800线、正北门、驿站、兰花种植园、房车营地等建设方案工作。3月16日，县长周小明在县政府办公室会议室主持召开会议，专题研究部署韶赣铁路沿线（仁化县辖区范围内）村庄环境综合整治工作。3月18日，县长周小明在县政府办公室会议室主持召开会议，研究市委相关纪要落实工作。3月23日，县长周小明在县政府办公室会议室主持召开会议，研究推进商业综合体、标准厂房和周田冷链储运等建设项目。3月25日，县长周小明在县政府办公室会议室主持召开会议，研究部署仁化碧桂园一期项目永久用电线路建设和县道800线丹霞山北门至车湾段路面提升改造工作。3月29日，县长周小明在县政府办公室会议室主持召开会议，研究部署产业帮扶情况、“三防”工作、推动企业工业有序复工复产、清明节期间疫情防控和安全防护工作。4月8日，县长周小明在县政府办公室会议室主持召开会议，研究部署城市管理、扬尘整治、垃圾分类、四好农村工作。4月12日，县长周小明在县政府办公室会议室主持召开会议，研究部署是年5月集中开工重点建设项目和集中签约招商引资项目有关工作。4月13日，县长周小明在县政府办公室会议室主持召开会议，研究部署原县委书记、县长离任经济责任审计问题整改落实工作。4月18日，县长周小明在县三中心一馆主持召开专题会议，部署2020年春季学期学生返校工作。4月27日，县长周小明在县政府办公室会议室主持召开会议，研究部署阳关电源项目、全市城镇提升“439”镇街建设“139”现场会、“5·10”重点项目动工仪式有关工作。4月28日，县长周小明在县政府办公室会议室主持召开会议，研究部署全县信访工作、《广东审计重要信息要目〔2020〕第3期》批示落实工作。5月7日，县长周小明在县政府办公室会议室主持召开会议，研究部署农村饮水工程、粮食和生猪生产工作。5月21日，县长周小明在周田镇主持召开专题会议，研究周田镇历史遗留问题；在丹霞街道办主持召开专题办公会议，研究丹霞街道历史遗留问题。5月26日，县长周小明在丹霞新城主持召开会议，研究部署新城幼儿园、小学、中学及周边市政道路建设工作。5月29日，县长周小明在县政府办公室会议室主持召开会议，研究第二农贸市场海丽达幼儿园周边环境整治问题。6月1日，县长周小明在县政府办公室会议室主持召开会议，研究部署5月经济运行、河道清淤、审计整改、重点项目、第四批返园返校工作。6月10日，县长周小明在县政府办公室会议室主持召开会议，专题研究全县财政收入工作。6月11日，县长周小明在县政府办公室会议室主持召开会议，研究县政府廉政和作风建设。7月7日，县长周小明在县政府办公室会议室主持召开会议，研究仁化县行政诉讼整改方案、红山村民搬迁至街道用电等相关问题、夏富新村事宜。7月8日，县长周小明在县政府办公室会议室主持召开会议，研究仁化县自然保护地整合优化工作。7月28日，县长周小明在县政府办公室会议室主持召开会议，研究部署退役士兵安置工作、退役军人服务体系建设工作。8月17日，县长周小明在县政府办公室会议室主持召开，部署新冠肺炎疫情防控工作。8月30日，县长周小明在县政府办公室会议室主持召开会议，研究破旧泥砖房拆除补助工作、“6·30”资金回收使用、拆旧复垦政策事宜。8月31日，县长周小明在县政府办公室会议室主持召开会议，研究县政府班子分工暂时调整事项、适龄残疾儿童少年入学工作。9月24日，县长周小明在县政府办公室会议室主持召开会议，研究省对县政府教育履职评价工作，部署学前教育“5080”工作、消除义务教育“大班额”工作、中小学教师义务教育“两相当”工作。10月6日，县长周小明在县政府办公室会议室主持召开会议，研究适龄残疾儿童少年入学工作。10月10日，县长周小明在县三中心一馆主持召开会议，研究部署数字政府改革建设和政府一体化政务服务能力工作。10月29日，县长周小明在宝能项目召开现场会议，研究宝能项目相关工作。

重大政事

【城乡供水一体化工程】 2020年1月21日，石塘镇举行城乡供水一体化工程通水仪式，县长周小明参加仪式，并宣布正式启动通水。

【疫情防控】 2020年1月30日，仁化县启动实施"网格化、片区化"疫情防控，设立16个网格小区、4个片区、3个工作组、1个督导组，发挥临时党支部战斗堡垒作用和"领导在先、党员在先、干部在先"作用，推进各项防范措施在县城网格区、乡镇及景区、片区落实到位，切实维护人民群众健康安全。

【高速公路国省道防疫检查点撤除】 2020年2月24日，仁化县撤除全县范围高速路口、国省道防疫检查点。自疫情防控一级响应启动后，仁化县在县域高速公路、国省道、省际交界点等设立全天候防疫检查点16个，累计检查车辆15万余台次、检查人员49万余人次，守好广东疫情防控"北大门"；成立高速路口、省际防疫检查站临时党总支，下设临时党支部14个，县直机关单位和镇村党员干部400余人主动请缨到高速和国省道卡口值班值守。年内，国道106线城口省界检查点被市公安局授予集体三等功，马丁、卢小溢被授予个人三等功，周游获嘉奖。

2020年1月21日，石塘镇城乡供水一体化工程通水仪式举行（石塘镇 供图）

【义务植树】 2020年3月12日，中共仁化县委书记林国华、县长周小明等县四套班子领导带领机关干部群众以及志愿者，开展义务植树活动，以实际行动推动粤北生态发展区和环丹生态宜居美丽乡村建设。

【脱贫攻坚推进会】 2020年3月14日，仁化县召开决战决胜脱贫攻坚推进会，传达学习贯彻习近平总书记在决战决胜脱贫攻坚座谈会上重要讲话精神和省、市决战决胜脱贫攻坚会议精神，部署仁化县决战决胜脱贫攻坚工作。县委书记林国华出席会议并讲话，县长周小明主持会议。

【白毛茶采摘现场直播活动】 2020年3月28日，由县农业农村局、红山镇人民政府主办，"农优一百""南方+"承办的"仁化春茶保卫战"活动在红山镇东坑茶叶观光园举行，通过互联网实时直播形式带领观众直击仁化春茶开采现场，提升仁化白毛茶品牌影响力。

【消防指导检查】 2020年4月13日，广东消防救援总队政委吴瑞山到仁化县消防救援大队检查，重点调研指导仁化县消防救援大队在疫情防控、执勤备战、基础建设和社会面火灾防控等工作。

【省委党校领导调研仁化】 2020年4月27日，中共广东省委党校常务副校长、广东行政学院常务副院长张广宁到仁化县调研红色文化建设和基层党校工作情况。

【张少康到仁化县调研】 2020年4月28日，广东省政协副主席张少康率队到仁化县调研，强调要继续贯彻生态优先理念，正确处理好保护与发展的关系，大力推进绿色可持续发展。

【重大项目集中开工和集中签约】 2020年5月19日，仁化县在省级产业转移工业园区举办2020年重大项目开工暨招商引资项目集中签约活动。重大项目集中开工10个，项目集中签约10个，20个项目合计资金逾49亿元。中共韶关市委常委、副市长、东莞韶关对口帮扶指挥部总指挥罗晓勤和中共仁化县委书记林国华、县长周小明出席活动。

【地质灾害防治督导检查】 2020年5月25日，广东省地质灾害防治督导检查组由省自然资源厅副厅长洪伟东带队，到仁化县开展汛期地质灾害防治督导检查工作。

【阅丹公路万里碧道徒步活动】 2020年6月7日，仁化县组织举办转入常态化疫情防控后首场全民健身徒步赛事——阅丹公路万里碧道徒步行，线路总长6千米，干部群众参与活动200余名，带动全民健身热情，按下复工复产“快进键”。

【韶关市科普业务培训班在仁化县开班】 2020年6月29日，韶关市“科普助力两个中心建设”科普业务培训班在仁化县新时代文明实践中心开班。培训时间为6月29日至30日。培训对象为分管科技志愿服务工作的全市各新时代文明实践中心负责人、各县（市、区）科协负责人、各街道党群服务中心负责人。培训内容为科普活动组织与策划、科普与新媒体传播、科普社会动员、科普志愿服务等。

【“仁化县县域医共体”揭牌】 2020年6月29日，仁化县举行“仁化县县域医共体”揭牌仪式，组建以县人民医院为牵头单位，县妇幼保健医院、县慢性病防治站、丹霞街道社区卫生服务中心、各镇卫生院及村卫生站为单位的唯一紧密型县域医共体，旨在推进完善县域医疗卫生服务体系、建立健全保障机制，加快县域医疗共同体建设向纵深发展，推动分级诊疗制度建设、深化医药卫生体制改革、促进县域医疗卫生资源合理配置、引导优质医疗卫生资源下沉到基层。

【安岗啸仙园开园】 2020年7月1日，在庆祝中国共产党成立99周年之际，仁化县在董塘镇安岗村举行啸仙园启用仪式。县委书记林国华，县委副书记、县长周小明，县委副书记、县政协主席邱志坚等县四套班子党员领导干部及相关单位负责人参加开园仪式。

【“七一”红色教育主题党日活动】 2020年7月2日，为庆祝中国共产党建党99周年，仁化县组织开展“七一”红色教育主题党日活动，引导广大党员干部“不忘初心、牢记使命”，以求真务实作风，坚决把上级各项决策部署落到实处。

【全市人居环境整治和路域环境整治现场会】 2020年8月7日，全市人居环境整治和路域环境整治现场会在仁化县召开。各县（市、区）交通运输、住房城乡建设（城管）部门分管领导及相关业务部门负责人现场参观学习仁化县人居环境整治和路域环境整治工作经验做法。

【全市生产安全隐患报告奖励制度推广工作现场会】 2020年8月4日，全市生产安全隐患报告奖励制度推广工作现场会在仁化县召开，会议总结第二季度安全生产工作，部署第三季度防范重特大生产安全事故工作。市委常委、常务副市长华旭初，县长周小明、县领导邹永祥参加现场会。

【全市加强公安派出所建设第四次现场会】 2020年8月14日，全市加强公安派出所建设第四次现场会在仁化县召开，贯彻落实全省公安派出所工作会议精神，总结韶关市2019年以来派出所工作情况，分析存在问题，部署下一步派出所建设工作。市领导李安平、谢超武、吴春腾，县委书记林国华，县领导苏斌、刘拥军参加现场会。

【第二届“锦江杯”粤菜师傅技能工匠大赛】 2020年8月21日，由仁化县人民政府、韶关市人力资源保障局主办的2020年第二届“锦江杯”粤菜师傅技能工匠大赛举行决赛，仁化县参赛厨师60名在赛场大展厨艺。

【教师节表彰大会】 2020年9月8日，仁化县创建国家义务教育优质均衡发展县动员会暨2020年教师节表彰大会在县政府礼堂召开，动员部署全国义务教育优质均衡发展县创建工作，并与广大教师职工共同庆祝第36个教师节。省教育厅主任督学李璧亮、县委书记林国华参加表彰大会并讲话，县长周小明参加表彰大会并宣读表彰通报，县政协主席邱志坚主持表彰大会。

【全省精准扶贫档案管理培训班】 2020年9月16日，广东省扶贫办和省档案局在仁化县举办全省精准扶贫档案管理培训班，贯彻落实习近平总书记关于扶贫工作重要指示精神、国务院扶贫办和国家档案局有关精准扶贫档案管理工作部署，研究部署全省精准扶贫档案管理工作。省扶贫办二级巡视员宋宗约参加培训会并讲话，中共韶关市委常委、秘书长颜玉明参加培训会并致辞，县领导周小明、邱志坚等参加培训会。

【农民丰收节开幕】 2020年10月23日，2020年“中国农民丰收节”仁化系列活动在董塘镇安岗村开幕。仁化县农民在活动现场晒出自家农特产品，载歌载舞，欢聚一堂，庆丰收、晒丰收、话丰收，共享丰收盛景。县领导邱志坚、邹永祥、陈浩华、李建平、包伟红、张标兵、陈喜年参加开幕式。

【环丹霞山自行车赛】 2020年10月25日，2020年环丹霞山自行车赛在韶关丹霞山和阅丹公路开赛，吸引运动员和骑行爱好者4000余名参赛。赛事设竞赛组（60千米男子公开组、43千米男子公开组、43千米本地组、43千米女子组4个组别）、11千米骑游组和儿童平衡车体验赛。赛道设置在围绕世界自然遗产、世界地质公园、国家AAAAA级旅游景区丹霞山建设而成的“阅丹公路”，全长60千米，串联水上丹霞、韶阳石等众多景点，途经夏富古村、古竹坪村等多个古村落。

【仁化县再获“广东省双拥模范县”称号】 2020年10月23日，第十一届广东省双拥模范城（县）名单发布，仁化县再次成功创建广东省双拥模范县。

【仁化县荣获“全国文明城市”称号】 2020年11月20日，全国精神文明建设表彰大会在北京举行，仁化县被授予“全国文明城市”称号，是粤东西北地区第一个获该项反映城市文明水平最高荣誉的县（市、区）。

【第32届粤湘赣边三省三县文化艺术节】 2020年11月22日，2020年“南岭风”第三十二届粤湘赣边仁化、汝城、崇义三省三县文化艺术节晚会在仁化县文化广场举行。

【消费促进活动】 2020年11月26日，由广东省商务厅、仁化县人民政府主办的“2020仁化县消费促进活动”在县城仁爱广场启动。该活动旨在积极促进城乡消费，满足城乡居民日益增长美好生活需求。

【丹霞山国际山地马拉松赛】 2020年12月6日上午，2020丹霞山国际山地马拉松赛在仁化县丹霞山风景名胜区鸣笛开跑，吸引1万余名选手参赛。

【广东100跑山系列赛总决赛暨2020丹霞100跑山赛】 2020年12月19日上午，由广东省体育局指导，韶关市人民政府主办的广东100跑山系列赛总决赛暨2020丹霞100跑山赛在仁化县丹霞山风景名胜区鸣笛开跑，吸引国内顶尖选手1500名参赛。

【仁化县第四届“文旅节”】 2020年12月24日，2020仁化县第四届文化旅游节在县城文化广场开幕，吸引千名嘉宾、游客到场观看。

【南粤古驿道五周年系列活动】 2020年12月26日，南粤古驿道五周年系列活动2020仁化定向比赛在仁化县石塘古村鸣笛开跑。500余名定向跑步爱好者在古巷中领略中国历史文化名村魅力。

【“四好农村路”省级示范县】 2020年12月31日，广东省交通运输厅、省农业农村厅、省扶贫开发办公室联合发文，命名仁化县为2020年“四好农村路”省级示范县。

【城镇提升】 2020年，仁化县以“四城同创”（创建全国县级文明城市、创建国家卫生县城、创建国家森林县城、创建国家园林城市）为目标，围绕韶关市县城品质提升“439”行动计划，完成高坪社区改造试点建设项目，县城三板桥至大岭红绿灯路段升级改造工程，解放东路、向阳外街、建设路至北门公租房等背街小巷整治提升工程，县城建设路店招优化和外立面安全隐患整治项目，利用边角地、废弃地新建新市场、中转站旁公共停车场，完善老旧小区和主干道基础设施，逐步实现城市内在和景观提质目标。完成城区生活垃圾分类试点项目市场化采购，打造城区垃圾分类示范片区。全年完成拆旧复垦项目29个，新增农用地面积64.2公顷。完成仁化县周田镇较坑村垦造水田项目66.67公顷。第二批“139”提升镇（董塘镇、石塘镇、长江镇）常态化开展“三项整治”，27个“九项基础工程”完工，镇容镇貌得到优化提升。按期完成“四好农村路”砂土路改造攻坚任务118.956千米，完成县道800线大岭工业园至车湾段路面改造工程和乡道583线坪岗至广东铝厂段路面改造工程，推进省道244线龙皇坪至闻韶段路面改造工程。改善市容市貌，实施城市精细化管理，成为全省“珠三角”以外首个“全国文明城市”。整体推进、连片打造环丹生态宜居美丽乡村，建成“丹霞彩虹”省级新农村示范片。实施“千村示范、万村整治”工程，完成“三清三拆三整治”和村道路面硬底化自然村984个，完成雨污分流管网建设自然村880个，完成污水处理设施自然村682个。推进农村破旧泥砖房清拆整治工作。村庄保洁覆盖率、生活垃圾无害化处理率、乡镇污水处理覆盖率均实现100%。

【社会民生改善】 2020年，仁化县完成长江中学综合楼、仁化中职学生宿舍楼、城北幼儿园项目和丹霞街道中心幼儿园改扩建工程。完成学前教育“5080”目标任务。推进县教师发展中心建设。完成2019年省对县政府履行教育工作职责评价；11个镇（街）109个行政村全部通客车，推广应用新能源公共汽车12台；完成县人民医院综合楼（急救体系业务楼）、县妇幼保健院装修，仁化县县域医共体揭牌；加强乡镇敬老院管理服务，提升分散供养特困人员照料护理服务水平，新建扶溪、城口、红山、大桥、石塘残疾人社区康园中心，残疾人“两项补贴”落实到位；推进2020年星级示范退役军人服务中心（站）创建工作，县级和10个镇（街）退役军人服务中心（站）获得五星级退役军人服务站称号，1个获得四星级服务站称号；提升“三馆一站”，县文化馆和各镇（街）文化站全部达到国家二级馆（站）标准，县博物馆达标；完成风度书房建设项目城区新东大街分馆、建设路（艺术主题）分馆、周田镇分馆、长江镇分馆建设。

（潘思琴）

县政府办公室工作

【行政督促检查】 2020年，仁化县人民政府办公室（简称县政府办）发挥“综合协调、督查落实、信息调研、参谋决策”职能作用，探索完善长效管理机制，加强办公室干部队伍建设。发挥信息“前哨”作用，为领导掌握情况、指导工作、科学决策提供信息依据，全年向市政府信息中心上报信息23篇，被《韶府信息》采用8篇。撰写调研文章60余篇，为领导决策提供重要参考。做好全县重点项目、县政府工作要点、政府8件惠民实事参谋助手和后勤保障、项目建设协调、督导，以及县政府领导组织召开的各类会议会务工作，全年落实督查督办任务逾1500件。做好挂点东光村扶贫工作，全年深入东光村调研指导扶贫工作70次，参与党员干部280余人次。帮扶东光村发展水稻、花生、柑橘种植和养鸡等扶贫产业一批，开展消费扶贫购买贫困户农产品3000余元，公益性岗位安置贫困户就业3户，发放建档立卡贫困学生学习用品和奖学金，单位自筹资金1.4万余元巩固贫困户住房安全3户，帮助2户贫困户添置衣柜、衣被等基本生活用品，通过系列帮扶工作改善贫困村面貌和增加贫困户收入。

【政务工作】 2020年，仁化县以县政府、县政府办名义下发各类文件304件（含各类会议通知、会议纪要等），收到各部门专项报告、请示2777件，收到市以上文电3465件（次）。围绕县委、县政府中心工作，做好相关会议记录、纪要，撰写领导有关会议讲话、工作总结、督办情况汇报材料，撰写《政府工作报告》。做好档案整理、归档、保密工作。

（刘雪娟）

接待和机关事务管理

【公务接待工作】 2020年，仁化县机关事务管理中心严格执行中共中央“八项项定”精神，落实《党政机关国内公务接待管理规定》《党政机关厉行节约反对浪费条例》《仁化县接待工作制度》等有关规定，全年无超标准、超规格接待情况，为全县政务工作正常开展提供有力后勤保障。全年接待到仁化调研、检查及招商洽谈等国内各级领导、客商1710余批次3580余人次，其中接待省重要领导28批次，省、部级（含中央各部委、省委、省人大、省政府、省政协各类综合调研检查、督察组）402批次，接待港澳台同胞以及侨胞8批次。完成第二届韶商大会活动及多次现场大会等接待工作。

【物业管理】 2020年，县机关事务管理中心落实安全生产责任制，按照规定程序开展县府大院安保、保洁、绿化、水电维护、基建维修、消防等项工作。全年完成县政府大院水电维修、草木种植、会议设施更换等维修项目100余项。新冠肺炎疫情期间，对政府大院办公区空调进行全面消杀，确保空调使用安全，联合政府大院物业公司和锦城宾馆，做好政府大院及家属区疫情防控工作。

【公务用车管理】 2020年，县机关事务管理中心规范党政机关公务用车管理。5月，经县委编办批复同意，县机关事务管理中心设公车管理股，履行县、镇两级及事业单位公务用车管理职责。截至2020年年末，完成党政机关车改保留车辆指标重核工作。加强公务用车服务平台日常监管，全年开展全县公务用车服务平台管理自查自纠2次。

【办公用房管理】 2020年，县机关事务管理中心加强县政府大楼办公用房调配管理。11月，根据《机关团体建设楼堂馆所管理条例》《党政机关办公用房建设标准》，联合有关部门复核政府大楼领导干部办公用房，复核县副处级以上领导干部办公用房20间，未发现超职务标准使用办公用房情况。

【会务管理】 2020年，县机关事务管理中心不断提升会务服务质量。把人性化服务融入日常会务中，配备好开水、纸巾、洗手液等日常用品；制定设施设备操作规范和会议运转流程，执行“五不四净”（不见积水、不见积尘、不见杂物、不漏垃圾、不乱倒垃圾，廊面净、桌面净、玻璃净、窗帘净）卫生标准，确保会议室全天候保持整洁；会务人员提前30分钟到场，提前20分钟完成工作任务，专管人员提前10分钟完成督促检查。全年提供各类会议服务170场，完成县委、县人大、县政协各类大型会议服务12次，完成县政府礼堂、县三中心一馆三楼会议服务50余次，其余楼层会议服务110余次。

【精准扶贫】 2020年，县机关事务管理中心结合乡村振兴、人居环境整治，做好“精准扶贫、精准脱贫”工作。中心党组、班子成员定期到挂点帮扶村石塘镇石塘村、户开展“一线双联”工作及到基层讲党课等活动，每月进村入户不少于2次，加强与贫困户日常联系，及时帮助贫困户解决困难。截至2020年年底，挂点帮扶村贫困户25户全部达到“两不愁三保障”“八有”标准，实现全面脱贫，未发生脱贫帮扶户返贫问题。

（罗永芳）

行政服务

【“一门式一网式”服务】 2020年，仁化县入驻县政务服务大厅部门34个，所涉事项1468个，进驻率90%，设置综合窗口6个，专业窗口34个，窗口及后台审批人员74人，90%以上事项实现“一窗”分类受理，93%以上事项实现“最多跑一次”，网办率99%。

【网络问政满意率提升】 2020年，仁化县行政服务中心加强县网络问政热线平台管理，提高疫情防控期间网络问政和投诉类工单转派效率，制定《关于防疫期间网络问政及投诉类工单的处理方案》《仁化县行政服务中心热线平台舆情信息应急处理制度》，维护群众利益和社会和谐稳定。全年，网络问政平台下派工单2952件，比2019年2180件增加35.41%。从诉求类型看，投诉2628件、咨询193件、建议97件、举报34件；从诉求来源看，座席2483件、微信233件、仁化县人民政府网站200件、中省网20件、省政务服务网9件、市长信箱4件、主动录入3件。按时办结工单2952件，满意62件、基本满意2655件、未评价161件、不满意74件，满意率97.49%。

【行政服务改革促服务效能提升】 2020年，县行政服务中心根据8月13日副县长包伟红到行政服务中心调研工作时要求，加快各项行政服务改革，提高综合窗口服务效率，推动审批服务下沉，实现“就近办”。建议相关部门结合“邮递办”，下放更多与群众密切相关个人事项到镇村党群服务中心，实现群众办事不出村、不出镇，做到“一次办”“就近办”，为群众提供优质服务。

（侯燕梅）

外事工作

【外事工作体制机制健全】 2020年6月，仁化县外事局按照省市工作部署，建立健全党委外事工作体制机制，将县委外事工作领导小组升格为县委外事工作委员会，参照市有关做法，相应配置委员会成员，各相关职能部门作为责任单位各司其职，从严从实从细统筹落实各项涉外事务，在各相关领域协同做好对外工作，团结凝聚各方面智慧力量服务发展大局，确保对外工作重大部署贯彻落实到位。

【疫情防控】 2020年，仁化县外事局按照中央和省、市、县疫情防控工作部署，在县疫情防控指挥部统筹下，以县防控境外重点国家和地区输入外事工作专班和县防控境外重点地区新冠肺炎疫情输入工作专班为抓手，织密联防联控、群防群控“两张网”，做好新冠肺炎疫情工作。全年，全县县外返（来）仁（化）人员78人（其中，入境外籍人士0人），境外输入病例0例。

【外事服务管理】 2020年，仁化县做好外事服务管理工作，在全县范围征集一批储备外事翻译人员。依据上级工作指引，各镇（街）、外事、文广旅体、工信等部门做好到仁（化）外籍人士管理和服务工作，做好疫情信息通报和防疫知识宣传，推广使用境外人士“粤康码”小程序，严防境外疫情输入传播。推动有关企业复工复产，落实降低企业租金成本、降低企业社保成本、保障企业应急运输、协助企业购买防疫物资等系列暖企政策，开展“一企一人”服务制度，促进有关企业顺利复工复产。

（范　琦）

信访工作

【概况】 2020年，仁化县辖区群众到中央、省、市、县四级信访总量为341件次（其中来访221批517人次，来信信访36件，网上信访80件，来电信访4件次），同比上年下降43%。进京上访3批3人次，同比批次人次均上升50%；到省上访17批29人次，同比批次下降22.7%，人次下降6.4%；到市上访15批39人次，同比批次上升15.3%，人次下降22.7%；到县上访186批446人次，同比批次下降47%，人次下降56.6%，其中集体访19批164人次，同比批次下降56.8%，人次下降67.7%。网上信访80件，同比上升60%；来信信访36件，同比上升9%；来电信访4件次，同比下降55.5%。群众信访反映城乡建设问题101宗，占29.6%；农村农业问题57宗，占16.7%；国土资源问题27宗，占7.9%；政法问题24宗，占7%；劳动和社会保障问题19宗，占5.6%；交通运输问题14宗，占4.1%；民政问题13宗，占3.8%；环境保护问题7宗，占2%；卫计、教育、纪检监察等其他各类问题79宗，占23.2%。全县信访维稳总体形势稳定，实现全国全省“两会”、深圳经济特区建立40周年庆祝活动等重要时期辖区群众“零”赴省进京上访目标。4月，仁化县被国家信访局评为全国信访工作“三无”县。

【信访工作力度加大】 2020年，仁化县信访工作继续做到维护稳定与经济发展同部署、同落实、同考核、同问责，切实承担起富一方百姓、保一方平安责任。年内，多次召开县委常委会、县党政班子会、专题工作会、部门联席会等，专题研究部署信访工作，加强思想发动，落实工作措施，解决具体问题。县委书记、县长等县班子领导以身作则，亲自包案化解疑难信访问题，接待来访群众，阅批群众来信，着力解决民生信访问题。县信访工作联席会议领导成员精心谋划，敢于担当，亲自研判信访案情，商讨工作对策，协调处理具体问题，全县形成主要领导带头抓，分管领导重点抓，其他领导配合抓，职能部门各司其职、基层信访工作人员专门抓信访工作大格局。

【信访工作制度】 2020年，仁化县以深化信访工作制度改革为重点，深入推进依法分类处理信访事项，坚持源头治理，聚焦依法及时就地解决问题。制定实施《2020年度仁化县四套班子领导接待群众来访工作实施方案》《2020年仁化县律师参与接待来访群众工作方案》《关于认真做好2020年县领导包案调处信访突出问题的通知》《仁化县开展集中治理重复信访、化解信访积案专项行动工作方案》等工作机制，制定实施全国、全省“两会”等重要时期信访工作方案。通过制定规章制度，明确信访工作职责定位，厘清法定职责界线，明晰权责清单，推动全县信访工作法治化、规范化发展。

【矛盾纠纷排查化解】 2020年，仁化县信访工作联席会议办公室落实《仁化县信访矛盾纠纷排查化解制度》，采取经常排查和重点排查相结合、自查与联合排查相结合方式，组织各镇各部门开展全方位、滚动方式排查，确保及早发现问题、及时调处化解，努力把矛盾解决在基层、化解在萌芽状态。县信访工作联席会议定期召开专题会议，对各镇（街）各部门排查突出信访问题，进行专题分析研判，专题研究处理，落实责任措施，协调责任单位妥善处理。各责任单位在调处过程中坚持做到群众诉求合理合法的，及时依法予以解决；诉求合理一时难以解决的，努力做好疏导劝说工作，创造条件逐步予以解决；诉求缺乏政策依据且缺乏充分理由的，明确给予答复，并细致说明，耐心解释，劝告当事人要理性对待，明白是非，不要继续缠访，有力推动问题及时就地化解和信访人稳定。全年，全县开展集中排查13次，累计排查矛盾纠纷和信访问题288宗，均落实相关责任和责任人调处化解，及时调处办结率100%。

【领导接访】 2020年，仁化县四套班子领导执行《领导干部定期接待群众来访工作制度》，定期在县信访局轮流值班接待来访信访群众，畅通群众诉求渠道，及时解决民生信访问题。结合“民情夜访”活动开展领导下访约访活动，每周三为县四套班子领导下访日，进村入户听取群众诉求。县委书记林国华、县长周小明亲自接待来访群众，零距离倾听群众诉求，为群众解决实际困难，带动全县各级领导干部深入基层接访、下访活动。全年，县领导开展领导接访下访活动37次，接待来访群众81批164人次，各镇（街）开展领导接访下访活动716次，接待来访群众520批809人次。

【重复信访治理专项行动】 2020年，国家信访局开展“集中治理重复信访、化解信访积案专项行动”，中央交办仁化县重复信访事项13宗。仁化县落实县领导包案，要求责任单位加大工作力度，强化措施，综合施策，严格按照“群众诉求合理的解决问题到位，诉求无理的思想教育到位，生活困难的帮扶救助到位，行为违法的依法处理”工作原则处理。截至2020年12月底，化解上报7宗，化解率53.8%，超额完成市工作方案要求。

【领导包案】 2020年，仁化县继续实行县四套班子领导包挂点镇（街）、镇（街）班子领导包驻点村、村委干部包村小组稳定“三包”责任制，以“事要解决”为目标，采取灵活与规范措施，定期排查清理、化解。对排查出来的信访事项，严格按照“六个一”（一件案件、一名包案领导、一个化解工作小组、一套化解方案、一套稳控措施、一个化解期限）工作措施加以落实。县委书记林国华、县长周小明主动包案，亲自听取案情汇报、约见信访人，研究解决办法，并专程到包案现场督办，有力推动案件妥善解决。全年全县各级领导包案化解信访案件32宗，结案化解25宗，结案化解率78.1%。

【重要时期信访稳控工作】 2020年，仁化县围绕全年重点、重要时期信访工作，积极谋划，周密部署，全力维护重要时期社会大局稳定。成立领导小组，加强重点时期信访维稳工作组织领导。制定实施各重点时段工作预案，启动重点防护期信访信息报送和研判机制，实行“24小时值班制度”“零报告制度”，确保信息畅通、指挥协调、处置高效。

（温荣生）

中国人民政治协商会议仁化县委员会

重要会议

【全委会会议】 2020年，中国人民政治协商会议仁化县委员会（简称县政协）召开全体委员会会议1次。

政协第十一届仁化县委员会第五次全体会议。2020年5月22—23日，政协第十一届仁化县委员会第五次会议在县城召开。会议听取和审议中国人民政治协商会议第十一届仁化县委员会常务委员会工作报告；听取和审议中国人民政治协商会议第十一届仁化县委员会常务委员会关于十一届四次会议以来提案工作情况报告；表彰优秀提案《关于清除柑橘黄龙病树的提案》《关于优化我县人民医院门诊服务的建议》《关于尽快打通仁化县城部分断头路、整修毁损路，缓解城区交通拥堵不畅的提案》《关于加强管理校外托管机构的提案》《大力推进“互联网+现代农业”发展的提案》《关于促进我县民宿业健康发展助力乡村振兴的建议》6件，表彰2019年度优秀政协委员朱家强、熊平、谢恩、潘金闪、陈继全、罗运全、章俊、沈家富、刘莹、梅少坚、刘莲、黄新发、肖志文、谢九发、刘耀楼、邬立雄、吴国和17名；补选邱志坚为县政协主席、邹汉明为县政协副主席；协商讨论并通过中国人民政治协商会议第十一届仁化县委员会第五次会议决议。

常委会工作报告将县政协2019年工作总结为5个方面：一是突出政治建设，把握政治方向；二是坚持服务大局，不断增强履职能力；三是恪守为民宗旨，助推民生不断改善；四是坚持两大主题，凝聚改革发展合力；五是强化自身建设，着力提高履职水平。

常委会工作报告指出，2020年重点做好5个方面工作：一是坚持党的领导，切实落实党对政协工作的各项要求；二是聚焦中心任务，确保履职尽责更加到位；三是发挥组织功能，广泛凝聚人心和力量；四是关注民生事业，协助增进人民福祉；五是紧扣强基固本，着力提高履职效能。

中共仁化县委书记林国华在闭幕大会上发表讲话，提出4点要求：要坚持政治引领，在把牢前进方向中体现政协站位；要发挥独特优势，在服务发展大局中彰显政协价值；要真诚心系群众，在增进民生福祉中体现政协担当；要坚持固本强基，在加强自身建设中展示政协风采。

大会应到委员152名，实到149名，各镇（街）党（工）委书记、县直有关单位负责人应邀列席会议。

【常务委员会会议】 2020年，政协第十一届仁化县委员会召开常务委员会会议4次。

政协第十一届仁化县委员会第十一次常委会会议。2020年1月9日，仁化县政协召开十一届十一次常委会会议。会议听取县政府2019年工作情况和提案办理情况通报，县法院、县检察院2019年工作情况通报，县政协小组2019年工作情况汇报等。会议协商中国人民政治协商会议第十一届仁化县委员会第五次会议有关事项。会议协商通过大会表彰优秀提案和增补政协委员等事项。仁化县政协副主席李志贞、张标兵、陈喜年、赖东北及县政协常委会组成人员出席会议。仁化县副县长曹正列席会议。会议由县政协副主席张标兵主持。

政协第十一届仁化县委员会第十二次常委会会议。2020年5月14日，仁化县政协召开十一届十二次常委会会议。会议传达学习2020年4月8日中央政治局常委会会议、习近平总书记2020年4月29日在中共中央政治局常务委员会会议上的重要讲话精神，通报县政协主席、副主席候选人情况。会议协商确定中国人民政治协商会议第十一届仁化县委第五次会议有关事项。会议协商通过大会表彰的2019年度优秀政协委员和增补政协委员等事项。仁化县政协副主席李志贞、张标兵、陈喜年、赖东北及县十一届政协常委出席会议。会议由县政协副主席张标兵主持。

政协第十一届仁化县委员会第十三次常委会会议。2020年8月25日，县政协召开十一届十三次常委会会议。会议学习《习近平谈治国理政》第三卷等专题；听取县政府2020年上半年工作情况通报；听取县法院、县检察院2020年上半年工作情况通报；听取政协小组2020年上半年工作情况汇报；讨论协商通过《关于落实省委政协工作会议主要任务分工方案》。仁化县政协主席邱志坚，副主席李志贞、张标兵、陈喜年、赖东北、邹汉明及县十一届政协常委、政协各小组长出席会议，县常务副县长邹永祥列席会议。会议由县政协主席邱志坚主持。

政协第十一届仁化县委员会第十四次常委会会议。2020年11月20日，县政协召开十一届十四次常委会会议。会议传达学习中共十九届五中全会精神、习近平总书记出席深圳经济特区建立40周年庆祝大会和视察广东重要讲话重要指示精神、习近平总书记在中央党校（国家行政学院）中青年干部培训班开班式上发表重要讲话精神、习近平总书记在纪念中国人民志愿军抗美援朝出国作战70周年大会上的讲话精神、市委十二届十二次全会精神和县委十三届十一次全会精神。会议围绕仁化县“一线两带两区”发展战略，就武深高速沿线农业经济带发展、城口红色小镇建设综合整治两个专题协商议政。协商通过增补政协委员等有关事项。县政协主席邱志坚，副主席李志贞、张标兵、陈喜年、赖东北、邹汉明及县十一届政协常委出席会议，县政协各科室负责人列席会议。会议由县政协主席邱志坚主持。

【主席会议】 2020年，政协第十一届仁化县委员会共召开主席会议12次，主要是深入学习贯彻中共十九届五中全会精神、习近平总书记出席深圳经济特区建立40周年庆祝大会和视察广东重要讲话重要指示精神，学习习近平新时代中国特色社会主义思想，学习贯彻省委、市委、县委全会精神；协商讨论县政协常委会2020年工作要点、2020年度召开的政协常委会和政协第十一届仁化县委员会第五次会议日程和议程以及常委会报告等事项；选择事关全县经济、政治、文化、社会、生态建设以及群众最为关切的重大课题，进行协商，助推人民群众关心的热点问题逐步得到妥善解决；协商讨论加强与各民主党派、工商联、人民团体、无党派人士、“三胞”及其眷属、民族宗教界人士和社会各界联系与交流，扩大最广泛的爱国统一战线；协商讨论发挥政协人才荟萃优势，认真做好招商引资工作；协商讨论增补县政协委员等事宜。

重要活动

【视察活动】 2020年，县政协开展视察活动9次。围绕全县重点工作、民生工程和群众关

2020年9月24日，县人大、政协开展全域自然村集中供水全覆盖项目建设推进情况联合视察（县政协办　供图）

注热点问题，采取实地视察、走访群众、座谈研讨等形式，组织开展疫情防控、创建文明城市、脱贫攻坚、农村人居环境整治、柑橘黄龙病黄化病治理工作、全域自然村集中供水全覆盖工程建设、学生托管工作、城口红色小镇建设、武深高速沿线农业经济带发展建设等系列专题视察活动。委员们深入一线，查找问题，集思广益，形成较高质量视察报告，提出一系列针对性、建设性意见和建议，为县委、县政府决策提供参考。

【专项监督活动】　2020年，县政协加强和改进民主监督工作，提高民主监督能力和水平，切实履行政协民主监督职能，凝聚各方面智慧和力量，彰显民主监督效能。按照县委统一安排，县政协班子成员深入基层一线，不间断开展疫情防控、脱贫攻坚、乡村振兴、创建文明城市等方面专项监督，了解各项工作开展情况、找出存在问题困难并提出相关对策建议，助推各项工作开展落实。

主要工作

【提案工作】　2020年，县政协坚持把提案工作作为反映民情、保障民利、发展民生有效载体，提高提案撰写和办理落实质量，与承办单位密切协商、贴身督办。实行重点提案领导领衔督办、其他提案不定期跟踪督办和办理结果回访制度，精选《关于加强县城电动自行车和电动摩托车安全充电管理的建议》《关于全方位发展红色旅游，打造全域旅游新业态的建议》《关于加强全县公共卫生的建议》等群众普遍关注、影响较大提案作为重点提案，保证办理质效，优化政务服务。县政协十一届五次会议收到委员提案、建议51件，立案48件，办复率100%，保障广大群众切身利益，促进民生事业发展。

【加强团结合作工作】　统一战线工作。2020年，县政协贯彻落实统一战线方针，发挥人民政协大团结大联合优势，重视支持民主党派、工商联和无党派人士运用政协平台开展履职活动，围绕年度协商议政和民主监督重点，组织党派团体开展联合视察调研，在专题协商、视察调研中优先安排发表意见和建议，积极为各民主党派、工商联和无党派人士履职建言创造条件，做到真诚相待、真心相交、真情相融，寻求“最大公约数”、画好“最大同心圆”。开展“政协走亲”活动，加强同党外知识分子、非公有制经济人士、新社会阶层人士和宗教界人士沟通联络，经常性走访，及时反映意见诉求，广泛凝聚发展共识，凝聚人心力量，营造团结民主社会氛围，彰显和发挥新型政党制度显著优势。

交流联谊活动。2020年，

县政协切实发挥人民政协联系面广、渠道多元的优势，加强对外交流合作，广泛开展交流联谊活动。坚持走访和联系各政协小组、政协委员，深入开展委员交流学习活动，增强政协凝聚力和委员归属感。积极参加省、市政协活动，做好省、市政协到仁化调研接待工作；加强与兄弟县（区）政协联系，接待广西、山东、湖南等省和省内兄弟县（区）政协到仁化考察多次，联络感情，开阔视野，推介仁化。推动组建“珠三角”六市仁化商会，加强与商会联络联谊，凝聚乡贤力量，助力招商引资，助推仁化高质量发展。带着课题走出去，到省内外和周边地区考察学习，交流工作经验，开拓工作思路，加强互助协作。

【文史宣传】 2020年，县政协坚持政协文史工作地方特色，开展收集整理仁化县非物质文化遗产资料工作。年内，编辑出版《仁化县非物质文化遗产荟萃》，从历史与文化角度，详细记录仁化县15个被列入省、市、县非物质文化遗产保护名录项目的传承过程和流传区域，发挥文史资料“存史资政、团结育人”社会功能。编辑出版《仁化政协》2期，宣传全国、省、市政协精神、县委县政府重大决策部署和县政协工作动态。做好各界先进政协委员宣传报道工作，展现仁化县政协委员履职风采和形象，扩大影响。

【疫情防控】 2020年疫情防控期间，县政协学习贯彻习近平总书记重要讲话精神和中共中央、省、市、县委工作部署，召开党组会议、主席会议、常委会议，提出要求，动员县政协各参加单位和广大政协委员投入疫情防控斗争。县政协班子成员带头，政协委员和机关干部全员参与，深入村居社区、交通道路卡口、厂矿企业、集中隔离点等抗疫一线，开展疫情防控，实地推动落实防控措施，靠前协调解决复工复产难题。广大政协委员立足各自岗位，弘扬大爱精神，积极参与捐款捐物、稳产稳岗、保障供应、纾解情绪等工作，以实际行动展示责任担当。

【脱贫攻坚】 2020年，县政协始终坚持把脱贫攻坚作为首要政治任务和民生工程，主动投入脱贫攻坚主战场。县政协班子成员以身作则，不定期深入联系镇村开展扶贫工作，走访慰问、指导协调，开展专项督战督导工作，为确保如期实现脱贫攻坚宏伟目标发挥积极作用。县政协机关深入挂点联系点黄坑镇小溪村、黄坑社区开展脱贫攻坚工作，机关干部“一对一”结对帮扶，通过产业扶贫、帮助就业、资金扶持等途径，帮助贫困户解决生产生活问题，完成脱贫攻坚任务。政协委员积极履行社会责任，奉献公益爱心，在“6·30”广东扶贫济困日等系列捐赠活动中，刘莲、陈继全、梅少坚、刘道明等委员积极捐款，支持社会公益事业和家乡建设，助力脱贫攻坚，做出积极贡献，树立政协委员形象。

【创文工作】 2020年，县政协围绕创建“全国文明县城”工作重点工程、重大课题和社会热点问题，组织政协委员开展多层面、多视角民主监督活动，实地走访社区、银行、学校、超市、主次干道等点位，及时指出存在问题，提出工作建议，推动补齐工作短板。县政协机关党员干部落实在职党员到社区报到服务制度，每周派员到网格区开展公共卫生日活动，坚持开展文明行为指引、交通秩序维护等各类志愿服务。带头宣传文明城市创建理念、创建标准和要求，提高群众知晓率、支持率、参与率；主动参与环境整治，参与文明劝导；当好监督员，对周围不文明人和事，主动劝阻、及时纠正、积极监督。

（蒙万胜）

中国共产党仁化县纪律检查委员会
仁化县监察委员会

重要会议

【基层正风反腐工作会议】 2020年5月27日，仁化县推进基层正风反腐工作会议在县纪委监委2号会议室召开。会议强调，2020年各镇（街）纪（工）委要主要围绕脱贫攻坚、乡村振兴、农村饮用水工程、农村占用耕地违规用房等农业农村工作开展监督检查。会议通报广东省近期几起基层纪检监察干部违规案例，要求全县纪检监察干部自觉增强政治意识、规矩意识、纪法意识，坚持律人先律己原则，加强自我监督；镇（街）纪（工）委书记要负起领导责任，抓好队伍建设，突出抓好兼职纪委委员教育管理和监督，引导本级纪检监察干部严格自律、怀德自重，维护好纪检监察机关良好形象。会议研判各镇（街）纪（工）委案件线索有关情况。会议由县纪委副书记、县监委副主任黎明主持，县纪委监委部分班子成员及各镇（街）纪（工）委书记参加会议。

【中共仁化县纪委十三届五次全会】 2020年6月23日，中国共产党仁化县第十三届纪律检查委员会第五次全体会议在县政府礼堂一楼召开。县委书记林国华出席全会并讲话，县委副书记、县长周小明传达十二届市纪委五次全会精神。全会审议通过县委常委、县纪委书记苏斌代表县纪委常委会所作《增强斗争精神　勇于担当作为　为仁化全面建成小康社会提供坚强纪律保证》工作报告，对述责述廉的6名乡镇和单位党委（党组）书记进行书面评议。

主要工作

【党中央重大决策部署落实】 2020年，仁化县纪委监委自觉担当“两个维护”政治监督责任。自觉强化政治引领。坚守政治机关职责定位，坚持把深入学习贯彻习近平新时代中国特色社会主义思想作为首要政治任务，召开县纪委常委会会议传达学习43次，组织理论中心组专题学习22次。认真抓好政治要件落实工作，建立贯彻落实习近平总书记重要讲话、重要指示批示精神工作台账，落实要件37件。扎实开展“大学习、深调研、真落实”，把党委决策部署与纪检监察职能结合起来，带动全县纪检监察干部自觉坚定具体做到“两个维护”。精准保障疫情防控。在疫情防控工作专项督查中，累计出动人员2375人次，发现并推动整改问题309个，提出意见建议164条，有力压实各级各部门疫情防控责任。纪委机关21名党员干部参加应急党员先锋队，全体干部职工积极主动投身一线开展疫情防控。在转入常态化疫情防控后，准确把握形势变化，持续有效实施监督，切实保障中央、省、市和县防疫指挥部决策部署落地见效。全力护航脱贫攻坚。深入开展扶贫领域突出问题专项整治工作，加强扶贫领域明察暗访，发出提醒函10份，及时向相关单位主要领导反映并督促整改，助推仁化县高质量完成脱贫攻坚目标任务。助力守好绿水青山。围绕仁化生态功能定位，严抓森林防火工作纪律，积极开展森林防灭火主体责任落实情况监督检查。紧盯林、水、矿等生态资源领域违纪违法问题，重点查办浈江河流域非法采砂案，给予党纪政务处分14人，以铁的纪律全力筑牢粤北生态屏障。

【全面从严治党“两个责任”落实】 2020年，仁化县纪委监委提升监督工作质效。贯彻落实《党委（党组）落实全面从严治党主体责任规定》，协助建立县委领导班子主体责任清单。组织各镇（街）、县直单位领导班子召开廉政建设专题民主生活会，深入查找廉政风险。落实一把手述责述廉制度，组织有关单位党委（党组）主要负责人在县纪委全会上书面述责述廉，有效提升党内监督质效。协助县委起草印发《关于强化党内监督进一步落实党内谈话制度的通知》，全县各级领导干部开展党内谈话1416人次。各级纪委书记对同级党委班子成员开展日常谈话49人次、提醒谈话15人次；各派驻纪检监察组通过列席综合监督单位“三重一大”会议、专题民主生活会、发出提醒函、督促“一把手”报告个人重大事项等方式，促进同级党委领导班子及其成员自觉适应党内监督“新常态”。精准把握政策策略，深化运用监督执纪“七个看”（看违纪情节、看危害程度、看时间节点、看动机原因、看认错态度、看一贯表现、看群众口碑）和问责“六字诀”（严、准、适、通、扩、用），善于发现问题、敢于指出问题。充分运用函询方式处置问题线索，运用监督执纪“四种形态”（经常开展批评和自我批评、约谈函询，让“红红脸、出出汗”成为常态；党纪轻处分、组织调整成为违纪处理的大多数；党纪重处分、重大职务调整的成为少数；严重违纪涉嫌违法立案审查的成为极少数）分别占比64.8%、25.3%、5.2%、4.7%。严把党风廉政意见回复关，回复党风廉政意见共539人次。

【党员干部担当作为监督】 2020年，仁化县纪委监委坚持集中整治形式主义、官僚主义，推动作风建设。推进明察暗访常态化。贯彻落实《仁化县纪委监委集中治理形式主义、官僚主义工作机制》，严肃查处违反中央八项规定精神和隐形变异的“四风”问题。紧盯重要时间节点，加大对餐饮浪费、违规“大吃大喝”和“指尖上的形式主义”问题明察暗访力度，发现并督促立行立改问题12个。立案查处违反中央八项规定精神22人，其中查处形式主义、官僚主义问题4人，通报曝光典型案例1起1人。深化专项监督检查。坚持问题导向和效果导向，紧盯不作为、慢作为、不担当等问题开展监督检查，自上而下压实责任，提振党员干部干事创业精气神。围绕全国文明城市创建、“四好农村路”建设等重点工作，积极配合县委统筹部署，组织实施全过程再监督，助推仁化县获评全国文明城市，荣获2020年“四好农村路”省级示范县称号。

【反腐败斗争】 2020年，仁化县纪委监委坚持稳中求进工作总基调，推动党风廉政建设和反腐败斗争向纵深发展。始终保持惩治腐败高压态势。全县纪检监察机关受理信访举报共132件次（其中检控类116件）；立案103件，涉及科级干部9人；给予党纪政务处分120人；移送司法机关1人。严肃查处一批党员干部严重违纪违法案件，开除党籍21人。扎实开展追逃工作，认真总结经验，对未办结追逃案件，加强与上级沟通协作，做好相关基础工作。扎实推进基层正风反腐。聚焦群众身边腐败和作风问题，认真开展违纪违法线索集中排查工作，查处群众身边不正之风和腐败问题59件，给予党纪政务处分57人，诫勉及组织处理2人。坚持提醒预防在先，全程跟踪监督，开展村（社区）“两委”换届选举监督工作。制定《仁化县纪委监委关于开展村级党组织书记“提级监督”试点工作的实施方案》，探索加强对基层党组织监督。坚定推进“惩腐打伞”。紧扣扫黑除恶三年总目标，开展“六清行动”（线索清仓、逃犯清零、案件清结、伞网清除、黑财清底、行业清源），对近年涉黑涉恶线索案件重新起底“回头看”，有效确保审核回溯线索集中攻坚成效。探索建立长效机制，推动打“伞”破“网”从深挖根治向长效常治迈进。深入推进查办案件“后半篇文章”，坚持问题导向，发出纪律检查建议书（监察建议书），督促发案单位建章立制、堵塞漏洞、管住今后，增强以案促改实效。撰写黄坑镇滥伐林木案剖析材料《纪律丢失的“林业卫士”》，入选《韶关市党员干部严重违纪违法案件警示录》；将浈江河流域非法采砂案在县反腐倡廉警示教育基地布展，参观基地接受教育党员干部900余人；督促各发案单位召开专题民主生活会，发挥典型案件警示作用，用身边事教育身边人。

【巡察全覆盖任务】 2020年，仁化县委巡察机构提升巡察工作质效，稳步推进巡察全覆盖。稳妥有序开展第十轮、第十一轮常规巡察，本届县委巡察全覆盖任务完成率84.62%。积极配合市委开展第三轮交叉巡察，提前完成村级党组织巡察全覆盖任务。率先在全市各县（市、区）对县委巡察组全体人员进行集中统一管理，巡察工作质量明显提升。提升巡察工作成效。建立县领导参加分管单位巡察动员会、反馈会和整改专题民主生活会机制，实行新提拔副科级党员领导干部和党员后备干部参加巡察工作机制，建立健全县委巡察机构与县纪委监委有关部门协作配合机制，有效强化监督合力。向县有关职能部门提出意见建议17条，推动建立和完善《仁化县中层领导干部选拔任用工作流程（试行）》《基层组织向上级党组织报告工作制度》等制度。

【纪检监察体制改革任务】 2020年，仁化县纪委监委注重突出改革实效。推动深化“三项改革”（纪律检查体制改革、国家监察体制改革、纪检监察机构改革）工作。严格落实“两报告”（在向同级党委报告的同时必须向上级纪委报告）制度，向市纪委监委专题报告24件次，严格把关镇（街）纪（工）委问题线索处置和案件查办情况。全面加强镇（街）纪（工）委组织领导和业务指导，县纪委常委会全覆盖听取镇（街）纪（工）委和派驻纪检监察组工作情况汇报。开展镇（街）纪检监察机构干部队伍建设和深化“三转”（转职能、转方式、转作风）问题专项整治工作，提升镇（街）纪（工）委规范化建设。完成县管企业监察专员制度改革，把改革制度优势转化为治理效能。推动纪法贯通、法法衔接。充分发挥县委反腐败协调小组统筹协调作用，健全完善工作会议、信息共享和问题线索移交处置机制，增强反腐败工作合力。制定《仁化县委反腐败案件协调工作联席会议制度》《关于加强纪检监察与公益诉讼检察工作的协作配合机制》等制度，组织召开县委反腐败协调小组工作会议9次。

【干部队伍建设】 2020年，仁化县纪委监委全面加强自身建设。强化干部队伍建设。坚持集体学习制度，严格落实第一议题制度。发挥党支部战斗堡垒作用，实现谈心谈话和家访活动全覆盖，坚持“双周讲坛”学习机制，深化全员培训和实战练兵，以“请进来”和“走出去”等方式举办各类培训班3期，培训覆盖率100%。强化基础规范建设。出台《仁化县纪委监委监督检查审查调查措施使用规定》，明确相关措施审批权限、使用方法和监管要求。加强陪护辅警建设，陪护辅警编制从原有22人增加至28人，为审查调查安全工作顺利开展提供有力保障。强化干部廉政建设。通过召开组织生活会、开展重走长征路活动、观看违纪违法警示教育片、参观廉政教育基地等多种形式，开展党性教育和警示教育，防止“灯下黑”。突出底线思维，认真排查纪检监察工作可能面临的11个重点风险点，落实落细34项应对措施，以大概率思维预防和应对小概率事件。

（兰长福　赖剑和）

民主党派·群众团体

中国民主促进会仁化县支部

【民进仁化县支部第九次全体会员大会】 2020年12月6日，中国民主促进会仁化县支部（简称民进仁化县支部）第九次全体会员大会在仁化县城召开。会议以投票方式，选举产生新一届支委班子邓田庭、罗兆祥、赖丽恒、朱家强、陈梅、刘平昌6人，邓田庭当选支部主委，罗兆祥、赖丽恒、朱家强3人当选支部副主委。

【理论学习】 2020年，民进仁化县支部把政治理论学习放在突出位置，着力提高会员政治理论学习。组织会员认真学习习近平新时代中国特色社会主义思想、中共中央总书记习近平在广东考察时的重要讲话和重要指示批示精神，中共十九大和十九届二中、三中、四中全会以及中央经济工作会议、全国“两会”，民进十二大和民进十四届三中全会精神，中共广东省委全会、省“两会”精神，学习贯彻《关于加强中国特色社会主义参政党建设的意见》《民主党派代表人士队伍建设规划（2018—2027）》《各民主党派中央关于新时代组织发展工作座谈会纪要》等重要文件精神，组织读原著、学原文、悟原理，提升政治理论水平。

【自身建设】 2020年，民进仁化县支部积极学习中共党建先进经验，深化政治交接，坚持以会章为准则、以贯彻民主集中制为重点，提高“五种能力”（政治把握能力、参政议政能力、组织领导能力、合作共事能力、解决自身问题能力）。健全完善支部制度，加强与会员联系。完善会内监督、领导班子谈心谈话、民主生活会等制度，加强纪律作风建设，保持求真务实工作作风。根据新时代组织发展工作新要求，推进组织发展工作，规范组织发展程序，抓实入会前考察和入会后培养工作，加强与发展对象所在单位和所在地统战部沟通，提高组织发展质量。重点发展年轻会员，稳妥推进新增主界别领域会员发展，优化人才结构。坚持“宁缺勿滥”原则，高质量发展会员，全年吸收新会员1名。6月，民进仁化县支部会员邓敏被中国民主促进会广东省委员会评为“抗疫突出贡献会员”，刘平昌被中国民主促进会广东省委员会评为“抗疫先进会员”。

【参政议政】 2020年，民进仁化县支部以“求精品，显特色”为目标，推出参政议政精品。支部集体及个人提交提案、议案、建议8篇，为全县社会经济发展，环境改善和城镇提升等起到推动作用。

2020年民进仁化县支部提交提案一览表

表2

序　号	提案标题	属　性	作　者	参政议政身份
1	关于把仁化打造成毛竹特色之县的建议	集体提案	民进仁化县支部	—
2	关于对省定贫困村水江村委建设跨浈江河桥梁，解决“行路难”问题的建议	个人提案	罗兆祥	省人大代表

续表2

序　号	提案标题	属　性	作　者	参政议政身份
3	关于加大老城区基础设施建设的建议	个人提案	赖丽恒	县政协委员
4	关于在本县区域内规范养狗的建议	个人提案	赖丽恒	县政协委员
5	关于加强风度书房建设的建议	个人提案	赖丽恒	县政协委员
6	关于重新启动仁化县绿道二期工程的提案	个人提案	朱家强	县政协委员
7	关于文峰塔片区城镇提升的提案	个人提案	朱家强	县政协委员
8	关于对锦电大厦对面路口至荣昌苑小区路段综合整治的提案	个人提案	朱家强	县政协委员

【服务社会】 2020年，民进仁化县支部关心重视会员服务单位、回报社会工作，鼓励会员在各自岗位上建功立业，得到社会各界好评。积极探索服务社会新方式，组织会员到城口敬老院慰问老人；鼓励会员利用自身特长服务仁化经济社会发展，如：会员朱家强长期拍摄仁化旅游景点，利用自媒体宣传该县旅游；会员黄振辉坚持在春节前下乡为村民题写春联；会员罗兆祥坚持在春节后下乡为村民拍摄全家福。年内，民进仁化县支部会员获县级以上奖励5人次。

（朱家强）

仁化县总工会

【概况】 2020年，仁化县总工会（简称县总工会）被韶关市总工会评为“2020年韶关市工会工作先进单位”，基层组织建设、预防和调处劳资纠纷、工会经审工作规范化等7项工作获韶关市总工会工作专项奖，被仁化县精神文明建设委员会评为“精神文明建设工作先进集体”；国家税务局仁化县税务局工会委员会被中华全国总工会评为“全国模范职工之家”；仁化县人民检察院职工书屋被广东省总工会评为“广东省职工书屋”。

【基层工会建设】 2020年，县总工会依法推动企业普遍建立工会组织，巩固中国共产党执政基础和阶级基础。开展“基层组建百日攻坚”活动和推进“五类非公企业党建”工作。全年，新成立基层工会17家，其中百人以上企业工会1家。新招聘社会化工会工作者11名，安排至仁化县各镇（街）工会联合会。开展业务培训120人次。推进全县广东工会会员实名制服务平台“粤工惠”App使用，截至12月31日，该平台注册工会组织181家，“智慧工会”建设得到加强。

【送温暖系列活动】 2020年，县总工会开展送温暖系列活动。举办“春送温暖”岗位招聘会3场，惠及1500余人；为一线职工送出“夏送清凉”饮料4.8万元；发放“秋送助学”困难职工子女助学金2万余元；开展冬季“致敬劳动者·温暖回家路”主题“暖流行动”，提供外出务工人员返乡服务。开展劳动模范困难职工（农民工）春节慰问活动。

【职工权益维护】 2020年，县总工会多措并举促“六稳”（稳就业、稳金融、稳外贸、稳外资、稳投资、稳预期）、助“六保”（保居民就业、保基本民生、保市场主体、保粮食能源安全、保产业链供应链稳定、保基层运转）。4月5日，组织开展“强意识，查隐患，促发展，保安康”主题“安康杯”竞赛活动企事业单位29家。发挥市、县两级“工会+法院”劳动争议诉调对接工作室作用，调解处理劳动争议案，清理拖欠农民工工资，依法维护农民工合法权益，有效预防化解劳动关系领域重大风险。开展县内企业安全生产宣传活动8次，开展安全生产技术比武、演练3次，安全生产培训8次。开展律师进企业活动12次，服务法律咨询、法治宣传与培训等300余人次。开展防暑降温监督检查、职工劳动保护法律法规和政策执行检查、群众性安全隐患排查治理活动及各类安全事故调查5次。在县农商行营业厅新建户外劳动者工会爱心驿站1家。

【劳动技能大赛】 2020年6—9月，县总工会组织开展仁化县第十一届劳动技能大赛，包括粤菜师傅技能工匠竞赛、自然教育知识讲解技能竞赛、配网技能竞赛等重点竞赛活动8项。全年开展业务竞赛、技能练兵40余场，参赛职工2000余人，技术革新2项。

【城镇困难职工解困脱困工作】 2020年，县总工会对在档困难职工38户分类帮扶、精准施策。做好困难职工慰问活动，赠送“职工二次医疗”保险3.97万元。截至6月，仁化县原有城市困难职工107户337人全部实现解困脱困，城市困难职工精准解困脱困工作全面进入巩固帮扶成果阶段。

【弘扬劳模精神】 2020年，县总工会深化“中国梦·劳动美”主题宣传教育，推动习近平新时代中国特色社会主义思想进社区、进企业、进车间。3月，组织评选表彰2020年仁化县先进班组和仁化县工会工作先进单位，广东志成冠军集团有限公司仁化分公司化成车间等4个班组获评仁化县先进班组，中国教育工会仁化县委员会等15个工会获评仁化县工会工作先进单位。5月，摄制劳模风采专题片，在仁化电视台和微信公众号“仁化发布”播放，发挥劳模示范作用。发掘县先进模范典型，主动向市总工会推荐2020年韶关市劳动模范和先进工作者，陈升、宁声珍、曾繁炎获评韶关市劳动模范，仁化县锦江电力开发总公司、广东仁化银龙供水有限公司管网部集体获评韶关市先进集体。12月，开展“劳模讲故事”活动，组织劳模进企业、进社区宣讲劳模事迹。

【职工文化建设】 2020年9月20日，仁化县举办“同饮一江水”广东劳动者歌唱大赛（仁化赛区）暨仁化县第十一届劳动技能大赛表彰会，刘琪等6人被县劳动竞赛委员会授予“五一劳动奖章”，朱鹏等12人获仁化县“技术能手”称号，仁化县林业局等6个单位获“优秀组织奖”。8月12日，开展“致敬劳动者赞美抗疫人”短视频制作竞赛。11月7日，举办“当好主人翁，建功新时代”第五届职工公益徒步赛，吸引480人参赛。12月30日，举办“拔出精气神、展现新形象”迎新年拔河比赛，各（镇）街、县直机关党（工）委及社会各界参赛队伍55支，其中，县四套班子组建“仁爱队”参赛。全县各级工会开展新时代文明实践，弘扬社会主义核心价值观活动300余场。

【疫情防控】 2020年，县总工会团结带领全县各级工会完成新冠肺炎疫情防控工作任务。投入本级专项资金19.8万元支持卫健系统工会及各（镇）街工会联合会开展疫情防控和慰问工作。助力企业复工复产，减免、退还工会经费63.11万元，其中，申请免申报企业34家，减免工会经费5.51万元；申请全额返还企业33家，全额返还工会经费52.32万元；申请退费企业10家，退还工会经费5.28万元。成立临时党支部，牵头统筹创文第十二网格区5个责任单位开展疫情防控阻击战。发出疫情防控倡议书、海报、派发传单1000多份，全体干部职工落实“白+黑”值守覆盖，逐户排查、体温检测、卫生杀毒等疫情防控任务。

【精准扶贫】 2020年，县总工会切实履行作为黄坑古竹村精准扶贫牵头单位职责，联合仁化县建设银行，围绕“两不愁三保障”“八有一稳定”目标，筹集28.5万元用于挂点村基础设施建设、贫困户人居环境提升、节日慰问等，协调村委会筹资9.1万元修建污水分流沟渠，争取资金建设朱屋等小组河堤3千米、道路硬底化10.2千米。全村挂扶任务30户79人（其中，工会结对帮扶11户32人）全部如期脱贫。

【创建县级全国文明城市】 2020年，县总工会统筹创文第十二网格区5个责任单位开展创文工作，开展常态化志愿服务活动，开展“弘扬抗疫精神，奋进创文目标”宣讲、“党员消杀先锋队”环境消杀行动、生态环境保护主题宣传、创文宣传进万家、赠送春联、“关爱未成年人”诗词朗诵、手语舞蹈表演等新时代文明实践活动，助力仁化县成功创建“全国文明城市”，被仁化县精神文明建设委员会评为“精神文明建设工作先进集体”。

（李坤艳）

中国共产主义青年团仁化县委员会

【共青团仁化县委员会第十六届第十次全会】 2020年9月7日，中国共产主义青年团仁化县委员会第十六届第十次全会在县三中心一馆召开，团县委领导干部以及各镇（街）团委书记20余人参加会议。

【团建基础夯实】 2020年，中国共产主义青年团仁化县委员会（简称团县委）坚持“党建带团建”工作导向，开展各项团建工作，夯实团建基础。做好智慧团建系统团员转接、团费收缴等工作，组织做好2020年毕业生团员组织关系转接和规范管理工作。做好发展团员和共青团推优加入中国共产党工作，全年发展团员600名，对疫情防控期间表现优秀青年团员推优入党，为中共党组织输送“忠于党、敢担当”优秀青年。10月19日，组织全县各（镇）街团委、村（社区）团干部80余人参加2020年基层团干培训。7月11日，组织团干开展“凝聚青春力量 激活团建活力”活动，提升全县团干服务力、凝聚力，更好围绕中心、服务大局。

【少先队工作】 2020年11月24日，中国少年先锋队第四次代表大会在县城召开，团市委、市少工委领导、县有关领导、团县委、县第四次少代会代表、应邀列席会议单位负责人140余人参会。会议审议通过《传承红色基因 培育时代新人——为建设高质量发展的仁化时刻准备着》工作报告，选举产生中国少年先锋队仁化县第四届工作委员会，并指导各学校召开少代会成立学校少工委，明确少先队工作职责。坚持“全童入队”组织发展原则，开展分批入队，截至年底，全县有少先队员1.7万余人。开展国家、省、市、县优秀少先队员和少先队组织评选，组织全县各中小学开展主题教育活动“红领巾心向党”“向国旗敬礼”“童心抗疫”等，开展寻找“最美南粤少年”评比表彰活动。开展实践锻炼，组织少先队员参与志愿服务活动，开展推荐优秀少先队员作为团员发展对象。

【服务青年】 2020年，团县委始终发挥中国共产党助手和后备军作用，立足于服务青年，团结带领广大共青团员青年助推仁化县经济发展。7月30日，依托丹霞人才驿站组织大学生32名开展仁化县大学生“传承红色基因 助力乡村振兴”研学活动，通过参观丹霞人才驿站阅丹服务基地、城口镇恩村乡村振兴成果、红军长征粤北纪念馆等，了解仁化县城镇提升、乡村振兴、县域经济产业振兴、红色文化发展状况，团结引领大学生助力乡村振兴，为美丽乡村建设奉献青春力量。8月23日，联合县供电局举办2020年“团团有约·青春同行”单身青年联谊活动。10月28日，举办仁化青年创业“领头雁”培训班，返乡创业大学生、农村致富带头人等基层青年创业人才48人参加培训，助推全县脱贫攻坚和乡村振兴事业发展。10月，经团县委指导创建的丹霞冶炼厂浸出车间磨矿氧压浸出工序获2019年全国青年安全生产示范岗称号。12月4日，在丹霞人才驿站服务基地开展“减压赋能 乐享工作 快乐生活”仁化县青年交流活动，引导全县青年塑造文明、健康、理性工作与生活理念，丰富青年业余生活，促进各单位青年交流和沟通。

【扶贫助困】 2020年，团县委发挥群团组织优势，助力仁化县决战脱贫攻坚工作。开展扶贫助学行动，争取省希望工程、国酒茅台等助学资金6万余元。5月7—11日，联合县人民检察院开展仁化县“护青苗 暖童心”关爱贫困学子志愿服务活动，派发精准扶贫建档立卡在校贫困儿童“爱心助学包”200个。巩固挂点帮扶村贫困户脱贫成效，改善居住条件，提升周边环境卫生。每周结合“一线双联”到挂点村开展脱贫攻坚访贫问效，挂点贫困户全部实现“八有”，收入达到脱贫标准。严格执行动态监测预警帮扶机制，监测挂点村贫困户和边缘户。帮助挂点村小组3个完成村巷道硬底化。

【疫情防控】 2020年疫情防控期间，团县委发挥共青团员“新青年 敢担当 战疫情 勇争先”作用，组建红色青年战“疫”志愿突击队，成员有中共党员、共青团员志愿者900余人组成，青年战疫经验得到《人民日报》、“学习强国”、“南方+”等主流宣传平台报道。仁化县志愿者联合会等4个抗“疫”志愿服务组织获2020年“韶关市最美抗‘疫’志愿服务组织（队伍）”称号，9人获2020年“韶关市最美抗‘疫’志愿者”称号。

【青年志愿服务】 2020年，团县委开展各项志愿服务活动，营造“人人为我 我为人人”志愿服务氛围，全县注册志愿者29359人。常态化开展文明劝导、不文明纠正及文明宣传教育活动，组织志愿者在县城主要交通路口开展文明劝导。3月，开展学雷锋全民志愿服务行动月系列活动，组织动员志愿者开展助力企业复工复产志愿服务、生态环保线上志愿活动，学雷锋志愿文化展示宣传志愿活动等“仁爱仁化”主题系列活动。6月23日，举办2020年创建全国县级文明城市“百日攻坚”志愿服务誓师大会暨志愿服务提升培训会议，为成功创建全国县级文明城市贡献志愿力量。组织志愿者开展禁毒宣传、“河小青”巡河护河等志愿服务活动，并为9月“中国农民丰收节”仁化系列活动启动仪式暨农旅展销推介会以及10月环丹霞山自行车赛、11月第十三届“农行杯”穿越丹霞山50千米徒步赛和12月丹霞山山地马拉松赛“三大赛事”活动提供志愿服务，招募志愿者500余名。12月31日，举办新时代文明实践活动——仁化县精神文明建设工作先进系列名单·优秀志愿者发布仪式，20名在精神文明建设工作中表现突出志愿者获颁“优秀志愿者”荣誉证书。

【预防青少年违法犯罪】 2020年，团县委围绕共青团教育、引导、服务和维护青少年合法权益基本职能，以预防青少年犯罪为抓手，主动履职。发挥仁化县“护苗”青年志愿法治宣讲团作用，深入全县11个镇（街）开展法治宣传志愿服务活动12次。组织“全民禁毒·志愿同行”仁化县禁毒志愿者到石塘镇、扶溪镇、大桥镇，以及各学校开展禁毒宣传志愿服务活动12次。推荐县检察院“起点团队”参加市“益苗计划”——2020年“益苗计划”志愿服务项目大赛，获评全市9个优秀候选项目之一，被推送参加省级“益苗计划”大赛评选。

【乡村振兴】 2020年，团县委扎实推进乡村振兴，以“乡村振兴 志愿同行”为主题，组织志愿者深入镇、村，协助村党支部开展人居环境整治志愿服务活动。开展“展翅计划”，在全县机关企事业单位发布实习见习岗位130余个，帮助大学生实现就业创业能力提升。向全县大学生宣传“丹霞英才计划”，引导各类人才到乡村干事创业。组织优秀仁化籍大学生32名到基层兼职，参与基层组织建设、乡村振兴和基层治理等重点工作。向团省委争取支教教师13名到县山区学校支教，加强乡村教师队伍建设。开展“青年云支教”行动，为贫困青少年提供“一对一”“多对一”精准教育服务。

（刘慧霞　余香莲）

仁化县妇女联合会

【重要会议】 2020年4月27日，仁化县妇女联合会召开十三届五次执委（扩大）会议，同意宁家红辞去县妇联副主席职务。6月3日，召开第十三届六次执委（扩大）会议，选举奚铭敏为县妇联十三届执委会挂职副主席，马润娣等20人为出席韶关市妇女第十三次代表大会代表。10月21日，召开第十三届执委会七次会议，以举手表决方式，替补陈欣、刘茗瑞、张丽、聂桃英4人为仁化县妇联第十三届执委委员；以无记名投票方式和等额选举办法，选举陈欣为县妇联副主席。

【疫情防控】 2020年疫情防控期间，仁化县各级妇联组织响应全国妇联及省、市妇联防疫抗疫号召，成立50人巾帼志愿小分队，开展张贴公告、入户摸排、宣传、值守卡口等工作。发挥妇联组织“横向到边、纵向到底”网络优势，开展线上线下宣传活动，推送疫情防控链接300余条，拍摄微视频《同心抗疫　最美巾帼红》。动员巾帼志愿者为抗疫一线工作人员家庭提供“您家的菜我来送　您家的活我来干”服务，发动全县女能手捐赠抗疫物资约10万元并配送到各基层卡口。“三八”国际妇女节期间，携同丹霞义工会慰问抗疫一线家庭33户，深入基层走访慰问镇（街）女领导干部职工52人。落实妇联执委普遍联系群众制度，重点走访关心关爱贫困、残障妇女儿童，建立执委与困境妇女儿童“一对一”帮扶制度，妥善解决贫困儿童缺失照料困难2宗，赠送贫困学生口罩800个。基层妇联一线涌现出勇坚守敢担当“娘子军”一批，新龙村书记宁声珍被评为全省疫情防控先进个人。

【妇女创先争优】 2020年，县妇联围绕县委“139”发展战略，激励全县妇女立足岗位、创先争优，开展“巾帼文明岗”创建工作。年内，人民检察院第一检察部、闻韶镇中心幼儿园获“韶关市巾帼文明岗”称号，国家税务总局仁化县税务局第一税务分局获“广东省巾帼文明岗”称号，大桥镇妇联被评为“韶关市三八红旗集体”。9月，县妇联选送的《丹霞红　祖国颂》在2020年迎国庆巾帼建功授牌仪式暨韶关市巾帼广场舞大赛中获金奖和最佳风度奖。11月，仁化县妇联被中国妇女报社评为“2020年度全国妇女宣传舆论阵地建设先进单位”。

【家庭助廉活动】 2020年，县妇联贯彻落实习近平总书记关于“注重家庭，注重家教，注重家风”指示精神，全年发出“家庭助廉倡议书”2077份，签订“家庭助廉承诺书”1696份，举办各类家庭助廉活动31场。

【婚姻家庭信访维稳】 2020年，全县办理结婚登记1149对；民政办理离婚登记632对，法院判决离婚24对，调解离婚53对，撤诉36宗，合计离婚709对。开展下基层法律讲座及妇联主席热线接听活动。开通妇联“12338”热线电话，为妇女提供帮助与指导。维护妇女儿童合法权益，全年接待妇女群众来信来访17宗，结案率100%，法律援助1宗。

【妇联基层组织建设】 2020年，县妇联深化妇联组织建设“破难行动”，按照上级妇联工作要求，创新打造“妇女微家”，将妇联组织服务和活动延伸到妇联群众生活最小单位，截至是年底，建立“妇女微家”先行点仁化县税务局巾帼文明岗、小太阳幼儿园等10个。开展创建“妇女之家”“儿童之家”“巾帼驿站”品牌工作，董塘镇新龙村、城口镇恩村被列入省级“妇女之家”示范村，丹霞街道黄屋村、扶溪社区被列入市级“妇女之家”示范村。

【乡村产业振兴】 2020年，县妇联发挥女能手作用，深入基地调研，帮助女能手解决生产问题。2月，30余位女能手投入复工复产。6月10日，县妇联召开女能手复工复产座谈会，引导女能手复产、防疫“两手抓”。是日，举办“妇联带您直播 创业创新技能”培训班，选送15名女能手参加韶关市妇女电商创业培训班，组织妇女100余名开展线上电商培训，培育出女能手新潜力邓金梅、刘君凤等一批。利用网红“打卡村”，创新开展乡村大集市活动，为农村妇女、女能手提供产品展示和销售渠道。

【做好“美家”文章】 2020年，县妇联深化美丽家园示范建设，实施“家越美 粤幸福”美丽家园项目化建设，以董塘镇南湖村、新龙村为项目点常态化开展“清洁卫生我先行”“绿色生活我主导”“家人健康我负责”“文明家风我传承”四大行动26场次，尝试美丽家园建设与积分兑换相结合的激励模式，引导村民大力发展庭院经济，把家风家教根植于庭院建设，鼓励村民大胆亮出家风家训。评选出“最美家庭”36户、“美丽家园”示范户40户。董塘镇新龙村被评为省“家庭文明建设示范点”，城口镇恩村被评为市“家风家教实践基地”。

【关爱贫困妇女儿童】 2020年，县妇联采取“示范基地+农户”引导女能手做大做强巾帼示范基地，带动在家或就近就业妇女1000余名，帮助100余名贫困妇女增收。争取中国人寿保险公司支持，为全县省定贫困村所有妇女13741人免费购买“两癌”保险，总保费13.74万元。开展关爱困难群众活动13场，慰问95人次。开展“把爱带回家”春节慰问困境妇女儿童活动，慰问妇女儿童40人，送上慰问品和慰问金4.2万元。“六一”国际儿童节前夕，到董塘镇中心小学、城北小学等学校开展“六一”慰问活动，向学校赠送“六一”慰问金，为困难儿童赠送慰问品2.15万元。截至年底，单亲特困母亲援建房第一批5户进入竣工验收阶段，第二批2户启动。

【精准扶贫】 2020年，县妇联用心用情用力开展精准脱贫工作。每周走访贫困户不少于2次，实行“一对一”帮扶。投入工作经费7000余元主动购买农产品，干部职工捐助2000元，争取社会爱心人士捐赠4000余元物资，帮助贫困户解决房屋维护、添置家具、卫生整治、拆除破旧泥砖房、智残人员就业等问题，为挂扶贫困户8户解决实际问题困难26件。截至是年年底，帮扶村贫困户均达到“八有”实现脱贫。

【文明平安家庭创建】 2020年，县妇联主动挖掘优秀典型，重家风家教建设，向上级推荐各类“最美家庭”，持续推进“文明家庭”“最美家庭”“平安家庭”“星级文明户”评选工作。“三八”国际妇女节期间，联合县文明办命名“文明家庭”黄康明家庭等60户，授牌“星级文明户”3009户。董塘镇杨雪花家庭获得全国“五好家庭”称号，税务局欧咏梅家庭获得广东百户“最美家庭”称号，董塘镇黄忠婷家庭获省“五好家庭”称号，刘萍家庭等5户获市“文明家庭”称号，税务局黄志勇家庭获市“最美家庭”称号，供电局练思瑶被评为市“十大好军嫂”，朱勇家庭等2户被评为市“书香家庭”；安岗村等3个村被评为市“平安家庭”村，有10户家庭被评为市“平安家庭”；新龙村被评为省家庭文明建设示范点，恩村被评为韶关市首批“家风家训实践基地”。深入开展家庭教育活动。疫情期间，在县城4个社区建立社区居民家庭教育微信群，组织家庭教育志愿者举办线上亲子有效沟通等讲座20场，转发家庭教育链接88条。邀请专业团队举办家庭教育讲座25场，各级“妇女之家”“巾帼驿站”“儿童之家”开展家庭助廉、亲子阅读、亲子实践活动、暑期学生“五防”安全知识教育40场，参与家长2000余人次。12月，仁化县家庭教育志愿服务队被仁化县文明委评为“先进志愿服务队伍”。

（宁家红）

仁化县科学技术协会

【概况】 2020年，仁化县科学技术协会（简称县科协）围绕提高全民科学素质目标，贯彻落实《中华人民共和国科学技术普及法》《全民科学素质行动计划纲要实施方案（2016—2020年）》，全面加强全县科普组织、科普队伍和科普阵地建设，坚持面向大众普及科学知识，为全县经济发展、提高全民科学素质服务，为广大科技工作者和党委政府科学决策服务，提高公众思想道德素质和科学文化素质，促进全县经济快速发展和社会全面进步，全县形成党委领导、政府推动、部门协作、社会参与科普工作格局。

【黄坑镇科学技术协会成立】 2020年1月14日，仁化县黄坑镇科学技术协会成立暨第一次代表大会召开。会议听取《黄坑镇科学技术协会第一次代表大会筹备工作报告》，表决通过《黄坑镇科学技术协会章程（草案）》及《黄坑镇科学技术协会第一次代表大会选举办法（草案）》，选举产生黄坑镇第一届科学技术协会委员会委员16名。同日，召开第一届委员会会议，选举产生常务委员7名，其中：主席1名，副主席4名，秘书长1名，副镇长卢华英当选黄坑镇科学技术协会第一届委员会主席，并在会上作表态发言。

【“最美科技工作者”慰问】 2020年5月26—29日，县科协深入一线走访慰问农业经营者、农技专家、医务工作者、教育工作者等县“最美科技工作者”10人。

【“科技进步活动月”活动】 2020年6月3日，县科协联合县民宗局、县行政服务中心等单位，围绕“乡村振兴、科学防控、提升基层应急能力”，在周田镇瑶溪村开展2020年“科技进步月”新时代文明实践活动。通过文艺演出、有奖问答、科技咨询、发放科普资料等互动形式，宣传防震减灾、科学防控、法律法规普及、科学生活、科学种养技术、创建文明城市、创建森林城市等知识，参加活动科技工作者、科普志愿者20余人，入户走访慰问村民20余户，发放科普资料100余份（本、册），赠送环保袋、围裙100余份，发放有奖问答礼品40余份。

【科技活动周】 2020年6月7日，县科协联合县林业局（县创森办）、县新时代文明实践中心等部门，在丹霞蓝莓园科普教育基地开展“科普（研学）自由行”活动，15个家庭50余人参加活动。通过参观蓝莓科普栏，动手制作蓝莓果冻，创建森林城市知识、文明知识、科学知识有奖问答互动游戏，吸引各家庭组员积极参与，寓教于乐。

【科普业务培训】 2020年6月29—30日，县科协在县新时代文明实践中心举办2020年韶关市送科技下乡之“科普助力两个中心建设”科普业务培训班，邀请省、市专家5名，韶关市各县（区）党群服务中心、新时代文明实践中心、科协主要负责人约50人参加培训，其中，仁化县12人参加培训。通过培训，发挥科技工作者智力优势和专业优势，提升各县（区）党群服务中心、新时代文明实践中心和科协工作人员素质，推动科普助力党群服务中心和新时代文明实践中心建设。

【“全国科普日”活动】 2020年9月17日，县科协联合县新时代文明实践中心、县农业农村局、县水务局等单位在石塘镇举办“决胜全面小康，践行科技为民”2020年仁化县“全国科普日”活动。通过科普图展、技术咨询、科普知识有奖竞答、毒品模型展示、发放科普资料等互动形式，开展法律法规普及、创新发展、节能减排、环境保护、科学种植技术、卫生医疗保健、禁毒宣传、消防演练等科普宣传活动，免费发放《贡柑丰产栽培技术》《农村饮用水安全知识》等科普宣传资料2000份，参与群众300余人。

【科普阵地宣传】 2020年，县科协抓好科普宣传工作，各项科普活动得到县信息中心“科普专栏”网页宣传报道。县科协及各学会、协会、科普教育基地利用“科普专栏”“科普长廊”平台，宣传科普知识，适时调整和更新科普内容，其中，县科协“科普长廊”每2个月更新科普内容1次。全年，编辑、发布科普知识宣传6期。

【基层科普行动计划】 2020年8月6—7日，县科协开展“2020年广东省科技志愿服务系列活动——科技工作者助力韶关脱贫攻坚、乡村振兴活动”，全县征集技术、人才等需求7项，邀请省内高校和科研院校专家13人分别到仁化县柑橘省级现代农业产业园、仁化县黄坑镇田园牧歌圆梦场、仁化县周田镇李尚往来家庭农场等企业开展专场活动，签订合作框架协议37份。

【县科协第五届委员会第六次会议】 2020年6月19日，县科协第五届委员会第六次会议在县三中心一馆工信局会议室召开，各镇（街）、各单位科协委员及列席人员30人参会。会议传达学习《习近平总书记在全国“两会”上的重要讲话精神》和全国“两会”会议精神，听取并审议通过县科协第五届委员会工作报告，选举马良任仁化县科学技术协会第五届委员会主席。

【“四送一训”活动】 2020年，县科协深入农村开展“四送一训”（送资料、送科技、送新项目、送新成果，开展农科实用技术培训）和科普惠农（惠民）活动。到董塘镇高宅村、城口镇恩村、石塘镇（石塘村、石塘社区）、周田镇（平甫村、瑶溪村）、大桥镇、长江镇、扶溪镇、黄坑镇、丹霞街道等镇（街）、村（社区）开展送技术、送技术资料、送新品种、送科普图书给村民（居民），免费为村民发放农业科技新品种、报刊、技术资料，开展贡柑高产栽培技术、养殖业技术和农业实用技术培训等活动，解决村民生产技术难题，受到农民群众和社区居民欢迎。全年，开展“四送一训”活动10次，直接受惠民众1000人次。

（许　钰）

仁化县归国华侨联合会

【引导和发挥侨力服务地方经济社会发展】 2020年，仁化县归国华侨联合会（简称仁化县侨联）围绕县委、县政府新时期实施“139”发展战略，注重强化服务、搭建平台，凝聚侨心，发挥侨力，引导广大归侨侨眷和海外侨胞积极参与和支持仁化经济建设，发挥自身独特优势和作用，为当地经济建设服务。全年，组织召开侨联常委会5次，向归侨侨眷宣传仁化社会经济发展、旅游、文化、城镇发展现状和政策，引导归侨侨眷和海外侨胞积极参与和支持家乡经济社会建设。登门拜访在仁归侨侨眷100人次，了解其生活状况和工作情况，引导广大归侨侨眷爱岗敬业，做好本职工作，多向海外亲属传递党和政府的政策和关心，吸引海外侨胞回国回乡投资创业，为地方经济社会发展服务。

【服务归侨侨眷】 2020年，县侨联走访慰问归侨侨眷，及时把党和政府的温暖送到侨界群众心里。在重大传统节日如春节和重阳节前，上门慰问困难归侨和老归侨26人次，送上节日问候和慰问品。坚持普遍走访联系归侨、侨眷，全年上门拜访归侨、侨眷100余人次，利用电话与在县外居住归侨联系沟通，及时了解其生活情况和困难，及时帮助解决问题。下半年，县侨联在韶关市侨联关心下争取广东省侨联仁爱基金会支持，为红色小镇城口镇城口学校捐赠价值5万元书籍2000余册。走访困难归侨，争取上级侨联资金，为5位因病因年老失能或收入低而致生活困难归侨发放困难临时救助金2.3万元，尽力解决其生活实际问题。

【侨情调研】 2020年，县侨联通过走访归侨、探望侨眷，开展侨情调研，收集相关信息汇总成册，掌握最新侨情，汇集侨智，为涵养仁化侨资源打下人脉基础。

【精准扶贫】 2020年，县侨联按时按质完成精准扶贫和“一线双联”工作，及时做好挂点帮扶村闻韶镇华塘村产业帮扶、落实各项扶贫政策和资金等各项扶贫工作，开展节日慰问活动，春节、中秋节为结对帮扶贫困户4户送上慰问金和慰问品。县侨联班子成员每月到村委调研、走访贫困户、参加村联系群众等工作，指导村委党建、农村人居环境整治、精准扶贫、经济发展、农村破旧泥砖房拆除等中心工作。在村委上党课2次、参加村党支部大会4次，开展侨联党员与村党支部“固定党日+”活动4次。年内，全部贫困户实现脱贫。

（罗楚红）

仁化县工商业联合会

【疫情防控】 2020年，仁化县工商业联合会（简称县工商联）动员会员单位积极投入疫情防控。2月，组织会员为疫情防控捐资捐物价值35.5万元，捐赠口罩1.2万余只，医用手套1100副，瓜果、牛奶、食品1500余箱。2月20日，接收社会爱心企业、人士捐赠水果5.3吨，定向用于市县奋战在疫情防控工作前线民警。各民营企业以各种形式累计捐赠款物价值6万元。

【基层商会管理加强】 2020年，县工商联继续加强基层商会规范建设，对所属商会进行指导、引导和服务，推动商会按照“四好”（政治引领好、队伍建设好、服务发展好、自律规范好）标准加强自身建设，激发商会自身活力和动力，以改革创新精神提升商会建设工作。7月，组织全县民营企业家座谈会，学习习近平总书记重要讲话精神。9月，举办普惠金融知识宣讲活动（银企）交流会。10月，与县检察院联合举行“服务‘六稳’‘六保’护航民企发展”检察开放日活动。优化会员队伍建设，加强指导会员发展。年内吸收发展新会员一批。各镇商会在服务所在镇经济发展、扶贫、公益事业等方面发挥积极作用，如城口、扶溪、周田商会帮助当地推销扶贫产品，开展贫困户慰问等活动，受到当地党委政府肯定和群众好评。按照省市工商联有关文件精神，做好乡镇商会注册登记工作。12月8日，扶溪镇商会被评为2020年广东省“四好”商会。

【会员服务】 2020年，县工商联结合宣传仁化县《关于应对新型冠状病毒感染的肺炎疫情支持企业共渡难关的政策意见》精神，做好政策解读，帮助企业树立信心。10月，与县检察院联合举行“服务‘六稳’‘六保’护航民企发展”检察开放日活动，收集整理企业发展面临困难，积极寻求对策和建议，协调解决相关问题，为企业保稳定、保发展、保安全。结合“复工复产”行动，利用国家有关金融优惠政策有效破解企业“贷款难”“融资能”难题，多渠道、多形式帮助企业融资，为企业发展提供资金保障，为实体经济组织提供良好转型发展机遇。经常在工商联微信群宣传各种惠企政策措施。

【调解服务】 2020年，县工商联班子成员通过走访会员企业及邀请各大银行、税务局等有关部门参与每周二轮值活动，及时了解会员迫切需要解决的问题。通过县工商联组织努力，帮助会员解决如融资、用工、税务政策及与相关部门协调等问题，维护会员企业正当合法权益。

【会员活动】 2020年，县工商联组织开展一系列会员活动，为全县非公有制人士营造温馨“娘家”。继续组织开展每周二经验交流、座谈会、企业走访、扶贫、公益、听课、培训或外出参观学习等主题活动1次，全年开展38次，参加人次1000余人次。6月，组织义工队开展新时代文明实践爱丹霞、爱锦江——保护母亲河公益志愿行活动。9月，举办普惠金融知识宣讲活动（银企）交流会。11月，与县总工会等单位合作开展仁化县第五届职工公益徒步赛活动徒步赛，吸引全县400余人参赛。

【公益扶贫】 2020年，县工商联深入开展公益扶贫，引导会员企业8家参与“万企帮千村”精准扶贫活动。广东志成冠军集团有限公司仁化分公司帮扶周田镇新庄村委会购置办公用品等10万元；仁化县建筑安装工程有限公司帮扶董塘镇瑶族村基础设施建设项目4万元，长江镇凌溪村危房改造2万元、里周村扶贫捐款2万元，丹霞街道夏富、黄屋村扶贫资金各2万元，红山镇新山村扶贫资金2万元；仁化县蓓蕾幼儿园结对帮扶丹霞街道水南社区0.5万元。聚焦精准解决贫困户“两不愁三保障”突出问题，为贫困户添置家具、床上用品和生活用品，改善生活环境。开展节日慰问，积极联系社会爱心人士对贫困大学生开展捐资助学，帮助并动员贫困户搞好人居环境卫生，挂点村瑶族、塘联村相对贫困户9户全部实现脱贫。引导发挥工商联会员的政协委员参政议政作用，及时反映社情民意，撰写政协提案、人大议案。

【其他工作】 2020年，县工商联围绕县委、县政府中心工作，抓实党风廉政教育，强化作风建设，加强党员干部党性、党纪教育，从严开展机关效能及领导干部作风整顿建设活动。全面落实意识形态工作责任制要求，组织全体职工参与扫黑除恶专项工作。配合牵头单位做好网格化小区创文巩卫工作，提升仁化非公经济企业和非公人士文明水平。抓好会员政治思想教育工作、提升全县会员文明意识，配合县司法、普法单位开展法律法规宣传，引导会员依法经营、依法治企、依法维权、推动构建亲清新型政商关系。

（叶华青）

仁化县文学艺术界联合会

【精品展示】 2020年，仁化县文学艺术界联合会（简称县文联）开展“我爱我的家乡——仁爱仁化”主题摄影展活动，征集摄影作品500余幅，评选出入展作品100幅在县青少年宫展出，并推送到“学习强国”App及“仁化发布”“文明仁化”微信公众号等平台，展示仁化县创建全国县级文明城市、推进新时代文明实践中心全国试点县建设、生态宜居美丽乡村建设等工作中的变化与成就。开展“传承家风家训、弘扬红色文化”主题书法展活动，在县图书馆展出书法作品60余幅，以书法形式弘扬中华传统美德，培育良好家风家训。县摄影家协会主席谢锦树携本土摄影师“丹霞山”主题作品50幅，参加韶关市委宣传部、东莞韶关对口帮扶指挥部、广东省摄影家协会联合主办的“2020年‘善美韶城，画里丹霞’——美术摄影作品巡回展”，展览在东莞市文化馆举办。

【刊物编印】 2020年，县文联延续编写《箫韶丹霞曲——大丹霞旅游文化资料汇编》，完成第六稿文字编辑工作，按出版社要求进行校正、补充、提升书稿，全文共10个篇章48万字，是《韶关文化印象丛书》九大旅游文化系列资料之一。编辑出版《丹霞》（总第22期、23期）杂志2期，刊登文学作品79篇、摄影作品111幅、书画作品22幅、音乐作品3首。

【文艺创作】 2020年，县文联组织所属协会会员创作疫情防控主题文学、音乐、书法、美术、摄影等文艺作品137篇，并择优推送至广东省作协网和“韶关发布”“学习强国”等平台刊登。组织县音乐协会围绕“远离毒品，珍爱生命”主题创作禁毒原创歌曲4首，其中，歌曲《走向新生活》获韶关市原创禁毒歌曲征集比赛嘉奖。组织县文学学会创作诗歌参加韶关市“和善和美 法治韶关”法治作品征集活动4篇，其中，获诗词创作类三等奖2篇、诗词创作类优秀奖1篇。开展“仁爱仁化”主题征文活动，征集作品70余篇，评出获奖作品21篇，择优在“学习强国”“仁化发布”“文明仁化”和《丹霞》杂志发布。

【文艺活动】 2020年春节前夕，县文联组织县书画家协会举办仁化县2020年新时代文明实践之“迎新春·送春联”文化惠民志愿服务活动，在县文化广场、董塘镇及新时代文明实践点为群众送出春联5000余幅。10月23日，举办2020年仁化县“欢度重阳节·歌唱新仁化”原创作品文艺晚会，以采茶小戏、独唱等方式展现县文艺爱好者创作原创作品，营造尊老孝老社会氛围。开展“结对子·种文化”文艺志愿服务系列活动，其中开展书法进校园、进社区、进基层活动5场，文学进校园活动2场，书法培训班40余场。采取“请进来”方式，邀请市文联文艺轻骑兵赴长江、城口恩村开展送文化活动，助推全县基层文化及文艺创作繁荣发展。开展各类文艺采风活动，创作乡村振兴题材文艺精品。组织县摄影家协会会员到长江镇、县作家协会会员到城口镇、董塘镇开展文艺采风活动3场，创作摄影作品30余幅，文学作品20余篇，并将创作作品推送“仁化发布”微信公众号、《韶关日报》等平台。

【获奖情况】 2020年，县文联组织各协会积极发动会员进行文艺创作，参加各类展示仁化新形象活动，取得较好成绩。7月，县摄影家协会获广东省摄影家协会授予的2019年度“先进摄影组织单位”称号；10月，仁化县人民政府获广东省摄影家协会颁发的“2015—2020年期间在摄影组织管理建设、摄影品牌活动、摄影人才培训、塑造地方形象等方面积极努力，作为‘广东摄影之乡’为广东摄影发展作出了突出的成绩”荣誉证书；12月，县摄影家协会、县书画家协会获县文明委授予的“仁化县创建全国文明城市先进志愿服务队伍”称号。

摄影方面。2020年，仁化县摄影家协会主席谢锦树入选中共韶关市委宣传部2020年韶关市宣传文化领军人才，其摄影作品《粤北千年古村——恩村》发表在《广东摄影》杂志（2020年第3期总第241～242期），《万古金城》《舵石云海》《耸秀争奇》在“中国·张家界”首届世界遗产摄影大展上展出；会员吴玮作品《高速进古村》获中宣部“学习强国”学习平台、中宣部宣传舆情研究中心主办的“我爱我的祖国”微视频、摄影作品大赛三等奖；罗兆祥作品《神奇丹霞山》获广东省自然保护地协会主办的2020“穿越北回归线风景带——广东自然保护地摄影大赛”铜奖，易伟嵘作品《丹霞日落》《丹霞云海》获优秀奖；王凡路作品《检测》入选广东省摄影家协会“春暖花开 复工复产”网络影像展；曾义作品《古树群拥新农村》获广东省乡村摄影协会、南方农村报社主办的“古树旧时光 南粤新风情”摄影大赛——“广东十大魅力古树乡村”一等奖，谢海燕作品《各有所乐》、王凡路作品《航拍麻塘村》获二等奖，沈德奎作品《古树人家》获三等奖，曾春莲作品《美丽樟林村》、王诚作品《传承》获优秀奖；何乃战、魏为、曾春莲、沈德奎作品入选广东省摄影家协会主办的“广东脱贫攻坚、全面建成小康社会”主题摄影展；曾义、何乃战、王凡路等会员作品27幅分别入选韶关市文联和韶关市摄影家协会主办的“善美韶关·美丽乡村”主题摄影作品展、韶关市摄影家协会主办的“乡村振兴·善美韶关”摄影展、韶关市农业教育与信息中心和韶关市摄影家协会主办的“光影三农 韶农风采”摄影作品展、韶关市文联主办的“善美韶关·生态文化”摄影展。

书画方面。2020年，仁化县书画家协会主席罗源生作品获第六届三十省区市中老年书画联合大赛二等奖，会员李俊达、朱祖新作品获三等奖，李优兰、张祖财作品获佳作奖，张丽莲、张玉稔作品获优秀奖，顾美英、郭顺林、张金凤作品获优秀提名奖。

文学方面。2020年，县作家协会会员刘逸作品《我的新年·我的抗疫日记》获韶关市抗疫征文三等奖；刘志红作品《沁园春·吟仁化赞法治》、谢嘉文和罗建矿作品《我要重新绽放》获韶关市“和善和美 法治韶关”主题活动诗词创作类三等奖，李学田作品《写给司法宣传员》获优秀奖；谢嘉文作品《第313杯茶》获“仁爱仁化”主题征文一等奖，邓谭贵作品《钢铁防线——来自城口红色小镇的抗疫报告》、袁小红作品《我爱美丽的碧道》获二等奖，聂颖荫作品《董塘岩头村脱贫攻坚剪影：你笑起来真好看》、李学田作品《茶香深处花正红——仁化县红山富农茶叶合作社发展纪实》、周祥贵作品《村主任》获三等奖。

音乐方面。县音乐协会负责人卢家赋原创歌曲《烽火安岗》被列为2020年韶关市社科文艺精品创作生产扶持项目；会员谢林贵作词、卢家赋作曲原创歌曲《走向新生活》获韶关市原创禁毒歌曲征集比赛嘉奖。

（邱晓梅）

仁化县残疾人联合会

【残疾人康复】 2020年，仁化县残疾人联合会（简称县残联）围绕“人人享有康复服务”目标，完善残疾人康复服务体系建设。年内，县、镇残联进村入户开展宣传、筛查工作，动员0～6岁残疾儿童33名到市、县康复机构接受抢救性康复训练，为残疾人147名配发辅助器具。协同县慢病站，为精神病人长期提供药物治疗436人次。

【残疾人就业】 2020年，县残联按照相关残疾人就业政策文件要求，会同县税务局开展残保金征收工作。截至11月底，残保金年审106个单位，收缴残保金163.3万元。会同有关部门结合脱贫攻坚，引导残疾人就业创业，力促残疾人家庭就业脱贫。全年，举办农村实用技术知识培训班1期，培训残疾人24人次，推荐安排残疾人就业208人次。12月，县残联获“2020年国际残疾人日开展韶关市最美残疾人专职委员优秀组织奖”。

【残疾人扶贫】 2020年，县残联结合脱贫攻坚工作，开展“一线双联”“夜访民情”活动，有计划地走访、看望服务对象，切实为残疾人排忧解难，最大限度减少误会矛盾。对挂点帮扶村建档立卡户残疾人，全面落实贫困家庭教育、医疗、住房、产业补助政策，力促建档立卡户家庭增收脱贫和生活稳定。支持农村人居环境治理工作，对挂点村村巷整治、村庄亮化、村民食水等工程给予人力物力支持。扩大家庭生活无障碍覆盖面，针对不同类别残疾人不同需求，科学确定改造内容，解决残疾人出行无障碍问题，提高残疾人生活质量。全年，完成省下达残疾人家庭无障碍改造任务30户指标。

（何　沫）

仁化县红十字会

【疫情防控】 2020年，仁化县红十字会按照县疫情防控指挥部工作要求，结合自身工作职责，做好疫情期间社会捐赠款物接收、移交、公示等工作，接收非定向捐赠资金18.26万元；接收血液分析仪、口罩、体温枪、消毒液等捐赠物资价值704029元，其中定向捐赠物资价值680345元，非定向捐赠物资价值23684元。县红十字会将所有捐赠款物逐一登记造册，定向捐赠物资及时移交给受赠方，非定向捐赠资金和物资移交给县疫情防控指挥部调配使用，并在县政府网站及时公开捐赠款物去向，接受社会公众监督。

【“红十字博爱送万家”活动】 2020年春节前夕，县红十字会开展“红十字博爱送万家”活动，为扶溪镇水口村、长江镇冷饭坑村、闻韶镇塘源村困难群众送上新年慰问品毛毯、食用油、牙膏等，慰问困难群众20户，送温暖活动款物合计19809元。

【新农合大病救助】 2020年，县红十字会发挥单位自身优势，扩大红十字会社会影响力，完善参与新型农村合作医疗方案，发动社会各界人士支持，主动争取上级资金，依照实际情况，对全县参加农村合作医疗特困病人进行救助。全年救助特困群众3人次，救助金额2400元。

【救护培训工作】 2020年9月22日，县红十字会在广东电网韶关仁化供电局举办急救员培训班，参训人员28人。11月14—15日，在仁化农商银行举办救护员培训班，参训人员70人。培训采取理论讲解和技术实操方式，着眼提高广大人民群众防灾避险和自救互救能力，普及急救理论知识，使其具备急救实操能力。

【困难儿童救护工作】 2020年，县红十字会通过各种渠道在全县范围内筛查白血病儿童、先天性心脏病儿童，帮助患儿申请救助。全年获得小天使基金会批复救助白血病儿童1例，救助金额3万元。

【博爱周扶贫济困活动】 2020年4月23日，县红十字会联合韶关市红十字会在扶溪镇蛇离村开展“5·8”红十字博爱周扶贫济困活动，走访慰问蛇离村建档立卡贫困户15户，为困难群众送上棉被、家庭包、拖鞋等物资，价值8089.5元。

【扶贫工作】 2020年，县红十字会领导坚持每个月至少到村到户1次，以“一线双联”“民情夜访”工作为契机，指导村基础设施建设和贫困户产业、就业等方面工作，从紧张办公经费中匀出3000元支持村委会党建工作、3000元支持村委会开展农村人居环境综合整治。春节前夕，为贫困户送上慰问金每户200元共1800元。配合县、镇、村做好贫困户脱贫工作，帮扶挂点村水口村贫困户9户19人如期脱贫。

（谭芳苗）

法　治

政法委与综治

【意识形态责任制落实】 2020年，中共仁化县委政法委员会（简称县委政法委）牢固树立总体国家安全观，围绕县委中心工作和“四个不发生”“五个确保”工作目标，积极开展“防颠覆、防渗透、防倒灌”工作，落实政治安全工作责任，加强宣传和协调联动，做好重点防控，坚持严格执行每日“零”报告制度、重大案件“三同步”方案。全年，仁化县政法领域未发生影响意识形态和国家安全事件。

【扫黑除恶专项斗争】 2020年，县委政法委决心不变、标准不降、力度不减，确保依法打深打透、除恶务尽，夺取专项斗争全面胜利。2020年，扫黑除恶专项斗争综合考评排全市第一，社会治安持续好转，人民群众获得感、幸福感、安全感进一步提升。在2020年度省第三方调查结果中，仁化县获扫黑除恶带来安全感好转率、扫黑除恶满意率全市第一名，扫黑除恶知晓率名列全市第三位，全省前列。

【维护社会和谐稳定】 2020年，县委政法委重视防范化解社会矛盾风险和信访维稳基础工作，强化社会矛盾纠纷排查化解和管控处置责任，建立完善矛盾风险层级研判制度，做到“底数清”“情况明”。全年累计化解及稳控853宗，化解率96%，开展积案化解专项行动，落实领导包案调处突出信访问题工作方案，解决历史遗留问题一批，获得省委政法委通报表扬。

【县域治理现代化】 2020年，县委政法委抓实综治创平工作，推进平安细胞建设，加大创平宣传力度，印制创平宣传品10万余份。发挥综治网格作用，发动“红袖章”队伍132个，组织2485人开展疫情防控宣传和治安联防工作，发放宣传资料10.2万余份。加强特殊人群管理，全县未发生严重精神障碍患者肇事肇祸案件和治安案件。开展铁路、校园专项治理工作，推进“雪亮”工程，升级改造镇街原有视频监控，实现重点场所、重点行业、重点领域视频监控全覆盖，维护全县社会治安。2020年，仁化县在省第三方调查结果中群众安全感、政法工作满意度获全市第一名，位列全省前列。

【依法行政水平提高】 2020年，县委政法委按照中共十九届四中、五中全会部署，推进司法体制改革，推动解决“执行难”问题，落实“两法衔接工作”。贯彻落实上级有关司法救助工作指示精神，组织召开全县国家司法救助联席会议，了解案情、核查讨论、部署工作。组织开展百名法学家百场报告会和南粤法治报告会，开展法制宣传进村（社区）入户活动，推动政法新媒体创新发展，围绕仁化中心大局和政法重点工作开展正面宣传，创造良好舆论环境。

【县委中心工作】 2020年，县委政法委围绕县委“139”发展战略等重要部署和安排，统筹协调多方力量，完成创建全国文明城市、精准扶贫、疫情防控等工作任务。

（叶选明）

法治政府建设

【概况】 2020年，是落实《法治政府建设实施纲要（2015—2020年）》收官之年。仁化县坚持以习近平新时代中国特色社会主义思想为指导，全面贯彻落实中共十九大和十九届四中、五中全会精神，贯彻落实习近平总书记出席深圳经济特区建立40周年庆祝大会和视察广东重要讲话、重要指示批示精神，围绕疫情防控、脱贫攻坚、乡村振兴、生态保护等中心工作，着力加强党对法治建设领导，依法全面履行政府职能；推进行政决策科学化、民主化、法治化；坚持严格规范公正文明执法；依法有效化解社会矛盾纠纷；全面提高政府工作人员法治思维和依法行政能力，提升法治文明水平，营造建设“生态、活力、幸福新仁化”法治环境。

【法治思想学习】 2020年，仁化县通过县委政府理论中心组学习、各级党委政府和各单位组织学习贯彻习近平法治思想、中央依法治国工作会议精神及习近平总书记全面依法治国新理念、新思想、新战略和中央全面依法治国委员会一、二、三次会议精神，组织召开县委全面依法治县委员会第二次会议，研究部署全县2020年全面依法治县工作，印发《仁化县2020年全面依法治县工作要点》。

【行政决策规范】 2020年，仁化县制定《2020年度仁化县政府规范性文件制定（修订）计划目录》，规范性文件和决策的起草、制定均落实“听证、公众参与、专家论证、风险评估、合法性审查和集体讨论决定”法定程序。全年制定发布政府规范性文件2件，清理不符合改革决策和上位法规定行政规范性文件2份。严格贯彻落实《韶关市重大行政决策程序规定》，制定《仁化县人民政府2020年度重大行政决策事项和听证事项目录》，实行决策程序标准化体系化规范管理。

【“放管服”改革深化】 2020年，仁化县印发《仁化县提升企业开办便利度工作方案》《仁化县推行“马上办”服务模式工作方案》，全面推广电子营业执照和全程电子化登记管理，开展减证便民行动，砍掉证明事项18项，全面实行商事主体登记注册“马上办”提速措施，办理“马上办”商事登记业务3560宗；全县市场主体数量突破1.2万户，总注册资本超过123亿元；通过银证合作发放“银证通”电子营业执照122户，占全部登记成立企业的58.9%。

【执法改革推进】 2020年，仁化县推行“行政执法公示、全过程记录、法制审核”三项制度，全面启用广东省执法队伍管理系统。完善行政执法考评机制，检查各行政执法单位情况并将检查结果纳入各机关单位年度绩效考核；开展行政执法案卷评查，督促全县各行政执法单位严格规范行政执法程序；建立行政执法与行政检察以及纪律监察监督衔接机制，及时发出“行政执法督察建议书”。推进综合行政执法改革，深化行政执法规范化建设，按照省市部署加紧镇（街）综合行政执法体制改革，组织参加“广东省行政执法人员综合法律知识网上考试”3次280余人，充实镇（街）综合行政执法队伍。

【行政复议能力强化】 2020年，仁化县行政复议办公室以仁化县人民政府名义依法作出行政复议决定，坚决纠正违法、不当行政行为，全年收到公民、法人及其他组织提交行政复议申请8宗，已全部办结，其中维持3宗，终止2宗，撤销或确认违法3宗。完善行政复议审理机制，探索以书面审查为主，采取灵活、多元模式辅助审理，充分保障当事人各方知情权、参与权、表达权和监督权，凸显行政复议案件审理过程公开、公平、公正，提高行政复议案件质量，增强行政复议决定结果公信力。

【出庭应诉新常态】 2020年，仁化县涉及县政府一审行政诉讼案件胜诉率80%，县政府负责人出庭应诉7宗。组织全县行政执法人员到法院参与案件庭审旁听3次，提高行政首长应诉能力。强调行政机关负责人出庭应诉工作按照“有诉必应”、积极做到“出庭是原则、不出庭是例外”精神要求，发挥行政机关负责人出庭应诉“一案多效”社会意义，出庭应诉成为依法履行职责、支持行政审判新常态。

【普法宣传】 2020年，仁化县“七五”普法讲师团、仁化县法治宣传联络员队伍、送法律下乡志愿服务大队通过“法律六进”活动，开展宣讲活动100余场次，受众6000余人，印发《中华人民共和国民法典》宣传资料2.1万余册，确保普法宣传全覆盖。落实“谁执法谁普法”责任制，组织开展第三届国家机关“谁执法谁普法”履职报告现场评议。制作“七五”普法汇报视频，做好“七五”普法验收各项工作。结合创文，推进法治文明建设。组织开展仁化县第二届法治文化节活动，创作“仁爱善美、法治仁化”主题法治文化作品，全方位展示全县法治文化建设成果和地方特色法治文化，部分优秀作品获市表彰奖励。

【社会治理能力提升】 2020年，仁化县人民调解队伍壮大，形成矛盾纠纷化解合力，践行新时代“枫桥经验”，打造“仁化样板”，以全国模范人民调解员刘日红名字命名、全市首个以个人名义命名的“刘日红调解工作室”进驻县法院，加强诉讼与非诉讼方式解决纠纷，防范化解社会风险，维护社会大局稳定，真正做到“小事不出村、大事不出镇、矛盾不上交”。开展一村（社区）一法律顾问工作，聘请25名律师进驻全县125个村（社区）开展法律顾问工作，为乡村振兴提供有力法律保障。开展法治培训、法律辅导，提供法律咨询，参与疑难纠纷调解，办理法律援助案件，提升基层社会治理能力，全力推进民主法治村建设。深化“网格化+”治理模式，扎实开展平安镇村工作，以有效社会治理和稳定环境助力仁化县荣获“第六届全国文明城市”称号。通过建立镇街、村（社区）、村小组（社区小组）三级参与网格体系，实行一格一员，全面加强社会治理，最大限度提升群众安全感、满意度。

（黄汝君）

公　安

【概况】 2020年，仁化县公安局践行“对党忠诚、服务人民、执法公正、纪律严明”总要求，坚持以人民为中心理念，围绕坚决打赢疫情防控阻击战和深圳特区建立40周年庆典安保维稳主题主线，深入推进扫黑除恶等专项工作，坚持最高标准、最严要求、最实措施、最强保障，确保全县社会治安大局稳定，群众安全感和对公安工作满意度均获全市第一，国道106线城口公安检查站荣立韶关市公安局集体三等功，9人荣立韶关市公安局个人三等功，1人获市公安局嘉奖，1人获公安部嘉奖。

【疫情防控】 2020年，县公安局全力以赴“战”疫情，严防死守入粤入韶“北大门”，防疫工作有力有效。在高速路、国省道、省际道路设立检疫检查站16个，严格落实24小时不间断“逐车登记、逐人检查”措施，累计投入查控力量6328人次，检查车辆149341辆次、人员477531人次。重点群体核查全面落实，严密隔离点、校园等重点场所安全防范；严格落实“三人小组”“境外专班”制度，强化重点排查、数据研判、情报分析、落地核查等工作，累计排查管控人员1632人次。统筹推进疫情防控和维护安全稳定工作，从严从快打击涉疫情违法犯罪，破获涉疫情违法犯罪案件3宗，累计止付涉案银行账户296个，止付赃款808.3万元。抓好公安机关内部安全防控，强化看守所、拘留所安全管理措施，严格落实“六稳”“六保”20项措施，统筹推进疫情防控和社会稳定工作。

【维稳安保工作】 2020年，县公安局围绕深圳特区建立40周年庆典和中共十九届五中全会等重大安保维稳任务，周密制定安保工作方案，启动“1、3、5”分钟防控圈应急处突要求，提高应急处突能力，确保重要节点期间全县社会治安大局稳定。加强做好全县重点工程项目建设、创建全国文明城市，以及丹霞国际马拉松赛、徒步穿越丹霞山和文化旅游节等赛事活动安保工作，全年参加维稳安保任务58次，零失误。开展维护政治安全等专项行动，确保全县政治安全稳定。强化网络安全执法巡查，深入推进专项行动，通过加强互联网媒体、微信群、QQ群等网络群体巡查执法，处置网上涉警和涉稳等方面舆情24条，配合相关部门侦破涉疫诈骗案件1宗。做好“12345”政府服务热线（网络问政）网民答复工作，受理答复网民问政352条。

【刑事侦查】 2020年，仁化县刑事侦查工作强化主责主业，坚决依法从严、从快、从重打击各类违法犯罪。围绕年初确定的争先进位目标，全力推进扫黑除恶等专项工作。全年全县立各类刑事案件435宗，破案121宗；提请批准逮捕案件96宗、140人，同比上年下降41.8%、下降39.4%；检察院批准逮捕88宗、122人，逮捕率87.1%，移送审查起诉案件117宗、161人，同比上年下降35.7%、下降34.3%。

【扫黑除恶专项斗争】 2020年，县公安局全力推进扫黑除恶专项斗争向纵深发展。以“六清”行动为抓手，深入推进扫黑除恶专项斗争攻坚冲刺工作。全年打掉恶势力犯罪集团1个，打掉恶势力犯罪团伙3个，立“九类涉恶”案件20宗，破案9宗，刑事拘留27人、提请批准逮捕20人，打“财”3021.55万元，移送涉黑涉恶腐败和“保护伞”线索2条。

【专项行动】 2020年，县公安局全力推进集中打击整治涉枪、涉电信网络诈骗、涉盗抢骗等违法犯罪专项行动，推进“禁毒两打两控”工作。共立容留他人吸毒案件9宗、贩卖毒品案件3宗、打掉涉毒团伙2个、完成省目标案件1宗。仁化县禁毒办于6月26日国际禁毒日被省禁毒委评为全省“最美禁毒团队”。

【派出所规范化建设】 2020年，县公安局夯实基层基础，以派出所规范化建设为重点，推进困难派出所“精准脱困”。6月，新建建设路派出所投入使用；全市公安加强派出所规范化建设第四次现场会在仁化召开。持续规范派出所勤务模式，落实“八个一”勤务、红袖章“三个一”和关爱保护智力、精神残疾妇女儿童的“两个一”工作制度。出动警力18945人次，设卡4526次，盘查车辆102455辆次，盘查人员141846人次，抓获犯罪嫌疑人9人，查获治安违法人员21人，查处交通违法行为4039起、交通违法人员1834人。

【经济犯罪侦查】 2020年，县公安局以省厅“智慧新经侦”推进为助力，推进金融领域风险化解处置，重点围绕护航金融专项行动为牵引严打各类突出经济犯罪，深入推进智慧新经侦建设，有力防范和化解各类经济风险，全力维护全县政治经济安全、群众切身利益和社会稳定。全年立案9宗，破案9宗，抓获犯罪嫌疑人20人，提请批准逮捕8人，移送起诉6人。

【治安管理】 2020年，县公安局全面做好社会公共安全维护工作，组织开展专项行动，强化枪爆安全管理，组织开展危爆物品安全监管和特行、娱乐场所隐患排查工作，开展全县中小学及幼儿园校园及周边环境安保工作，确保社会公共安全。检查重点场所4238家，发现安全隐患206处，整改206处，发放警情提示7216份，走访重点人员2562人次，送治精神病人11人次，走访群众4990人次。加强精神障碍患者管控工作，摸排精神障碍患者

1386人次，在库［危险性等级评估在3级（含）以上的］严重精神障碍患者68人，全县未发生有影响的重点人员肇事肇祸事件。受理治安案件616起，查处112起，查处率18.2%，查处行政违法人员129人。

【道路交通管理】 2020年，县公安局全面做好交通安全管控，围绕“减量控大”工作目标，开展“飙车百日整治行动”“酒驾”“周末夜查”等专项行动20余项。提升交通管理水平，切实保障全县道路交通安全形势持续稳定，为仁化县成功创建全国文明城市、全国全域旅游示范区、广东省全域旅游示范区营造良好道路交通环境。落实劝导员劝导补贴经费，保障农村劝导站实体化运作，推动派出所履行交通安全管理职责。深入推进“放管服”改革。坚持以人民为中心发展思想，优化公安行政审批、车驾管等管理服务举措，推进公安政务服务“网上办、马上办、就近办、一次办”，落实摩托车驾驶证送考下乡，摩托车带牌销售等措施，建成摩托车考场长江、董塘、周田3个。查处各类交通违法57326起，其中酒（醉）驾327起，假（套）牌、证95起，无证驾驶1566起、超速行驶2016起、违停7752起、闯红灯769起、驾乘摩托车不戴安全头盔1283起、超载208起、飘散1113起。

【出入境户政与往来港澳管理】 2020年，县公安局推出办理临时身份证“零申报、零材料”并“立等可取”新举措。县城建设路、水南、丹霞3个派出所户政业务进驻县行政服务中心办事大厅，实现统一管理，让群众在办理相关业务流转中“少跑路”。全年办理居民身份证11803张，临时身份证1553张；受理护照22人次，往来港澳通行证404人次，前往港澳定居1人次。

【监所管理】 2020年，县公安局全面落实监所管理安全，把抓管理、保安全作为工作主线，严格执行上级公安机关疫情防控政策措施，实行封闭式管理，采取一系列防控措施，对在押人员逐一排查，及时消除安全隐患。在防疫、卫生部门协助下，对全部在押人员开展核酸检测，每天进行体温测试；对工作人员每15天核酸检测1次，每天进行体温测试；对有体温异常在押人员（感冒引起）采取隔离措施并由驻所医生跟踪治疗。每天开展监区、办公区防疫消毒1次。武警中队常年担负监所外围武装看守任务，科学配置力量，狠抓勤务能力训练和哨兵执勤能力，确保监管场所和押解投监行程安全。全年未出现安全事故。

【公安法制】 2020年，县公安局深化公安执法规范化建设，推进智慧新法制建设，提升执法信息化智能化，凡口派出所和建设路派出所被列为全省公安机关推进智能执法办案区试点派出所。组织民警7名分别参加基本级和高级执法资格考试。全年审批刑事拘留149人；提请逮捕140人，批准逮捕122人，移送起诉161人；审批行政案件行政处罚217人。全市公安机关执法质量考评排名第一，被评为县级公安机关执法质量优秀单位。

【警务督察】 2020年，县公安局切实增强督察履职能力，提升自身素质，全力推进各项决策部署贯彻落实，扎实开展各项督察工作。按照《公安机关督察条例》开展扫黑除恶专项斗争、新冠肺炎疫情防控等专项督察14次，填写“现场督察记录”463份，编写督察通报23期，通报处理民警、辅警11人次，诫勉处理2人次。上路查车4次，检查警用车辆19辆次，未发现违规驾驶警用车辆现象。督察检查民警上下班情况15次。督察民警对派出所值班备勤等开展日常督察182次、暗访23次。

（邓红莲）

检　察

【疫情防控】 仁化县人民检察院（简称县检察院）坚持把人民群众生命安全和身体健康放在第一位，坚决服从县委统一部署和指挥，把疫情防控工作作为最重要的工作任务。在全县出现首例新冠肺炎确诊病例后，县检察院第一时间组织召开党组会研究制定疫情防控方案、成立领导小组、党员应急先锋队。第一时间即部署检察力量1000余人次到董塘镇新龙和丹霞街道老城社区参与疫情防控工作。立足检察业务工作，提前介入、24小时内办结涉疫情刑事案件，坚决遏制疫情蔓延势头。

【扫黑除恶专项工作】 2020年，县检察院贯彻落实扫黑除恶专项斗争部署，按照“六清”“六结”任务要求，抓实抓紧办理扫黑除恶案件。受理审查逮捕涉恶案件10件18人，受理审查起诉涉恶案件8件36人；完成上级院交办专案2个、涉恶犯罪集团案3个及新丰县原副县长潘某受贿一案审查起诉任务，向始兴县和新丰县有关单位发出行业治理检察建议6件次。开展案件百日攻坚，抓好案情重大复杂的新丰“11·15”系列案清结工作，到案发地追根查底，加强与公安机关会商力度，确保案件如期清结。

【刑事检察】 依法惩治刑事犯罪。2020年，县检察院受理审查逮捕案件104件152人，审结98件142人，审结率94.23%；受理审查起诉案件137件224人，审结129件233人，审结率93.48%，认罪认罚适用率88.2%，量刑采纳率94.56%。加大破坏生态环境犯罪打击力度，办理破坏环境资源案件13件20人，其中污染环境罪案件1件1人，滥伐林木罪案件7件10人，盗伐林木罪案件1件1人，非法收购、运输盗伐、滥伐林木罪案件2件4人，非法采矿罪案件1件3人，非法狩猎罪案件1件1人。

强化刑事诉讼监督。2020年，县检察院坚持“指控犯罪与诉讼监督并重”理念，依托“两法衔接”侦查监督平台，发挥刑事法律监督职能，建议行政机关移送刑事立案5件，如全程监督办理的彭某拒不支付劳动报酬案，相关工人工资已支付到位，取得良好社会效果。监督公安机关立案13件，撤案3件，发出“纠正违法通知书”5份、“侦查活动监督通知书”34份、“检察建议书”11份，纠正漏捕10人，纠正遗漏同案犯31人。

深化刑事执行监督。2020年，县检察院坚持狠抓监所安全防范检察工作落实，严防超期羁押，做好羁押场所疫情防控监督工作。督促看守所向办案单位催办案件253件318人。对羁押期限管理违规问题，向县公安局发出“纠正违法通知书”1份，对县法院审判超期发出“检察建议”1份。开展监外执行检察监督活动，检察纠正社区服刑人员脱管、漏管、虚管等问题，向县司法局发出“检察建议”3份，“纠正违法通知书”1份，“监督意见书”15份，均被采纳并整改。开展重大案件侦查终结前讯问合法性核查14人，有效保障犯罪嫌疑人合法权利，监督办案机关严格依法办案。

【未成年人检察】 2020年，县检察院坚持依法打击促保护，批捕侵害未成年人权益犯罪7人、起诉2人，与县公安局、县人民医院制定《仁化县未成年被害人“一站式”询问救助中心运行办法（试行）》，强化双向、综合司法保护。坚持尽心挽救促成长，起诉未成年1人，不起诉1人，依法促进未成年人犯罪轻缓化处理。坚持源头预防促治理，深化未成年人法治教育，拓展法治教育阵地，精心制作未成年人喜闻乐见法治视频课程，并在“仁爱仁化”“阳光仁检”等网络平台推出，联合县教育局组织全县学生、家长观看学习1.6万余人。以“一号检察建议”为牵引，制定《关于落实法治副校长、法治辅导员工作的实施方案》，担任中小学法治副校长检察官11名，配备法治辅导员11名，开展法治进校园宣讲14场次，得到学校师生和家长好评。

【民事行政检察】 2020年，县检察院依法开展监督、调查核查工作，办结各类民事行政检察监督案件19件。结合与本县相关行政执法工作实际，与多个行政单位签订工作衔接机制，在线索移送、案情通报等方面为开展行政监督工作奠定基础，从行政部门获取行政执法案件线索140余条，依职权办理行政检察监督案件18件。以个案为切入点，加强类案监督，促进行政机关依法行政、依法执法，规范办案，行政检察工作得到发展。

【公益诉讼检察】 2020年，县检察院以办理环境和资源保护、食品药品安全等领域公益诉讼案件为重点，秉持双赢、共赢、多赢理念，重视内外联动工作机制建设，争取各方面支持配合协作，形成生态环境保护合力。与邻县湖南汝城、江西崇义检察院联签《关于建立北江上游生态环境和自然资源保护公益诉讼协作机制的意见》，与始兴县检察院联签《关于建立浈江河流域生态环境和自然资源保护公益诉讼协作机制的意见》，共同推动北江上游区域绿色发展；与县纪委监委联签《关于加强纪检监察与公益诉讼检察工作的协作配合机制》，检纪协作开展医疗废弃物、环保督查问题整治等行动，对纪委监委移送的长江镇非法开采稀土案线索进行查处，提起刑事附带民事公益诉讼。审查公益诉讼案件线索7件，立案6件，向行政执法机关发出检察建议5份均被采纳。在履行公益监督职责中发现县锦江河部分河段漂浮油污、恶臭问题，向住建、水务、生态环境部门发出诉前检察建议，推动完善县域生活污水管网升级改造工程及水污染治理工作。

【控告申诉检察】 2020年，县检察院坚持和发展新时代“枫桥经验”，检力下沉，强化矛盾化解机制，构建共建共治共享社会治理格局。刑事和解决定不起诉25人；对102件案件适用认罪认罚制度从宽处理或不起诉，有效节约司法资源，减少社会对立面。推动检察官下基层入村社，在全县11个镇街125个行政村设立“为民服务联系站”，走访群众105人次，接受法律咨询80余人次。群众来访件件有回复，做到7日内程序性回复，3个月内实体性答复，做好释法说理工作，实现矛盾联调、问题联治、工作联动、平安联创，接待来信来访、网络信访64批96人次，息诉息访率100%。落实国家司法救助工作支持脱贫攻坚的实施意见，办理国家司法救助3件6人，发放国家司法救助金10万余元。

【案件管理】 2020年，县检察院稳步推进统一业务系统2.0上线运行、电子卷宗系统及“12309”中国检察网运行，保障促进严格规范执法、公开公正司法。全年受理案件241件376人，其中提请批准逮捕案件104件152人，移送审查起诉案件137件224人；接收卷宗642册；送案审核191件，移送案件191件；变更办案单元39件。制作业务数据分析报告17份，为领导决策和业务部门提高执法办案能力服务。在疫情防控背景下，引导做好网上办理律师接待、电话查询、网上预约、异地阅卷等工作。开展案件质量评查，以评查重点案件为切入点，促进依法规范办案，组织评查各类案件62件。按照上级院统一部署，做好全国检察机关统一业务应用软件2.0上线工作，以信息化促进案件办理效率。

【检务保障】 2020年，县检察院检务保障部门坚持“深谋划、强督导、促落实、稳提升”工作总基调，全力提升“三服务”保障水平。围绕检察中心工作，发挥“枢纽”功能，规范办文流程，组织各类重要会议和重大活动，做好相关综合文稿起草和检察信息工作。发挥检察宣传作用，全方位展示检察工作。加强代表委员联络工作，制订院领导走访人大代表工作方案，收集意见建议10余条。做好财务、政府采购等工作，完成党员多功能活动室建设。发挥司法警察警务安全保障作用，加强司法警察与业务部门衔接配合，在发挥力度上找准平衡点，完成案件、文书送达等任务，保障办案安全。

（邱　妍）

法　院

【概况】 2020年，仁化县人民法院（简称县法院）坚持以习近平新时代中国特色社会主义思想为指导，围绕“努力让人民群众在每一个司法案件中感受到公平正义”目标，坚持服务大局、司法为民、公正司法，为建设更高水平“生态、活力、幸福”新仁化提供有力司法服务和保障。全年受理各类案件2489件，审结2281件，同比分别下降7.4%、7.7%。15名员额法官人均结案152件，同比下降13.9%。县法院连续6年保持干警“零违纪”纪录，风清气正成为干警工作常态。

【疫情防控】 2020年，县法院落实依法防控要求，完善服务“六稳”“六保”司法举措，统筹做好疫情防控和维护社会稳定等工作，依法从严从快打击妨害疫情防控等犯罪行为，坚持善意文明高效司法，妥善处理因疫情引发合同纠纷、劳动争议等案件，为中小微企业纾困解难，审结各类涉疫案件8件，调解、撤诉案件占87.5%。李某妨害公务案和4家公司买卖合同纠纷系列案入选省法院疫情防控典型案例。全体干警积极响应党委号召，全员下沉到疫情发生地、挂点单位、网格社区等抗疫一线参与隔离值守、排查登记、防控宣传工作，为防疫大局贡献司法力量。

【扫黑除恶专项斗争】 2020年，县法院始终保持对黑恶势力高压态势，全力决战攻坚，奋力夺取扫黑除恶专项斗争最终胜利。坚持依法严惩、打准打狠，聚焦“六清”“六建”目标，推进审判提档加速。审结涉黑恶案件10件，结案率100%，判处罪犯58人。对首要分子、骨干成员等15人判处五年以上有期徒刑刑罚，重刑率25.9%。依法铲除人民群众深恶痛绝黑恶势力，推动社会治安好转。推进“打财断血”“黑财清底”，依法判决处置涉案财产4842.7万元。组建执行专班开展涉黑恶案件执行“雷霆行动”，建立执行程序提前介入工作机制，强化审执联动，推动形成处置合力，涉黑恶案件财产执行到位率87%。发挥司法建议在“行业清源”中作用，针对涉黑恶案件暴露出的行业领域突出问题和监管漏洞，及时向林业监管、学校教育、基层组织管理等单位和行业组织发出司法建议11件，帮助堵塞监管漏洞、整顿行业乱象，实现“办理一批案件、净化一方环境”。

【刑事审判】 2020年，县法院依法审结各类刑事案件115件，判处罪犯181人，同比分别下降39.8%、30.1%。始终保持对各类违法犯罪“零容忍”高压态势，审结多发性侵财案件35件，妨害社会管理秩序案件32件，严重危害社会治安犯罪案件数量较上年同期明显下降，社会治安保持平稳有序。深入开展禁毒斗争，审结毒品犯罪案件11件13人，同比分别下降52.2%、55.2%，禁毒成效明显提升；参与综合治理，深入开展禁毒宣传，教育引导社会公众珍爱生命、远离毒品。贯彻“两山”理念，加大大气、水、土壤污染案件审理力度，依法审结非法采矿、滥伐盗伐林木等破坏环境资源案件12件17人，用最严密法治筑牢粤北生态屏障。突出生态修复性司法，首次启用“3+4”七人大合议庭审理黄某等人非法采矿刑事附带民事公益诉讼案，让违法者既承担刑事责任，又履行生态环境损害赔偿义务，促进生态环境有效修复。

【民事审判】 2020年，县法院审结民商事案件1160件，调解撤诉率41.8%，为仁化“一线两带两区”战略布局实施提供有力司法服务。严格规范民事审判程序，统一法律适用和裁判尺度，加大信息公开力度，增强司法透明度和可预期性；支持监督行政机关依法行政，组织行政人员120余名旁听庭审、专题培训，有效实施非诉行政案件审查79件，提升了行政机关的依法行政水平和执法能力，优化营商软环境。依法平等保护各类市场主体合法权益，持续加强产权司法保护，服务防范化解金融风险，不断保护和激发市场主体活力。发挥旅游巡回法庭作用，妥善处理景区旅游纠纷，促进旅游服务水平提升，助力仁化全域旅游高质量发展。严惩“三农”领域各类犯罪，妥善审理农村土地流转、林权转让、产业发展等涉农案件，维护农村经营主体合法权益，助推脱贫攻坚、乡村振兴。

【民生权益司法保护】 2020年，县法院牢固树立以人民为中心的发展思想，着力解决人民群众最关心最直接最现实的利益问题，增强人民群众司法获得感。加大民生重点领域司法保护力度，依法严惩危害公共安全、危害食品药品安全等民生领域犯罪案件26件，妥善处理教育、就业、医疗、住房、消费、社会保障等涉民生案件119件。开展根治欠薪专项行动，加强拖欠农民工工资案件审判执行工作，审执结案件67件，为务工人员追回拖欠工资款7.2万元。发挥司法救助扶危济困功能，依法减缓诉讼费、发放司法救助金近60万元，帮助涉诉困难群众摆脱困境。加强妇女儿童权益保障，深化家事审判改革，健全家事调解、家事调查、婚姻冷静期、心理疏导、案后帮扶等制度，依法妥善审理婚姻、抚养等家事纠纷146件，调撤率70.6%。加强未成年人司法保护，坚决依法惩治性侵儿童、校园暴力等侵害少年儿童身心健康犯罪；开展送法进校园活动，推进平安校园建设。全力兑现当事人胜诉权益，强化立审执协调配合，健全完善执行长效机制，办结执行案件912件，执行到位金额1.7亿余元。开展“南粤执行风暴2020”专项活动，加大强制执行力度，拘留5人、罚款3万元，限制消费548例，促使92人履行法律义务。加强失信联合惩戒，发布失信被执行人名单202人次。落实信用修复机制，26名失信被执行人履行义务后退出失信名单。

【“一站式”多元解纷和诉讼服务体系建设】 2020年，县法院深化“一站式”诉讼服务体系建设，积极探索材料收发、文书送达、复印扫描、鉴定评估、卷宗查阅等事务性工作采取集约管理模式，推动诉讼服务手段向“一站式”集约集成，让人民群众办理诉讼事务“只进一个门，最多跑一次”。运用审判流程、庭审活动、裁判文书、执行信息四大公开平台，拓展司法公开广度深度，方便群众诉讼和监督。网上发布裁判文书830份，向当事人公开案件1064件，公开直播案件661件，累计观看量逾553万人次。推进县域社会治理现代化，主动融入党委领导的诉源治理大格局，加强与基层党组织、政法单位、自治组织对接，实现辖区各乡镇法官联络点全覆盖；开展巡回审判、矛盾调处和法治宣传工作，为基层自治组织解纷工作提供支持、指导和规范，从源头预防化解矛盾纠纷。推进“一站式”多元解纷机制建设，全面设立调解中心，打造“法院+工会”“法院+妇联”等“法院+N”多元解纷模式，聘请41个调解组织147名特邀调解员开展诉前联调工作，诉前调解矛盾纠纷549件，调解成功率54.5%。深化“分调裁审”机制改革，设立专业化诉调对接工作室，配备速裁快审团队，形成调解、速裁、快审“一站式”解纷模式，全院近50%的民商事案件得到“一站式”快速解决。多元解纷“组合拳”之下，新收案件数量多年来首次呈现下降趋势，诉源治理成效显著。

【司法体制改革深化】 2020年，县法院坚持把司法体制改革和智慧法院建设作为驱动法院发展“车之两轮、鸟之双翼”，促进提升审判质效和司法公信力。推进司法制约监督体制改革，加强审判制约监督体系建设，制定审判权力和责任清单，明确院庭长、审判组织、法官权限和责任，压实院庭长审判监督管理职责，做到有权必有责、用权必担责、失职必问责、滥权必追责。完善专业法官会议、审判委员会工作机制，促进法律适用标准和司法裁判尺度统一。推进院庭长办理重大疑难案件示范机制，院庭长带头办理大案难案新案成为常态。强化智慧法院建设成果运用，疫情防控期间依托“云上诉讼”“智慧执行”及时定纷止争，大力开展在线诉讼活动，通过诉讼服务网、移动微法院等网上立案、远程开庭和线上调解626件次，实施网络查控1328件。深化互联网司法应用，将电子卷宗随案同步生成、在线庭审、庭审语音识别等系统建设成果应用于审判业务，为法官办案和群众诉讼提供便利。建立信息化审判管理系统，实现对办案流程动态监控和实时管理，及时掌握审判运行态势，提升诉讼活动规范化水平。

（卓碧君）

司法行政

【概况】 2020年，仁化县司法局（简称县司法局）围绕县委县政府各项中心工作，深化司法行政体制改革，全面推进全县司法行政工作创新发展，为平安仁化、法治仁化建设营造良好的社会环境。12月，县司法局获中华全国人民调解员协会授予的“组织宣传人民调解工作先进集体”称号。

【法制宣传】 2020年，县司法局开展各类普法宣传活动，围绕打赢新冠肺炎阻击战，在全县125个村（社区）及16个创文网格小区悬挂张贴疫情普法挂图，利用全县8个户外LED显示屏以及全县307个党员先锋防控点小喇叭播放疫情公益普法宣传音频，在全县范围内开展“疫情防控全民公益普法行动”，积极引导群众依法支持和配合疫情防控工作。结合“三八”妇女维权周、“3·15”国际消费者权益日、“4·15”全民国家安全教育日、“4·26”知识产权日、“6·5”世界环境日、“6·26”国际禁毒日等时间节点，采取线上与线下相结合、有关部门联动配合方式，开展各类法治主题宣传活动。组织开展《中华人民共和国民法典》（简称《民法典》）专题学习宣传活动，县送法律下乡志愿服务大队深入社区、单位、乡村、企业、学校等单位50余个，开展宣讲活动100余场次，印发《民法典》宣传资料2.1万余册分发到各机关单位、企业、学校自行组织学习。利用互联网传播优势，在“仁化发布”“文明仁化”“仁爱仁化”等媒体平台发布《民法典》学习内容、《民法典》公益宣传片以及《民法典》沙画《一生守护》；制作快板《夸夸民法典》，在市参加比赛获得一等奖。切实抓好领导干部学法用法，组织全县国家机关工作人员利用“韶司在线”微信公众号学法平台签到及宪法和民法典专题学法考试约8000人。优秀率分别为97.36%、97.28%。制定《仁化县落实党政主要负责人履行推进法治建设第一责任人职责情况列入年终述职内容工作实施方案》，推动党政主要负责人切实履行推进法治建设第一责任人职责，推进法治仁化建设。开展“民主法治村（社区）”创建活动，根据“七五”普法规划和省市县有关文件要求，结合乡村振兴实绩考核工作，向上级申报周田镇较坑村等5个村为“民主法治村（社区）”，经市初步审核，4个村拟确认为2020年市级“民主法治村（社区）”。加强法治文化建设。

【人民调解工作】 2020年，县司法局践行新时代“枫桥经验”，完善矛盾纠纷大调解格局，推动人民调解、行政调解、司法调解、行业性专业性调解优势互补和有机衔接，形成矛盾纠纷化解合力。全年全县各级人民调解组织受理各类社会矛盾纠纷1386件，调解成功1373件，调解成功率99.06%。调解协议涉及金额427.94万元。“刘日红调解工作室”进驻仁化县人民法院，协助完成法庭诉前调解工作，加强诉讼与非诉讼方式解决纠纷，健全和完善矛盾纠纷多元化解机制，提升基层社会治理能力，促进社会和谐稳定。

【社区矫正和安置帮教工作】 2020年，县司法局强化社区矫正和安置帮教管理，规范刑罚执行。疫情期间，取消社矫对象集中入矫宣告、集中教育学习及社区服务等聚集性活动，要求社矫对象每天下午5时前通过微信或电话向司法所报告其身体健康状况及活动行踪。联合县检察刑事执行检察部门，专项检察监督全县11个司法所社区矫正日常监管工作，及时发现问题，及时进行整改，消除执法风险。全面深入宣传贯彻《中华人民共和国社区矫正法》，采取多种形式开展学习宣传活动。认真落实疫情期间刑满释放人员衔接管理工作，协调刑释人员亲友到监狱接送，司法所与社区共同落实刑释人员疫情防控措施。及时家访，掌握其思想动态，预防和减少刑满释放人员重新违法犯罪。全年全县在册监管社矫对象43人、安置帮教人员531人，未出现脱管、漏管和重新犯罪现象。

【公证工作】　2020年，县司法局认真办理涉及教育、养老、医疗、就业、住房等重要民生领域公证事项，为预防纠纷、化解矛盾发挥重要作用。全年办理公证案件311宗，非税收入113888元。

【法律援助工作】　2020年，县司法局落实刑事辩护全覆盖工作，全年办理刑事辩护案件194宗。在县总工会、县妇联、县退役军人事务局等单位设立法律援助点，打造“半小时法律援助服务圈”，全年办理民事法律援助案件74宗。

【一村（社区）一法律顾问】　2020年，仁化县驻村法律顾问做到每月至少入村服务1次、现场提供服务8小时，每季度至少开展法制讲座1次的定量服务要求，开展各类法律培训、上法治课409场次，出具法律意见17次，解答各类法律咨询1190次，参与调解矛盾纠纷1件。

【公共法律服务体系】　2020年，县司法局重点抓好长江、周田、城口、石塘4个示范性镇公共法律服务工作站及15个示范性村公共法律服务工作室创建工作，加快“线上30秒、线下30分钟”三级服务体系建设。推进“12348”公共法律服务热线平台和公共法律服务事项网络平台建设，为广大群众提供线上解答、网上办理、线下承办“一站式”服务。在新冠疫情防控期间，全力为公众提供法律咨询服务。

【法治政府建设】　行政执法监督。2020年，县司法局做好合同及文件审查工作。完成重大行政决策合法性审查1件，审核以县政府为主体签订合同、协议132份，审核涉法事务及文件等117件，清理不符合改革决策和上位法规定行政规范性文件2份。制定《2020年度仁化县政府规范性文件制定（修订）计划目录》《仁化县人民政府2020年度重大行政决策事项和听证事项目录》。全面推行行政执法公示制度、执法全过程记录制度、重大执法决定法制审核制度。在广东省执法队伍管理系统主体激活35个，已激活34个。推进全县乡镇街道综合行政执法改革，指导镇街严格落实行政执法“三项制度”，明确县级行政执法部门在各自职责范围内加强对镇街综合行政执法的业务指导，指导镇街解决专业性执法问题。

行政复议应诉。2020年，仁化县行政复议办公室收到公民、法人行政复议申请8宗，办结7宗，其中维持3宗，终止1宗，撤销或确认违法3宗，未办结1宗。全县一审行政诉讼案件12宗，审结9宗，未审结3宗；裁判结果判决驳回诉讼请求7宗、判决撤销2宗。重视出庭应诉，没有出现不答辩、不出庭应诉情况，全县机关负责人出庭应诉7宗，占一审案件总数58.33%。加强县政府法律顾问工作协调和监督管理，截至11月16日，7名兼职县政府法律顾问完成涉及投资合作、政府规范性文件等方面法律咨询43件、出具法律意见书43份。

（黄金福）

军　事

人民武装

【思想政治建设】　2020年，中国人民解放军广东省韶关市仁化县人民武装部（简称县人武部）坚持用习近平新时代中国特色社会主义思想和习近平强军思想武装头脑，严格落实第一议题学习制度，扎实开展“不忘初心、牢记使命”主题教育。抓住抗疫斗争这个“活教材”，用好上级下发形势教育材料，从全国疫情防控取得成效和国内外对比中认清中国共产党领导和中国制度优势，从全国“一盘棋”、全民战“疫”实践中认清人民战争重大意义、思考国防动员工作存在差距，增强制度自信和维护核心坚定性，增强工作紧迫感和责任感。

【军事训练工作】　2020年，县人武部坚决贯彻中央军委主席习近平训令，树牢中心工作意识，严格落实战备制度，认真完成各项军事工作任务。严格落实党委议战议训，以军事训练条例为依据，狠抓战备训练工作。督促现役人员积极参加军事职业教育，提升军事素养，参加军分区组织年度考核，成绩均合格。积极参加上级各类集训，6月，参加市防汛抗洪分队集训；8月，参加军分区专武干部集训，仁化县综合排名第二，4名队员个人成绩为集训队前10名，2名队员被评为优秀学员。扎实开展“专攻精练”活动，组织工程抢修、通信保障专业分队和相关应急排进行对口训练。多次组织民兵应急训练，有效提升应急分队训练水平。

【部队管理】　2020年，县人武部认真贯彻落实军委基层建设会议精神，结合“条令条例学习月”活动，组织学习省军区系统“四个秩序”规范文件，研究制订“四个秩序”抓建方案，组织专武干部参观乐昌基层正规化建设试点，投入经费用于“四个秩序”和基层正规化建设，村（居）民兵连基本建设按计划推进。坚持每月分析安全形势，以安全大检查为抓手，扎实开展“百日安全”活动，突出安全防范重点，狠抓经常性安全教育和安全隐患排查，巩固单位安全稳定局面。跟进学习贯彻上级有关疫情防控指示要求，坚持把疫情防控工作贯彻各项工作始终，严格人员管理和营院管控，多次对营院内居民进行逐户逐人摸排，确保疫情防控安全。

【征兵工作】　2020年，县人武部根据疫情条件下征兵特殊情况，对照中国共产党中央军事委员会国防动员部“五率”要求，以提高兵员质量为重点，坚持早谋划、早部署、早展开，注重搞好征兵宣传，突出大学毕业生应征青年政策宣讲，扎实抓好封闭式管理和役前教育训练，为部队输送义务兵和直招士官，完成全年征兵任务。没有退兵。

【双拥工作】　2020年，县人武部始终坚持党对人民武装绝对领导根本原则和制度，党委议军、现场办公等党管武装制度依规落实。坚持把脱贫攻坚工作作为政治任务来抓，认真落实“一线双联”“民情夜访”和驻村联络员制度，组织干部职工积极参加挂点中心村人居环境整治，投入2.5万元用于村人居环境整治与贫困户危房改造，结对帮扶、资助贫困学生4名。组织专武干部和民兵积极参与全县疫情防控工作，专武干部和民兵队员奋战在防控宣传、驻守卡口、各镇（街）第一线，发挥中坚骨干作用。

（李庆云）

人民防空

【人防法规宣传】　2020年，仁化县人民防空办公室（简称县人防办）深入开展《中华人民共和国人民防空法》等法规宣传教育活动，成立宣传工作领导小组，制定专人负责，制订实施宣传计划，联合各镇街、县直各单位，做好人防“五进”宣传教育工作。4月15日、9月8日、12月4日，分别开展全民国家安全教育日法治宣传、“我们的节日·中秋”人防进社区宣传和《中华人民共和国人民防空法》法治宣传活动。以“9·18”国家公祭日为契机，组织开展防空警报试鸣，在县人防教育场馆组织开展防空知识参观学习和防空袭演练。通过悬挂宣传横幅，设立人防知识咨询台，设置形式多样小游戏和召开会议等方式发挥人防精神示范和教育作用，增强广大人民群众国防观念和人防意识。在各类普法活动中，人防工作人员走上街头，发放宣传单和讲解人民防空知识、法规，在网上公开人防工作有关要求，明确缴费标准、缴费方式和收缴范围等，方便群众办事。

【人防结建工程监管】　2020年，县人防办强力推进防护工程建设。通过狠抓结建政策贯彻执行，突出“调结构、强管理、重质量、增效益”，实现防护工程又好又快发展。加强工程维护管理和质量监督。对在建人防工程开展全程质量监督，加强工程质量监督管理，加强已竣工人防工程维护管理，切实发挥工程作用。年内，重点检查在建人防工程和已建人防工程，对排查期间发现隐患马上落实整改，防范各类事故发生。落实好人防工程审批工作，做到无人防工程审批手续不落位、无人防工程审批手续不开工、无人防工程审批手续不验收，确保人防易地建设收费顺利进行。

【应急准备建设工作】　2020年，县人防应急指挥中心指挥信息系统扎实推进。积极参与和市（县）地面指挥中心互联互通工作，实现协同统一调度功能。人防指挥通信能力稳步提升，完成本区域内人防指挥通信训练等。成功举行全市人防机动指挥所野外拉练，达到预期训练目标。梳理档案，自查自纠，根据市有关整治工作统一部署，成立整治工作小组。完成人防自查工作并进行整改。重视人防队伍建设，抓好领导班子建设，增强领导班子战斗力和凝聚力。完成人防专业队医疗救护等专业队重组工作。完成一年一度“9·18”防空警报试鸣工作，开展试鸣日小区应急、防空疏散演练。

【部门沟通与协调】　2020年，县人防办加强与县直各部门沟通协调，联合把关检查，严格审核每个人防工程建设项目人防设计，通过对照图纸、施工现场对照实际面积、审批表对照收费金额“三对照”原则，实现结建管理科学化，确保应收尽收。

（刘俊文　刘　红）

武警仁化中队

【概况】　中国人民武装警察部队仁化中队（简称武警仁化中队）主要负责仁化县看守所外围武装看守任务。2020年，武警仁化中队以中央军委主席习近平系列重要讲话精神为指导，认真贯彻落实习主席强军思想，按照《军队基层建设纲要》《基层正规化管理规定》，立足中队建设实际，树牢科学发展理念，注重建队育人，强化练兵备战，完成上级赋予各项任务，高标准实现“四个确保”。

【支部建设】 2020年，武警仁化中队党支部坚持以习近平新时代中国特色社会主义思想和习近平强军思想为指导，加强思想政治建设，发挥党支部战斗堡垒作用和党员先锋模范作用，重点抓好团支部、军人委员会“两个群众组织”和干部队伍、党员队伍、警士队伍“三支队伍”建设，搞好骨干培训，确保部队建设正确方向。全队官兵围绕“听党指挥、能打胜仗、作风优良”强军目标，紧随改革强军步伐，用中国共产党先进理论指导多样化军事任务实践，牢记使命、苦练本领、忠于职守、勤奋工作，完成上级赋予各项任务。

【政治教育】 2020年，武警仁化中队紧跟时代前沿、紧贴形势任务、紧扣思想脉搏开展思想政治教育，牢固树立政治首位意识，培育“四有”（有灵魂、有本事、有血性、有品德）革命军人。扎实开展“传承红色基因，担当强军重任”和“不忘初心、牢记使命”两大主题教育，认真组织课后讨论，教唱革命歌曲，培塑身边典型，引导官兵坚定理想信念，争当强军先锋。注重用习近平新时代中国特色社会主义思想武装头脑，用上级党委决策明确方向，夯实忠诚精锐思想根基。坚持把学习贯彻中共十九大精神和习近平新时代强军思想作为首要任务，强化“听习主席的话、做习主席的好战士”政治自觉，有力推动中国共产党创新理论在基层扎根。

【执勤训练】 2020年，武警仁化中队聚焦执勤战备工作，紧盯中心任务，狠抓常态执勤，加强实战化训练，提高履职执勤能力，教育官兵牢固树立“危险就在身边，战斗随时打响”意识，修订完善战备方案，落实战备制度，完成全年战备执勤工作。深入贯彻执行《军事训练大纲》《武警部队军事训练“八落实”标准》，坚持按纲施训，科学组训，正规训练秩序，有效提高训练水平。

【严格管理】 2020年，武警仁化中队以贯彻习近平主席依法治军从严治军指示要求为根本，持续开展“贯彻落实新条令、塑造军队好样子”主题“条令年”活动，利用抓部队作风、抓礼节礼貌、抓生活秩序、抓军容风纪等手段稳步提升正规化、精细化管理水平，打牢建队基础。狠抓经常性基础性工作落实质量，对大到库室设置，小到穿衣戴帽，细到物品摆放都进行具体规定、量化标准、细化要求，提升中队内涵式发展水平。

【后勤保障】 2020年，武警仁化中队始终以官兵是否满意为工作出发点和落脚点，围绕服务大局、服务中心开展工作，提升后勤保障综合效益，狠抓后勤制度，搞好后勤经费物资管理，落实账目及财务公开，树牢“小而精”理念。结合中队人员饮食习惯，精心调剂，每周定期收集伙食意见，不断改善伙食，更新口味，做到粗菜细做、细菜精做。严格静态枪弹管控，落实每日检查、每周擦拭保养、每月专题分析等制度，结合“装备安全大检查”活动，盘点装备器材，查找安全隐患，逐条逐项抓好问题整改，确保枪弹和装备器材不失管失控。

（赖　亮　王泽云）

退役军人事务

【概况】 2020年，仁化县退役军人事务局贯彻落实习近平总书记关于退役军人工作重要论述与指示批示精神，各项退役军人优抚优待政策落实有效，双拥工作加强，退役军人服务保障水平提升。年内，荣立三等功士兵有刘志龙、朱定周、李德发、刘鹏华、曾继峰5名。

【优抚安置政策落实】 2020年，县退役军人事务局严格落实优抚政策，按时发放抚恤补助和优待金，落实优抚对象自然增长机制。

【退役士兵社保接续工作】 2020年，县退役军人事务局根据

《中共中央办公厅国务院办公厅印发〈关于解决部分退役士兵社会保险问题的意见〉的通知》有关要求，全面做好以政府安排工作方式退出现役退役士兵社保接续工作，受理、审核退役士兵补缴资料，成功扣缴养老保险，养老保险办结率100%。得到市局和省厅通报表扬及中央社保接续工作检查小组肯定。

【荣誉体系建设】 2020年，仁化县继续为新申请退役军人家庭悬挂光荣牌，为荣获三等功军人送去喜报并慰问。7月31日，举办仁化县2020年最美退役军人和最美军嫂评选活动，评选、表彰“最美退役军人”“最美军嫂”，在全社会营造尊重军人、关心军人、爱护军人氛围，让军人成为社会尊崇的职业。9月30日，组织“9·30”烈士纪念日公祭活动，县四套班子领导、法检“两长”、公安民警代表和学生代表等参加公祭活动。发放纪念抗美援朝70周年纪念章8枚，每人发放慰问金5000元。

【退役军人服务体系建设】 2020年，仁化县退役军人事务局持续推进退役军人服务体系建设，提高硬件水平，加强业务培训，完善工作制度，规范服务流程，提升服务水平。2020年，完成首批星级示范型退役军人服务中心（站）建设，11月中旬，省退役军人事务厅验收小组进行检查验收，全县镇（街）退役军人服务中心（站）获评五星级退役军人服务站9个，获评四星级服务站2个。

【退役士兵安置】 2020年，仁化县退役军人事务局接收符合政府安排工作条件转业士官，经县政府同意，安置到事业单位工勤岗。发放城乡退役士兵一次性补助金，发放企业军转干部生活困难补助，完成冬季退役士兵返乡报到工作。9月26日至10月30日，县退役军人事务局在海事局丹霞山培训中心举办为期5天的仁化县退役军人全员适应性培训。9月29日，举行仁化县退役军人暨“南粤家政”专场招聘会，有27家企事业单位进场提供工作岗位。

【退役军人权益维护与帮扶】 2020年，仁化县县、镇（街）退役军人服务中心（站）完成接待接访工作，对患重大疾病、发生重大家庭变故等情况退役军人实施应急救助，为优抚对象进行住院医疗补助。

【走访慰问活动】 2020年中国人民解放军建军节期间，由县委书记带队慰问韶关军分区、武警韶关支队等，赠送慰问金和物资；县退役军人事务局领导及各镇（街）、各单位领导带队走访慰问优抚对象，发放慰问金。在“9·3”中国抗日战争胜利纪念日暨世界反法西斯战争胜利纪念日和中华人民共和国国庆日前夕，县退役军人事务局走访慰问建国入伍残疾军人、农村老复员军人和困难优抚对象。开展常态化联系走访退役军人，建立联系对象“一人一档”工作台账，全年联系走访退役军人，收集和解决服务需求。

【双拥工作】 2020年，仁化县成功创建第十一届广东省双拥模范县，获得“广东省双拥模范县”称号，仁化县已连续六届被评为“广东省双拥模范县”。巩固军政军民鱼水关系，加大双拥宣传力度，在春节、“八一”中国人民解放军建军节等重要节日走访慰问武警韶关支队，开展军地“双向服务，双向奉献”活动，为部队官兵做实事、办好事，协助解决官兵子女教育、家属就业等问题。

【精准扶贫】 2020年，县退役军人事务局投入大量人力物力财力，派出精干力量到挂点村周田镇上坪村开展扶贫工作。摸清底数，精准施策，落实保障，解决困难，改善条件。将全县建档立卡贫困户退役军人家庭纳入联系对象，实现走访慰问全覆盖，制定“一户一策”帮扶解困措施。全年，驻村贫困户和退役军人贫困户全部脱贫退出贫困序列。

（欧辛格）

交通·邮电·信息业

国道省道公路建设与管理

【概况】 2020年，韶关市仁化公路事务中心管养国道106线、323线、535线，省道244线、246线、342线和县道887线，总养护里程为201.877千米，其中国道113.559千米，省道85.572千米，县道2.746千米。

2020年韶关市仁化公路事务中心养护里程情况表

表3

类别	编号	路线名称	里程（千米）	起讫桩号	备注
国道	G106	北京—广州	68.719	K2112+072～K2180+791	—
	G323	瑞金—清水河	19.548	K306+161～K340+092	其中K320+143～K334+526与G106线重复14.383千米
	G535	定南—宜章	25.292	K172+054～K232+282	其中K172+054～K185+998与G323线重复13.944千米、K185+998～K201+538与G106线重复15.54千米，其中K214+725～K214+939段、K215+375～K215+672段长0.511千米由当地政府管养、K214+939～K215+375段长0.436千米由地方公路站管养，K201+538～K206+043段长4.505千米由仁化县住房和城乡规划建设局管养
省道	S244	龙王坪—小坑	9.951	K33+445～K43+396	—
	S246	长江—一六	58.812	K0+000～K76+473	其中K43+207～K47+691与G106线重复4.484千米、K47+729～K60+868与G535线重复13.139千米、K47+691～K47+729段长0.038千米由仁化县住房和城乡规划建设局管养
	S342	分水坳—双合水	16.809	K118+551～K145+311	其中K118+551～K128+502与S244线重复9.951千米
县道	X887	河塘—犁市	2.746	K0+0～K2+746	—
合计	—	—	201.877	—	—

【公路建设】 国道323线仁化中古坑至周田段路面改造工程。该工程起于仁化县中古坑（K306+161）与始兴交界处，沿旧路由东向西，经黄屋、雷坑、新庄、竹头下、赖屋、石口，终于周田（K319+921），路线长13.8千米，在原有公路基础上，采用二级公路技术标准进行路面改造，设计速度80千米/小时，路基宽12.0米，核定施工图预算5553.74万元。工程于2020年8月1日开工，11月20日完工。

“十三五”迎国评路况综合整治（修复养护、预防养护、专项养护）工程。该工程主要对仁化县内国道106线、323线、535线和省道246线、517线进行路况综合提升整治。①修复养护工程。该工程项目批复施工图预算189.5万元，主要对国道106线1.149千米、323线1.474千米，共2.623千米实施水泥混凝土路面病害灌缝、换板修复养护。②预防养护工程。该工程项目批复施工图预算478.4万元，主要对国道106线5.314千米、535线1.979千米，共7.293千米实施沥青混凝土路面病害进行灌缝、挖补预防养护处理后，采用4厘米厚AC－13C沥青混凝土罩面。③专项养护工程。该工程项目批复施工图预算723.7万元，主要对国道106线56.998千米、323线3.092千米、535线19.641千米和省道246线52.793千米、517线（重复国道106线）0.358千米，共计132.882千米实施专项养护工程，主要实施措施为对水泥混凝土路面病害进行灌缝、换板；对沥青混凝土路面病害进行灌缝、挖补处理。根据韶关市公路事务中心下达任务通知，仁化公路事务中心于2020年9月30日前按时完成建设任务，为仁化县“十三五”期间迎国评提供了有力保障。

国省道水毁修复工程。2020年，粤北山区由于连续强降雨，出现洪涝灾害，造成各地出现山体滑坡、道路损坏、路基塌方等情况。国道106线和省道246线均出现不同程度水毁，存在较大交通安全隐患，影响正常行车安全。韶关市公路事务中心下达2020年上半年水毁修复项目任务，要求对国道106线K2154+950处、省道246线K9+150处、国道106线K2142+268～K2142+300段以及省道246线公路水毁路段进行修复，仁化公路事务中心作为项目业主负责组织实施，按照流程选取监理及有资质施工单位修复水毁路段，保障国省道公路安全畅通，确保车辆及人民群众安全。

【公路养护】 做好路容整治及公路养护工作。2020年，仁化公路事务中心公路技术状况指标（Maintenance Quality Indicatior，简称MQI）国道年值为92.13，省道年值为93.7。年内，完成清扫路面6845.048千米，清洗防护栏309.105千米，清洗波形护栏597.812千米、公路标志牌127块，人工除草368千米，清理水沟262.6千米、塌方1401.2立方米、涵洞96道，修剪路树120千米，清理倒塌树木、竹481棵，油防撞护栏20千米，油树102千米，油边线307千米，修复水沟及边线约80千米。联合交通等部门拆除沿线违法设置标牌、横幅82块，劝离公路用地摆摊设点196处，修剪（清理）路基路肩杂草3230平方米，整修（整理）路肩15430平方米，填补路肩（缺口）133立方米，交通量观测1908小时，公路巡查71862千米，修补坑槽磨耗层873平方米，修补坑槽沉陷罩面1275平方米，清疏桥涵排水1568座，维修清理伸缩缝1300米。

迎国评治理能力国道106线、535线仁化段养护工程。该项目绿化设计以行车交通安全为优先，在保证行车通畅、视线开阔、交通功能满足前提下，强调绿化美化效果。以生态学原则为基础，考虑道路本身周边环境及作为连接各城市绿地生态走廊、景观走廊与其他部分协调统一，构成完整生态景观系统。同一道路绿化采用统一绿化风格，同一路段上各类绿化带，在植物配置上相互配合，协调空间层次、树形组合、色彩搭配和季节相变化关系。仁化公路事务中心对国道106线、323线全路段进行水沟修复、护栏刷漆、公路两侧及中间绿化带绿化修剪，国道535线仁化至石塘段、省道246线全路段公路两侧及中间绿化带进行绿化修剪，共投入资金55.84万元。

国道106线仁化县行政服务中心至南韶高速丹霞出口“十三五”迎国评标志整治工程。该工程安全设施设计按照“保障安全、提供服务、利于管理”原则，力求达到道路交通通畅、通行能力大、交通事故少、运输效率高、公害程度低，给使用者提供明确、及时、完善、清晰和足够信息。遵循全线均衡而不过于集中布局形式，版面注记及结构形式与道路线形和周围环境协调一致，满足视觉及美观要求，拆除交通标志15处、安装交通标志13块，拆除非公路标志55块、安装公路标志8块，拆除道口标柱122根，投入资金38.1万元。

【安全生产管理】 2020年，仁化公路事务中心贯彻“安全第一、预防为主、综合治理”安全生产方针，加强安全生产管理。成立安全生产领导小组，签订安全生产责任书，层层落实安全生产责任。加强“安全生产月”“安全生产警示周”“安全生产万里行”安全生产系列宣教活动，提高职工安全意识和技能。加强应急管理，重点加强应急救援队伍和应急物资储备建设，实行科学施救、安全施救。全年开展警示教育、安全生产培训各4期，培训职工56人次；开展“特别防护期安全生产检查”“公路地质隐患及在建工程专项安全检查”专项整治工作15次，组织开展隐患排查10次，排查隐患共3处，整治、治理3处，包括桥梁、公路边坡地质灾害、公路路面病害、公路标志标线、公路生命防护设施等，投入整治资金120.3万元。加强巡查力度，及时发现问题，解决问题，做到不打折扣、不留死角、不走过场，务必见到成效。加大安全生产投入，全年各类安全设施整治资金投入14.6万元，添置标志牌10块、反光衣100件、安全服88件、路锥230个、消防灭火器40个、爆闪灯20个、凸广角镜3个、应急灯4盏、编织袋100个，维修翻新标志、铁护栏1批，张贴安全标语25张，横幅10条。全年无生产安全事故发生。

（刘洁真）

地方公路与交通运输管理

【概况】 截至2020年年底，仁化县公路通车总里程数2203.672千米，公路密度99.98千米/百平方千米。按行政等级，国道212.060千米（其中国家高速干线93.049千米），省道233.871千米，县道103.815千米，乡道公路625.392千米，村道397.736千米，乡村小路630.798千米；按技术等级，高速公路93.049千米，一级公路11.729千米，二级公路105.147千米，三级公路299.61千米，四级公路1347.236千米，等外公路346.901千米。全县纳入交通运输行业管理客运经营企业有仁化汽车站（含仁化公共汽车分公司）、富利捷出租车公司2户，分别拥有客车115辆2894个座位，出租汽车13辆65个座位。货运企业16个，有货运车辆202辆3248.88吨位。营业机动车驾驶培训学校有雄达驾校、天成驾校、宏泰驾校3家，共有教学车辆170辆。乡镇班车线路39条，乡镇客运班车57辆，城乡客运一体化覆盖率100%。全县符合通班车条件行政村班车通达率100%。车辆维修业户144户。乡镇渡口有3个，渡船4艘。

【交通重点工程建设】 “四好农村路”。截至2020年8月底，仁化县完成“四好农村路”建设攻坚任务118.956千米，总投资5556万元。

省道建设。2020年，仁化县实施省道244线龙皇坪至闻韶段路面改造工程，建设里程33.28千米，截至是年底，完成主体工程，完成投资6322.384万元。

“白改黑”道路提升工程。2020年，仁化县实施乡道583线坪岗至广东铝厂段路面改造工程，里程2.18千米，完成投资180万元。

县旅游公路建设。2020年，仁化县完成县道800线大岭工业园至车湾段路面改造工程建设任务，里程4.551千米，完成投资765.51万元。

改造后的县道800线大岭工业园至车湾段路面（龙全明 摄）

【县乡道路桥梁养护】 农村公路日常养护工作。2020年，仁化县交通运输局（简称县交通运输局）下属单位仁化县地方公路事务中心管养省、县、乡道路里程1272.458千米，其中地养省道148.261千米、县道103.815千米、乡村道1020.382千米（乡道622.646千米、村道397.736千米）。地方公路管理事务中心下属各道班、养护公司、养护责任人加强农村公路日常保养工作，按养护里程责任到人，抓好班容班貌，加强图表管理和完善、规范道班内业管理。各养护责任人提高出勤率，狠抓全面养护。做好公路水沟、涵洞、桥梁等排水设施疏通，及时清扫路面，清除路障。全县县道年末优良路面率90.5%，乡道年末良好路面率90.1%。

县道公路预防性养护。2020年，县交通运输局按照“预防为先”要求，重点做好县乡道路小修保养工作，加强易塌方路段、危桥、涵洞、防护工程预防检查，及时排除隐患。根据汛期特点，及时疏通排水系统、保持边沟涵洞畅通、清扫路面、填培水毁路肩、备足冷补沥青养护材料及时修补路面，保持路面平整度，加强养护巡查力度，做好危险路段安全警示标志设置，及时清理路障，保障县乡公路安全畅通。

水毁修复工作。2020年，县交通运输局做好汛期公路巡查工作及24小时值班制度，及时掌握水毁信息，工作人员随时到位。加强抢险队伍建设。9月，组织农村公路道班人员开展抢险安全演练，提高抢险队伍业务水平、抢险效率和规范性，全力抢险保公路畅通。9月，仁化县因受大暴雨影响，乡道519线长江—麦洞、乡道627线水村—古竹、黄坑镇坪坑—黄坑等塌方严重，公路设施受损严重。灾情发生后，县交通运输局启动公路抢险应急预案，组织挖掘机、推土车及抢险队伍，及时抢通县道公路，做好不能及时修复路段警示标志，保障县道公路安全畅通。年内，清理塌方1770立方米，完成乡道519线长江—麦洞、乡道627线水村—古竹、坪坑—黄坑3处严重受损水毁修复工作及其他一般水毁修复工作。

【路政管理】 2020年，县交通运输局加强公路安全巡查，全年开展公路安全巡查累计13328.44千米，累计巡查242天，出动巡查人员954人次；巡查发现各种公路违法案件254宗，其中当场制止清理各种公路乱堆乱放248宗，路政执法案件6宗，办理路产索赔1宗，追收路产赔偿费4140元。

【交通行业服务监管】 2020年，县交通运输局优化交通运输系统服务，抓好客货运输安全。抓好2020年春运工作，确保春运工作安全、有序。2020年春运从1月10日开始至2月18日结束共计40天。春运期间，仁化汽车站投入春运营运车辆85台（其中县际班线25台、市际包车8台、县内班线41台、新能源公交车11台），安全行驶里程268906千米，与上年同期里程相比减少388183千米，同比下降59.1%（减少行驶里程主要原因是新型冠状病毒疫情，造成大部分班线停班停运），春运客运量2.58万人次，同比下降68.84%；完成客运周转量121.74百万人千米，同比下降70.86%。严格依法行政，全年年审客、货运车辆306辆，办理普通货物运输车辆年审235辆，新增道路普通货物运输许可43户，新增普通货物运输车辆112辆，注销营运车辆50辆，注销道路普通货物运输业户33户。规范教练车营运证办理，加强学员报考审批和签章审核。规范驾培学时平台与公安考试平台无缝对接工作，申请行政复议为零，群众投诉率较上年有所下降。抓好农村候车亭和新增加客运班线工作，全县通行政村109个，通达率100%。落实和完善交通运输行业安全生产责任制、“一岗双责”制度、安全月检制度，结合县政府开展安全生产专项活动契机，配合开展安全生产月活动（6月）、假期安全检查、特别防护期（7—10月）安全生产大检查等安全隐患排查整治行动，重点审查运输经营者安全生产条件、营运车辆技术状况、营运驾驶员从业资格，督促客运车辆按照规定安装行驶记录仪或GPS定位系统，加强客、货运站（场）安全监督管理工作。加强所辖水路客、货运输安全监督管理工作，指导、检查、监督县内水域渡口渡船安全生产工作。全年，全县交通运输系统未发生安全生产重特大责任事故。

【扬尘整治】 2020年，县交通运输局续建平交路口硬化67处，新建23处，拆除违法建筑5处，清理非公路标志319块、乱摆乱卖361处，清理乱堆乱放建筑材料、竹298处，整治“三场一铺”37处，整治路面污染458处，查处超限超载、非法改装、公路污染、扬撒飘洒案件259宗。

【普通公路路长制“136”行动启动】 2020年，仁化县结合“四好农村路”建设工作，在全县11个镇（街）全面开展普通公路路长制“136”行动工作。严格按照“一个方案、三级队伍、六项重点整治任务”要求制定县级方案，组建县级队伍并开展常态化巡查整治工作，设置国省道及阅丹公路路长公示牌265块。全县各镇街均完成镇级、村级路长办设置、队伍组建，辖区县、乡道完成路长公示牌。完成各级整治队伍业务培训，“六项重点整治任务”整治工作进入制度化、规范化、常态化轨道。

【货运乱象整治】 2020年，县交通运输局加强执法人员廉政纪律教育工作，从健全制度、加强监督入手消除徇私枉法、公路“三乱”“保护伞”行为，开展学习培训和教育5次；依法查处货车超限超载案件178宗，卸载货物吨数4561.75吨，计分846分；与曲江区交通、交警开展异地用警联合执法18次，查处货车超限超载16宗，卸货236.4吨，计分81分；排查汽车维修103户、摩托车维修43户、货运物流企业15户，未发现维修业户经营者从事非法改装机动车行为。查处非法改装车辆案件21宗，全部改装车辆依法恢复原状。

【客运市场整治】 2020年，县交通运输局与公安交警组建“打非防疫”整治执法队伍，开展联合执法，整治客运市场违法行为，重点加强国道106线县城至长江、城口、丹霞山、周田、省道246线等重点路段执法检查，出动执法人员2467人次，检查车辆958辆次，查处非法营运车辆案件4宗，有力打击非法营运车辆嚣张气焰。加强日常执法，检查市际、县际客运大巴373辆、社会车辆243辆，未发现违法违规客运车辆。深入仁化汽车站、仁化县富利捷运输有限公司开展客运市场源头专项整治检查，未发现客运企业违法违规行为。

【普速铁路环境安全隐患综合治理】 2020年，县交通运输局在县铁路沿线环境综合整治提升工作领导小组领导下，全面开展普速铁路安全隐患综合治理工作。经排查，全县需整治问题总数56个，其中一般问题52个，于9月23日全部整治完毕，经铁路部门验收销号；4个重难点问题于10月21日整治完毕并销号，为全市第三个全部完成整治销号县。

【危货运输及驾培监管】 2020年，县交通运输局检查危货运输车辆76辆次，查获未经许可擅自从事危货运输经营1宗；开展驾培学校整顿、整治工作，对辖区雄达驾校、天成驾校等驾培机构培训场地和培训情况进行检查监督。

【仁化汽车站】 2020年，仁化汽车站开往市际包车车辆8台，县际线路车辆25台，县内线路车辆56台；入站运营车辆3台。全年发车班次2.81万班（韶关班线1.66万班、乡村班线 1.14万班、外站车0.006万班），同比上年下降24.25%。完成客运量16.43万人次，与上年同期对比下降70.75%。

【仁化县雄达机动车驾驶员培训学校】 截至2020年年底，雄达驾校有标准合格教练车100台，教练员130人，累计招收学员2700余人，累计培养合格驾驶员2680余人。

【仁化县天成机动车驾驶员培训学校】 2020年，天成驾校有教学车辆37台，教练员38名，招收学员913人，培养合格驾驶员776人。

【仁化县宏泰机动车驾驶员培训学校】 截至2020年年底，仁化县宏泰驾校有标准合格教练车40台，教练员53人，累计招收学员812人，累计培养合格驾驶员560余人。

（黄子诚　李志芹）

邮　政

【疫情防控】 2020年疫情期间，中国邮政集团有限公司广东省仁化县分公司（简称邮政仁化分公司）党支部坚决贯彻落实习近平总书记重要指示精神和上级防疫工作安排，闻令而动，积极作为，凝聚起同心战“疫”强大合力。党员和领导干部充分发挥先锋模范作用，冲锋在前，进网点、进社区、进村委深入开展宣传、排查、消杀等工作。邮政员工逆行出征、毅勇前行，为全县疫情防控一线工作人员办理覆盖新冠肺炎疫情责任保险640份；结合疫情防控宣传与邮政日常投递，大力宣传防疫知识，提高群众防护意识。免费为民政部门投送防疫用品、援鄂医护家属“爱心菜”等物资。

【扶贫攻坚】 2020年，邮政仁化分公司完成脱贫攻坚各项目标任务，发动全体员工为挂点帮扶重病贫困户献血、捐款，积极开展“以购代捐”活动，定点扶贫，精准帮扶更精准更有力。县分公司挂点帮扶贫困户22户44人实现100%脱贫。主动切入脱贫攻坚、乡村振兴战略，聘请社会车辆、组织中共党员职工到仁化县红山镇新山村上门服务，助力消费扶贫农产品进城，切实落实央企责任担当。扎实推进绿色邮政建设。电子面单使用率、绿色包装45毫米及以下“瘦身胶带”封装率100%。做好防范化解重大风险。扎实推进“平安邮政”建设和金融风险防控，全年未发生重大金融风险和安全事故。

【邮政普遍服务】 2020年，邮政仁化分公司坚持普服为“根”、客户为“本”，强化基础建设，严抓日常管理，做好普遍服务和特殊服务。全年投入资金约10万元整治普服监控录像设备、烟感报警设备、网络设施、普服营业厅，夯实普服基础。开展专项检查，促进普服重点指标达标。强化日常业务培训，提升普服人员服务水平。落实“扫黄打非”责任，有效堵截防范非法出版物进入邮政寄递渠道，机要实现通信质量全红。

【业务经营】 代理金融转型增效。2020年，邮政仁化分公司储蓄存款规模扎实开展“补产”“追产”“增产”3项行动，减轻疫情对业务发展工作影响。网点营销服务能力得到锤炼，全市率先达成中邮保险期缴发展目标，夯实邮政金融营销服务转型基础。

寄递业务稳步发展。丰富揽收业务种类，开办“法院专递集约送达”等政务服务业务项目，驾驶证寄递上门揽收服务新增乡镇考场董塘、周田2个，服务范围得到扩大。专题研究部署周田平甫柰李、丹霞贡柑等专项水果寄递工作，吸引快递电商客户助力脱贫攻坚与乡村振兴。

“农村电商+直播+寄递”服务生态圈初显成效。员工自主创作直播宣传短视频，用活泼多样形式展现邮政服务与电商产品结合，抖音平台直播带货订单约300单，视频点击量超40万人次，实现服务形象与农户产品销量双促进、双提升。

【企业管理】 金融营销管控能力增强。2020年，邮政仁化分公司严格落实“四个到人”过程管控，逐步提高大数据分析能力，推动网点运用客管系统、微信营销小助手、智能电话等技术手段辅助营销，持续开展金融部、管理团队、大堂经理、专管员定期培训和交流，提升金融队伍整体营销能力和管控水平。

着力推动降本增效工作。贯彻落实降本增效要求，严格经营性成本事前审批，严防经营风险，规范开支流程。总支出同比下降1.8%。重点管理成本实现大幅下降，同比下降71.97%。强化集采平台应用、公开招投标、房产公开招租、车辆管理集中管控。按照市分公司布置与指导开展固定资产清查和报废资产处置工作，按时按质完成资产清查工作任务，提高资产管理效能。

管理制度建设不断完善。把企业规章制度体系建设作为重要基础性工作，坚持用制度管权管事管人。进一步完善县分公司“三重一大”制度和业务招待管理办法等重要制度，并在实际工作中落实执行监督。

巡视整改工作深入推进。统筹抓好“不忘初心、牢记使命”主题教育活动和巡视巡察反馈问题整改落实，落实“未巡先改”，推动仁化邮政实现高质量发展。

【平安和谐企业建设】 2020年，邮政仁化分公司结合疫情防控、风险防范，持续开展平安邮政建设，全年无重大安全责任事故或案件。关注员工健康，通过组织中医养生理疗活动和开展员工体检，持续开展员工关爱及慰问行动。积极帮扶困难员工，开展为重病职工家属捐款活动。开展职工小家“双最工程”建设活动，对周田、红山支局职工小家进行整治，更新小家日用设备，员工生产、生活环境进一步优化。因地制宜为基层支局员工整治健身场地，丰富员工业余生活。统筹抓好企业精神文明建设、法律事务、保密、舆情等工作，营造和谐稳定发展环境。

（陈诗华）

信息化建设

【概况】 2020年，仁化县工业和信息化局（简称县工信局）持续推进信息基础设施建设工作，在重点指标、“三线”（电力线、通信线、广播电视线同杆架设）整治、网络信号覆盖和通信保障等方面取得成效。

【重点指标任务完成】 2020年，县工信局对照仁化县信息基础设施三年行动计划，如期完成2020年度重点指标任务，全县光纤入户累计3万户，其中100兆以上光纤接入用户2.5万户；光进铜退端口1.8万个，用户1万户。农村光纤入户数1.5万户，其中

100兆以上光纤入户数1万户。

【5G基站建设】 2020年4月16日，仁化县印发《仁化县人民政府办公室关于加快推进5G网络建设的通知》，建立仁化县加快5G产业发展联席会议制度。4月底，召开仁化县5G产业发展联席会议第一次例会，重点推进上半年5G基站建设。2020年，全县5G基站建设目标57个，完成56个，完成率98.2%。

【“三线”整治】 2020年，仁化县“139”战略城镇提升试点镇董塘、长江、石塘均完成弱电线路整治工作。县城内“三线”整治主要划分成4个片区，新城片区、老城片区、水南片区和高坪片区通信线路分别由中国电信仁化分公司、县融媒体中心、中国联通仁化分公司和中国移动仁化分公司包片整治。重点整治社区周边300米、农贸市场周边300米、主干道两旁无物业小区、背街小巷等场所通信线路混乱现象，年内均完成整治。完成高坪小区、车湾下廖村、龙井村线缆迁改工程。

【网络信号覆盖工作】 精准扶贫网络信号覆盖。2020年，仁化县做好精准扶贫网络信号覆盖工作，巩固前期工作成果。4月，县工信局要求各镇（街）核查辖区内贫困户网络信号覆盖情况，各镇（街）反馈，没有未覆盖网络信号贫困户。10月，县工信局再次发函到各镇（街），要求各镇（街）再次核查上报未接入宽带信号贫困户及20户以上自然村名单，各镇（街）均反馈没有出现未覆盖网络信号贫困户及20户以上自然村情况。

20户以上自然村光网覆盖。2020年5月，仁化县印发《仁化县人民政府办公室关于成立推进仁化县20户以上自然村光网建设工作领导小组的通知》，明确县工信局、各镇街及运营商工作职责，推进20户以上自然村光网覆盖工程。截至2020年12月，20户以上自然村完成光网覆盖122个（其中联通公司负责91个、电信公司负责31个）。

【通信保障】 2020年，仁化县开展体育赛事通信保障工作。在“2020年环丹霞山自行车赛”“第十三届‘农行杯’穿越丹霞山50公里徒步赛”“2020丹霞山山地马拉松赛”“广东100跑山系列赛总决赛暨2020丹霞100跑山赛”中，县工信局按照活动工作分工，主动作为，积极协调各大通信运营商做好赛事通信保障工作，要求各运营商提前做好沿线线路检测工作，并做好预案，配齐人员、车辆，完成活动期间手机信号传输保障工作，有力保障赛事安全有序开展。

（庞国雄　李晓玲）

数字政府建设

【电子政务综合应用平台全覆盖】 2020年7月13日，仁化县全面应用韶关市电子政务综合应用平台（新OA系统）办公办文，截至是年底，录入县直各单位、11个镇（街）、125个村（居）账号约5000个，开通各单位公文流转流程，镇（街）、村（居）实现非涉密电子公文交换系统接入100%。压缩办文流程，缩减办文时限，各单位办文办公效率提升50%以上。

【“粤康码”推广使用】 2020年，仁化县组织县直单位、镇（街）、企业、中小学校、文化场馆、旅游景区、大型超市等相关单位307人，通过“腾讯会议”软件以远程视频直播形式，开展“粤康码”操作使用培训班2期。在重点领域中宣传推广使用“粤康码”，助力仁化打赢疫情防控战役。县“两会”召开前，仁化县政务服务数据管理局派人培训和指导各工作小组使用“粤康码”收集各代表个人健康申报情况，查验各代表“粤康码”，做好会场“粤康码”采集工作。印制“粤康码”宣传海报2200余份，组织县直单位、各镇（街）在村（居）委会、火车（汽车）

站、学校、工业园区、企业、商贸中心、餐饮酒店、旅游景区、医疗卫生机构、药店等公共场所张贴宣传，扩大应用成效。

【“粤商通”推广应用】 2020年，仁化县在各级政务服务大厅张贴“粤商通”海报等宣传资料，通过LED大屏滚动播放展示宣传短片，提升广大市场主体对“粤商通”平台关注度和使用率。通过督促办事窗口等工作人员积极引导企业注册和使用“粤商通”App，发动各镇（街）、有关单位结合企业、个体工商户填报“消防安全承诺书”等方式，提高“粤商通”注册量。

【新电子印章制作应用】 2020年，全县制作县、镇、村三级电子印章350个，并在新OA系统公文流转中推广应用。

【政府门户网站信息发布】 2020年，仁化县继续做好仁化县人民政府门户网站信息发布工作。按照信息上网发布审批流程，做好信息相关“三审”和保密审查，及时公开政府重大决策、地方法规、人事任免、新闻发布、工作动态等信息。全年，该门户网站累计发布信息5158条。建立完善仁化县政务公开清单，并通过政府网站等渠道及时公开，切实保障人民群众知情权、参与权、表达权、监督权。

【政府信息公开及政务新媒体发布和监管】 2020年10月，仁化县召开全县政府信息公开及政务新媒体监管工作会议，部署全县政府信息公开及政务新媒体有关工作，县各有关单位分管领导和业务员近200人参加会议。严格按照考核要求做好信息公开管理和更新工作，每周对信息公开栏目进行检查，及时督促提醒。

【网络信息安全】 2020年，仁化县完成政务外网建设延伸到村一级工作，为全县各单位新OA系统和镇村公共服务平台使用提供保障。县政务服务数据管理局对仁化县自建政务信息系统进行清理并逐步上云，全县自建政务信息系统6个，年内已迁移到市政务云平台2个，关停下线2个。

【制定乡镇权责清单】 2020年，仁化县政务服务数据管理局派员前往韶关市和周边县（区）学习先进经验，对接县委编办、县司法局及部分职能部门和部分镇（街）开展调研，经过相关部门两次报送、政数局梳理、四次征求相关部门和各镇（街）意见、组织召开部门协调会，最终制定《仁化县依申请类和公共服务类职权下放目录（第一批）》（27项）。

【政务服务事项标准化工作】 2020年，仁化县按时完成县级事项第一批875个、第二批222个、第三批178个已纳入事项调整工作，按照县级事项目录完成本地事项目录纳入、取消和调整系统配置工作。推广实施镇村事项标准化，完成镇村事项目录调整第一批（镇级145个、村级53个）、第二批（镇级36个、村级3个）、第三批（镇级78个）、第四批（镇级260个、村级77个）及完成镇村事项梳理和系统延伸工作。做好线上线下事项标准化工作，通过发文部署和现场组织整改等方式，要求相关部门对涉及已申请政务服务事项进行核对和修订。

【“互联网+监管”系统应用和监管数据汇集】 2020年，仁化县召开全县“互联网+监管”工作会议以及平台应用培训班2次，部署工作任务和工作要求，对参会人员就监管事项目录清单动态管理系统操作、监管事项清单梳理、检查实施清单编制等方面，提出要求并进行业务培训。认真梳理监管目录，做到监管事项应领尽领、目录清单编制规范，实现动态化标准化管理，推动同一监管事项名称、编码、依据、类型等基本要素统一，指导各部门准确录入执法监督人员信息、行政检查行为信息、行政处罚行为信息等监管方面信息，保质保量完成任务。配合完成国办“互联网+监管”第三方评估工作。

（吴秋云）

中国电信股份有限公司仁化分公司

【信息化建设】 截至2020年年底，中国电信股份有限公司仁化分公司（简称仁化电信）开通5G基站23个，总投资约345万元；持续推进全光网建设，实现行政村光宽覆盖100%；坚持云网融合，新兴业务发展驶入快车道，政务、教育、医疗云均树立行业标杆；网运工作从面向指标到面向中心一线转变，支撑保障一线说了算得到落实。

【企业和谐发展】 2020年，仁化电信坚持依法治企，严格执行公司基本运营制度，加强“三重一大”内控建设；完善规章制度体系，规范企业经营管理；加强重点领域合规风险管控，健全合规管理体系；深入开展“小金库”专项治理，建立长效机制；积极配合内外部监督检查。落实和谐人本，持续深化四小建设，及时做好员工慰问，开展形式多样文体活动，关心关爱员工落到实处；推进“一家人”企业文化建设，提升员工幸福感；强化一线赋能，培养新型技能人才。履行社会责任，持续推进防范打击通信信息诈骗；完善信息安全管理制度，保障网络数据和用户个人信息安全。加强安全维稳，落实安全生产主体责任，“一控两杜绝”确保员工和企业财产安全，全年未发生较大及以上安全生产事故、火灾事故。严厉打击各类侵害企业利益行为；加强舆情管理和信访维稳，构建和谐劳动关系；严格执行保密制度，落实保密责任。

【支持地方建设】 2020年，仁化电信抽调骨干人员2名参加精准扶贫对口帮扶，其中驻点该村人员1名。公司员工与贫困户19户“一对一”结对帮扶；优先为该村实现4G信号和光纤网络覆盖；免费为所有贫困户提供宽带和高清电视业务。在村委建成爱心信息小屋，利用天翼看家业务，方便外出年轻人随时随地看到家里老人小孩情况，免费与异地儿女、父母视频通话。解决33个自然村贫困户150余户有线网络覆盖，投入资金60余万元。积极配合县美丽乡村建设和创文明城市工作，总投资81万元，完成城市和新农村管线迁改170余处，完成周田、董塘、城口、长江、石塘5个镇光缆下地。及时接应县创文办各项工作，对督办问题如线路整治、营业厅广告整治、管辖小区卫生整治等及时按期、按质落实；参与纠正不文明行为志愿活动80次、创文入户调查和创文扫街活动50次，完成管辖小区卫生死角整改和拆违3次。在2020年仁化县申报全国县级文明城区市成功后，仁化电信分公司被评为仁化县精神文明建设工作先进企业。

（朱亚梅）

中国移动通信集团广东有限公司仁化分公司

【服务满意度提升】 2020年，中国移动通信集团广东有限公司仁化分公司（简称仁化移动）提升服务满意度，围绕“客户满意”工作重心，响应国家“提速降费”号召，推动开展服务满意提升专项攻坚，包括网络黑点整治工程、业务规范治理工程、十分满意暖心工程“三大工程”。实施总经理接待日、“3·15”国际消费者权益日、爱心便民日、宽带故障服务日等满意度服务举措，运用短信测评工具，客观评价代办服务质量，加大奖惩力度，有效提升客户满意度，赢得客户口碑。

【网络建设与安全】 2020年，仁化移动实现仁化县城、丹霞山景区5G覆盖，实现仁化县政府、宏昌超市商圈、丹霞山景区、丹霞山火车站5G网络全覆盖。以5G助力政务、商业、工业、旅游业、交通行业，开启广东北大门5G新信息时代。继续增强2G/4G网络，仁化全境2G/4G覆盖率达98%以上，新增73个偏远农村FDD900－4G信号覆盖，48个行政村光纤覆盖，行政村宽带覆盖率100%。

【企业社会责任担当】 2020年疫情防控期间，仁化移动落实营业厅体温测量、严格落实口罩佩戴、全面消杀等防控措施，筑牢病毒防范屏障。主动适应防控要求，部署营业厅人员做好“广东移动”App宣传，方便客户足不出户办理业务。及时为政府开通“大数据”业务，提供人员流动信息，助力疫情分析；为仁化县疾控中心、丹霞冶炼厂提供“和对讲”终端数台；为机关及企业免费开通上千户“云视讯”会议系统，为政府及行局单位开通5G热成像体温检测系统6台，为教育系统免费提供远程“和教育”服务，打通停课不停学“最后一公里”，实现网络教学和线上学习全覆盖，力保网课能时刻“在线”，暖心服务获学校赠送感谢信。贯彻落实政府“扶贫济困”工作部署，开展“扶贫济困，奉献爱心”捐款活动，发动全体职工踊跃捐款。在营业厅设立“学雷锋志愿岗”，以全心全意为人民服务为宗旨，为客户提供贴心服务，强化“客户为根、服务为本”理念。

（刘洁灵）

中国联合网络通信有限公司仁化县分公司

【创新促企业发展】 2020年，中国联合网络通信有限公司仁化县分公司（简称联通仁化分公司）坚持以新基因、新治理、新运营、新动能、新生态内涵的“五新”联通为工作战略方向，巩固互联网化转型的差异化优势，在创新驱动中培育增长动能、沉淀核心能力，下大力气加快公众产品、渠道提质、政企创新“三个转型”，以创新促进高质量发展。

【员工服务水平提升】 2020年，联通仁化分公司在上年培训经验基础上，继续全面提升服务质量，落实整改精神，解决实际问题，强化管理，有效提升营业员综合服务水平。在原有服务基础上，增加渠道管理、设备维护、用户回访和后台支撑等服务，提高全员综合业务能力。

【市场经营】 2020年，仁化联通公司深入推进团队营销模式转型，发挥4G网络优势、终端优势和资费优势，为客户提供更快、更好通信服务，推动仁化地区信息化进程，取得客户和收入继续保持高速增长效果。年内，联通仁化分公司被评为韶关市市公司“优秀生产单位”“最佳政企营销团队”“最佳公众营销团队”；仁化分公司总经理唐振辉被评为中国联通集团公司“劳动模范”、广东联通2019年度“优秀基层管理者”、韶关联通“先进党务工作者”；仁化政要营销服务公司小CEO何琳燕被评为“广东省公司优秀党员”“韶关市分公司劳动模范”。

【网络接入能力提升】 2020年，联通仁化分公司在国家战略指引下，将光纤到户（FTTH）作为面向家庭客户宽带接入方式，提高全网宽带用户签约带宽。应用方面，面向宽带用户推出“智慧沃家”App，面向智慧工程师推出“装维助手”App，面向智能家居设备推出WOLINK协议，逐步实现互联网化运营。

【企业责任担当】 2020年，联通仁化分公司响应政府号召，积极参与“创建全国文明县城”“创建文明窗口”等各项工作，要求公司员工从自身做起，从小事做起，注重细节，坚持讲文明、重礼仪、爱卫生。积极响应国家号召，全员参与疫情防控。每日消毒清理工作区域，定时清洗双手、测量体温、佩戴口罩，入户排查所在网格小区人员，登记住户信息。

（何智艳）

供电·供水·供气

供　　电

【概况】 2020年，广东电网有限责任公司韶关仁化供电局（简称仁化供电局）未发生上级考核安全事故，未发生触碰廉洁底线事件。售电量10.95亿千瓦时，同比增长2.78%；重复停电用户比例40.9%，同比上升9.66%；第三方客户满意度84分；电费回收率100%；综合线损率2.19%，线损异常率1.02%；配网延时送电率0.5%；配电自动化终端在线率96.51%；中压线路故障率6.03次/百千米；仁化供电局被评为仁化县精神文明建设先进单位，脱贫攻坚、城口红色小镇电网建设、高考保供电和助力复工复产等4项重点工作被政府通报表扬，连续2年获得地方政府公共服务满意度第一，3个供电所被评为五星级模范职工小家，4个供电所被评为四星级模范职工小家，2个班组被评为四星级班组。

【贯彻重大战略部署】 2020年，仁化供电局落实疫情防控主体责任，保障疫情防控期间全县电力稳定供应，持续落实常态化疫情防控措施，实现员工及家属“零感染”目标。不折不扣落实国家降低电价政策，办理非高耗能电力用户电价优惠9175户，全年减免、缓解企业成本0.344亿元。及时了解企业用电需求，加强重点企业复工复产情况跟踪分析，主动上门指导企业做好复工复产前用电设备检查57家，为政府和企业复工复产提供数据和电量支撑。助力决战决胜脱贫攻坚，投资4458万元实施农网升级改造，完成独立自供区5个接收改造任务，完成33个省定贫困村52个低电压台区整治，落实低保（“五保”）户“免费电”政策2722户。落实“一线双联”“民情夜访”等机制，开展民情夜访23次，入户走访138人次，解决问题114件，帮扶点贫困人口39户111人全部脱贫出列。

【安全生产】 2020年，仁化供电局围绕打造本质安全型企业目标，弘扬“知行合一 平安是福”理念，开展“消除事故隐患，筑牢安全防线”主题“安全生产月”和“安全生产万里行”活动，树牢“安全第一”意识。明确全部岗位安全职责清单和到位衡量标准、安全职责履职评价标准，将安全事件和违章情况与业绩紧密结合，倒逼履职尽责。将风险管控关口前移，抓实作业现场勘查和多方联动。加大“线上+线下”安全督查力度，发现施工作业违章72起，并给予及时纠正。落实配网作业现场安全第一责任人机制，按照“同开同收”要求监督保命措施落实到位。强化安全问责，对杜绝类、严禁类违章行为进行严肃问责，做到见人见事见管理。开展防风防汛安全自查和隐患排查工作，发现安全隐患1771项，已整治1268项，整改率71.6%。联合县政府办和县发改局印发《仁化县防范电力线路下超高树竹引发森林火灾确保公共安全专项治理工作方案》，开展联合执法1次，有效消除树障隐患导致山火和社会人员触电风险。出台《仁化供电局中压线路故障管控方案》《仁化供电局2020年配电线路设备安全隐患消缺（管控中压

电力工人在抢修故障线路（钟勇兴　摄）

线路故障）专项考核方案》，通过过程管控加绩效考核方式，遏制中压线路故障跳闸上升趋势。完成雨雪凝冻和强降雨影响应急工作和县“两会”等23项重大保供电任务。

【供电服务】　2020年，仁化供电局持续优化用电营商环境，制定“优化营商环境工作措施表”并加以实施，为中高压报装用户提供全生命周期“管家式”服务14户，为客户提供设备代维等服务64户。全力提升客户服务能力，出台《仁化供电局2020年解决客户诉求、线损异常专项激励考核方案》等文件，实现客户用电省心、舒心、放心，客户投诉数量同期减少23%，客户问题解决率100%。执行“一口对外”客户用电需求响应机制，推行一证受理及“三免”服务，实现办电业务“一次都不跑”22项。互联网服务渠道办理比例99.84%，低压用户电压监测覆盖率100%。

【电网规划】　2020年，仁化供电局强化政企联动，促成县政府连续5年召开全县电网建设会议，推动电网规划融入国土空间规划，完成2020年仁化县“十四五”配电网规划，收集中低压线路设备问题数量819个，完成中低压项目规划297项，计划投资16865万元。中压配网立项采用市局集中方式，提高立项精准度。配网环网水平持续提升，可转供电率由76%提升至82%。持续配合做好35千伏走马坪变电站和110千伏高基变电站用地选址与前期可研工作，确保“主网电源点”与“配网网架完善配套实施”无缝对接。承接市局中低压配网县级互联项目，完成110千伏长江站10千伏陈欧线与塘洞线工程、110千伏大岭站10千伏石塘线与110千伏大岭站10千伏格顶线工程3个环网项目。生产综合楼、长江和红山供电所业务技术用房按计划投入使用，完善董塘和闻韶供电所附属设施建设。

【改革创新】　2020年，仁化供电局坚持以“45条措施”为抓手推行管理创新，优化运维班组作业管控模式、精简作业流程表单，线上环节审批加速至3个工作日内；年度发文数量同比减少19.05%；推进南方电网eLink视频会议代替现场会议，提升工作效率，做实基层减负。率先推进无人机自主巡视技术应用，提出建模合理化建议3条，推动供电所由人工巡视向无人机自主巡视模式转变，基层运维工作量减少31%，巡视效率提高3倍；探索无人机巡视在规划设计中的应用，结合精细化巡视相片，引导配网自动化规划及用户分界开关方案设计，优化规划技术方案48项，提升设计质量及效率。解决城口多重主体缴费需垫付电费问题。提前完成全局130名退休人员社会化管理改革工作。新增发明专利申请2项。

【经营管理】 2020年，仁化供电局强化任务督办力度，制定“重点工作督办表”3张，以督查督办形式形成闭环管控，列入各部门和供电所负责人绩效考核内容。挖掘可量化电能替代项目11个，数量占韶关各区县局第一，替代电量141万千瓦时，超额完成考核任务。线损异常率1.02%，同比下降1.06个百分点。结合异常台区整治，查处窃电23宗，追补电费和违约金计14.9万元。持续开展客户隐患排查工作，利用仁化县发改委成立的电力树障清理联合执法办公室，共同督促用户及时完成中压线路对地安全距离不足隐患及高秆植物隐患整改清理工作。借助法律顾问，开展系列精准普法宣传教育活动5次，引导全体员工养成遵规守纪习惯。配合完成年度精准投资、配网自动化、优化电力营商、成本费用“回头看”、扶贫专项等审计迎审工作。完成存量基建项目443个结算工作，确保施工人员工资及时支付。

【新兴业务】 2020年，仁化供电局严格执行上级关于新兴业务企业做强做优工作部署，引进优质施工队伍，建立安全管理、绩效考核等基础制度，强化职能管理工作。加强施工队伍素质建设，持“双证”比例人员达到45%。提升施工班组作业计划准确性，扎实做好施工现场安全风险管控，顺利完成年度工程项目。推进市场化运营，推动新兴业务投入全链条服务生态建设，设备代维数量、用户市场份额及新兴业务收入等大集体企业协调发展指数均超额完成目标。根据职工体检分析结果，督促韶关小岛物业改善职工膳食，丰富职工“菜盘子”，增加水果品类，提高员工幸福感。

（王春生　李佳文　凌朝晖）

供　水

【概况】 2020年，仁化县县城、丹霞山、广东铝厂、格顶矿和丹霞街道办、董塘镇、石塘镇等墟镇部分村庄由香港中国水务集团仁化银龙供水公司采用赤石迳水库水源供水，各乡镇自建饮水工程。截至2020年年底，全县由香港中国水务集团仁化银龙供水公司供水人口，由2019年9万余人增至10万余人（主要增加石塘片区村庄和丹霞街道办、董塘镇部分村庄，由镇村自建饮水工程供水转由仁化银龙供水公司城乡供水一体化供水人口）；由各乡镇自建饮水工程供水人口18万余人（包括已到县城居住乡镇人口和转由仁化银龙供水公司城乡供水一体化供水镇村人口约3万人）。

【城市供水】 基本情况。2020年，仁化县城、丹霞山、广东铝厂、格顶矿和丹霞街道办、董塘镇、石塘镇等墟镇供水，饮用水水源引入赤石迳水库水，主要源于小楣水、红山茂密森林。活水期水库补充水量每天保持在30万立方米以上。上游没有矿山、工厂，污染源小。仁化银龙供水公司水厂化验员每天检测监控水厂出厂水，定期检验水厂制水原水，委托仁化县疾病防疫中心每月作全分析检验，保证供水管网水质合格率。水厂内设备有常用机组5台，备用机组2台，使用自动加压电频设备，水泵房加压5千克出厂（国家标准水压2.8千克）。制水工艺选用网格絮凝反应，蜂窝斜管

仁化银龙供水有限公司水厂化验室改造后的供水水质在线监测室（县水务局　供图）

沉淀，石英砂过滤，气、水一体反冲组成。工艺流程先进，符合国家标准；定期清洗反应池、沉淀池，采用水力排泥阀排污；清水池封闭通气。消毒设备选用二氧化氯消毒剂发生器，保障水厂供水水质安全。截至2020年年底，仁化银龙供水公司水厂日供水能力4万立方米，供水面积25平方千米，主管网总长约170千米；供水范围为县城主城区、丹霞片区、董塘片区、石塘片区及县城周边农村用水，用水人口约10万人，供水量727万立方米，日最高峰为2.5万立方米。实行阶梯用水水价：居民生活用水第一阶梯用水价格1.7元/立方米、第二阶梯用水价格2.45元/立方米、第三阶梯用水价格4.7元/立方米，非居民用水价格3.37元/立方米，特种用水价格4.2元/立方米（以上价格含水资源费0.20元/立方米），县政府对县城居民用户加征0.85元/立方米、其他用户加征1.20元/立方米污水处理费。全年，银龙供水公司平均水价为2.05元/立方米（不包括县政府对县城居民用户加征0.85元/立方米、其他用户加征1.2元/立方米污水处理费）。

县城自来水厂管理。2020年，仁化银龙供水公司牢固树立“以水为本，达善社会”企业文化精神，坚持“善于心·敏于行”服务理念，围绕“四个满意”工作思路，在2019年4月与县政府签订《城乡供水公共安全合作框架协议》，建立“同网、同价、同质”城乡供水安全保障体系基础上，落实城乡一体化工作，全面改善城镇饮用水安全状况，建立完善饮用水安全保障体系，满足2020年全面实现小康社会目标对饮用水安全要求。截至2020年年底，完成新增建设管网总长147.4千米（其中DN250管网22.3千米，DN200管网7.9千米，DN150管网15.25千米，DN100管网11.34千米，DN100以下管网90.61千米），解决丹霞街道、董塘镇以及石塘镇周边镇村约2万人饮用水安全问题。7月1日，推出“指尖水务”App满足用户需求，得到用户好评。疫情防控期间，启动应急供水工程，及时做好人员、机械、设备、管网材料调配，重新敷设供水管网保障仁化县丹霞山、城口镇、周田镇高速路口3个抗疫防控值勤点自来水供应，助力抗疫。实施水厂化验室改造工程项目，水样检测项目由12项增加到了23项，提升仁化水厂水质检测能力。推动供水管网资产管理，成立管网测绘领导工作小组，制定《广东仁化银龙供水有限公司供水管网测绘工作方案》，根据中国水务集团工作要求，完成仁化县城区160千米DN100及以上管道勘察、CAD绘制及数据上传。

打造优质供水企业。2020年，仁化银龙倾力打造优质供水企业，接受仁化电视台、广东电视台《广东新风采》栏目组等媒体采访和全面宣传，提升“中国水务 情润万家”服务品牌公众认可度。8月4日，举办中国水务2020年服务品牌故事大赛。11月20日，仁化银龙开展“水厂开放日”活动。12月17日，仁化银龙供水有限公司获中共韶关市委、韶关市人民政府授予的“韶关市先进集体”称号。

【农村饮水】 2020年，仁化县农村饮水工作按照市委主要领导关于“集中力量解决农村饮用水安全问题，着力在2020年彻底解决农村饮用水安全问题，让群众早日喝上放心水”指示精神，制定《仁化县全域自然村集中供水全覆盖工作实施方案》，全面启动全域自然村集中供水全覆盖项目，将全县全域自然村集中供水全覆盖工作3年任务压缩为1年完成。2月21日，仁化县全域自然村集中供水全覆盖项目立项，项目包括新建水陂177座、沉砂池125座、清水池146座，安装净水设备215台、水表21914个，敷设管网（包含入户管网）782千米；涉及11个镇（街）100个行政村665个自然村28420户，受益人口12.6万人。项目发改立项投资1.95亿元；至4月底，由11个镇（街）分别采取“仁化县XX镇（街）全域自然村集中供水全覆盖项目EPC总承包”方式全部完成招投标，合同总投资1.7419亿元。项目实施期间，县水务局每周召开全域自然村集中供水全覆盖工程推进会，组织各施工单位、监理单位、设计单位负责人和各镇（街）分管领导参加会议，会议通过通报各镇进展和协调解决工程施工问题，形成“比学赶超”气氛，有力推进工程建设。截至是年年底，仁化县全域自然村集中供水全覆盖项目工程全部完工，完成投资1.7419亿元。

（刘　志）

供　气

【管道天然气供应】 公司概况。仁化县安顺达管道天然气有限公司是仁化县唯一一家管道天然气供应公司。截至2020年年底，该公司管网用户有居民用户1.68万户，商业用户130户、工业用户10户。年设计最大供气为3900万立方米，实际年供气 802万立方米。由于仁化县城人口密集不大，没有大型小区，楼盘分散不集中，建设管网60千米，投资建设配套设施总金额约1000万元。

气源情况。仁化县因气源依靠槽罐车运输液化天然气，通过注入LNG（液化天然气）气站再供给客户，相应增加物流成本和操作成本，与国家天然气管网气价相比稍微偏高。2020年，该公司购进LNG8192484.3立方米，购气金额不含税21111943.18元，不含税平均单价2.58元/立方米。

工业园区使用LNG情况。2020年，仁化县工业园区用气企业有韶关凯鸿纳米材料有限公司（月均用气量130吨）、韶关富鑫有色金属有限公司（月均用气量20吨）、仁化县博世铝业有限公司（月均用气量120吨）、广东志成冠军集团有限公司仁化分公司（月均用气量40吨）、广东升隆电源有限公司（月均用气量10吨）、韶关元泰资源科技有限公司（月均用气量10吨）、广东广纤竹业有限公司（月均用气量14吨）、山楂大叔（韶关）农业科技有限公司（暂停用气）、韶关中达锌业有限公司（暂停用气）、韶关中弘金属实业有限公司（暂停用气）10家。

【石油液化气供应】 2020年，仁化县石油液化气经营企业有仁化县石油液化气有限公司、仁化县赤佬坝液化气有限公司、仁化县铁燃燃气有限公司、仁化县瑞山液化气有限公司、仁化县凡口亮亮液化气有限公司、仁化县建辉液化气有限公司6家，均获得燃气经营许可证。截至2020年年底，全县总销售石油液化气1681吨，总销售额约1178万元。

（刘俊文　刘　红）

水利·气象·水文监测

水　　利

【汛期安全防御】 落实汛前管理。2020年，仁化县水务局（简称县水务局）贯彻落实“三防”工作“安全第一、常备不懈、以防为主、全力抢险”抗灾方针，抓实各项防汛措施落实，确保安全度汛。落实做好全县防汛责任书签订工作，制定山塘水库汛期控制运用计划，派出督查组专项督查汛前准备安全检查工作。完善防汛应急物资管理和使用，派出仁化县防汛抢险轻舟应急中队巡查锦江多次。各镇街及时完善防汛值班、应急救援和“三防”物资准备，开展病险山塘、水库24小时巡查，在强降雨期间安排专人盯守大坝、溢洪道、涵闸、厂房、压力管（含周边山体）等重点部位，确保第一时间发现险情并采取措施处置到位。

水利工程检查。2020年，在岁末年初、春节前后复工复产、汛前、汛期、“五一”国际劳动节、国庆节等重要时节，对全县水库、水电站、山塘和在建水利工程组织水利安全生产检查工作6次，检查水库24宗、水电站23宗、山塘20宗、在建水利工程23宗；各镇街对辖区内所有水利工程进行全面摸排检查。

2020年7月10日，董塘镇在浉溪庙村浉溪河水库开展抗洪抢险演练（县水务局　供图）

培训和演练。2020年，完成仁化县大中型水库（锦江水库、新庄电站，高坪水库、赤石迳水库、浉溪河水库）2020年度汛期调度运用计划编制和水库防洪抢险应急预案编制。3月31日，仁化县锦江电力开发总公司在锦江电厂组织开展防洪度汛应急演练；5月29日，红山镇在红山学校开展地质灾害避险应急演练；6月4日，大桥镇分别在镇政府大院、干坑河河段老街村组织开展山洪灾害应急预案演练；7月10日，董塘镇在浉溪庙村浉溪河水库开展抗洪抢险演练。

防汛抢险和抗旱减灾。全年，全县降水量1753.3毫米，为平水偏丰年；且降水分布均匀，无较大自然灾害。

【水库生态流量调度】 2020年8月3日，仁化县开始施行水库运用生态流量调度，加强生态调查与水源涵养林建设，发挥梯级电站生态调水、补水作用，强化水电站监督管理，坚持电调度服从水调，重点做好枯水期水量调度。12月底，完成生态流量调度。

【中小河流治理】 截至2020年年底，仁化县全面完成2019年中小河流治理项目建设任务并通过初步验收，完成治理河长135.232千米。该项目规划治理任务131千米，项目规划总投资16562.3万元，批复治理总河长135.232千米，批复概算总投资14939.57万元，于2019年11月开工建设，分四个标段实施：①第一标段为百顺河（李屋至黄坑镇段、高塘段）治理工程，涉古竹、曰庄、蓝田、高塘4个村委26个村小组，治理河长30.89千米，其中李屋至黄坑镇段20.38千米、高塘段10.51千米，河道清淤疏浚8.7千米，新建护岸15.013千米、休闲广场4处，重建机耕桥5座，新（重）建亲水码头4处，敷设涵管9处，新建桥涵3处、箱涵1处、步级64处。②第二标段为百顺河（闻韶河、等头村河、小溪河、下营河、古竹水）治理工程，涉及闻韶镇华塘和黄坑镇小溪等9个村委35个村小组，治理河长36.99千米，其中闻韶河5.966千米、等头村河10.697千米、小溪河7.364千米、下营河9.596千米、古竹水河3.367千米，清淤疏浚17.838千米，新建护岸15.783千米、机耕道3.123千米，陂头加固1座、重建1座，重建机耕桥10座，新建下河步级100处、排水涵管41处，新增界桩373个，新建休闲步道3.333千米、河滨小公园3处、景观亲水平台8处、梳齿陂2座、休闲凉亭8座。③第三标段为仁化县其他浈江一级支流治理工程，涉及大桥镇大桥、周田镇雷坑等11个村委44个村小组，治理河长21.94千米，其中干坑河5.05千米、水西坑河3.65千米、寨下水0.96千米、上坪水1.89千米、八村水2.38千米、石口坑水0.65千米、上道上坑水1.84千米、猪头皮水1.07千米、麻坑水1.5千米、阿基塘水1.1千米、平甫上坑水1.26千米、大坑水0.59千米，河道清淤疏浚7.32千米，新建护岸15.50千米、休闲步道2.42千米、C20砼（标准立方体抗压强度20兆帕混凝土）卵石路0.625千米，改造桥梁2座、陂头2座，新建桥梁5座、亲水平台4座、下河步级70座、休闲广场3座、排水涵管25座。④第四标段有大富水、董塘河、黎屋水、城口河、扶溪河治理项目5个，涉及董塘镇河富、石塘镇上中岔、红山镇烟竹、城口镇恩村、扶溪镇扶中、闻韶镇塘源6个镇11个村委29个村小组，治理河道长45.412千米，其中大富水治理工程17.95千米，清淤疏浚2.65千米，新建护岸3.958千米、步级14处，重建陂头1处，埋设涵管4处；董塘河治理工程7.621千米，清淤疏浚1.696千米，新建护岸1.346千米、机耕桥1座、步级3处，重建机耕桥2座，敷设涵管2处；黎屋水治理工程4.284千米，其中佐坑河0.88千米、烟竹河2.072千米、前洞河1.332千米，清淤疏浚2.1千米，新建护岸2.416千米、步级4处，建设人行步道0.212千米，敷设涵管6处；城口河治理工程5.889千米，其中半奢河0.5千米、马奢河4.728千米、为坑河0.661千米，清淤疏浚1.6千米，新建护岸2.526千米、步级2处、亲水平台1处、人行步道3处，敷设涵管8处；扶溪河治理工程9.668千米，其中塘源河4.757千米、新屋场水4.977千米，清淤疏浚2.437千米，新建护岸1.493千米、机耕桥1座、景观节点1处、步级5处，重建陂头1座。

【病险水库除险加固】 2020年，仁化县按照《水库大坝安全鉴定办法》要求，完成2020年度16宗水库大坝安全鉴定工作年度任务，争取安全鉴定工作任务经费203.2万元。其中水库大坝鉴定为三类坝4宗。霞山水库、松坑龙水库于2020年8月列入全国《防汛抗旱水利提升工程实施方案》，7月底完成设计单位选取工作，9月完成初步设计并通过专家评审，11月市水务局批复该工程初步设计，总投资464.82万元，计划2021年完成除险加固。

【山塘除险加固】 2020年，仁化县按照病险山塘除险加固工作部署，有序推进2019年20宗病险山塘除险加固收尾工作，重新组织开展全县病险山塘除险加固勘察设计工作。经排查核实，全县有病险山塘98宗。9月，完成病险山塘除险加固工程初步设计和批复，概算总投资6759.9万元（其中闻韶镇2宗，批复总投资114.08万元；大桥镇4宗，批复总投资449.83万元；董塘镇9宗，批复总投资636.36万元；丹霞街道办22宗，批复总投资1662.19万元；周田镇35宗，批复总投资2406.15万元；黄坑镇12宗，批复总投资674.07万元；石塘镇12宗，批复总投资817.22万元）；10月，完成病险山塘除险加固技施设计。

【全域自然村集中供水全覆盖】 2020年，仁化县全域自然村集中供水全覆盖项目涉及11个镇（街）100个行政村665个自然村28420户，受益人口12.6万人，新建水陂177座、沉砂池125座、清水池146座，敷设管网（包含入户管网）782千米，安装净水设备215台、水表21914个。2月21日立项，发改立项投资1.95亿元；4月底，11个镇（街）分别采取“仁化县XX镇（街）全域自然村集中供水全覆盖项目EPC总承包”方式全部完成招投标，合同总投资1.7419亿元。至是年年底，仁化县全域自然村集中供水全覆盖项目工程全部完工，完成投资1.7419亿元。

【董塘—丹霞街道段碧道规划建设】 2020年2月23日，仁化董塘—丹霞街道段碧道规划建设项目开工建设，是年年底完成主体工程建设任务，新建人行骑行道11.8千米、护岸工程0.78千米、亲水广场1宗、亲水平台6宗、观景平台1宗、生态景观水陂1宗，行车道改造7.2千米、护坡生态化改造13.2千米，桥梁景观升级改造6宗，新建河流两岸园建绿化配套工程11.8千米。

【小水电管理】 2020年，仁化县小水电安全生产工作坚持“安全第一、预防为主”方针，落实安全责任制，落实电站安全生产核查工作，加强存在安全隐患电站专项整治力度。根据《关于开展小水电清理整改核查评估工作的通知》（粤水农水农电〔2020〕9号）和《关于开展小水电站退出试点工作的通知》（粤水农水农电〔2020〕10号），落实小水电核查评估与退出试点工作，全年全县完成小水电站核查评估257宗，其中核查评估为整改类小水电站212宗、退出类小水电站45宗；退出电站装机总容量41435千瓦，其中下黄坑电站完成退出试点工作，其余44宗为涉及自然保护区电站。做好水电站安全生产标准化推进工作，在申报涉农资金时将大中型水库安全生产化达标经费列入项目库中。全年，辖区开展安全生产标准化达标评级水电站（单位）有仁化县高坪水利水电管理所、仁化县顺安水力发电有限公司和盈保电业（仁化）有限公司3家。做好全县小水电站安全生产日常管理工作，开展汛前小水电站安全生产检查，汛期及时跟踪电站安全生产及度汛情况。完成农村水电站安全生产大检查工作。联合县应急管理局、县供电局多次排查、抽查辖内水电站、电站，排查发出存在问题整改书17宗，经电站业主及时整改均已销号。落实全县农村小水电安全生产培训，联合县水利协会、县供电局举办2020年仁化县水电行业安全生产学习培训大会，各电站业主、负责人约200人参加培训。2020年，全县小水电年发电量57121.22万千瓦时，上网电量52621.68万千瓦时，发售电收入27061.66万元，税收3534.5万元。

【水资源管理】 水资源管理完善。2020年，仁化县编制完成《韶关市仁化县赤石迳水库水资源保护规划》《韶关市仁化县澌溪河水库水资源保护规划》《韶关市仁化县高坪水库水资源保护规划》《韶关市仁化县锦江水库水资源保护规划》等。划定锦江大型水库和中型水库澌溪河、高坪、赤石迳水源地保护区，设立标志牌，由各水库管理所每日进行巡查监控。

县城饮用水源保护区工作落实完成。按照国家和省水利部门要求，对县城饮用水水源保护区进行确界立碑，在县饮用水水源地一级保护区自来水取水口、青山电站、木莲坑桥头和火冲坑管理所门口增设警示牌4块，增设进出保护区道路路口警示牌4块，在赤石迳水库周边竖立警示牌25块，设置界桩100个，砌筑围墙180米、围栏110米，设置电子监控系统3个，建立健全水质监测系统。5月27日，经第三方评审单位广州市新誉工程咨询有限公司结算审核，仁化县高坪饮用水水源地隔离防护工程竣工验收完成。

地下水管理加强。2020年，印发《仁化县城市公共供水管网覆盖范围内关闭自备水井实施方案的通知》，严格保护地下水，改善地下水环境，实现地下水资源可持续利用。

“十三五”规划主要目标完成。“十三五”规划中仁化县用水总量控制指标为2.7亿立方米，仁化县2020年用水总量为2.0394亿立方米，达到考核目标要求。2020年，县市万元工业增加值用水量（按可比价计算）97.54立方米/万元，相比2015年下降48.5%；2020年，韶关市万元国内生产总值用水量（按可比价计算）199.34立方米/万元，相比2015年下降41.6%。仁化县2020年度各考核水功能区水质达标率100%，高于年度控制目标85%，控制指标达标。仁化县农田灌溉水有效利用系数0.531，大于控制指标值0.510，控制指标达标。

【水土资源保护】 2020年，仁化县做好生产建设项目水土保持方案编制审批工作，严格按照《仁化县人民政府办公室关于加强开发建设项目水土保持方案申报审批工作的通知》要求，完成仁化县妇幼保健计划生育服务中心建设项目、仁化县第一小学（城北小学）建设项目等11个项目水土保持方案编制及审批工作。做好生产建设项目水土保持“天地一体化”工作，按照上级水利信息化和“互联网+现代水利”工作部署，开展水土保持信息化工作，在规定时限内完成上级交办任务。做好2020年度全国水土保持规划实施情况评估及水土保持目标责任考核工作，完成新增水土流失治理面积5.69平方千米，完成市局下达任务。

【水政执法】 2020年，仁化县结合河道采砂实际情况，建立健全水政执法工作方案，制定《仁化县水务局打击非法采砂巡查方案》《仁化县水务局开展打击非法采砂专项整治行动方案》等工作方案。以“世界水日”“中国水周”为契机，利用宣传车在各镇（街）、村委会广场中心等人流多场所宣传《广东省河道采砂管理条例》《中华人民共和国水法》等，通过张贴宣传单、派发宣传册、设置警示牌，制作打击非法采砂电视宣传广告，开展集中宣讲《广东省河道采砂管理条例》等形式，加大政策法规宣传，发放宣传资料3000余份。开展全面深入巡查，落实分组轮流备勤制度，安排执法人员24小时备勤，做到接到举报等突发情况能迅速赶赴现场处理；落实夜间巡查制度，安排执法人员每周至少进行1次夜间巡查；落实节假日执法巡查制度。全年，县水政监察大队开展执法巡查223次，派出执法人员892人次，夜间巡查47次，节假日巡查49次。加大联合执法力度，县水政监察大队联合各重点镇政府、派出所等单位开展执法巡查34次，联合执法巡查并立案查处非法采（运）砂案件13宗、坝体滑坡案件1宗，扣押运输车9辆、拖拉机2台、挖掘机5台，拆解抽砂设备11套，下发立案查处处罚决定书14宗，罚款金额175.53万元。重大违法采砂活动得到杜绝。

【河湖管理】 仁化县有河流109条，总长1055.28千米，其中，市管河流1条，县管河流3条。主要河流有浈江仁化段、锦江、董塘河、百顺河，总长约900千米，全部纳入管护范围。集雨面积50平方千米以上河流27条，总长579.25千米，全部完成管理范围划定和采砂规划编制。辖内有山塘310座，水库54座。全县各监测断面水质监测指标均达到地表水环境质量Ⅲ类标准，县城区集中式饮用水水源地水质达标率及地表水断面水质达标率均为100%，无劣V类水体。在市政府开展的水污染防治第三方考核中，仁化以总分95.6分、水环境质量100分排名全市第一，在全市河长制工作考核中获优秀奖。2020年，仁化县夯实主体责任，强化履职担当，建立健全“党政领导、河长主导、流域统筹、部门联动、系统治理、齐抓共管”河长制工作格局，推动河长制湖长制从“有名”到“有实”，从“全面建立”到“全面见效”。坚决打好打赢水污染防治攻坚战，加强污水处理设施建设、禽畜养殖污染整治、工业源污染治理和执法监管，完成234个入河排污口排查录入工作，河流排查长度120千米。做好水生态修复，改善水环境，完成碳汇造林133.33公顷，实施珠江防护林封山育林项目建设4675.27公顷，提升水源周边生态环境。持续抓好河湖“五清”“清四乱”专项整治，投入资金1007万元，人员19067人次，出动船车8820辆次，清理全县各河段水上漂浮物和生活垃圾11184吨。高标准高质量完成万里碧道建设，完成仁化董塘—丹霞街道段碧道规划建设项目主体工程建设。做实做细河湖管护基础工作，科学编制“十四五”水利规划，加强水利基础设施建设，确保水利安全夯实基础。建立健全跨界协调机制，设置沿河显著地段河长制公示牌并及时更新公示牌信息，通过新闻媒体等方式主动向社会公布各级河长名单。强化执法监督维护河湖秩序，成立河湖警长制工作领导小组，加强重点污染源监管，对重点流域和重点行业开展交叉执法、联合执法，坚决查处偷排、超排、漏排等环境违法行为。加强河长制工作督导考核，成立“河长制”专项督导组，采取明察与暗访相结合方式，检查指导各镇（街）和相关部门河长制工作开展。

【水库移民工作】 2020年，仁化县水库移民人口11368人，其中大中型水库移民人数11170人，分布于城口、大桥、丹霞街道、董塘、扶溪、红山、黄坑、石塘、周田等9个镇（街）38个行政村115个自然村；小型水库移民人数43户198人，分布于大桥镇大桥村叶屋、榕树下、新村、东风村小组以及古洋村鹿子坑村小组，移民点多面广。年内，全县投入水库移民直补资金581.578万元，直补发放人数11166人；投入移民资金约1200万元，用于移民村公共基础设施和基本口粮田及农田水利建设，其中，环境整治8处、蓄水池3处150立方米、路面硬化7000平方米、渠道2197米、文化室5处500平方米、太阳能路灯110盏、新农村建设29处。

（刘　志）

气象事业

【业务质量】 2020年，仁化县气象局地面测报台站平均错情率0，台站个人平均错情率0，报表错情率0，农气测报表错情率0，业务质量均达到上级业务部门考核标准。

【气象服务】 2020年，仁化县气象局向当地政府和有关部门发出书面《天气报告》51期、《重大气象信息快报》11期、《重大气象信息专报》6期、《春运气象服务专报》50期、《高考气象服务专报》9期，发布预警信号163次。针对县特色、优势农业产业，开展市（县）农气情报预报、春耕春播、夏收夏种专题气象服务、田园气象等特色农业气象服务。

【公共服务和决策服务】 2020年汛期，仁化县气象局在组织、规章制度、人员配备及仪器设备方面做好充分准备。全体业务人员密切关注天气变化，实行24小时值班及领导带班制度，遇有重大天气过程，有条不紊开展气象服务工作。每天通过微信、微博公众平台发布24小时和未来3天预报；每周五通过短信平台发布未来一周天气预报；每月制作《气象月报》《气候影响评价》报送到各相关服务单位。针对春运、春播、夏收夏种、高（中）考天气、中秋假期、国庆假期等重大活动及重要天气过程，做好决策气象服务。

【防雷减灾工作】 2020年，仁化县气象局严格履行气象行业安全生产职责。加强气象灾害防御重点单位气象安全巡查，配合县应急局开展全县易燃易爆和危化场所行业领域气象灾害防御暨防雷安全生产检查，联合县应急、住建部门开展2020年广东省重点单位气象灾害防御专项执法检查工作。发现问题及时向业主单位进行反馈，整理相关台账每月汇总上报安委办。继续强化防雷减灾管理，开展并完成新农村村民集中聚集区雷电灾害风险隐患排查工作。开展A级旅游景区和文体场馆防雷安全专项检查工作。做好雷电灾害事故调查、取证、分析、汇报和宣传工作。广泛开展气象灾害防御知识培训和宣传，举办2020年仁化县气象灾害防御知识暨气象信息员培训班，利用仁化县气象防灾减灾自救互救认证科普中心科普宣传平台和下乡镇、进企业、进村居等渠道开展气象灾害防御、防雷安全宣传。

【人工影响天气工作】 2020年，仁化县气象局做好人工影响作业岗前培训工作，对所有作业人员进行岗位培训，派员参加省人工影响中心组织的人工影响作业指挥长、人工影响作业人员培训。建立人工影响天气作业设备常规保养制，定期保养人工影响设备，全年作业5次共20枚炮弹，均按要求做好登记工作；严格执行人工影响天气作业制度，按照作业规范安全作业。全年未发生人影作业安全生产事故。

（蓝传宝）

水文监测

【水量监测】 仁化水文站负责监测仁化县域内各河流水量监测工作。2020年，仁化县有水文站1个、巡测断面1个、雨量观测站15个、大中型水库观测站4个、冰冻灾害监测站点1个，均实现水位、雨量自动测报。流量测验增加走航式ADCP、雷达测速枪等先进仪器，配备水文测船、冲锋舟、华测RTK型GPS、天宝全站仪、水深测量仪等辅助测量设备，生产效率得到提高。

【水质监测】 2020年，仁化县域内水质监测断面有仁化、赤石迳水库、锦江水库、高坪水库、澌溪河水库、大水坝水库、周田、周田街、金牛农庄人行桥、狮头林电站、车湾村、双合水、黄石滩电站、石庄电站、沙村水桥、古洋大桥、澌溪河桥头、塔下、罗村19个，实现各河流水功能区和水库水功能区水质评价。上述19个水质断面由韶关水文测报中心安排采样，由广东省水环境监测中心韶关分中心进行水质化验。

【水文服务】 2020年，韶关水文分局每两个月向丹霞山管委会提供《丹霞山风景区水文综合情况报告》1份，全面介绍流域内降水量、径流量、水质资料状况。

（文小平　谢理丽）

城乡建设·环境保护

城乡规划

【县城规划编制工作】 2020年，仁化县规划委员会办公室组织召开会议13次，审议《韶关市仁化县城口红色小镇旅游总体规划》《仁化县周田镇镇街整治提升规划》等议题106个，指导完善县城规划编制工作，保证城市有序发展。

【镇街整治提升专项规划】 2020年，仁化县在2018年、2019年完成第一、二批试点镇（城口、周田、董塘、石塘、大桥、长江）整治提升专项规划审批基础上，继续完善城镇规划指引，按照全县发展方向并结合国土空间规划布局，加快推进第三批试点镇（黄坑、闻韶、扶溪、红山、丹霞街道）整治提升专项规划，推动城镇发展提升。

（李倩倩）

城镇建设与管理

【重点工程建设管理】 县城三板桥至大岭红绿灯路段升级改造项目。该项目工程道路起点（K0+000）于仁化县城三板桥，终点（K1+995.67）至县城大岭红绿灯路口，路段全长约1.99千米，道路宽25米，工程造价约3000万元，道路等级为城市次干道，标准断面为双向四车道，设计速度为40千米/小时。该次设计道路为升级改造道路，包括道路工程、排水工程、供电、通信管道预埋工程、路灯照明工程、交通工程等设计。2020年年底完成该项目建设。

仁化县域生活污水处理厂及污水管网升级改造工程PPP项目。仁化县率先全市完成镇级污水处理厂设施建设。其中，2020年6月2日，县城污水处理厂二期工程、一期提标改造工程通过环保验收，并取得排污许可证，投入运行；县城二期配套管网完成敷设17.145千米；5月15日，城口镇级污水处理厂通过环保验收；6月8日，扶溪镇、大桥镇污水处理厂通过环保验收；8月14日，石塘镇、黄坑镇、周田镇、闻韶镇污水处理厂通过环保验收；9月5日，红山镇污水处理厂通过环保验收；完成长江镇提标改造工程厂区，各新建镇级污水处理厂均正式运行；镇级配套管网累计完成敷设21.91千米。

县城背街小巷提升项目。2020年6月，仁化县住建管理局按照《仁化县社区改造建设试点实施方案》有关要求，加快推进各项工作任务。完成高坪社区高坪新村改造建设试点项目（范围涉及约106栋403户1500人），其中完成高坪新村街巷硬底化、雨污分流、外立面及楼道整治、文体设施建设、围墙建设、停车场建设、美化绿化等改造项目，完成岗亭、垃圾分类设施设置和普法、新时代文明实践、基层党组织等综合宣传栏制作安装，以及“三线”整治工作，配套完善基层医疗服务点、物业管理站等公共服务设施。

县城品质提升“439”行动工作。2020年，仁化县“四城（全国文明城市、国家森林城市、国家卫生城市、国家园林城市）同创”工作中，持续巩固“国家卫生县城”（2005年成功创建），11月成功创建“全国文明城市（县级）”，开展创建国家森林县城获国家林业草原局备案，启动创建国家园林城市工作。在城区持续开展污水、垃圾、六乱整治，市容市貌得到巩固和提升，群众“四城同创”意识得到有效提高。县城污水处理厂完工并通过环保验收，进入试运行，县城管网完成敷设约18千米；县城环卫保洁作业常态化进行，每日收集清运生活垃圾约80吨，结合疫情防控要求，加强公共区域消杀以及提高生活垃圾清运频率，垃圾随产随清。8月，完成新建或改造城区生活垃圾分类亭和县城中转站改造36个，配合加快推进城区生活垃圾分类试点工作，开展城区生活垃圾分类试点项目进小区宣传活动12次、进学校宣传1次，发放宣传资料1.05万份。每天安排专人开展“六乱”“两违”巡控巡查和整治共9865次，拆除违规搭建广告、楼顶棚、雨阳棚429处2.38万平方米。全县有“439”在库项目40个，总投资约12亿元，年内完工项目24个，在建项目7个，处于项目前期9个；完成新建或改造市政道路（含沥青路面修复）6.31千米，消除主次干道建筑外立面安全隐患18栋，整治提升背街小巷20条，新建或改造各类广场公园2个，整治提升农贸市场1个，新增公共停车位320个，新建日处理能力1万吨生活污水处理厂1座，配套建设污水管网18千米，新建公厕2座，建成风度书屋1座。

【城市市容市貌整治】 2020年，仁化县城建监察大队抓实县城市容市貌管理，以“创建全国县级文明城市”为契机，加大“六乱”现象整治力度，累计拆除国省道沿线及县城范围乱搭乱建雨棚、楼顶棚、铁架等438处24072.905平方米，拆除灯柱广告23处，拆除县城内户外广告牌（含非公路标志牌）132处。对违反《城市市容和环境卫生管理条例》商户、摊贩等当事人发放环境整改通知书973份，清理乱摆卖19753次、乱堆放2566处、乱拉挂1083处、乱张贴1000处、乱停放4606处，流浪人员救助9次，扑灭野外用火26处。加强夜市摊点治理和管控，经过集中整治，县城内夜市摊档均按照规定合法有序经营。

【环境卫生管理】 2020年，县环境卫生管理所稳步推进农村生活垃圾“户收集、村集中、镇转运、县处理”全覆盖收运处理体系工作，加强县、镇、村环境卫生监管，包括道路和人行道清扫保洁、垃圾清运及公厕保洁等环节。截至12月底，该所对运营公司发送出各类问题整改通知718起，接收到整改情况反馈718起，整改完成率100%，责任片区内无卫生死角、无纰漏。

【城区园林绿化】 2020年1月20日，县城市政道路绿化项目通过验收。县园林所通过招投标，改变因细叶榕根系发达造成人行道不平整状况，丰富县城风貌，形成四季分明街景。配合创文工作要求，对县城三大公园、公共绿地补种各类苗木约8000株；在公园设置各类公益广告宣传栏82处、安装标识牌17个，清运整治公共绿化带、行道树枯枝枯树、建筑垃圾46车。

【路灯管理】 2020年度，县园林所在国道323线周田麻洋新庄工业园入口至仁化与始兴总甫交界处安装10米高杆120瓦LED太阳能路灯55盏；在锦江路西侧安装9米铁杆单臂120瓦LED路灯16盏、10米铁杆三头120瓦LED路灯1盏，通过与老城社区沟通，解决背街小巷装灯率不足问题，加装装灯率小于95%背街小巷简易路灯24盏；清理公园内路灯罩上灰尘、污损，更换灯罩10个，清洗灯罩42个，加强路灯巡查，保证主要街道亮灯率99%以上。

【房屋征收管理】 2020年，县房屋征收管理中心做好县房屋征收管理工作。规范房屋征收行为，严格征收程序，重点开展丹霞新城综合建设（啸仙路）市政道路项目房屋征收补偿工作，完成合同签订10份，征收房屋总面积1150平方米；会同丹霞街道办及城南村委会督促被征收户履行合同，移交被征收房屋。委托拆迁公司对该项目房屋及附属设施进行拆除，项目涉及10户，已全部拆除，确保县电信旁至松香厂道路建设项目顺利施工。修改完善《县城规划二路至新东大街衔接工程市政道路建设项目及“五小”配套设施建设项目房屋征收与补偿方案》，起草《房屋征收公告》报县政府审核。开展县交警大队办公大楼和宿舍楼地块“三旧”改造项目（办公大楼20户）房屋征收前期工作，组织被征收人选择并完成房屋评估机构选定工作，配合评估公司入户完成各户房屋面积测绘、房屋装修评估登记工作。配合、协助丹霞街道办、周田镇等镇（街）开展梦幻丹霞、周田工业园等项目房屋拆迁工作。

建筑业管理

【安全生产管理】 2020年，县住建管理局根据《中华人民共和国建筑法》《中华人民共和国安全生产法》《中华人民共和国建设工程质量管理条例》《建设工程安全生产管理条例》《建筑施工现场环境与卫生标准》有关法律和规范要求，组织检查人员开展在建工程质量、安全、文明施工以及施工企业、监理企业安全生产管理机构和制度、人员配备、应急预案及演练大检查，抓好安全生产各项专项治理检查和管理工作，组织房屋和市政工程安全生产大检查，施工质量安全、扬尘治理、消防安全、农民工工资、中标后监管等专项检查，抓好建筑工程施工管理和监管工作，完善建设工程质量安全监督登记制度，推行建设企业安全生产目标管理制度，强化企业安全生产管理责任主体作用。全年核发施工许可证23个，竣工验收备案工程32项，所监工程未发生安全生产事故。组织检查16次，发出整改通知书57份、质量整改通知书29份，涉及质量安全生产动态管理系统扣分24份。做好年度质量安全生产各项工作。提高全县施工企业安全生产和文明施工管理水平与质量，安全生产整改工作得到落实，未出现大的安全生产等级事故。

【施工工地管理】 2020年，县住建管理局围绕“国家卫生县城”标准和“全国县级文明城市”创建要求，根据《建筑施工现场环境与卫生标准》要求，做好县城建筑工地施工道路硬底化、施工围挡设置、洗车槽设置、建筑材料按要求堆放等工作，要求各施工单位严格按照“6个100%”要求，保持施工现场内办公室、宿舍、厨房、卫生间及周围环境清洁、卫生。将建筑工地扬尘治理纳入安全生产日常巡查检查；开展扬尘治理检查，做到路面随时监测随时整改。

【建筑工程质量管理】 2020年，县住建管理局按照《中华人民共和国建设工程质量管理条例》《建设工程安全生产管理条例》，做好在建工程日常质量检测和各阶段工程质量验收工作，重点开展建筑工程“渗、漏、裂”质量通病防治。按相关规范加强建筑原材料（如钢筋、水泥、砂、石等）监测，加强工地混凝土试块、砂浆试块半成品检测，强化新增门窗项目检测工作；推行住宅工程质量分户验收制，严格按竣工验收程序组织有关部门进行房屋竣工验收，保障各建筑工程质量。

【专项整治】 2020年，县住建管理局根据《中华人民共和国建筑法》《中华人民共和国安全生产法》《建设工程质量管理条例》《建设工程安全生产管理条例》等有关法律、规范要求和上级部门安全生产工作部署，通过采取定期检查与不定期抽查相结合方法，开展专项检查和联合执法检查。对全区在建工程，重点检查排查基坑支护、脚手架、模板支架、施工升降设备、临时用电、高空作业、消防等项目，重点深入检查危险性较大分部、分项工程和超过一定规模危险性较大的分部、分项工程。重点加强重大危险源和危险性较大分部、分项工程安全防护措施责任主体落实，堵塞安全监管和安全教育漏洞，抓好整改落实和“回头看”工作；按照省、市、县关于“三防”工作有关通知精神，加强在建工地汛期安全生产检查。按要求抓好安全生产各项专项治理检查工作。

【安全生产教育培训】 2020年，县住建管理局实行不定期召开安全生产例会制度，重点讲评当前安全生产情况，提出整改措施和布置安全生产工作。督促施工单位做好“三级”安全教育培训工作，并在日常检查中检查“三级”安全教育培训落实情况。

【施工现场消防安全】 2020年，县住建管理局全面落实电气火灾综合治理任务措施，深入排查整治建筑工程电气质量安全隐患问题，全力防范建筑工程电气火灾事故发生。学习执行关于消防安全方面文件精神，制定相应措施，明确行政责任负责人；利用多种形式和渠道，开展在建工地消防安全知识教育，加强电气火灾教育；定期检查各类消防器材，发现消防安全隐患及时报告和依法依规严肃整改。

【房地产业和建筑业总产值】 根据资质房地产开发公司联网直报数据和县房管所提供网签交易数据：2020年，仁化县1—12月房地产开发企业完成投资11.2985亿元，同比上年下降4.5%；商品房销售17.0556万平方米，同比上年上升0.8%，商品房销售额8.6241亿元，同比上年下降3%。新建商品房价格情况：12月，全县商品住房平均成交价格6293元/平方米，房价环比上涨17.7%（11月，住房平均成交价格5197元/平方米）；非住宅12月平均成交价格6819元/平方米。二手房交易情况：1—12月，二手房交易面积5.47万平方米；交易金额16869.71万元。1—12月，新增商品房预售面积12.5万平方米。12月底商品房库存总量19.4万平方米（其中住宅15.1万平方米、非住宅4.32万平方米），12月末商品住房库存套数1029套。与2019年年底商品房库存量18.25万平方米对比，去库存（净化解）–1.15万平方米。县域21家施工企业建筑业总产值2020年115839万元，同比上年增加66%。房屋新开工情况：2020年报建项目23项，面积37.080761万平方米，工程造价11.126881亿元。

【建筑节能】 2020年，仁化县抓好散装水泥发展应用、墙体革新和建筑节能工作。新备案开工工程项目23项，建筑面积37.0808万平方米，全部严格执行建筑节能强制性标准实施；竣工工程项目32项，建筑面积26.1782万平方米，均严格按照建筑节能审查备案的图纸组织施工和验收；申报二星级绿色建筑工程1项，二审通过，建筑面积约1.25万平方米；申报一星级绿色建筑工程1项，二审通过，建筑面积约5.01万平方米。

【工程预结算管理】 2020年，仁化县建设工程造价管理站做好工程造价信息采集整理和发布，提高信息质量，全年发布人工或材料信息3期。

【建筑设计】 2020年，仁化县建筑设计室执行国家强制性条文、标准规范，做好工程勘察、设计工作。通过抓好工程设计管理，提高设计水平，缩短设计周期，实行会审制度，提高设计质量。全年完成工程项目35项，设计建筑面积1.5万平方米，完成建筑工程设计项目有向阳街及红卫街道路改造工程、粮所旁道路改造工程、解放东路道路改造工程、仁化县水文站办公楼、黄塘村48号挡土墙工程、仁化县红山镇省定贫困村农村人居环境整治提升项目、仁化县周田镇坪甫村黄惊墩村美丽乡村建设项目、仁化县社区改造试点建设项目、新建仁化供电局董塘供电所综合仓库、11个镇（街）生活垃圾中转站改造提升工程、长江中学综合楼挡土墙建设工程、仁化县镇（街）综合文化站提升二级站建设项目（修缮部分）、仁化县红山镇省定贫困村农村人居环境整治提升项目二期工程等设计项目。

【测绘工作】 2020年，仁化县测量队抓好工程测绘工作，做到测绘数据及时、准确、规范。全年完成测绘项目36个，其中，市政工程：滃田湾沿线道路景观提升工程，北门片区第一期排水排污工程，晖景一品城区域排水工程，建设路外立面改造工程，建设路直北门东风新村公租房道路升级改造工程，仁化县水文站，盛世铭庭背后道路工程，县城三板桥到大岭路口红绿灯路段改造提升工程，周田新庄五路和新庄六路道路测量，周田新庄仁化产业共建园土地平整二期工程，金霞小区道路市政工程，高坪新村沥青路测量，仁化县老城区红卫街道路改造，仁化县粮所旁道路改造，丹霞新城F区土方测量；房地产项目：宝能B11地块1#～15#竣工测量，碧桂园二期5#～7#竣工测量及沉降观测，丹霞新城沁潼园F区竣工测量，沁滢园1#～9#竣工测量，沁泳园1#～5#竣工测量；教育强镇项目：完成城北幼儿园定桩工程，扶溪中学运动场西南侧滑坡地质灾害治理工程，仁化县中等职业学校新加建实训楼建设工程，仁化中学龙井校区教师发展中心建设项目，城口人大楼竣工测量，城口派出所业务用房项目，城口高速检查站项目，大桥林业站标准站建设工程，董塘林业标准站建设工程，董塘供电所、扶溪供电所、扶溪派出所地形测量，红山供电所、闻韶供电所、闻韶派出所地形测量，周田林业工作站标准建设工程，周田干部交流楼。

房地产管理

【住房保障】 2020年，仁化县贯彻落实国家和省、市住房保障工作有关政策，推进保障性安居工程建设工作，抓好廉租住房和公共租赁住房、棚户区改造建设管理工作，切实解决全县城镇低收入家庭住房困难问题。协助广晟公司做好十六冶和广东铝厂两个棚户区改造项目分房前准备工作，以及棚户区维稳工作，与广晟公司修改和公布新安置方案，组织和协调各部门将晟泰花园剩余1260套安置房平稳有序全部分配给安置户。

【直管公房与房屋租赁】 2020年，县房产管理所加强直管公房管理，以搞好公房管理服务群众为目的，增强工作人员忧患意识和责任意识，加大公房维修费用投入力度，确保直管公房租赁管理工作顺利进行。改善公房居住条件，确保公房住户生产生活安全，全年投入5万元，其中公产房2.63万元维修公房12套下水管长度90米和泥瓦面换树脂瓦36.36平方米；投入1.5万元维修公租房市政基础设施15套、卫生间3间等。根据有关规定，做好公租房分配工作，让低收入住房困难家庭享受到住房保障。

【房地产交易备案】 2020年，县房产管理所加强房地产交易备案管理，重点抓管，严格执行房地产交易和商品房预售监管机制，利用房地产交易登记网络信息平台，严格控制一房多卖现象，保护消费者合法权益，促进全县房地产市场健康发展。全年办理各类房地产交易949宗，其中二手房363宗、商品房586宗；出具公积金贷款证明255份。

【白蚁防治】 2020年，仁化县房屋白蚁防治所加大白蚁防治宣传力度，提高百姓对白蚁危害新认知，提高白蚁防治水平，降低全县白蚁危害程度。全年，完成新建房屋现场施药11宗约4.6万平方米，上门灭治白蚁8宗，完成“白蚁预防合同”登记备案11份。

（刘俊文　刘　红）

生态环境保护

【环境影响评价】 2020年，韶关市生态环境局仁化分局（简称市生态环境局仁化分局）执行《中华人民共和国环境影响评价法》《建设项目环境影响保护条例》等有关法律规定进行建设项目审批，按照中华人民共和国生态环境部《建设项目环境保护分类管理名录》，分类管理受理项目。做到不越权审批项目，不私自降低环评等级。对不符合国家产业、行业政策，不符合县区域总体规划建设项目，坚决不批。按照《建设项目环境影响登记表备案管理办法》（部令第41号）要求，对原需审批的环境影响登记表项目备案，要求项目建设单位在国家建设项目环境影响登记备案系统进行备案，不再需要审批。全年，审批建设项目环境影响评价文件16宗，建设项目环境影响登记表备案系统备案项目51个，项目总投资173832.9万元，环保投资8340.37万元。

【环境执法监管】 2020年，市生态环境局仁化分局按照《中华人民共和国环境保护法》《广东省环境保护条例》等法律法规，依法行政，多措并举，切实维护县域环境安全。通过开展汛期环境安全隐患排查、锦江河沿河企业巡查、竹炭行业专项整治和小散乱污企业整治、危险废物规范化管理考核及危险化学品安全隐患排查、畜禽养殖排查等专项行动，严厉打击环境违法行为。根据仁化县生态环境保护工作实际情况，制定出台《关于我县石灰行业环境监管的实施工作方案》《关于县城周边工业企业监管实施工作方案》等。强化企业履行环保法律、法规等情况检查，建立并完善"一厂一档"制度。加大重点企业执法检查力度，建立完善监控网络系统。严格按照《中华人民共和国环境保护法》关于信息公开要求，加强重点污染源在线监控系统监管。全县各国控企业（凡口矿、华粤电厂、生活污水处理厂、丹霞冶炼厂）建成污染源在线监控系统，实现与韶关市生态环境局联网，形成以韶关市生态环境局为中心，以县生态环境部门为监控终端，涵盖全县主要排污企业监控网络系统，提升全县环境执法能力。完善"两法衔接"机制，协调公安、检察院、法院健全行政执法与刑事司法衔接机制，严厉打击环境违法犯罪行为。全年，韶关市生态环境局仁化分局出动人员1196人次，检查企业562家次，下达"责令改正违法行为决定书"15份、"责令限期改正通知书"16份，明确要求企业改正环境违法行为。加大环境违法行为查处力度，查处环境违法行为13起，同比上年下降0.071%，其中，结案13起，缴纳罚款5.268万元。

【环境信访】 2020年，市生态环境局仁化分局受理群众投诉165件（电话投诉155件，来信3件，网络问政4件，来访3批共5人），其中废水污染投诉8件，废气污染投诉92件，噪声污染投诉57件，畜养类投诉7件，其他投诉1件。本着对信访、投诉人"尊重、理解、关心、解难、高效"原则办理群众信访件，信访投诉到场率和调处率均为100%，没有发生因环境污染引发的环境污染事故和群体性事件。

【环境减排】 2020年，市生态环境局仁化分局根据《韶关市生态环境局关于印发〈韶关市2020年主要污染物总量减排工作计划〉的通知》（韶环〔2020〕58号），围绕二氧化硫、化学需氧量、氨氮和氮氧化物"四项指标"，分解落实减排工作责任，制订减排工作计划，突出抓好工业减排工程建设、畜禽养殖减排工程建设及污水处理工程建设，开展减排项目跟踪督导工作，加强环境管理。年内，对纳入2020年减排项目仁化县华粤煤矸石电力#1、#2机组超低排放改造项目、仁化县城口镇辉记养殖场等6家规模化畜禽养殖场完成减排设施建设并建立减排台账；对县2家涉源单位进行核辐射安全检查工作。

【环境监测】 2020年，市生态环境局仁化分局按照新《环保法》关于环境质量监测要求，做好县城区域大气环境质量监测、地表水环境质量监测、集中式饮用水源地水环境质量监测、湖泊水库蓝藻水华预警监测、重点区域地表水重金属专项监测以及降雨、降尘、噪声常规监测等工作。全年，获得空气质量监测数据51984个，获得降水监测数据490个；获得城市水质监测数据共7055个，其中获得饮用水水质监测数据1244个，地表水水质监测数据5811个；获得噪声监测数据116个，其中区域环境噪声监测数据101个，道路交通噪声监测数据15个。出具监测报告、报表等约400份。根据监测数据显示，全县地表水水质监测达标率100%，饮用水水质达标率100%，空气质量优良率98.9%。通过做好环境监测工作，为环境监管和领导决策提供科学依据和技术支持。

【环境宣教】 2020年，市生态环境局仁化分局根据年度环境宣传教育计划，以创文宣传、环保宣传等为载体，弘扬环境文化，倡导环保低碳生活，营造全社会共同参与环境保护氛围。6月5日，联合县文明办在县城文化广场举行“美丽中国 我是行动者——决战决胜治污攻坚”主题宣传活动，派发环保宣传资料700余份，环保法律法规宣传小册子550余本，环保购物宣传布袋370余个，环保宣传钥匙包150个，环保围裙200余条。6月17—19日，组织仁化县“生态和美”志愿服务队开展“倡导低碳生活 呵护生态家园”主题宣传新时代文明实践活动，提高全民低碳行动意识，助力仁化创建全国县级文明城市。全年，派发各种环保宣传资料2.5万余份，环保袋1700余个，环保咨询3000余人次。

【环保信息公开】 2020年，市生态环境局仁化分局利用“仁化县政府网”“韶关市重点领域信息公开平台”等信息发布平台，做好环境信息公开工作。全年公开重点领域信息143条，其中空气环境信息11条，水质环境信息13条，建设项目环境影响评价信息39条，国控企业污染物自动监控信息13条，挂牌督办和行政执法信息29条，国家重点监控企业污染源监督性监测信息9条，行政处罚信息19条，土壤污染防治信息2条，部门预决算2条，建设项目竣工环保验收信息、企业环境信用评价信息、环境污染费征收信息、核与辐射安全信息、“三公”经费、财政专项信息各1条。督促国控重点污染源企业每月将排污数据上网公开，对网上操作不规范企业下达责令整改通知。各企业均能及时、真实进行环保信息公开，未发现虚报、瞒报、迟报信息现象。

【生态功能区考核】 国家重点生态功能区县域环境质量考核工作是仁化县重点工作之一。2020年10月31日，经过县各有关部门协同合作，市生态环境局仁化分局完成2021年国家重点生态功能区考核县域环境质量考核资料汇编及数据上报工作。年内，为仁化县争取中央财政拨付国家重点生态功能区转移支付经费21140万元，比上年多争取979万元，其中用于生态建设及环境保护14967万元，达到补偿资金的70.8%。国家重点生态功能区资金的转移支付，有效带动仁化县转型发展，扩大社会保障覆盖面，提高基本公共服务能力，形成经济发展、民生改善和生态保护共赢局面。

【中央环保督察】 2020年，仁化县按照省、市中央环保督察整改销号工作要求和文件精神，于10月13日印发《仁化县人民政府办公室关于印发仁化县中央生态环境保护督察整改任务销号工作实施方案的通知》，要求由县环保督察整改工作领导小组牵头，梳理仁化县已完成的中央环保督察整改任务，由各整改牵头单位按规定流程开展销号工作。全县27项整改销号任务已全部完成评估、公示等销号工作，经仁化县政府同意上报市环境保护督察整改领导小组办公室进行备案。

（侯泽文）

经济综合管理

发展和改革

【协助县委、县政府编制相关文件】 2020年，仁化县发展和改革局（粮食和物资储备局）（简称县发改局）编制完成《关于贯彻落实省委十二届十次全会精神加快仁化高质量发展的实施方案》，并获县委、县政府批准同意，于11月11日印发实施。按照《仁化县“十四五”规划编制工作方案》要求，完成《仁化县国民经济和社会发展第十四个五年规划和二〇三五年远景目标纲要》起草、意见征求，与上位规划、国土空间规划和专项规划对接，专家评审和政府审议等工作，提请县人民代表大会审议通过。

【年度计划编制及执行情况】 2020年，县发改局围绕省委“1+1+9”工作部署和“一核一带一区”区域发展新格局要求，坚持稳中求进工作总基调，立足北部生态发展功能区定位，深入实施“139”发展战略，坚持高质量发展，全面贯彻新发展理念，经过认真调查研究，编制仁化县2020年国民经济和社会发展计划主要指标，获得县第十五届人民代表大会第六次会议审议批准；7月14日，县政府在全县范围内印发实施。围绕年度计划，做好经济运行监测和分析，为县委、县政府宏观决策提供建议参考，有效促进经济社会平稳发展。

【依法治价管费】 2020年，县发改局发挥价格服务功能，关注热点，促进民生改善和社会和谐。开展督促落实收费目录清单制度，各收费单位严格执行政策收费管理规定，收费过程中没有发现各类乱收费、乱摊派等违规收费行为。落实清理规范收费目录清单制度工作，加大收费目录清单制度宣传力度，根据法律法规和收费政策调整情况，及时更新公布目录清单。掌握市场信息，密切关注价格动态，做好自来水价格、天然气价格、殡葬收费、污水处理费、生活垃圾处理费、水资源费等各项监测数据上报工作。制订仁化县农业水价综合改革2020年实施计划，遵循“因地制宜、重点先行，先建机制、后建工程”原则，以水价机制为核心，以奖补机制为保障，以工程和计量设施为基础，以工程管护机制为依托，统筹推进农业水价综合改革工作。贯彻落实疫情期间降低企业成本支持企业复工复产有关国家政策，推动实体经济发展，具体做法：用电价格方面，县域非高耗能工商电力用户执行一般工商业电价或大工业电价，执行支持性两部制电价政策，为两部制电价用户办理计费方式变更及暂停减容等追溯流程，节省企业用电成本；中小企业实施疫情期间减免违约金政策，“欠费不停电”政策，保障各电力用户正常电力供应；用气价格方面，阶段性降低管道燃气非居民用气销售价格，阶段性降低非居民用水销售价格，发放社会救助人员阶段性价格临时补贴。

【价格成本监审】 2020年11月，县发改局根据省物价局和省建设厅相关文件精神要求，对广东仁化银龙供水有限公司下发《政府制定价格成本监审通知书》（仁价成监通〔2020〕1号）；发出《政府制定价格成本监审委托书》（仁价成监委〔2020〕1号），委托韶关市智杰会计师事务所对银龙供水公司实施定调价成本监审。

【行政事业性收费】 2020年，仁化县行政事业性收费单位贯彻落实国家停征、免征和降低行政事业性收费政策，严格按规定收费项目、收费标准收费，未发现擅自设立收费项目、分拆收费项目、提高收费标准等违规乱收费现象。

【保供稳价和价格监测】 2020年，县发改局做好疫情防控工作，切实摸清辖区内蔬菜、猪肉等重要商品供给真实情况，确保辖区生活必需品供应充足，商品价格总体稳定。全年全县未发现商品哄抢囤积、价格异常波动情况，能满足市场需求。提高价格监测工作质量，严格遵守采价时间，认真选择采价点，在疫情期间为市价格监测工作提供及时、准确、翔实价格监测数据，有力支撑辖区内疫情期间保供稳价工作。

【价格认定】 2020年，县发改局价格认证中心围绕“抗疫、服务、管理、发展”理念，率先实现在价格认定综合业务平台办理“三涉”案件，涉案、涉纪、涉税价格认定工作得到增质提效，全年完成“三涉”案件价格认定68宗，其中涉税价格认定7宗。

【价格信息宣传】 2020年，县发改局围绕省、市物价工作重点和县委、县政府中心工作，以物价工作热点、难点、重点问题宣传为突破点，提高宣传工作质量，注重价格宣传与联系群众、服务基层、把握市场动态相结合，在宣传中搞好服务，在服务中搞好宣传，及时准确宣传价格工作、政策和亮点。

【投资管理和服务】 指标完成情况。2020年，县发改局完成固定资产投资项目审批、核准和备案工作145项，其中审批项目57项、核准项目1项、备案87项。鼓励企业投资项目转型升级，推动制造业高质量发展，鼓励地方开展体制机制创新，形成特色鲜明、协同发展优势产业集群和特色产业链。支持传统产业改造，提高有色金属矿产资源综合利用水平，支持企业技术改造（全自动冲网生产线技术改造项目）。

监管服务项目。加强政府投资项目事中管理，严格评审项目建设过程中设计调整建设内容、造价概算等事项。按照《仁化县县级政府投资项目管理办法》要求，加强项目增加概算管理，严格按照程序批复项目增加投资行为。加强项目跟踪服务力度，每个季度汇总项目建设进展情况，不定期到重大项目实施地点实地查看，掌握项目动态，及时了解项目建设过程中存在困难和问题。加强工程项目招标核准工作，做好后续招投标工作指导、协调和监督。在项目立项阶段，加大工程项目立项资料审核，严格按照《必须招标的基础设施和公用事业项目范围规定》（发改法规〔2018〕843号）、《必须招标的工程项目规定》（中华人民共和国国家发展和改革委员会第16号）、广东省发展改革委关于印发《工程建设项目招标事项审核工作指南》（粤发改法规函〔2019〕1847号）通知，对项目进行招标核准。按照《广东省全面开展工程建设项目审批制度改革实施方案》要求，配合开展好房屋建筑和城市基础设施等工程建设项目审批制度全流程、全覆盖改革，包括从项目立项至竣工验收和公共设施接入服务全过程，覆盖行政许可等审批事项和技术审查、中介服务、市政公用服务以及备案等其他类型事项，实现统一审批流程、统一信息数据平台、统一审批管理体系、统一监管方式。

【粮食储备管理与流通】 政策性粮食数量和质量大清查工作。2020年4月16日，接省政策性粮食库存大清查办公室通报，仁化县发改局在2019年全国政策性粮食库存数量和质量大清查工作中表现突出，完成政策性粮食大清查企业自查、市级普查等各项工作，获得省清查办书面表扬，成为韶关市唯一获表扬县（市、区）。

安全储粮和安全生产工作。落实安全生产责任，与县粮食企业总公司签订安全生产责任书，明确安全生产工作职责。落实安全储粮和安全生产检查。开展安全隐患排查整治专项行动和全面开展问题整改"回头看"专项行动，重点检查企业贯彻落实"一规定两守则"情况，排查外包作业、进出仓作业、熏蒸作业等重要环节。督促企业落实问题整改，确保专项行动取得成效。

保障粮食市场供应工作。粮食应急网点更新维护常态化，全年累计发放更新维护费用8000元。疫情防控期间，与县域16个粮食应急保障企业保持互联互通，确保粮油市场正常供应和价格基本稳定，全县未出现粮油断供或哄抢现象。

粮食宣传。县发改局按时保质完成2020年全社会粮油供需平衡调查，宣传好粮食安全及《粮食流通管理条例》《广东省粮食安全保障条例》等，扎实开展粮食收购监督检查。开展"科技创新促发展，兴粮兴储保民生"主题进社区、进校园多渠道科普粮油健康知识粮食科技周活动。

（肖健军）

自然资源管理

【土地利用规划编制】 2020年，仁化县自然资源局（简称县自然资源局）完成周田新庄工业园用地布局调整土地利用总体规划调整和仁化县柑橘产业园项目、大唐仁化农光互补光伏项目、仁化县农副产品批发市场项目、丹霞冶炼厂炼锌渣绿色化升级改造项目、石塘加油站项目、阳光电源预留项目城乡建设用地规模使用方案审批备案，及群乐片区有条件建设区等储备地调规审批备案工作，加快招商引资项目落地步伐。

【生态保护红线划定工作】 2020年，县自然资源局开展生态保护红线评估工作，按照省自然资源厅要求，补充提供仁化县生态保护红线评估相关材料和新增调出项目。9月，根据《关于进一步收集报送生态保护红线内矛盾冲突的函》《广东省生态保护红线评估调整工作规则（试行）》有关精神及要求，牵头收集分析全县生态保护红线内矛盾冲突事项，形成《仁化县关于进一步收集报送生态保护红线内矛盾冲突情况的说明》。该说明及有关材料经县政府同意上报给市自然资源局，市自然资源局组卷上报省自然资源厅。12月，省自然资源厅下发生态保护红线和双评价成果。

【耕地保护】 仁化县实行最严格耕地保护制度，严格落实耕地保护主体责任，坚决耕地"非农化"、防止"非粮化"，切实保障粮食安全。2020年，韶关市下达仁化县耕地保有量任务数不低于19606.6公顷，全县有耕地面积21325.8公顷，任务完成率108.77%；永久基本农田保护任务面积不低于16638.07公顷，《土地利用总体规划（2010—2020年）》调整完善工作中划定仁化县永久基本农田面积16775公顷，任务完成率100.82%；高标准农田建设任务不低于0.04万公顷，年内，县农业农村局牵头完成高标准农田建设0.04万公顷，任务完成率100%。制定县级基本农田奖补机制，严格按规定落实基本农田经济补偿资金支付，调动基本农田保护单位积极性。2019年，省级下拨仁化县永久基本农田保护经济补偿资金754.878万元全部在规定时间内支付完毕。严格落实"占优补优、占水田补水田"耕地占补平衡要求，加大土地整理复垦开发补充耕地和补划永久基本农田力度，确保本行政区域内年度补充耕地、补划永久基本农田数量和质量不低于建设占用耕地、永久基本农田数量和质量。推进历史补充耕地整改，加强补充耕地后期管护监管力度，确保建设项目落实占补平衡。加强执法监察，完善土地执法监管体制机制，各镇（街）、县自然资源局、县农业农村局加强与法院、检察院和公安机关协作配合，采取多种措施合力强化日常监管，坚决制止耕地“非农化”行为，遏制新增农村乱占耕地建房行为，以“零容忍”态度严肃处理新增违法违规行为，做到“早发现、早制止、严查处”，坚决守住耕地保护红线。

【项目征地及用地报批】 2020年，县自然资源局完成县重点项目丹冶扩建项目、宝能旅游项目、丹霞山景区正北门等共75.87公顷征地补偿资料审核工作。取得县2019年度第一、第二、第七、第九、第十批次省政府用地批复，批复面积共26.0177公顷。将县2020年度第二、第五、第七、第八、第九、第十、第十二、第十三批次项目用地报批资料上报韶关市自然资源局审核，涉及报批面积共38.2公顷，其中，2020年第二、第九、第十、第十二批次在12月已预扣指标。

【市场管理】 2020年，仁化县完成土地出让数37宗，出让面积40.457公顷，出让金28551.0378万元，其中公开出让20宗，面积30.26公顷，出让金23016.08万元；协议出让2宗，面积9.905公顷，出让金5121万元；划拨补出让15宗，面积0.292公顷，出让金413.9578万元。新增实施“三旧”改造项目31个，面积29.9875公顷；完成改造项目34个，面积36.4695公顷。经催促县宝能项目11.6公顷已办理施工许可证开工建设，完成11.6公顷闲置处置工作，省厅系统暂时认证通过4.67公顷。

【土地收储】 2020年，县自然资源局按照储备计划进行土地收储工作，各项工作按照规定程序进行，依法依规。全年完成29宗地收储工作，收储面积101.8656公顷。

【生态修复】 2020年，仁化县新增地质灾害隐患点1个，所有隐患点均落实“两卡一书”（地质灾害防灾工作明白卡、地质灾害避险明白卡，地质灾害紧急避险通知书），竖立警示牌，制定应急预案。开展县域3个百人以上地质灾害隐患点工程治理及搬迁避让，完成红山镇小梱水麻竹下避险搬迁工程项目地质灾害风险性评估，29户村民签订搬迁协议，动工建设新房或在外购房村民29户；红山镇鱼皇村上为坑组避险搬迁工程项目，有17户已动工建设新房或在外购房；完成扶溪中学运动场西南侧滑坡地质灾害治理工程项目工程勘察设计评审，进行工程施工。开展矿山石场治理复绿工程，完成矿山石场复绿5.396公顷，超额完成任务目标4公顷。

【拆旧复垦】 2020年，仁化县完成2019年拆旧复垦项目（一期）验收建设规30.67983公顷，实际新增复垦农用地面积30.55128公顷，1月17日和2月17日，分2批次完成指标交易29.45832公顷，成交总价3.0176亿元。3月18日，完成2019年仁化县拆旧复垦项目（二期）项目招标工作；7月，完成项目验收（共计新增复垦农用地面积40.8682公顷）17个；9月29日，向市自然资源局提交指标交易申请40.8682公顷；12月14日，完成剩余项目验收工作12个。

【水田垦造】 2020年6月，仁化县完成2020年度周田镇较坑村垦造水田项目踏勘、选址、青苗清点和编制《韶关市仁化县拟利用园地垦造水田可行性评估论证报告》工作。6月29日，完成周田镇较坑村（赖屋、刘屋）垦造水田项目土地清查、可行性研究报告编制、测绘、规划设计及预算编制服务项目开标；7月8日，完成较坑村垦造水田项目立项；8月4日，完成工程施工招投标挂网工作；8月27日，完成工程施工开标工作；9月11日，入场施工；2020年年底完成工程竣工。10月19日，市自然资源局给仁化县增加下达2020年垦造水田任务指标20公顷，根据文件要求，县自然资源局完成踏勘选址工作，县政府常务会议讨论并同意该项目实施。

仁化县周田镇较坑村垦造水田项目前后对比图（黄志文　摄）

【矿产资源管理】 2020年，仁化县建源石业有限公司和仁化县城口镇锦城、东坑地热田绿色矿山建设通过市局组织专家组评审验收。开展2020年春节期间和中秋、国庆“双节”安全生产专项检查。结合疫情防控，做好企业节后复产复工安全生产工作，组织开展节后复产复工安全生产检查。年初深入非煤矿山企业巡查检查70余次，对发现的隐患要求企业及时整改。与矿山企业签订“安全生产责任书”，督促矿山企业完善安全生产责任制。检查指导矿山企业对新型冠状病毒感染肺炎疫情防控和复工复产工作，向业主发放防疫宣传资料60份。疫情期间，全县矿山企业没有发生新型冠状病毒感染情况。

推进“广东省仁化县丹霞街道办东田矿区建筑用灰岩矿”和“广东省仁化县石塘镇水历村杆子坪矿区砖瓦用砂岩矿”设置工作，完成该2个拟设矿权征求意见，并组织资料报市政府审议。开展拟设矿权“广东省仁化县鑫源建材有限公司砖瓦用砂岩矿”和“广东省仁化县丹霞街道办深塘（北）矿区砖瓦用砂岩矿”征求意见等前期工作，对“仁化闻韶镇黄洞排地区铌钽矿”等探矿权延续进行核查。

【“三调”和房地产一体工作】 2020年，仁化县“三调”（第三次全国国土调查）工作已完成时点更新建库，并转发国家核查意见，等待省厅统一部署进行整改。房地一体工作完成实施意见下发和外业调查485425宗（占应调查数88.16%）。完成发证40本，已公示12个行政村（3950宗）。

【执法监察】 2020年，省自然资源厅下发仁化县2019年季度涉及第三季度和第四季度卫片土地矿产卫片，其中违法图斑84个，违法用地总面积约22.93公顷，涉及基本农田面积约0.63公顷；省下发仁化县2020年第二季度卫片图斑1宗，面积2.8公顷，其中违法用地面积约0.275公顷。仁化县在2019年第三、第四季度卫片核定违法用地中，应立案44宗，其中已立案并作出行政处罚44宗；非立案40宗（其中完善用地手续约6.037公顷、拆除复耕复绿面积3.016公顷）。已完成整改工作9.053公顷。对违法用地行为立案查处69宗，移送法院申请强制执行34宗。立案查处非法开采案件4宗，移送公安机关立案侦查2宗；协助办理县扫黑办移交线索4条，上报县扫黑办线索2条，全部办结；移送县公安机关立案审查1宗。办理县信访局交办件8宗，其中已办结7宗，正在办理1宗。办理“12345”政府服务热线（网络问政）案件54宗，已办结54宗。

【不动产登记】 2020年，县自然资源局不动产登记中心收件11245宗，办结发出不动产权证书8029本、登记证明3216份，办结业务11245宗，办结率100%。

【信息数据与测绘】 2020年，县自然资源局信息中心接到数据申领11宗，完成保密数据处理9宗。完成县主要镇区、工业园区三维沙盘建设和验收工作，并投入使用。完成丹霞新城幼儿园地块、长江镇原加油站地块、全民建设广场地块、黄屋高速路口加油站地块等20余宗划拨和出让土地测绘工作。完成全县测量标志点巡查。

（李倩倩）

统　计

【概况】 2020年，仁化县统计局围绕全县经济发展目标和县委、县政府2020年重点工作部署，统筹推进疫情防控和统计调查工作，扎实做好“六稳”工作、全面落实“六保”任务，积极开展各项统计调查和人口普查工作，发挥统计预警监测作用，主要畜禽监测调查工作和完善名录库动态维护更新机制改革试点工作获得全市通报表扬，人口普查工作获得市局肯定，2篇统计分析获全市二等奖；全局有4人通过专业技术资格考试，有2人通过全国统计执法证考试。

经韶关市统计局统一核算，2020年仁化县实现生产总值（初步核算数）1035148万元，按可比价计算，比上年增长2.9%，其中，第一产业增加值227614万元，增长3.5%；第二产业增加值425191万元，增长5.6%；第三产业增加值382343万元，下降0.1%；第一、二产业对经济增长贡献率分别为24%、77.4%，第三产业负增长。三次产业结构比重为22：41.1：36.9，第三产业所占比重比上年下降2个百分点。

【疫情防控和统计调查统筹推进】 2020年新冠肺炎疫情发生后，县统计局精心组织，周密部署，坚守职责履职，迅速组织成立统计局党员先锋队，社区和挂点村防疫组等工作小组奔赴防疫一线，做好疫情防控排查工作。结合统计职责，坚持两手抓两不误。做好全年经济社会发展主要经济指标分析研判，及时组织各专业分析疫情造成的经济指标影响。结合国家防控疫情形势、本县产业结构特点、重点行业企业复工复产调查摸底情况等进行针对性、精确性分析研究，为县委、县政府掌握整体情况、预判发展趋势、出台政策措施提供决策参考。

【第七次全国人口普查】 2020年，仁化县按照国务院、省、市人民政府《关于做好第七次全国人口普查工作的通知》精神，高质量完成第七次全国人口普查（简称“七人普”）工作。县委书记以普通公民身份接受人口普查现场登记，并通过电视向“七人普”工作人员致以问候感谢，向全县人民发出关心支持、参与配合人普工作号召。成立由县长任组长的全县人口普查领导小组和办公室，建立县镇村三级普查机构，投入普查经费122.5万元，开展综合业务培训覆盖全县11个镇（街）125个村（居、社区），提升1168名“两员”（普查员、普查指导员）工作能力，打好入户登记基础。运用“一线双联”“民情夜访”“党员报到社区”活动常态化制度，组织党员干部到挂点镇（街）、村（居、社区）参与人口普查工作。普查期间，各级严格遵守统计法和人口普查条例，执行普查方案，坚持进度和质量两手抓，充分有效利用公安、卫健、民政、供电等部门行政记录比对核查，加强数据核查力度。针对登记中出现常态错误及时处理，做到有计划开展质量控制。

【依法统计宣传教育】 2020年，仁化县加强统计法律法规学习宣传教育，增强依法统计意识。县委十三届第185次常委会、县十五届84次政府常务会和县有关职能部门分别学习《防范和惩治统计造假弄虚作假重要文件选编》中《关于深化统计管理体制改革提高统计数据真实性的意见》《统计违纪违法责任人处分处理建议办法》《防范和惩治统计造假、弄虚作假督察工作规定》，推动县初任公务员培训班和科级干部培训班把统计法律法规纳入学习内容。扎实开展统计法治宣传活动，编印《统计法律法规汇编》，利用“9·20”中国统计开放日、“12·4”国家宪法日、“12·8”《中华人民共和国统计法》颁布纪念日、第七次全国人口普查等时间节点，组织开展统计普法宣传活动，营造依法统计社会氛围。

【统计“两防”工作】 2020年，县统计局根据《防范和惩治统计造假、弄虚作假督察工作规定》，组织专业人员每月抽取20%的企业进行数据核查，确保统计数据真实可靠，将“两防”（防弄虚作假，防少统漏统）作为重要基础性、经常性工作。联合市场监管局开展统计执法检查，通过严格执法、依法治统，有效遏制各类虚报、瞒报、拒报、迟报等统计违法行为。

【经济运行监测预警】 2020年，县统计局加强与GDP（国内生产总值）成员单位协同研判，对主要经济指标完成情况进行科学预测分析，并积极跟踪对接，认真分析反馈后问题，强化全县经济运行情况有效监测和研判。强化数据质量意识，抓好统计报表审核，深入企业开展统计数据质量核查，与相关部门联合联动，利用税务、供电、用水、用工等部门资料进行评估、审核统计数据，确保统计数据真实准确。

【统计服务】 2020年，县统计局按照市统计局“十四五”地区生产总值增长目标细化测算方法，细化分解仁化县“十四五”经济增长目标，确保“十四五”经济增长目标做到有行业支撑，行业发展目标和着力点更加明确。参与发改部门“十四五”规划编制工作。稳步推进名录库国家试点工作，成立仁化县完善名录库动态维护更新机制改革试点工作领导小组，提高名录库维护更新工作效率与数据质量，稳妥推进完善名录库动态维护更新机制改革，丹霞街道为试点地区，完成由县级承担的调查单位入户登记工作。

（邓慧华）

审　　计

【审计成果】 2020年，仁化县审计局围绕县委县政府中心工作，计划开展审计项目21个，实际完成审计项目21个，临时交办任务3个，完成计划数114.28%。审计查出管理不规范金额21341.47万元，违规金额27.15万元，非金额计量问题180项，提出审计意见和建议67条，依法出具移送县纪委监委处理书4份、移送县委组织部处理书1份，出具移交国家税务局仁化分局处理书1份。年内，县审计局被评为“2020年度全市审计统计工作先进单位”“2020年全市同级审报告质量提升先进单位”，获2020年全市审计机关优秀审计项目评选优秀等次。

【党对审计工作领导强化】 2020年，仁化县召开审计委员会全体会议3次，召开全体会议次数走在全省前列。在12月召开的全省市县党委审计委员会办公室工作调研座谈会上，县委审计委员会办公室受到广东省委审计委员会办公室秘书处点名表扬。认真执行重大事项请示报告制度。全年向中共仁化县委审计委员会报送领导干部经济责任审计报告和审计结果报告16份，获领导批示16次。向上级审计机关、县委审计委员会请示报告重大事项11篇次，获批示11次。审计委员会办公室将领导批示件作为政治要件办理，建立工作台账，落实具体责任和完成时限，及时跟踪督办。加强经济责任审计工作领导。2月，调整仁化县经济责任审计联席会议成员单位及人员，增加经济责任审计联席会议办公室主任领导职数，完善经济责任审计工作统筹协调机制，开展《党政主要领导干部和国有企事业单位主要领导人员经济责任审计规定》学习宣传；5月，召开调整后的第一次经济责任审计工作联席会议。8月，重新修订印发《关于印发仁化县经济责任审计工作联席会议议事制度和办公室工作制度的通知》。

【政策跟踪审计】 2020年，县审计局开展疫情防控资金和捐赠物资审计、推动复工复产复市（稳就业、保市场主体）审计、"南粤家政"工程建设审计、现代农业产业园建设推进情况审计、新增财政资金直达市县基层直接惠企利民情况专项审计等一系列重大政策措施落实情况跟踪审计。审计发现仁化县未对承租国有资产经营性物业的中小企业和个体户执行场地租金"一免两减半"政策、未向参加职业技能培训并获得资格证书的贫困家庭学员发放生活费补贴、柑橘产业园建设用地未落实到位、产业园省级补助资金和实施主体自筹配套资金使用进度较缓慢等问题，推动中央、省市各项决策部署贯彻落实，推动做好"六稳"工作、落实"六保"任务。

【财政预算执行审计】 2020年，县审计局组织实施2019年度县本级预算执行、决算草案和其他财政收支情况审计，审计发现部分非税收入未及时上缴国库、新增地方债券资金未及时使用完毕、部分项目未达到施工进度支付工程款等问题，促进部门单位加强预算管理，促进公共资金安全高效使用，推动提高资金绩效。根据上级审计机关要求，推进审计全覆盖，运用大数据审计方法，组织实施一级预算单位预算执行情况全覆盖审计，审计发现政府采购程序不规范、大额现金支付费用、公务接待管理不严等问题，推动部门单位提高预算管理水平，规范资金管理使用，落实过"紧日子"要求。

【经济责任和自然资源资产审计】 2020年，县审计局完成经济责任审计项目13个，被审计领导干部14人，审计发现管理不规范金额7845.39万元，非金额问题106项，提出审计意见和建议42条，强化领导干部管理监督，促进领导干部履职尽责、担当作为。探索开展领导干部自然资源资产离任审计项目1个，审计评价领导干部履行自然资源资产管理和生态环境保护责任情况，促进贯彻落实习近平生态文明思想；开展水资源和林业资源管理专项审计调查，推动贯彻执行国家水资源和森林资源相关法律法规和政策，建立健全各项保障机制。

【临时交办任务】 2020年，县审计局根据县委县政府相关工作安排，完成仁化县新冠肺炎疫情应急物资和捐赠款物检查，推动县疫情防控指挥部物资组优化防疫物资分配数量和程序，各镇街、单位做好防疫物资保管、登记、盘点工作，建立健全防疫期间后勤保障服务方面规章制度。对部分单位进行财务检查，推动相关单位加强财务管理，规范资金使用。

【审计整改】 2020年，仁化县审计查出问题261项，完成已到整改期限问题190项，未到审计整改期限71项，审计整改率92.63%，通过上缴财政、调整账务、归还资金原渠道等方式整改问题金额4510.62万元，指导被审计单位建立健全规范工作长效机制16项，县税务部门追回税款4.96万元，县纪委监委处理2人，立案调查1人；建立健全审计整改跟踪督促机制，向43个单位发出“审计整改函”311份；根据县审计局建议，县政府办对3个整改不力单位在全县范围内进行通报，县纪委监委对4名整改不力责任人员作出处理。

【制度建设】 2020年，仁化县制定《仁化县委审计委员会办公室重要事项和重要文稿报送制度》《仁化县经济责任审计工作联席会议议事制度和办公室工作制度》，推进县委审计委员会、经济责任审计联席会议规范化管理；制定《中共仁化县审计局党组理论学习中心组学习督查制度》《仁化县审计局党风廉政建设监督检查制度》《仁化县审计局党风廉政专题报告制度》，完善学习与党建管理机制；制定《仁化县审计局审计整改工作制度（试行）》《仁化县审计局聘用社会审计人员参与审计工作管理制度》《仁化县审计局审计项目审理制度（试行）》《仁化县审计局审计档案立卷归档操作规程（试行）》，确保审计工作质量；制定《仁化县审计局中层领导干部（股级）选拔任用工作规程（试行）》《仁化县审计局劳务派遣制审计助理人员考核管理补充办法》，规范人事选拔任用及管理；修订完善《仁化县审计局财务管理制度（修订版）》《仁化县审计局差旅费审批制度（修订版）》。

【县委巡察整改】 根据仁化县委统一部署，2019年10月21日至12月30日，仁化县委第一巡察组对县审计局党组进行巡察。2020年5月21日，仁化县委第一巡察组向县审计局党组反馈巡察意见。县审计局党组针对反馈的19个问题制定整改措施19项，已完成整改19项，建立完善各项整改制度12项，推进整改工作常态化、长效化。

【“初心园”启用】 “初心园”位于仁化县董塘镇安岗村，通过雕像、图文展板等形式展示中国共产党先驱及审计工作创始人阮啸仙的革命事迹、“红色审计”伟绩及新时代不忘初心审计思想。2020年6月28日，“初心园”阮啸仙雕塑揭幕；7月1日，“初心园”启用揭牌。

（刘紫韵）

市场监督管理

【疫情防控】 2020年，仁化县市场监督管理局（简称县市场监管局）调整县市场监管领域疫情防控工作领导小组，成立农贸市场工作专班，制定《仁化县市场监管系统加强新型冠状病毒肺炎疫情防控工作方案》《仁化县市场监管系统新型冠状病毒肺炎疫情防控应急预案》等。1月26日起，取消春节放假，实行全员上班，全力开展疫情防控各项工作。加强从业人员排查工作，加大防疫物资质量监管及价格监管工作力度，畅通投诉举报途径并及时处置；做好全县冷库的摸排监管工作。7月1日起，开展农贸市场、肉联厂、水产和肉类食品生产企业冷库、冷链物流企业等冷冻潮湿密闭场所从业人员核酸监测累计45人，产品监测累计108份；环境监测累计47份，核酸检测结果均为阴性；全县药店登记上报购买退热药品人员信息61812条，发现购买退热药品人员50人。落实上级有关复工复产优惠政策及工作要求，坚持复工复产和疫情防控“两手抓”。个体工商户总数复工复产复市数5967家，复产率96%；限上餐饮企业复工10家，复工率100%；复工复产餐饮业804家，复工复产率99.1%。疫情期间，办理商品条码续展业务4家，按规定减免费用120元/家；用2个工作日为1家口罩生产企业办理商品条码胶片订制业务；走访餐饮业限上企业10家，每家企业赠送口罩500个、消毒液2桶。

【食品安全监管】 2020年，县市场监管局开展春秋季学校食堂及周边食品安全检查，督促各责任主体落实疫情防控各项工作。强化小作坊、食品经营企业监管。集中约谈以生猪产品为原料食品加工小作坊9家，向全县

27家食品加工小作坊发放《致广大冷库冻肉贮存服务提供者、经营者及食品生产经营单位的公开信》。全年检查各类食品单位1235家次，下发监督意见书36份，所发现问题全部完成整改。

【学校食堂“互联网+明厨亮灶”建设】 2020年，县市场监管局根据《韶关市学校（幼儿园）互联网+“明厨亮灶”建设工作方案》，按照工作部署和建设标准，加强规范指导，统筹推动建设。截至是年底，全县65家学校食堂全部建成“互联网+明厨亮灶”，覆盖率达100%。

【商事主体登记注册】 2020年，县市场监管局实行商事主体登记注册“马上办”提速措施，资料齐全、符合法定形式的，马上办理、当场办结。群众从受理业务到拿到营业执照，平均耗时10分钟，最快可在6分钟内完成。

【农贸市场快速检测】 2020年，县市场监管局通过对全县3家食用农产品集中交易市场开展重点品种食用农产品快速检测，及时筛查发现不合格食用农产品，公示快检信息，依法处置不合格食用农产品。全年，完成食用农产品快检10999批次，不合格108批次，处理不合格产品268.35千克。

【节假日及重大活动安全保障】 2020年，县市场监管局按照重大活动保障有关程序，实行事前监督、落实专人、落实措施、强化巡查，重点对接待单位餐饮安全情况，县城宾馆酒楼、车站、大型商场、医院等人群密集场所电梯及气瓶充装站情况进行监管，确保春节、“五一”国际劳动节、高考、中秋、农民丰收节、国庆节等重大节假日期间全县特种设备及食品安全。全年全县未发生食品药品、特种设备安全事故和突发事件。

【特种设备检查】 2020年，县市场监管局严格落实安全生产责任制，抓好疫情防控期间特种设备安全应急处置和复产复工安全生产督导检查工作，加大宣传力度，强化日常监管，聘请第三方机构开展特种设备隐患排查治理。全年，出动455人次开展特种设备安全知识“五进”活动10场次，特种设备使用单位事故应急演练28场次；检查特种设备使用单位181家次，抽查特种设备382台（套），发出“特种设备安全监察指令书”24份，约谈电梯维保单位1家次，处理特种设备相关投诉举报1宗，立案查处4宗。存在事故隐患特种设备52台（套）均完成整改，进行整改设备5台（套）。20家特种设备生产使用单位推广生产安全隐患报告奖励制度。

【产品质量监管】 2020年，县市场监管局推进质量强县考核工作，切实开展产品质量监管工作。扎实开展口罩、防护服等防疫用品领域认证活动专项检查、油品质量专项整治行动，危险化学品及其包装物隐患排查工作“回头看”等工作。督促辖区内2家危险化学品生产企业及1家危险化学品使用单位开展安全自查和隐患治理，落实企业安全主体责任。

【标准化工作】 2020年，县市场监管局积极帮助企业申报国家、省、市的标准化（示范区）项目，努力为仁化经济发展建设注入科技动力。“广东丹霞印象客栈民宿管理有限公司”正在申报广东省标准化试点；韶关市仁化县鑫宇生态开发有限公司成功获批立项国家“农业农村及新型城镇化领域标准化试点示范项目”。重新组织制定相应地理标志产品地方标准，完成标准文本（征求意见稿）和编制说明拟定工作。

【药品医疗器械化妆品安全监管】 2020年，县市场监管局加强重点品种高风险品种（疫苗、麻醉药品、精神药品和易制毒药品等）专项检查、药械化不良反应（事件）监测、药品经营企业跟踪检查工作。全年，出动检查人员2126人次，检查药品经营企业73家、医

执法人员在药品经营企业进行执法检查（刘智坚　摄）

疗器械经营企业75家、医疗器械生产企业1家、医疗机构144家、化妆品经营企业206家，完成率均为100%；监测上报药品不良反应164例，完成率116.3%；监测上报医疗器械不良事件79例，完成率112.7%；监测上报化妆品不良反应17例，完成率124%。药店跟踪检查完成27家。

【广告监管】 2020年，县市场监管局开展“软色情”低俗庸俗媚俗广告、新冠病毒疫情防控物资广告、农资广告、房地产领域广告专项整治、食品（保健食品、特殊医学用途配方食品）等广告整治，监测、检查查看各类广告1352条次，发出责令改正通知书11份。查处违法案件2宗，结案2宗，罚没金316元。

【网络商品交易监管】 2020年，仁化县制定印发《仁化县网络市场监管联席会议制度》，明确各成员单位监管职责，形成网络市场监管联动机制，扎实开展监管。全年，开展网上检查网站、网店75家（个）次，实地检查网站、网店经营者45家（个）次，净化网络市场环境。

【国家知识产权强县工程试点】 2020年，县市场监管局稳步推进国家知识产权强县工程试点创建工作，核准对2019年授权专利和贯标企业进行资助，发动企业积极申报“广东省知识产权示范企业”，指导、协助仁化县茶业协会申报地理标志证明商标。截至年底，发放资助资金280400元；指导、协助韶关市凯鸿纳米有限公司等7家企业申报“广东省知识产权示范企业”；国家知识产权局受理地理标志证明商标申请仁化白毛茶、长坝沙田柚、扶溪大米、丹霞兰花香茶、仁化贡柑5个。7月，丹霞冶炼厂1项专利获第七届广东省专利银奖；11月，深圳市中金岭南有色金属股份有限公司获批“广东省知识产权示范企业”。

【“双随机一公开”】 2020年，仁化县人民政府办公室印发《仁化县人民政府办公室关于建立仁化县“双随机、一公开”监管工作联席会议制度的通知》（仁府办发函〔2020〕11号），县市场监管局制定《关于印发仁化县2020年“双随机、一公开”监管工作推进方案的函》，为全县各相关部门开展“双随机、一公开”工作及跨部门开展联合执法提供具体操作指引。督促检查全县各部门推进“双随机、一公开”工作。

【长期停业未经营企业清理吊销工作】 2020年，县市场监管局根据国家总局、省、市局相关文件精神，引导42户企业办理注销营业执照登记，依法对24家长期停业未经营企业作出吊销营业执照的处罚。

【打击违法工作强化】 2020年，县市场监管局坚持打击违法高压态势；强化价格监督检查和反垄断执法工作，全力保障人民群众消费安全。全年，出动执法人员569人次，抽检食品500批次、保健食品7批次、药品56批次、化妆品7批次、医疗器械4批次；立案82宗，结案77宗，涉案货值518.1055万元，罚没款51.0807万元。其中移送公安无证生产药品案1宗，移送县打私办运输经营无合法来源食品进口冷冻猪脚案1宗。

【消费维权】 2020年，县市场监管局依法保护消费者合法权益，开展消费宣传，促进市场交易环境和消费维权政社共治。全年，处置投诉举报345宗（防疫物资投诉124宗），为消费者挽回经济损失约4.43万元；接受来电咨询87人次、来访咨询71人次。通过协商调解，化解矛盾纠纷，维护消费者合法权益，促进社会稳定。受理申报“守合同重信用”企业40户。

【创文巩卫】 2020年，县市场监管局常态化开展创文巩卫工作，积极履行创文网格牵头单位职责，督促各责任单位抓好存在问题整改工作。对标责任分工，完善优化网报材料和实地考察点位，助推仁化县获得“全国文明城市”称号。

【精准扶贫】 2020年，县市场监管局加强责任落实，局帮扶干部与贫困对象户结成“一帮一”对子，入户调查了解贫困户基本情况，驻村联络员及局班子成员认真按照要求开展精准扶贫相关工作，挂点贫困户3个村81户228人如期脱贫。

【仁化县个体劳动者协会和私营企业协会】 疫情防控。2020年，仁化县个体劳动者协会和私营企业协会（简称县个私协会）落实县新冠肺炎疫情防控指挥部指令及县市场监管局工作要求，动员会员落实各项工作指令，指导会员做好防护工作，做好人员排查，强化各单位安全意识和防控意识。做好复工复产阶段政策解读工作以及复工复产各项协调工作，督促各单位落实县疫情防控指挥部各项工作指令。

先进带动作用发挥。2020年，县个私协会结合仁化县“道德模范评选”及“红黑榜”活动等，注重宣传勤奋创业、遵纪守法、诚信经营、无私奉献会员先进事迹，弘扬展示个私会员光彩，发挥榜样模范带动作用，鼓舞引导会员当先进，激发会员投资创业热情。组织个私业主主动融入仁化县创文活动，深入开展创文志愿服务活动，开展“门前三包”保洁，利用LED屏宣传创文知识，为打造“仁爱仁化”做表率，为创文工作献计献策。

创业就业引导。2020年，县个私协会发挥职能作用，当好政策引导“宣传员”、沟通协调“联络员”、优化环境“服务员”，为创业就业人员提供信息指导、政策咨询、协调联系等服务，促进创业带动就业。

服务会员。2020年，县个私协会提供市场信息、市场监管法规、优惠政策服务，帮助企业解决经营困难。主动为企业牵线搭桥，争取金融部门贷款，搭建银企合作平台。

“关爱女性生殖健康团体疾病保险”宣传活动。2020年，县个私协会关爱女性健康，结合仁化县妇联《关于开展关爱妇女“两癌”健康保险工作的通知》精神，积极宣传，广泛发动个私业主投保，确保关爱女性健康惠民项目顺利实施。

（吴孙强）

应急管理

【概况】 2020年，仁化县发生生产经营道路交通事故1起，死亡1人。与2019年相比，全县生产安全事故发生起数和死亡人数双下降。特别是道路交通领域，两项数据与2019年相比大幅度下降。全县生产安全形势稳中好转。

【安全生产责任压实】 2020年，仁化县推进各领导干部履行安全生产责任制的自觉性和主动性，常态化抓各行业领域的隐患排查治理工作。年初，制定《2020年仁化县党政领导班子及安委会成员单位推进隐患排查及治理工作长效机制实施方案》，明确县党政班子成员每月到企业及基层一线指导检查安全生产工作2次以上，镇（街）及县直各单位主要领导干部根据各自安全生产职责每月到各自辖区及负责行业领域开展安全生产检查及隐患排查治理工作4次以上。重大节假日前，全体县级领导坚持带队督查检查安全生产工作，形成全县各级各部门党政领导干部齐抓共管安全生产工作常态化机制。

【疫情防控】 2020年新冠疫情防控期间，仁化县应急管理局及时传达学习疫情防控工作会议精神，精准指导、服务企业做好安全生产工作。组织人员深入企业一线，指导服务企业开展复工复产检查和安全生产隐患排查，切实消除事故隐患。做好抗击疫情物资保障，累计购买保障全县各镇（街）、各执勤卡口抗击疫情工作开展物资3批次，出库捐赠物资牛奶1050箱、纯净水200箱、方便面293箱、方便面4桶、凉茶100箱、银鹭八宝粥150箱，发放应急物资棉被335床、棉大衣188件、防寒服495件、水鞋582双、手电筒488个、折叠床79张、帐篷96顶。做好常态化疫情防控工作，及时整理防疫防控工作台账。常态化做好局办公区域内卫生消杀工作，按照防控指挥部工作制令，对单位职工进行全面排查，及时上报数据表格。

【危险化学品领域监管】 2020年，县应急管理局开展危险化学品安全专项检查。对2家行政许可危险化学品生产企业、涉及“两重点一重大”鸿伟木业开展春节前后专项安全检查，检查企业32家次，发现隐患7条，完成整改5条，正在整改2条。综合协调多部门共同监管。印发《全面加强仁化县危险化学品安全监管工作方案》，制定《仁化县危险化学品安全综合治理提升工作方案》《仁化县危险化学品安全专项整治三年行动实施方案》等文件，沟通、协调全县各负有危险化学品监管责任部门做好危险化学品监管工作。多次负责牵头组织县公安局、县消防大队、县交通运输局、县市场监管局等部门对重点企业开展专项联合检查。贯彻落实《仁化县聘请安全生产第三方机构开展隐患排查治理实施方案》要求，聘请3名专家对韶关中润金属科技有限公司、鸿伟木业开展安全检查。

【烟花爆竹安全监管】 2020年，全县发放烟花爆竹经营（零售）许可证28家，均于4月10日到期。贯彻执行《烟花爆竹安全管理条例》，加强全县烟花爆竹零售经营安全秩序，根据《关于印发〈韶关市打击烟花爆竹领域非法违法行为工作方案〉的通知》文件要求，县安委办组织县公安局、县供销社、县市场监管局、县消防大队等部门组成烟花爆竹联合打非工作小组开展烟花爆竹“打非”行动，范围覆盖全县11个镇（街），重点排查城乡接合部、出租仓库房屋、封闭式院落等。发现非法生产经营窝点11处，没收非法产品1866件，其中，春节期间发现非法经营窝点7处，没收非法产品

1426件；清明期间发现4处非法经营窝点，没收非法爆竹440件。结合执法计划及重点时段对仁化县永安烟花爆竹专营有限公司开展安全检查。

【工矿商贸监管】 2020年，县应急管理局加强日常安全监管和隐患排查治理工作。深入工矿商贸企业现场检查114次，参与检查人次400余次，汛期和森林防火期间向企业发送相关防汛、防火信息。通过现场检查、查阅资料、召开座谈会等方式，全面检查和了解工矿商贸行业企业安全情况，排查出一般隐患78处，下发执法文书149份，截至12月30日，以上隐患已整改64处，整改完成率82.05%；停产整顿1家、立案查处3宗、行政处罚3家计2.59万元。严格按照行政许可法要求做好矿山安全许可相关工作，颁发安全生产许可证3家，其中延期2家、变更1家。做好工矿商贸企业安全专项整治工作。按照国家省市应急管理部门要求，参加应急管理部钢铁、粉尘涉爆、铝加工“三项专项”执法行动视频会议、非煤矿山防汛会议等，开展工贸行业专项执法行动、企业主要负责人安全履职专项执法行动，对辖区内4家地下矿山开展非煤矿山执法专项执法检查，聘请2名专家开展工贸行业有限空间专项检查，检查工贸企业8家，开具现场检查记录12份，责令限期整改指令书7份，查出隐患20处，均完成整改。推进非煤矿山“三项整治”，组织各有关单位对3家地下矿山逐个验收。对于凡口铅锌矿尾矿库存在问题督促企业落实整改，按期复查并汇报市局。

【森林防灭火】 2020年，县应急管理局牵头完善修订全县森林火灾处置工作方案，建立高火险火天气会商机制，结合春分、清明时段以及“五一”国际劳动节期间全县天气情况，组织会商，研究对策，及时出台森林防灭火系列工作方案，深入基层开展防治工作。按照省市统一部署，开展森林火灾隐患排查整治，组织各镇（街）、各林业站（场）根据各自实际，排查整治林缘部位坟墓、地块，高速公路两侧绿化带、重点造林工程区域以及各油（汽）站、寺庙、景区旅游设施、林内人行道路两侧，建立相关工作台账。通过建立和细化值班巡查、入山检查、清理山根坡底和路边杂草等措施，消除和预防火灾隐患。9月，进入森林防火特别防护期开展宣传活动，配合指导专业队开展培训、演练工作。按照县委、县政府部署，制定特别防护期森林防灭火责任书，制定中秋、国庆森林防灭火工作方案、应急预案，节前组织气象、林业等部门会商，进入特别防护期间，不间断到全县各镇村开展森林防火指导检查。

【防灾减灾建设】 2020年，县应急管理局对全县36个地质灾害点和县城削坡建房开展防灾检查。做好疫情防控和汛期突发事件应急救灾准备，前置发放救灾物资棉被250条、夏服280套、保安服110套、折叠床112张、毛巾被170条、毛毯170条、清凉被170条到各镇（街）。强化灾情统计核查，落实专人负责，确保信息报送及时、准确。做好灾民转移安置和救助，转移安置因灾倒房14户到亲朋好友家，核查19户54人（其中不符合5户），按照“户报、村评、镇核、县定”程序确定救助对象，并通过镇人民政府、街道办事处政务公开栏和村民（居、社区）委员会、村（居）民小组公开栏公布补助对象名单、家庭类型、家庭人口、倒塌房屋结构、补助标准、补助金额和公布日期等内容。

【年度执法（监督检查）】 2020年，县应急管理局出动检查人员504人次，检查企业204家次，开具现场检查记录146份，现场处理措施、决定书1份，责令限期整改指令书58份，整改复查意见书60份。发现隐患104处，整改隐患104

处，整改率100%。进行行政处罚4次，罚款2.68万元。

（罗 姗）

消防救援

【概况】 2020年，仁化县消防救援大队（简称县消防大队）开展消火栓摸排12次，深入人员密集场所、高层建筑等场所熟悉演练100余次，修订完善数字化预案46份，接警出动180次，其中火灾40起、抢险47起、社会救助78起、其他15起，出动人员2196人次、消防执勤车辆366辆次，抢救被困人员7人，抢救财产价值5041.6万元。参与各类安保17次，其中在春节、“两会”、清明、“五一”国际劳动节长假、国庆节“黄金周”等重大节假日或重要会议安保期间，大队全体指战员全员在岗在位，24小时执勤备战。

【政治教育】 2020年，县消防大队以“践行训词精神、担当神圣使命、坚持五个不动摇”教育实践活动为主线，开展“严法纪、守红线、正风气、见实效”“弘扬清风正气、凝聚奋进力量”专题教育、“强党性、明规矩”学习周活动等各项主题教育，组织党委理论中心组学习14次。强化班子建设，开诚布公、民主平等、团结协作，提升科学民主决策能力。协助支队在红军长征粤北纪念馆挂牌思想政治教育基地，在石塘镇双峰寨挂牌大队级“思想政治教育基地”。开展“粤北突围”长征历史讲解10余次，建立《三级教员在思想教育基地开展“沉浸式”课堂的方法》机制并代表韶关支队在全省正规化建设试点现场会上展示，受到肯定。年内，大队有1人被评为总队“优秀基层党支部书记”，1人被评为团县委“优秀团干部”，1人被评为“优秀共青团员”。

【安全管控】 2020年，县消防大队严抓安全管控。开展“作战训练安全专项活动”“队伍安全工作八查八防专项活动”等一系列队伍安全管理活动，每月召开队伍管理暨安全形势分析会，每周例会部署安全工作，全年实现“五无”创建目标，提升指战员救援能力和救援水平。强化执勤训练。聚焦“全灾种、大应急”形势任务，按纲施训、按周表落实，上下联动，提升指战员体技能及业务素质，加快提升实战能力，坚持每战必评，提升灭火救援能力。截至12月16日，大队开展消火栓摸排12次，深入人员密集场所、高层建筑等场所熟悉演练100余次。

【火灾防控】 2020年，仁化县坚持政府主导消防工作。县政府常务会议研究消防工作5次。定期召开每季度消防安全工作会议和消防安全委员会成员会议，分析研判火灾风险，厘清各行业部门之间消防安全职责，建立单位之间联合执法机制，推动行业部门、社会单位加强消防安全管理，县民政、卫健等系统率先委托第三方中介服务机构对行业领域开展消防安全评估，开展消防安全达标创建活动。强化“双随机一公开”消防监督抽查和日常监督检查，确保社会面火灾形势稳定。全年检查单位243家，发现火灾隐患82处，整改火灾隐患76处，下发处罚决定书11份，临时查封3家，重大火灾隐患挂牌督办3家，罚款4.75万元，拘留1人。狠抓专项治理行动。围绕消防安全专项整治三年行动，全面开展打通消防生命通道，集中整治城中村、电动自行车、高层建筑、大型商业综合体、石油化工企业以及重点行业等区域场所领域消防安全整治行动，降低火灾隐患存量。开展火灾高风险区域整治工作。市政府挂牌督办的高坪社区，整治“三小”场所750家，公共场所15家，加建市政消火栓8个，配齐微型消防站器材装备。着眼县火灾风险重点场所，开展“三小”“三合一”场所及农村自建房火灾隐患治理，各镇（街）、公安派出所、网格员等排查整治“三小”场所4028家，“三合一”场所370家，结合“敲门”行动，开展入村入户消防排查治理。完善消防基础设施，新建市政消火栓23个，结合县农村自来水改造提升工程，将市政消火栓建设纳入全县122个村居自来水建设当中，按照村居规模，每村建设市政消火栓至少1个，创新农村消防用水供水模式。配合县委县政府做好创文及疫情防控工作，指导排查消除火灾隐患，完善消防设施，开展定点帮扶隔离点消防隐患排查与治理，确保隔离点消防安全。制定下发《仁化县推进消防安全宣传进企业进农村进社区进学校进家庭三年行动计划实施方案》，结合“119”消防宣传月、安全生产月及“敲门”行动，加强宣传教育，提升全民消防安全素质。加强火灾事故调查。全年，全县发生火灾（含车辆事故及森林火灾）39起，其中开展一般火灾调查2起，简易调查6起，建立“一案三查”（查原因、查责任、查教训）工作机制，督促各镇（街）、各行业部门严格落实《消防安全责任制实施办法》要求，加大隐患排查力度，全面削减火灾隐患存量。

（叶　谦）

国有资产监督管理

【行政事业单位资产管理】 2020年，县公共资产管理中心加强县国有资产管理，避免国有资产流失。4月，开展第二次资产统计信息工作，将乡镇级国有资产纳入管理范畴，经过各单位重视与配合，完成该项工作。将乡镇卫生系统、教育系统闲置资产纳入管理范围，对全县资产进行摸底调查，登记造册，加强对行政事业单位国有资产管理。

【公务车职责调整】 2020年，县公共资产管理中心根据《关于公务用车管理职责调整的通知》（韶市接〔2020〕5号）文件精神，完成公务用车职责调整，将一般公务用车管理职责工作划至县机关事务管理中心，保留特殊公务用车管理职责工作。

【资产盘活依法依规】 2020年，县公共资产管理中心优化资源配置，实现国有资产增值最大化，增加财政收入，深挖资产资源增值潜力，通过委托评估、招标租赁等公开方式，确保资产资源保值增值。将县直行政事业单位经营性资产出租出借收入纳入县锦江市场物业运营有限公司统一管理，由县锦江市场物业运营有限公司统一收取，在扣缴相关税费后统一定期上缴县财政。5月，将行政事业单位经营性资产移交给县锦霞投资开发有限公司管理，全年上缴租金收入1082723.75元。

【资产档案管理】 2020年，县公共资产管理中心严格执行《档案管理制度》，专人管理、专人负责资产移交书、房屋产权证、物业移交资料、图纸、租赁合同等重要档案，分门别类、整理归档，统一存放档案柜中。建立行政事业单位资产电子档案，严格实行先登记后查阅，使用后及时归档，确保各资产档案安全、完整、有序。

【企业财务会计决算报告】 2020年，县公共资产管理中心做好县国有企业财务会计报表编制工作，全面掌握全县国有企业和城镇集体企业财务状况、经营成果和现金流量等财务会计信息，开展全县国有企业财务会计决算报告、国有资产管理情况报告2套报告编报工作。

【资产年报】 2020年，县公共资产管理中心落实各级政府向人大常委会报告国有资产管理情况制度要求，加强行政事业性国有资产管理。年初，开展并完成全县公共基础设施等行政事业性国有资产年报、全县行政事业性国有资产年报2套报告编报工作。3月，组织全县相关单位参加全省行政事业资产年报系统业务培训会议。

（彭艳芳）

住房公积金管理

【服务质量提高】 2020年，韶关市住房公积金管理中心公积金仁化办事处（简称公积金仁化办事处）开展创建市“三八”红旗集体各项工作，人性化、专业化、规范化、精细化服务宗旨贯穿工作每一个细节，营造和谐温暖办事氛围，优质高效为缴存人办理各项公积金事项。深入基层，情系职工，上门服务企业。疫情防控期间，走访企业，了解企业在住房公积金缴存方面存在的困难和问题，主动宣传最新政策，帮助企业舒缓住房公积金缴存困难。1月，公积金仁化办事处获韶关市住房公积金管理中心授予的“先进集体”称号；3月，公积金仁化办事处被评为韶关市“2019年度三八红旗集体”。

【公积金归集】 2020年，公积金仁化办事处根据《韶关市住房公积金缴存管理规定》（韶公积金委〔2019〕1号）规定做好归集工作，年归集额稳步提升。截至2020年年底，新增开户单位25个，新增缴存职工866人；归集住房公积金28409.16万元，与上年同期25816.12万元相比，归集额增加2593.04万元，增幅10%。实缴单位346个，实缴职工1.5万余人，累计归集总额19.47亿元，归集余额8.02亿元（其中两厂矿的转移金额为2.41亿元）。归集业务在韶关市8个办事处排名第四。

【公积金使用】 贷款管理。2020年，仁化县发放200户住房公积金委托贷款4266.3万元，相比上年同期8556万元，减少4289.7万元，减少50%。截至2020年12月底，累计为4419户家庭发放个人住房公积金贷款79444.9万元；全县住房公积金贷款余额53071.32万元，个贷率66%。按贷款类型分类，普通贷款195笔，金额4124.4万元；异地贷款2笔，金额40.9万元；人才贷款3笔，金额101万元。贷款业务在韶关市8个办事处排名第七。

支取管理。根据《韶关市住房公积金提取管理规定》（韶公积金委〔2019〕2号）规定，职工在购买、建造、翻建或大修自住住房、偿还购房贷款本息、租房自住、离休、退休、完全丧失劳动能力，并与所在单位终止劳动关系、职工死亡或者被宣告死亡的以及对既有住宅增设电梯等情形之一者，可申请提取住房公积金账户内存储余额。2020年，仁化县住房公积金各类提取合计21337.97万元，占当期归集额75.11%，提取额较上年同期21066.34万元增加271.63万元，同比增加1.29%。截至2020年12月底，累计提取额138697.73万元，占累计归集额194749.69万元的71%。提取金额中，住房消费类提取15938.26万元，占缴存额56%，占提取额74%，其中，购买、翻修、大修自住住房占19%，偿还购房贷款本息占79%，租赁住房占2%。提取业务在韶关市8个办事处排名第五。

【做好仁化中心工作】 2020年，公积金仁化办事处按照县委县政府部署，结合“一线双联”，认真参加挂点社区农村人居环境整治工作，联合社区开展单位党员活动，以党建助力扶贫，积极主动入户，访贫问效，确保完成脱贫攻坚任务。全年，帮扶干部到挂点帮扶村58次76人次，投入9279元（单位资金）、1350元（个人）用于精准扶贫工作，为石塘社区有劳力贫困户成功申请6720元物资（化肥、鸡苗、饲料），奖补贫困户计24860元。挂点村石塘社区3户相对贫困户全部实现“两不愁三保障”和“八有”，2020年度人均可支配收入在省标准以上。

（谭玮玲）

农业农村

农业、农村工作

【概况】 2020年，仁化县农业农村工作贯彻落实中央、省、市和县决策部署，围绕县委“139”发展战略和“一线两带两区”发展格局，统筹推进疫情防控和农业农村工作，抓好农业产业转型升级、培育新型农业经营主体和抓好农业品牌建设、农村人居环境整治和巩固提升脱贫攻坚成效等重点工作，补上“三农”领域短板，促进全县农业农村高质量发展。全年，全县农林牧渔业总产值为379639万元，同比增长4.3%；农林牧渔业增加值227614万元，同比增长3.5%。

【农产品稳产保供】 2020年，仁化县农业农村局克服新冠肺炎疫情不利影响，做好全县农产品稳产保供工作。保障粮食蔬菜生产稳定，研究制定《仁化县关于做好新型冠状病毒感染的肺炎疫情防控期间农产品稳价保供的工作预案》《仁化县关于疫情期间促进农业生产发展的若干措施》《仁化县关于疫情期间促进农业生产发展的奖补办法》《仁化县2020年粮食生产工作方案》《仁化县推进2020年粮食生产工作的激励方案》等，激励农业经营者发展农业生产和种粮积极性。组织加强农业技术指导工作，推广水肥一体化、机械化育秧、地膜减量增效等农业新技术，促进种植业生产发展。全年，全县完成粮食种植面积1.00万公顷，其中：水稻种植面积0.95万公顷，春玉米播种面积0.0138万公顷，秋玉米播种面积0.0188万公顷，大豆种植面积0.0083万公顷，超额完成韶关市人民政府下达仁化县的2020年粮食生产任务。保障畜禽产品有效供应，落实中央、省、市畜禽养殖扶持政策，推进规模化、标准化养殖场建设，加快推进全县畜禽养殖产业发展，稳定生猪生产和市场猪肉供应。研究制定《仁化县推进生猪家禽产业转型升级实施方案》，引进四川德康农牧食品集团股份有限公司在董塘镇投资建设生猪产业一体化建设项目；6月，韶关霞兴温氏畜牧有限公司投资、年产30万头的仁化县温氏楼房式一体化生猪产业园民生篮子工程举行开工仪式。全年，全县新改扩建猪场17家，年末生猪总存栏9.3万头，出栏17.1万头，其中能繁母猪存栏0.91万头；羊存栏0.825万只，出栏0.385万只；牛存栏0.071万头，出栏0.015万头；家禽存栏64万羽，出栏118万羽；肉类总产量1.465万吨；水产养殖面积1683公顷，水产品总产量0.9827万吨。

【“一村一品、一镇一业”专业村镇建设】 2020年，仁化县积极统筹用好上级奖补资金，抓好全县2019年度6个省级“一村一品”专业村项目建设和市级5镇9村专业村镇建设；组织做好2020年“一村一品、一镇一业”申报工作，按照省市申报要求，做好宣传发动，组织、指导符合条件村镇做好申报工作，择优推荐上报。6月，扶溪镇（大米）、周田镇（柰李）、董塘镇（蔬菜）3个镇和长坝村（沙田柚）、下营村（贡柑）等17个村通过市级评审，上报广东省农业农村厅。8月，经广东省农业农村厅组织专家评审，认定仁化县扶溪镇（大米）和长坝村（沙田柚）、下营村（贡柑）、古夏村（大米）、鱼皇村（茶叶）、塘洞村（毛竹）、陈欧村（毛竹）平甫村（柰李）、厚坑村（柑橘）、江头村（蔬菜）、河富村（蔬菜）、京群村（贡柑）、小溪村（贡柑）、车湾村（贡柑）13个村为省级专业镇村。

【农村人居环境综合整治】2020年，仁化县对标广东省、韶关市农村人居环境整治建设生态宜居美丽乡村考核要求，结合县委、县政府工作部署，持续做好农村破旧泥砖房拆除“后半篇文章”，引导农户利用拆后土地建设小公园、小花园、小果园、小菜园“四小园”；按照《仁化县农村“厕所革命”整村推进工作实施方案》及农村公厕建设指引，指导11个镇（街）开展户厕及公厕改造工作。落实农村人居环境整治长效管护工作，出台《仁化县农村人居环境整治长效管护工作方案（试行）》《仁化县贯彻落实市委〈关于加强和改进乡村治理的实施方案〉具体措施》，采用多种措施强化乡村治理及农村人居环境整治长效管护工作。年内，全县完成“三清三拆三整治”村庄977个，拆除农村破旧泥砖房62806间176.5万平方米，农村无害化户厕普及率99.8%，建成农村公厕157座。累计实施人居环境整治工程自然村589个，完成村内道路、污水处理、垃圾处理、集中供水等基础设施。对环丹及国省道沿线127个自然村实施风貌提升工程，建成瑶山、新源、新坪等美丽乡村示范点一批，成功打造阅丹、环丹沿线美丽乡村示范带。实施阅丹公路沿线、董塘河碧道沿线建设。

【精准脱贫】 2020年，仁化县压实责任，强化举措，深入推进脱贫攻坚各项工作。抓好脱贫退出工作，对全县未脱贫45户119人实行“双帮扶”责任制，严格按照贫困户退出标准和退出程序，完成退出验收工作。全年，全县33个省定贫困村达到村退出“十项指标”脱贫标准，3219户9242名建档立卡贫困对象达到户退出“八有指标”脱贫标准。抓好产业扶贫工作，通过加强农业产业园及“一村一品、一镇一业”建设，以产业旺村、以园旺企、以企带农，联贫带贫，产业扶贫成效凸显。全面落实预警兜底机制，研究出台《仁化县关于建立困难群众动态监测预警帮扶机制的实施意见》《仁化县困难家庭学生教育补助方案》等系列机制性文件，对全县建档立卡贫困户以及有致贫风险农村家庭进行动态监测和预警帮扶工作，11个镇（街）设立合计规模为131.1万元兜底保障专项资金，114个村（居）设立规模在6万元至30万元不等兜底保障专项资金。4月，仁化县通过省扶贫开发成效考核。

【疫情防控】 2020年，仁化县农业农村局贯彻落实上级及县委、县政府关于疫情防控重大决策部署，严格执行仁化县疫情防控指挥部各项工作指令，全力以赴做好新冠肺炎疫情防控工作。通过张贴宣传标语、海报、发放宣传单、入户宣传、LED电子显示屏及微信等新媒体等宣传媒介，展开全覆盖无死角宣传；组织农业企业做好复工复产，保供稳生产。严格畜禽督查检查，加强畜禽疫情监测与流行病学调查，设置检查站（点）14个，检查过往县域车辆，尤其是畜禽、动物产品运输车辆，防止通过畜禽运输及贩运野生动物输入、传播疫情可能，有效做好疫情防控工作。疫情防控时期，发动宣传人员800余人次，入户宣传1600余户，发放宣传单4000余张；在网格区检查进出人员10593人次、车辆7130辆次，对整个网格区全覆盖消毒4次；派驻检查人员966人次，检查畜禽运输车辆813辆次，检查家畜7.3万头、家禽25.3万羽，劝返不符合检疫要求车辆25辆次，开展动物疫情监测2536场次，检查监测家畜47万头、家禽756万羽，指导畜禽养殖场开展消毒杀菌工作2536家次。

【新型农业经营主体培育】 2020年，仁化县继续做好新型农业经营主体培育工作，按照县委工作要求，指导11个镇（街）完成农业公司成立工作，每个镇至少成立农业公司1家。发展农民专业合作社和家庭农场，引导种养大户登记注册农民专业合作社和家庭农场。截至是年底，全县有工商注册登记农民专业合作社338家、家庭农场370家。促进新型农业经营主体增量提质，新增认定县级农业龙头企业6家、县级农民专业合作社示范社5家、县级示范家庭农场13家，新增市级农业龙头企业2家（仁化县橘颂生态农业有限公司、仁化县锦霞农业有限公司）、市级示范家庭农场6家（仁化县董塘镇河富辉阳家庭农场、仁化县周田镇旺旺家庭农场、仁化县周田镇丹霞蓝莓园家庭农场、仁化县周田镇和丰友家庭农场、仁化县周田镇永隆家庭农场、仁化县周田镇龙坑娥公龙黄金柰李家庭农场），新增省级农业龙头企业1家（韶关丹霞女农业科技有限公司）、省级农民专业合作社示范社1家（仁化县丹仁南药种植农民专业合作社）、省级示范家庭农场2家（董塘镇凹背家庭农场、石塘镇铭记家庭农场）。

【柑橘产业发展】 2020年，仁化县结合仁化贡柑果形似橙、果面光滑、皮薄、肉细无渣、有甜味特点，发挥省名特优新产品仁化贡柑"致富果"作用，结合丹霞地貌壤土有利于贡柑生长和果实糖度积累独特优势，建立标准化贡柑无病毒繁育基地6.67公顷，年繁育贡柑无病毒苗230万株，确保产业健康可持续发展，形成种质优化、种植技术提高、产业化运作成熟全产业链。全年，带动农户3万余户种植贡柑1.33万余公顷，年产量超过32万吨。抓好柑橘绿色防控和黄龙病防控，在黄坑镇、董塘镇、城口镇建立绿色防控示范点7个，通过生草栽培、诱虫板、太阳能杀虫灯等绿色防控技术开展柑橘病虫害防控，减少农药使用量。示范点辐射带动全县0.37万公顷柑橘园开展绿色防控工作，提升仁化县柑橘绿色防控整体水平。成立仁化县柑橘产业协会，有会员85人。8月8日，仁化县柑橘产业协会正式挂牌成立，并举行第一次会员代表大会，通过《仁化县柑橘产业协会章程》，选举产生仁化县柑橘产业协会第一届理事会成员。柑橘产业协会成立，为全县柑橘种植户提供信息咨询、技术指导等服务，提升柑橘产业化经营组织化程度，增强市场竞争力。加强丹霞贡柑宣传推介，拓宽销售渠道，制定《仁化县推进丹霞贡柑市场营销体系建设工作方案》，推进丹霞贡柑"12221"体系建设。8月起，组织参与各类型大型农产品展示展销及专场推介等活动，在上海、广州、北京、重庆、长沙等地举办专场推介会及品鉴活动，拓宽丹霞贡柑销售渠道。9月21日，在广州举办广东东西部扶贫协作产品交易会暨仁化丹霞贡柑市场对接会，活动现场签订丹霞贡柑购销合同金额超5亿元。11月6日，在2020年仁化县乡村振兴丹霞贡柑产销对接大会，现场签约销售1.5万吨。11月27日，在2020仁化县农业招商（博览）会暨丹霞贡柑开园节系列活动开幕式，现场签订丹霞贡柑采购协议250吨，并现场发车140吨。

【农业农村项目建设】 2020年，仁化县农业农村局提前谋划做好农业农村项目前期工作，建立仁化县农业农村局项目储备库，完成省级涉农资金项目、地方政府债券、特别国债、"三农"领域补短板等项目包装储备和申报110个，争取项目资金1.1亿元。国家金柚产业集群项目成功落户仁化县，实施方案已报送至农业农村部审批。全国率先实现农业农村现代化试点县通过省级遴选，并推荐至农业农村部。

【农产品质量安全监管】 2020年，仁化县加强农产品质量安全监督管理。落实食用农产品合格证制度，组织举办网络培训和现场培训班2次，梳理种养殖生产经营主体419家，纳入广东省农产品质量追溯管理平台。推进农产品质量安全网格化监管，建立各镇（街）、村级农产品质量安全监管员和监管对象名录。年内试行主体监测覆盖率50%，完成用证主题巡查检查144家次，产品抽检并录入广东追溯管理系统133家次。开展农产品质量安全监测，加强蔬菜、水果、畜禽等农产品质量安全抽检，保障农产品质量与安全。截至是年底，全县开展种植业产品风险监测（定量检测）134批次，合格率100%。开展委托检测212批次（含风险监测163批次），其中畜禽产品191批次，水产品5批次，种植业产品16批次，合格率100%。完成中央农产品检测体系项目建设。12月9日，韶关市发改局和韶关市农业农村局组织专家组对仁化县农产品质量安全检测体系建设项目进行竣工验收，经专家组评议，该项目验收合格。

【高标准基本农田建设】 2020年，仁化县继续开展高标准农田建设工作，严格按照上级时间节点要求，做好各年度高标准农田建设任务。完成2016年项目市级验收，韶关市高标准农田建设办公室下发验收确认函；2017年度项目已申请市级竣工验收；2018年度项目完成单项工程验收；2019年度项目竣工并完成单项工程验收，准备县级初验；抓好2020年度3个镇9个村400公顷高标准农田建设项目建设，8月开工建设，截至12月底，完成年度总建设任务85%，完成硬化灌、排渠8.9千米，完成机械跨渠盖板196块，渠系建筑物34座，完成田间道8.6千米。仁化县2019年度高标项目工作获市级通报表扬，获国务院督查激励资金。

【农业科技宣传推广】 2020年，仁化县农业农村局加强农业科技指导，成立农业生产指导服务领导小组，11个镇（街）派驻农技人员1名指导农业生产工作，邀请省、市、县专家到各农业产业基地对种植户进行线上线下教学培训，提高全县农业科技水平，全年组织开展培训30余次，培训人数3000余人次，提供技术指导、技术咨询3000余人次。在15所“农村夜校”及28个教学点举办鸭稻共作技术、水稻栽培、绿色栽培技术、白毛茶高产栽培技术、草地贪夜蛾、红火蚁、柑橘病虫害防控等培训班32期。推广农业主推技术和良种良法，全县农业主推技术到位率95%、良种覆盖率98%。推广应用“中国农技推广信息服务平台”（中国农技推广）App，升级建设“仁化农技推广”App。做好农作物病虫害预测和调研，发布农作物病虫情报13期，开展苗情、墒情、病情、虫情调研活动40次。做好基层农技推广体系改革与建设补助项目建设，全县公开遴选项目农技人员25名，科技示范主体（户）100名，建设科技试验示范基地5个，建立健全“专家+农技人员+科技试验示范基地+科技示范主体”农业技术推广服务模式。依托国家高素质农民培育项目，抓好高素质农民培育工作，提升全县农业生产经营主体综合素质。在全县公开遴选新型农业经营主体带头人、现代青年农场主88名（共2批）作为高素质农民培育对象。

【农业行政综合执法】 2020年，仁化县农业农村局严厉打击坑农害农不法行为，切实维护农民利益。组织开展以种子、农药、化肥、饲料、兽药、农机具为重点春耕备耕农资打假“春雷”行动和“农资打假”专项治理行动。全年，出动执法人员580人次，检查种子、化肥、农药、饲料、兽药、农机具等经营门店180家次，查处违法违规行为3起，处罚金1.2万元。联合县水产自然

2020年2月28日，仁化县农业农村局开展农业综合行政执法工作。图为执法人员在农作物种子经营店执法检查（夏望娣　摄）

资源保护区管理站开展水生野生动物专项执法行动和禁渔期专项执法整治行动，组织开展执法巡查39次，出动执法人员142人次，出动执法船（艇）8艘次、执法车辆37辆次，查处违法违规捕捞行为1宗，清理整治违规渔具100余张和查扣涉渔“三无”船舶1艘，严厉打击电、毒、炸鱼等违法行为。

【农业农村综合改革】 2020年，仁化县农业农村局深入推进农业农村综合改革。开展扶持壮大村级集体经济试点工作，长江镇浒松村、扶溪镇扶中村入选韶关市2020年度扶持壮大村级经济试点村，获得国家级补助资金60万元。成立工作专班，制定《仁化县扶持壮大村集体经济资金使用管理办法》。稳妥推进农村集体产权制度改革，组织召开全县集体产权制度改革工作动员会议，做好宣传培训，开展镇、村、组工作人员业务宣传培训13期，印制农村集体产权制度改革问题解答1000本、参考资料150本、“致农民的一封信”3.5万张、流程图170张、成员登记表4.5张，完成全县成员界定工作。推进农村集体组织建设工作。11月，按时按质按量完成1220个农村集体经济组织成员确认和登记赋码工作。开展村集体资产清查工作，资产清查率100%。

（刘志强）

县委农办工作

【概况】 2020年，仁化县巩固脱贫成果、提升脱贫质量，聚焦“两不愁三保障”基本要求和核心指标，以高质量减贫为基础，探索推行减贫防贫体制机制，建立健全预警监测、防控返贫、长效帮扶三项机制，确保为打好打赢脱贫攻坚战、全面建成小康社会奠定坚实基础。全年，全县2019年新增45户119人贫困户达到脱贫标准，贫困人口人均可支配收入由2015年的3515元增长到18370元；全县实现33个省定贫困村退出及3174户9115名贫困人口脱贫退出标准。城乡面貌发生巨大变化，农民生活水平显著提升。

【防止返贫监测和帮扶机制】 2020年，仁化县出台《仁化县关于建立困难群众动态监测预警帮扶机制的实施意见》《仁化县困难群众医疗救助兜底保障工作方案（试行）》等动态监测干预方案即“4+2+2”政策，成立县镇村三级三人小组，建立防止返贫监测和帮扶机制，确定监测对象并建立帮扶台账，攻克返贫致贫风险，巩固脱贫攻坚工作成效。全年，县镇村三级共采取干预措施帮扶风险户180户，其中村级干预144户，镇级干预34户，县级干预2户。

【干净整洁村创建】 2020年，仁化县加快推进干净整洁村创建工程，其中，完成省定贫困村、环丹片区村庄及国省道沿线重点村庄村内道路、污水处理、垃圾处理、集中供水等基础设施，达到干净整洁村标准；经县政府批准，下半年启动实施30个干净整洁村创建工程，开展设计工作。按照市最新工作部署，推进丹霞街道、董塘镇内110个自然村整洁达标建设工作。截至年底，完成110个自然村整洁达标建设，建设完成率100%。

【美丽家居村创建】 2020年，仁化县实施环丹沿线、阅丹沿线、董塘河碧道美丽乡村以及董塘镇示范镇创建等工程建设，累计提升127个自然村整体风貌，完成外立面、绿化美化、小广场等配套服务设施一批。截至年底，阅丹公路沿线车湾、夏富美丽乡村工程及夏富新时代文明实践广场完工。完成董塘河碧道沿线美丽乡村工程环丹片区外立面整治16.4万平方米。完成绿化景观、竹艺围栏、鹅卵石地面等一批；稳步推进省道沿线片区污水处理设施、村庄绿化美化、道路硬底化工作。

【农村破旧泥砖房拆除】 2020年，仁化县结合村庄清洁行动，做好存量泥砖房拆除“后半篇文章”。开展拆后土地平整、利用，拆后建筑材料清运清售，“四小园”建设工作。加强拆后土地管控、农房建设管控、农房风貌管控，将农房建设管控、农房风貌管控纳入村规民约，实施村庄绿化美化，加强属有开发价值、但未引进项目的破旧泥砖房“拆清用”工作。截至年底，全县累计拆除农村破旧泥砖房63161间177.60万平方米，多措并举做好农村破旧泥砖房“拆清用”工作。引导村民累计建设小菜园、小果园、小花园、小公园3000余处24.5万平方米，发动群众建成美丽庭院35个4418平方米。

【农村“厕所革命”】 2020年，仁化县根据《仁化县农村“厕所革命”整村推进工作实施方案》及农村公厕、农村户厕建设指引，推进农村公厕及户厕建设。截至年底，全县累计改成无害化卫生户厕数量45330户，无害化卫生户厕普及率100%，建有农村卫生公厕184座。结合农村人居环境整治长效管护工作机制，做好农村公厕管护制度、公厕保洁员信息上墙公示，加强农村公厕日常管理。按照《仁化县农村公厕管理维护工作制度（试行）》要求，明确村级公厕由村委会负责管理，聘请保洁员负责日常保洁和日常维护工作，各镇村与保洁员签订与公厕相关保洁协议，确保保洁到位，有农村公厕专（兼）职保洁员154人。

【农村人居环境整治长效管护】 2020年，仁化县重点做好农村人居环境整治长效管护工作，出台《仁化县农村人居环境整治长效管护工作方案（试行）》等系列配套制度，完成村规民约修订，结合“一线双联”“民情夜访”工作，压实县、镇、村责任。开展“美丽家园”“星级文明户”等评选激励活动，发动群众参与到农村人居环境整治长效管护工作。结合农村破旧泥砖房“拆清用”、疫情防控等工作，由各镇（街）、县各帮扶单位组织村民定期开展村庄大扫除，推动村庄清洁行动常态化、制度化、持续化，引导农民群众提高清洁卫生文明意识，养成健康生活方式和良好生活习惯。全县984个自然村均完成“三清三拆三整治”，累计清理村巷道及生产工具、建筑材料乱堆乱放42412处，清理杂草、积存垃圾45645处，清理沟渠池塘溪河淤泥、漂浮物和障碍物18543处，拆除乱搭乱建、非法广告1352处，完成生活垃圾、污水、水体污染整治7768宗，开展进村入户宣传教育6950场次，发放宣传资料77370份，张贴宣传标语4084条，发动农民群众投工投劳22126人次。

【党建扶贫】 2020年，仁化县持续深化党支部建设标准化，推动基层组织达标创优，建强村级基层组织，推动基层党组织全面进步全面过硬，筑牢脱贫攻坚战斗堡垒。加强“头雁”培育，选优配齐基层党组织干部，推动整体优化提升，发挥扶贫驻村工作力量、党员先锋模范作用和党支部战斗堡垒作用。开展“一线双联”“民情夜访”活动，推动县镇领导下沉基层一线，加强扶贫工作力量，由分管党群工作副书记担任镇（街）扶贫办主任，加大扶贫工作统筹、协调、推进力度，调动各方面资源、资金、力量投入脱贫攻坚各项工作任务。各镇（街）成立临时党支部，镇（街）分管副书记兼任支部书记，并将扶贫驻村党员纳入支部，每周召开支部例会1次，学习精准扶贫理论知识，研究存在困难和问题，讨论工作思路。健全干部激励机制和容错纠错机制，强化扶贫干部培训工作。2020年度，从扶贫干部及基层干部中提拔任用13人，晋升职级114人，年度百名考核优秀指标中设置扶贫领域类公务员年度考核优秀13名，组织县镇村扶贫干部培训11期2537人次。

【产业扶贫】 2020年，仁化县围绕打造“一镇一业、一村一品”或“一镇多业、一村多品”产业发展思路，发展镇村级主导产业，形成黄坑镇贡柑、大桥镇沙田柚、红山镇茶叶、周田镇平甫柰李、董塘镇河富村和江头村蔬菜、扶溪镇优质稻谷、城口镇和丹霞街道柑橘、长江镇毛竹和山楂、石塘镇贡柑、闻韶镇柑橘和毛竹等特色产业。全县贡柑种植1.33万公顷，其中贫困户709户2124人参与种植273.33公顷；沙田柚种植280户种植面积0.19万公顷，其中贫困户19户88人参与种植8.53公顷；茶叶种植户1550户种植茶叶0.09万公顷，其中贫困户36户153人参与种植7.67公顷；优质稻种植农户4.2万户0.94万公顷，其中贫困户676户2405人参与种植134.3公顷；蔬菜种植农户2.5万户种植蔬菜0.34万公顷，其中贫困户215户740人以自行种植、代种代管理等方式参与种植170公顷。毛竹产业规模2.33万公顷，涉及农户2.8万户，其中贫困户参与0.15万公顷，涉及贫困户1020户3399人，全县有劳力在家务农贫困户100%参与产业扶贫项目。强化利益联结机制，建立镇、村级产业基地68个，覆盖所有镇（街）、省定贫困村，其中33个省定贫困村每个村均建有产业扶贫基地1个以上，通过“公司/合作社+基地+贫困户”带动贫困户发展产业，实现增收。引导贫困户与新型经营主体签订产销合同，45家经营主体通过“公司/合作社/种养大户+农户（贫困户）”“公司/合作社+基地+农户（贫困户）”模式带动农户（贫困户）发展产业，与有劳动能力发展产业贫困户签订产供销合同637户，有劳力在家务农贫困户100%与经营主体签订产销合同。培育创业致富带头人147名，33个贫困村每村均发展创业致富带头人3名以上，各贫困村创业致富带头人通过技术指导、吸纳务工、帮助销售、领种、代种代养等方式带动贫困户，平均每个致富带头人带动贫困户3户，其中申丽萍、罗斯伦被评为“广东省2020年优秀创业致富带头人”。培育发展农业龙头企业，年内，丹霞女农业科技有限公司、仁化县奥达胶合板有限公司成功申报为省级扶贫龙头企业。

【就业扶贫】 2020年，仁化县有就业意愿贫困劳动力554人，100%得到就业帮扶。统筹开发全县公益性岗位，帮扶贫困人口实现就业60名。认定5家企业为就业扶贫安置点，安置贫困劳动力就业24人。开发基层公共就业创业服务岗位，吸纳贫困家庭高校毕业生就业5名。开发社区工作者岗位，吸纳贫困家庭高校毕业生就业1名。组织镇（街）摸排符合补贴申领条件贫困人员，为建档立卡贫困户7名发放一次性创业资助7万元，其中3名建档立卡贫困户享受创业租金补贴每人每年4000元。各镇（街）举办“粤菜师傅”培训班共13期，培训贫困人员302人次。

【消费扶贫】 2020年，仁化县制定《仁化县关于深入开展消费扶贫助力打赢脱贫攻坚战的实施方案》，以消费促进贫困群众增收、促进稳定脱贫。推进各贫困村电子商务服务点建设，全县建立电商扶贫服务站44个，邮政服务网点在运营电商站点22个，电商服务点遍布33个相对贫困村及所在镇（街），开展乡村振兴丹霞贡柑产销对接大会等产销对接活动，办好扶贫产品产销活动，运用新华网、“南方+”、《韶关日报》、韶关发布等媒体开展消费扶贫宣传推介等措施，深入开展消费扶贫。1—11月，全县合计销售“三鸟”、蔬菜、水果、干货类等各类农副产品1844.3吨，金额1138.92万元，带动贫困户1337户，其中省定贫困村、贫困户产品销售金额894.84万元，东莞对口消费扶贫金额455.14万元。

【扶贫资金管理】 截至2020年11月30日，仁化县到位财政扶贫资金26282.5512万元，使用资金26282.5512万元，资金使用率100%。其中：人均2万元到位14063.062万元，资金使用率100%；中央财政资金到位885万元，资金使用率100%；省级财政资金到位113万元，资金使用率100%；韶关市财政资金到位1143万元，资金使用率100%；东莞引导资金到位7800万元，资金使用率100%；县级财政资金到位2278.4892万元，使用率100%。

【扶贫档案管理】 2020年，仁化县制定《仁化县精准扶贫档案工作实施方案》，将扶贫档案管理工作纳入档案、扶贫部门日常工作议程。制定镇、村、户精准扶贫档案归档清单并指导镇村开展扶贫档案收集整理工作。截至年底，全面完成县、镇、村、户2016—2019年度扶贫档案收集整理工作。8月21日，协助市档案、扶贫部门在仁化县举办全市精准扶贫档案管理工作现场会；9月15日至17日，协助省档案、扶贫部门在仁化县举办全省精准扶贫档案管理培训班。仁化县分别在省、市培训班就扶贫档案管理工作作经验交流发言。

【扶贫工作巡视巡察审计情况】 2016—2019年，仁化县精准扶贫精准脱贫攻坚工作接受各级巡视巡察3次，发现问题52个；接受各级审计5次，发现问题18个。截至2020年年底，仁化县完成各级巡视巡察、审计发现问题全部整改。2020年6月29日至7月30日，省审计厅派出审计组，对仁化县2020年精准扶贫精准脱贫进行审计，反馈仁化县脱贫攻坚问题3个大类7个小项。仁化县及时制定整改工作责任清单，立行立改，反馈存在问题全部整改到位。2020年，省、市精准扶贫档案管理现场会在仁化县召开，仁化县扶贫工作得到市扶贫办通报表扬。仁化县在全国扶贫开发信息系统数据录入综合排名全省第八，全市第一，在全省财政专项扶贫资金绩效评暨产业扶贫资金“回头看”业务培训班上作项目库建设和管理经验交流发言，在全省扶贫资产管理专题调研座谈会上作扶贫资产管理经验交流发言。

（吴啟帆）

国家现代农业示范园区建设

【省级柑橘产业园建设】 截至2020年12月，仁化县省级柑橘产业园按照资金使用方案，使用省级财政补助资金4803.5万元，占比96.07%，实施主体自筹资金投入6904.41万元，占比73.1%，涉农配套资金投入16118.81万元，完成率230.27%，项目总投资2.78亿元（计划总投资21445.707万元），占比129.75%，实现资金撬动比579.3%。

【现代化标准种植示范基地建设】 2020年，仁化县在省农科院果树研究所指导下，建成橘颂生态农业公司33.333公顷标准示范基地；以智能水肥一体化、山地机械、轨道运输和标准化种植等项目建设建成以锦霞、晖霞、惠香、金喆园等公司为代表的标准化、智能化示范基地一批。

【“南柚北柑”农业公园总体规划】 2020年，仁化县长坝沙田柚万亩基地和黄坑镇下营村贡柑基地建成观光道、观光亭、路灯等基础设施。在黄坑镇完成农产品（丹霞贡柑）品控中心自动分选厂一期建设。

【柑橘产业协会成立】 2020年8月8日，仁化县柑橘产业协会成立。以柑橘产业协会为抓手，通过展示展销、节庆等一系列活动和品牌创建模式，引导经营主体争创国家、省级品牌，宣传“丹霞贡柑”“长坝沙田柚”等地理标志品牌，提升品牌知名度，推进品牌建设工作。

【现代农业综合馆建成】 2020年11月27日，仁化县农业综合馆举办开馆仪式。通过农产品展示、电商销售、品牌宣传、农户培训，搭建农业数据化信息化农业智慧平台，实现农业生产决策分析、智能监控、标准种植管理、水肥一体化、农产品溯源、精准控制等目标，提升全县农业专业化、标准化、现代化服务水平。

【白毛茶省级产业园创建】 2020年，仁化县依托白毛茶产业，根据省级产业园申请标准，组织相关申报材料进行申报。年内，白毛茶省级产业园被列入2021—2023年省级产业园项目建设库。

【广东金柚产业集群区申报】 2020年5月，由韶关片区与梅州片区联合创建的广东金柚产业集群入选农业农村部、财政部批准建设的50个优势特色产业集群。仁化县以长坝沙田柚为龙头产品，成为韶关片区的广东金柚产业集群区，并获得国家财政扶持资金1800万元（2020年度），用于推进集群区建设工作。

【乡村振兴】 2020年，仁化县发挥龙头企业示范带动乡村振兴作用，以省级柑橘产业园龙头企业为示范带动“丹霞贡柑”“长坝沙田柚”等地标产品助推乡村振兴，推进“一村一品”特色产业发展。组织全县特色专业村发展特色主导产业和开展特色专业村申报认定，获批专业村6个。配合推进精准扶贫、农村人居环境综合整治、农村综合改革等工作，打造特色产业村一批。在环丹片区建设“设施农业+特色产业+扶贫产业”标准示范基地一批，发展采摘体验、休闲观光和生态高效农业。

【产业脱贫】 2020年，仁化县国家现代农业示范区管委会通过柑橘产业园建设工作，联合农业企业带动周边农户脱贫致富，年内，带动紧密型农户1600户、松散型农户466户、辐射型农户4011户，每户增收2390元/年。

【主导产业发展】 2020年，仁化县重点打造智能分选、冷链物流、果品交易、区域品牌、电子商务及农旅结合等产业链多要素集聚发展，探索精深加工，建成“生产+加工+科技+品牌+流通+休闲旅游”全产业链良性发展格局。完善园内标准化种植区、加工流通集聚区及公共服务等基础建设，建成集约化、标准化、智能化、现代化柑橘种植示范园及黄龙病综合防控基地一批，示范引领贡柑（1.33万公顷）、沙田柚（0.13万公顷）产业健康高效发展。提升园内机械化水平，创建山地果园机械化生产示范基地一批，推广无人机喷药、药肥一体化、水肥一体化等新型智能设施设备成果应用。培育经营主体，增强经营主体数量及实力，园内有县级以上龙头企业19家，其中省级农业龙头企业4家；农民专业合作社296家，其中国家级示范社2家，省级示范合作社11家。新增流转土地133.33公顷以上，通过土地流转，加强集中连片开发，实现土地产出率、资源利用率、劳动生产率提升。

【农民增产增收】 2020年，仁化县以园旺企，以企带农。通过“公司+农户、合作社+农户”等联农带农模式，有效带动农户6077户，平均每户增收2390元/年。其中709户贫困户参与柑橘种植273.33公顷，产值2050万元。通过举办一系列大型产销对接活动，累计销售柑橘2.5万余吨。多次对接省商务厅推介的农产品批发协会、电商协会及国内知名珠三角客商团队，打通柑橘批量销售渠道；联合电商协会探索线上营销新模式，打破销售瓶颈。

【品牌建设】 2020年，仁化县通过成立柑橘产业协会，统筹、整合全县柑橘产业优势资源，引领、规范种植、生产、市场营销、品牌建设、技术保障、物流电商、展示展销等全过程经营管理，打响、擦亮“丹霞贡柑”“长坝沙田柚”等区域公用品牌。仁化柑橘产品先后获广东省名牌产品、国家地理标志保护农产品等荣誉，23个柑橘产品获得“三品认证”。

（李 莹）

林 业

【概况】 2020年10月，根据《中共仁化县委机构编制委员会办公室关于镇街所属事业单位调整的通知》，原属仁化县林业局管理的11个镇（街）林业工作站调整、移交给属地镇（街）管理。全年，全县自然保护区和森林公园主要有丹霞山国家级自然保护区、高坪省级自然保护区、粤北华南虎省级自然保护区、锦城省级森林公园、仁化省级森林公园、澌溪湖省级湿地公园、斯鸡山县级自然保护区、锦江湖县级湿地公园、闻韶镇县级森林公园以及9个镇级森林公园。全年，全县林业用地面积18.32万公顷，森林覆盖率80.77%。

2020年仁化县各镇（街）林业用地情况表

表4

单 位	林业用地总面积（公顷）	公益林（公顷）	商品林（公顷）	森林覆盖率（%）
仁化县	183264.3986	77416.6244	102385.0039	80.77
城口镇	21187.6094	6651.7397	14446.3341	89.71
红山镇	15201.3936	7180.7392	7981.6174	90.62
长江镇	24293.6276	10079.6786	14061.1181	83.71
扶溪镇	15049.8642	5454.5511	9415.7608	83.99
闻韶镇	7489.5446	3157.5934	4272.9677	88.20
丹霞街道办	10371.8693	6078.7163	3966.0619	63.58
董塘镇	12191.1840	6737.8859	5359.2080	63.29
石塘镇	5170.7558	1704.4255	3363.1536	64.15

续表4

单　位	林业用地总面积（公顷）	公益林（公顷）	商品林（公顷）	森林覆盖率（%）
红城场	3537.0092	828.9988	2707.0207	94.99
长江场	1760.5130	428.0165	1331.6725	91.10
小楣水场	4539.8572	2190.5142	2280.4353	94.38
长坑林场	1404.5136	1081.6927	316.7738	95.69
霞山林场	1156.3318	888.2236	228.8861	53.55
苗圃场	51.5894	—	51.5894	73.59
黄坑镇	13804.2795	5064.7224	7630.1587	79.71
周田镇	22059.8835	9832.2617	11643.0975	79.71
大桥镇	13509.1142	7435.6071	5571.3715	81.76
仁化林场	10485.4587	2621.2577	7757.7768	88.30

【林业“四大工程”建设】 植树造林和绿化。2020年，仁化县完成造林与生态修复1148.87公顷、碳汇造林133.33公顷、碳汇造林抚育287.33公顷、中央财政补助造林抚育133.33公顷。开展义务植树活动，全县义务植树56.6万余棵，义务植树尽责率达98%。

“森林进城，公园下乡”建设。完成红城林场森林生态综合示范基地项目建设，开展城南生态公益林保护管理示范区建设工作。

乡村绿化美化。2020年，仁化县完成省定贫困村乡村绿化美化示范点建设任务长江镇油洞村、黄坑镇黄坑村等13个，完成绿美古树（红色）乡村项目建设丹霞街道麻塘村、董塘镇大井村、城口镇恩村村3个，对董中村委湾塘村、何屋“三清三拆”村庄空置地乡村公园进行绿化，种植绿化苗木多种。

景观林带建设。2020年，仁化县实施2019—2023年重点防护林体系工程珠江防护林封山育林建设项目，在锦江、浈江两岸范围封山育林0.473万公顷，完成林地全封育4600公顷、林地新种补植16.47公顷、林地人工促进更新作业118.8公顷；在环丹夏富1.8千米路段和大岭工业园至车湾1.07千米路段种植绿化苗木1.75万余株。

【森林防火】 2020年，县林业局将森林防火宣传与疫情防控宣传相结合，抓好森林防火宣传教育。疫情防控期间，每天出动森林消防及各类车辆40台次，护林员摩托车300多辆，流动式向沿路以及人群较多地方开展森林防火和疫情防控宣传教育。通过电视、微信、横幅、派发宣传资料等方式全面铺开森林防火宣传。悬挂森林防火横幅1500余条，发放《韶关市野外用火管理条例》《仁化县人民政府禁火令》等宣传资料20余万份、宣传小礼品2万余份。狠抓森林防火责任落实。加强隐患排查整治，开展“清坟边、清林边、清地边、清隔离带和旅游景区”可燃物“五清”行动，及时消除森林火灾隐患。严控火源入山，将疫情防控卡点和森林防火检查站布设结合、疫情卡点工作人员与森林防火检查人员履职结合，协助做好清明期间及秋冬季全县森林防火临时检查站管控工作。加强案件查处，严厉打击野外违规用火行为，根据《韶关市野外用火管理条例》《仁化县人民政府禁火令》相关规定，从快从重从严处理各类违规野外用火行为，做到“见烟就查，见火就罚”，查办违规野外用火案件15起，治安拘留2人。

【疫情防控】 2020年，县林业局发挥党员干部疫情防控先锋模范作用，安排党员干部参与疫情防控站点值勤值守，累计安排883人次，检查车辆111009台次、人员342761人次。成立疫情防控临时党支部，在责任路口设立党员先锋岗，检查登记过往车辆6693台次、人员19613人次；安排党员干部对网格小区居家隔离对象3户进行24小时监控值守198人次。开展网格化、片区化疫情防控入户摸排，成立疫情防控应急党员先锋队，每天组织党员干部职工60多人，分成7个巡查小组对网格三区滚动开展入户宣传、登记摸底排查、健康宣教等防疫工作。开展网格小区主要路口、楼道、水沟、垃圾桶以及其他人员密集流通处集中消毒消杀5次。围绕陆生野生动物疫情监控，在全县范围全面开展野生动物清查行动，严厉查处非法经营、食用野生动物行为。组织森林分局、管护大队、自然保护管理股、森林资源管理股等部门，每天全面清查全县31家野生动物人工驯养繁育基地、16个农贸市场和餐饮经营场所，累计出动人员7889人次，检查场所6158次。推进以食用为目的的人工繁育陆生野生动物场所转型转产或退出，关停人工繁育陆生野生动物养殖场23家。协助7家人工繁育野生动物养殖场完成转型转产，全面妥善处理好全县人工繁育陆生野生动物工作。

【森林资源保护管理】 2020年，县林业局加大打击力度，保持涉林违法犯罪高压打击态势。开展护林专项行动，严厉打击涉野生动物违法犯罪、乱砍滥伐等破坏森林资源违法犯罪行为，出动人员3394人次、车辆1396台次，立刑事案件5宗，办结4宗；行政案45宗，办结38宗；治安案件15宗，全部办结。加强林地定额管理和用途管制制度，保护林地资源。坚持节约高效用地原则，严把建设项目使用林地审核审批关。依法办理建设项目使用林地申请28宗，涉及使用林地面积115.51公顷，其中永久性使用林地已批项目15宗33.56公顷，临时使用林地已批项目5宗38.17公顷，正在审批项目8宗43.78公顷。出台《仁化县林木采伐管理工作指引》，下达2020年度商品林采伐限额12万立方米。抓好林业有害生物防控，保护林木资源。抓住春季防治林业有害生物有利时机，及时组织基层单位采取防治措施，做到治早、防小，有效控制虫情。开展松材线虫病疫情春季、秋季普查和防治，组织11个镇（街）、5个林场（所）监测站点，全面查清辖区内松材线虫病疫情，其中春季普查调查面积2.133万公顷，秋季普查调查面积5.996万公顷。开展松材线虫病冬季防治，组织人员深入林区排查和除治零散松材线虫病枯死树，有效控制疫情扩散。组织各站、场开展红火蚁排查和防治，防治重点区域红火蚁巢2140个，防治面积3.83公顷。

【涉林矛盾纠纷化解】 2020年，县林业局接待涉林信访来访群众8批16人次，收到信访件12宗，其中县信访局转来件7宗、韶关市“12345”政府服务热线1宗、邮寄件1宗、省林业局转来件2宗、市林业局转来件1宗。做好山林矛盾纠纷调处化，接访解群众45批168人次，处理案件41宗，其中下达处理决定10宗、协调1宗、行政诉讼12宗（一审7宗、二审4宗、再审1宗）、行政复议9宗、信访件9宗；来访群众批次比2019年度减少40%。做好丹霞山人工林赎买流转林农政策解释、思想疏导和维稳工作，接访林农41

批132人次。配合做好市审计局对仁化县赎买流转工作审计，对照审计发现问题和不足进行整改，查漏补缺，健全完善。完成第三期林农赎买流转申请合同签订，完善第四期受理赎买流转申请资料，完成调查、评估、公示等工作。做好生态公益林勘界工作，破解惠农资金难以发放到位问题，聘请第三方开展黄坑镇古竹村0.2万余公顷生态公益林林地确权勘界工作，促进生态公益林纠纷问题解决。开展省级以上生态公益林完善落界、天然林核定落界工作。完成省级以上生态公益林完善落界各项工作，开展天然林核定落界工作。申报并开展2个生态公益林保护管理示范区建设工作。

【林业产业扶持】 2020年，县林业局发挥行业优势，开展行业扶贫和“送苗木 助脱贫”工作。协助蜜蜂养殖专业合作社向25家养殖户（其中贫困户12户）分发蜂箱820箱，促进贫困养殖户增收；将良种油茶苗59320株、茶苗4100株分发至217户农户（其中贫困户168户）手中，种植面积66.67公顷；向董中村贫困农户赠送蓝莓苗160株。指导、协助仁化县俊森星草珊瑚专业种植合作社及草珊瑚种植户提高种植技术，扩大种植规模，协助该合作社在红山烟竹村及丹霞街道岭田村种植草珊瑚约40公顷，涉及贫困户4户；联合珠江电影集团在周田镇较坑村发展精准扶贫产业项目，种植草珊瑚4公顷，对种植户进行技术指导和培训。做好林业产业经营主体培育工作，为符合条件经营户申报林下经济项目，组织申报省林业龙头企业、省林业专业合作社示范社、省示范家庭林场和省林下经济示范基地。韶关金喆园生态农业有限公司被认定为广东省林业龙头企业，长坝菇菌种植专业合作社被授予“广东省林业专业合作社示范社”称号，丹霞街道巴孖园家庭农场、石塘茂盛家庭农场、石塘铭记家庭农场被授予“广东省示范家庭林场”称号，丹仁南药种植农民专业合作社被认定为广东省林下经济示范基地。加大推进林旅融合，发掘林业特色和亮点，积极申报省自然教育基地、省森林旅游特色线路、省森林旅游新兴品牌地等项目，推动林旅融合发展，拓宽林农增收渠道。城南森林公园被认定为广东省自然教育基地，旅游线路“览绚美大丹霞，品乡村古神韵”“寻根粤北红色之源，探秘仁化竹海茶乡”2条被认定为广东省森林旅游特色线路，金喆园、五马寨生态园被认定为广东省森林旅游新兴品牌地，红城林场生态康养基地被认定为“广东省森林康养基地（试点）”。

【自然保护地整合优化】 2020年，县林业局在2019年调研基础上，组织人员再次深入相关镇（街），进一步摸清仁化县自然保护地具体情况，掌握仁化县自然保护地详细信息，听取有关部门对仁化县自然保护地整合优化工作意见建议，做好相关资料收集、整理和提交。派业务人员参加市林业局举办的自然保护地整合优化业务培训，提高业务水平，加强与市林业局沟通对接。做好仁化县自然保护地整合优化预案编制、完善及上报工作。聘请技术单位编制仁化县自然保护地整合优化预案，组织召开跨部门会议多次，听取相关镇（街）和单位对预案意见建议，吸收合理、可操作性较强意见建议对预案进行完善，形成《仁化县自然保护地整合优化预案》（第三稿），通过省、市审核并逐级上报国家林草局。

【国家森林城市创建】 2020年，仁化县加强创建国家森林城市（简称创森）工作宣传，开展“生态和美——走近自然，爱护自然”自然教育知识讲解技能劳动竞赛、“最美村道”评选、庆“国庆”全民健身暨创建国家森林城市万里碧道健步行、粤见森林·悦见美好——第二届广东省森林文化周暨韶关市全域创建国家森林城市巡回主题宣传活动（仁化站）等活动10余项。在“南方+”、韶关发布、韶关创森发布、仁化发布等媒体平台发布仁化县创森工作动态信息100余篇。在县域国省道部分节点、各墟镇利用公益广告位设立大型创森宣传牌28块，在各镇森林公园设置创森科普宣传栏40余块。开展绿美古树乡村建设、乡村绿化美化示范点建设，实施碳汇造林、森林抚育、封山育林，抓好环丹道路、乡村等重点部位绿化提升，筑牢创森工作基础。强化森林资源巡查管护力度，严厉打击各类破坏森林资源违法犯罪行为，狠抓森林防火、林业有害生物防治，保护生态建设成果，提供创森工作坚实支撑。

【全国县级文明城市创建】 2020年，县林业局做好创建全国县级文明城市入户宣传工作，在创文网格化管理第三区开展疫情防控排查、创文入户宣传及满意度问卷调查数十次，累计完成小区居民入户宣传1085户。每周五下午，组织单位全体干部职工到小区开展卫生清洁活动。对清理除杂后小区公共绿地进行绿化美化提升，种植观叶、观花树种800余株。抓好文明劝导志愿服务，组织干部职工到责任区路口开展文明出行劝导志愿服务，到网格小区开展清理路面垃圾、各类“牛皮癣”等保洁志愿服务，纠正群众不文明行为。

（刘文平　钟鲁萍）

2020年11月28日，粤见森林·悦见美好——第二届广东省森林文化周暨韶关市全域创建国家森林城市巡回主题宣传活动（县林业局　供图）

畜牧兽医水产和种植业

【概况】 2020年，仁化县生猪总存栏9.3万头，出栏17.1万头，其中能繁母猪存栏0.91万头；羊存栏8250只，出栏3850只；牛存栏710头，出栏150头；家禽存栏64万羽，出栏118万羽；肉类总产量14650吨。全县水产养殖面积1683公顷，其中池塘面积1088公顷，山塘水库面积595公顷。水产品总产量9827吨，比上年增长1.95%；渔业总产值12914.4万元，比上年增长9.88%。受新冠肺炎疫情影响，龟鳖养殖户73户，与上年持平。全年粮食种植面积9799.6公顷，增长5.2%，水稻种植面积9202.6公顷，增长3.4%；油料种植面积6558.5公顷，增长5.3%；蔬菜种植面积3627.4公顷，增长8%；水果种植面积11417.6公顷，增长7.6%。

【生猪复产工作】 2020年，仁化县畜牧兽医水产局做好生猪复产工作。代县政府拟订出台《仁化县推进生猪家禽产业转型升级实施方案》《仁化县推进生猪家禽产业转型升级工作联席会议制度》，采用联审联批机制，切实简化生猪养殖用地办理程序。引进资金与技术实力雄厚养殖企业在县域投资建场，如温氏闻韶楼房式生猪产业园，徐友君高效场、龙凤胎种猪场与和而友生猪产业园等大型猪场项目。盘活现有生猪产能，指导空栏养殖场及时引进猪苗，提高养殖量。完成新建、改扩建生猪养殖场17家，累计投资2.6亿元。

【畜禽养殖废弃物资源化利用】 2020年，县畜牧兽医水产局根据《县委常委会2020年工作要点及责任分工安排》，围绕北部生态发展功能区定位，加大畜禽养殖污染综合防治力度，推进畜禽粪污资源化利用。完成23家规模猪场粪污资源化利用升级改造工作，建成异位发酵床容积11240立方米，发放奖励资金40万元，全县畜禽粪污综合利用率稳定在80%以上，高于市级下达考核任务目标。完成备案畜禽养殖场55家，累计注销养殖场28家。6月6日，县畜牧兽医水产局污染防治攻坚战工作受到县委、县政府通报表扬。

【非洲猪瘟等重大动物疫病防控】 2020年，县畜牧兽医水产局牵头相关职能部门及镇（街），按照中央、省、市工作部署，落实责任，完成2020年动物春防、秋防任务，疫病监测口蹄疫猪血清314份、牛羊血清30份、猪蓝耳病314份、猪瘟314份、禽流感335份、鸡新城疫335份、牲畜布鲁氏菌病297份、小反刍兽疫64份。养殖环节病死生猪无害化处理总数700头。产地检疫开出检疫证明动物B、动物A证共5512份。生猪屠宰环节开出检疫证明产品B证13702份。非洲猪瘟累计排查生猪场所6387个、屠宰场842次，出动排查人员7725人次，排查生猪310.25万头。入粤动物及产品指定检疫道口累计排查运输生猪车辆3168辆，合法3168辆，运输生猪150202头。运输生猪产品合法车辆154辆，运输动物产品964.36吨。生猪养殖环节、屠宰环节瘦肉精检测共检测猪尿1328份，检测结果全部为阴性。从养殖到屠宰上市，确保动物及动物产品食品安全。全年全县未发生非洲猪瘟疫情等重大动物疫情。

【农作物病虫测报】 2020年，县畜牧兽医水产局及时掌握各农时季节农作物病虫害发生动态，及时有效提供可靠、高效防治措施及指导意见，向上级业务及相关部门上报各农时季节病虫信息100期，撰写并发布农作物病虫情报13期（1000份），其中水稻5期、柑橘5期、花生1期、经济作物2期。完成全国农技推广服务中心“中韩水稻迁飞性害虫合作项目”广东区域5—8月迁飞性害虫监测工作，上报监测数据24期，采集虫源标本48份，上报平台数据33期。完成广东省农业农村厅下达仁化县柑橘、水稻全年病虫害监测工作任务，上报各农时病虫监测数据120期。完成广东省农业农村厅统一布置调查仁化县范围内上、下半年玉米草地贪夜蛾专题虫情监测工作，上报数据109期。建立“绿色防控和统防统治技术示范推广”示范区1个、“南方水稻黑条矮缩病防治技术试验”示范点1个。有效控制农作物病虫害大面积严重发生。

【惠农政策落实】 2020年，县畜牧兽医水产局组织开展政策性农业保险工作。全年能繁母猪投保6836头，育肥猪92644头，仔猪8万头，申请发放中央财政补贴132.9824万元，省级财政补贴74.1664万元，县级财政补贴24.5078万元。促进特色生态渔业发展，指导昇洋养殖实业发展有限公司改进内设机械配套设备，发展工厂化水产养殖，完成可养殖池至116个，鱼池总面积812立方米，全部投产，产量35吨，产值246万元。分别在扶溪镇、石塘镇等地方推广禾花鱼稻田养殖，投放禾花鲤6万尾，放养面积5.33公顷。开展优质草鱼健康养殖技术推广应用面积666.67公顷，草鱼平均亩产0.35吨，总产量3500吨，总产值4900万元。实施土壤酸化耕地治理项目。加强宣传培训，在董塘镇高莲村、红星村开展土壤综合监测点绿肥还田及增施有机肥土壤培肥改良效果试验，协助省农科院水稻所开展重金属低吸附水稻品种筛选试验。推广应用土壤调理剂+常规施肥综合技术，土壤酸碱度提高1.3%～9.6%，土壤酸化程度得到缓解，耕地质量有所提升，耕地质量等级维持不变。

【生猪定点屠宰】 2020年，县畜牧兽医水产局加强生猪定点屠宰管理工作，压实屠宰企业主体责任和驻场官方检疫人员监管责任，节日期间做到有人管、不缺岗，严禁屠宰问题家畜家禽，确保出厂肉品质量安全。按照仁化县新冠肺炎疫情防控工作统一部署，要求县城屠宰场做好新冠肺炎防控工作，实行封闭式管理，肉品实行冷链配，加强非洲猪瘟防控工作，落实"两项制度"（官方兽医驻场检疫和屠宰场非洲猪瘟自检工作）。推进县城屠宰场标准化创建，引导和支持屠宰场创建省级标准化生猪屠宰场，升级改造相关设施设备等硬件，保障生猪产品安全供应。全年屠宰生猪32082头，检疫32082头，合格31951头，不合格产品131头，不合格产品全部作无害化处理。

【指定道口工作】 2020年，县畜牧兽医水产局根据广东省农业农村厅、省公安厅、省交通厅、省市场监督管理局《关于实施省外动物及其产品入粤指定道口管理工作的通知》（粤农农函〔2019〕1470号）文件精神，组织开展仁化县指定道口入粤动物及动物产品监督检查工作。7月，经城口镇政府请示仁化县政府同意，将仁化县入粤指定道口检查点从原来城口公安检查站迁移到武深高速城口出口处（上寨桥旁）。9月，根据广东省人民政府要求，加强仁化县入粤指定道口建设，确保工作正常运转；经县畜牧兽医水产局请示仁化县政府同意，补充乡镇畜医站防疫员4名后，县畜牧兽医水产局从各乡镇畜医站人员调剂，配备国道106线仁化城口检查站指定道口专职人员7名（其中站长1名）进驻指定道口，24小时值班，开展仁化县指定道口入粤动物及动物产品监督检查工作。全年排查运输生猪车辆3168辆，合法3168辆，运输生猪150202头；排查运输生猪产品合法车辆154辆，运输动物产品964.36吨。

【水稻新品种展示示范】 2020年，仁化县在韶关市植保植检与种子管理站统一安排下，开展早、晚造水稻新品种大田试验示范工作，筛选出适合仁化县推广的丰产、抗病优良品种一批。其中，早造参试水稻组合有昌盛优粤农丝苗、广泰优736、五优青占、华优665（ck）4个，综合表现较好品种有五优青占、昌盛优粤农丝苗；晚造参试水稻组合有隆晶优4013、恒丰优郁香、广和优郁香、广和优香丝苗、泰优068、耕香优792、宁丰优699、深优9708（ck）8个，综合表现较好品种有隆晶优4013、恒丰优郁香、广和优香丝苗。

【联防联控工作】 2020年，县畜牧兽医水产局配合做好仁化县新冠肺炎疫情防控工作，维护人民群众身体健康和生命安全，根据省市领导部门部署和安排，联合公安交警、市场监管、林业、卫健等部门在城口高速公路出口设立检疫检查站，重新启动非洲猪瘟检查站14个，检查过往车辆及畜禽、动物产品运输车辆。派驻检查人员966人次，检查畜禽运输车辆813辆，检查家畜7.3万头，家禽25.3万羽，劝返不符合检疫要求车辆25辆，未发现野生动物运输车辆，有效防止通过畜禽运输及贩运野生动物输入、传播疫情可能。同时，对仁化县定点屠宰场实行严格防控制度，严禁屠宰问题家畜家禽，禁止非工作人员进入屠宰场，配送肉品到各市场分销，减少人员聚集。加强畜禽疫情监测与流行病学调查，动物疫情监测2536场次，监测家畜47万头、家禽756万羽，指导畜禽养殖场开展消毒杀菌工作2536家。

（华少滨）

农业机械

【概况】 截至2020年年底，仁化县农业机械总动力12.5571万千瓦，12K及以上拖拉机2278台，拖拉机配套农机具2278台/套，插秧机190台，收割机794台，其他农机具一批；水稻生产机耕率96%，机插率19.54%，机收率86%，水稻耕、种、收综合机械化水平达76.66%，农作物机械化综合水平49.82%。

【农机购置补贴政策落实】2020年，上级下达仁化县农机购置补贴资金30万元，截至是年底，仁化县农业机械事务中心（简称县农机中心）补贴机具40台，受益农户31户，其中拖拉机3台、联合收割机2台、耕整地机械21台、田间管理机械5台、农产品初加工机械1台。加大农机购置补贴宣传力度，印制、发放农机购置补贴宣传牙签筒700个、农机购置补贴宣传环保袋2000个。

【农机技术推广】 2020年，县农机中心加大农机新机具、新技术推广力度。以推进传统农业向现代农业进程为重点，开展形式多样农机具推广使用活动。协助市农机化科举办农机技术培训班，培训农机手57人。组织大型宣传活动2次，印制派发宣传资料2000余份。与大疆、极飞2家无人机企业开展水稻直播和果树植保技术系列活动。果树植保技术被广大果农所接受，年服务能力果树植保0.53万公顷，水稻直播333.33公顷。通过引进和动手改进适合各地生产使用农机具一批，提高机械化生产效率，农机与农艺有效结合。推进农机化和农机装备产业，协助有一定实力合作社开展耕地力提升和实施垦造田项目，通过项目实施引进和改进相适应农机具一批。开展水稻全程机械+综合农事托管等农机社会化服务项目。推荐和组织开展农机使用一线人才，发挥基层农机使用人才在推进农机化技术进步和农业生产服务作用。年内，县农机中心辖内2家合作社通力合作开展农机化技术和推广，达到预期经济、社会和生态效益。

【水稻生产机械化】 2020年，县农机中心围绕粮食安全考核，提升水稻生产机械化水平。水稻全程机械化技术每亩节约成本55～75元，亩增收200余元。项目实施后，通过示范带动666.67公顷，辐射面积2000公顷。全县有50%以上农用地适宜开展全程机械化作业。年内，省级下达农业生产力提升项目资金80万元，由向阳、子明合作社承担在丹霞街道麻塘农场落实省级涉农资金农业生产能力提升建设项目，完成育秧大棚建设3000多平方米，添置高速插秧机2台、育秧机2台和育秧盘等设施，支付省级涉农资金80万元，完成水稻耕种收综合机械化提升1.5个百分点以上。

【农机安全宣传教育】 2020年，县农机中心开展农机安全宣传与教育工作。组织各镇（街）农机员积极开展2020年农业行业“安全生产月”和“安全生产南粤行”活动。通过印发《农机安全生产倡议书》《农机安全生产工作手册》《农机安全生产隐患排查要点》《仁化县农机安全及“扬尘治理”宣传手册》等宣传资料派发至各农机专业合作社、农机维修点农机经销点和农机手，及通过宣传标语、短信等平台，有效开展农机安全生产宣传工作。举办仁化县农机安全宣传教育业务培训及应急演练培训，在春种秋收农忙时期，确保田间农机安全事故“零”发生。协助县农业农村局执法部门开展农机安全隐患排查整治工作。在重大节假日前以及春耕备耕和汛期期间，协助开展农机安全生产隐患排查工作8次，检查农机合作社、农机经销商、农机大户等65家，确保农机事故“零”发生。协助查处无牌无证、违章载人、酒后驾驶等严重违章行为，降低道路交通事故拖拉机涉案率，提升农机“三率”水平。协助县农业农村局做好拖拉机、联合收割机驾驶证和行驶证登记、发放以及变形拖拉机注销等工作。截至12月31日，全县农业机械总动力12.5571万千瓦，比上年提高0.78%。农作物机械化综合率49.82%，水稻耕种收综合机械化率达76.66%。

（包秀琴）

工　业

综　述

【工业发展概况】 2020年，仁化县工业经济发展存在对中省属企业及传统有色金属行业依存过大、工业发展后劲不足、招商引资项目落地难、新增企业少等不利因素，发展形成以有色金属、新能源、高端制造及动力电池为主导产业工业产业体系。全年，全县有工业企业218家。完成工业增加值33亿元，同比下降1.3%，占GDP比重31.91%。其中规模以上工业企业31家，完成工业总产值71.5亿元，同比下降5.7%；完成规上工业增加值21.8亿元，同比下降2.7%，占GDP比重21.07%（全市为23.71%）。完成工业税收2.9亿元，同比下降39.8%，占全县税收总额比重38.67%。完成工业投资23.3亿元（完成市下达19亿元目标任务的120.2%），同比增长47.1%；完成技改投资12.4亿元（完成市下达8.5亿元目标任务的146.2%），同比增长97.1%。

【规上工业结构组成】 有色金属产业是县工业第一支柱产业。2020年，仁化县有有色金属规上企业5家，占规上企业总数16.1%；有色金属行业增加值15.8亿元，占规上企业增加值77.4%。

新能源产业。2020年，仁化县新能源产业是光伏发电产业。全年，电力行业增加值3亿元，占规上企业增加值总数13.8%；其中光伏发电增加值0.6亿元，占电力行业增加值19.1%。仁化华粤煤矸石电厂生物质与煤混合燃烧发电技术投产。

高端制造及动力电池产业。2020年，仁化县优势产品有电池级碳酸锂、硫酸镍、硫酸钴、纳米氧化锌等。高端制造业及动力电池规上企业有韶关凯鸿纳米材料有限公司、广东威玛新材料科技有限公司2家。全年，凯鸿纳米材料有限公司产值1.6亿元，占全县规上企业总产值2.2%；工业增加值0.4亿元，占全县规上企业工业增加值2.1%。12月，广东威玛新材料科技有限公司投产。

【存在问题】 ①重点骨干企业影响较大。2020年，全县规上工业企业30家（新增2家，退出3家），其中凡口铅锌矿、丹霞冶炼厂是全县有色金属行业龙头企业。全年，凡口铅锌矿、丹霞冶炼厂增加值占全县规上工业增加值71.4%，其中凡口铅锌矿占59.8%（2020年只生产11个月），一矿独大问题突出，不利于全县工业经济抵御市场风险。②产品价格变动对主要经济指标作用明显。受制于国内国际市场环境变化，产品价格波动较明显，上半年产品价格同比太低，拉低全年产值、增加值总量。1—11月，凡口铅锌矿产量15.1万吨，12月新旧选厂对接（产量为0），全年产量同比下降4.4%；产值16.7亿元，同比下降0.2%；增加值13.2亿元，同比下降0.1%，拉动全县规上工业下降0.04个百分点（1—11月拉动增长7.52个百分点）。丹霞冶炼厂产量14.5万吨，同比增长3.7%；产值25亿元，同比下降3.8%，增加值2.6亿元，同比下降4.4%，拉低全县规上工业0.5个百分点。③县支柱企业逐年减产，拉低经济增长。仁化县以凡口铅锌矿为依托，有色冶炼产业发展较快，但产业链不完善，资源综合利用率不高，导致全县高能耗低产出企业较多。

【主要工作措施】 2020年，县工信局针对仁化县工业经济发展存在对中省属企业及传统有色金属行业依存过大、工业发展后劲不足、招商引资项目落地难、新增企业少等因素影响，重点做好：①强化经济运行监测预警，抓好统计督报。加强重点行业、重点企业、重点产品运行情况监测分析，建立健全规上企业运行监测工作台账，尤其是负增长和低增长及停产企业，以问题为导向，摸清原因，找准症结，实施问题清单管理，采取“一企一策”帮扶措施，努力解决问题，释放企业产能，促进企业健康发展。加强与志成冠军、日月潭电源等在县设厂外地企业沟通，争取将其产值依法依规转移到县统计。加强企业产值和用电、产值和税收、产值和能耗匹配性等方面对企业经营情况综合分析，联合统计、税务等部门核查少报、漏报企业。②加强规上企业帮扶。贯彻落实2020年仁化县领导班子成员和县直部门挂点联系工业企业工作安排表，加强规模以上工业企业跟踪协调服务，及时为企业排忧解难，提高服务效率，由县领导负责督促企业在确保安全和质量基础上满负荷生产，全面完成预测生产任务，实现县工业稳增长。落实《仁化县县直有关单位联系规模以上工业企业约谈制度》，约谈帮扶不到位、服务质量不高的县直有关挂点联系单位领导干部。③做好县“倍增计划”试点企业服务工作。根据《韶关市实施优质企业倍增计划工作方案》精神，加强纳入“倍增计划”试点企业服务工作。制定“仁化县倍增计划试点企业跟踪服务表”，做好“倍增计划”企业跟踪服务，解决试点企业融资、招工等企业生产经营中普遍存在问题，深入“倍增计划”试点企业开展市倍增办及相关市直部门印发的系列优惠政策宣讲工作，协助实现倍增目标企业享受相关政策，推动试点企业实现规模与效益倍增。④坚持问题导向，缓解板材企业原材料供应问题。受原材料供给困难等因素影响，鸿伟木业（仁化）有限公司产值难以释放，县发改局大力支持企业开展以竹代木刨花板生产线升级改造项目，拓宽原材料供应途径，解决原材料供应问题。支持企业开展技术改造工作。加快丹霞冶炼厂炼锌渣绿色化升级改造项目推进。促进资源、经济与生态协调发展，推动全县百亿园区建设和工业经济发展。推进凡口铅锌矿尾矿资源综合回收及环境治理开发项目和采掘废石资源综合回收利用项目。⑤加大招商引资力度，确保投产见效。抓住有利时机，做好招商推介，坚持以以商招商和产业链招商作为招商主要方式，发挥县有色金属优势，引进有色金属深加工和电池生产项目，为全县提供经济新增长点。积极化解用地、环评、规划等问题，力促项目及早落地、加快建设和投产见效。加强门槛准入，引进企业要在县注册法人，避免注册分公司纳入不了统计。⑥做好县新增规上企业培育工作。通过到辖区工业企业进行摸底调查，筛选出潜力强、发展势头好民营企业一批，给予针对性业务辅导和重点支持，结合市相关政策对确保上规工业企业进行财政补贴扶持，保障县新增规上企业数量稳步提升。年内，新增规模以上企业广东天鹰新能源科技有限公司、仁化县闽盛建材有限公司2家。

（麦海燕　吴静涛）

电力工业

【水力发电】 概况。截至2020年年底，仁化县有水电站256宗（其中：锦电总公司4宗、县水务局下属电站5宗、石塘镇4宗、董塘镇8宗、丹霞街道办3宗、红山镇40宗、长江镇74宗、扶溪镇27宗、城口镇39宗、闻韶镇10宗、大桥镇3宗、周田镇12宗、黄坑镇27宗），装机容量19.3440万千瓦（其中：1万千瓦以上电站3座，装机容量4.72万千瓦；0.1万千瓦～1万千瓦电站24座，装机容量5.361万千瓦；0.1万千瓦以下电站229座，装机容量9.263万千瓦）。全县小水电年发电量57121.22万千瓦时，比2019年80190.24万千瓦时减少23069.02万千瓦时；上网电量52621.68万千瓦时，比2019年78380.56万千瓦时减少25758.88万千瓦时；发售电收入27061.66万元，比2019年39880.56万元减少12818.9万元；税收3534.5万元，比2019年5188.69万元减少1654.19万元。

水电站建设管理工作。2020年，仁化县小水电安全生产工作坚持“安全第一、预防为主”方针，落实安全责任制，开展电站安全核查工作，切实加强存在安全隐患电站专项整治工作。根据广东省水利厅、广东省发展改革委、广东省生态环境厅、广东省林业局、广东省能源局《关于开展小水电清理整改核查评估工作的通知》（粤水农水农电〔2020〕9号）和《关于开展小水电站退出试点工作的通知》（粤水农水农电〔2020〕10号）要求，对全县257宗小水电站进行核查评估工作。经评估，整改类212宗，退出类45宗。退出电站装机总容量41435千瓦，其中完成下黄坑电站退出试点工作，其余44宗为涉及自然保护区电站。做好水电站安全生产标准化推进工作。根据韶关市水务局持续推进安全生产标准化建设工作部署，县水务局将大中型水库安全生产化达标经费列入涉农资金申报项目库。截至2020年年底，仁化县高坪水利水电管理所、仁化县顺安水力发电有限公司和盈保电业（仁化）有限公司3家水电站（单位）开展安全生产标准化达标评级。做好水电站隐患排查及防汛度汛工作，开展汛前小水电站安全检查，汛期及时跟踪电站安全生产及度汛情况。联合县应急管理局、县供电局对辖内水电站进行排查、抽查多次。发出水电站整改书17宗，均已整改销号。9月12日，联合县水利协会、县供电局在仁化县丹霞山宝能集团逸莱酒店举办2020年仁化县水电行业安全生产学习培训大会，由省水电协会、县水务局、县供电局有关专家做现场培训，全县各电站业主、负责人参加培训约200人。

（刘　志）

【火力发电】 2020年，仁化县火力发电企业仁化县华粤煤矸石电力有限公司（简称华粤煤矸石电力公司）投入3800万元开展超低排放技改项目，实现经济与环境和谐发展，获“广东省资源综合利用企业”称号。

生产经营情况。2020年，华粤煤矸石电力公司抓好疫情防控和安全生产，稳定开展生产经营，疫情期间未停止生产发电，全年完成总发电量5.38亿千瓦时，总上网电量4.88亿千瓦时，缴纳税收900万元，相比2019年279万元增加621万元。

主要技术优势。2020年，华粤煤矸石电力公司“韶关市煤矸石与生物质耦合燃烧发电工程技术研究中心”被认定为韶关市市级工程技术研究中心，取得软件著作权5个，申请实用新型专利10件。

（肖健军）

锦江电力开发总公司

【概况】 2020年，锦江电力开发总公司（简称锦电公司）实现发电量15681万千瓦时，上网电量15398万千瓦时，发电收入8833.55万元，总收入8911.51万元，上缴财税3423万元（其中上缴税费1823万元，上缴财政1600万元）。全年实现安全生产无重大责任事故。

【安全生产】 2020年，锦电公司以锦江水库为龙头，运用丰枯、峰谷电价差进行上下游梯级水库群联合优化调度，汛期降低库区水位减少农作物淹没，支持锦江两岸农田灌溉，防洪期间各厂站24小时安排厂站领导值班，确保人民生命财产安全，实现经济和社会效益双丰收。完成转贷1.23亿元，保障公司生产发展资金。

【技改和检修】 2020年，锦电公司节约各项开支，抓好机电设备维护、检修和技改工作，提高厂站安全生产水平和经济效益。年内完成：锦电大厦办公楼配电房屏柜及电缆线路技术改造；锦江电厂继保室第Ⅱ套220伏直流装置和48伏直流装置技术改造，高、低压储气罐和2台机组油压装置压力油罐更换；黄屋电站高、低压气罐和2台油压装置压力油罐更换；丹霞电站高、低压气罐和2台机组油压装置压力油罐更换，2号机组导叶主接力器和转轮叶片技术改造，大坝启闭机室增设30千瓦柴油发电机组和操作柜技术改造；瑶山电站2台机组LCU触摸屏、公用LCU触摸屏及闸门LCU触摸屏更换，集水井2台渗漏排水泵更换，高、低压气罐和2台机组油压装置压力油罐更换，0.4千伏厂用低压配电屏技术改造；九龙岩电站2台机组大修、2台水轮机技术改造工作。

【综治、人事、工青妇工作】 2020年，锦电公司抓好社会管理综治、工青妇、文秘、劳资、档案、车队、后勤服务等工作，办好内刊《锦电通讯》，开展“十佳员工”“十佳岗位女能手”评选活动，活用各种载体宣传公司。开展帮扶解困、节日慰问活动，探望困难党员、老党员、退伍军人72人，发放慰问金1.72万元，探望退休职工、生病职工及其家属、生育职工、家有去世老人职工43人，发放慰问品和慰问金2.21万元；奖励高考取得优异成绩职工子女5人1.9万元。

2020年11月27日，丹霞电站2号机组转轮叶片技术改造现场（雷名东 摄）

【库区农作物淹没补偿】 2020年，锦电公司采取汛前深入库区调查摸底、汛期调查走访受淹情况、汛后认真核实灾情做法，做好库区农作物淹没补偿工作。全年，发放受淹农作物（23.33公顷）补偿款20.23万元，发放库区“两头”人员（老、少人员）508人生活扶持金50.8万元，无库区群众上访事件发生。

【企业社会责任担当】 2020年，锦电公司扎实推进脱贫攻坚、锦江流域环境综合治理、创文、帮扶解困等工作。投入32.93万元用于水渠清淤扩建，坑尾、凡口村小组桥梁修建；筹集资金43.44万元帮助贫困户31户开展危房改造、提升贫困户住房工程、入户慰问等。开展锦江流域环境综合治理工作，坚持每周巡查锦江水库到瑶山水库1次以上，做好锦江水库到瑶山电站水库河面保洁工作，投入资金52.1925万元打捞、清运从锦江水库到瑶山电站水库漂浮物4251吨。开展创文网格六区卫生整治197次2716人次、文明劝导59次472人次，人均志愿服务时长29小时。开展帮扶解困活动，帮扶董塘镇精准扶贫办等单位35万元，党员助力新冠疫情防控捐款1.726万元、“6·30”广东扶贫济困日捐款12.9万元，投入52万元加固丹霞电站坝头至丹霞电站路段山体护坡，消除地质隐患。

（刘春香）

有色金属行业企业

【概况】 2020年，仁化县有色金属行业规上完成企业工业总产值43.81亿元，同比下降4.7%，完成工业增加值为15.76亿元，同比下降1.5%，占仁化县规上企业增加值的72.3%。年内，全县规模以上有色金属行业企业主要有凡口铅锌矿、丹霞冶炼厂、韶关市鑫海仁丹钨业有限公司、仁化县博世铝业有限公司、韶关中润金属科技有限公司等。

【丹霞冶炼厂炼锌渣绿色化升级改造项目】 截至2020年年底，丹霞冶炼厂炼锌渣绿色化升级改造项目完成“三通一平”、挡土墙建设，贯通厂西道路，完成排水沟。正在施工的子项目：燃气锅炉试运行；污水处理站试机；渣熔炼系统进行桩基础施工；完成硫黄库、辅材库、铅成品库验收工作并交付使用。完成丹霞冶炼厂自产炼锌渣将实现就地无害化处理。构建覆盖全省固体废物资源化和无害化处理体系，提升仁化县解决危废问题能力，推动生态文明建设。

【有色金属重点企业】 凡口铅锌矿。2020年，凡口铅锌矿完成铅锌金属量生产15.1万吨，比上年减少6927吨，同比下降4.4%；总产值16.7亿元，同比下降0.2%；工业增加值13.2亿元，同比下降0.1%，年税收总额2亿元。

丹霞冶炼厂。2020年，丹霞冶炼厂生产锌锭14.5万吨，同比增长3.7%；实现总产值25亿元，同比下降3.8%；工业增加值2.6亿元，同比下降4.4%，年税收总额1449.8万元。

韶关市鑫海仁丹钨业有限公司。2020年，韶关市鑫海仁丹钨业有限公司年产值2306万元，年税收总额196.5万元。

仁化县博世铝业有限公司。2020年，仁化县博世铝业有限公司实现生产总值1.3亿元，年税收总额150.9万元。

竹木加工工业

【概况】 2020年，仁化县规上竹木加工企业完成工业总产值4.49亿元，同比下降1.8%，完成工业增加值0.87亿元，同比下降1.8%。占全县规上企业增加值的4.0%。

【重点企业简介】 鸿伟木业（仁化）有限公司。2020年，鸿伟木业（仁化）有限公司产值3.02亿元，同比下降7.4%，年税收总额913.8万元。

仁化县奥达胶合板有限公司。2020年，仁化县奥达胶合板有限公司产值1.48亿元，同比增长12.2%，年税收总额455.6万元。

（麦海燕　吴静涛）

工业园区建设与管理

【概况】 仁化县产业转移工业园区以产业集群集聚发展为目标，以“一区多园”模式进行建设管理。2020年5月，《仁化县产业转移工业园区总体规划（2020—2035）》经县人民政府批准同意实施。该规划建立以省级产业园仁化县产业转移工业园为主产业园区，仁化县小企业创业集聚区、中金岭南有色金属绿色循环产业集聚区、仁化竹产业集聚区为管辖片区的“一区多园”发展模式。截至2020年年底，丹霞开发区主要管理仁化产业转移工业园和仁化小企业创业集聚区，代管县城东湖工业园。

2020年，仁化产业转移工业园建成投产（试产）企业24家，其中规模以上企业11家，产值超亿元企业4家；有高新技术企业6家，省级研发机构2个，市级研发机构6个，拥有高新技术产品35项，发明专利4个，实用新型专利76个，研发经费达1.23亿元，技改投入达10.11亿元。全年，该园区实现规模以上工业总产值8.53亿元，实现规模以上工业增加值1.45亿元，完成税收3667.8万元。

2020年，仁化县小企业创业集聚区有企业17家，其中规模以上企业3家，产值超亿元企业2家。全年，实现规模以上工业总产值4.49亿元，实现规模以上工业增加值0.97亿元，完成税收1376.2万元。

2020年仁化县产业转移工业园区规模以上企业情况表

表5

序 号	企业名称	法人代表	主要产品	产值（万元）	增加值（万元）	税收（万元）	备 注
仁化产业转移工业园							
1	广东志成冠军集团有限公司仁化分公司/广东志成冠军电气器材科技有限公司	韩妹平	铅酸免维护蓄电池与极板、输配电及控制设备类不间断供电电源（UPS）配套装置	11391.6	1799.87	1675.8	—
2	韶关中弘金属实业有限公司	廖远坤	球形氢氧化镍、硫酸镍、碳酸镍、电解铜板	0	0	17.6	—
3	韶关中达锌业有限公司	廖远尧	氧化锌物料	920.7	261.48	23.3	—
4	广东升隆电源有限公司	黄培辉	铅酸蓄电池	7872.3	1243.82	453.2	—
5	韶关元泰资源科技有限公司	钟健	碳化钨、钨粉、钼制品、钴制品	6394.1	1815.92	51.6	—
6	韶关富鑫有色金属有限公司	曾韶生	阴阳极板、铅合金	15700.7	719.09	150.9	—
7	广东英业达电子有限公司	汪国兵	不间断电源、应急电源、铅酸蓄电池等	3586.4	566.65	234.4	—
8	广东西力电源有限公司	梁龙合	太阳能电池、不间断电源、应急电源、铅酸蓄电池等	2975.5	470.13	182.3	—
9	韶关凯鸿纳米材料有限公司	梁鹤贤	纳米氧化锌、粗铅、精铁粉	15990.4	4541.27	183	—
10	仁化县博世铝业有限公司	李健强	铝型材、铝合金	13045.2	1137.54	162.8	—
11	仁化县金裕新能源发电有限公司	蒋琼	新能源发电系统级工程投资、开发、建设与运营服务	7410.9	1974.26	18.7	—
仁化产业转移工业园小计				85287.8	14530.03	3153.6	
仁化县小企业创业集聚区、东湖工业园							
12	仁化县奥达胶合板有限公司	林万荣	人造板、建筑模板、集装箱板、细木工板、竹木制品	14772.6	2896.9	870.6	仁化县小企业创业集聚区
13	鸿伟木业（仁化）有限公司	张博澜	木制品加工	30163.5	5915.1	493.1	

续表5

仁化产业转移工业园

序　号	企业名称	法人代表	主要产品	产值（万元）	增加值（万元）	税收（万元）	备　注
14	仁化县泰和元有限公司	钟建	氢氧化铝、硫酸铝、仲钨酸铵及钨钼制品	3302.1	937.8	12.5	东湖工业园
仁化县小企业创业园、东湖片区小计				48238.2	9749.8	1376.2	—
总计				133526	24279.83	4529.8	—

【基础设施建设】 2020年，园区利用地债资金启动工业六路及新庄五路南段市政工程和标准厂房等园区基础设施项目建设。新建工业六路道路1.165千米，道路红线宽度30米；新建新庄五路南段道路0.574千米，道路红线宽度16米。项目包括道路工程和排水工程，道路已投入使用。园区标准厂房建设项目总投资7834万元，11月，一期工程（修建3层厂房1栋，建筑面积7350平方米）动工建设。完成园区XZF-A地块6.65公顷场地平整工程。启动园区商业综合体项目建设。

【招商引资】 2020年，全园区签订框架协议项目2个，分别是总投资5亿元的凯捷集团国际有限公司年产120 万千伏安时蓄电池生产基地项目、总投资1.09亿元的深圳耀邦日用品集团有限公司年产6.5亿片妇婴卫生用品建设项目。正在洽谈意向企业韶关市弘钜科技有限公司、韶关市庆和实业有限公司、申能（集团）有限公司子公司上海申能能创能源发展有限公司3家。

【重大项目开工暨招商引资集中签约活动】 2020年5月19日，“仁化县2020年重大项目开工暨招商引资项目集中签约活动”在园区举行。该次活动有集中开工重大项目10个，总投资13.14亿元，其中，5个重大项目落户县产业转移工业园。集中签约项目10个，总投资36.53亿元，涵盖农产品深加工、文化旅游、新型材料加工、能源资源等领域。

（谭玉娟）

中小企业管理

【民营经济基本情况】 截至2020年12月，仁化县有登记注册私营企业1479家，登记注册个体工商户10479户，其中年内新增登记注册中小企业241家，新增登记注册个体工商户1675户。新增规模以上企业广东天鹰新能源科技有限公司、仁化县闽盛建材有限公司2家。

【疫情防控】 2020年疫情防控期间，仁化县各企业严格按照县指挥部指令做好疫情防控各项工作，严把企业员工“外防输入”关口，做好全员排查、员工每天体温监测、区域消杀、隔离人员管控等工作，全县工业企业零疫情发生。各企业响应并承担“大企帮小企”“脱贫攻坚”“乡村振兴”等社会责任，为全县各项事业发展出资出力。凡口铅锌矿、丹霞冶炼厂、虎仁指挥部3个企业捐赠口罩5万只（其中医用口罩2000只）、FR200红外线测温仪3个、25千克百事特消毒液6桶；鑫海仁丹钨业公司、宇鑫机电设备公司、恒达新型材料公司3个企业捐款8万元用于全县工业企业复工复产疫情防控工作；“6·30”广东扶贫济困日扶贫捐款活动中，全县33家工业企业认捐253.2万元。

【民营企业座谈会】 2020年，仁化县全面落实为企业减负政策，减轻企业负担，加大企业减负政策宣传力度，用足用活税收政策，全年对受疫情影响不能按时缴纳企业职工养老保险、医疗保险（含生育保险）、失业保险、工伤保险以及住房公积金企业，减免金额6130.99万元。支持个体工商户复工复业减免增值税455户，享受减免金额818.12万元；为12家企业延期付息贷款金额8411.93万元，下调贷款利率1.15%，为企业节省利息成本84.36万元。

【中小企业专项资金申报】 2020年，仁化县及时掌握并跟踪落实中小企业项目，对符合条件申报国家、省、市各级专项资金企业予以重点支持和推荐，协助中小企业争取各级专项资金，力促企业上规模、上水平。全年为30家企业争取上级工业专项资金351.77万元。为2019年成功申报为仁化县新增规模以上企业仁化县金裕新能源发电有限公司等4家企业争取省、市升规奖励资金每家企业25万元，共100万元。为华粤煤矸石电力有限公司等4家企业争取市2020年一季度产值逆增长及新上规企业奖励金共35万元。为疫情防控达标前提下恢复产能的广东志成冠军电气器材科技有限公司等民营企业8家争取疫情防控工作补助资金31万元。为韶关凯鸿纳米材料有限公司和仁化奥达胶合板有限公司2家企业争取省级促进经济高质量发展专项资金109.73万元。为韶关韶能本色丹霞纸品有限公司和仁化县顺安水力发电有限公司争取2020年韶关市促进小微工业企业上规模发展资金56.04万元。为广东英业达电子有限公司等10家中小微企业争取省、市中小微企业服务券共20万元，其中达成合同金额16.95万元。

【中小企业服务】 2020年，仁化县优化中小企业服务，加大企业人才引进激励机制力度，定期开展人才招聘活动，组织企业赴高校密集地开展人才招聘活动，解决企业用工难问题。做好县"倍增计划"试点企业服务工作，根据《韶关市实施优质企业倍增计划工作方案》精神，解决纳入"倍增计划"试点企业融资、招工、员工子女就读等问题，为2019年度纳入"倍增计划"企业员工子女5人就读民办学校发放补助金每人3000元，计1.5万元。优化投资营商环境，加大招商引资力度，增强民营经济发展新动能。落实《关于进一步优化仁化县投资营商环境的具体措施（试行）》，加大招商引资工作机制，县级领导带头外出招商，主动、积极参与招商引资工作，部门围绕优化服务，做好项目前期准备、项目落地、开工、投产协调服务工作。

【中小企业融资问题解决】 2020年，仁化县切实为企业解决融资难、融资贵问题。9月26日，在仁化县丹霞印象广场举办"喜迎国庆，金融助企，服务惠民"韶关金融系统"稳企业 保就业"市县联动宣传活动，与企业近距离对接融资信息，为企业解决融资难瓶颈问题提供平台。据统计，2020年全县金融机构向企业发放贷款136笔6.57亿元，运用专项再贷款发放支小再贷款1800万元，运用普惠小微企业信用贷款支持计划工具发放410.4万元，普惠型小微企业贷款延期工具发放激励金62.93万元，引导企业在"粤信融"稳企业保就业平台注册553家。加强中小企业贷款风险补偿基金管理，截至2020年12月底，推荐广东丹霞印象集团有限公司、岭田萤石矿、富鑫有色金属、五马寨菌业等企业列入中小企业库12家。广东丹霞印象集团有限公司等4家企业获得县农商行3490万元贷款额度。

（连柳娇）

商　贸

国内贸易综述

【概况】 2020年，仁化县以落实“六稳六保”政策为中心，统筹抓好疫情防控，通过围绕城乡发展战略，抓实商贸基础设施建设，补齐商贸短板，刺激消费，开拓农村市场，加快全县商贸流通市场体系建设，确保商贸经济稳步发展。全年，全县完成社会消费品零售总额23亿元，同比上年增长－8.2%。其中限上批发业销售额6.92亿元，增长－30.7%；限上零售业销售额1.56亿元，增长－13.6%；限上住宿业营业额完成0.39亿元，增长－15.8%；限上餐饮业营业额0.31亿元，增长－34.1%。

【流通规模】 2020年，仁化县做好“限上”企业申报工作，提升商贸流通业发展水平。引导县域新增和限下批发、零售企业向限额以上企业发展，壮大商贸流通业，提升经济增长基础。全年，限额以上批发（年主营业务收入2000万元及以上）、零售贸易业（年主营业务收入500万元及以上）、住宿和餐饮业法人企业（年主营业务收入200万元及以上）46个。

【商业经济多元化】 2020年，仁化县商业经济保持平稳增长，大型商场超市、休闲酒店饭店、汗蒸休闲会所、专业艺术摄影、黄金专卖店、美发足浴、连锁餐厅和众晟商贸有限公司等传统商业经济不断发展。实施“专业市场+电商+物流”商业发展模式，加快电子商务和信息服务业发展，推动现代物流和商贸服务等产业融合发展。

【疫情防控】 2020年，仁化县出台《仁化县疫情防控物资保障工作方案》，贯彻落实中央、省、市关于商贸流通领域疫情防控和促进内贸发展相关文件，抓好县城第一、二农贸市场新冠疫情防控，保障县内贸经济和全县人民日常生活用品需要。

（李勇明　刘庆华）

供销合作

【概况】 2020年，仁化县供销系统实现销售总额13506.12万元，其中农资销售2025.23万元，日用消费品销售5281.5万元，农产品加工与销售5925.45万元，再生资源70.38万元，其他类203.56万元，社会贡献总额218.18万元。

【供销系统综合改革】 2020年，仁化县供销合作社联合社（简称县供销社）加强基层组织建设，激活供销社内生活力，提升基层社为农服务能力，密切与农民利益联结。完成基层供销社改造升级任务，创建标杆基层社1个（董塘中心社），成立村级供销社2个，领办、创办农民专业合作社2个，新建农村综合服务社7个、农业生产服务中心2个、庄稼医院2个。拓展为农服务功能，提升服务农民生产生活能力水平。按照省社“两年完成建设，四年完善功能”总体安排，全面推进县供销社助农服务示范体系建设，6月前完成全县助农服务综合平台1个、助农服务中心10个，建立起覆盖全程、形式多样、综合配套、便捷高效助农服务示范体系；提升农产品流通服务水平，建设平台、中心冷库200余立方米，购置冷链配送车1辆，构建从产地到餐桌农产品现代流通体系。拓展服务功能，各助农服务平台（中心）与农信互联仁化运营中心签订合作协议，建设农信小站，黄坑、周田、大桥农信小站开始运营，全年助农服务示范体系销售额4791.89万元。县供销社在全省2019年度推进新型乡村助农服务示范体系建设考核评价中被评为优秀等次。培育供销合作社服务品牌，加强“中国供销合作社”标识普及推广和使用管理，提高供销合作社品牌知名度和社会公信力，扩大供销合作事业社会影响。利用助农服务平台（中心）张贴新时期精准扶贫精准脱贫和乡村振兴方针政策宣传标语，发放宣传资料400余份。在县电视台播出专题报道《仁化：建设供销社助农服务示范体系打造服务农民生产生活的综合平台》《我县应对疫情保生产，帮助茶农稳“茶碗”》，在仁化发布、市社网站等渠道发布宣传简讯多次。

【茶叶产业助农增收】 2020年，县供销社做大做优红山供销社种植、加工、销售一体化茶叶产业经营，帮助农民增收致富。利用市供销社富农电商平台，展示县域茶叶品牌、发展在线订购业务，以平台促销售，以销售促生产，以生产提高科技含量。通过签订合作协议，将茶叶推向全国，销售茶叶200万元。打造富农茶叶成为广东省“十大名牌”茶叶，通过名牌示范带动效应，把具有富农专业合作社特色的“丹霞银毫”“丹霞红茶”“丹霞工夫”“丹霞普洱”品牌产品推向各地，使富农茶叶向品牌化、标准化、规模化道路发展。拓宽销售渠道、发挥专业合作联社示范作用，促进农民增收致富。

【社有资产管理】 2020年，县供销联根据中华总社综合改革决定、省社综合改革实施意见、县社综合改革文件精神，加快建立市场经济需要的社有资产监管体制，加强社有资产管理，促进社有资产保值增值，企业资产有序运行，促进供销合作社事业健康持续发展，增强服务“三农”能力。5月，出台《仁化县供销合作社联合社有资产管理暂行规定》。

【农业社会化服务】 2020年，县供销社依托系统惠民优势，开展农业社会化服务。依托基层社和助农服务平台（中心），开展农业社会化服务活动，普及农业科技知识，全年开展农业生产病虫害防治、科学施肥用药、测土配方等农业社会化服务活动12场，受益农民546人次。

【安全生产防范】 2020年，县供销社遵照“安全第一、预防为主”方针，严格落实安全生产责任制，强化日常监督管理，建立健全安全生产有关制度。与下属基层社、公司（厂）签订“安全生产责任书”“消防安全承诺书”，层层落实责任任务，明确安全生产职责。组织单位干部职工、下属基层社、企业负责人学习贯彻习近平总书记关于安全生产重要讲话及指示批示精神2次，开展安全业务培训3次，到永安烟花爆竹专营有限公司开展烟花爆竹生产事故应急援救演练1次，提高事故防范意识。每季度召开安全生产工作会议1次，分管安全生产领导每周到下属基层社、公司（厂）进行安全隐患排查至少1次，加大春节等重要节日安全生产专项督导检查力度。做好仁化县城区烟花爆竹禁燃相关工作。全年全系统未出现安全生产事故。

【中心工作任务完成】 精准扶贫工作。2020年，县供销社按照“精准扶贫”工作要求，加大消费扶贫帮扶工作力度。根据中央、省、市有关文件精神，制定《仁化县供销合作社联合社深入推进消费扶贫工作实施方案》。通过“供销社+农民合作社+贫困户”模式，与贫困户签订产销协议，设定保底收购价，强联供销有限公司、韶顺供销有限责任公司等在所属经营门店设立消费扶贫专柜3个，帮助贫困户集中销售农产品。与贫困户签订产销协议329户，包购包销，“以购代捐”“以买代帮”，助其脱贫致富，全年采购贫困户蔬菜、瓜果、禽肉、茶青等扶贫农产品约50.6万元。按照《广东省供销社合作社系统2020年脱贫攻坚重点工作任务书》要求，结合“广东扶贫济困日”有关安排，在强联供销超市组织开展“供销社系统千场千品消费扶贫活动”1场。结合扶贫挂点村董塘镇新龙村实际情况，深入开展新时期精准扶贫精准脱贫攻坚工作，给有劳动能力贫困户发放鸡苗104只、饲料10包、化肥30包，持续做好产业帮扶、就业帮扶等工作，切实帮助贫困户增收脱贫。

“一线双联”工作。2020年，县供销社深入挂点村董塘镇新龙村开展“一线双联”“民情夜访”支部共建活动，开展贫困户、党员慰问活动等活动，密切党群关系。每周安排单位主要领导到挂点村开展“一线双联”活动（班子成员每天轮流到村入户）至少2天，每周三晚上固定开展“民情夜访”活动，深入挂点村接触群众、倾听群众呼声，了解民情民忧，解决群众关注重点难点问题，全年走访贫困户12户37次，发现问题8个，解决问题8个。

人居环境卫生整治工作。2020年，县供销社组织扶贫结对干部、职工积极开展人居环境卫生综合整治活动，给扶贫挂点村董塘新龙村营造干净整洁、美丽人居环境，助力乡村振兴工作。

疫情防控、创文巩卫工作。2020年，县供销社做好县委、县政府安排疫情防控、创文巩卫工作任务。疫情期间，配合社区在创文网格第六区开展入户排查、宣传工作；根据县创文办要求坚持每周五下午组织全体干部职工在创文辖区内开展环境卫生整治活动、开展创文入户宣传、入户调查活动和开展文明劝导志愿者服务等活动，按时按质完成各项创文工作任务。

（李慧萍）

烟草专卖

【概况】 2020年，仁化县烟草专卖局（广东烟草韶关市有限公司仁化县分公司）［简称县烟草专卖局（分公司）］围绕韶关市烟草专卖局（公司）工作部署，落实“五个狠抓”（狠抓思想和作风，有力加强党的建设；狠抓市场和网建，大力加强卷烟经营；狠抓治理和监管，持续强化专卖管理；狠抓效率和规范，有效提升管理效能；狠抓人力和活力，全面深化队伍建设）。全年，全县辖区内有卷烟零售户806户，销售卷烟8129.55箱，卷烟销售收入25817.15万元，同比上年下降6.80%，卷烟单箱销售收入35885.61元/箱，同比增长4.68%，实现税利3356.24万元。

【卷烟经营】 2020年，县分公司围绕“稳销量、提结构、育品牌、强服务”目标，严格规范卷烟经营，加强工商协同，密切专销联合，加强卷烟市场监管，挖掘市场潜力，推进卷烟经营管理工作上水平、上层次。加强客户服务，县分公司成立零售客户自律互助小组45个，涵盖零售户791户。通过为客户制作经营指导书，加强经营指导和宣传教育，改善卷烟零售终端形象，提升零售客户盈利水平，提升客户服务质量。全年，卷烟零售户综合满意度82%。

【涉烟违法案件查处】 2020年，县烟草专卖局联合公安、市场监督管理部门开展联合检查行动多次。一经发现问题，即按执法权限和职责分工及时查处。①4月13日16时07分，根据群众举报，县烟草专卖局执法人员会同武深高速仁化段高速五大队城口中队民警在城口南收费站查获车牌号为鄂Q小型普通客车1辆。车上涉卷烟黄鹤楼（软蓝）99条、中华（硬）5条、芙蓉王（硬）7条，合计3个品种111条。②4月18日10时10分，根据群众举报，县烟草专卖局执法人员会同仁化县董塘镇凡口矿派出所民警，在凡口中学对面桥丰美食院内一库房依法履行检查。经检查，发现该库房内存放卷烟一批，涉卷烟五牛（硬绿新）948条、雄狮（薄荷）500条、黄果树（软）300条、庐山（新）150条、龙凤呈祥（百年好合）177条、利群（新版）100条，共计6个品种2175条。③7月12日18时00分，仁化县周田交警中队执法人员在执行检查任务时，查获装载有烟丝、车牌号为粤F重型仓棚式货车1辆，随即通知县烟草专卖局派人前往仁化县大岭工业园路口仁化顺安地磅接查。经查检，车上载有绿色编织袋包装烟丝6包。经核算，烟丝总重量0.52吨。④7月27日19时50分，县烟草专卖局执法人员会同仁化县公安局经侦大队民警依法检查丹霞新城沁湘园9栋64号商铺仁化县鼎丰商行。经检查，发现该店经营部分卷烟，其32位条形码已被人为损坏。经现场清点，涉卷烟中华（硬）210条、中华（软）60条等合计20个品种623条。⑤10月14日20时50分，仁化县武深高速交警第五大队执法人员在城口治超检查站执行检查任务时，查获载有烟叶轻型厢式货车2辆。经查检及过磅称重，两车装载烟叶合计重量7.25吨。⑥10月29日15时20分，根据投诉举报，县烟草专卖局执法人员会同仁化县凡口矿派出所民警，在仁化县董塘镇红星村铁厂组一仓库依法检查。经检查发现，该仓库内存放着卷烟一批，该批卷烟的32位条码已被人为损坏。经现场清点，发现涉卷烟双喜（软经典）100条、白沙（精品）100条、白沙（硬新精品二代）50条等合计11个品种3125条。

（张征祥）

酒类生产经营监管

【概况】 2020年，仁化县有葡萄酒、配制酒生产企业各1家，酒类生产加工小作坊55家；酒类经营者数量众多，包括批发企业、零售企业、餐饮企业、娱乐企业和网络经营者等。全年，通过开展酒类生产经营环节质量安全监管工作，提高全县酒类产品质量安全，全县未发生酒类食品安全事故。

【日常监督管理】 2020年，县市场监督管理局以消费量较大酒类生产加工小作坊、酒类批发、零售经营单位（者）为重点对象，开展全面监督检查，督促酒类生产经营者严格落实食品安全主体责任，对检查发现问题下达整改意见，通过逐项完成整改，规范其生产经营行为，消除风险隐患。

【监督抽检力度加强】 2020年，县市场监督管理局制定并实施《2020年仁化县食品监督抽检计划》，在酒类生产经营环节抽样检验酒类产品32批次，主要检验甜蜜素、糖精钠、氰化物、三氯蔗糖等指标，检测结果均合格。

【仁化石塘堆花米酒生产加工小作坊集中加工区建设】 仁化石塘堆花米酒小作坊是在自然村落中长期积淀、稳定形成本地传统特色食品的食品小作坊集聚区。通过将堆花米酒小作坊较集中、集聚程度明显的石塘村古村落建设为集中加工区，在加工区内实施统一规范管理，减少食品安全隐患。2020年，县市场监督管理局整合政府、相关部门和企业等各方资源，实现资源集约利用，加大加工区扶持力度，实施加工区规范管理，鼓励统一配备工作设备、生产原料与食品添加剂，统一设置出厂检测，杜绝不合格产品上市销售。

【酒类安全知识宣传教育】 2020年，县市场监督管理局结合日常监管、“3·15”消费者权益日和食品安全宣传周，开展形式多样酒类安全知识宣传。拓宽投诉举报渠道，在酒类生产经营重点区域、重点场所，张贴投诉举报电话“12315”“12345”等，鼓励广大群众举报违法违规行为。开展自炮酒风险警示宣传，提示炮制药酒食品安全风险。通过宣传活动，增强酒类生产经营者守法诚信经营和广大消费者法律及安全意识。

（吴孙强）

食盐专卖

【概况】　2020年，仁化县有销售碘盐网络14个，零售碘盐网点560个，与上年持平。碘盐覆盖率100%，碘盐合格率100%，合格碘盐食用率100%。完成食盐、生产用盐销售548.809吨，比上年减少26.655吨，其中小包装食盐471.009吨（250克低钠盐180.893吨、250克自然食用盐8.55吨、400克自然晶盐52.59吨、400克海水自然盐62.016吨、500克加碘精制盐132.12吨、2.5千克精制盐5.9吨、500克加碘日晒盐26.12吨、雪晶盐和生态盐2.82吨），比上年减少60.255吨；食品加工用盐16.3吨，比上年减少5.9吨；小工业盐61.5吨，比上年增加39.5吨。

【食盐监管】　2020年，县工信局配合县市场监督管理局辅助巡查工作和仁化县盐业分公司辅助执法人员，分别开展"'3·15'联合打假""中秋国庆两节保食盐安全联合行动"。开展全县餐饮学校饭堂、企业事业单位饭堂等用盐安全专项行动。主动配合市场监管局执法人员做好全县工业用盐、食品加工盐专项检查等重大活动登记、查验记录工作。联合市公司辅助执法部门和片区公司及南雄、始兴等分公司辅助执法人员开展常态化市场巡查全覆盖，做到不留死角，了解市场有无假冒伪劣食盐、工业盐流入仁化县食盐市场，有无不合规盐流入市场，发现问题及时劝退或报告县市场监管局。加强日常市场巡查，年内，仁化分公司先后对县城、长江镇、闻韶镇、扶溪镇、黄坑镇、周田镇、大桥镇、红山镇、城口镇、董塘镇、石塘镇、广东铝厂、凡口矿、丹霞山风景区等地开展食盐辅助执法巡查，巡查市场141个、商店超市1142间、餐饮和学校单位饭堂238间，派发各种宣传资料4334份，出动巡查车辆137台次，参与辅助执法巡查人员408人次，与市场监管局执法人员联合检查7次。巡查过程中，未发现假冒伪劣食盐、工业盐、臭脚盐流入仁化食盐市场，仁化食盐质量安全，食盐经营秩序平稳。

（李勇明　刘庆华）

对外与商贸合作

【概况】　2019年，全县引进外资项目1个，合同吸收外商投资367万美元；实际吸收外商投资1170万美元，同比增速130.77%；完成外贸进出口总额1200万元，同比增长4.4%，进口为零，出口1200万元。

（庞国雄　邓慧娟）

电子商务

【产品销售】　2020年，仁化县因受新冠肺炎疫情影响，电商平台成为农产品上行重要"桥梁"。在疫情防控期间，大量用户涌入电商平台下单购物，助推农产品电商发展。1—11月，仁化县33个省定贫困村及11个镇（街）44个电商服务站带动贫困村增收3505617.8元，带动贫困户增收1485906元。

【农村电商设施建设】　2020年，仁化县农村电子商务建设工作领导小组和仁化县电子商务行业协会成立，配备专职工作人员，统筹推进全县农村电子商务服务工作。实施《仁化县信息基础设施建设三年行动计划（2018—2020年）》，提供快速稳定通信网络，全年全县有4G移动通信基站1003座，县域行政村4G信号覆盖率、宽带信号覆盖率均达100%。

【农村电商培训】　2020年，仁化县积极谋划推进电商精准扶贫工作，举办电商专场培训班，并将电商培训下沉到村一

2020年3月28日，仁化白毛茶采摘现场直活动举行（红山镇　供图）

级，直接在村点开展电商精准扶贫专项培训，通过举办电商培训班，帮助黄坑、周田、大桥等镇水果种植大户自发通过网络平台销售水果。全年举办电商专场培训5场，培训人员628人次。

【农产品线上销售】　2020年，仁化县成立直播孵化基地，通过构建“直播+电商+网红带货”业务模式，打造区域电商直播商业消费新场景，帮助农民及贫困户通过直播拓展销售渠道，助力消费扶贫。截至是年底，该基地建成可容纳20名网红直播间15个，签约直播网红10余位，拥有农产品展示体验中心200平方米，入驻企业产品10余家、直播机构1家。举办大型直播带货活动丹霞贡柑品牌发布会暨网红直播节、仁化白毛茶春茶采摘直播活动、“鄂粤同心”百县村播活动等10余场。通过“政府搭台，企业唱戏，农民受益”模式，引进知名流量网红穿针引线，培育壮大本土直播带货能手，加速全县优质特色农产品建立产品上市前良好宣传口碑。

【政策资金扶持】　2020年4月，仁化县出台《仁化县电子商务产业扶持困难群众工作方案（2020—2021）》，明确在仁化县依法注册的从事电子商务运营、应用及专业配套服务企业和相关机构，或者经县政府认定的电子商务产业园区，达到申报条件者，给予5万元及以下扶持奖补。

（庞国雄　李晓玲）

石油销售

【石油销售企业概况】　截至2020年底，仁化县共有加油站23座，其中中石化加油站7座、中石油加油站10座、中海油加油站2座，其余为私人加油站；自营经营加油站16座，租赁经营加油站7座。全县有加油站从业人员约200人。

【石油销售】　2020年，仁化县销售石油53593吨，其中汽油27762吨、柴油25831吨。年销售石油5000吨以上油站4家，均位于高速公路，其余油站销售石油均在3000吨以下。成品油销售额3.6亿元，成品油销量较2019年上涨约19%。全县加油站具有油品存储能力计2688吨。全县加油站非油品业务（含便利店收入、餐饮、洗车、汽车维修等）销售额1.3316亿元。

【配合开展无牌无证机动车整治】　2020年3月起，韶关市开展无牌无证机动车整治行动，仁化县积极响应整治行动工作，县公安局牵头成立县整治行动小组。根据整治行动要求，仁化县中心城区加油站不得给无牌无证机动车加油；县发改局制定相关工作指引，印发相关宣传资料派发给加油站，走访中心城区加油站，要求加油站严格贯彻执行整治工作要求。县整治行动小组组织开展“百日行动”计划，每周联合各小组成员单位开展明察暗访至少1次，打击无牌无证机动车上路行为，督查加油站落实禁止给无牌无证机动车加油工作。县各加油站在无牌无证机动车整治行动中，配合政府开展检查工作，严格落实工作要求，担起整治机动车道路规范社会责任。

【加油布点合理规划】 2020年，仁化县发改局严格按照省级加油站主管部门要求，以方便群众为原则，科学规划加油站布局，合理安排加油站距离。年内，全县加油站分布情况为高速公路4座、国（省）道10座、县乡道5座、城区4座，加油站布局较为合理，基本满足群众加油需求，有3个镇没有建设加油站。申报加油站建设以及扩建工作严格按照政策要求执行，严把加油站准入关。年内，新建中海油周田加油站1座于9月正式运营，扩建加油站1座。县“十三五”规划建设加油站11座，由于土地征地调规时间长，为满足乡镇居民的加油需求，规划建设加油站多布局在乡镇，导致加油站吸引投资力度不足，“十三五”时期实际完成建设加油站2座。是年底，根据韶关市发展和改革局《关于做好韶关市成品油零售体系“十四五”发展规划前期工作的通知》要求，在仁化县各乡镇开展调研摸底，以确保每个镇都至少拥有加油站1座，减轻群众用油压力，完善城市中心城区加油站分布，方便群众，向市发改局申报“十四五”期间新建加油站10座。

【加油站安全生产监管】 2020年，仁化县发改局制订开展加油站安全生产专项检查工作方案，对全县加油站进行全覆盖式安全生产检查。对车流量大重点油站，县发改局每月检查次数不少于2次，汛期每周检查次数不少于1次。重点督查加油站严格落实加油站相关规章制度和落实每天检查油罐、油机、消防设备等设施，及落实加油站安全员制度情况，发现问题立即整改，排除安全隐患。全年，全县加油站未出现重大安全事故，石油供应未出现短缺现象。

【打击非法成品油经营行为】 非法（无证）经营黑加油点（流动加油车）油品价格低于正规加油站，因以次充好或从海外走私进来的红油，致使油品质量无法得到保证，可能损坏汽车发动机以及给环境带来更大污染，黑加油点设备简陋，存在巨大安全隐患，严重危害人民群众生命财产安全，影响合法经营者和消费者合法权益。2020年，仁化县维护成品油市场经营秩序，严厉打击非法经营成品油违法犯罪行为，保障人民群众合法权益。5月15日、9月1日、9月22日、10月21日，县发改局联合县公安局、县市场监管局、县应急管理局、县消防救援大队以及当地镇政府开展打击非法成品油专项行动，查处非法经营销售成品油行为4宗，罚没成品油11.81吨。

（肖健军）

天然气销售

【概况】 仁化县安顺达管道天然气有限公司是仁化县唯一一家管道天然气供应公司。2020年，仁化县天然气年总销售量5874吨，总销售额不含税2605万元，其中工业用户3963吨，居民用户1566吨，商业用户345吨。

【天然气阶梯收费】 2020年1月1日起，仁化县全面实施居民生活用气阶梯气价，管道燃气价格由原来的每立方米4.8元调整为：第一档（350立方米及以下/户年用量）每立方米4.32元，第二档（350~500立方米/户年用量）每立方米4.75元，第三档（500立方米/户年用量以上）每立方米5.62元。2020年，仁化县大部分居民用气量为第一档和第二档。

（刘俊文 刘 红）

旅游业

旅游资源

仁化县主要旅游资源类型、级别、特征情况表

表6

序号	名称	类型	级别	特征	位置
1	丹霞山	自然遗产 地质公园 风景名胜区 AAAAA级旅游区 自然保护区 度假区	世界级 世界级 国家级 国家级 国家级 省级	1.丹霞地貌命名地，是丹霞地貌面积最大、发育最典型、类型最齐全、造型最丰富、风景最优美集中分布区 2.丹霞山风景雄、险、奇、秀、幽特点突出 3.丹山碧水、田园村舍组合风光别具特色 4.具有深厚历史文化、红色文化和宗教文化底蕴	丹霞街道、周田镇、董塘镇、黄坑镇、大桥镇
2	丹霞源	水利风景区	国家级	1.集绮丽丹霞、蜿蜒锦江、古老寺塔、婆娑绿影于一体 2.空间结构沿锦江自北向南延伸，北与长江镇万时山接壤，西临石塘镇双峰寨，南靠周田镇月岭 3.水域内有锦江水库和锦江、西岸、黄屋、丹霞、瑶山电站5个梯级电站 4.沿岸植被茂盛，森林覆盖率高	长江镇、扶溪镇、城口镇、丹霞街道、董塘镇、石塘镇、周田镇
3	丹霞山摩崖石刻	保护文物	国家级	1.内容涵盖僧尼、香客、政要人士、文人墨客登临丹霞山后题字、题名、题记、题诗、碑文、游记 2.书法有楷、行、草 3.数量逾数百款，镌刻时间跨越北宋至民国期间	丹霞山景区、丹霞街道、周田镇、董塘镇、大桥镇
4	古秦城	保护文物	县级	1.历史悠久建筑，广东仅存的赵佗城 2.红色文化丰富	城口镇
5	恩村古村	中国传统村落 保护文物	国家级 市级	1.历史悠久建筑 2.白墙黑瓦式民居、鹅卵石街道、古城门、老商铺构成独具地方特色古村落 3.蒙氏家族遗风	城口镇
6	双峰寨	保护文物 中共党史教育基地 爱国主义教育基地 廉政教育基地	国家级 省级 市级 县级	1.气势雄伟、设计巧妙的清末大型军事堡垒 2.被中共广东省委誉为“农民暴动中最伟大的战斗”的仁化暴动主要战斗场所	石塘镇

续表6

序 号	名 称	类 型	级 别	特 征	位 置
7	云龙寺塔	保护文物	国家级	1.广东境内唯一一座国家级重点文物保护单位唐塔 2.佛禅“一花五叶”最早形成宗派沩仰宗开山鼻祖之一仰山慧寂禅师塔 3. 保存完好，具有较高研究价值的唐代方形楼阁式砖构五层实心塔 4.古刹、古塔、山林营造出深山藏古刹意境	董塘镇
8	石塘古村	中国历史文化名村 中国传统村落 AAA级旅游景区 最具红色景观村落 最美古村落 旅游名村	国家级 国家级 国家级 省级 国家级 省级	1.集古屋、古巷、古井、古寨、古风、古韵于一体的村落 2.悠久而光辉的历史，丰厚的红色与历史人文底蕴 3.古寨、古村落、田园风光组合景观良好	石塘镇
9	澌溪寺塔	保护文物	省级	1.唐末宋初斗拱平座楼阁式砖构半实心七层塔 2.古塔、古村落、瑶乡、水库、山林组合景观良好	董塘镇
10	凡口矿山公园	矿场	国家级	1.国内产量最大、矿井深达－900米的铅锌矿 2.多层保存完好，可供利用的废弃采掘坑道 3.升降机、地下车道、供电、通风、安全等配套完善的基础设施	凡口矿
11	华林寺塔	保护文物	省级	1.北宋斗拱檐平座楼阁式砖构六角半实心七层塔 2.古寺、古塔、古村落、田园组织景观良好	闻韶镇
12	文峰塔	保护文物	省级	1.明代八角九层楼阁式砖石空心塔，气势雄伟、建筑完好，塔高属县域之最 2.与城区周围文峰体育广场、文峰路景观连为一体	仁化县城
13	高坪	自然保护区	省级	1.湖光山色、林深叶茂、风景迷人 2.温泉资源品质良好，周边环境优美 3.茶园密布，粤北白毛茶传统产地	红山镇
14	万时山	风景区	县级	1.山势巍峨，森林茂盛，罕见的南方高山草原 2.丰富的动植物资源和温泉 3.山下有湘粤赣边境著名的土法造纸地和古商贸城镇	长江镇
15	锦江库区	风景区	县级	锦江两岸风光绮丽、山色、田园、村落、桥梁、古塔等构成一道亮丽的风景线	丹霞街道
16	扶溪	旅游区 “一村一品、一镇一业”专业镇	县级 省级	1.唐代古庙、古村落、古塔、古亭、古桥、温泉、梯田等旅游资源组合良好 2.历史与红色文化丰富	扶溪镇
17	暖水温泉	风景区	县级	以温泉资源为主的山林、村落、田园、水库等组合景观良好	闻韶镇
18	灵溪河	风景区	县级	架空索道与漂流结合，观赏景区红叶枫树	周田镇
19	鸡笼寨	风景区	县级	小丹霞地貌与淳朴古村寨遗址、清浅溪流、神秘洞穴山庄、古寺等景观组合，舒适、恬静	董塘镇

续表6

序号	名称	类型	级别	特征	位置
20	周田古村	古村落 风景区	省级 县级	唐相张九龄故里、古村古民居	周田镇
21	东庄门楼	古村落 保护文物	省级 县级	县域古建筑中风格较为独特的一座建筑物	黄坑镇
22	南庄村	古村落	省级	1.集古屋、古巷、古风、古韵于一体的古村落 2.集田园、果园生态休闲旅游于一体	黄坑镇
23	夏富古村	古村落 最美古村落 旅游名村	省级 省级 省级	1.位于丹霞山核心地带，传统建筑风格独特，古风犹存 2.村巷中心地带的“三角街”是古民居建筑之谜 3.古村、田园、生态有机组合 4.广东省旅游名村	丹霞街道
24	鱼皇村	全国“一村一品”示范村	国家级	山清水秀，田园、生态有机组合，以茶叶种植闻名	红山镇
25	古夏古村	中国传统村落 古村落	国家级 省级	集古建筑、田园风光与传统文化于一体	扶溪镇
26	灵溪大围古村	古村落	省级	以围楼成村落，与田园风光相结合，历史悠久	周田镇
27	五马寨生态园（AAA）	AAA级旅游景区	国家级	是集农作物种植、农副产品生产、加工、销售等生态农业，休闲娱乐，生态旅游观光于一体的生态园景区	丹霞街道
28	金喆园景区（AAA）	AAA级旅游景区	国家级	以还原生态理念，体现原生态管理，以及古法种植、培育沙田柚的农业示范基地	大桥镇

2020年仁化县主要旅游景点一览表

表7

名称	主要旅游景点	位置
丹霞山风景名胜区（AAAAA）	世界自然遗产、世界地质公园、国家级重点风景名胜区、国家AAAAA级景区、国家级地质地貌自然保护区，广东四大名山之首，世界地质学上“丹霞地貌”的命名地，中国最美的红石公园，面积292平方千米，以“雄、奇、险、秀、幽”著称，因“色如渥丹、灿若明霞”而得名。主要旅游景点有：锦石岩、摩崖石刻、百丈峡、丹福音峡、别传寺、丹梯铁索、长老峰（观日亭）、僧帽峰、虹桥拥翠、宝珠峰、韶音亭、舵石朝曦、仙居岩、玉带桥、双龙壁、阴元石、阳元石、嘉遁亭、细美寨、通泰桥、狮子岩、放生地、玉女拦江、群象过江、虎卧龙蟠、金鲤跃龙门、金龟朝圣、六指擒魔、拇指峰、仙山琼阁、巴寨、海螺峰、翔龙湖、韶石山	丹霞街道、周田镇、董塘镇、黄坑镇、大桥镇
丹霞源水利风景区	国家级水利风景区。位于县境内锦江流域。主要旅游景点有：锦江水库，仁化林场森林公园、县城文化广场江边夜景、鲤鱼跳龙门、锦岩大赤壁、群象过江、金龟朝圣、五指擒魔、长老仙翁、仙山琼阁	长江镇、扶溪镇、城口镇、丹霞街道、董塘镇、石塘镇、周田镇

续表7

名　称	主要旅游景点	位　置
丹霞山灵溪河森林旅游度假公园	灵溪河漂流为中国飞索第一漂，全长3.5千米，漂流时间约1.5小时；灵溪河大峡谷观光索道全长1520.3米，单线乘坐时间约28分钟，实现架空索道与漂流的完美结合。沿途可观赏老鹰石、象鼻石，秋冬可赏红叶	周田镇
石塘双峰寨	全国重点文物保护单位，省市县爱国主义教育基地，广东省中共党史教育基地。始建于清光绪己亥年（1899年），已有110多年历史。为“河护城”结构，外形长方形，墙体结构呈梯形，城墙全部由石块、石灰和青砖砌成，寨子面积3660.38平方米，寨外有宽13.7米、水深1.5米的护城河环绕。是广东省保存比较完整的古代建筑之一。1928年，双峰寨保卫战震撼整个北江地区，是仁化暴动重要组成部分，在粤北农运史上写下光辉篇章	石塘镇
五马寨生态园（AAA）	五马寨生态园景区自然风光优美，环境良好，总占地面积约8公顷，是集农作物种植、农副产品生产、加工、销售等生态农业，休闲娱乐，生态旅游观光于一体的生态园景区。是国家AAA级旅游景区。主要旅游景点建有农耕文化、食用菌科普长廊、灵芝人工栽培示范区、野生灵芝展示区、灵芝工艺观赏区和儿童游乐区等	丹霞街道
金喆园景区（AAA）	金喆园景区仁化县南端，是一家以还原生态理念，体现原生态管理，以及古法种植、培育沙田柚的农业示范基地。园区占地面积约66.67公顷，其中山地63.33公顷，鱼塘15公顷。已种植沙田柚1.3万多棵、桂花4万多棵及其他树木；鱼塘种植不同品种荷花，面积6.66公顷，是国家AAA级旅游景区	大桥镇
广东凡口国家矿山公园	位于广东省韶关市仁化县董塘镇，是第三批国家级矿山公园，分三期建成，目前已建成第一期。主园区一期建成面积0.054平方千米，主要包括主碑及广场、矿山公园博物馆、采选设备展示区、科普长廊和游客服务中心等。主要旅游景点有矿业开发史籍、矿业生产遗址、矿业活动遗迹、矿业制品及矿业人文景观、矿产地质遗迹、森林公园	董塘镇
红山高坪省级自然保护区	保护区内有青山环抱的大型水库，片片茶园分布于山林之中，是粤北白毛茶传统产地。主要旅游景点有高坪水库、3333.33公顷次生林、温泉、峡谷溪流和茶园	红山镇
长江万时山天山大草原	万时山位于长江镇与湖南汝城、江西崇义交界处，海拔1559米，是仁化县境内锦江河发源地之一，也是全县最高峰及登临“脚踏三省第一峰”。山顶有百亩高山草原，放眼望去，苍山如浪，重重叠叠。夏季清澈溪流，冬季神奇冰挂雾凇，蔚为壮观	长江镇
锦江库区	锦江库区范围125平方千米，水面916万平方米，库容1.89亿立方米，水位135米。主要旅游景点有数座孤岛山头、两岸青山、松林杉林和丰水期泄洪美丽壮景	丹霞街道
城口红色小镇	城口镇是革命老区，具有光荣革命斗争史。红军长征时为打破国民党第二道封锁线，在城口发生了铜鼓岭阻击战等一系列战斗。该镇被市委、市政府列为“红色小镇”重点打造，并作为历史文化小镇入选省级特色小镇培育库。主要旅游景点有谭甫仁旧居、铜鼓岭烈士纪念园、古秦城、胜一理发店、广兴栈、红军长征纪念广场、恩村古村落、上寨美丽乡村、温泉等	城口镇
长江清朝广州会馆	长江广州会馆建于清光绪十一年（1885），占地面积为1571平方米，建筑面积为657平方米。整个会馆分为上、下座，中间一大院。由广属商贾联手30家商店“仰桃园之义重，恩梓里之情深”集巨资兴建。会馆左右两侧有厢房，中间有天井，馆内顶墙下，有108幅大小彩色壁画清晰易见，木染刻有大小各异龙凤图案。为县第三批文物保护单位	长江镇东风街
恩村古村	恩村地处城口镇政府西南7千米，是个历史悠久、建筑风格独特、具有深厚文化底蕴的古村落。主要旅游景点有7个祠堂、4个牌坊、2座门楼、1座城堡，现在仍然可见古城墙横亘，堞垛巍峨，城门依旧。城楼虽坍塌，雄伟气势犹存；护城河已废，而当年遗泽、洼塘还在。村民家中还珍藏着古画、寿幛、官袍官帽、祖宗画像、神龛祭器、文房四宝、家具古玩。是广东省第二批古村落、第五批中国传统村落	城口镇
夏富古村	夏富古村位于仁化县城西南面，处在世界自然遗产丹霞山风景区阳元山景区内，历史上曾是锦江下游的第一商埠。主要旅游景点有树龄在300年以上的古榕树7棵，李氏宗祠的门楼风光、丹霞石柱、西北碉楼，5座祖厅及画檐、藻井、天井、照壁等建筑艺术，精湛的砖雕、灰塑，精美的供桌、神龛、门窗的雕花、边饰，古老的楹联、匾额等。是广东省第三批命名的古村落、广东最美古村落、广东省旅游名村	丹霞街道

续表7

名　称	主要旅游景点	位　置
石塘古村（AAA）	石塘村地处广东粤北山区北部的丘陵地带，位于仁化县西南方的一个盆地之中，拥有悠久而又光荣的历史，蕴含着丰厚的文化底蕴。是集古屋、古巷、古井、古寨、古风、古韵于一体的村落，是仁化县乃至韶关市范围内历史较悠久、古建筑群最大、保存最完好的一个古村落。是“中国历史文化名村”“广东十大最美古村落”“最具红色景观村落”“广东省旅游名村”、中国传统村落、中国最美古村落、国家AAA级风景旅游区。主要旅游景点有双峰寨、娘娘庙、古井、三角街以及“月姐歌坛”活动、省级非物质文化遗产“堆花酒酿造技艺”展馆	石塘镇
古夏古村	位于扶溪镇北边，南宋时期，李氏先祖从江苏省秣陵县（今南京秣陵江宁县）迁移至此。主要旅游景点有宗祠4座，主要有缵诒堂、光裕堂、司马第等。有“尚忠门”“李氏大宗祠”前的“甲第蝉联”照壁。村内主要民俗有“禾斋节”、舞狮、板凳舞、闹春牛等；“八音”“走马灯”技艺为市级非物质文化遗产。是广东省第五批古村落、第四批中国传统村、中国最美摄影地	扶溪镇
锦城广场	位于县城锦江河畔，占地面积12000平方米。主要旅游景点有音乐喷泉、体现仁化人精神的雕塑——丹霞之光，锦江两岸的椰树灯、棕榈灯、芝麻灯、霓虹灯、地埋灯、草坪灯等艺术灯饰	县城新城路
古塔	县境内有古塔14座，有唐代的董塘云龙寺塔，唐末宋初的澌溪寺塔，宋代的华林寺塔、明代的文峰塔、白塔（又称水口塔）、文明峰塔、华表峰塔、腾凤塔、水口塔，清代丹霞山舍利塔，分布在董塘镇、闻韶镇、丹霞街道、扶溪镇、长江镇、石塘镇、丹霞山风景区内。仁化，是名副其实的“古塔之乡”	县各镇区
梯田	石崱梯田：石印梯田位于仁化县长江镇石崱村，距县城约60千米。石印村的梯田都是分布在仁化县第一高峰万时山山脚的几个村落里，因为气候原因，村民一年只能种一次水稻，端午节前后正是单季稻插秧时节。也正是因为万时山山高造就了层层叠叠的梯田，而且每个村小组的梯田都有不同的特色。 凌溪梯田：凌溪梯田位于仁化县长江镇凌溪村，具有独特的地理位置和天然气候，具有悠久的历史文化底蕴，她是休闲、拍摄、旅游、放松的好地方，是一个真正完全免收费的原生态乡村旅游的绝佳地点 蛇离梯田：扶溪镇“蛇离梯田”享有广东最美梯田之称，位于韶关市仁化县扶溪镇蛇离村委会，隐于青山绿水之间。整个蛇离辖区有11个自然村，每个自然村都是在梯田、竹海之中，稍大规模的梯田集中在上里社、下里社、苦竹坪、木崱村	长江镇、扶溪镇
仁化县博物馆	位于县城仁化剧院旁，建筑面积987平方米，为半封闭式琉璃瓦盖顶3层展览馆。现有馆藏文物800多件	县城新城路

旅游经济

【概况】　2020年1—12月，仁化县接待游客总人数27.9万人次，同比恢复64.7%；实现旅游收入2.86亿元，同比恢复52.19%。新增限上住宿企业城口丰源温泉酒店、丹霞山胜高酒店2家。

【“黄金周”假日游】　2020年春节假期（1月24—31日），全县旅游景点累计接待游客12015人次（数据为春节假期前2天数据，后受新型冠状病毒肺炎疫情影响全县所有旅游景点景区已关停）。其中：丹霞山景区累计接待游客1820人次，同比下降99.42%，景区累计收入42.62万元，同比下降99.49%；石塘古村（双峰寨）、金喆园、五马寨、凡口矿山公园、城口红色小镇等景区景点累计接待游客2288人次，同比下降94.09%；其他乡村旅游景点累计接待游客2484

人次，同比下降94.34%。县域酒店、宾馆、民宿除个别营业外，其余按要求暂停营业。国庆黄金周期间（10月1—8日），全县累计接待游客38.86万人次，同比恢复86.71%，实现旅游收入12254.76万元，其中，丹霞山景区接待游客27.54万人次，同比恢复85.4%，景区累计收入6594.66万元，同比恢复70.34%；其他乡镇景点旅游接待游客11.32万人次，同比增长6.26%。

丹霞曦光（龙全明　摄）

【大丹霞旅游经济圈夯实】 2020年6月，仁化县成功创建“广东省全域旅游示范区”；12月，成功创建“国家全域旅游示范区”。开展品牌创建活动，做好广东省文化和旅游特色村申报工作；积极推动全县民宿发展，打造丹霞民宿特色品牌，建设阅丹公路沿线精品旅游民宿群，指导民宿行业协会开展工作，组织民宿经营业主申报市星级民宿。指导景区星级创建工作，推进灵溪河申报AAAA级景区、城口红色小镇申报AAA级景区等工作。

【旅游招商引资】 2020年，县文广旅体局促成丹霞山度假酒店项目、一山红文化世界项目与县政府完成招商引资签约，其中丹霞山度假酒店项目签约金额5亿元、一山红文化世界项目签约金额8亿元。

旅游开发与景区（点）建设

【红色旅游开发】 2020年，仁化县丹霞山—瑶塘新村—铜鼓岭红军烈士纪念园—恩村古村—红军长征粤北纪念馆—红军街旅游线路入选广东省乡村旅游精品线路，被列为广东省历史文化游径（第一批），“寻根粤北红色之源，探秘仁化竹海茶乡”被评为省级森林旅游特色线路。完善市级红色教育研学线路城口红色教育研学线路点现场讲解词，5月，城口红色教育研学线路点被列入韶关市红色教育研学线路。

【旅游品牌建设】 2020年，仁化县“韶关仁化红军长征历史文化游径”被评为广东省历史文化游径（第一批），韶关市仁化县环丹霞山生态休闲美丽乡村精品线路被评为“广东美丽乡村精品线路”，“寻根粤北红色之源，探秘仁化竹海茶乡”旅游线路被评为“广东省森林旅游特色线路”。

【旅游基础设施建设】 2020年，县文广旅体局完成新建旅游厕所6间，改建2间，并完成数据入库及百度地图上线工作，全县有旅游厕所89座。

旅游宣传促销

【旅游宣传】 2020年，县文广旅体局选送非遗项目《石塘堆花米酒酿造技艺》《丹霞红豆饰品制作》《杨泰和米饼制作》以及表演唱《五更鸡仔月

2020年，仁化县举办全域旅游服务品质提升培训班（县文广旅体局 供图）

姐歌》参加“2020广东国际旅游产业博览会”；灵溪河景区、丰源温泉、杨泰和米饼、水上丹霞公司等相关旅游企业参加韶关文旅体（东莞）推介会，向各界推介当季旅游特色以及旅游路线；组织景区和优秀文旅企业代表参加市局组织的旅游宣传推介会，展示县域丰富文化和旅游资源。制作宣传折页“仁化旅游”5000份、“文明旅游”6000份。

【旅游节庆活动】 2020年，仁化县举办2020年“文明旅游 我们的节日”主题宣传活动，在石塘古村景区开展“七夕”“国庆”主题文明旅游宣传活动，全方位展示仁化县旅游精品线路、文旅企业项目和特色美食等。

【“仁化旅游”官方微信】 2020年，县文广旅体局“仁化旅游”官方微信公众号平台发布仁化旅游资讯宣传图文488篇，内容涵盖仁化县全年（各季节、月份）吃、住、行、游、购、娱主题攻略、旅游路线推荐，仁化当季热门旅游资讯、节庆活动宣传、旅游活动宣传等。新增关注人数1059人，全年阅读总数293308次205995人。

旅游行业管理

【旅游市场监管】 2020年元旦、春节、清明、“五一”国际劳动节、暑假、中秋节和国庆节等重要节假日，县文广旅体局自行或联合相关部门重点开展旅游文化市场安全生产专项检查，全年开展联合安全检查12次，其中，县文广旅体局牵头3次。

【旅行社管理】 2020年，县文广旅体局开展星级宾馆、景区、旅行社等涉旅单位安全大检查36次，将“企业安全生产主体责任承诺书”转发至涉旅企业，重点针对涉低价游等违法行为展开重点整治工作，取得成效。

【文旅从业人员培训】 2020年11月3—4日，县旅游委举办2020年仁化县全域旅游服务品质提升培训班，各镇（街）旅游咨询服务中心及各文旅企业工作人员参加培训约70人。12月9—10日，举办2020年仁化县文化旅游行业技能培训班，各文旅企业工作人员约70人参加培训。

【星级饭店管理】 2020年，县文广旅体局开展星级宾馆（锦城宾馆）安全检查15次，出动检查人员45人次。

【旅游安全管理】 2020年，县文广旅体局对县域A级旅游景区（景点）5家、旅行社3家开展安全生产检查36次，出动检查人员108人次。

2020年仁化县酒店、民宿一览表（不完全统计）

表8

酒店（民宿）名称	地 址	房间数（间）	床位数（张）	备 注
家兴公寓	丹霞街道黄屋村青湖塘组	16	29	—
青湖映月	丹霞街道黄屋村青湖塘组	15	31	—
丹霞故事	丹霞街道黄屋村青湖塘组	14	24	—
云彩丹霞	丹霞街道黄屋村青湖塘组	9	17	—
星晴阁客栈	丹霞街道黄屋村青湖塘组	30	48	—
田园客栈	丹霞街道黄屋村青湖塘组	17	33	—
客来轩	丹霞街道黄屋村青湖塘组	16	31	—
宾至808	丹霞街道黄屋村青湖塘组	17	35	—
如家小歇	丹霞街道黄屋村青湖塘组	18	34	—
鸿霞居	丹霞街道黄屋村青湖塘组	15	27	—
山上	丹霞街道黄屋村青湖塘组	14	22	—
爱巢倾情	丹霞街道黄屋村青湖塘组	19	21	—
附霞栈	丹霞街道黄屋村青湖塘组	15	27	—
宇轩客栈	丹霞街道黄屋村青湖塘组	14	24	—
梦亨家园	丹霞街道黄屋村青湖塘组	15	28	—
秀才居	丹霞街道黄屋村青湖塘组	14	27	—
今朝客栈	丹霞街道黄屋村青湖塘组	14	22	—
驿云精品客栈（星期八店）	丹霞街道黄屋村青湖塘组	15	26	—
梧桐树下客栈（德隆公馆）	丹霞街道黄屋村青湖塘组	19	33	—
醉美居	丹霞街道黄屋村青湖塘组	13	26	—
忆家客栈	丹霞街道黄屋村青湖塘组	14	28	—
我行我宿	丹霞街道黄屋村青湖塘组	31	50	—
栖悦客栈	丹霞街道黄屋村青湖塘组	16	29	—
民族风情	丹霞街道黄屋村青湖塘组	15	27	—
丹之旅公馆	丹霞街道黄屋村青湖塘组	14	25	—
红豆兰庭	丹霞街道黄屋村青湖塘组	14	26	—

续表8

酒店（民宿）名称	地　址	房间数（间）	床位数（张）	备　注
小城客栈	丹霞街道黄屋村青湖塘组	13	23	—
9号食府	丹霞街道黄屋村青湖塘组	10	18	—
宜家休闲会所	丹霞街道黄屋村青湖塘组	15	28	—
时光里	丹霞街道黄屋村青湖塘组	14	25	—
九加一公馆	丹霞街道黄屋村青湖塘组	21	33	—
6号公馆	丹霞街道黄屋村青湖塘组	14	26	—
7号公馆	丹霞街道黄屋村青湖塘组	17	29	—
如春客栈	丹霞街道黄屋村青湖塘组	14	28	—
月伴湾	丹霞街道黄屋村青湖塘组	13	25	—
宏石别苑	丹霞街道黄屋村青湖塘组	14	25	—
温馨港湾	丹霞街道黄屋村青湖塘组	10	19	—
自行车客栈	丹霞街道黄屋村青湖塘组	13	23	—
清雅乐苑	丹霞街道黄屋村青湖塘组	17	31	—
荷塘月色	丹霞街道黄屋村青湖塘组	15	23	—
山生山舍（新颖客栈）	丹霞街道黄屋村青湖塘组	14	28	—
海朋居	丹霞街道黄屋村青湖塘组	17	34	—
妍旭客栈	丹霞街道黄屋村青湖塘组	19	35	—
青湖唐家	丹霞街道黄屋村青湖塘组	14	22	—
春夏秋冬	丹霞街道黄屋村青湖塘组	20	36	—
客缘居	丹霞街道黄屋村青湖塘组	21	40	—
7天酒店丹霞山店	丹霞街道黄屋村青湖塘组	68	92	—
山雨丹霞	丹霞街道黄屋村青湖塘组	12	22	—
有间饭店	丹霞山景区内断石村	5	9	—
来招饭店	丹霞山景区内断石村	5	9	—
520驿栈	丹霞山景区内断石村	12	24	—
温馨小屋	丹霞山景区内断石村	7	13	—
无树斋	丹霞山景区内断石村	5	10	—

续表8

酒店（民宿）名称	地　址	房间数（间）	床位数（张）	备　注
一方天地	丹霞山景区内断石村	7	13	—
香港民宿（老店）	丹霞山景区内断石村	7	14	—
向往的客栈	丹霞山景区内断石村	14	30	—
香港民宿（02店）	丹霞山景区内断石村	9	16	—
霞缘客栈	丹霞山景区内断石村	10	15	—
欣欣小院	丹霞山景区内断石村	7	11	—
东篱居	丹霞山景区内断石村	5	10	—
唐府客栈	丹霞山景区内断石村	9	17	—
云来客栈	丹霞山景区内断石村	10	18	—
原来红豆	丹霞山景区内断石村	5	13	—
凌日酒店	丹霞山景区内断石村	5	10	—
来福饭店	丹霞山景区内断石村	5	11	—
霞阳驿站	丹霞山景区内断石村	5	10	—
农益土菜馆	丹霞山景区内断石村	5	10	—
阳元阁饮食店	丹霞山景区内断石村	5	8	—
及时行乐	丹霞山景区内断石村	5	10	—
红霞客栈	丹霞山景区内断石村	5	10	—
丹霞山民宿	丹霞山景区内断石村	7	13	—
乡村酒楼	丹霞山景区内断石村	12	24	—
金福楼	丹霞山景区内断石村	15	30	—
聚客居（朝阳阁）	丹霞山景区内断石村	18	34	—
家常菜馆	丹霞山景区内断石村	4	8	—
奇石楼酒店	丹霞山景区内断石村	4	8	—
农之家酒店	丹霞山景区内断石村	5	10	—
丹霞农夫	丹霞山景区内断石村	10	17	—
断石村6号	丹霞山景区内断石村	8	17	—
QQ驿站	丹霞山景区内断石村	12	23	—

续表8

酒店（民宿）名称	地　址	房间数（间）	床位数（张）	备　注
丹霞之旅	丹霞山景区内断石村	6	12	—
阳光小驿	丹霞山景区内断石村	8	15	—
多仔村酒店	丹霞山景区内断石村	8	12	—
维也纳酒店	仁化县丹霞山景区山门外	—	—	—
景山度假楼	丹霞开发区二号台区b面6号	15	30	—
仁化县原美园养生菜馆	丹霞开发区金霞b栋	0	0	—
友谊楼	丹霞大道南7号	15	30	—
粤丹楼	丹霞大道南9号	20	40	—
剑芳楼	丹霞开发区二号台区小区b面	13	26	—
小月私房菜	丹霞山新山门	18	36	—
罗马假日宾馆	福祥北路5号	20	38	—
丹霞国际青年旅舍	丹霞山金霞小区福祥北路	26	56	—
高朋宾馆	丹霞山金霞小区福祥北路	20	40	—
艺虹楼	丹霞山金霞小区福祥北路	15	30	—
华山楼	丹霞山金霞小区福祥北路3号	12	24	—
鸿儒宾馆	丹霞山票务中心左侧	28	56	—
霞兴饭店	丹霞山售票中心后面	15	30	—
博雅居	丹霞山金霞小区	15	30	—
仁化县大平餐馆	金霞小区福祥北路否8号	15	30	—
仁化县荆松快餐店	金霞小区北路8号	18	36	—
仁化县丹山酒家	丹霞山新山门	10	20	—
仁化县能志粮油店	金霞小区b座第四间综合楼	20	40	—
仁化县丹霞山南北味餐馆	丹霞山新山门	0	0	—
仁化县菊姐酒楼	仁化县丹霞山新山门	0	0	—
仁化县农家饭店	丹霞山外山门	0	0	—
仁化县佳城饭店	丹霞山金霞小区	0	0	—
仁化县兴梅饭店	丹霞山外山门	0	0	—

续表8

酒店（民宿）名称	地　址	房间数（间）	床位数（张）	备　注
仁化县冠年华酒家	丹霞大道栋3、4、5单元	0	0	—
仁化县湘妹子菜馆	丹霞山金霞小区	0	0	—
金山宾馆	丹霞山新山门外	25	50	—
百顺旅店	周田镇	5	10	—
财保招待所	仁化县城	24	45	—
常来旅店	建设路15号	5	10	—
城口供销旅店	城口镇供销社	8	18	—
丹霞景逸苑	丹霞山B区	17	34	—
德隆旅店	建设路15号	5	10	—
电大招待所	仁化县城	14	36	—
电信招待所	仁化县城	6	17	—
断石农民度假村	丹霞山断石村	165	330	—
肥姨酒店	丹霞山开发区金霞小区	18	36	—
福生宾馆	丹霞山	15	31	—
福祥居	丹霞山金霞小区福祥北路6号	14	28	—
富春苑	金霞小区	40	80	—
富华招待所	仁化县城	8	16	—
广客楼	丹霞山金霞小区	20	40	—
广湘源	丹霞山金霞小区	20	40	—
国防中心招待所	仁化县城	14	87	—
海事酒店	丹霞山外山门	36	87	—
和顺楼	丹霞山B区	10	20	—
和泰宾馆	丹霞山外山门	8	20	—
和兴楼	丹霞山金霞小区	20	40	—
红玫住宿店	董塘镇仁塘路148号	40	90	—
红山镇粮所招待所	红山镇粮所	7	15	—
红叶宾馆	仁化县城	22	44	—
鸿福宾馆	仁化县建设路27号	21	42	—

续表8

酒店（民宿）名称	地　址	房间数（间）	床位数（张）	备　注
厚德福楼	丹霞山	30	60	—
华山宾馆	丹霞山外山门	25	50	—
华泰宾馆	丹霞山	30	60	—
黄家旅店	董塘镇仁塘路33号	5	10	—
汇景轩	金霞小区	40	80	—
交通稽查招待所	周田镇	6	12	—
金传旅店	董塘镇仁塘路172号	7	15	—
金达旅舍	金山大道	10	23	—
金凤凰山庄	建路路6号	31	50	—
金狮山庄	凡口矿	61	138	—
金霞招待所	丹霞山售票厅对面	17	34	—
金叶酒店	仁化县城	25	60	—
锦华旅店	周田镇	5	10	—
锦园酒店	丹霞山外山门	20	40	—
景山渡楼	丹霞山金霞小区	20	40	—
湘君府	丹霞山	30	60	—
客家宾馆	丹霞山兴丰南路4号	15	30	—
客家农庄	丹霞山瑶塘村	7	14	—
林业站招待所	周田镇	6	12	—
凌波酒店	广东省韶关市仁化县城新东大街1号	30	78	—
美景酒店	丹霞山外山门内	32	58	—
平安居	丹霞山B区	20	40	—
桥宏酒店	城口镇地方坪	6	12	—
仁和楼	丹霞山金霞小区	15	30	—
仁化白领宾馆	仁化丹霞山丹霞小区	13	26	—
仁化凡口招待所	仁化县凡口矿	55	103	—
仁化金城宾馆	仁化县丹霞山新山门兴丰路3号	15	30	—
仁化金圆宾馆	仁化县金山大道	16	28	—

续表8

酒店（民宿）名称	地 址	房间数（间）	床位数（张）	备 注
仁化君怡酒店	仁化县丹霞大道变电站旁	23	46	—
仁化润兴酒店	仁化县丹霞山霞兴北路	20	60	—
仁化县城口镇进丁裕祥旅馆	仁化县城口镇竹子营1号	17	25	—
仁化县丹霞楼招待所	仁化县城建设路36号	22	44	—
仁化县丹霞山彤景酒店有限公司	韶关市仁化县丹霞山外山门彤景酒店	80	148	—
仁化县丹霞山雅泰宾馆	仁化县丹霞开发区	50	108	—
丹霞山庄	仁化县丹霞山内中山门旁边	60	120	—
仁化县董塘镇金传出租屋	仁化县董塘镇仁塘路172号	15	16	—
仁化县高朋商务宾馆	仁化县丹霞山	16	30	—
仁化县吉祥云舍快捷酒店	仁化县丹霞山新山门福祥北路	21	45	—
家和楼	仁化县丹霞山大道	13	21	—
仁化县金辉宾馆	仁化县城建设路34号	25	50	—
仁化县金领宾馆	仁化县丹霞山霞兴南路5号	13	26	—
仁化县锦城楼	仁化县丹霞大道锦城楼	14	28	—
仁化县君悦旅馆	仁化县建设路石凹背村3－1号	10	17	—
仁化县联城商务酒店	仁化县董塘镇莲塘路28－37号	36	72	—
仁化县梦轩酒店	仁化县丹霞山金霞小区2号台区	12	22	—
仁化县鸣曦宾馆	仁化县新城路19号宝业城三楼	20	40	—
仁化县启源水务酒店	仁化县高坪新村109栋	21	47	—
仁化县荣华酒楼	仁化县城新市场	5	10	—
仁化县万事胜意宾馆	仁化县建设路11号	10	20	—
仁化县霞峰宾馆	仁化县丹霞山开发区	26	52	—
仁化县霞景酒店	仁化县丹霞山金霞小区环山北路	25	50	—
仁化县秀丽招待所	仁化县建设路27号	5	10	—
仁化县雅洁宾馆	仁化县丹霞开发区金霞山区A面	20	40	—
仁化县英达旅舍	仁化丹霞大道104－2号	16	32	—
仁化县周田华苑酒店	仁化县周田镇月岭街国道106线旁	27	47	—

续表8

酒店（民宿）名称	地　址	房间数（间）	床位数（张）	备　注
仁化县周田镇林业站招待所	仁化县周田镇韶南路4号	6	14	—
仁化县周田镇月武饭店	仁化县周田镇灵溪桥头	13	19	—
仁化县周田镇醉月山庄	仁化县周田镇灵溪桥头	6	12	—
仁化意林宾馆	仁化县丹霞开发区金霞小区B面	20	40	—
日出山庄	丹霞山外山门	30	60	—
三嫂酒楼	丹霞山瑶塘村	4	8	—
韶关中衍温泉大酒店有限公司	仁化县丹霞大道389号	185	370	—
韶石山庄	大桥镇水江村	20	40	仁化县二星级农家乐
水利宾馆	仁化县城	22	46	—
同福楼	丹霞山金霞小区	20	40	—
汶桂旅店	沿江路27号	2	4	—
霞光酒楼	仁化县城	6	12	—
熊盛酒店	金山大道	26	50	—
谢兴旅店	沿江路横巷1号	6	12	—
柏豪商务酒店	新城路50号	42	84	—
馨怡酒店	丹霞山外山门	30	60	—
兴晖楼	丹霞山B区	20	40	—
雄兴旅店	周田镇	6	12	—
旭升楼	丹霞山金霞小区	20	40	—
旭霞居	丹霞山B区	16	32	—
沿江旅店	沿江路18号	7	15	—
阳元山度假村	丹霞山	296	600	—
怡景居	金霞小区	18	30	—
怡乐居	丹霞山外山门	64	128	—
迎宾旅店	沿江路33号	10	18	—
永平旅馆	沿江路27号	8	16	—

续表8

酒店（民宿）名称	地　址	房间数（间）	床位数（张）	备　注
友谊旅店	董塘镇市场9号	10	20	—
云霞居	丹霞山金霞小区	17	30	—
樟林宾馆	建设路15号	10	20	—
长江华兴旅馆	长江镇锦新市场	6	12	—
长江锦江旅馆	长江镇人民街43号	19	38	—
长江酒店	长江镇黄金路	8	16	—
港湾居	丹霞山福祥北路	18	36	—
仁化阅山会所	丹霞山霞兴南路	12	20	—
品霞小筑	丹霞山售票厅对面	13	26	—
水务宾馆	仁化县建设路	22	46	—
车站招待所	仁化县建设路	22	48	—
仁武宾馆	仁化县新城路武装部大院内	14	28	—
红锦湾酒店	丹霞山派出所旁	190	238	—
香格里拉酒店	周田镇国道106国道323交会处	5	10	—
鑫三洲酒店	仁化县周田镇韶仁路	178	356	—
五嫂酒楼	丹霞山景区瑶塘村	4	8	—
瑞霞酒店	仁化县城九龄路2号沁淮园商业楼	50	100	—
仁化县锦城宾馆	仁化县新城路2号	116	209	仁化县三星级酒店
东莞外商假日俱乐部	丹霞山景区中山门	81	162	—
长线花苑酒店	仁化县丹霞街道大岭23－8号	20	40	—
途家斯维登公寓	仁化县丹霞大道389号	92	173	—
雯锋宾馆	仁化县丹霞山风景区霞兴南路4号	18	36	—
德龙宾馆	丹霞街道村青湖塘村（106国道旁）	12	20	—
维以纳酒店	仁化县丹霞大道228号	90	180	—
佳适尚品酒店	仁化县丹霞大道中黄坑路口宝能商业街内	109	216	—

续表8

酒店（民宿）名称	地　址	房间数（间）	床位数（张）	备　注
银海酒店	仁化县丹霞大道银海花园27号	61	122	—
顺源酒店	仁化县董塘农场246省道南	45	90	—
中山门宾馆	丹霞街道黄屋瑶塘村小组15号	11	22	—
董塘镇伟城宾馆	董塘镇农场石灰油厂旁	20	50	—
福宝农家乐园	丹霞街道车湾村委会岭背云客山	10	20	仁化县四星级农家乐
倚云山庄	丹霞街道车湾村委会岭头组村口	15	30	仁化县二星级农家乐
半山宾馆	丹霞山景区瑶塘村14号	11	22	—
草根之家	丹霞街道青湖塘新村	10	19	—
新农民客栈	丹霞街道黄屋断石村	12	24	—
丹霞风情客栈	丹霞街道青湖塘新村	25	45	—
丹霞兰花庭	丹霞街道黄屋青湖塘村	17	32	—
丹霞山3号公馆	丹霞街道黄屋村	13	23	—
丹霞山5号公馆	丹霞街道黄屋村	11	17	—
丹霞山迎宾楼	丹霞街道青湖塘新村	13	23	—
丹霞印象客栈总店	仁化县丹霞街道丹霞开发区金霞小区	33	70	韶关市五星级乡村旅游民宿
丹霞印象（艺术家店）	丹霞山景区瑶塘新村入口第一家	22	45	韶关市五星级乡村旅游民宿
丹霞印象（禅意店）	丹霞山景区瑶塘新村41号	9	18	韶关市三星级乡村旅游民宿
丹霞印象（禅语店）	仁化县丹霞街道黄屋村委会瑶塘村小组28、29号	25	50	韶关市四星级乡村旅游民宿
丹霞之都	丹霞街道黄屋青湖塘新村	14	24	—
德睿公馆	丹霞街道黄屋村青湖塘组	17	27	—
宝仁客栈	丹霞街道夏富村暖坑组	10	12	—
福万家	丹霞街道青湖塘新村	14	26	—
附霞栈	丹霞街道黄屋青湖塘村	15	27	—
海纳百川	丹霞街道青湖塘新村	15	28	—
濠景酒店	丹霞街道黄屋瑶塘村小组18－19号	16	32	—

续表8

酒店（民宿）名称	地 址	房间数（间）	床位数（张）	备 注
好餐馆	丹霞山景区断石村	37	70	—
荷塘夜色	丹霞街道青湖塘新村	13	23	—
恒烨客栈	丹霞街道青湖塘新村	14	24	—
红豆兰庭	丹霞街道青湖塘新村	13	23	仁化县二星级农家乐
红豆兰亭客栈	丹霞街道黄屋断石村	9	15	—
宏后别苑	丹霞街道青湖塘新村	14	25	—
鸿运楼	丹霞山景区断石村	10	21	—
凤鑫客栈	丹霞山景区瑶塘村	14	25	—
花好月圆	丹霞街道青湖塘新村	14	25	—
假日阳光客栈	丹霞山景区断石村	8	15	—
建贵客栈	丹霞街道青湖塘新村	14	27	—
锦兴公馆	丹霞街道青湖塘新村	15	28	—
聚福轩	丹霞山景区断石村	19	37	—
君御公馆	丹霞街道青湖塘新村	16	27	—
浪漫之旅	丹霞街道黄屋青湖塘村	13	23	—
长兴山庄	丹霞山景区阳元山瑶塘新村8－10号	11	20	—
畔山驿站	丹霞街道黄屋村	14	27	—
青湖塘家	丹霞街道黄屋青湖塘村	13	23	—
如意客栈	丹霞街道黄屋青湖塘村	21	41	—
山雨客栈	丹霞街道黄屋青湖塘村	13	23	—
上好家精品客栈	丹霞街道黄屋村青湖塘组	21	38	—
胜福农庄	丹霞山景区断石村	5	10	—
时光驿站	丹霞街道黄屋青湖塘村	15	25	—
四海一家	丹霞街道青湖塘新村	17	34	—
四季丹霞	丹霞街道青湖塘新村	18	32	—
温声港湾	丹霞街道青湖塘新村	12	20	—
温馨客栈	丹霞街道黄屋瑶塘村小组40号	10	16	—

续表8

酒店（民宿）名称	地　址	房间数（间）	床位数（张）	备　注
乡约客栈	丹霞街道黄屋青湖塘村	17	28	—
新颖客栈	丹霞街道青湖塘新村	12	23	—
馨佳缘	丹霞山景区青湖塘新村	13	23	—
星晴客栈2	丹霞街道黄屋青湖塘村	18	31	—
星晴客栈1	丹霞街道青湖塘新村	14	25	—
幸福公馆	丹霞街道青湖塘新村	11	20	—
雅舍兰香客栈	丹霞街道黄屋瑶塘村小组13号	12	22	—
妍旭客栈	丹霞街道青湖塘新村	19	35	—
阳元阁	丹霞山景区断石村	9	15	—
壹加壹客栈	丹霞山景区断石村	15	25	—
宜家驿站	丹霞街道黄屋青湖塘村	16	28	—
逸景缘客栈	丹霞街道黄屋瑶塘村小组27号	9	18	—
逸新缘客栈	丹霞街道黄屋瑶塘村小组28号	9	18	—
音乐之旅	丹霞街道青湖塘新村	14	26	—
友家客栈	丹霞街道黄屋村	15	30	—
友缘居	丹霞街道青湖塘新村	14	26	—
缘来客栈	丹霞街道青湖塘新村	14	25	—
远方的家客栈	丹霞街道黄屋青湖塘新村E区121号	25	46	—
云来客栈	丹霞街道黄屋断石村	7	15	—
丹霞山国际青年旅舍	丹霞山景区外山门福祥北路	20	48	—
520客栈	丹霞山风景区断石村内	12	26	—
鹿源客栈	丹霞山景区断石村	10	20	—
阳元村酒店	丹霞山风景区断石村内	12	24	—
香港民俗	丹霞山景区断石村	6	16	—
丹霞山民俗	丹霞山景区断石村	30	52	—
回驿青年旅舍	丹霞山景区断石村	10	24	—
相悦客栈	丹霞山景区瑶塘新村	12	24	—
萤火虫客栈	丹霞山景区断石村	13	28	—

续表8

酒店（民宿）名称	地　址	房间数（间）	床位数（张）	备　注
云宿客栈	丹霞山景区瑶塘新村	25	50	韶关市三星级乡村旅游民宿
怀森小舍	丹霞山景区断石村	8	16	—
邂逅阳光客栈	丹霞山景区断石村	11	22	—
一千零一夜	丹霞山景区瑶塘新村	22	48	—
原色客栈	丹霞街道青湖塘村	38	75	—
在路上客栈	丹霞山断石村二排15号	13	18	—
有间客栈	丹霞山风景区断石村内	6	10	—
白大叔家园旅社	丹霞山福祥北路	16	32	—
丹景楼客栈	丹霞山景区瑶塘村	17	34	—
景阳旅业	丹霞山景区瑶塘村	23	50	—
8号客栈	丹霞山风景区大型生态停车场	20	36	—
丹霞山观日亭客栈	丹霞山景区阳元山瑶塘新村5号	3	6	—
丹霞山鸿运楼酒店	丹霞山景区断石村四排5号	15	28	—
丹霞山华盛酒店	丹霞山景区阳元山瑶塘新村3号	6	11	—
丹霞山霞谷居客栈	丹霞山景区断石村二排16号	7	15	—
丹霞山新农民客栈	丹霞山景区断石村二排5号	12	21	—
丹霞山阳元楼旅馆	丹霞山景区阳元山瑶塘新村	6	10	—
丹霞山悦景楼	丹霞山景区内断石村	5	8	—
丹霞山照福楼旅馆	丹霞山景区阳元山瑶塘新村	6	10	—
红瑶楼快捷酒店	丹霞山景区瑶塘村	6	10	—
开心楼客栈	丹霞山景区瑶塘村	4	8	—
明慧楼	丹霞山景区阳元山瑶塘新村	8	12	—
庆丰楼客栈	丹霞山景区多仔村（断石村）	5	8	—
茗泉居客栈	丹霞山景区多仔村（断石村）	7	10	—

续表8

酒店（民宿）名称	地　址	房间数（间）	床位数（张）	备　注
西岸客栈	丹霞山景区多仔村（断石村）	5	10	—
祈福楼客栈	丹霞山景区瑶塘村	5	8	—
四嫂客栈	丹霞山景区瑶塘村	10	16	—
仙缘客栈	丹霞山景区瑶塘村	8	16	—
兴旺楼客栈	丹霞山景区瑶塘村	5	8	—
幸福楼	丹霞山景区瑶塘村8号	7	12	—
阳元山鸿福楼客栈	丹霞山景区瑶塘村	4	8	—
阳元山雅园	丹霞山景区多仔村（断石村）	3	6	—
仁化县燕子呢喃依山民宿	仁化县丹霞街道黄屋村瑶塘村小组	26	52	韶关市四星级乡村旅游民宿
丹霞山河鲜美食园	丹霞山断石村一排4号	4	8	—
丹霞山京仔农庄	丹霞山景区阳元山瑶塘新村7号	5	10	—
丹霞山胜福农庄	丹霞山景区断石村四排4号	9	13	—
海豚湾假日酒店	丹霞山景区阳元山瑶塘村	16	32	—
欢乐居饭店	丹霞山景区阳元山瑶塘村	6	12	—
家乡菜馆	丹霞山景区多仔村（断石村）	4	8	
格物图书馆	仁化县丹霞街道瑶塘村40号	26	52	—
归然客栈	仁化县丹霞山景区内瑶塘新村9－10号	26	52	韶关市四星级乡村旅游民宿
九州连锁客栈	丹霞山景区内瑶塘新村8号	26	46	—
九州连锁客栈观景店	丹霞山瑶塘村32号	8	14	—
乌有同金寨	仁化县丹霞街道车湾村委会红历坵村小组	24	39	韶关市四星级乡村旅游民宿
永昌生态农家乐	红山镇红新路1千米	6	12	—
南庄生态名园	黄坑镇南庄村	7	12	仁化县二星级农家乐
茗村酒夏客栈	石塘古村梨树下62号	4	8	—
蝴蝶园客栈	石塘镇石塘村内	4	8	—
梨树下客栈	石塘镇石塘村内	4	8	—

续表8

酒店（民宿）名称	地 址	房间数（间）	床位数（张）	备 注
古村乐农庄	石塘镇石塘村内	6	12	—
云宿客栈	仁化县丹霞街道黄屋村委会瑶塘村小组新村43、44号楼	—	—	韶关市三星级乡村旅游民宿
星屑馆客栈	仁化县丹霞山瑶塘村	—	—	韶关市三星级乡村旅游民宿
九州客栈	仁化县丹霞山瑶塘村	—	—	韶关市三星级乡村旅游民宿
萤火虫客栈	仁化县丹霞山瑶塘村	12	25	韶关市三星级乡村旅游民宿
丹霞姑娘客栈	丹霞山景区内断石村	5	7	韶关市三星级乡村旅游民宿
瑶塘仁家宾馆	仁化县丹霞山瑶塘村	—	—	韶关市三星级乡村旅游民宿
乾元居	丹霞山景区内瑶塘村	11	22	—
九洲客栈1	丹霞山景区内瑶塘村	26	52	—
长老峰宾馆	丹霞山景区内瑶塘村	11	22	—
雅舍澜香	丹霞山景区内瑶塘村	11	22	—
瑶塘宾馆	丹霞山景区内瑶塘村	18	36	韶关市三星级乡村旅游民宿
与美客栈	丹霞山景区内瑶塘村	9	18	—
生态宾馆	丹霞山景区内瑶塘村	9	19	—
海霞客栈	丹霞山景区内瑶塘村	10	20	—
忆丹霞	丹霞山景区内瑶塘村	8	16	—
九洲客栈2	丹霞山景区内瑶塘村	8	16	—
云崖居	丹霞山景区内瑶塘村	8	16	—
一千零一夜度假屋	丹霞山景区内瑶塘村	10	20	—
瑶塘饭店	丹霞山景区内瑶塘村	—	—	—
温馨客栈	丹霞山景区内瑶塘村	8	16	—
老张家客栈	丹霞山景区内瑶塘村	12	25	—
四嫂饭店	丹霞山景区内瑶塘村	5	10	—
有个聚点	丹霞山景区内瑶塘村	5	10	—

续表8

酒店（民宿）名称	地　址	房间数（间）	床位数（张）	备　注
点栈	丹霞山景区内瑶塘村	4	8	—
景阳农庄	丹霞山景区内瑶塘村	29	58	—
江边大排档	丹霞山景区内瑶塘村	8	16	—
新青年客栈	丹霞山景区内瑶塘村	11	22	—

（易　佳）

红军长征粤北纪念馆

【概况】　红军长征粤北纪念馆（简称红军馆）位于仁化县城口镇，规划用地面积1.2万平方米，总建筑面积5500平方米，于2019年10月22日正式对外免费开放，是广东省内唯一一个以纪念红军长征为主题的纪念馆，广东省中共党史教育基地。该馆以“红色星火　燎原粤北”“战略转移　踏上征程”“攻占城口　突破封锁”“西进乐昌　直取湘南”“血沃油山　红旗不倒”5个部分18个单元展陈，全面反映南昌起义军余部、红四军、红五军、红三军团和红七军等红军部队在粤北地区战斗历程，重点展示1934年10月25日至11月14日中央红军长征经过南雄、仁化、乐昌3个县（市），突破敌人3道封锁线光辉历史，以及留守赣粤边红军游击队在极端艰难条件下坚持艰苦卓绝的三年游击战争，展示粤北人民积极支援红军的军民相依鱼水情谊。2020年，红军馆接待游客总人数10.26万人次（2019年10月至2020年12月累计17.7万人次）。

【设施建设】　2020年，红军馆投入32.57万元完善纪念馆大门出入口安检门设施，并在馆内外新增27个视频监控摄像头，实现全馆无死角监控全覆盖。

【游客接待】　2020年1月24日至5月17日，红军馆因受疫情影响闭馆。全年，全馆接待入馆参观团队1198批，比2019年减少348批，其中预约安排讲解团队494批，比2019年增加29批，自行参观团队704批，比2019年减少375批，接待游客102611人次，比2019年增加28236人次，其中团队人数45549人次，比2019年减少387人次，散客人数57062人次，比2019年增加28623人次。

【安全防控】　2020年，红军馆根据上级有关疫情防控指引，落实防控工作，制定应急预案，加强入馆参观人员健康检测。中秋国庆前夕，与仁化县消防救援大队在馆内开展消防安全大演练。重视消防安全设备设施维护，聘请专业消防公司对馆内消防设备进行维护，坚持定期排查该馆安全隐患，向上级主管部门报送安全周报及月报，严格按照韶关市文博单位安全管理一般自查表要求，每月展开自查并上报自查情况，加强消防安全隐患的排查化解，确保全馆安全。全年维护馆内消防设备12次，开展消防安全演练2次。

【馆员能力提升】　2020年11月，红军馆工作人员、讲解员4人参加为期2天的仁化县全域旅游服务品质培训班，提升接待讲解能力。8月、12月，文物保护部门工作人员参加全市文物工作业务、广东省文物管理培训班各1期，增强文物工作业务与文物管理能力。

（吴　芹）

财政·税务

财　　政

【财政收入】　2020年，受新冠肺炎疫情及减税降费双重影响，仁化县一般公共预算收入完成59441万元，同比下降9.33%，完成年度调整预算任务的102.9%。加上上级补助收入200932万元、上年结余收入3704万元、地方政府债券收入9354万元、调入资金2862万元和动用预算稳定调节基金859万元，全县财政总收入完成277152万元，同比下降6.92%。

【财政支出】　2020年，仁化县一般公共预算支出完成261921万元，同比下降7.53%，加上上解上级支出6160万元、预算稳定调节基金1676万元和地方政府债务还本支出4356万元，全县财政总支出完成274113万元，同比下降6.78%。2020年，全县财政总收支相抵，滚存结余3039万元。全县财政预算实现收支平衡，略有结余。

【民生保障】　2020年，仁化县优化支出结构，贯彻落实中共中央“六稳六保”方针政策，科学合理调度资金，保障重点领域支出。发放医疗救助资金1176.95万元，发放城乡低保户资金 2115.17万元。贯彻落实农村义务教育公用经费保障机制，下达2020年免费农村、城镇义务教育补助资金（含省、市级资金）3810.5万元。

【脱贫攻坚】　2020年，仁化县财政局加大资金统筹力度，提升资金使用效益，确保如期完成脱贫攻坚任务。深入各牵头涉农部门，了解各部门2020年项目资金需求，拟订好分配方案报县政府会议审议，做到早安排、早落实，截至12月底，统筹涉农资金20430万元，支出20430万元，支出进度为100%。

【疫情防控】　2020年，仁化县制定印发《仁化县新型冠状病毒感染的肺炎疫情防控财政应急预案（试行）》《仁化县新型冠状病毒感染的肺炎疫情防控后勤服务保障工作方案》等一系列方案，确保全县疫情防控工作有序开展。按照“特事特办、急事急办”原则，开通资金拨付绿色通道，简化工作流程，合理安排支出顺序，及时足额拨付资金。全年累计投入疫情防控经费5073.98万元，为打赢疫情防控阻击战提供保障。

【收入征管】　2020年，仁化县财政局面对新冠肺炎疫情冲击带来的经济和固定资产投资增速放缓等不利因素，创新工作思路，全力以赴促增长。向上争取资金，新增地债收入3.9亿元，其中一般债券0.5亿元，专项债券3.4亿元，用于保障全县中心工作和重点项目。积极谋划，通过清理陈欠、加大资产处置、加大土地出让力度等方式组织收入。加快盘活存量资金，对2018年结转结余资金进行盘活回收，共收存量资金7700万元，主要用于弥补2020年财政支出缺口。

【监督管理】　2020年，仁化县财政局“五首创”（首次对项目支出进行全覆盖自评，首次进行整体支出绩效目标申报，首次进行绩效自评复核，首次进行重点项目绩效运行监控，首次进行部门整体支出重点评价）提升全县预算绩效管理水平。做好财政监督工作，组织全县行政事业单位对“三公”经费、“小金库”治理、疫情防控资金以及市级专项资金进行自查，组织完成18个单位“三公”经费、“小金库”重点检查。强化财政投资评审。严把质量关，多措并举，加强项目资金监管，完成预算、结算审核、结算备案项目596项，涉及财政投资资金172300万元，核减金额19029万元，核减率10%。加强政府采购监管，实行政府采购电子化管理，加强政府采购各环节监督管理，为政府节约资金714.65万元。

【深化改革】 2020年，仁化县财政局落实减税降费政策，做到应减尽减，全年全县累计新增减税降费13292.53万元。扎实推进暂付款清理工作，对以前年度暂存暂付款项挂账清理，定期报送财政挂账管理台账，得到省财政厅2020年第一季度和第三季度、市财政局第一季度暂付款管理工作表扬。10月1日，11个镇（街）财政所（正股级）调整为属地管理。强化农村财务管理。深入各镇（街）开展农村财务管理工作业务培训，提升农村财务管理水平。推进“数字财政”系统建设，提高财政信息化建设水平。信息宣传工作在全省财政系统信息直报点排名第三。

（刘志梅　余健勇）

税　务

【税费收入】 2020年，国家税务总局仁化县税务局（简称仁化县税务局）在新型冠状病毒肺炎疫情、大规模减税降费、全球经济下行叠加影响下，坚持依法征税，严格落实组织收入原则，分析调研仁化经济发展形势，优化征管资源配置和岗位责任分工，实现“专业分工、分岗管事”，降低征纳成本和管理风险。做好上级局下发风险疑点数据承接分析、应对实施、结果反馈和成果应用，完成风险应对69户次，入库税款515万元，加收滞纳金118万元，确保各项税收应收尽收。全县税务系统组织各项税费收入131272万元，同比减收39619万元，下降23.18%。其中：税收收入75419万元，同比减收25012万元，下降24.9%，完成市税务局调整后年度税收收入预期目标的100.42%；组织中央级收入29192万元，同比减收10472万元，下降26.4%；省级收入15577万元，同比减收3742万元，下降19.37%；县级收入30804万元，同比减收10644万元，下降25.68%，完成县委县政府调整后年度税收收入预期目标的100.67%。为地方财政平稳运行提供应有保障。

2020年仁化县税务局分级次税收收入情况表

表9

级次	税收收入（万元）	比上年增（减）收（万元）	比上年同期增长（%）
中央级收入	29192	－10472	－26.40
省级收入	15577	－3742	－19.37
市级收入	－154	－154	—
县级收入	30804	－10644	－25.68
合计	75419	－25012	－24.90

2020年仁化县税务局分税种收入情况表

表10

税 种	税收收入 （万元）	比上年增（减）收（万元）	比上年同期增长（%）
增值税	37252	－14834	－28.48
消费税	1493	98	7.03
营业税	17	－92	－84.4
企业所得税	9377	－3386	－26.53
个人所得税	3368	－1658	－32.99
资源税	5006	－845	－14.44
城镇土地使用税	1479	－125	－7.79
城市维护建设税	1987	－716	－26.49
印花税	507	－147	－22.48
土地增值税	7628	2201	40.56
房产税	2326	－2026	－46.55
车船税	534	42	8.54
车辆购置税	1417	－81	－5.41
契税	2218	－417	－15.83
耕地占用税	635	－3005	－82.55
环境保护税	175	－21	－10.71
合计	75419	－25012	－24.90

2020年仁化县税务局各规费收入情况表

表11

各项规费	收入数（万元）	比上年增（减）收（万元）	比上年同期增长（%）
教育费附加	1167	－392	－25.14
社会保险基金	52736	－14400	－21.45
地方教育附加	778	－260	－25.05
残疾人就业保障金	178	34	23.61
工会经费	1031	－31	－2.92
罚没收入	0	－1	－100
堤围费	—	0	—
价格调节基金	—	0	—
文化事业建设费收入	5	13	－162.5
合计	55895	－15037	－21.20

【减税降费】 2020年，仁化县税务局将落实减税降费政策，特别是支持疫情防控和企业复工复产税费优惠政策作为一项重大政治任务抓紧抓实。全年，全县累计新增减税降费13292.53万元，为经济回暖复苏、群众就业创业发挥作用。结合疫情防控形势，仁化县税务局向企业派出驻企监督（服务）员，帮助企业掌握和享受税费优惠政策，解决口罩、消毒液等防疫物资问题，坚定抗疫复产信心。推出“网格化”管理创新模式。对全免、减半和不免3类情况进行分类建立减免台账，确保涉及主体多、优惠力度大阶段性减免社会保险费政策精准落地。全年落实各项社保费降费措施累计8905万元。开展辖区4户疫情防控物资生产企业“一对一”优惠政策辅导。办理企业增值税增量留抵税额退税1030万元。全面推行办税缴费“一次不用跑”改革和“非接触式”办税服务，为纳税人提供线上纳税咨询辅导489人次；纳税人享受免费邮寄发票2332户，免费邮寄代开发票48户，免费邮寄“税务ukey”（电子发票公共服务平台的身份认证及信息加密设备，能够帮助纳税人办理增值税普通发票和电子普通发票的开具、报税、查询、上传等基础服务）4户。

【疫情防控】 2020年新冠肺炎疫情防控期间，仁化县税务局落实上级疫情防控工作会议精神，成立疫情防控工作领导小组，印发疫情防控工作方案，制作疫情防控小知识、疫情防控期间办税提醒等宣传材料，确保全局疫情防控“及早部署、及早宣传、及时推进”。夯实办税服务厅和办公场所防控风险，严格落实定期消毒、体温检测、进出登记、领导值班等工作制度；落实每日去向情况统计报告制度，形成“排查每一个干部职工、关注每一个干部职工家庭、助力群防群控”效应。利用在职党员报道平台，协助社区抓好人员排查和环境消杀等工作。参与疫情防控卡点值守，查验车辆1万余车次、人员4000余人次；排查外地回仁化人员29人。开展抗击疫情捐款活动，全局130名中共党员捐款12950元。

【营商环境优化】 2020年，仁化县税务局稳妥推进纳税信用建设。开展纳税人纳税信用评定1238户，A级、B级纳税人数量增加。深化税银合作，发放银税互动贷款9297万元，惠及企业59户。创新推进税收宣传普法，围绕“减税费优服务 助复产促发展”主题，结合仁化全域旅游发展定位，创新推出“云参观云学习——税收知识达人挑战赛”项目，开展“百名党员云上行”活动，系列情况先后被“学习强国”“南方+”等媒体平台刊载。“一企双联”书记项目高效推进。全县税务系统在职党员96名及时对接帮扶企业，摸底企业经营状况、涉税政策需求、基础信息等，完成走访全县企业1729户，征集意见建议379条，有效化解征纳矛盾，税企关系和谐融洽。加速推进办税便利化改革，落实“容缺后补”“绿色通道”等服务举措，推行“网上办”“线上办”“码上办”“掌上办”等“互联网+服务”举措，纳税人办税时间平均缩短至1.5分钟，降幅35%，办税成本有效降低，办税便利化改革成效显现。

【法制税务建设】 2020年，仁化县税务局践行“法治就是最好的营商环境”理念，健全依法治税领导体制机制，制定全面依法行政领导小组议事规则和全面依法行政领导小组办公室工作规则。组织召开依法行政工作领导小组会议2次，每半年进行有关依法治税工作专题汇报，集体研究依法治税工作的重大问题，统筹推进法治建设重大决策部署。全面推行“三项制度”，确保执法透明、规范、公正。按时在公示平台完成执法主体、执法人员、税务行政许可事项目录、取消进户执法项目清单等执法信息录入和发布。健全税务执法决定信息公开发布、撤销和更新机制，按规定时限、内容等有关要求，向社会主动公开欠税公告、定期定额户核定结果等执法信息。配备执法记录仪10台，要求各税务分局在日常执法工作中按规定使用执法记录仪。严格按照《税收执法考评与过错责任追究暂行办法》相关规定，开展税收执法考评与过错责任追究工作；严肃开展支持疫情防控和经济社会发展税费优惠政策落实情况“回头看”工作，强化退税业务办理、“小金库”专项检查、现金税费征缴等专项排查整治。完成5个基层税务分局税收执法督察工作，通过执法督察完善制度、促进依法行政。推进政务公开。深化办税服务厅统一化、规范化、标准化建设和管理，在办税大厅设置公开栏、流程图，摆放表证单书填报样式、岗位职责、业务范围。通过电子滚动屏公开税收政策、办税程序及依据、服务承诺、税收减免等内容，发挥公众监督作用。组织全体税务干部开展系列法律法规学习培训，举办《中华人民共和国民法典》知识讲座、保密法视频培训、党委书记上法治课等活动。组织税务干部参加“韶司在线”网络普法学习，组织参加2020年度学法考试和宪法专题考试162人次，通过率100%。严格执行税务执法人员持证上岗和资格管理制度，对外公示具备税收执法资格人员名单。重视税收执法资格统一考试工作，2020年仁化县税务局执法资格考试通过率100%。

【乡村振兴和精准扶贫】 2020年，仁化县税务局聚焦脱贫攻坚收官战，对标对表，倒逼时限，确保高质量打赢脱贫攻坚战。创新实施“分片包干、责任到户、跟踪问效”的“网格化”管理精准扶贫模式，党委书记每周到帮扶村指导脱贫攻坚工作不少于2次，党委委员轮流每天到村开展“一线双联”“民情夜访”、人居环境整治等工作，各帮扶干部每月至少走访贫困户4次，及时发现和解决贫困户生产生活困难。全年，党委班子为帮扶村上党课4次，各党支部与帮扶村开展共建活动52次，安排贫困户就业11人，产业扶贫累计投资34万元；帮助岩头村建设村民活动中心、道路硬底化、太阳能路灯等；购买果树苗274棵，绿化美化村容村貌；帮助贫困户解决住房漏水、墙体脱落等问题10户，帮助贫困人员就近安排公益性岗位6名。开展春节、中秋慰问活动，发放贫困户米、面、油等生活必需品64户。开展消费扶贫，帮助贫困户解决滞销贡柑1.95吨、蜜柚0.5吨、家禽69羽，增加贫困户家庭收入约2万元。采购芒果、龙眼、黄皮等树苗953株，开展帮扶村农村人居环境整治义务植树活动，挂点帮扶村村民生产、生活条件得到改善，村容村貌发生变化，帮扶村乡村振兴、脱贫攻坚工作走在全县前列，被“学习强国”、《羊城晚报》、“南方+”、《韶关日报》、仁化电视台等媒体宣传报道。

【政务事务】 2020年，仁化县税务局加强绩效管理，制定和完善2020年绩效管理考评规则和指标，逐条落实到分管领导、责任股室和个人，发挥绩效管理“指挥棒”作用。年内，仁化县税务局在全市税务系统绩效考核获第二名，被评为“优秀”等次。加强舆情防控，构建舆情、信访、保密和应急管理“四位一体”闭环管理链条，聚焦增值税、个人所得税等重大税制改革，开展全方位、多层次、联动式宣传报道，编发仁化县税务局信息简报28期，向市税务局和县委县政府报送信息简报，全年政务信息宣传工作名列全市税务系统前茅，获该指标绩效考评“一档”成绩。严格财务管理相关制度，优化后勤服务，做好安全保卫、纪要保密、档案管理等工作，提高后勤保障服务能力。

（胡桂敏）

银行·保险·证券

中国人民银行仁化县支行

【金融支持稳企业保就业】2020年，中国人民银行仁化县支行（简称人民银行仁化县支行）面对新冠肺炎疫情冲击，围绕“六稳”“六保”要求，宣传和解读货币政策，落实有关金融优惠政策。研究制定《仁化县金融支持防疫情保稳定促发展相关措施》，支持和帮助企业渡过疫情难关。督导金融机构有效使用专项再贷款和再贷款再贴现资金，推动两项货币政策直达工具落地见效。截至是年末，辖内发放支小再贷款1800万元，支农再贷款1000万元；运用普惠小微企业信用贷款支持计划工具发放410.4万元，运用普惠型小微企业贷款延期工具发放激励金62.93万元。持续拓宽企业融资渠道，组织召开政银企融资座谈会4场次，深入企业、园区实地调研，促进银企信息对接，引导银行机构结合县域实际和疫情政策推广信贷产品，创新信贷产品“暖医贷”“金柚贷”“民宿贷”等，缓解企业融资需求，助力企业复工复产。截至是年末，全县各项存款余额107.8亿元，比年初增加6.56亿元，同比增长6.48%；各项贷款余额52.92亿元，比年初增加6.28亿元，同比增长13.46%。

【辖区金融稳定】2020年，人民银行仁化县支行持续加强金融风险排查研判，深入开展互联网金融风险专项整治、金融广告治理等工作，认真做好扫黑除恶专项斗争收官年工作，上报专项工作简报11篇，开展金融行业专项治理活动4场次，累计完成线索办结4条。组织金融机构负责人召开座谈会，督促落实金融机构防风险主体责任。加强与地方部门协调合作，加大打击非法集资、非法高利贷、电信诈骗等违法犯罪行为力度，开展金融行业治理。指导县辖商业银行协助县反诈中心，冻结银行账户297户，止付赃款808万元，追回被诈资金10余万元。开展存款保险标识挂牌，开展存款保险标识启用巡查，通过线上、线下不同方式普及存款保险知识。开展县辖2020年度央行金融机构评级工作，做好法人金融机构资产质量核查工作。

【精准扶贫】2020年，人民银行仁化县支行定期召开党组会，专题研究脱贫攻坚工作，制定结对帮扶措施，确保扶贫政策措施落实到位。开展“民情夜访”“一线双联”活动，实施帮扶提质工程，开展消费扶贫，引导企业和个人捐赠。行领导带队到挂点单位东坑村访贫问效120余次，帮助解决贫困户生产生活实际困难，树立脱贫致富信心。年内，东坑村贫困户人均可支配收入16685元，达到贫困户退出“八有”标准。引导涉农金融机构用好用活各项金融优惠政策，加快推进“带种带养”合作模式发展。截至是年底，累计发放符合条件贫困户948名贷款3288.7万元，发放“带种带养”精准扶贫小额贷款578户2056.8万元。

【金融服务质效提升】2020年，人民银行仁化县支行稳妥推进移动支付便民工程。重点打造城口、丹霞街道移动支付示范镇建设，促进移动支付和菜市场、医疗、住宿、餐饮等便民生活场景深度融合，其中，城口镇推动“移动支付+红色教育+便民生活”融合应用工作，被省金融局和人民银行广州分行授予2020年度广东省移动支付示范镇称号。推进反假货币工作，发挥警银联动优势，形成反假货币工作合力，遏制和压缩假币犯罪空间。建成城口镇农村地区现金服务示范镇，兑换零钞残钞129.7万元，惠及农民群众0.65万余人。提升征信服务质量，运用广东省征信查询预约小程序，减少人流聚集。受理信用报告查询和异议处理业务，提升服务质量。全年受理个人信用报告查询业务6753笔，个人征信异议业务4笔，企业信用报告查询业务133笔。开通国库服务“绿色通道”，保障全县防疫资金拨付，全年办理预算收入8.69万笔，金额43.43亿元；办理预算支出2.89万笔，金额38.14亿元；办理退库0.53万笔，金额0.41亿元，减税降费政策效果明显。金融知识普及成效明显。践行“金融为民”理念，支持韶关货币与防伪陈列馆筹建工作和建成后宣传工作，发挥青年讲师队伍作用，开展送金融课程进校园、进乡镇活动7场次。组织开展“稳企业保就业”市县联动宣传活动、联合周田中心小学开展“我与金融读书角的故事”征文系列等活动。妥善处理金融消费投诉咨询事件4次，维护金融消费者权益。年内，支行团支部被中国人民银行评为五四红旗团支部，2名青年干部被提拔为支行中层干部，1名职工被发展为中共预备党员，2名青年分别被评为仁化县精神文明建设工作先进个人和优秀志愿者。

（谭小玲）

中国工商银行股份有限公司仁化支行

【概况】 截至2020年年末，中国工商银行股份有限公司仁化支行（简称工行仁化支行）各项存款余额91364万元，比上年增加6061万元，增加7.11%，其中，储蓄存款余额71894万元，比上年增长3344万元，增长4.88%；各项贷款余额25167万元，比上年增加6827万元，增加37.22%；实现利润1525万元，比上年减少161万元，减少9.55%。

【风险防控】 2020年，工行仁化支行夯实风险屏障，守住资产质量生命线。认真研判外部形势，及时分析外部环境对信贷客户潜在影响，主动掌握信贷客户在经营中存在困难和问题，提前做好应对预案。加强风险防范意识，防范转移客户风险的行为，确保资产质量稳定和优化。着重关注重点领域，切实做好“融e借”、信用卡分期、“e抵快贷”、经营快贷等重点领域风险防控，关注资金流向和用途，严防资金违规流入股市、楼市。抓好信贷队伍和信贷文化建设。健全管理机制，坚持开展员工家访活动，重视员工异常行为排查，做到一季一查；建立客户回访机制，全面了解员工合规销售情况，切实防范操作风险等。年内，稳保“内控评价一类行”位次。

【市场竞争力提升】 2020年，工行仁化支行加快转型创新发展，提升市场竞争力。根据当地市场环境，定方向、定措施，早营销，早宣传、早动员、早落实。坚持按劳分配，坚持谁营销谁受益原则，改变全行工作作风。传导考核方案，调动员工积极性。坚持岗位分工，落实营销责任制。强化过程管理，坚持“三比”（市场上比、系统内比和与自己比）思想，抓紧工作进度，注重培养复合型综合能力强专业人才，提高员工执行力。做好存款营销工作，抓源头要增量、存量客户找增量方式，拓展存款业务市场。加强优质大户精细化服务维护，挖掘好凡口矿等存量客户潜力，落实拓户引存工作，落实存款精细化管理，采取针对性营销措施。

加大资产业务营销进度，落实全行普惠金融业务发展要求，开展目标客户营销拜访，做好普惠金融业务拓展。加强内外部沟通，挖掘现代服务业涉及“衣食住行”目标客户，运用“税易通”“经营快贷”“e抵快贷”产品进行大数据营销。

【社会责任担当】 2020年，工行仁化支行积极响应县委县政府号召，主动承担“疫情防控”“精准扶贫”“城市创文”工作应尽社会责任。主动承担疫情防控网格化管理八区第三片区疫情防控工作，发挥党支部战斗堡垒作用和共产党员先锋模范带头作用，深入开展疫情防控各项工作。年内，共产党员黄志伟被韶关金融学会评为“抗疫”先进个人。做好帮扶挂点村闻韶镇下徐村“精准扶贫”工作，结合“一线双联”“民情夜访”工作，了解贫困户生产生活状况、生产意愿和需求，与村委干部共同商讨扶贫计划和乡村振兴计划，针对性开展帮扶、人居环境整治工作。多渠道筹集资金，动员全行员工和社会爱心人士捐款献爱心，开展“春节”“中秋”慰问贫困户送温暖活动及扶贫消费活动。全年，拨付村委扶贫资金2.8万元，员工赠送慰问品折价0.9万元，仁化县丹霞健身气功协会赠送慰问品折价1.35万元，购买贫困户贡柑、鸡、鸭、鹅等农产品0.5万元。闻韶镇下徐村建档立卡贫困户27户96人全部实现脱贫。响应县委县政府“全国文明县城”创建号召，以实际行动为仁化县成功创建“全国文明县城”做出了应有的贡献。在营业网点张贴“创文”宣传海报和LED显示屏滚动播放“创文”宣传标语，设立学雷锋志愿服务点，购置雨伞、药品、针线、充电器、老花眼镜、口罩等应急物品，为急需客户提供方便。参加县“创文”网格八区（高坪社区）文明劝导轮值，每周派出员工6名在新农贸市场至宏昌百货斑马线路口和农业农村局至邮政局斑马线路口参加值守。进村入户开展“创文”宣传，发放“创文”宣传资料，倡议社区民众积极参与和支持“创文”，劝导商户文明经商。参加卫生整治活动，每周五下午组织员工到“创文”网格区开展大扫除，每周派出员工4名参加卫生整治轮值1天，清理垃圾、杂草、“牛皮癣”等，整治“创文”乱象。

（叶仲林）

中国农业银行股份有限公司仁化县支行

【概况】 截至2020年年底，中国农业银行股份有限公司仁化县支行（简称农行仁化县支行）各项存款余额184812万元，比年初增长16132万元，各项贷款余额128198万元，比年初增长－7325万元。

【业务发展】 明确目标，压实责任。2020年，农行仁化县支行围绕分行考核导向，结合市场与客户需求变化，每季度初出台相关考核方案，促使营销团队明确各个时期经营方向与工作重心，引导每位营销人员按照党建和经营管理“两手抓”工作要求，利用上级行各类存款上浮及贷款优惠利率政策，专业营销该行金融产品；每周召开营销团队工作例会分析原因，解决问题，加强重点业务考核跟踪，压实各层级人员责任，利用可利用绩效资源与二次分配杠杆作用，加大重点业务产品销售，实施业绩落后团队及个人提醒谈话督导工作机制，有效推动各项业务持续稳定发展。

补短拓新，狠抓中收。2020年，农行仁化县支行加大力度切入各大车行攻关合作，扩大汽车经销商合作，做大做强汽车分期业务市场份额；加大公务员、企事业单位员工营销家装分期乐分易；利用部门、网点员工人脉关系发挥全员协同营销作用。充实年轻员工到客户经理队伍，提高办贷效率，以优质服务提高车行、客户认可度，全年办理汽车分期品牌信用卡分期7289万元，完成率排全市第三。做好政府公务员及事业单位爱心扶贫卡、医保电子凭证办理工作，累计办理爱心扶贫卡3953张，完成任务的150%，医保电子凭证2178个，完成任务的98%，全市排名第二。

【“三农”服务】 2020年，农行仁化县支行拓展营销“贡柑e贷”“沙田柚e贷”“养猪贷”“民宿贷”等“快农贷”业务，抢挖新型农业和农村市场客户存款业务，批量规模化发展“快农贷”与大额“e”贷业务，实现“惠农e贷款”余额突破1.6亿元，增幅79%。加大农户信息建档力度。由客户部及3个网点组成4个小组走村入户，累计实现农户信息建档83户，发放“快农贷”835万元。履行社会责任，在原有包十镇（街）基础上，扩面发展红山、城口、董塘等镇“代种代养”扶贫项目，投放建档立卡贫困户精准扶贫小额贷款92笔，金额374.3万元，扶贫小额贷款余额530.48万元，超额完成分行下达扶贫小额贷款80户任务。

【疫情防控】 2020年，农行仁化县支行做好疫情防控工作，成立疫情防控领导小组，建立有效疫情值班制度、报告制度，及时传达学习中央、政府部门、当地监管部门、上级行疫情防控工作要求，推动疫情防控各项工作落到实处。组织营业部党支部青年突击队加班加点及时将县政府财政疫情应急资金划拨到有关医院和疾病防治中心，受到总行、省行表彰，为促进企业复工复产、打好疫情防控阻击战夯实基础。

【合规案防】 2020年，农行仁化县支行落实“一岗双责”工作，强化责任担当。围绕党建与业务经营互促互进，强化挂点联系工作制度落实，支行班子成员到挂点网点参加夕会每周至少1次，列席部门网点夕会与员工行为分析例会等，加强帮扶督导管理，实现业务发展与夯实基层党廉案防基础工作两不误。常态化开展“三线一网格”管控工作，做好日常履职提醒和督导，抓好“严管厚爱”电子平台运行工作，依据员工个人征信报告反映异常信息，开展员工行为风险排查与脱贫攻坚专项巡视监督责任整改工作，深入整改省行综合巡视所发现问题，纪委书记重点项目与员工谈心家访活动常态结合，筑牢案防“思想长城”，实现全年安全运营无事故。

（吴　静）

中国银行股份有限公司韶关仁化支行

【经营业绩】 截至2020年12月31日，中国银行股份有限公司韶关仁化支行（简称中行仁化支行）营业净收入2738万元，同比上年增幅10.61%；非利息收入440.75万元，增幅19.98%；本外币存款余额93724万元，新增14520万元，其中，储蓄存款余额66121万元，新增3371万元；企业存款余额27603万元，新增11150万元；各项贷款余额75137万元，新增15192万元，其中公司贷款新增11131万元，零售贷款新增4061万元。

【营收任务完成】 2020年，中行仁化支行在存款方面，提前沟通定期或理财即将到期客户，选取合适产品主动对接。积极营销，争揽政府部门、房地产企业、重点企业存款。当年存款四行（工行、农行、中行、建行）占比22%，提升1.1%，四行排名第二，进步1名。在省行开展的县域支行存款竞赛中取得全省第七名成绩。贷款业务方面，稳步推进中小企业贷款业务，重点发展个人普惠金融业务。全年新增个人普惠4000余万元，约占辖内新增量的33.33%。

【合规案防】 2020年，中行仁化支行严格执行中共中央八项规定精神和廉洁从业要求，对会议培训、出差出访、公务商务活动、办公用车用房、选人用人、经费管理等进行监督和审核，教育员工遵守“八项规定”，自觉抵制违规违纪。监督支行各项费用开支情况和车辆使用、登记情况，确保合规。专人、专处管理支行宣传品，及时动态更新台账，领用记录清晰。全年全行无安全事故发生。

（林龙田）

中国建设银行股份有限公司仁化支行

【概况】 2020年，中国建设银行股份有限公司仁化支行（简称建行仁化支行）围绕乡村振兴、县域经济、数字化经营、网点综合竞争力提升等方面高质量发展工作思路。集中资源打造标杆，完善政策制度体系，坚持合规经营管理，加强横向纵向联动，强化学习研究，以技术赋能带动业务发展，实现社会效益和经济效益统一。截至2020年12月31日，建行仁化支行一般性存款66374万元，各项贷款余额39277万元。

【善“建”惠农助乡村振兴】 2020年，建行仁化支行秉持责任担当和开放共享理念，从城乡融合共生视角，搭建城乡对接、双向赋能、互惠共赢平台，用大场景、大连接、大服务助力乡村振兴。通过“裕农通”等产品服务乡村百姓，缓解金融服务渠道不足压力，助力乡村基础设施，引导金融资源精准灌滴，满足乡村振兴多样化金融需求。

【风险防控】 2020年，建行仁化支行抓好党风廉政建设和案件防控工作。开展合规现金和合规标兵学习活动，通过案件警示教育等手段深入开展合规化宣传培训，促进合规文化建设。开展会计和柜台操作风险专项检查，防范操作风险， 及时消除风险隐患。严格执行人民银行等外部监管部门关于反洗钱、反假币工作，防范声誉风险。做好员工行为排查工作，利用员工动态管理平台，发挥科技手段，实现人防与技防协调统一，提高监督制约效果和案防水平。加强员工平时遵纪守法、遵守职业道德和社会主义核心价值观教育。全年度做到零案件。

【精准扶贫、精准脱贫工作】 2020年，建行仁化支行做好定点村黄坑镇古竹村扶贫脱贫工作，完成上级下达各项精准扶贫工作任务。截至11月30日，古竹村有建档立卡贫困户30户79人（其中建行帮扶19户47人，总工会帮扶11户32人），其中，低保户23户63人，“五保”户4户4人，一般贫困户3户12人。有劳动能力贫困户18户，有劳动能力贫困人口28人；兜底贫困户数12户，兜底人口18人。60岁以上领取养老金人数11人，残疾贫困户人口19人，在校学生23人。外出务工人数15人，有劳力在家务农贫困户11户，已安排公益性岗位4人。经2016—2020年帮扶，古竹村30户贫困户全部落实“两不愁三保障”和达到“八有”贫困户退出标准，脱贫率100%。据核查，截至2020年年底，古竹村无新增贫困户，贫困户减员1户1人。做好帮扶村新冠肺炎疫情防控工作，全村无人感染新冠肺炎。

（李功华）

中国邮政储蓄银行股份有限公司仁化县支行

【经营管理】 2020年，中国邮政储蓄银行股份有限公司仁化县支行（简称邮储银行仁化县支行）形成以本外币储蓄存款为主体负债业务；以汇兑、转账业务、银行卡业务、代理保险、代收代付、代销债券、代销开放式基金等多种形式为中间业务；以小企业贷款、小额贷款、消费贷款、商务贷款等为主渠道资产业务。完善产品结构，金融服务方便快捷优质。

【业务发展】 2020年，邮储银行仁化县支行围绕工作重点，突出理性发展，持续抓好客户营销，全面夯实基础管理，防范信贷风险，扩大转型业务客户资源，有力支持当地经济建设。截至2020年年底，全县邮政储蓄存款余额196646万元，新增存款16889万元；贷款余额34643万元，新增贷款12884万元，其中个人贷款余额26935万元，较年初增长8551万元，小企业贷款余额7708万元，较年初增长4333万元。

（钟旭东）

广东仁化农村商业银行股份有限公司

【概况】 2020年，广东仁化农村商业银行股份有限公司（简称仁化农商银行）秉承“仁信之家、服务至上”行业精神，坚定主责主业，坚守服务定位，深化普惠职能，支持中小微企业和“三农”力度最强的金融机构，完成各项目标任务，存贷款规模稳居县域银行业之首。截至2020年年末，仁化农商银行资产总额48.46亿元，各项存款41.68亿元，各项贷款23.25亿元。

【各项业务创新高】 截至2020年年末，仁化农商银行各项存款余额41.68亿元，同比增加2亿元，增幅4.56%；各项贷款余额23.25亿元，同比增加3亿元，同比增幅16.1%；缴纳各项税费2646万元；财务收入19368万元，实现经营利润5968万元、净利润2125万元；资本充足率19.83%，拨备覆盖率182.12%，各项监管指标达标。

【支小支农提质增效】 截至2020年年末，仁化农商银行涉农贷款余额18.88亿元，比年初增加2.15亿元，增幅12.87%。坚守支农支小定位，推进“访百万企业助实体经济”专项行动，加大小微企业信贷投放力度。根据县域经济发展实际及产业布局，创新推出特色信贷产品“商易贷”“民宿贷”“整村授信”等，助力乡村振兴战略全面实施。

【助力小微企业复工复产】 2020年，仁化农商银行多措并举贯彻执行“六保”“六稳”政策，加大信贷投放力度，通过合理让利降低企业融资成本。推进“百行进万企”活动，全方位、多层次向客户宣讲延期还本付息政策，确保存量贷款客户宣讲覆盖率100%。加强金融创新赋能，推出“暖医贷”“巾帼贷”“民生贷”“兴业贷”“浓情贷”五大抗疫产品。全年，办理延期还本付息贷款合计20196万元，发放普惠小微信用贷款4410万元，支持经营主体1031户持续发展壮大，通过减免或降低贷款利息等措施向实体经济让利584万元。

【金融科技持续增强】 2020年，仁化农商银行优化网点布局，投放超级柜台13台和移动柜台1台，实现柜面业务自助化和离柜化，提升服务水平。树立“金融+生活+服务”理念，因地制宜开展悦享系列活动，稳步推进“悦农e站”、移动支付建设及运营工作，探索“悦农生活·鲜特汇”模式，扩大电子金融渠道、产品、服务推广范围。全年，布放自助设备57台、POS机274台、反假货币宣传设备1台、征信自助查询机1台、硬币循环兑换机2台，服务范围覆盖全县各个镇（街）。

【社会责任担当】 2020年，仁化农商银行深化金融精准扶贫，推动企业开展“农业企业+贫困户”扶贫小额贷款业务，有力支持脱贫攻坚工作从“输血式”模式向“造血式”模式转变，受到县委县政府肯定。截至年末，累计发放扶贫贷款792笔，余额2033.37万元，较2019年年末增加542.94万元，增幅36.43%。组织员工积极购买贫困地区农产品，助力消费扶贫。通过加大产业扶贫增收、落实“三保障”政策、爱心捐赠和慰问等方式积极推进扶贫工作，帮助京群村贫困户“精准脱贫”，年内捐赠扶贫款10万余元。2020年，京群村在册贫困户27户52人全部实现脱贫。

【合规内控体系建设】 2020年，仁化农商银行推动案防责任落实，明确董监高及合规部等层级案防管理职责，完善案防工作信息报告路径。组织全行干部员工层层签订“案件防控责任承诺书”“合规履职承诺书”等各类责任书，明确案防管理责任。组织开展制度后续评估，全面梳理制度体系，全年新增（修订）制度151份。严防案件风险，开展案件风险“5+N”专项治理、银行业保险业市场乱象整治“回头看”等，完成风险项目排查整治37个。全面排查员工异常行为、非法集资风险、信息科技风险管理等，建立问题整改台账，限期整改到位。强化反洗钱履职能力，制定洗钱风险自评估管理办法、信贷业务反洗钱工作指引等5项反洗钱制度，及时向反洗钱监测分析中心报告可疑交易记录，邀请市人行反洗钱专家为全行员工授课。组织开展反洗钱专项检查2次，涉及各网点反洗钱工作组织情况、客户身份识别制度落实情况、大额和可疑交易审批报告情况、反洗钱制度文件学习贯彻情况等，对特定产品和专项业务风险进行反洗钱风险自评估。

（周庆国）

中国人寿保险股份有限公司仁化县支公司

【业务收入】 截至2020年12月31日，中国人寿保险股份有限公司仁化县支公司（简称中国人寿仁化支公司）总保费收入6790万元，比上年减少231万元，同比减少3.4%。其中，新单保费收入1967.89万元。

个险渠道。2020年，中国人寿仁化支公司3～9年期交保费531.6万元，与上年同比增加3.65%；10年期交保费634.6万元，与上年同比减少21.12%；短期健康险保费158.71万元，与上年同比增长16.84%；短期意外险保费111.24万元，与上年同比增加13.58%。

银保渠道。2020年，中国人寿仁化支公司趸交保费12.55万元，与上年同比减少57.45%；3～9年期交保费95.6万元，与上年同比减少63.65%；10年期交保费1.63万元，与上年同比减少98%；短期险保费29.52万元，与上年同比减少57.49%。

团险渠道。2020年，中国人寿仁化支公司短期险保费392.44万元，与上年同比增长11.09%，其中意外险保费215.41万元，与上年同比增长30.09%。续期保费收入4822.11万元。全年给付支出1285万元（其中满期给付支出597万元、年金给付支出197万元、理赔给付支出491万元），比上年增加55万元，同比增加4.28%。

【社会责任担当】 2020年，中国人寿针对新冠肺炎疫情，对34款保险产品扩展新冠肺炎相关保险责任，升级理赔服务，应对新冠肺炎服务举措升级至8项，包括7×24小时线上理赔服务、主动寻找客户、建立理赔绿色通道、取消纸质版理赔申请资料、取消定点医院限制、取消等待期限制、取消药品及诊疗项目限制、取消免赔额。出台系列应对疫情保全服务优惠政策，为受疫情影响客户提供延长保单续期交费宽限期、延长保单复效申请日、主动减免利息、提高线上领款限额等特殊时期保单服务举措。“95519”联络中心实现全国范围非职场居家办公，确保疫情期间远程交互服务“不放假”“不间断”“不掉线”。中国人寿仁化支公司做到以客户为中心，为客户特殊时期服务诉求提供便利，担当社会责任。

【政企合作】 2020年，中国人寿仁化支公司开展老年人意外险业务，实现全县60周岁以上老人全部纳入统保范围，合计统保人数36057人，保费36.057万元，累计赔付金额75.71万元，累计理赔473人次。联合仁化县妇联召开“善美韶关，健康同行，关爱女性健康”保险工作启动会，开展女性“两癌”保险赠送及宣传推广工作，确保关爱女性健康惠民项目实施。合计赠送妇女“两癌”保险15.8955万人，累计保险金额7.95亿元，累计赔付37万元。

【风险管控】 2020年，中国人寿仁化支公司优化纪检风控人员结构，配齐配强纪检风控队伍。加强纪委风控履职尽责，织密风险防控网络，风控联系人采取“1+1”模式（班子正/副职+岗位人员）配置，风控联络员为营业部经理，切实将风控责任分解落实到生产单元。加强履职培训及考核。每月组织学习“廉政教育月月学”、纪检监察期刊、上级纪委文件精神。每季度组织纪检风控业务培训1次，销售渠道每月组织风控联络员业务培训1次，通过培训会议、风控群、邮件等方式逐级贯彻管理要求。每月向市公司纪委报送履职报表，每半年工作述职1次。开展风控联系人工作时效、质量季度考核评价，销售渠道对风控联络员进行三个“1”（1次风险教育、1次风险排查、1张报表）考核评价，根据考核结果表彰优秀风控联系人（联络员），及时调整不称职人员，扎实筑牢销售渠道第一道防线。

【客户服务】 2020年，中国人寿仁化支公司结合新冠肺炎疫情防控，启动线上、线下客户服务紧急预案，为客户排忧解难。发挥科技优势，升级线上服务系统。通过官微发布线上预约办理业务倡议书，推广和宣传线上投保、收费、保全、理赔、增值等无接触服务。推出线上回执专项举措，简化投保流程，提升客户投保便捷度。提供便捷线上无接触式调查，支持快速出单。启动“95519”远程服务应急预案。通过居家远程服务与现场接话相结合模式，确保服务畅通，保证话务质量，接通率95.8%，满意度99.5%。创新设置“空中客服”，满足客户足不出户远程办理业务需求。全年，通过空中客服远程视频提供服务89人次。严格落实线下服务防疫措施，做好临柜服务防疫工作，让客户安心、舒心、放心。做好环境管理，柜面严格执行客户入门测温登记、亮码间隔1米、柜员口罩佩戴、环境每日消毒等举措。协助客户在自助机办理业务，向临柜客户介绍、安装中国人寿官方App，现场讲解中国人寿“E”化科技服务，现场为客户指引线上业务预约办理流程，减少柜面现场人员聚集。

（邹健伟）

中国人民财产保险股份有限公司仁化支公司

【概况】 2020年，中国人民财产保险股份有限公司仁化支公司（简称人保财险仁化支公司）秉承“人民保险、造福于民”宗旨，履行保障经济、稳定社会、服务民生职责，发挥国有企业促进经济发展、社会和谐稳定作用。截至2020年12月31日，公司年保费收入4816万元，比上年增长11.6%；为受灾保户支付赔款1663.59万元。

【业务发展】 政策性业务。2020年，人保财险仁化支公司承办全县政策性农房、水稻、能繁母猪、生猪养殖、自然灾害公众责任险等惠及民生系列政策性保险。做好合法合规经营和政策性农险理赔服务。全年，承保政策性水稻种植保险面积8897.47公顷、政策性柑橘橙柚保险127.27公顷；承保政策性农村住房保险40858户；承保政策性能繁母猪保险1万头、政策性生猪养殖保险112644头、政策性仔猪养殖保险10万头；为全县244976人提供自然灾害意外保障。赔付政策性农村房住房保险71宗，赔付金额6.265万元；赔付政策性柑橘橙柚保险4宗，赔付金额76.36万元；赔付政策性水稻种植保险16宗，赔付金额186.29万元；赔付政策性能繁母猪保险30宗，赔付金额3.3万元；赔付政策性生猪保险1603宗，赔付金额75.04万元。

车险业务。2020年，人保财险仁化支公司围绕“六大渠道”工作思路，对标市场竞争。以“续、新、转”为工作导向，调整业务结构，确保车险业务发展稳中有升。全年，车险保费2872.3万元，同比增长3.4%。9月，完成车险综合改革平台切换，为近年来车险领域最大一次改革。交强险责任限额大幅提升，赔偿限额从12.2万元提升至20万元，保费不变；商车险保险责任更全面、产品更丰富、价格更科学合理、车险产品市场化水平更高，无赔款优待系数优化。

商业非车险业务。2020年，人保财险仁化支公司深入推进“两个融合”，加强政策性业务与商业性业务融合，坚持精细化管理，规范续保过程管理，建立商非续保过程管理与项目流失问责机制。开拓增量市场，发展建筑领域保证保险、电动车责任险、意外险等主打险种。全年，商业非车险保费1094.45万元，同比增长7.48%。

理赔。2020年，人保财险仁化支公司加强理赔管控，确保承保理赔真实性，坚守合规底线。全年，处理赔案3268宗，支出赔款1663.59万元，其中农险案件292宗，支付农险赔款396.59万元。

【内部建设】 2020年，人保财险仁化支公司加强五级机构考核与建设，利用五级机构、“两站两员”网点，借助“人保e通”、广东人保官微工具，依托广东人保官微平台，建立韶关人保大客服基础工作状态模式，建立和拓展全新业务发展渠道。推进“温暖工程”落地，在经营网点开设“职工之家·温暖驿站”，提升服务保障能力。

（黎奎芳）

安信证券股份有限公司韶关仁化锦水路证券营业部

【概况】 安信证券股份有限公司韶关仁化锦水路营业部（简称安信证券仁化锦水路营业部）于2016年5月23日成立，隶属于安信证券韶关分公司。秉承“诚信经营、规范运作、追求卓越、创新发展”经营理念，坚持“以客户为中心、以市场为导向”服务理念，通过证券交易、研究报告介绍、基金销售，为客户提供研究咨询、投资顾问和交易代理服务，整合公司内外部业务资源服务于机构和个人客户，建立、维护、发展并经营核心客户网络，为客户提供专业、高效“一站式”投资理财服务。2020年，安信证券仁化锦水路营业部开户数2777户，累计交易总额100.04亿元。

【传统业务服务】 2020年，安信证券仁化锦水路营业部为客户提供A股开户870户，证券投资基金开户567户，累计交易金额37.34亿元，比上年增长8.8%。

【互联网金融服务】 2020年，安信证券仁化锦水路营业部构建互联网业务模式，完善互联网账户、平台和产品体系构建，做好投资者教育工作，提升客户体验。

【特色服务】 2020年，安信证券仁化锦水路营业部开展特色金融服务，通过发挥产品设计、产品销售、投资顾问等方面特色优势，围绕客户需求推动经纪业务转型升级，扩大客户覆盖范围，以客户为中心组织资源，为客户提供财富管理服务。

【投资咨询】 2020年，安信证券仁化锦水路营业部顺应金融科技发展趋势，开发基于人工智能、大数据、云计算、金融工程、人机交互等前沿技术产品及应用，上线线上投顾业务和辅助投资决策工具多种，在传统投顾服务基础上，融合证券投资线上教育内容，学习过程和实战结果并重。

【风险防控】 2020年，安信证券仁化锦水路营业部树立科学风险管理理念，自上而下推动风险警示教育，形成系统风险控制制度，适应市场变化需要。通过开展各式培训讲坛、投教活动，结合网点内外宣传，做到风险可防可控，全年实现安全经营。

（邓壬路）

教科文卫体

教育管理

【概况】 2020年，仁化县有基础教育阶段学校74所，幼儿园教师学历达标率100%，小学教师学历达标率100%，初中教师学历达标率99.4%，普通高中教师学历达标率98.6%以上，中职教师学历达标率81.8%。年内，仁化县教育事业落实“全面提升学生核心素养，全面提高教育教学质量”目标，全力推进创建全国义务教育优质均衡发展县。完成长江中学综合楼、仁化县中等职业学校学生宿舍楼、仁化中学学生宿舍楼、图书馆等项目建设，全面实行中小学教师“县管校聘”综合改革，以思政课教师队伍建设为抓手，开展“牢记立德树人使命 争当新时代教育先锋”活动，提高教学质量，教育保障政策落实到位100%，全县未发生校园安全责任事故。仁化县教育局被广东省教育厅评为2019年国家义务教育质量监测实施优秀组织单位。

【教育教学运行规范】 2020年，仁化县优化教育现代化发展环境。建立督学责任区，实现全县各中小学（含教学点）、幼儿园挂牌督学全覆盖，各中小学校依法治教、治校。学前教育省级规范化幼儿园比例88.1%，公办和普惠性民办幼儿园覆盖率89.74%，学前三年毛入园率98.52%，义务教育标准化学校覆盖率100%，九年义务教育巩固率95.6%；高中阶段毛入学率98.19%；成人教育、社区教育蓬勃发展。

【教育生态安全文明】 2020年，仁化县坚持“学校安全保障工作是第一要务”工作目标，落实“三化（常态化、制度化、责任化）、三常（常教育、常提醒、常检查）、三有（有值班、有巡查、有预案）”工作要求，以“扫黑除恶”“六讲六比”作风建设专项工作为抓手，净化校园周边环境，提升学校安全管理水平，各中小学校、幼儿园安全和谐。聚焦立德树人核心素养，争创特色品牌。落实社会主义核心价值观创建文明校园，鼓励各中小学在学校章程、校园文化、内涵发展等方面加强创新、总结和提炼，创建“一校一特色”特色文化发展之路，“活力文化”“足球文化”“红色文化”“乒乓球文化”校园文化凸显，有全国优秀家长学校2所、省级书香校园5所、市级文明校园9所、市级以上中小学德育示范校8所、安全文明校园12所。全县学校（幼儿园）没有发生重大安全责任事故，中小学生违法犯罪率为零。

【教育教学效果】 2020年，仁化县高考人数1166人，本科上线人数698人，上线率59.86%；专科以上上线人数1166人，上线率100%。单考单招考生152人，高职类考生73人。中考学生被华南师大附中录取3名，被市级中学录取128名。县教育局获国家义务教育质量监测“优秀组织奖”。

【优秀人才招聘】 2020年，仁化县开展“丹霞英才”教师人才招聘2轮，录取16人，其中硕士研究生学历4人。实施高层次人才引进工程，对具有硕士研究生学历、高级专业技术职务人员、特级教师等高层次专业人才，采取直接考核方式招聘。全年新招聘教师23人，其中高中教师17人、义务教育阶段教师6人，硕士研究生学历3人，本科学历20人；新招聘临聘教师50人，其中本科学历39人。

【教师评聘评先】 2020年，全县7人获评韶关市优秀乡村教师，2人获评韶关市优秀乡村校长。通过中小学正高级教师职称评审1人，通过中小学高级教师职称评审95人。成立县名教师工作室7个，新增骨干教师64人，评选县级以上名师5人、县级以上骨干教师55人。

【“县管校聘”管理】 2020年，仁化县按照“总量控制，动态调整”原则，做到“编随人走”，提高教师队伍稳定性，实现编制调整教职工518名。缩小城乡教育水平差距，促进教育均衡优质发展，加大校长、教师交流轮岗力度，交流轮岗校长、副校长9名，教师89名。优化教师队伍结构，对教师队伍中不能胜任教学岗位一线教师，采取转岗、培训、跟岗等措施，补充音体美专业教师队伍。加强教师工作考核，制定不同工作岗位分类考核指标和考核办法，建立完善学校、教师、学生、家长和社会多方参与教师考核评价机制。实行师德考核“一票否决制”。

【教师激励机制】 2020年，仁化县完善“越往基层、越是艰苦，地位待遇越高”激励机制，按照《仁化县2020年山区和农村边远地区教师生活补助实施方案》，落实乡村教师支持计划，形成可持续发展长效机制，山区和农村边远地区教师最高发放生活补助1800元/月·人。

【德育工作】 “扣好人生第一粒扣子”主题教育活动。2020年，仁化县开展“新时代好少年”学习宣传活动，评选出县级“新时代好少年”25名，获广东新时代好少年1名，获韶关新时代好少年2名。开展“传承红色基因”系列教育活动，各校组织学生清明节网上祭英烈活动参与率80%以上。

优秀传统文化传承活动。2020年，仁化县开展经典诵读活动。7月3日，举办经典诵读专题讲座。仁化县中等职业学校、田家炳小学、丹霞学校开展戏曲进校园活动。董塘中学开展“红土农场”劳动实践活动。

志愿服务活动。2020年，县教育局号召各学校组织未成年人参与学校志愿服务活动，开展环保大清扫志愿服务活动、“文明交通”志愿服务活动、公共文化设施志愿服务活支和禁毒教育宣传志愿服务活动。仁化县中等职业学校组织学生志愿队到县禁毒教育基地、县文化广场开展禁毒教育志愿服务活动。

研学实践。2020年，县教育局加强研学实践基地建设，与丹霞山管委会联合举办仁化县中小学研学实践课程导师培训2期。年内，城口镇红色小镇、仁化县气象防灾减灾自救互救认证科普中心被认定为韶关市中小学研学实践教育基地、丹霞山国家级自然保护区、仁化县南岭生态气象中心、石塘双峰寨被认定为广东省中小学生研学实践教育基地。组织学生到石塘双峰寨、仁化县档案馆、仁化县博物馆、城口镇开展红色研学活动，加强爱国主义教育。11月，每周四（寒暑假、节假日除外）组织八年级学生100名到南岭生态气象中心开展研学活动，普及气象科普知识，提高学生防灾减灾能力。依托丹霞山自然资源，组织学生到丹霞山开展研学活动。

文明校园、绿色学校创建。2020年，仁化县成功创建市级文明校园17所、县级文明校园25所，成功创建省级绿色学校8所。

心理健康教育。2020年疫情期间，通过仁化县电视台综合频道和“仁爱仁化”App推送辅导站外聘教师线上微课《停课不停学 攻略跟我学》《有效亲子沟通 让爱温暖无限》2节，帮助学生学会用积极心态适应新学习模式，做到自律、高效学习。学生返校前后，辅导站教师为仁化一中、实验学校等4所学校教师开展学生心理健康防护培训4场，开展学生心理健康教育课35节。开展团体辅导活动1次。

【体育工作】 每天一小时阳光体育活动。2020年，仁化县重视学生体质健康教育，各学校执行体育与健康课程标准，按要求开设体育课程，上好体育课，提高体育教学质量，每节体育课安排5~8分钟身体素质练习内容，练习密度和运动强度达到要求。利用大课间、“430活动”（下午四点半后的童趣），开展绳操、跳绳、创意绘画、竖笛等校园活动，每周教学活动内容不少于3课时。保证学生每天一小时校园体育活动，推动“体育、艺术‘2+1’项目”开展，推进素质教育，促进学生全面发展。年内，仁化中学、长江中心小学获韶关市大课间体育一等奖，田家炳小学、黄坑中学、董塘中学、大桥中学、周田中心小学获二等奖。

注重体育课程特色建设。仁化县有全国足球特色学校实验学校、凡口学校、田家炳小学、仁化一中、黄坑中学、周田中学、长江中学7所，有武术特色学校仁化中学、仁化一中、城北小学、周田中心小学4所，有田径传统学校仁化中学、仁化一中2所，有篮球特色学校实验学校、田家炳小学2所。各校从“一校一品”向“一校多品”方向发展，确保学生掌握1~2项体育锻炼方法和基本技能。10月，举办仁化县中小学校园足球联赛。11月，举办仁化县中小学生田径运动会。12月，举办仁化县中小学大课间比赛。通过举办多层次、多形式学生体育竞赛，激发学生参加体育锻炼热情和兴趣，形成“校校有特色，人人有项目、班班有队伍、月月有比赛”学校体育格局。

参加省、市各项体育比赛。2020年，仁化中学参加省中学生武术锦标赛获高中组团体总分第二名，仁化一中参加省中学生田径锦标赛获初中组团体总分第五名、参加省中学生定向越野锦标赛获第六名，实验学校、仁化中职参加市“英东杯”足球比赛分别获初中男子组、高中男子组第一名，仁化中学、周田中心小学参加市“英东杯”武术比赛分别获高中组、小学组团体第一名。

完成中考体育考试工作。2020年，全县体育考试工作严格做到“四无”（无安全事故、无工作差错、无违纪行为、无举报投诉），体育考试成绩全市第一。

【卫生工作】 2020年疫情防控期间，仁化县将中小学校、幼儿园、托管培训机构分成7个片区、126个疫情防控网格，成立临时党总支和350支党员先锋队，实现校园防控措施和应急准备工作全覆盖。发放《仁化县教育系统疫情防控指引12条》《致家长、教师、学生的一份倡议书》《仁化县教育系统疫情严查严控措施30条》《致广大教职工的一封信》等到各中小学校、幼儿园，利用横幅、校园广播、家校微信群、网络家访等方式，引导全县师生增强责任意识和防护意识。全年，全县校园广播每日累计136小时，滚动播放宣传标语236890条，家校微信群推送信息1.6万条。开展师生籍贯、假期动向和健康状况地毯式摸查，排查对象44029人，其中教职员工5994人、学生38035人。各中小学校、幼儿园实行封闭式管理，安排人员24小时值班值守，强化防控措施，不组织任何形式校内外活动，不擅自提前开学，暂停所有校外教育培训机构，按照上级指令复学复课。科学开展爱国卫生大行动，全县教育系统大清洁、大消杀行动累计246次。年内，田家炳小学、实验学校、城北小学、长江中心小学、仁化中职、丹霞学校、城口学校、仁化中学、仁化一中、黄坑中学、董塘中学11所学校被列入2020年韶关市百所中小学卫生工作示范学校建设。

【艺术工作】 2020年，仁化县开展丰富校园艺术活动。3月，组织开展“小手拉大手”活动，师生创作疫情防控绘画、手抄报作品1000份，微视频60个。举办仁化县中小学校中华经典诗文诵读比赛，参加决赛优秀作品20个。11月，县教育局、县国家保密局联合开展仁化县国家安全及保密教育手抄报评选活动，征集手抄报作品112幅，评选出一等奖作品18幅、二等奖作品25幅、三等奖作品29幅、优秀奖作品37幅。12月，县创森办、县教育局、县林业局联合组织举办“森林让仁化更美丽”主题全县中小学创森书法、绘画大赛，收到推荐作品301幅。

【教育教学】 2020年，县教育局完善《仁化县中小学教学工作综合评价方案》《仁化县2020年高中质量考核方案》等评价制度，组织中小学教研员经常性深入基层学校，加强教学视导及片区教研活动，有效指导学校教学和管理。引进网络阅卷平台，全面监测义务教育阶段四到九年级文化课教学质量，通过大数据精准分析、比较各学校教学情况，促进校际“比学赶超”，推动义务教育阶段学校教学质量提升。疫情防控期间，首次全面采取线上教育，组织308位教师开展线上教育视频录制工作，录制线上教育教学视频课446节，通过县电视台、县融媒体中心“仁爱仁化”App等社交平台向全县中小学生推送优质教育资源。做好线上线下教育教学衔接工作，制定《关于仁化县中小学2020年春季返校复学教学工作的建议》，各校做到一校一策，确保有效完成学期教学任务，全体教研员指导学校及时调整各科教学策略，提高课堂教学效率。全年全县高考人数1166人，优先投档上线人数134人，上线率11.5%；本科上线率59.86%，专科以上上线率100%。开展课题研究与指导工作，全年全县有省级课题立项2个、市级课题立项21项、县级课题立项24个，在省、市、县各类期刊发表教师论文283篇，获全国及省、市、县各级教学技能大赛奖教师304人次。完成教师发展中心机构组建，落实人员编制，搭建教师成长平台及路径，出台《仁化县骨干教师评选管理办法》《仁化县名教师评选管理办法》《仁化县名师工作室主持人遴选管理办法》，评选县级名师5人、县级骨干教师55人，建立县级名师工作室7间。

【教育督导】 加强督学责任区建设，实施《督学责任区工作考核办法》，开展专项督导和经常性督导共20余次。开展省对县级政府履行教育职责评价工作，经省评价，2020年仁化县政府教育履职评价工作在韶关市八县三区名列第二位。开展国家义务教育质量监测工作，全县接受国家义务教育质量监测学校19所、学校监测点20个，监测年级为五年级、九年级的科学、德育状况学习质量及相关因素问卷填答，参加监测学生600名、校长20名。仁化县被评为2020年国家义务教育质量监测优秀组织单位。10月，组织县教育督导室开展创建国家义务教育优质均衡发展县对标摸底排查工作；11月，借鉴浙江省海盐县经验，撰写《仁化县创建全国义务教育优质均衡发展县实施方案》《仁化县创建全国义务教育优质均衡发展县工作清单及完成时间表》，编写《仁化县创建全国义务教育优质均衡发展县资料汇编》，并报送省市教育督导部门。

【教育财务结算】 2020年，仁化县一般公共预算教育经费投入43745万元，比2019年增长569万元，增长1.32%。一般公共预算教育支出实现逐年只增不减。

【仁化县青少年宫】 仁化县青少年宫位于县城中心锦江路2号，为股级全额事业单位，隶属县教育局领导和管理，内设办公室、活动部、培训部、县校外未成年人心理健康辅导站，编制为7人。2020年，有在编教师6人，其中主任1人（法人代表）、财务2人（其中1人兼趣味数学兴趣班教师，1人兼金喇叭语言艺术班教师）、专职教职工3人，特聘兼职指导教师12名。年内，县青少年宫开设跆拳道、象棋、围棋、书法、绘画、拉丁舞、中国舞、爵士舞、街舞、钢琴、电子琴、小提琴、金喇叭语言艺术等科目，满足全县青少年学生校外培训和教育活动需求。

基础教育

【义务教育】 2020年，仁化县有义务教育阶段学校73所，在校学生25884人。小学阶段6～11周岁学龄儿童毛入学率102.87%，学年内辍学率为零。初中阶段12～14周岁人口毛入学率123.19%，学年内辍学学生0人。九年义务教育巩固率95.61%。适龄残疾儿童入学率97.54%。义务教育阶段各项指标达到省市要求。

2020年仁化县小学基本情况一览表

表12

学校名称	地　址	开办时间（年）	学生数（人）	教学班数（个）	教职工数（人）	占地面积（平方米）	建筑面积（平方米）	级　别
仁化县城北小学	仁化县城建设路	1906	1621	36	71	47700	15979	正股
仁化县田家炳小学	仁化县城丹山路	1962	2890	62	146	56695	18679	正股
董塘镇中心小学	董塘繁塘路12号	1919	1669	38	74	24285	11765	股级
董塘镇坪岗完小	董塘坪岗工业园内	1950	188	6	14	23345	3559	—
董塘镇五一2完小	凡口706	1986	0	0	0	25597	1667	—
石塘新华书店希望小学	石塘镇	1938	597	15	35	9564	5933	股级
长江中心小学	长江镇锦江村	1919	1449	36	75	22102	8013	股级
长江里周丘超荣小学	长江镇里周村	1950	223	7	14	10000	4536	—
长江秦丽璋纪念小学	长江镇木溪村	1950	217	7	14	8500	1826	—
丹霞中心小学	丹霞大道39号	1975	581	15	34	6564	4115.32	股级
粤港警察希望小学	丹霞黄屋村	1960	204	6	14	5888	1589.8	—
周田中心小学	周田月岭大街61号	1918	1759	41	103	23953.72	17933	股级
大桥省善希望小学	大桥镇鸿桥路	1950	546	13	33	9669	5695	股级
黄坑铭源希望小学	黄坑镇府前路44号	1936	807	19	46	9530	5933.33	股级
董塘白莲教学点	董塘白莲村委会旁	1958	2	1	2	4000	728	村级
董塘河富教学点	董塘河塘村	1951	9	3	3	10600	1346	村级
董塘新莲教学点	董塘新莲村委会	1950	18	3	4	8000	946	村级

续表12

学校名称	地　址	开办时间（年）	学生数（人）	教学班数（个）	教职工数（人）	占地面积（平方米）	建筑面积（平方米）	级　别
董塘高莲教学点	董塘高莲村	1956	5	3	4	11868	1379	村级
董塘高宅教学点	董塘高宅村委会	1940	12	2	2	10392	990	村级
董塘五一教学点	董塘五一贵地村	1948	9	2	2	9600	930	村级
董塘安岗教学点	董塘安岗村	1970	12	2	2	4950	1508	村级
仁化县格顶学校	仁化格顶矿	1959	0	0	2	57303	5890	村级
丹霞街道胡坑小学	丹霞胡坑村	1953	32	2	3	7302	5890	村级
丹霞街道官口小学	丹霞官口村	1954	26	2	3	3768	1408.56	村级
丹霞街道康溪小学	丹霞康溪村	1951	2	1	1	4800	573.84	村级
周田镇灵溪小学	周田镇灵溪村委	1950	118	6	14	3200	753.48	村级
周田镇平甫小学	周田镇平甫村委	1984	16	2	3	3828	2226	村级
周田镇较坑小学	周田镇较坑村委	清末民初	4	1	2	8000	830	村级
周田镇周田小学	周田村委	1918	2	1	1	5000	562	村级
大桥镇古洋小学	大桥镇古洋村委	1950	20	2	3	3300	370	村级
大桥镇长坝小学	大桥镇长坝村委	1952	7	2	2	9876	788	村级
黄坑镇古竹小学	黄坑古竹村委会旁	1950	6	2	1	1200	492	村级
长江镇省善希望小学	长江镇陈欧村	1957	31	2	3	3500	715	村级
长江镇河田小学	长江镇河田村	1956	182	6	14	4000	2216	村级
长江镇白石湾教学点	长江河田村白石湾	1970	6	2	3	4800	2124	村级
长江镇莲河教学点	长江镇莲河村	1953	9	2	3	1300	256	村级
长江镇凌溪小学	长江镇凌溪村	1953	8	2	3	2100	406	村级
长江镇塘洞小学	长江镇塘洞村	1952	9	2	3	2454	516	村级
石塘镇同心小学	石塘镇下中坌村	1960	17	2	2	1400	192	村级
石塘镇光明小学	石塘镇光明村	1950	13	2	3	4379.55	1156	村级
石塘镇京群小学	石塘镇京群村	1955	9	2	3	4619.89	521	村级
石塘镇上中坌小学	石塘镇上中坌村	1959	6	2	2	8539.88	2004	村级
红山镇烟竹教学点	红山镇烟竹村	1953	85	5	9	6574.69	1004	村级
红山镇前洞教学点	红山镇前洞村	1954	14	2	3	5430	1142	村级
红山镇中山教学点	红山镇中山村	1930	14	2	4	1680	1168	村级

续表12

学校名称	地　址	开办时间（年）	学生数（人）	教学班数（个）	教职工数（人）	占地面积（平方米）	建筑面积（平方米）	级　别
红山镇福和希望小学	红山镇青迳村	清末民国初	2	2	2	1880	398	村级
丹霞岭田小学	丹霞岭田村委	1950	6	1	2	16000	3018	村级
丹霞狮井小学	丹霞狮井村委	1956	6	2	2	18000	2810	村级
丹霞夏富小学	丹霞夏富村委	1951	12	2	3	2250	1180	村级
丹霞车湾小学	丹霞车湾村委	1954	4	2	2	3738	1263	村级
城口恩村小学	城口恩村	1951	103	5	9	4500	1195	村级
城口上寨小学	城口上寨	1951	2	1	1	2700	948	村级
城口东罗小学	城口东罗	1951	7	2	2	2100	756	村级
城口东坑小学	城口东坑	1951	0	0	0	1864	878	村级
城口六联小学	城口厚坑	1951	0	0	0	9100	1177	村级
扶溪镇斜周小学	扶溪镇斜周村	1967	9	2	2	3518	1040	村级
扶溪镇厚塘小学	扶溪镇厚塘村	1966	6	2	2	1500	686	村级
扶溪镇左龙小学	扶溪镇左龙村	1966	13	2	2	5042	411	村级
合　计			13624	394	811	573349.73	164014.33	—

2020年仁化县中学基本情况一览表

表13

学校名称	地　址	开办时间（年）	学生数（人）	教学班数（个）	教职工数（人）	占地面积（平方米）	建筑面积（平方米）	级　别	体　制
仁化中学	仁化县龙井村3号	1925	2501	56	233	107929	45472.37	正科	公办
仁化县第一中学	仁化县新东大街16号	1979	2303	50	223	55246	33421	副科级	公办
仁化长江中学	长江镇长江中学	1956	798	18	62	39391.95	14948	股级	公办
仁化董塘中学	仁化董塘镇五一村	1958	755	17	63	100050	10780	副科	公办
仁化双峰寨中学	仁化石塘镇	1968	294	7	28	36547.09	8616	股级	公办

续表13

学校名称	地　址	开办时间（年）	学生数（人）	教学班数（个）	教职工数（人）	占地面积（平方米）	建筑面积（平方米）	级　别	体　制
仁化周田中学	周田韶南路北188号	1956	740	15	54	58690	15044	股级	公办
仁化大桥中学	大桥鸿桥路42号	1964	229	6	26	13416	11055	股级	公办
仁化黄坑中学	黄坑府前路04号	1968	352	9	31	16774.33	7319	股级	公办
合　计			7981	178	720	428044.37	146655.37	—	—

2020年仁化县九年一贯制学校基本情况一览表

表14

学校名称	地　址	开办时间（年）	小学学生数（人）	中学学生数（人）	小学教学班数（个）	中学教学班数（个）	小学教职工数（人）	中学教职工数（人）
仁化县实验学校	建设路高坪村38号	1994	1907	962	41	19	86	66
仁化县丹霞学校	仁化建设路198号	1964	492	625	13	14	51	40
仁化县闻韶镇泰学校	仁化闻韶镇白竹村	1972	261	115	7	3	12	15
仁化县扶溪学校	仁化扶溪镇	2009	747	230	20	6	43	24
仁化县城口学校	城口小河背水12号	1925	447	230	12	6	41	23
仁化县红山学校	仁化县红山镇	1972	408	176	12	6	26	34
仁化县凡口学校	仁化县董塘镇	1958	824	261	19	7	38	45
合　计			5086	2599	124	61	297	247

【普通高中教育】 2020年，仁化县普通高中学龄人口有2910人，在校学生3389人，普通高中毛入学率116.46%。有普通高中学校2所，其中仁化中学为广东省国家级示范性高级中学，仁化县第一中学（简称仁化一中）是市一级完全中学。

仁化中学。2020年，有教学班56个，学生2501人，教职工233人。参加高考978人，本科上线人数618人，本科上线率63.19%；专科以上上线人数978人，专科以上上线率100%。

仁化一中。2020年，有教学班50个（初中部28全班、高中部22个班），学生2303人，教职工223人。参加高考188人，本科上线人数80人，本科上线率42.55%；大专以上上线人数188人，专科以上上线率100%。

【特殊教育】 2020年，全县适龄残疾儿童少年203人，在校学生198人（特殊学校就读55人、随班就读学生102人、送教上门41人），入学率97.54%。

2020年仁化县特殊教育基本情况表

表15

学校名称	地　址	开办时间	学生数（人）	教学班数（个）	教职工数（人）	占地面积（平方米）	建筑面积（平方米）
仁化县特殊教育学校	仁化县东风横街30－2号	1994年	55	9	12	480	408
适龄残疾儿童少年	在校学生数						毕业生数（人）
	总计	特殊学校	随班就读	送教上门	入学率		
203	198	55	102	41	97.54%		2

【职业教育】 2020年，全县有职业教育学校仁化县中等职业学校1所。该校有教学班35个，学生1434人，开设专业有民航运输、旅游服务与管理、汽车运用与维修、电子商务、计算机动漫与游戏制作、机械加工技术、供用电技术7个。

2020年仁化县中等职业学校基本情况表

表16

学校名称	地　址	开办时间	学生数（人）	教学班数（个）	教职工数（人）	毕业人数（人）	专业分布情况（人）				占地面积（平方米）	建筑面积（平方米）	级别	体制
							工科	财经	文科	其他				
仁化县中等职业学校	仁化建设路1号	1993年9月	1434	35	87	340	772	511	151	0	81000	31800	省重点	公办

【成人教育】 2020年，全县有镇（街）成人文化技术学校11所，全年举办种养技术和劳动技能等各类培训班，培训学员35709人次。

2020年仁化县成人教育学校基本情况表

表17

学校名称	地　址	开办时间（年）	占地面积（平方米）	建筑面积（平方米）	级　别	体　制
大桥镇成人文化技术学校	大桥镇鸿桥路	1980	650	1000	—	公办
石塘镇成人文化技术学校	石塘镇京群村	1987	2148	752	市级	公办
董塘镇成人文化技术学校	董塘繁塘一路	1995	400	400	—	公办
长江镇成人文化技术学校	长江沙坪村田心组	1988	2105	707.2	市级	公办
闻韶镇成人文化技术学校	闻韶镇政府	1992	630	517	—	公办

续表17

学校名称	地　址	开办时间（年）	占地面积（平方米）	建筑面积（平方米）	级　别	体　制
丹霞街道成人文化技术学校	丹霞计生办3楼	1993	160	142.3	—	公办
周田镇成人文化技术学校	周田镇政府	1987	6500	2000	—	公办
黄坑镇成人文化技术学校	黄坑镇政府大院	1987	600	470	市级	公办
扶溪镇成人文化技术学校	扶溪镇文化馆内	1994	1200	800	—	公办
城口镇成人文化技术学校	城口小河背水12号	1996	180	180	—	公办
红山镇成人文化技术学校	红山镇文化站	1980	1401.45	1238.35	—	公办

【幼儿教育】 截至2020年年底，全县有幼儿园39所，其中公办幼儿园13所，民办幼儿园26所，边远乡村设有混编幼儿班。全县在园在班幼儿7503人，学前三年入园率98.52%，超出省市平均指标；幼儿园教职工1016人，其中专任教师476人，在编教师204人。按照省市文件精神，开展民办幼儿园年度检查，规范民办幼儿园办学行为。全县有普惠性民办幼儿园22所，公办和普惠性民办幼儿园覆盖率89.74%。开展全县"片区管理"活动，采取"以公带民"形式开展教研活动，促进学前教育健康发展。

2020年仁化县幼儿园、混编幼儿班情况表

表18

独立幼儿园（所）						小学附设混龄班（个）	在园在班幼儿（人）	教职工（人）				
合计	教育局办	单位办	镇办	村办	民办			合计	其中			
									管理人员	教师	保育员	其他
39	12	1	0	0	26	19	7503	1016	67	476	243	230

2020年仁化县幼儿园情况一览表

表19

序号	幼儿园名称	地　址	开办时间	在园幼儿人数（人）	教学班（个）	教职工数（人）	占地面积（平方米）	建筑面积（平方米）	等级
1	仁化县机关幼儿园	仁化县新城横路27号	1961年8月	538	16	74	4189	4191	市级
2	仁化县丹霞街道中心幼儿园	仁化县解放东路68号	2006年9月	331	10	47	4200	1173	县级

续表19

序号	幼儿园名称	地址	开办时间	在园幼儿人数（人）	教学班（个）	教职工数（人）	占地面积（平方米）	建筑面积（平方米）	等级
3	仁化县长江镇中心幼儿园	长江镇田心村	2012年9月	245	8	33	1848.2	1752	市级
4	仁化县石塘中心幼儿园	石塘镇文昌街	2012年7月	97	3	18	2193	921	市级
5	仁化县黄坑镇中心幼儿园	黄坑镇沿堤路5号	1996年8月	154	6	24	1184	1130	市级
6	仁化县城口镇中心幼儿园	城口镇莲塘口	1979年8月	149	5	21	800	825	市级
7	仁化县红山镇中心幼儿园	红山学校内	2013年8月	85	3	13	901	678	县级
8	仁化县周田镇中心幼儿园	周田镇居民街	1999年9月	337	11	47	1997.8	2284	市级
9	仁化县大桥镇中心幼儿园	大桥镇鸿桥路	1999年9月	136	6	25	858	1331	市级
10	仁化县扶溪镇中心幼儿园	扶溪镇平方馆	2009年9月	157	6	27	2502	3125.7	市级
11	仁化县闻韶镇中心幼儿园	闻韶镇白竹村	2010年3月	79	3	16	3290	1418.23	市级
12	仁化县董塘镇中心幼儿园	仁化县董塘镇繁塘路12号	2015年9月	166	6	27	2797	1755	市级
13	凡口矿幼儿园	凡口矿黄土高原中心幼儿园	1997年7月	257	9	35	1270	2510	无
14	仁化县小太阳中英文幼儿园	仁化县建设路174号	2010年3月	304	9	33	1300	1380	县级
15	仁化县水南中英文幼儿园	仁化县水南花苑一至二楼	2014年9月	150	5	18	1880	1480	县级
16	仁化县华英幼儿园	仁化丹霞大道27号银海花园E1E2栋一层	1997年2月	212	7	30	2300	2277	县级
17	仁化县蓓蕾幼儿园	仁化县建设路23号富临雅苑A栋3—4楼	2013年2月	387	11	47	1000	700	县级
18	仁化县丹霞金果果幼儿园	丹霞大道黄屋村39号	2014年9月	135	5	16	1100	1100	县级
19	仁化县快乐之星幼儿园	仁化新东大街富兴楼33号	2016年3月	113	4	17	1800	1800	县级
20	仁化县新起点幼儿园	仁化新东五谷村142号	2016年3月	152	4	16	3000	1990	县级

续表19

序号	幼儿园名称	地　址	开办时间	在园幼儿人数（人）	教学班（个）	教职工数（人）	占地面积（平方米）	建筑面积（平方米）	等级
21	仁化县海丽达幼儿园	仁化县建设路29号盈锦花园A3栋负一、二层	2016年5月	255	9	35	2200	2194	县级
22	仁化县爱儿思一品城幼儿园	仁化县新东大街8号晖景一品城C区1—2楼	2016年12月	285	8	38	3014	2003	县级
23	仁化县博思特幼儿园	仁化县建设路135—2号新车站	2017年 8月	319	10	39	1712	1252	无
24	仁化县红苹果幼儿园	仁化县建设路128号	2016年5月	230	6	26	1000	1100	县级
25	仁化县童之梦幼儿园	仁化县建设路6号（原金麒麟山庄）	2003年9月	54	4	16	490	1035	县级
26	仁化县凡口新世纪幼儿园	凡口矿人民路	2000年2月	72	3	11	500	800	县级
27	仁化县凡口培正幼儿园	凡口新村路新村粮站	2000年7月	92	4	11	2100	1123	县级
28	仁化县凡口博艺幼儿园	凡口建设路	2001年2月	113	4	14	1480	4043	县级
29	仁化县董塘镇博雅幼儿园	董塘凡塘路13号	2000年7月	336	10	42	1500	1500	县级
30	仁化县董塘镇天诚幼儿园	董塘镇仁塘路7号	2005年8月	146	6	20	350	1538	县级
31	仁化县董塘镇开心宝宝幼儿园	董塘凡塘路（法庭旁边）	2000年8月	150	5	17	1870	565	县级
32	仁化县董塘坪岗凯利幼儿园	坪岗晶滢小学内	2002年8月	82	3	12	1100	600	无
33	仁化县黄坑阳光幼儿园	黄坑镇丽水街153号	2009年9月	167	6	22	1650	1168	县级
34	仁化县长江镇锦江幼儿园	长江镇粮所	2011年9月	193	6	20	1800	860	县级
35	仁化县长江镇明星幼儿园	仁化县长江镇黄金坝村	2016年1月	191	6	20	1200	2145	县级
36	仁化县长江镇朝阳幼儿园	仁化县长江镇锦江大同街	2003年5月	100	4	18	1200	820	县级
37	仁化县月岭中英文实验幼儿园	仁化县周田镇平甫村委石口村小组	2016年1月	146	5	22	4500	1375	县级

续表19

序号	幼儿园名称	地　址	开办时间	在园幼儿人数（人）	教学班（个）	教职工数（人）	占地面积（平方米）	建筑面积（平方米）	等级
38	仁化县周田镇智慧岛幼儿园	仁化县周田镇韶南大道117号	2016年5月	262	8	34	500	805	县级
39	仁化县扶溪童乐幼儿园	仁化县扶溪镇站前路	1985年6月	126	4	15	9450	2636	无
合　计				7503	248	1016	78026	61382.93	—

（易向荣）

科学技术

【科技投入】 2020年，仁化县地方财政投入科技支出总额527万元，达到当年财政总支出（扣除专项转移支付）的0.24%。

【科技项目资金】 2020年，仁化县争取当年市科技局向仁化县拨付2019年度高新技术企业培育奖补资金120万元和2019年获得广东省工程技术研究中心、韶关市工程技术研究中心认定奖补资金60万元。仁化县向韶关市科技局推荐县工农业企业申报省、市科技专项资金，其中2020年度韶关市科技计划项目有6项获得立项，立项金额60万元，其中有4个项目为自筹项目。县政府向2019年通过高新技术企业认定的广东西力电源有限公司、仁化县泰和元有限公司、韶关金喆园生态农业有限公司、鸿伟木业（仁化）有限公司（到期重新认定）分别发放奖励资金20万元、20万元、20万元、2万元，合计62万元，向2019年获得广东省工程技术研究中心认定企业发放奖励资金20万元，向2019年获得韶关市工程技术研究中心认定企业仁化县泰和元有限公司、广东西力电源有限公司、广东古粤新能源科技有限公司、深圳市中金岭南有色金属股份有限公司凡口铅锌矿4个中心各发放奖励资金10万元，共计40万元。

【高新技术企业认定】 2020年，仁化县启航电子科技有限公司、广东省勃诚建设有限公司、仁化县众康环保精细粉料有限公司、韶关市五马寨菌业有限公司、广东英业达电子有限公司（重新认定）、韶关凯鸿纳米材料有限公司（重新认定）6家县域企业通过高新技术企业认定。全年全县累计有高新技术企业14家。

【研发机构】 2020年，仁化县有3家市级工程研究中心通过认定。全年全县累计市级工程研究中心16家、省级工程研究中心3家。

2020年仁化县通过认定的市级工程技术研究中心一览表

表20

序　号	依托单位	研发机构名称	组建时间	备　注
1	广东升隆电源有限公司	韶关市高容量快充电池工程技术研究中心	2020年	市级
2	韶关中润金属科技有限公司	韶关市锌粉冶炼工程技术研究中心	2020年	市级
3	仁化县华粤煤矸石电力有限公司	韶关市煤矸石与生物质耦合燃烧发电工程技术研究中心	2020年	市级

【名优高新技术产品认定】 2020年，仁化县有广东英业达电子有限公司胶体蓄电池通过广东省高新技术企业协会认定。

【创新创业大赛】 2020年，仁化县企业韶关凯鸿纳米材料有限公司参加第九届中国创新创业大赛（广东·韶关赛区）复赛获二等奖。

【科技进步奖】 2020年，丹霞冶炼厂完成“氧压浸出反应热综合应用”成果鉴定，该项目获2019年韶关市科技进步奖三等奖。

（曹小莹）

社会科学

【社科课题申报】 2020年1月16日，仁化县社会科学学会联合会（简称县社科联）完成韶关市哲学社会科学规划课题“红色遗址的活化利用”结项工作，形成研究成果《红色安岗》，对全县红色革命遗址活化利用起到良好借鉴作用。2020年5月，县社科联组织各单位、社科学会和社科工作者积极申报市第四届哲学社会科学优秀成果评奖，收集推荐《石塘村志》《红军与仁化》《公共图书馆阅读推广活动与安全研究》《阳光照耀美丽的红山茶园》等优秀成果参评市第四届哲学社会科学优秀成果奖。

【“尚善尚美”社科活动】 2020年，县社科联开展“尚善尚美”社科知识基层行动3场次，受众1000余人次。6月12日，邀请市心理学博士廖素群在董塘中学作《学生心理问题与情绪管理》专题讲座，受众900余人；邀请市心灵成长学会会长黄远璐在新城社区作《做智慧父母，育优秀孩子》专题讲座，受众60余人。9月25日，邀请市收藏家协会会长罗世雄在石塘村作《“南粤古驿道”与一带一路》专题讲座，受众50余人。

【社科普及基地】 2020年8月19日，红军长征粤北纪念馆、董塘镇安岗村党员红色教育展馆被认定为第二批“韶关市社会科学普及基地”。全年，红军长征粤北纪念馆接待102611人，其中团队人数45549人，散客人数57062人。3月，安岗红色村被评为韶关市爱国主义教育基地。安岗村党员红色教育展馆兼具红色革命教育和廉政教育功能，警示广大党员干部弘扬正气清风，筑牢廉洁防线。石塘双峰寨社会科学普及基地组织开展红色文化宣讲、南粤古驿道五周年系列活动2020年仁化定向比赛等活动，参加人员6000余人次。

（叶庚兰）

文化行业管理

【公共文化基础设施】 2020年，仁化县坚持文化建设与经济建设并重，加大资金投入力度，创新服务方式，满足群众精神文化需求。年内，启动仁化县图书馆新馆（国家二级馆）建设项目，建设周田镇、长江镇、城区建设路风度书房3间和黄坑、石塘图书分馆2间，完成广东省文化和旅游厅2020年仁化县“粤书吧”（丹霞民俗小镇“粤书吧”）试点建设工作。全县11个镇（街）综合文化站完成达标升级工作任务，乡镇综合文化站全面提升达到二级站标准并通过省文化和旅游厅验收。

【安全播出】 2020年，仁化县确保广播电视安全播出，加强广告监管，在重要节假日等节点安排值班人员，确保在全国重要会议及节假日期间广播电视安全播出。全年全县未发生安全播出事故。

【文化市场管理】 2020年，县文广旅体局组织干部职工召开扫黑除恶专项工作会议8次，召开党组会议专题研究部署12次，摸排出涉乱线索5条，办结案件4条，转入日常检查线索1条。做好文化市场日常监管，联合市场监督管理局、公安局开展全县出版物市场专项整治联合行动6次，出动执法人员50人次，收缴“六合彩”等赌博资料650册，盗版书籍130本，盗版光碟80张。组织执法人员开展全县文化娱乐场所执法检查355人次，与公安、市场监督管理局联合执法165人次，未发现有违规接纳未成年人和黑网吧现象。

【图书管理】 2020年，仁化县投入资金300余万元，完成智能图书馆风度书房新东大街分馆、风度书房周田分馆、县图书馆黄坑分馆3个建设任务，增加馆藏图书3万余册、阅读座席230个，全县图书馆总分馆覆盖率由70%提升到85%。开展图书馆阅读推广活动，全年投入10万元开展阅读推广活动80余场次。县图书馆全年接待读者13万人次，借书证总数7929个，外借册次6.3万册次以上。

群众文化活动

【文化活动】 2020年，仁化县举办第五届客家艾糍传统文化节，因受疫情影响，改用网络直播方式取代线下活动，由主播指引领略本地“艾”文化。举办2020年“文明旅游 我们的节日”主题宣传活动，在石塘古村景区分别开展七夕、国庆主题文明旅游宣传活动。坚持开展特色文化品牌“锦江欢歌”系列广场活动，全年开展线上活动10场，线下活动2场。

【文化惠民】 2020年，县文广旅体局开展文化惠民活动，丰富人民群众文化生活，推动群众文化工作上新台阶。年内，举办“‘4·23’世界读书日打卡21天和名师相约春天里”活动，在丹霞讲学堂举办粤鄂澳“共读半小时”阅读活动，“庆‘六一’——我是快乐小小朗读者”少儿朗诵会活动，培育和践行社会主义核心价值观“做一个诚信友善的文明好学生”活动、“植物创意标本制作”科普活动等。县文化馆创作快板《抗击疫情 我们在行动》、录制歌曲《坚信爱会赢》，县文艺工作者创作歌曲《仁化防控防疫阻击战之歌》《白衣战士》等，以书法、速写形式以艺抗疫，致敬全体劳动人民。

【红色文化弘扬】 2020年，县文广旅体局弘扬红色文化，举办2020广东仁化第四届文化旅游节，全面展示仁化全国文明城市、国家全域旅游示范区、省一流红色教育高地建设成就，助力打造与大湾区世界级旅游目的地衔接呼应的生态休闲旅游高地。

文艺创作·文化交流

【文艺创作】 2020年6月17日，县文化馆选送表演唱《五更鸡仔季节歌》获2019年度全省群众文艺作品评选音乐类二等奖。10月3日，原创作品表演唱《月姐姐逛街》获韶关市第六届戏剧曲艺花会曲艺类金奖，小戏《红军碗》获小戏类银奖，获优秀表演奖2个、优秀音乐创作奖1个、优秀导演奖2个。11月13日，表演唱《五更鸡仔季节歌》获2020第八届“广佛肇清云韶”原创音乐作品展演金奖。11月14日，快板《夸夸民法典》获“和善和美 法治韶关”韶关市第二届法治文化节法治文艺比赛第一名。

【文化品牌】 2020年，仁化县坚持开展特色文化品牌“锦江欢歌”系列文艺精品创作，全年开展“锦江欢歌”系列广场活动线上活动10场，线下活动2场。

【文化交流】 2020年11月22日，“南岭风”第三十二届粤湘赣仁化、汝城、崇义三省三县文化艺术节在仁化县举行，活动包括文艺会演、书画美术展览、期刊等，展示三县优秀传统文化节目，反映仁化县“红军碗”、汝城县“半条被子”、赣南地方特色采茶戏等各地人文特色和时代风貌群众文艺成果，保护传承创新边际特色文化，增进三县友谊，促进县域文化交流和文艺繁荣。

文物·博物

【文化遗产保护】 2020年，仁化县扎实开展文物保护利用工作，做好文物安全巡查管理，完成文物保护单位消防安全排查和风险隐患排查。完成县博物馆提升改造工程、董劝书院和腾凤塔抢修工程、2019年省级文物专项资金绩效上报、第九批省级文物保护单位工农革命独立第四团团部旧址和灵溪大石围保护范围及其建设控制地带划定工作。开展文物保护宣传活动，举办“5·18”国际博物馆日线上图片展览，在县博物馆举办“廉洁成语，讲传统故事”“党的光辉照南粤”“走进神秘大自然（3D）”“粤港澳大湾区文化遗产游径（广东段）”图片展和“众志成城 致敬抗疫一线战士”先进事迹专题图片展活动。开展送图片下基层巡回展活动10场次，送图片进校园巡回展活动25场次。举办爱国主义教育“熏陶历史文化 传承传统陶艺”亲子活动、“迎中秋·庆国庆”之“弘扬爱国主义，传承传统文化”亲子活动2场。

仁化县文物保护单位一览表

表21

序 号	名 称	公布或批准机关	公布或批准时间、批次	批准文号
1	云龙寺塔	国务院	1988年1月13日公布为第三批国家级文物保护单位	国发〔1988〕5号
2	双峰寨	国务院	2006年5月25日公布为第六批国家级文物保护单位	国发〔2006〕19号
3	丹霞山摩崖石刻	国务院	2013年3月5日公布为第七批国家级文物保护单位	国发〔2013〕13号
4	鲶鱼转遗址	广东省人民政府	1960年10月30日第一批省级文物保护单位，1978年7月18日重新公布	粤府办〔2002〕56号
5	澌溪寺塔	广东省人民政府	1979年12月19日第二批公布广东省文物保护单位	粤府办〔2002〕56号
6	华林寺塔	广东省人民政府	1989年6月29日第三批公布广东省文物保护单位	粤府办〔2002〕56号
7	文峰塔	广东省人民政府	2008年11月18日第五批公布广东省文物保护单位	粤府办〔2008〕68号
8	双水塔	广东省人民政府	2008年11月18日第五批公布广东省文物保护单位	粤府办〔2008〕68号
9	工农革命独立第四团部旧址	广东省人民政府	2019年4月19日第九批公布广东省文物保护单位	粤府函〔2019〕96号
10	灵溪大石围	广东省人民政府	2019年4月19日第九批公布广东省文物保护单位	粤府函〔2019〕96号
11	细美寨	广东省人民政府	2019年4月19日第九批公布广东省文物保护单位	粤府函〔2019〕96号
12	雪岩寺与石乳泉	广东省人民政府	2019年4月19日第九批公布广东省文物保护单位	粤府函〔2019〕96号

续表21

序　号	名　　称	公布或批准机关	公布或批准时间、批次	批准文号
13	安岗思诒堂	韶关市人民政府	2020年9月3日第七批 市级文物保护单位	韶府〔2020〕14号
14	恩村古祠堂群	韶关市人民政府	2020年9月3日第七批 市级文物保护单位	韶府〔2020〕14号
15	张屋古村张氏宗祠及门楼	韶关市人民政府	2020年9月3日第七批 市级文物保护单位	韶府〔2020〕14号
16	古秦城	仁化县人民政府	1982年3月27日第一批	仁府〔1982〕第009号
17	仁化县暴动纪念碑	仁化县人民政府	1989年6月第二批	仁府布字〔1989〕4号
18	石塘大革命烈士纪念碑	仁化县人民政府	1989年6月第二批	仁府布字〔1989〕4号
19	红山红军长征革烈士纪念碑	仁化县人民政府	1989年6月第二批	仁府布字〔1989〕4号
20	长江革命烈士纪念碑	仁化县人民政府	1989年6月第二批	仁府布字〔1989〕4号
21	董塘大革命烈士纪念碑	仁化县人民政府	1989年6月第二批	仁府布字〔1989〕4号
22	覆船岭遗址	仁化县人民政府	1989年6月第二批	仁府布字〔1989〕4号
23	康溪走马坪遗址	仁化县人民政府	1989年6月第二批	仁府布字〔1989〕4号
24	腾凤塔	仁化县人民政府	1989年6月第二批	仁府布字〔1989〕4号
25	历林水口塔	仁化县人民政府	1989年6月第二批	仁府布字〔1989〕4号
26	文明峰塔	仁化县人民政府	1989年6月第二批	仁府布字〔1989〕4号
27	华表峰塔	仁化县人民政府	1989年6月第二批	仁府布字〔1989〕4号
28	张子胄墓	仁化县人民政府	2015年1月6日第四批重新公布	仁府通〔2015〕1号
29	东庄门楼	仁化县人民政府	2015年1月6日第四批重新公布	仁府通〔2015〕1号
30	老街万年桥	仁化县人民政府	2015年1月6日第四批重新公布	仁府通〔2015〕1号
31	丹霞街道水南村梁氏宗祠	仁化县人民政府	2011年4月21日第三批	仁府〔2011〕10号
32	丹霞街道夏富村李氏宗祠	仁化县人民政府	2011年4月21日第三批	仁府〔2011〕10号
33	黄坑镇古竹石拱桥	仁化县人民政府	2011年4月21日第三批	仁府〔2011〕10号
34	黄坑镇春坑古竹石拱桥	仁化县人民政府	2011年4月21日第三批	仁府〔2011〕10号
35	闻韶镇下徐村黎氏宗祠	仁化县人民政府	2011年4月21日第三批	仁府〔2011〕10号

续表21

序　号	名　　称	公布或批准机关	公布或批准时间、批次	批准文号
36	扶溪镇左龙村石拱桥	仁化县人民政府	2011年4月21日第三批	仁府〔2011〕10号
37	石塘镇贻德堂	仁化县人民政府	2011年4月21日第三批	仁府〔2011〕10号
38	石塘镇李仲生故居	仁化县人民政府	2011年4月21日第三批	仁府〔2011〕10号
39	石塘镇早禾田民居	仁化县人民政府	2011年4月21日第三批	仁府〔2011〕10号
40	石塘镇门楼	仁化县人民政府	2011年4月21日第三批	仁府〔2011〕10号
41	石塘镇杂货铺	仁化县人民政府	2011年4月21日第三批	仁府〔2011〕10号
42	长江镇广州会馆	仁化县人民政府	2011年4月21日第三批	仁府〔2011〕10号
43	长江镇刘氏宗祠	仁化县人民政府	2011年4月21日第三批	仁府〔2011〕10号
44	长江镇船背垌石拱桥	仁化县人民政府	2011年4月21日第三批	仁府〔2011〕10号
45	长江镇陈氏宗祠	仁化县人民政府	2011年4月21日第三批	仁府〔2011〕10号
46	城口镇红军烈士纪念碑	仁化县人民政府	2011年4月21日第三批	仁府〔2011〕10号
47	城口镇谭甫仁将军故居	仁化县人民政府	2011年4月21日第三批	仁府〔2011〕10号
48	红山镇红军石拱桥	仁化县人民政府	2011年4月21日第三批	仁府〔2011〕10号
49	扶溪镇黄溪水石拱桥	仁化县人民政府	2011年4月21日第三批	仁府〔2011〕10号
50	丹霞山宝珠峰塔墓	仁化县人民政府	2011年4月21日第三批	仁府〔2011〕10号
51	丹霞山佛日峰塔墓	仁化县人民政府	2011年4月21日第三批	仁府〔2011〕10号
52	丹霞山断石村吴氏祠堂	仁化县人民政府	2011年4月21日第三批	仁府〔2011〕10号
53	丹霞山狮子岩庙遗址	仁化县人民政府	2011年4月21日第三批	仁府〔2011〕10号
54	丹霞山燕岩禅寺	仁化县人民政府	2011年4月21日第三批	仁府〔2011〕10号
55	丹霞山锦江岩画	仁化县人民政府	2011年4月21日第三批	仁府〔2011〕10号
56	澹归塔墓遗址	仁化县人民政府	1989年6月3日第二批	仁府布字〔1989〕4号
57	普同塔	仁化县人民政府	1989年6月4日第二批	仁府布字〔1989〕4号
58	螺顶浮屠	仁化县人民政府	1989年6月5日第二批	仁府布字〔1989〕4号

续表21

序　号	名　　称	公布或批准机关	公布或批准时间、批次	批准文号
59	金龟岩庙遗址	仁化县人民政府	2015年1月6日第四批重新公布	仁府通〔2015〕1号
60	涌泉岩庙遗址	仁化县人民政府	2015年1月6日第四批重新公布	仁府通〔2015〕1号
61	打锣岩庙古道遗址	仁化县人民政府	2015年1月6日第四批重新公布	仁府通〔2015〕1号
62	穿窿岩庙遗址	仁化县人民政府	2015年1月6日第四批重新公布	仁府通〔2015〕1号
63	古夏司马第祠堂	仁化县人民政府	2015年1月6日第四批	仁府通〔2015〕1号
64	下徐仇氏宗祠	仁化县人民政府	2015年1月6日第四批	仁府通〔2015〕1号
65	白竹何屋村何氏宗祠	仁化县人民政府	2015年1月6日第四批	仁府通〔2015〕1号
66	白竹刘屋村刘氏宗祠	仁化县人民政府	2015年1月6日第四批	仁府通〔2015〕1号
67	抗日阵亡将士纪念碑	仁化县人民政府	2015年1月6日第四批	仁府通〔2015〕1号
68	高岗庙遗址	仁化县人民政府	2015年1月6日第四批	仁府通〔2015〕1号

说明：该表由仁化县文化广电旅游体育局、县博物馆提供

【非物质文化遗产保护】 非遗项目与群众文化同台。2020年，仁化县做好非物质文化遗产保护，开展非遗项目与群众文化同台活动。6月7日，在宝能文旅城开展仁化县2020年“文化和自然遗产日”分会场非遗展示活动，活动分线上和线下同步进行。线上邀请“石塘堆花米酒酿造技艺”“丹霞红豆饰品制作技艺”“杨泰和米饼制作技艺”等6个非遗项目传承人参与现场直播宣传销售活动，线下由主持人带领游客参观仁化县民俗非遗文化街非遗展示活动，现场吸引驻足观看游客200余人。6月13日，选送“仁化土法造纸技艺”“仁化竹篾编织技艺”等6个非遗项目参加广东省2020年“文化和自然遗产日”主会场非遗展示活动，省级非遗项目“月姐歌”之《五更鸡仔季节歌》参加活动启动仪式开场表演活动。

非遗抗疫。2020年新冠肺炎疫情防控期间，仁化县省级非遗项目“仁化石塘堆花米酒酿造技艺”特酿造高度白酒捐献给当地政府用于消毒，抗击疫情。创作市级非遗项目“仁化八音”抗疫情宣传视频作品《八音非遗，共同抗疫》，制作市级非遗项目“丹霞红豆饰品制作技艺”抗疫红豆手工饰品，助推全民疫情防控。

非遗申报保护工作。2020年5月，收集、整理非遗线索“仁化白毛茶制作技艺”拟申报仁化县第七批县级非物质文化遗产保护名录。7月10日，开展仁化县2020年非遗项目申报县级专家组评审会，传统技艺“仁化白毛茶制作技艺”被申报为仁化县第七批非物质文化遗产保护项目。8月18日，传统技艺“仁化白毛茶制作技艺”被仁化县人民政府列入仁化县第七批非物质文化遗产保护项目名录。

9月11日，选送非遗项目“仁化石塘堆花米酒酿造技艺”“丹霞红豆饰品制作技艺”“杨泰和米饼制作技艺”参加2020广东旅游博览会。

仁化县非物质文化遗产项目一览表

表22

序　号	保护项目名称	项目属性	保护级别	公布或批准时间	批准文号
1	石塘月姐歌	传统音乐	广东省第三批省级非物质文化遗产保护项目名录	2009年	粤府〔2009〕112号
2	仁化土法造纸技艺	传统技艺	广东省第三批省级非物质文化遗产保护项目名录	2009年	粤府〔2009〕112号
3	《石塘月姐歌》传承人	传统音乐	广东省第二批省级非物质文化遗产项目代表性传承人	2011年	粤文非遗〔2011〕2号
4	《仁化土法造纸技艺》传承人	传统技艺	广东省第二批省级非物质文化遗产项目代表性传承人	2011年	粤文非遗〔2011〕2号
5	石塘堆花米酒酿造技艺	传统技艺	广东省第四批省级非物质文化遗产保护项目名录	2012年	粤府〔2012〕20号
6	《石塘堆花米酒酿造技艺》传承人	传统技艺	广东省第三批省级非物质文化遗产保护项目代表性传承人	2012年	粤文非遗〔2012〕65号
7	梅花龙	民俗	韶关市第二批市级非遗物质文化遗产保护项目名录	2009年	韶府〔2009〕2号
8	闹春牛	民俗	韶关市第二批市级非遗物质文化遗产保护项目名录	2009年	韶府〔2009〕2号
9	仁化八音	传统音乐	韶关市第三批市级非遗物质文化遗产保护项目名录	2011年	韶府〔2011〕13号
10	走马灯	传统技艺	韶关市第五批市级非遗物质文化遗产保护项目名录	2015年	韶府〔2015〕24号
11	装故事	民俗	韶关市第五批市级非遗物质文化遗产保护项目名录	2015年	韶府〔2015〕24号
12	丹霞红豆饰品制作	传统技艺	韶关市第五批市级非遗物质文化遗产保护项目名录	2015年	韶府〔2015〕24号
13	杨泰和米饼制作技艺	传统技艺	韶关市第七批市级非遗物质文化遗产保护项目名录	2018年	韶府〔2018〕44号
14	仁化竹篾编织技艺	传统技艺	韶关市第七批市级非遗物质文化遗产保护项目名录	2018年	韶府〔2018〕44号
15	恩村香火龙	民俗	仁化县第六批县级非遗物质文化遗产保护项目名录	2019年	仁府〔2019〕38号
16	仁化艾糍制作技艺	传统技艺	仁化县第六批县级非遗物质文化遗产保护项目名录	2019年	仁府〔2019〕38号
17	丹霞仙草制作技艺	传统技艺	仁化县第六批县级非遗物质文化遗产保护项目名录	2019年	仁府〔2019〕38号
18	禾斋节	民俗	仁化县第六批县级非遗物质文化遗产保护项目名录	2019年	仁府〔2019〕38号
19	仁化白毛茶制作技艺	传统技艺	仁化县第七批县级非遗物质文化遗产保护项目名录	2020年	—

（谢　磊　钟　燕　何俊华　卢家赋）

广播电视事业

【县级融媒体中心建设】 2020年，仁化县融媒体中心将建设县级融媒体中心作为壮大基层主流舆论阵地重要突破口，整合各方力量，规范用好中央、省扶持融媒体改革建设专项资金250万元，打造“一次采集、多种生成、全媒传播”矩阵，上线“仁爱仁化”手机客户端，依托省级技术平台建设统一指挥调度和生产中心，形成“新闻+政务+服务”综合体，各项工作得到省市部门肯定和通报表扬。9月，县融媒体中心建设工作高分通过省委宣传部检查验收组检查验收。

【宣传报道】 2020年，仁化县融媒体中心播出电视新闻2510余条。微信公众号“仁化发布”“仁化广电”累计编发各类信息4300余条，“仁爱仁化”App发布信息3750余条，抖音平台创作短视频212条。上送市电视台播出新闻168条、市电台156条、省台103条，上稿中央、省、市主流媒体280余条，微直播《“小茶叶”带动农民致富“大产业”》、新闻稿件《韶关仁化：围绕生态功能定位，筑牢粤北生态屏障》分别被新华网、《人民日报》采用。新冠肺炎疫情防控期间，县融媒体中心每天录制中小学线上教育教学课程10节上传到“仁爱仁化”App，全县每天近3万人次师生家长通过“仁爱仁化”App参与线上教育。在“仁爱仁化”App推出“线上游仁化，品千年白毛”直播系列报道，推介仁化白毛茶，架起“帮农带货”连心桥。投入760余万元完成县、镇、村（社区）、组四级应急广播系统平台建设，配合应急管理部门及时将应急信息和县委中心工作多渠道、全方位传递给群众，打造成百姓“百事通”。公开招聘专业化全媒体人才10名，充实新闻舆论宣传工作队伍。创优节目，新闻作品获全省县级新闻评比一等奖1个、二等奖1个，获韶关市广播电视节目奖评比一等奖1个、二等奖3个、三等奖4个。

2020年度仁化县广播电视台获奖新闻作品情况表

表23

作品名称	奖　项
高效智能粤北地区首个无损贡柑糖度分选线正式投入使用（广播）	2019年度省（县区）好新闻三等奖
广东最美旅游公路——阅丹公路迎来环丹霞山自行车赛（电视）	2019年度省（县区）好新闻三等奖
大美仁化·山川风景美如画	广东乡村微视频大赛二等奖
凡口铅锌矿矿山综合生态修复项目入选广东省首届国土空间生态修复“十大范例”之首（电视）	韶关台评比三等奖
高效智能粤北地区首个无损贡柑糖度分选线正式投入使用（广播）	韶关台评比三等奖
韶关旅游出新品——阅丹公路 全长54.6公里！快来仁化打卡阅丹公路吧	韶关台评比三等奖
韶关旅游出新品——阅丹公路 全长54.6公里！快来仁化打卡阅丹公路吧	全市优秀媒体融合二等奖

【有线电视网络发展】 2020年，县融媒体中心在稳定数字有线电视业务基础上，拓展有线（数字）电视业务和数据多功能增值业务。建立健全安全生产和安全播出规章制度，规范播出流程，严格审核每日新闻选题，“三审三校”每日播出文稿和节目成品。加强巡查和演练，全面排查和整改安全隐患，组织工作人员开展消防安全知识培训和机房设备故障应急演练工作、光缆中断故障应急演练工作，确保安全播出。截至年底，全县有线数字电视主机用户15528户，数据专线1193条，宽带业务用户1982户。全年数字电视业务收入526.07万元，数据专线宽带业务收入489.32万元。

【“精准扶贫、精准脱贫”工作】 2020年，县融媒体中心全面完成挂扶村红山镇中山村精准扶贫工作，按时完成全县贫困村“八有”工作任务。通过“一线双联”“民情夜访”活动，及时收集群众意见建议，帮助群众解决生产生活困难，筹措帮扶资金13万余元支持中山村开展扶贫工作。全面完成33个重点贫困村20户以上自然村有线电视信号覆盖和光纤网络未覆盖贫困户安装“小锅头”卫星电视接收器任务。做好有线数字电视光纤线路维护，确保有线数字电视信号优质传输，使贫困户收看到优质电视节目。

【内部管理】 2020年，县融媒体中心完善《仁化县融媒体中心“三重一大”决策制度》《仁化县融媒体中心采购管理办法》《仁化县融媒体中心资金管理办法》《仁化县融媒体中心岗位责任制》等内控管理制度，加强内部管理。开展多种形式培训新闻工作者及有线电视、互联网技术人员及台中层干部，提高干部职工队伍综合素质。

（陈贤坤　钟礼俊）

医疗卫生行业管理

【疫情防控与医疗救治】 2020年，新冠肺炎疫情突如其来，全县各级党员干部、医护人员、公安民警及社区工作者等奋战防控一线，执行超常规防控与常态化防控措施，确保仁化一方平安。充分发挥社区“三人小组”作用，积极排查国内中高风险地区（返）仁（化）人员、境外回仁（化）人员，重点监管集中隔离场所，定期开展医疗机构、监管场所、农贸市场、社会福利养老机构、宾馆等场所重点人群核酸采样检测工作；落实医疗机构预检分诊和发热门诊管理，县人民医院发热门诊全年累计就诊9000余人，对发热病人全部进行健康状况跟踪管理，建立工作台账。对就诊患者全部实行体温检测，落实新冠肺炎流行病学史问卷，做好患者就诊引导，对住院患者全部进行核酸检测。

【卫生重点项目建设】 2020年，仁化县完成县人民医院综合大楼建设项目、县妇幼保健院建设项目、县“120”急救指挥中心项目和长江、周田、董塘3个镇级中心卫生院“120”急救站建设。完成县人民医院发热门诊改造及12间发热诊室建设项目并投入使用。完成全县109间村卫生站全面公建规范化建设并投入使用，纳入基本药物制度实施范围，配备基本药物。完成全县疫苗冷链配送系统建设和验收，建设数字化预防接种门诊。完成县人民医院电子健康码系统与省级码管平台对接，实现全省“一码通用”。完成县人民医院、县疾控中心新冠病毒核酸检测实验室建设工作，并开展新冠肺炎疫情应急演练。

【医药卫生体制改革】 2020年，仁化县制定印发《仁化县紧密型县域医疗卫生共同体建设实施方案》，组建以县人民医院为牵头单位，县妇幼保健院、县慢性病防治站、丹霞街道社区卫生服务中心、各镇卫生院及村卫生站为成员单位的唯一一个紧密型县域医共体，牵头单位县人民医院成为仁化县医共体总医院，并于6月29日举行揭牌仪式。仁化县医共体总医院印发《仁化县医共体分级诊疗病种目录（2020年）》《仁化县医共体双向转诊相关病种及转诊指征（试行）》，稳步推进分级诊疗工作。全年，各医疗机构向上级转诊455人次，其中县内转诊98人次、县外转诊357人次。

【医疗服务】 2020年，仁化县实施特岗计划，县人民医院通过东莞市人民医院帮扶，综合服务能力、业务水平、专科建设、人才培养得到提升，开展神经内科、普外科、影像科、麻醉科等重点帮扶科室新技术多项。落实对口帮扶工作，县人民医院借助与东莞市人民医院建立对口支援关系契机，重点培养医疗人才，提高医务人员医疗技术和管理水平，指导医院急诊科、重症医学科建设。年内，东莞市人民医院选派特岗专家5名、优秀卫生技术人才48名（县人民医院44名、县妇幼保健院4名）到县人民医院、县妇幼保健院帮扶，有效提升县级医疗机构神经内科、麻醉科、普外科、影像科、妇产科等专科服务能力。开展中医适宜技术。县人民医院成立中医药适宜技术推广技术指导小组，负责中医药适宜技术推广和师资培训工作；5月，开设康复医学科、治未病科，设置床位27张，提供中西医结合治疗糖尿病及其并发症、中医治未病及中医外治特色、中医脾胃病诊疗特色服务；各卫生院中医馆积极推广中医适宜技术，指导并督促辖区内村卫生站开展中医药服务、增设中医诊疗科目。

【基本公共卫生服务】 2020年，仁化县继续落实《国家基本公共卫生服务规范（第三版）》和家庭医生签约服务工作要求以及国家、省、市相关文件精神。截至12月底，全县常住人口数211800人，建立电子健康档案195954人，电子健康档案建档率92.52%，各单位均达到目标要求（90%）；档案中有动态记录135715份，健康档案动态使用率69.26%。全县10个镇卫生院和1个社区卫生服务中心共组建签约团队39个，常住人口签约94783人，签约率44.75%，重点人群签约率76.16%；全县贫困人口9118人，开展有偿签约9118人，签约率100%，计划生育特殊家庭签约率100%。

【人才招聘】 2020年，仁化县继续落实"县招县管镇用"医疗机构人才招聘制度，组织参加"仁化县2020届'丹霞英才'暨急需紧缺人才春季网络视频公开招聘"，举办面试2场次，面试34人，聘用5人。组织开展基层医疗卫生机构人才引进公开招聘工作，聘用25人。

【卫生健康扶贫】 2020年，仁化县为辖区农村贫困人口建立健康卡和健康档案每人1份，完成省定贫困村"两癌"（宫颈癌、乳腺癌）免费筛查任务数，各医疗机构均开展医疗救助"一站式"服务。推进全县贫困人口大病专项救治工作，年内县扶贫办更新患大病贫困人口数110人，合计418人，全部通过筛查。配合县残联评残工作，印发《关于开展建档立卡相对贫困户家庭非持证残疾成员鉴定工作的通知》，抽调各医疗机构医生组成评残鉴定工作队，对全县391名建档立卡相对贫困家庭非持证残疾成员进行鉴定，鉴定后由县残联统一发证。

（朱锦华）

医疗保障

【城乡居民基本医疗保险】 2020年，医疗保障医保局（简称县医疗保障局）加强统筹协调，强化部门联动，提前安排部署并下达城乡居民基本医疗保险目标任务。9月1日前，完成特殊人群参保事宜。通过印制"致城乡居民的一封信"、横幅、海报等宣传资料，利用群发短信和网络电视媒体等平台开展医保征缴宣传，营造和形成“个人要求缴费、自觉主动缴费、自动上门缴费”氛围。加强医保征缴督导，通过下乡督导和排名通报等方式，促进医保征缴工作。全年，市下达仁化县城乡居民基本医疗保险参保缴费任务数178400人，全县城乡居民基本医疗保险成功参保177561人次，参保缴费完成率99.53%，超过市局下达任务数的98%，得到市局通报表扬。

【医疗保障基金管理】 2020年，县医疗保障局健全完善基金监管体制机制，加强综合检查，开展打击欺诈骗保专项治理，实施联合惩戒，形成基金监管高压态势，及时有效防控和化解基金运行风险，确保医保基金正常运作、合理使用。全年，全县实现“两定机构”（医保定点医疗机构和定点药店）定期检查全覆盖，发出书面整改通知书15份，整改建议50余条。注重线上线下联合监管，结合医保智能监控平台，加强日常巡查遏制过度检查、过度用药等不合理行为发生，保障医保基金安全运行。全年，县医保智能监控平台发现可疑数据约1万条，追回违规费用16万余元。

【医疗救助】 2020年，仁化县扎实开展医疗救助工作，实现特殊群体参加城乡居民医保全覆盖和医疗救助全覆盖。全县建档立卡贫困人口9115人，参加城乡居民基本医疗保险率100%。对全部特殊群体人员参加居民基本医保个人缴费部分进行财政全额补助，2020年度支付323.6万元。开展医疗救助工作，救助覆盖率100%。全年全县实现医疗救助6177人次，拨付医疗救助与城乡居民基本医疗保险、居民大病报销实施“一站式”结算款3075463元，手工发放医疗救助金3731526元，医保救助占合规费用比例超过80%。

【药品采购监督体系建设】 2020年，仁化县医疗保障局稳妥推进药品跨区域联合集中采购改革各项工作，牵头建立协调机制，与医疗机构、医药生产企业、配送企业沟通交流，帮助协调解决药品采购改革所遇到问题，通过数字证书加强县域医疗机构药品采购情况在线监管。全年全县公立医院药品采购5174.3万元，线上采购比例占95.7%，线上采购以广州平台及省平台为主；医用耗材采购1583.29万元，线上采购比例占39.49%。

（谭文军）

社区卫生

【业务情况】 2020年，仁化县丹霞街道社区卫生服务中心（简称社区卫生服务中心）以中医特色专科、慢性病特色专科发展，及与韶关市铁路医院建立糖尿病管理教育专科医联体为基础，与医共体总医院仁化县人民医院签订帮扶建立高血压病管理教育诊室，开展专家坐诊帮扶慢性病特色专科建设。全年实现业务收入145万元，同比减少14.2%；门诊人次30906人，同比减少18.88%；出入院人次399人，同比减少24.72%。

【疫情防控】 2020年新冠肺炎疫情防控期间，成立仁化县丹霞街道社区卫生服务中心疫情防控工作组，结合传染病及突发公共卫生事件项目工作开展辖区疫情防控工作。根据辖区实际制定新冠肺炎疫情防控应急预案，设立疫情防控指挥部，下设防控组、医疗救治组、数据组、物资组、后勤保障组，负责新冠肺炎疫情应急处理统一指挥、统一协调工作。落实早发现、早报告、早隔离、早诊断、早治疗防控措施，把好预检分诊“第一关”。规范发热诊室建设，发挥发热病人监控“哨点”作用，健全预检分诊制度，设立预检分诊台，建立发热登记、预检登记制度。建立健全传染病疫情监测快速反应服务体系。针对各个居委村委实行防控网格化管理，4个街道居委由各家庭医生团队在管辖范围内进行管理，13个村委由村卫生站负责人负责管理，确保排查不漏户、防控不漏人，有效发挥公共卫生家庭医生健康“守门人”作用。

疾病预防与控制

【免疫规划】 2020年，仁化县疾病预防控制中心（简称县疾控中心）免疫规划疫苗接种率达标，疑似预防接种异常反应24例，无接种事故发生。麻疹疑似病例5例，均排除；疑似AFP（甲胎蛋白，英文alpha fetoprotein缩写）病例1例，完成免疫水平监测任务60份。预防接种证查验率99.96%，推进省民生实事项目冷链配送和预防接种门诊标准化建设工作。

【传染病防治】 2020年，仁化县传染病发病数821例，发病率为387.64/10万。传染病死亡数3例。发生突发公共卫生事件2起及聚集性疫情12起，均得到及时有效处置。完成学生常见病和健康影响因素监测与干预项目。艾滋病防治工作落实，艾滋病病人及感染者46人，高危人群干预及检测179人，HIV（艾滋病病毒）检测39186人次。

【卫生监测】 2020年，县疾控中心受委托开展公共场所监测3户，合格率100%；双随机监督性抽检22户，合格率95.45%。开展饮用水监测，监测城市饮用水60份、农村集中供水402份。监测医疗单位16家、幼托机构3家消毒效果。监测食源性疾病，报告病例297例，无聚集性食源性疾病事件。监测重金属污染重点防控区域重金属，完成饮用水13份、土壤13份和食品58份（含平行样）样品采集及送检。开展农村环境卫生监测，采样监测土壤20份，调查农村环境卫生家庭100户、学校10所。开展登革热蚊媒密度专项监测，登革热布雷图指数BI（Breteau Index）2.77，MOI（诱蚊诱卵指数）1.26。病媒生物监测，平均蚊密度3.91只/盏，平均鼠密度1.46%，平均蝇密度8.05只/笼，蟑螂平均密度0.28，侵害率2.8%。开展地方病碘缺乏病监测，监测居民户盐样300份、尿样200份，均达到碘缺乏病达标评估标准。按省、市要求完成食品风险监测采样工作。

【慢性非传染性疾病报告管理】 2020年，县疾控中心管理高血压患者9550名，规范管理率81.37%；血压控制率75.14%。管理糖尿病患者3366名，规范管理率80.6%，管理人群血糖控制率60.84%。老年人健康管理率68.1%，建立健康建档率92.37%，动态使用率69.93%。开展死因监测，报告1204例。伤害监测共报伤害报告卡14498例。开展“2016—2020年儿童伤害预防项目”终线调查4000份。开展生活方式健康活动20次。新建支持性环境建设健康社区12家；健康医院有6家。

【寄生虫病防治】 2020年，县疾控中心继续开展血吸虫病防治工作，开展常规钉螺调查、国家监测点查螺，未发现活钉螺。开展流调人口调查2158人，未检出阳性病人。完成疟疾防治血片镜检535例，督导医院“哨点”3个。

卫生监督

【疫情防控卫生监督】 公共场所疫情防控卫生监督。2020年，仁化县卫生监督所开展公共场所疫情防控检查165间，其中美容美发104间、住宿53间、文化娱乐场所4家、购物场所4家，对所检出问题均下达指导性意见书，督促经营单位做好疫情防控工作。开展国庆黄金周全省住宿场所疫情防控卫生监督检查专项行动，全面做好农贸市场等重点场所新冠肺炎疫情防控工作。

学校疫情防控卫生监督。2020年，县卫生监督所对25所中小学校开展开学前疫情防控监督，监督覆盖率100%，参与中小学校春季学期返校工作验收核查、复学后督导工作；参与百所示范学校验收工作，复学验收校外托管机构58家、幼儿园41所，要求各机构相关负责人及各学校按照卫生法律法规及上级新冠肺炎防控指引做好疫情防控工作。

医疗机构疫情防控卫生监督。2020年，县卫生监督所制定《仁化县卫生监督所新型冠状病毒感染的肺炎病防控工作应急预案》《应对新型冠状病毒感染的肺炎病防控工作期间开展医疗机构卫生监督工作细则》，结合传染病综合评价监督工作，开展医疗卫生机构疫情防控监督，制作现场笔录38份，下达卫生监督意见书38份。开展集中隔离点专项监督检查、新冠肺炎疫情“哨点”监测工作监督指导、病原微生物实验室专项监督检查等；对省、市、县各级督导反馈问题进行卫生监督和督促整改，制作现场笔录10份，下达卫生监督意见书10份。对县域11间社会办医疗机构进行开业备案审查和每日巡查，制作现场笔录20份，下达卫生监督意见书20份。

企业复工复产卫生监督。2020年疫情期间，县卫生监督所联合县工信局、县住建局和县应急管理局对县域申请复工复产工业企业、建筑类企业、房地产开发企业等各类企业进行疫情防控工作督导，督促指导企业做好人员登记、健康宣传、体温监测、厂区消毒等工作。督导各类企业55家，下达卫生监督意见书55份。

【国家随机监督抽查】 2020年，县卫生监督所制定《2020年国家随机监督抽查计划实施方案》，依托卫生健康监督信息系统，完善执法检查对象名录库和执法检查人员名录库。全县接收随机任务66家，其中公共场所卫生41家（含关闭6家）、学校卫生5家、传染病防治卫生9家、放射卫生3家、医疗卫生8家。

【“放管服”改革】 2020年，县卫生监督所做好卫生行政审批受理、审查、审批、发证工作，严格落实“放管服”改革要求。凡是能通过与其他部门信息共享获得相关信息的，不再要求申请人提供相关材料；饮用水供水单位卫生许可、母婴保健技术服务执业许可审批办理时限由原来法定时限20个工作日压减为10个工作日。全年办理各类卫生行政许可575件，其中公共场所许可告知承诺事项138件、母婴执业许可2件、母婴保健技术服务人员合格证48件、医疗机构执业许可164件、医师执业许可办理81件、护士执业许可办理133件、放射诊疗许可9件，提前办结率100%，并在广东省行政执法信息公示平台、全国信用信息共享平台实行行政执法公示。

【公共场所卫生监督】 2020年，县卫生监督所开展公共场所卫生监督检查工作，实施美容美发、住宿场所、游泳场所等公共卫生经营单位监督检查和量化分级管理，公共场所应监督户数290户，实际监督户数290户，监督覆盖率100%，实施违法违规行为行政处罚9宗，结案罚款1800元。开展密闭通风不良场所卫生监督专项检查，对所发现问题下达卫生监督意见书，并跟踪整改落实情况。举办公共场所从业人员卫生知识培训班，参加培训35人。

【学校卫生监督】 2020年，县卫生监督所开展中小学校（25所）日常卫生监督检查，监督户次34次，监督覆盖率100%。对检查所发现问题及时提出整改意见，指导学校整改，参与县百所中小学卫生工作示范学校建设验收工作。

【生活饮用水卫生监督】 2020年，县卫生监督所根据省、市卫生监督所及本所工作部署，开展集中式供水单位和二次供水单位卫生监督。集中式供水单位实监督户数3户，监督频次6次，监督覆盖率100%。据县疾控中心2020年每季度水质检测报告反馈，3家集中供水单位出厂水水质检测均合格。对各镇小型集中供水单位7家实施监督，卫生协管巡查农村小型集中供水点68个，指导监督覆盖率100%，给予各镇政府水电管理所下达卫生监督意见。举办农村饮用水管理人员培训班，全县各镇分管饮用水副镇长、各镇（街）水利管理所负责人和水厂管理人员及相关工作人员共67人参加培训。

【医疗卫生监督】 2020年，县卫生监督所对全县医疗机构145家在依法执业、医疗废物管理、处方书写规范、母婴保健技术服务等方面实施监督执法，医疗卫生监督户次145次，监督覆盖率100%；传染病防治监督户次246次，监督覆盖率100%，母婴保健技术服务机构6家，监督覆盖率100%。查处违法违规行为8宗，结案罚款4500元。对6家医疗机构进行不良执业行为记分，开展医疗卫生机构违法违规使用环保酵素、二级微生物实验室生物安全监督检查、医疗废物和医疗废水监督检查及规范儿童青少年近视矫正卫生监督专项工作。举办仁化县乡村医生及个体诊所医生培训班，参加培训120人，培训考试合格率100%。

【放射卫生监督】 2020年，县卫生监督所对全县放射诊疗单位14家开展经常性卫生监督检查，监督户次14次，监督覆盖率100%，实施警告行政处罚1宗。

【职业卫生监督】 2020年，县卫生监督所开展各项职业卫生监督执法专项行动，检查企业30家，下达卫生监督意见书31份，行政处罚1宗。督促企业完成系统申报，完成32家企业申报工作。开展职业病危害现状调查和工作场所职业病危害监测，完成132家企业职业病危害现状调查工作和9家重点行业用人单位工作场所职业病危害因素调查与采样。

【卫生监督协管】 2020年，仁化县有卫生监督协管11家，卫生监督协管员38人。各医疗机构按要求开展农村集中式供水、城市二次供水、学校供水巡查，学校传染病防控巡访，开展辖区内非法行医、非法采供血巡查等工作，巡查发现问题及线索能按要求及时上报。县卫生监督所定期督查指导各医疗机构卫生监督协管工作，并按要求完成各季度督导，对各单位在检查中存在问题进行通报整改。

健康教育

【健康教育】 2020年，仁化县健康教育所设立健康教育科，设专职人员1名，人员由县疾病预防控制中心调配，开展健康教育督导、知识讲座、咨询活动，更新宣传栏，发放宣传资料，组织开展健康教育知识竞赛。

【健康素养促进行动】 2020年，县健康教育所持续做好贫困地区健康促进三年攻坚行动，播放新冠肺炎疫情防控节目，开展健康科普行动线上宣传；完成督导健康促进医院100%、健康社区（村）30%、健康家庭30%；居民健康素养水平17.14%。

【控烟】 2020年，县健康教育所完成健康素养和烟草流行监测工作，成功创建无烟单位28家，申请创建无烟单位7家。

妇幼保健

【妇女保健】 2020年，仁化县活产儿数1635人，孕产妇系统管理1507人，住院分娩1635人，系统管理率92.17%，住院分娩率100%。按照市三级转诊标准，要求基层对高危孕产妇都要送县级医院，高危孕产妇住院分娩100%；全县辖区无孕产妇死亡，无新生儿破伤风发生。坚持开展每年一次县直机关及全县妇女病普查普治工作，及时做好宣传发动，下基层协助基层卫生院开展乡镇妇女病查治工作，全部患者给予治疗与干预。

【儿童保健】 2020年9月23日，仁化县妇幼保健计划生育服务中心更名为仁化县妇幼保健院，执行新的儿童保健管理规范，强化儿童系统管理工作。儿童系统管理从产后42天访视开始。2020年，全县7岁以下儿童14911人，参加保健服务14231人，7岁以下儿童保健覆盖率95.44%；3岁以下儿童6072人，系统管理5234人，系统管理率86.2%；5岁以下儿童死亡率5.5‰，婴儿死亡率4.28‰，新生儿死亡率1.83‰，新生儿访视率94.31%；对10482名儿童进行营养评价，生长发育迟缓率1.49%，肥胖率0.16%，为13142名0～6岁儿童进行眼保健和视力检查，6岁儿童视力检查1182人，检出视力不良儿童206人。及时掌握全县儿童相关信息，监测儿童生长发育情况，并采取合理干预措施，指导儿童保健工作。做好新生儿疾病筛查和出生缺陷监测，全县各助产单位活产儿1320人（其中本地户籍1242人，流动人口393人），接受筛查新生儿1310人，筛查率99.24%，出生监测点共计围产儿1320例，出生缺陷18例，出生缺陷发生率136.36人/万人。全年新生儿听力筛查1310例，筛查率99.24%，查出转诊27例。加强幼儿园管理，在“六一”国际儿童节前后，组织县妇幼保健院儿科医务人员对县城区6所幼儿园儿童进行健康体检。

【基本和重大公共卫生服务项目】 2020年，县妇幼保健院配合建立居民健康档案，推进适龄妇女叶酸增补工作。加强地中海贫血干预项目开展，通过婚前检查、孕前检查，以及产前筛查和诊断等防控措施，减少重症地中海贫血病例出生。全年，全县地贫筛查1033例，其中地贫电泳检测336例，地贫基因检测68例，产前诊断8例，筛查出重症地贫3例。2020年孕前优生健康检查任务数500对，全年完成检查人数476.5对，完成率95.3%。加强预防艾滋病母婴传播宣传咨询，采取有效干预措施预防艾滋病母婴传播，按月收集监测资料汇总，做好婚姻登记男女青年艾滋病免费自愿检测、孕产妇艾滋病筛查工作。5—6月，开展全县农村妇女“两癌”筛查，计划总任务数2937人，宫颈癌筛查实际完成任务数4810人，筛查出HPV阳性者576例（其中16型、18型阳性81例），活检确诊癌前病变43例，确诊宫颈癌4例；乳腺癌筛查实际完成任务数4873人，筛查超声异常有34例，确诊乳腺不典型增生3例、乳腺原位癌1例、乳腺浸润癌1例。组织开展计划生育手术并发症、病残儿鉴定，6月、12月，各组织计划生育手术并发症县级鉴定1次，计划生育手术并发症鉴定人数6人，鉴定为三级丙等并发症1人，鉴定为不属于计划生育手术术后并发症5人。

【婚姻保健】 2020年，仁化县继续实行免费婚检。5月起，联合婚姻登记机关一体化办公，婚检率比上年有所提升。全年，全县结婚登记1148对，参加婚前医学检查男性有389人，女性有386人，婚检率33.75%，比2019年12.12%提升178.47%，检出疾病140人，检出患病率18.06%，检查出对婚育有影响34人，占实检率8.62%。对全部新人均给予婚前卫生指导和咨询。

爱国卫生

【国家卫生县城巩固工作】 2005年，仁化县被全国爱卫会授予“国家卫生县城”称号，2009年、2013年、2016年、2019年仁化县均通过全国爱卫办“国家卫生县城”复审。

【病媒生物防制】 2020年，仁化县根据《关于在县城区内全面落实除“四害”有偿服务工作意见的通知》文件精神，组织县消杀队与县城区机关、企事业单位、学校、各大型宾馆、酒楼签订有偿服务合同，确保县城区内公共场所和特殊行业定期进行药物消杀，有效控制“四害”密度。全年，县城区鼠、蝇、蚊和蟑螂密度均控制在国家标准范围内。

【卫生镇村创建】 截至2020年12月底，仁化县成功创建“广东省卫生镇”董塘、石塘、长江、周田、城口、黄坑镇6个，“广东省卫生村”（行政村）南湖村等21个，“韶关市卫生镇”闻韶、红山、扶溪、大桥镇3个，“韶关市卫生村”（行政村）塘洞村等81个。

【无偿献血】 2020年，仁化县参加无偿献血1424人，献血量427655毫升。

（朱锦华）

体　　育

【大型全民健身赛事活动】 2020年6月7日，仁化县举办体育+旅游赛事活动“碧道健身行 助力乡村兴”——“全民健身”户外活动之阅丹公路万里碧道徒步行活动，全面推进高质量复工复产复商复市复学，恢复正常生产生活秩序，参加活动200余人；8月8日，在仁化县体育馆开展“全民健身日”系列展演活动；9月29日，举办“庆国庆·全民健身创森林城市万里碧道健身行”活动。配合上级部门做好环丹自行车赛、50千米徒步赛和丹马等各大赛事工作。

【体育场地设施建设】 2020年，仁化县加快体育场地设施建设，推进城乡公共体育场地设施一体化。向上级争取体育健身器材一批，添置周田镇龙坑村委会等12个村室外体育器材设施12套，添置高坪新村健身小广场体育健身器材7件，全部体育设施安装完毕并投入使用。

2020年仁化县体育场地情况表

表24

项　目			单　位	数　量
标准体育场			个	3
足球场	其中	105米×70米标准草地场	个	3
		105米×70米合格土场	个	17
		70米×50米中型场	个	0
		小型场	个	3
	合计		个	23
篮球场	其中	灯光球场	个	50
		水泥场	个	269
		土场	个	2
	合计		个	319
排球场			个	18
羽毛球场	其中：室内		个	20
	合计		个	80

续表24

项 目			单 位	数 量
台球场			个	100
乒乓球室			间	60
网球场	其中：室内		个	0
	室外		个	2
	合计		个	3
门球场			个	2
手球场			个	0
游泳场	其中：标准场		个	2
	合计		个	2
田径场	其中：	400米跑道	条	8
		200米跑道	条	17
	合计		条	25
全民健身路径			条	102
综合训练房			间	1
健身室			间	2
保龄球室			间	0
棋牌室			间	56
摔跤柔道房			间	1

【体育组织网络管理】 2020年，仁化县建立健全体育组织网络，推进城乡公共体育组织服务一体化。加强体育协会组织管理，完成体育协会年检工作7个。借助举办健身舞培训，发展三级社会体育指导员70名。

【竞技体育】 2020年，仁化籍运动员参加各级运动会取得可喜成绩。

2020年仁化籍运动员参加省级比赛获奖情况表

表25

单 位	竞赛项目	名 次	时 间	地 点
仁化中学	2020年广东省中学生武术套锦标赛甲组团体	第二名	7月	佛山
仁化一中	2020年广东省中学生武术套锦标赛甲组团体	第四名	7月	佛山

续表25

单　位	竞赛项目	名　次	时　间	地　点
仁化一中	2020年广东省中学生田径锦标赛乙组团体	第五名	8月	广州
仁化一中	2020年广东省中学生武术套路锦标赛乙组团体	第六名	7月	佛山

2020年仁化县运动员参加市级比赛获奖情况表

表26

时　间	运动会名称	团体总分	各项目团体	名　次
6月	韶关市青少年锦标赛	第二名	乒乓球	第五名
			武术	第一名
			举重	第四名
			赛艇	第四名
			跆拳道	第三名
			足球	第四名
			射击	第六名
			田径	第二名
			皮划艇	第四名
			摔跤	第三名
7月	韶关市第二十五届“英东杯”田径赛	第二名	田径	—
7月	韶关市第二十五届“英东杯”武术套路比赛	第一名	武术	—

【学校体育和业余训练】 2020年，仁化县体育局按照体教结合思路，实施“全员互动”，加强与县教育局联系，联合开展“阳光体育”活动，提高学生身体素质。转变业余体校工作方式和机制，实行奖励补偿机制，引进民营项目（跆拳道）办学，拓宽业余体育训练思路，寓训于学，发现和训练体育人才。

【体育产业管理】 2020年，县体育局专题调研体育场馆经营情况和健身市场，逐步探索适合仁化体育产业经营发展思路，繁荣健身休闲、体育用品、体育彩票等体育市场，促进体育产业健康发展。实行游泳场等高危体育项目有效监管，进行安全检查，保障人民群众健身人身安全，推进全民健身有序开展。加强组织游泳救生员培训，组织救生员参加市组织技能培训3名，实行救生员凭证上岗，规范游泳救生员资格管理。贯彻落实省体彩工作会议精神，科学有效开展体彩销售工作，截至是年底全县体育彩票销量320万元。

（徐志勇）

社会生活

人事·人才

【事业单位人事管理】 2020年，仁化县人力资源和社会保障局（简称县人社局）按相关程序对450人在岗位变动、岗位晋升或新聘用人员的拟聘岗位进行严格审核，并予以核准聘用，要求聘用单位与被聘用人员签订“事业单位聘用合同”或“聘用合同变更书”，做好聘用后管理工作。根据事业单位提交人员核减报告单，及时在事业单位人事管理信息系统做好人员退休、死亡、辞职或调出等变动管理。做好全县事业人员动态管理，要求事业单位做好聘用合同解聘、终止工作。全年全县核减193人。

【事业单位人力资源和社会保障统计】 2020年，仁化县事业单位从业总人数4290人，其中，年龄35岁及以下1216人，占28.34%；36～40岁645人，占15.03%；41～45岁813人，占18.95%；46～50岁671人，占15.64%；51～54岁656人，占15.29%；55岁以上289人，占6.74%。文化程度研究生以上40人，占0.93%；本科2461人，占57.37%；大专1433人，占33.4%；中专217人，占5.06%；高中及以下139人，占3.24%。专业技术人员3352人，其中高级以上职称413人。

【专业技术职务资格申报评审和认定】 2020年，仁化县向省、市中高级职称评委会报送材料228份。其中，中学职称申报正高1人、高级134人（通过正高1人、高级95人）；卫健申报正高9人、高级41人（通过正高9人、高级33人）；其他行业职称申报评定中初级43人（通过18人）。经县级职称评委会评审，完成中小学系列教师职称评定，申报中初级职称评审认定177人，评审认定通过110人；申报林业初级职称4人，评审通过3人。向县人社部门申请认定9人，通过9人。做好农村实用技术人才职称评审工作，核准通过初级职称1人。

【专业技术职务聘任管理】 2020年，仁化县完成不同级别专业技术职务聘任191人，涉及林业、工程、教育、卫生等行业专业技术职务聘任。技术工人新晋技术等级和办理聘用手续2人。

【事业单位工作人员上年度考核工作】 2020年，县人社局完成2019年度全县事业单位工作人员年度考核工作，全县参加年度考核4286人，评选优秀538人，占参加考核人数的12.55%。

【政府特殊津贴享受人才工作】 2020年，县人社局做好享受县政府特殊津贴人才选拔工作，根据《仁化县人民政府关于印发仁化县享受县政府特殊津贴人才选拔管理实施意见的通知》（仁府〔2017〕16号）规定，经公开选拔，县政府授予程炳等17人“仁化县第二期享受县政府特殊津贴人才”称号，管理期限自2021年1月至2022年12月。

【各类公开招聘组织工作】 2020年，县人社局按照《广东省事业单位公开招聘人员办法》《事业单位人事管理条例》规定，做好全县事业单位人才招聘引进工作。根据《关于印发〈丹霞英才计划〉的通知》（韶人才办〔2019〕15号）精神，配合县委组织部及相关招聘单位，开展“丹霞英才”人才招聘工作，招聘引进党政储备类、教育教学类和医疗卫生类“丹霞英才”75名。根据省人社厅工作部署，做好广东省事业单位2020年集中公开招聘高校应届毕业生工作，经公开招聘，聘用高校应届毕业生3名。招聘引进基层医疗卫生专业技术人才26名。

【“三支一扶”人员管理】 2020年，仁化县按照省、市派遣名单，“三支一扶”大学生到岗21人，分别安排在各镇人民政府（街道办事处）工作。通过建立“仁化县三支一扶人员微信群”，加强“三支一扶”人员沟通联系，实时了解“三支一扶”人员平时工作和生活状况，帮助“三支一扶”人员解决工作和生活问题。截至是年6月底，全县2018届“三支一扶”大学生服务期满3人，全部完成期满考核，均获得“高校毕业生‘三支一扶’服务证书”。

【人才档案管理和高校毕业生报到、登记工作】 2020年，县人社局接收应、往届普通高校毕业生档案及其他零散档案1100余份，办理高校毕业生档案调出手续293人次。及时办理档案接收或调出整理和登记入库、出库工作，实行档案电子化管理。

【工资福利日常管理】 2020年，县人社局审核调入调出、新招聘、在职工作人员岗位晋升共560人相关工资确定和变动。审核抚恤金56人，审批符合条件享受遗属生活困难补助补贴遗属12名。做好全县卫生防疫工作者在新冠肺炎疫情期间符合享受临时性工作补助备案、2020年事业单位住房改革补贴计发基数、乡镇事业单位和县直派驻乡镇工作人员乡镇工作补贴标准变动审批工作。

【调整兑现事业单位工作人员待遇】 2020年，仁化县按照《关于印发〈广东省公务员工资制度改革实施意见〉的通知》（粤人发〔2007〕55号）、《关于印发〈广东省事业单位工作人员收入分配制度改革实施意见〉的通知》（粤人发〔2007〕56号）规定，做好2020年事业单位工作人员和机关工勤人员按年度考核结果正常晋升增加薪级（一档）工资审核工作。其中事业单位工作人员4185人，人均增资84元/月。审核教育系统在职人员2020年专业技术岗位内部（小级别调整）晋升工资增资，涉及939人，人均增资92元/月。

【事业单位绩效工资管理】 2020年，县人社局按照中小学教师福利待遇“两个不低于或高于”和县政府会议纪要要求，及时给教师核增绩效工资总量。联合县卫健局、县财政局制定仁化县基层医疗卫生机构绩效工资制度实施细则。

【“未上线”退休人员补差待遇调整】 2020年，根据省人社、财政部门关于调整退休人员基本养老金相关文件精神，经县政府同意，县人社局与县财政局印发《关于调整机关事业单位“未上线”退休人员基本养老金的通知》，对暂未纳入机关事业单位基本养老保险改革范围仍由原渠道发放退休待遇退休人员（通常说的“未上线”退休人员）调整退休待遇。审核“未上线”退休人员2019—2020年预调养老金和2016—2020年补差待遇调整增资。

【政府工作人员任免】 2020年，县人社局经县人民政府批准，办理县人民政府工作人员任免75人次。

【表彰奖励工作】 2020年，县人社局开展“中国人民志愿军抗美援朝出国作战70周年”纪念章颁发对象信息统计上报工作。做好省、市抗击新冠肺炎疫情表彰对象资料上报、考察、公示等工作。年内，董塘卫生院李锦源、董塘镇新龙村党支部书记宁声珍被评为广东省抗击新冠肺炎疫情先进个人。

劳动·就业

【就业目标完成】 2020年，仁化县实现城镇新增就业1719人，完成市下达任务的101%；城镇失业人员再就业1505人，完成任务的101%；就业困难人员实现再就业158人，完成任务的102%；促进创业143人，完成任务的102%；城镇登记失业率2.6%，控制在年度目标3.5%以内。

【“丹霞杯”返乡人员创业创新大赛】 2020年，县人社局根据韶关市“丹霞杯”大赛方案总体部署和要求，做好“善美之城”2020年韶关“丹霞杯”返乡人员创业创新大赛宣传动员工作，动员符合条件人员和企业报名参赛，选送9家优秀企业及个人参赛，其中石塘镇鹏基酸萝卜作坊团队获农村电商赛团队组铜奖。向市推荐2020年度吸纳返乡人员就业优秀企业2家、优秀返乡创业先进个人3人。扶持创业人数51人，创业带动就业98人。

【企业用工专场招聘会】 2020年，县人社局组织举办现场招聘会9场，入场企业202家次，提供就业岗位3748个，现场达成就业意向152人；举办网络招聘会9场，发布企业岗位信息589家4988个。

【就业信息宣传】 2020年，县人社局定期在县人民政府网、县电视台、“仁化就业”小程序、微信公众号、11个镇（街）125个村（居）人社平台发布企业招聘信息12期18254条，同步转发县扶贫办宣传至各镇街村居有就业意愿贫困劳动力。通过网络招聘平台、微信公众号开展就业创业政策宣传9期，结合现场招聘会开展就业政策宣传9期，发放就业政策宣传资料2020份，开展职业指导下基层暨“2.0版促进就业十条”政策宣讲活动5场。1月，创新开发“仁化就业”小程序上线投入使用，点击阅读量10545人次。新建丹霞绿道、全民健身广场及县城居民小区政策宣传栏37个，形成政策宣传“进农村、进小区”新格局，更新就业创业政策宣传栏77个，印制宣传台牌300个派发至各镇街村居及群众办事窗口，印制服务指南等宣传资料2.5万份，实现线上线下全覆盖，群众政策知晓率提高，办证、认定、咨询和申领政策补贴人数同期对比大幅增长。倡导外出和返乡务工人员选择本地企业就业。印发“致全县外出和返乡务工人员的倡议书”“仁化县重点用工企业招聘信息”宣传单张3万份；通过中国电信、中国移动运营商发送倡议手机短信2万条。

【疫情防控政策宣传】 2020年，县人社局通过县政府网、县电视台、“仁化就业”小程序等渠道发布疫情防控政策推文《撑企力度再加码　就业社保政策“大礼包”》《人社领域应对新型冠状病毒感染肺炎疫情支持企业发展政策解读和工作指引》《仁化县复工复产温馨提示》《仁化县人社局关于应对新型冠状病毒感染肺炎疫情支持企业发展的政策措施》《涉企政策之重点就业创业补贴》等多篇。

【企业用工保障服务】 2020年，县人社局扎实开展企业用工监测，全年列入企业用工定点监测企业18家，失业动态监测企业8家，劳动力监测行政村12个，贫困村监测6个。加强与园区企业、重点企业沟通联系，了解企业用工需求，及时收集发布企业空岗信息，做好重点企业用工招聘服务。做好企业用工保障，组织企业入驻“仁化招聘网”线上招聘平台，推动“掌上”就业。加强本地富余劳动力摸排，将有意愿务工本地富余劳动力（含贫困户）与企业用工需求进行匹配，年内为县内企业解决用工1004人，其中建档立卡贫困劳动力43人。根据《韶关市人力资源和社会保障局关于印发疫情防控期间一次性吸纳就业补贴、职业介绍补贴、援企稳岗工资补贴申办工作指引的通知》，做好疫情期间补贴发放工作，发放援企稳岗工资补贴15万元涉及企业2家；发放一次性吸纳就业补贴企业1家吸纳10人就业补贴1万元。

【“粤菜师傅”仁化风味培训】 2020年，仁化县“粤菜师傅”培训工作坚持与脱贫攻坚工作有机融合，开展建档立卡贫困劳动力免费技能培训，助其找到就业、创业新路子。“粤菜师傅”培训工作与乡村人才振兴发展相结合，通过技能实践培训，提升学员技能，提供餐饮行业技能人才储备，满足仁化美丽乡村建设技能人才需求。全年举办“仁化风味”“粤菜师傅”培训班14期，参加培训人员495人次，其中贫困人员302人次。

【“粤菜师傅”技能工匠竞赛】 2020年，县人社局重点推进“粤菜师傅”工程，组织开展2020年仁化县“锦江杯”粤菜师傅技能工匠竞赛，发现餐饮行业技能人才。大赛通过理论考核与实操竞技综合打分，及与韶关市技能鉴定中心考核鉴定相结合，通过理论和实操考核、获得中级中式烹调师职业资格证书选手52名。选送8名选手参加市级竞赛，获得高级中式烹调师职业资格证书，取得中式烹调高级师第一名、中式点心高级师第二名、中式烹调高级师第四名成绩，3名选手获“韶关市技术能手”称号。全年开展各类“粤菜师傅”培训111人次，实现培训获证108人次。

【“粤菜师傅”工程提升】 2020年，县人社局结合“2020广东仁化第四届文化旅游节”活动

2020年9月21日，“2020年仁化风味‘粤菜师傅’培训班”在黄坑镇下营村农村夜校举办（县人社局　供图）

举办仁化特色美食展览活动，展示县域特色名店名菜、名点小吃，提升“粤菜师傅”品牌影响力，推动“粤菜师傅”产业发展和美食文化。

【企业新型学徒制】 2020年，仁化县根据省、市推行企业新型学徒实施方案，创新技能人才培养模式，全面推行“招工即招生、入企即入校、企校双师联合培养”企业新型学徒制。县人社局与仁化县锦江电力开发总公司签订企业新型学徒培训协议，培训备案人数81人，培育期限1年，培训工种为初级钳工（2人）、中级钳工（30人）、初级电工（9人）、中级电工（40人）。

【企业职工线上适岗职业技能培训】 2020年，仁化县推进企业职工线上适岗职业技能培训，出台《仁化县关于进一步加强企业职工线上适岗职业技能培训的通知》并印发至辖区各企业及相关主管部门，通过微信平台、仁化融媒体中心、仁化发布等多途径向社会开展广泛宣传。主动联系各企业，结合疫情期间复工复产对接工作，组织宣传小组送政策下企业，向企业详细解读政策，指导和鼓励企业开展线上适岗职业技能培训。全年，完成培训并领取补贴企业22家2233人。

【“南粤家政”培训与职业技能大赛】 2020年，仁化县开展“南粤家政”育婴员、养老患者护理、家庭保洁等各类培训568人次，实现培训获证244人次。举办2020年仁化县南粤家政“丹霞月嫂”育婴员职业技能大赛，以集训和比赛相结合方式进行，参赛80人，72人通过理论和实操考核，取得育婴员国家职业资格四级证书。

【职业技能鉴定】 2020年9月，广东省人力资源和社会保障厅转发人力资源和社会保障部办公厅《关于做好水平评价类技能人才职业资格退出目录有关工作的通知》，水平评价类技能人员职业资格退出目录安排（水平评价类76项）于2020年12月30日前分2批完成。全年全县参加鉴定考试113人，通过鉴定79人，发放初级（5级）证书79本，通过率69.91%。

【劳动保障】 2020年，县人社局加大欠薪案件处理力度，做好农民工维权工作。全年，县劳动保障监察综合执法大队受理投诉及信访案件95宗。处理网络问政及信访类案件76宗，县信访局转办信件7宗，网络问政69宗；接到举报投诉19宗，受理19宗，涉及劳动者403人，涉及劳动者工资413.14万元，通过调解方式结案16宗，通过立案调查并结案3宗，结案率100%。举报投诉案件比2019年下降20.83%，涉劳动者工资下降25%。

【劳动监察执法专项检查】 2020年11月，仁化县部署开展拖欠工资综合治理活动，联合县住管局、县水务局、县交通局等相关行业部门开展根治欠薪冬季专项行动，检查在建工程项目工资发放情况及相关制度建设情况。联合县住管局、县水务局、县交通局等相关行业部门开展根治欠薪执法专项行动，检查企业、劳务派遣企业及在建工程项目等用人单位38家，检查组调阅施工企业劳动用工、考勤表、工资发放表、花名册等材料，对照实名制管理、按月足额支付工资等制度逐项检查，对发现问题施工企业要求及时整改，切实履行企业主体责任，保证工资无拖欠，切实维护劳动者合法权益。联合县市场监督管理局开展跨部门“双随机、一公开”联合抽查监察，随机抽查企业5家，未发现违反劳动法规情况。

【劳动关系工作】 2020年，仁化县规范劳务派遣用工管理，开展新产业新业态新模式领域劳动关系发展趋势分析研判。全面实施劳动合同制度，推进集体协商和集体合同制度建设。加强用工人数较多劳务派遣企业、建设项目企业、制造业、服务业等企业指导和监督，联合县人社局监察大队开展劳动用工检查，督促企业与劳动者签订劳动合同，2020年劳动合同签订率98.78%（市标准98.5%）。健全和谐劳动关系三方协调机制，联合县总工会、县工商联开展劳动法律法规宣传，研判全县劳资关系。

【劳动争议调解仲裁】 2020年，仁化县劳动人事争议调解仲裁工作坚持以人为本原则，以劳资关系和谐和社会稳定作为调解仲裁工作根本点，公平、公正处理劳资纠纷。全年处理案件77宗，其中立案受理37宗，案外调解40宗，不予受理4宗，裁决9宗，庭后调解3宗，庭前调解25宗（含上年立案在法定期限内审结案件1宗）。案件处理涉及劳动者218人，涉案金额292.21万元。仲裁结案率97.4%，终局裁决率88.9%，调解率88.3%。

【工伤保险宣传】 2020年7月15日，仁化县组织开展建筑业工伤保险集中宣传活动。通过会议形式，组织建筑业、制造业、服务业46家企业管理人员、安全生产负责人员开展建筑业“千企万人”工伤保险与安全生产集中培训活动。通过深入建筑业企业交流意见，走访仁化碧桂园、丹霞新城、勃城建筑工地施工一线，发放《工伤保险条例》及宣传物品2000余份。

【工伤认定】 2020年，仁化县结合国家和省《工伤保险条例》《工伤认定办法》规定程序，依法受理工伤认定申请，做好调查取证、认定、送达等，规范操作环节，实行工伤发生单位24小时内电话报告制度，做好现场调查取证认定工作，遇有复杂和典型案例，主动与上级业务部门和法律人士探讨沟通。全年受理工伤认定申请105宗，工伤认定105宗；依法成功调处未参保案件68宗并经当事人双方同意未予受理。

【“企忧档案”工作】 2020年，县人社局按照县域发展要求，抓好“企忧档案”落实工作。每月走访联系“企忧档案”挂点企业仁化县格顶闽富达墙材有限公司、仁化县丹霞山彤景酒店有限公司、仁化县和佳商贸有限公司3家，按时将“企忧事项申请表”及企忧事项情况汇报给县企忧办。

【就业精准扶贫】 2020年，县人社局组织认定就业扶贫安置点5个，安置贫困劳动力就业24人。发放符合条件建档立卡贫困户7名一次性创业资助7万元，其中，建档立卡贫困户同时享受每人每年4000元租金补贴政策3名。研究制定公益性岗位招聘计划，首批乡村公益性岗位招聘数量60人，用工方式为非全日制用工，薪酬待遇按每小时不低于14元，全月补贴待遇不高于1410元执行。加强贫困劳动力就业稳岗工作，通过扶贫系统数据对碰，筛选出吸纳贫困劳动力就业企业3家，做到政策宣传、政策落实精准对接。筛选符合发放条件人数62人，发放吸纳贫困劳动力岗位补贴10.79万元；发放乡村公益性岗位补贴120人次16.61万元。促进建档立卡困难高校毕业生就业。组织开展2020年度公开招聘，吸纳本地困难高校毕业生5名到基层公共就业创业服务岗位就业。开发社区工作者岗位，吸纳建档立卡等困难高校毕业生就业1名。

【技能精准扶贫】 2020年，仁化县完成2020年春季建档立卡贫困家庭就读技校学生生活费补助发放工作，补助61人，发放金额9.15万元。完成2020年秋季建档立卡贫困家庭就读技校学生生活费补助发放工作，补助72人，发放金额10.8万元。举办镇（街）“粤菜师傅”培训班13期，培训贫困人员302人次。

【社保精准扶贫】 2020年，仁化县兜牢民生底线，做到城乡养老保险全覆盖。为符合条件参保人4977名代缴城乡居民养老保险，100%参保。年满60周岁建档立卡贫困人员1807人，已经领取城乡居民养老待遇人员1807人。

（李　荣　岑武秀）

社会保障

【社会保险扩面征缴】 2020年，仁化县社会保险基金管理中心（简称县社保中心）配合县人社、税务等部门做好社会保险扩面征缴工作。全年全县城乡养老保险参保人数82343人，征收收入797.42万元（税务征收收入口径，下同）。企业职工养老保险参保人数20129人，征收收入11466.72万元。失业保险参保人数15204人，基金征收收入197.81万元。工伤保险参保人数23227人，基金征收收入314.17万元。

【社会保险待遇发放】 2020年，仁化县企业养老待遇发放7953人/月，每月支付1825.15万元；失业保险77人/月，每月支付12万元；城乡居民基本养老保险待遇29011人/月，每月支付518.15万元。定点医疗机构住院结算（含特殊门诊）39724人次，支付金额5582.5万元；返回结算1312人次，发放待遇578.8万元；定点医疗机构普通门诊结算174529人次，支付金额862.75万元。工伤保险待遇发放97人次，支付金额523.3万元；生育保险待遇发放458人次，支付生育津贴及生育医疗费用430.8万元。婚检487人次，支付金额5.6万元。

【社会保险信息变更、核实、建立、证明】 2020年，县社保中心做好参保单位和参保人资料信息变更，变更单位信息23个，变更个人信息107人。查询无历年缴费记录档案198人，并做实个人账户补记录，维护参保人利益；建立视同缴费账户94人；根据参保人需要，开具参保证明1457份。

【社会保障卡工作】 2020年，县社保中心协调银行做好二代社会保障卡换代工作。全年全县社会保障卡挂失与解挂942人，补换社保卡621人，办理临时社保卡551人，一人一卡清理276人，社会保障卡密码修改与重置2938人，社会保障卡启用（含社会保障卡银行账户激活）1130人，社会保障卡申领312人，社会保障卡信息变更29人，社保卡注销55人。

【社会保险关系转移工作】 2020年度，全县办理省内养老保险转出160人，省内医疗保险转出35人，省内失业保险转出18人，省外养老保险转出50人，省外医疗保险转出19人；办理社会保险关系转入160人，办理转移重复退款1人。为264人发放社会保险参保缴费凭证，待办理转出手续。

【社会保险补缴】 2020年，县社保中心审核符合政策规定办理各类补缴人员资料，办理补缴242人，其中，企业未参保人员补缴7人，应参未参人员养老保险补缴80人，早期离开国有集体企业人补缴员3人，离开机关事业单位人员一次性补缴2人，灵活就业人员一次性趸缴6人，医疗保险补缴10人。

【养老保险待遇调整】 2020年，仁化县按《广东省人力资源和社会保障厅　广东省财政厅关于2020年调整退休人员基本养老金的通知》（粤人社规〔2020〕29号）规定，调整机关事业单位退休人员2762人，调标金额576.07万元，其中高龄补贴155.12万元，人均调标217.73元（不含高龄补贴）；调整企业职工养老保险待遇7999人，发放金额1060.54万元，人均增资189.4元，并做好2020年1—7月补发工作。12月，按《广东省人力资源和社会保障厅　广东省财政厅关于2020年提高城乡居民基本养老保险全省基础养老金最低标准的通知》（粤人社发〔2020〕182号文），调整全县城乡居民基本养老金最低标准28418人，城乡居民基本养老保险基础养老金自2020年7月1日起由170元调整为180元。

【机关事业单位养老保险制度改革】 2020年，仁化县按时完成机关事业单位养老保险基金和职业年金正常征收工作。全县168个单位，征收机关养老保险基金在职人员6278人，基金累计收缴11989.89万元，职业年金累计收缴5976.12万元；发放待遇2861人，累计发放养老金16490.84万元。2020年度完成75个单位563人559.95万元的原参加企业职工基本养老保险机关事业单位工作人员个人缴费本息清退工作。有序推进机关事业单位养老保险转移接续和视同缴费年限数据采集工作。

【社会保险经办和基金风险防控】 2020年，县社保中心建立健全内控管理制度，规范内控管理流程，执行内部控制监督检查工作制度，定期开展内部自查和监督检查工作。开展社会保险经办机构内控监督检查暨社会保险经办风险管理专项行动工作，及时发现问题并整改。强化基金收支情况动态监控，定期评估社会保险基金运行形势。严格执行社保基金财务管理制度，各项待遇支出严格执行三级审批制度，确保基金安全有效运行。

【社会保险稽核】 2020年，县社保中心加强定点医药机构监督核查力度，通过网络监控与实地核查、定期检查与突击检查相结合，以医保系统数据分析为重点，重点对定点医院诊疗规范情况、收费情况实时动态监督，规范定点医院诊疗行为，持续打击欺诈冒领行为。年内，实地稽核医疗机构、零售药店数21家，发出整改通知书4份，涉及违规金额243.74元，已予追回。扣除定点医疗机构违规费用约17万元。核查社会保险待遇310人次，其中违规多领53人次，多领金额8.16万元，追回金额5.6万元，对未能追回的，按程序报人社部门继续追缴。

【社会保险“精准扶贫”】 截至2020年年底，仁化县为符合条件贫困人口5016名代缴城乡居民基本养老保险，代缴率100%。年满60周岁贫困人员1807人，100%按时足额领取养老保险待遇。财政全额资助建档立卡贫困人口9115名个人缴费部分，100%参加基本医疗保险。经县扶贫办核对，全县建档立卡贫困人员住院报销5593人次，医疗总费用2260.3万元，合规医疗费用2003.5万元，医保报销1573.8万元，大病报销费用1928.3万元，医保报销占合规费用比例88.18%。

（欧剑彬）

民　　政

【城乡低保】 2020年1月起，仁化县城市居民最低生活保障标准从702元/月提高到772元/月；全县农村居民最低生活保障标准从484元/月提高到532元/月；发放城镇低保1915户3895人1774.72万元；发放农村低保1661户3490人1856.68万元。

【城乡特困人员供养管理】 2020年，仁化县城镇特困人员供养标准从1124元/月提高到1236元/月；农村特困人员供养标准从847元/月提高到928元/月，达到人均9874元/年，均达到全省低保最低标准。全年，发放特困人员特困供养金及照料护理费560人711.65万元。

【基层自治】 2020年，仁化县20户以上自然村成立村民理事会936个。

【服务机构管理】 2020年疫情防控期间，全县11所敬老院及流浪乞讨人员救助安置中心全部落实封闭式管理，每日测温2次，中心人员每天巡查路面情况2次，全县集中供养特困人员140人和工作人员35人均无人感染新冠病毒。

【慈善救助】 2020年6月30日，仁化县举行“广东省扶贫济困日”捐款仪式，筹集资金454.4万元，所募集资金全部用于“6・30”扶贫项目。

【民间组织管理】 2020年，县民政局继续深化社会组织管理制度改革，激发社会组织活力。规范流程，做好民政组织登记、社会组织登记和年检工作。截至是年底，全县有社会组织113个，其中社会团体75个、民办非企业38个，注销7个。

2020年仁化县社会团体一览表

表27

序　号	社会团体名称	序　号	社会团体名称	序　号	社会团体名称
1	仁化县体育总会	29	仁化县价格协会	57	仁化县丹霞义工会
2	仁化县乒乓球协会	30	仁化丹霞旭日青少年体育俱乐部	58	仁化县观赏石协会
3	仁化县慈善会	31	高莲病虫专业化防治协会*	59	仁化县南水移民传统文化促进会
4	仁化县足球协会	32	天湖病虫专业化防治协会*	60	仁化县非公林业产业协会
5	仁化县老区建设促进会	33	周田病虫专业化防治协会*	61	仁化县丹霞仁家协会
6	仁化县殡葬管理协会	34	仁化县丹霞山断石乡村旅游协会	62	仁化县石塘堆花米酒生产技术协会
7	仁化县老年人体育协会	35	仁化县茶业协会	63	仁化县文化艺术交流协会
8	仁化县集邮协会	36	仁化县书画家协会	64	仁化县电子商务行业协会
9	仁化县水利水电行业协会	37	仁化县扶溪镇左龙村扶贫互助社	65	仁化县董塘镇岩头村扶贫互助社
10	仁化县棋类协会	38	仁化县青年摄影学会	66	仁化县爱国拥军促进会
11	仁化县历届政协委员联谊会*	39	仁化县旅游协会	67	仁化县户外运动协会
12	仁化县仁化中学教育学会	40	仁化县红山镇小楣水村扶贫互助社	68	仁化县武术协会
13	仁化县羽毛球协会	41	仁化县罗汉果协会	69	仁化县董塘镇社会工作与志愿服务协会
14	仁化县私营企业协会	42	仁化县妇女健身协会	70	仁化县红山镇社会工作与志愿服务协会
15	紫岭病虫专业化防治协会*	43	仁化县董塘镇塘联村扶贫互助社	71	仁化县客栈民宿协会
16	仁化县篮球协会	44	仁化县梅州客家文化促进会	72	仁化县网络文化协会
17	仁化县性学会*	45	仁化县石塘镇农民用水协会*	73	仁化县旗袍协会
18	仁化县有机产品种植专业技术协会	46	仁化县金融协会	74	仁化县丹霞健身气功协会
19	仁化县建筑工程学会	47	仁化县扶溪镇农民用水协会	75	仁化县山楂产业协会
20	仁化县质量计量标准化协会	48	仁化县小水电行业协会	76	仁化县餐旅烹饪协会
21	仁化县摄影协会	49	仁化县闻韶镇农民用水协会	77	仁化县汽车摩托车运动协会
22	仁化县个体劳动者协会	50	仁化县董塘镇农民用水协会	78	仁化县禁毒协会

续表27

序　号	社会团体名称	序　号	社会团体名称	序　号	社会团体名称
23	仁化县婚姻家庭建设协会	51	仁化县丹霞街道办事处农民用水协会	79	仁化县生猪养殖协会
24	仁化县民间企业家协会	52	仁化县兴宁客家文化促进会	80	仁化县盆景协会
25	仁化县林业学会	53	仁化县护理学会	81	仁化县柑橘产业协会
26	仁化县董塘镇高莲村沼气协会	54	仁化县河源移民传统文化促进会	82	仁化县作家协会
27	仁化县扶溪左龙村毛竹生产加工流通合作社	55	仁化县音乐协会	—	—
28	仁化县水利学会	56	仁化县志愿者联合会	—	—

说明：表格内带“*”社会团体为注销组织

2020年仁化县民办非企业单位一览表

表28

序　号	单位名称	序　号	单位名称	序　号	单位名称
1	仁化县董塘开心宝幼儿园	14	岭田青草地幼儿园	27	仁化县扶溪镇童乐幼儿园
2	仁化县蓓蕾幼儿园	15	仁化县董塘坪岗凯利幼儿园	28	仁化县龙星青少年足球俱乐部
3	仁化县丹霞山性文化博物馆	16	仁化县水南中英文幼儿园	29	仁化县精武道青少年体育俱乐部
4	仁化县董塘镇天诚幼儿园	17	仁化县凡口新世纪幼儿园	30	仁化县长江镇明星幼儿园
5	仁化县培正幼儿园	18	仁化县长江镇小天使幼儿园	31	仁化县周田镇智慧岛幼儿园
6	韶关岭南职业培训学校	19	仁化县华英幼儿园	32	仁化县爱儿思一品城幼儿园
7	仁化县海丽达幼儿园	20	仁化县董塘镇博雅幼儿园	33	仁化县凡口博艺幼儿园
8	仁化县小太阳幼儿园	21	麻塘村幼儿园	34	仁化县童之梦幼儿园
9	仁化县锦江中心幼儿园	22	仁化县金太阳幼儿园	35	仁化县读成教育培训中心
10	仁化县希望之星培训中心	23	仁化县丹霞金果果幼儿园	36	仁化县长江镇朝阳幼儿园
11	仁化县黄坑镇阳光幼儿园	24	仁化县蓝天幼儿园	37	仁化县新学大教育培训中心
12	仁化县明珠幼儿园	25	仁化县快乐之星幼儿园	38	仁化县菁华职业培训学校
13	仁化县月岭中英文实验幼儿园	26	仁化县新起点幼儿园	—	—

【殡葬改革】 2020年清明节期间，县民政局利用殡改宣传车、派发小册子、悬挂横幅等方式，倡导宣传绿色殡葬。疫情防控期间，实行县公墓、殡仪馆严禁拜祭管控，殡仪馆暂不安排追悼会，封闭式管理公墓。全年，县殡仪馆火化尸体802具，其中本地646具、非本地156具。

【婚姻登记】 2020年，仁化县办理结婚登记1149对（其中，内地结婚1148对、涉外婚姻0对、涉港澳台地区1对），离婚登记632对，补发婚姻证196宗，补发离婚证36宗。全部登记合法有效，登记合格率100%。

【儿童福利工作】 2020年，仁化县有孤儿23人，发放孤儿基本生活补贴26.6万元；事实无人抚养儿童99人，发放生活补贴52.2万元。

【老龄工作】 2020年，仁化县累计发放80岁以上老年人老龄津贴5443人142.3万元，其中百岁以上老人发放长寿保健金200元/人·月。

（叶莉华）

老区建设

【老区宣传工作】 2020年，仁化县老区建设促进会（简称县老促会）创新开展老区宣传工作。在市老促会关心指导下，深入基层和有关部门，走访老干部、老领导和老同志，调查挖掘史实资料，出版《仁化县革命老区发展史》，印刷2000册，发放至全县各有关单位和有关人员。5月起，会长彭良武编纂专题片《智者乐水》脚本（解说词），与有关部门合作，经过创意策划、制订方案、组织实施、收集资料、编纂脚本、下乡拍摄、影视制作、反复修改，历时9个月拍摄完成，讲述仁化县革命老区水利水电建设70年所取得成就。与县工商联邹奇广东方卓建设工程有限公司合作，赠送《幸福格言》2000册给红军长征粤北纪念馆。征订《中国老区建设》杂志158份、《广东源流》杂志140份，发至全县各有关单位及个人。特约通迅员积极投稿，获中国老区杂志社、广东源流杂志社好评。12月21日，县老促会做好国家老促会副会长李广文（少将）及省老促会会长陈开枝一行到仁化老区调研有关工作。年内，县老促会获国家老促会老区宣传工作三等奖、韶关市老促会老区宣传工作“先进集体”奖，被仁化县精神文明建设委员会授予“先进社会组织”称号；谭玉玲获省市老促会老区宣传工作“十佳特约记者”称号，刘向群、谢嘉文获老区宣传工作“特别贡献”奖。

【疫情防控】 2020年，县老促会按照县疫情防控指挥部工作安排，利用电话、微信等开展线上办公，传达县委、县政府关于疫情防控意见和要求，传达省市老促会工作部署和要求，组织老促会干部积极参与全县疫情防控值守和防控宣传工作，广泛收集信息及时向上反馈。疫情严控期间，老促会各位理事积极为武汉捐款2150元，其中理事周圣誉捐款1000元。会长彭良武创作诗歌集，点赞抗疫英雄事迹。

【老区调研】 2020年，县老促会根据省市老促会2020年工作部署深入开展调研，重点抓好重要调研“积极促进老区苏区振兴发展政策法规的落实”“配合有关部门做好全面建成小康社会”2项。7—8月，联合县发改局、县扶贫办有关人员，深入6个镇18个村委会走村串户，开展为期20余天脱贫攻坚工作调研，完成调研报告《仁化县脱贫攻坚工作情况的调研报告》《促进老区苏区振兴发展政策法规的落实调研报告》2个，受到县委、县政府和省市老促会肯定与好评。

【服务老区】 2020年，县老促会争取老区专项资金42万元（其中县30万元、市9万元、省3万元），为城口镇3个村委会、红军广场、铜鼓岭红军烈士纪念园安装太阳能路灯，为红山镇1个村委会兴建文化室、长江镇1个村路面硬底化、石塘镇1个村桥梁兴建、丹霞街道1个村兴建卫生站和董塘镇1个村美化绿化提供补贴，受到老区人民称赞。

【革命烈士后裔助学工作】 2020年，县老促会为全县革命烈士后裔在校学生30人（其中大专以上27人、中专3人）发放助学金17.4万元，发放标准为大专生每年每人6000元、中专生每人4000元。组织全县革命烈士后裔学生及其家长在董塘镇红色安岗村召开座谈会，为受助学生及其家长上革命历史教育课1堂。县老促会彭良武会长被评为省老促会烈士后裔助学“先进个人”。

【革命遗址普查工作】 2020年，县老促会副会长刘向群、理事戴光胜积极配合参与全县革命遗址普查工作，既做指导员又做普查员，到各镇各村开展田野调查四个多月，助力全县革命遗址普查工作，得到县革命遗址普查办公室赞扬。

（刘向群）

民族宗教事务

【少数民族地区团结发展】 仁化县属于散居少数民族县，有少数民族瑶族、畲族等30个，人口3364人，分布在各镇（街）行政村14个，主要聚集在董塘镇瑶族村和周田镇灵溪村。2020年，仁化县民族宗教事务局（简称县民宗局）组织实施《关于推动仁化县民族地区加快高质量发展的实施方案》，争取上级少数民族发展资金帮扶项目资金25万元，推动民族地区加快高质量发展。落实少数民族优惠政策，做好少数民族聚居区高考考生和大学生资助资格审核工作。全年省财政核拨仁化县少数民族聚居区少数民族大学生资助资金22万元。通过开展民族团结进步进农村、进社区、进企业、进校园宣传活动，持续推进全县民族团结进步创建活动。

【宗教领域工作】 2020年，仁化县坚持“保护合法、制止非法、遏制极端、抵御渗透、打击犯罪”原则，维护县域内宗教领域和谐稳定。全年全县有登记在册宗教场所7处，符合“四有”条件民间信仰场所20处。突如其来的新冠肺炎疫情防控期间，仁化县落实宗教活动场所及民间信仰场所“双暂停一延迟”措施，做好宗教场所疫情防控工作督导验收及指导做好宗教场所有序开放。开展国旗、宪法法律法规、社会主义核心价值观、中华优秀传统文化进宗教活动场所“四进”活动，引领宗教界人士和信教群众爱国爱教、服务社会。县宗教界向市、县红十字会捐款21.86万元。开展宗教场所日常巡查，加强宗教场所安全管理。

（邹云娣　叶永华）

人　口

【户籍人口总数】 2020年，仁化县户籍总人口75295户243995人，比2019年244976人下降0.4%；出生入户人口2790人，出生入户率1.14%，比2019年出生入户人口2656人增长5.05%。

【人口性别构成】 2020年，全县户籍人口性别比例（女性=100）105.4，比2019年上升1.3个百分点；男性人口125184人，占总人口的比重为51.31%；女性人口118811人，占总人口的比重为48.69%。

【城乡人口构成】 2020年，全县户籍总人口243995人，其中乡村人口145861人，占总人口比重59.78%；城镇人口98134人，占总人口比重40.22%。流动人口5124人。

（邓红莲）

计划生育

【概况】 2020年，仁化县户籍总人口243995人，总和生育率1.35，其中当年出生人口2487人，出生率10.14‰，死亡1415人，死亡率5.77‰，自然增长

1072人，自然增长率4.37‰，性别比102.85。

【妇幼健康计划生育服务】 2020年，仁化县继续开展出生缺陷干预项目，并采取各种方式广泛宣传。全年，全县婚姻登记2296人，婚前医学检查775人，婚前医学检查率33.75%，检出疾病140人次，疾病检出率18.06%，并对检出疾病人员进行婚前健康指导；免费孕前优生检查任务数500对，并对检出疾病人员进行婚前健康指导；免费孕前优生检查任务数500对，检查473对，目标人群覆盖率94.6%；各助产机构为孕妇和计划怀孕孕龄妇女地中海贫血常规初筛1310对，孕产妇唐氏筛查1177人，结构畸形超声筛查1172人；新生儿疾病筛查1337人，听力筛查1336人。

【计划生育家庭发展工作】 2020年，仁化县落实计划生育“五种”（城镇独生子女父母奖励、农村部分计划生育家庭奖励、农村计划生育节育奖励、计划生育家庭特别扶助、计划手术并发症人员扶助）奖励扶助制度，落实计划生育特殊家庭联系人制度，开通就医绿色通道，开展家庭医生签约服务，从社会关怀和物资帮助等多渠道给予计划生育困难家庭帮扶救助。全年，全县城镇独生子女父母奖励对象2570人，实际发放28847人次，应发240.696万元，实发240.696万元；农村部分计划生育家庭奖励对象1097人，实际发放12228人次，应发146.82万元，实发146.82万元；农村计划生育节育奖励对象3459人，实际发放42359人次，应发211.99万元，实发211.99万元；计划生育家庭特别扶助对象71人，实际发放801人次，应发56.28万元，实发56.28万元。

【计划生育综合治理】 2020年，仁化县继续巩固和加强计划生育综合治理。严格实行计划生育目标管理责任制，明确县各单位工作职责。加大“全面两孩”政策宣传，财政、发改、人社、教育、住建等相关单位制定并落实全面“两孩”政策配套措施。加强部门之间协调联动，公安、民政、疾控等部门落实信息通报制度，每月定期向当地计生部门通报有关人口“四项”（出生入户、死亡注销、户籍迁入、户籍迁出）变动、婚姻变动、死亡等信息。落实工作和计生政策相结合，制定出台优惠政策，民政、教育、农业农村等部门在实施惠民普惠政策时，优先照顾符合条件计划生育家庭。

（朱锦华）

婚姻·家庭

【婚姻家庭信访维稳】 2020年，仁化县办理结婚登记1149对；民政办理离婚登记632对，法院判决离婚24对、调解离婚53对，撤诉36宗，判不离婚12宗，合计离婚709对。开展下基层法律讲座及妇联主席热线接听活动，发挥“娘家人”帮助与指导作用，帮助解决妇女群众遭受家庭暴力、婚姻关系等问题。开通妇联“12338”热线电话，举办《民法典：婚姻与家庭》线上线下专题讲座23场，开展“家暴零容忍 平安齐守护” 大型普法宣传，开展街头妇女维权、宣传10场次。切实维护妇女儿童合法权益，全年接待妇女群众来信来访17宗，结案率100%，法律援助1宗。11月27日，县妇联联合县司法局举办全县婚姻家庭纠纷调解培训班，提高基层妇女干部、司法所工作人员、专职人民调解员调解专业知识与服务能力水平，推进基层婚姻纠纷调解工作开展，维护家庭幸福和睦，促进社会和谐稳定。

【家庭助廉活动】 2020年，仁化县妇联贯彻落实习近平总书记关于“注重家庭、注重家教、注重家风”重要指示精神，联合县纪委监委发放家庭助廉倡议书2077份，签订家庭助廉承诺书1696份，举办各类家庭助廉活动31场，营造家庭助廉氛围。

【做好“美家”文章】 2020年，仁化县妇联深化美丽家园示范建设，实施“家越美 粤幸福”美丽家园项目化建设，以董塘镇南湖村、新龙村为项目点常态化开展“清洁卫生我先行”“绿色生活我主导”“家人健康我负责”“文明家风我传承”四大行动26场次。尝试美丽家园建设与积分兑换相结合激励模式，评选出最美家庭36户，美丽家园示范户40户，引导村民大力发展庭院经济，把家风家教根植于庭院建设，鼓励村民大胆亮出家风家训。董塘镇新龙村被评为省“家庭文明建设示范点”，城口镇恩村被评为市“家风家教实践基地”，县妇联被评为市“家越美 粤幸福”项目工作先进单位。

【文明平安家庭创建】 2020年，仁化县妇联注重家风家教建设，挖掘优秀典型，向上级推荐各类“最美家庭”，推进“文明家庭”“最美家庭”“平安家庭”“星级文明户”评选工作。“三八”国际妇女节期间，联合县文明办命名“文明家庭”黄康明家庭等60户，授牌星级文明户3009户。董塘镇杨雪花家庭获得全国“五好家庭”，县税务局欧咏梅家庭获得广东百户“最美家庭”，董塘镇黄忠婷家庭被评为省“五好家庭”，刘萍家庭等5户获得市“文明家庭”称号，欧丽霞家庭、黄志勇家庭获得市“十大最美家庭”称号，县供电局练思瑶被评为市“十大好军嫂”，朱志勇家庭、钟帅凤家庭被评为市“优秀书香家庭”；安岗、恩村、康溪3个村被评为市“平安家庭”村，周学忠家庭等10户家庭被评为市“平安家庭”。

2020年仁化县获“2019年度仁化县‘文明家庭’”表彰一览表

表29

序 号	家庭名称	序 号	家庭名称	序 号	家庭名称	序 号	家庭名称
1	黄康明家庭	16	张运南家庭	31	何玉兰家庭	46	黄银凤家庭
2	陈宝华家庭	17	宋新梅家庭	32	蔡三娣家庭	47	刘兰军家庭
3	黄丁发家庭	18	罗群娇家庭	33	蒙正娇家庭	48	古学能家庭
4	谭太芳家庭	19	饶冬连家庭	34	谭桂珍家庭	49	钟泰家庭
5	张贵红家庭	20	童秀霞家庭	35	蒙美兰家庭	50	蓝传宝家庭
6	徐文明家庭	21	朱小玲家庭	36	谭红英家庭	51	范智慧家庭
7	叶传金家庭	22	朱细妹家庭	37	邱舒华家庭	52	朱秋兰家庭
8	李修贵家庭	23	胡金梅家庭	38	赖嫚娥家庭	53	唐立红家庭
9	邓满香家庭	24	钟利英家庭	39	温运全家庭	54	张井清家庭
10	李良凤家庭	25	黄常委家庭	40	肖友泉家庭	55	杨超家庭
11	谭雪意家庭	26	蒙秋娣家庭	41	钟荣才家庭	56	杨秀香家庭
12	沈满云家庭	27	谭智才家庭	42	袁敏娇家庭	57	刘萍家庭
13	颜九娣家庭	28	谭新连家庭	43	连春秀家庭	58	蓝小雄家庭
14	徐娇凤家庭	29	李雪英家庭	44	张日洪家庭	59	刘曼旭家庭
15	李强家庭	30	黄燕家庭	45	梁纪世家庭	60	邹翠林家庭

2020年仁化县获韶关市“平安家庭”创建活动先进示范户一览表

表30

家庭名称	所属单位	授予时间	荣誉称号	授予单位
周学忠家庭	扶溪镇古夏村	2020年3月	2019年度韶关市“平安家庭”创建活动先进示范户	韶关市委政法委员会、韶关市妇女联合会
邓裕胜家庭	长江镇木溪村			
宋朝珍家庭	红山镇青迳村			
李垂明家庭	周田镇平甫村			
刘桂古家庭	石塘镇京群村			
李招平家庭	大桥镇古洋村			
王兰湘家庭	董塘镇安岗村			
张思兰家庭	黄坑镇高塘村			
黎陆群家庭	闻韶镇			
黄银凤家庭	县社保中心			

【家庭教育】 2020年，仁化县妇联重视家庭教育工作，结合“注重家庭、注重家教、注重家风”要求，在县城4个社区建立社区居民家庭教育微信群，组织家庭教育志愿者举办线上亲子有效沟通等讲座20场，转发家庭教育链接88条。邀请专业团队举办家庭教育讲座25场，各级妇女之家、巾帼驿站、儿童之家开展家庭助廉、亲子阅读、亲子实践活动、暑期学生“五防”安全知识教育等40场，参与家长2000多人次。12月，县家庭教育志愿服务队被仁化县文明委评为“先进志愿服务队伍”。注重性别平等教育工作，12月25日，县妇联开展“性别平等和家庭教育”基层讲师专题培训活动，推动全县性别平等教育与家庭教育有机结合、深入发展。

【巾帼抗疫】 2020年疫情防控工作中，仁化县妇联主动体现巾帼担当，广泛联系动员织密织牢巾帼防“疫”墙。县各级妇联组织响应全国妇联及省、市妇联防疫抗疫号召，成立50人巾帼志愿小分队，持续开展张贴公告、入户摸排、宣传、值卡口等工作，30多个广场舞队伍750名妇女转化为志愿者，利用流动音响，在小区、村庄滚动播放疫情防控音频，疫情防控宣传进入千家万户。发挥妇联组织“横向到边，纵向到底”网络优势，开展线上线下宣传活动，推送疫情防护链接300多条，拍摄微视频《同心抗疫 最美巾帼红》，用正能量占领妇联阵地。撰写防疫宣传稿件13篇，被“仁化发布”、市妇联网站、《中国妇女报》、中国妇女网、“学习强国”、“南方+”等媒体采纳。用关爱服务体现巾帼担当。动员巾帼志愿者投身到疫情防控阻击战中，为抗疫一线工作人员家庭提供“您家的菜我来送 您家的活我来干”服务。发动全县女能手捐赠抗疫物资价值约10万元并配送到各基层卡口。“三八”国际妇女节期间，携同丹霞义工会慰问抗疫一线家庭33户，走访慰问乡镇女领导干部职工52人。落实疫情期间妇联执委普遍联系群众制度，重点走访关心关爱贫困、残障妇女儿童，建立执委与困境妇女儿童“一对一”帮扶制度，妥善解决贫困儿童缺失照料困难2宗，赠送贫困学生口罩800个。基层妇联一线涌现出勇坚守敢担当“娘子军”一批，新龙村党支部书记宁声珍被评为广东省抗击新冠肺炎疫情先进个人。

【“妇女微家”建设】 2020年，仁化县妇联深化妇联组织建设“破难行动”，按照上级妇联工作要求，将妇联组服务和活动延伸到妇联群众生活最小单位，在三八红旗集体、女性社会组织、女性创业创新基地、美丽庭院示范户、最美家庭等中寻找最小单元建“家”，使其成为妇女群众最细微、最紧密、最贴近妇女生活活动服务平台。全年，建立“妇女微家”先行点10个。

【贫困妇女增收致富】 2020年，仁化县妇联结合“示范基地+农户”模式，引导女能手做大做强巾帼示范基地，为红山鱼皇村茶叶基地争取“十百千万巾帼精准脱贫项目”。年内，黄坑镇橘颂生态有限公司被评为市“巾帼创业示范基地”，红豆兰庭文化创意有限公司被评为“第一批广东省妇女手工创业创新基地”；各基地带动妇女就近或在家就业1000余名，带动贫困妇女实现增收100余名。与中国人寿仁化支公司合作，为全县省定贫困村妇女13741人免费购买“两癌”保险，总保费13.74万元。年内，县妇联被市妇联评为乡村振兴巾帼行动先进单位、“巾帼驿站”项目建设先进单位、“两癌”筛查宣传工作先进单位。

【妇女儿童合法权益维护】 2020年，仁化县妇联开展“‘12338’热线接听日”活动，举办“律师伴我行，维权在身边”线上宣传活动，举办《民法典：婚姻与家庭》线上线下专题讲座23场，承办市妇联大型普法宣传“家暴零容忍 平安齐守护”“关爱女童护苗行动”2场，开展街头妇女维权、平安创建、禁毒、安全生产宣传10场次。及时处理解决妇女群众反映权益诉求16宗，受理法律援助案件1宗；做好妇女儿童两个“规划”指标达标和终期评估工作。

（宁家红）

农村居民人均可支配收入与消费

【概况】 2020年，仁化县农村居民收入受新冠疫情和柑橘价格影响，人均可支配收入略有增长，生活消费支出有所增加。据农村住户调查数据显示，全年全县农村居民年人均可支配收入19409元，比上年增长4.6%；年人均生活消费支出12608.1元，比上年增长2.4%。

【农村居民收入情况】 2020年，全县农村居民年人均可支配收入19409元，同比增长4.6%。农村居民工资性收入人均10816元，与2019年同比增长25.6%。农村居民家庭经营纯收入因受新冠疫情和柑橘价格低迷因素影响，人均5806元，比2019年减少1020元，同比下降14.9%。农村居民财产纯收入主要以农村集体分配红利、生态林分红为主，人均362元，同比下降12.9%。农村居民转移纯收入人均2425元，同比下降10.3%。

2020年仁化县农村居民分项收入情况表

表31

指标名称	2020年（元/人）	2019年（元/人）	增幅（%）
年人均可支配收入	19409	18556	4.6
（一）工资性收入	10816	8611	25.6
（二）家庭经营纯收入	5806	6826	-14.9
（三）财产性纯收入	362	416	-12.9
（四）转移性纯收入	2425	2703	-10.3

【农村居民支出情况】 2020年，全县农村居民人均生活消费支出12608元，比2019年增长2.4%。“八大类消费支出”呈“五升三降”态势。其中：食品烟酒支出人均为5105元，比上年增加616元，同比增长13.7%；衣着人均支出405元，同比增长0.5%；居住人均支出3203元，比上年增加429元，同比增长15.5%；生活用品及服务人均支出691元，比上年减少96元，同比下降12.2%；交通通信人均支出1382元，比上年增加12元，同比增长0.87%；文教娱乐用品服务支出1031元，比上年减少534元，同比下降34.1%；医疗保健人均支出615元，比上年减少200元，同比下降24.5%；其他商品和服务人均支出176元，比上年增加68元，同比增长63%。农村居民用于食品消费方面支出占生活消费支出比重为40.5%，比上年提高4个百分点。

2020年仁化县农村居民人均生活消费情况表

表32

指标名称	2020年（元/人）	2019年（元/人）	增幅（%）
年人均生活消费支出	12608	12311	2.4
1.食品烟酒支出	5105	4489	13.7
2.衣着支出	405	403	0.5
3.居住支出	3203	2774	15.5
4.生活用品及服务支出	691	787	–12.2
5.交通通信支出	1382	1370	0.87
6.文教娱乐用品及服务支出	1031	1565	–34.1
7.医疗保健支出	615	815	–24.5
8.其他商品和服务支出	176	108	63

城镇居民人均可支配收入与消费

【概况】 2020年，仁化县大力实施“139”发展战略，坚持稳中求进工作总基调，积极采取系列措施落实稳增长，在新冠疫情期间确保城镇居民收支增长。据城乡一体化抽样调查结果显示，全年全县城镇居民年人均可支配收入30910元，比上年同期增长4.8%；城镇居民年人均生活消费支出18791元，同比增长4%。

【城镇居民收入情况】 2020年，仁化县城镇居民年人均可支配收入30910元，比上年同期增长4.8%；家庭年人均生活消费支出18791元，比上年同期18062元增长4%。其中，食品烟酒消费为7314元，占家庭消费总支出（恩格尔系数）38.9%，比上年提高0.7%。

【城镇居民收入特点】 2020年，仁化县城镇居民人均可支配收入稳步增长。城镇家庭人均可支配收入由工资性收入、家庭经营纯收入、财产性净收入、转移性净收入“四项”构成，其中工资性收入是“四项”收入主要来源。2020年，全县城镇居民工资性人均收入14841元，同比上年增长1.1%；由于商品销售市场受新冠疫情的影响，批发和零售业收入有所减少，家庭经营纯收入7261元，同比上年下降1.4%；家庭财产性纯收入人均2256元，同比上年增长23.1%；转移性纯收入人均为6552元，同比减少1.7%，主要是受突如其来的新冠疫情影响，上半年居家不能外出务工，寄带回收入明显减少。

2020年仁化县城镇居民年人均可支配收入情况表

表33

指标名称	2020年（元/人）	2019年（元/人）	增幅（%）
年人均可支配收入	30910	29494	4.8
（一）工资性收入	14841	14678	1.1
（二）家庭经营纯收入	7261	7367	-1.4
（三）财产性纯收入	2256	1833	23.1
（四）转移性纯收入	6552	5616	1.7

【城镇居民消费特点】 2020年，仁化县城镇居民家庭年人均生活消费支出为18791元，“八大类”消费支出呈“五降三升”态势，其中：食品烟酒消费支出为7314元，比2019年同期增长6%；衣着消费支出为841元，比2019年同期下降20.9%；居住消费支出为4033元，比2019年同期下降0.3%；生活用品及服务支出为1292元，比2019年同期增长12.2%；交通通信支出1636元，比2019年同期下降15.6%；教育文化娱乐支出为1101元，比2019年下降29.8%；医疗保健支出为2415元，比2019年同期增长105.1%；其他商品和服务支出159元，比2019年同期下降27.8%。

2020年仁化县城镇居民年人均生活消费支出情况表

表34

指标名称	2020年（元/人）	2019年（元/人）	增幅（%）
年人均生活消费支出	18791	18062	4.0%
1.食品烟酒支出	7314	6898	6.0%
2.衣着支出	841	1064	-20.9%
3.居住支出	4033	4045	-0.3%
4.生活用品及服务支出	1292	1151	12.2%
5.交通通信支出	1636	1938	-15.6%
6. 教育文化娱乐支出	1101	1568	-29.8%
7. 医疗保健支出	2415	1178	105.1%
8.其他商品和服务支出	159	220	-27.8%

（罗和昌）

中央、省、市驻仁化单位

深圳市中金岭南有色金属股份有限公司凡口铅锌矿

【生产经营】 2020年，深圳市中金岭南有色金属股份有限公司凡口铅锌矿（简称凡口铅锌矿）克服新冠肺炎疫情影响，抓严内部管理，及时调整生产布局，开展中金岭南公司“五创”（技术创新、质量创优、产能创高、管理创严、效益创好）活动，提质增效，降本控费，完成攻关项目17项，采矿入选矿石品位12.3%，采矿贫化率12.34%，损失率1.85%，创历史最优水平。选矿综合回收率93.43%，再创新高。全年完成生产和销售任务105%，其中3月产量创凡口铅锌矿单月历史新高，获政策支持奖励资金3168万元。

【疫情防控】 2020年新型冠状肺炎疫情防控期间，凡口铅锌矿成立疫情防控工作领导小组，构建网格化防控体系。开展“地毯式”排查，印发疫情防控文件10份，由医护人员、党员干部、志愿者组成防控小组在11个路口设立关卡，严格执行“外防输入、内防扩散”防控要求。2月10日，凡口铅锌矿根据广东省人民政府令复工复产，成为广东省第一批复工复产企业。3月3日，响应中共仁化县委、县政府关于“大企帮小企”要求，赠送口罩2500个、赠送口罩2500只、消毒水150千克和体温计给仁化县韶关凯鸿纳米材料有限公司等小微企业。

【安全生产】 2020年，凡口铅锌矿坚守“发展决不能以牺牲人的生命为代价”红线意识，履行“党政同责、一岗双责、齐抓共管、失职追责”刚性要求，建立健全安全责任考核机制和隐患排查治理工作体系，加强员工安全教育，提升矿山整体安全管理水平，形成“领导干部带头抓、管理人员具体抓、一线员工主动抓”工作格局。年内，修订《安全生产责任制》《安全标准化制度文件》《安全操作规程》，制定安全责任制度421个，修订制度文件91个、安全操作规程452项；开展安全职业卫生教育培训266次，培训9851人次；开展安全、消防、职业卫生检查198次，发现并整改隐患82项；通过安全生产监督管理部门检查38次，整改隐患21项；开展应急演练8次，参加人员600人次；辨识安全风险1846条，绘制矿区风险四色图，建立主要风险排查点数百个，制定岗位告知卡97份、风险公告栏133份；配套建立双重预防机制安全管理平台，开发手机App并全面推行使用，录入隐患648条；考核处罚15起，给予经济考核54.34万元；开展全员安全主题教育2次，专题、专项安全教育1600人次；接到基层员工安全隐患举报123起，发放隐患报告奖金2.55万元。全年全矿无轻伤及以上事故，无新增职业病，千人负伤率为零，粉尘合格率90%以上，实现安全职业卫生工作目标。

【环境保护】 2020年，凡口铅锌矿牢固树立“绿水青山就是金山银山”环保理念，加强生态保护和修复，推进生态文明建设。6月，完成环境监测站

CNAS复评审。7月，重新修订《危险废物管理办法》。8月，通过环境管理体系认证审核。9月，领取新版国家排污许可证。全年排查整改环境风险隐患50余项，通过国家、广东省、韶关市、仁化县环保督查40余次。成功申领国家政策专项资金1130万元，其中，尾矿库生态恢复二期工程300万元、井下水澄清处理工程330万元、尾矿管更换工程500万元。完成“选矿厂厂前水处理及回用项目”建设，废水回用率87%以上，全矿各排放口污染物达标率100%，获“广东省环保诚信绿牌企业”“十三五节能减排先进单位”称号。参与编制行业标准《有色金属采选行业绿色工厂评价导则》《铅锌选矿废水处理与回用规范》《铅锌采选业绿色工厂评价要求》，为中国有色金属工业评价提供经验。

【企业管理】 纪检监察室更名为纪律检查室。2020年5月20日，根据《关于印发〈中金岭南公司党委关于推进纪检监察体制改革的实施方案〉的通知》，凡口铅锌矿纪检监察室更名为纪律检查室。

调整员工离岗年限。7月14日，修订《凡口铅锌矿职工离岗休养规定》，调整员工离岗休养年龄，详细规定不同系列员工离岗休养年龄、返聘年限、返聘条件、返聘待遇、提前离岗休养条件。

规范员工管理。8月7日，重新修订《凡口铅锌矿员工奖惩办法》。将《关于在政工岗位进一步完善专业资格评聘分开的通知》《政工岗位开展竞聘、考核上岗实施办法》《凡口铅锌矿专业技术职务评聘分开实施办法》合并修订为《凡口铅锌矿专业技术职务评聘管理办法（修订）》。8月13日，修订《凡口铅锌矿职工调配规定》并更名为《凡口铅锌矿员工调配规定》，重新界定员工入职、离职、矿内调配。

人才管理。7月6日，印发《关于给予新引进高素质人才享受特别待遇的决定》，对2020年7月1日以后新引进“985工程”“211工程”重点院校采矿工程等专业全日制本科及以上学历毕业生给予高素质人才享受特别待遇。11月19日，经高技能人才评价，电工、维修电工、钳工、维修钳工、焊工5个工种11人被认定并聘为高级技师。

制度建设。12月10日，出版《深圳市中金岭南有色金属股份有限公司凡口铅锌矿制度汇编》，含安全、环保、行政等管理制度16项150条。

周转房管理。12月16日，印发《凡口新公寓住房租赁分配办法》《腾空房分配管理办法》，改变以往分房计分加分侧重面，着重向青年知识分子倾斜，兼顾艰苦岗位员工及需拆迁老旧房屋搬迁户。

公司合并。12月23日，根据广晟公司《关于报送广晟公司“去亏损”“压规下”一企一策工作方案的通知》，经中金岭南公司同意，仁化伟达发展有限责任公司吸收合并仁化凡口铅锌矿建筑安装有限责任公司。

【科研创新】 2020年，凡口铅锌矿申报国家专利26项，已受理19项，授权专利6项（其中发明专利4项），获“广东省企业技术创新中心”称号。申报创新成果166项，经评审确定技术创新17项、岗位创新63项、管理创新16项。6月，完成电工、钳工实操培训基地建设，配备培训实验台电工10套、钳工20台。12月，完成安全虚拟实训平台建设，通过VR设备和技术形成高仿真虚拟作业场景，提升矿山安全培训教育水平。

【重点项目】 省市县重点工程项目尾矿资源综合回收及环境治理开发项目和采掘废石资源化利用技术改造项目。2020年，原矿抛废工程与新旧选矿厂对接工程同步完成投产。完成细粒级尾砂全回收利用项目工业试验，确定工业参数，进入设备选型阶段。完成充填系统升级改造工程工艺流程试验、技术参数、设备造型、场地平整、拆迁等工作。完成采掘废石资源化利用技术改造项

凡口铅锌矿新旧选矿系统对接现场（张秋利　摄）

目主体工程。

新旧选矿系统对接工程完成。12月31日，凡口铅锌矿完成新旧选矿厂对接工作，包括索道主机改造、原矿预先抛废、5000吨新磨浮厂房整改、利旧车间改造、自动化系统、厂前净化回水系统利用6个项目，比原计划提前7天实现投料试机。

井下探矿斜坡道开工。12月6日，凡口铅锌矿井下南部探矿斜坡道开工建设，建设方案总长度5918.88米，主斜坡道工程采用悬臂式掘进机施工，工程总建设期5年。

【关爱员工】　*周转房落成*。2020年12月，凡口铅锌矿建成周转房4栋216套，按管理办法分配给员工租住，解决员工住房紧张问题。

白改黑工程。2020年，凡口铅锌矿将矿区原灰白色水泥混凝土公路路面改建为黑色沥青混凝土路面（俗称“白改黑”），实现环保、防尘、降噪，增添行车舒适性。全年，完成新村粮站至凡口车站路段、凡口矿到董塘镇路段、凡口车站至广东凡口国家矿山公园路段、工人体育中心至运输车间路段“白改黑”工程4千米。

五必谈五必访。2020年，凡口铅锌矿落实“五必谈五必访”制度，做好困难党员、员工和老党员、抗美援朝老兵关怀帮扶慰问工作。春节期间，为困难职工20户申请慰问金5万元，发放矿山工残矽家属及职工慰问金2.2万元。10月22日，上门慰问抗美援朝老战士9名，送上由中共中央、国务院、中央军委颁发的“中国人民志愿军抗美援朝出国作战70周年”纪念章和5000元慰问金。全年发放困难员工368户各类资助83.4万元。

【社会移交工作】　2020年1月，凡口铅锌矿启动退休人员社会化管理移交工作，与上海、北京、湖南、江西、山西及广东等省、市有凡口铅锌矿退休人员居住的县、区、街道联络、沟通、协调。截至10月21日，全矿3594名退休人员的基本信息、人事档案全部按照政策移交到位，完成910名退休党员组织关系接转工作、退休人员活动场所资产移交。该项工作为国家节省开支逾50万元。

（张秋利）

深圳市中金岭南有色金属股份有限公司丹霞冶炼厂

【概况】　2020年，深圳市中金岭南有色金属股份有限公司丹霞冶炼厂（简称丹霞冶炼厂）入选《铅锌行业规范条件（2020年）》企业名单（第一批），浸出车间磨矿氧压浸出工序获“全国青年安全生产示范岗”称号，电解车间工会获“全国模范职工小家”称号，质检中心获“广东省先进集体”称号，一批员工获国家、省、市及上级公司授予的荣誉。

【产量指标】　2020年，丹霞冶炼厂生产锌锭14.48万吨，0号锌品级率100%，锌锭加工成本同比降低274元/吨。生产硫黄4.26万吨，阴极铜344吨。铁渣含铁率平均38.77%，回转窑处理渣料8.74万吨。

【科研创新】 2020年，丹霞冶炼厂发挥“研产合一”优势，依托湿法冶金实验室开展14项工艺优化项目和77项原辅材料适用实验研究。年内，丹霞冶炼厂成功入选《铅锌行业规范条件（2020年）》企业名单（第一批），获专利9项，其中发明专利2项，1个项目获第七届广东专利奖银奖。

【安全环保和职业卫生】 2020年，丹霞冶炼厂全面落实安全生产主体责任，创新利用“E立方”系统，贯彻落实“四令三制”［动火令、动工令、复工令、停工令，有限空间作业票制、值班室（中控室）24小时值班制、领导带班值班制］和外委施工全过程安全监管；完成“六无五少四平衡”（无工亡事故、无重大火灾事故、无重大环境污染事故、无重大设备事故、无群伤事故、无群体新增职业病，减少一般事故、减少污染物排放总量、减少外委单位的安全事故、减少危险废物产率、减少无组织排放，平衡硫精矿、平衡除铁渣和污水渣、平衡硫化物滤饼、平衡置换渣）安全环保目标，千人负伤率0.4%，粉尘合格率100%，“三废”（废水、废气、废渣）达标排放，全年未发生职业病例。6月10日，丹霞冶炼厂获“2018—2020年度广东省安全生产工作先进集体”称号。

【智能化工厂建设】 2020年，丹霞冶炼厂围绕《有色金属行业智能冶炼厂建设指南》，深度融合互联网、大数据、5G等IT技术与工厂生产运营，建设集控调度中心、智慧中心平台（含安环管理、生产管理、设备管理、仓储管理、质量管理、物流管理、能源管理等）、3D可视化管控系统，实现设备、物料、能源等制造要素数字化汇集、网络化共享，打造清洁环保、优质低耗、安全高效现代化智能冶炼工厂，树立行业智能化新标杆。

【重点项目建设】 丹霞冶炼厂炼锌渣绿色化升级改造项目是广东省重点项目，总投资约16.9亿元。2020年，丹霞冶炼厂成立炼锌渣绿色化升级改造项目对接领导小组，推进拆库移库、老污水站清理、燃煤锅炉退出、渣项目与现有锌系统对接等工作。

（周　霞）

韶关市丹霞山管理委员会

【概况】 2020年，丹霞山景区接待旅游人数158.18万人次，门票收入1868.2万元，旅游收入4447.97万元。

【疫情防控】 2020年1月26日至3月2日，丹霞山景区因受新冠肺炎疫情影响，暂停开放。其间，韶关市丹霞山管理委员会（简称丹霞山管委会）组织丹霞山旅游投资经营公司、景区内村庄严格落实各项疫情防控措施，会同属地镇（街）、村委在景区外山门、大岭工业园卡口、菜籽坝、大中门、景区各票站设立检查点8个，24小时值班值守，实行逢车必查、逢人必检，逐个测量体温、登记相关信息，严格管控景区内经营企业、民宿和原住居民出入景区，严防疫病输入。累计检查车辆33370台55191人次，劝返车辆2670台6049人次。景区恢复开放后，常态化做好公共场所消杀和景区旅游设施、设备维护巡查，确保景区安全。

【自然资源保护和管理】 建立丹霞山保护巡查机制，开展自然保护区遥感监测实地核查。2020年，丹霞山管委会核查监测图斑14个、涉嫌破坏生态环境行为点118处，并会同属地政府查处。开展扫黑除恶工作，依法维护丹霞山旅游秩序和自然资源保护。配合属地政府及有关部门开展丹霞山环境综合整治，重点联合整治丹霞山范围内乱摆乱买、拉客等现象。

紧急开展松材线虫病枯死

树除治工作。2020年10月至12月，丹霞山管委会根据省林科院编制的《丹霞山景区2020年松材线虫病应急防治项目技术方案》，开展丹霞山景区开放区域紧急除治，除治范围620.13公顷，清除枯死树4653株，投入除治资金541.64万元。

做好丹霞山人工林赎买流转合同签订和资金支付工作。2020年，丹霞山管委会签订工林赎买流转合同33宗，流转面积1233.71公顷，支付资金10082.72万元。

加强安全生产和安全隐患排查工作。2020年，丹霞山管委会按照安全生产“三个必须”（管行业必须管安全、管业务必须管安全、管生产经营必须管安全）要求，全面落实安全生产工作责任制，与辖区各生产单位签订“安全生产管理目标责任书”，压实企业主体责任。定期组织景区管理人员、特种行业人员及员工开展教育培训。联合专业队伍对丹霞山核心地带进行安全隐患排查，制订安全应急预案，做好巡查记录和安全生产台账。全年未发生安全生产事件。

【规划建设】 做好丹霞山自然保护地优化整合及规划编制工作。2020年，丹霞山管委会按照省政府《关于推进广东南岭国家公园创建和加强世界自然遗产丹霞山生态保护工作的会议纪要》部署，把丹霞山内部分区域整合优化为南岭国家公园丹霞山片区，同步推进南岭国家公园创建和自然保护地整合优化工作。按照市委、市政府大丹霞发展战略，预留必要基础设施建设、乡村生产生活以及生态旅游发展所需要发展空间。拟定《丹霞山国家级自然保护区优化整合方案》，经市委书记专题会议研究，报市林业局汇总上报省林业局。

推进广东南岭国家公园创建和世界自然遗产丹霞山生态保护工作。2020年，丹霞山管委会围绕构建“一核一带一区”区域发展新格局，基于自然环境保护、稀缺物种保护、旅游休闲和教育科研等功能，立足长远做细做实国家公园发展规划。会同市政府办、市林业局持续跟进韶关市关于创建南岭国家公园意见，争取仁化县有关意见建议被省充分吸收采纳。

完善景区内基础设施建设。2020年，丹霞山管委会建设外山门至长老峰沿江步道；提升改造丹霞山科考5号线、细美寨至阳元石观景平台步道、长老峰索道至观景平台、长老峰螺顶浮屠至火烧岩、观日亭环线、锦石岩幽洞通天至百丈峡步道、阳元山通泰桥、瑶塘村沿江、外山门右侧进山旅游步道。完成丹霞山国家级自然保护区实景三维建模。聘请广东工业大学建筑设计研究院编制《丹霞山夏富古村研学基地规划设计》，完成广东省传统村落仁化县夏富村旅游标识系统规划及设计。

【科研科普品牌建设】 2020年，丹霞山管委会做好丹霞山全国中小学生研学实践基地研学课程、研学师资、研学成果研发、标准化和应用推广等工作，成功申报广东省中小学生研学实践教育基地，开展“奇美丹霞5G远程直播活动”“国宝丹霞直播”“丹霞山科普抖音大赛”等直播活动，开展“粤见森林·悦见美好·阅见丹霞”系列科普活动和“观鸟爱鸟”“观蝶”“观萤”“植物辨认”四大主题12场科普活动，举办科普志愿者训练营、“奇美天成丹霞山”图书漂流等主题活动。

完善科普软硬件设施。提升博物馆智能化，编制《韶关丹霞山自然教育发展总体规划（2020—2030）》《韶关丹霞山科普小镇发展规划（2020—2030）》《韶关丹霞山研学实践教育发展规划（2020—2030）》，改造自然教育径、生物多样性厅，摄制科普宣传片1个、设计科普课程200个。

继续开展科技交流。“4·22”世界地球日期间，与雁荡山、黄山等11家国内世界地质公园举办互展；接待东华理工大学、中国地质大学、国家林业草原局自然保护地管理司、广州从化区科协、东莞市科普中心、广西五皇山地质公园、中国科学院植物专家、中山大学、阿拉善世界地质公园等机构专家到丹霞山考察交流；参加“2020粤港澳自然教育讲坛暨自然教育嘉年华”“第三届广东科普嘉年华”“2020年韶关市全国科普日‘迎国庆——科普嘉年华’”等活动。

扎实开展科研工作。启动“丹霞山地层红色成因研究与丹霞地貌定义厘定”“丹霞山自然保护区竹类植物调查项目”研究，有序推进“广东韶关丹霞山国家级自然保护区陆生脊动物多样性调查”“广东韶关丹霞山国家级自然保护区大型真菌资源调查”等项目，促进丹霞山科学研究成果与发展。

【“旅游+”融合发展】 2020年，丹霞山管委会贯彻落实广东省委、省政府“一核一带一区”区域协调发展战略，推动生态优势向发展优势转化，打造“户外运动天堂”品牌，推进“体育+旅游”融合发展。把丹霞山系列户外运动赛事打造成全省文化旅游体育融合发展典范，助力韶关市争当北部生态发展区高质量发展排头兵。全年，举办“体育+旅游”户外赛事4场次。

【2020年环丹霞山自行车赛】 2020年10月25日，环丹霞山自行车赛在丹霞山鸣笛开赛，

2020年10月25日，环丹霞山自行车赛在丹霞山景区开赛（丹霞山管委会　供图）

4000名运动员和骑行爱好者参与活动。该赛事由韶关市人民政府主办，韶关市文化广电旅游体育局、韶关市丹霞山管理委员会、浈江区人民政府、仁化县人民政府承办，设竞赛组（60千米男子公开组、43千米男了公开组、43千米本地组、43千米女子组4个组别）、11千米骑游组和儿童平衡车体验赛。赛道设置在“阅丹公路”，全长60千米，串联景点水上丹霞、韶阳石等，途经古村落夏富、古竹坪等。经角逐，张婷婷、周慧倩、吴文敏获得43千米女子组冠亚季军，宋子豪、黄韶东、苏伟强获得43千米本地组冠亚季军，陈湘源、孙成义、张福生获得43千米男子公开组冠亚季军，施文通、孙小龙、陈贻恩获得60千米公开组冠亚季军。

【第十三届“农行杯”穿越丹霞山50千米徒步赛】 2020年11月28日，第十三届“农行杯”穿越丹霞山50千米徒步赛在“阅丹公路”开赛，参赛选手有各省市、台港澳地区、本地市民及国外徒步爱好者1.5万人。该赛事由广东省体育局指导，韶关市人民政府主办，设42千米穿越组、17千米欢乐组和10千米亲子组。徒步线路途经萝卜岭村、父子坝村、瑶塘村等新农村和观音山、韶石山等网红打卡点多个，新增部分丹霞碧道，设置多个风景“打卡点”，方便选手拍照留念。经角逐，韶关选手洪隆彬以2小时41分54秒成绩获穿越组男子冠军，广州选手曾晓星以3小时25分56秒成绩获穿越组女子冠军。

【2020年丹霞山山地马拉松赛】 2020年12月6日，丹霞山山地马

拉松赛在丹霞山开赛，全国13个省、自治区、直辖市及台港澳地区1万名选手参加比赛。该赛事由广东省体育局指导，韶关市人民政府主办，赛事分设项目42.195千米全程山地马拉松赛、21.0975千米半程山地马拉松赛和5千米欢乐跑3个。全程路线曲折，爬升坡度大，对选手速度和耐力具挑战性，其中全程马拉松赛累计爬升562米，海拔最高点201米，半程马拉松赛累计爬升226米，欢乐跑累计爬升60米。经角逐，贵州选手岑万江获得全程马拉松男子组冠军，贵州选手杨花获得全程马拉松女子组冠军，青海选手贾俄仁加获得半程马拉松男子组冠军，云南选手张开琴获得半程马拉松女子组冠军。

【广东100跑山系列赛总决赛暨2020丹霞100跑山赛】 2020年12月19日，广东100跑山系列赛总决赛暨2020丹霞100跑山赛在丹霞山鸣笛开跑，吸引国内顶尖选手1500名参加。该赛事由广东省体育局指导，韶关市人民政府主办，是广东100跑山系列赛首次落户丹霞山。赛事设100千米大师组、50千米精英组、30千米挑战组、15千米体验组、5千米体验组和5千米青少年体验组6个组别。赛道途经长老峰、阴元石、阳元石景区，牛鼻村、田螺石、白莲村、大王冲等丹霞山著名景点和村落。100千米、50千米、30千米完赛分别获4个、2个和1个ITRA（国际越野跑协会）积分认证。经角逐，梁晶、谢雯菲分别获100千米大师组男、女子组冠军；钟朝松、张佳静分别获50千米精英组男、女子组冠军；蔡法正、林映雪分别获30千米挑战组男、女子组冠军。

【广东省“文化和自然遗产日”系列活动】 2020年6月13日，由广东省文化和旅游厅与韶关市人民政府联合主办的2020年“文化和自然遗产日”非遗宣传展示广东主会场暨“全域旅游在行动·广东人游广东”健康出行季系列活动启动仪式在丹霞山博物馆广场举行。活动以“非遗传承 文明出行 健康生活”为主题，采取“线上+线下”方式开展。“线上”整合各大电商平台和媒体资源，在多家平台开设“首届非遗购物节”广东美好生活非遗馆，展示销售全省各地非遗产品，并在遗产日正式开馆；“线下”采取“1+10”模式，除丹霞山主会场之外，在韶关10个县（市、区）设置分会场。丹霞山主会场设有非遗产品展示展销区、文创产品展示展销区、粤菜师傅休闲体验区、农特产品展示展销区等区域，营造“以文兴商，以商促文”氛围。非遗进校园广东主会场活动同时举行。启动仪式上，正式发布广东省粤港澳大湾区文化遗产游径。

【中国丹霞入选世界自然遗产名录十周年暨丹霞山暑期研学活动月启动】 2020年8月2日，由广东省林业局、韶关市人民政府指导、丹霞山管委会主办“中国丹霞入选世界自然遗产名录十周年暨丹霞山暑期研学活动月”在丹霞山博物馆文化艺术中心启动。省林业局、市文化广电旅游体育局、丹霞山管委会等政府单位，丹霞地貌研究院，广东省摄影家协会，韶关市摄影家协会，在韶驻韶媒体代表，遗产地企业，自然研学教育机构等代表200余名参加启动仪式。举办“探秘自然遗产，保护生物多样性”第二届丹霞山植物辨认大赛，设专业组、公众组、亲子组3个组别，全国153支队伍600余名选手参赛。现场举行“丹霞山杯”第三届“善美韶关”全国摄影大展开镜仪式、国宝丹霞暑期研学营授旗仪式、丹霞山暑期研学活动月启动仪式。

【门票优惠措施】 2020年，丹霞山管委会出台一系列门票优惠措施，促进丹霞山旅游复苏。2020年4月28日至12月31日，全国医护工作者、部队官兵、公安干警免除丹霞山景区门票，随行直系家属实行丹霞山景区门票五折优惠；结合东莞对口帮扶韶关，给予东莞市民丹霞山景区门票三折优惠；根据市政府及市文广旅体局相关文件精神，4—6月和9—12月实行丹霞山景区门票五折优惠；对山地马拉松赛等系列大型文化旅游体育特色活动参赛选手实行免费入园政策。

（张智生）

韶关市国有仁化林场

【造林】 2020年，韶关市国有仁化林场（简称国有仁化林场）完成森林碳汇工程任务120.87公顷，其中封山育林34公顷，碳汇造林86.87公顷。碳汇造林全部种植乡土阔叶树种，造林总体成活率95%以上。

【森林抚育】 2020年，国有仁化林场完成幼林抚育1666.67公顷/次，其中碳汇林抚育215.67公顷，地方财政暨社会投资森林抚育1051公顷，中央财政森林抚育400公顷。

【木材采伐】 2020年，国有仁化林场木材采伐指标25313立方米，完成场辖其他林木采伐调查设计1.33万立方米，完成林木采伐许可证开证5373.7立方米，完成开证伐区林木采伐1960立方米。

【林业生物有害防治】 2020年，国有仁化林场林地发生松材线虫病5.44公顷。做好松材线虫病防治工作，国有仁化林场安排人员全面人工伐除枯死松木并做套网消毒处理，挂设诱捕器100套，防治松褐天牛200公顷，完成飞防面积666.67公顷，清理枯死松树2352株，完成防治任务。

【木材运输】 2020年1—6月，国有仁化林场开具木材运输证2512.15立方米，其中杉木1641.93立方米、杂木57.29立方米、桉木812.93立方米，枝丫材198.37吨。7月1日起，国有仁化林场根据新修订《中华人民共和国森林法》规定，取消木材运输行政许可。

【经营性资产移交】 2020年，国有仁化林场完成合同清晰的经营性资产移交7宗。

【林区公路管理】 2020年，国有仁化林场开展林区公路养护，维修里程28千米，新建排水沟822.2米。

【森林防火工作】 2020年，国有仁化林场执行24小时值班和领导带班制度，确保森林资源安全。加强森林防火宣传，定制印有森林防火宣传标语围裙、环保袋、纸巾盒等日用品一批，并在林区范围内派送。设立防火检查站以及防火码，登记进出人员、车辆。全年未发生森林火灾事故。

【安全生产】 2020年，国有仁化林场定期开展辖区范围内租赁场所、经营性场所、营造林、林木采伐等野外生产作业点安全隐患检查，加强人员管理、安全培训和宣传教育，全年未发生安全生产事故。

【疫情防控】 2020年新冠肺炎疫情防控期间，国有仁化林场全面排查辖区内租赁场所、宿舍区、办公区，派发疫情防控宣传资料和告知书。定期检查、消毒，开展来访登记、日常体温检测。

【工会活动】 2020年12月11日，国有仁化林场工会在国有仁化林场森林公园举办“我运动，我健康，我快乐”主题5千米徒步赛，参赛干部职工50余人。

（张其亿）

镇（街道）

丹霞街道

【概况】 位于仁化县中南部，是中共仁化县委、县人民政府驻地，全县政治、经济、文化、金融、信息和科技中心。东连黄坑镇，南接周田镇，西与董塘镇为邻，北与城口镇交界。街道办事处驻仁化县城。国道106线、省道246线、武深高速公路贯穿全境，锦江河自北向南穿过，水陆交通便利。辖区面积288.13平方千米。林业用地面积10371.87公顷，森林覆盖率63.58%。辖13个村委会、4个社区居委会。2020年，年末户籍总户数22153户63059人，其中农业人口15041人，迁入人口736人。

丹霞街道自然资源和人文景观丰富。境内有世界自然遗产、世界地质公园、国家AAAAA级景区、世界“丹霞地貌”命名地丹霞山，瑶前晒谷岭古人类遗址，丹霞源国家水利风景区，省级文物保护单位明代文峰塔，全国乡村旅游重点村瑶塘新村、“广东省古村落”“广东旅游名村”夏富村、“广东十大魅力古树乡村”麻塘村、阅丹旅游公路以及国家级文物保护单位丹霞山摩崖石刻，省级文物保护单位细美寨等。

【镇域经济概况】 2020年，丹霞街道财政预算总收入7875.22万元。全年农林牧渔业产值 80500万元，比上年增长4.4%。农民人均可支配收入21187元。粮食播种面积2286.3公顷，粮食产量15943吨，水果种植面积1580公顷，其中柑类942.53公顷、柚子368.2公顷，其他269.27公顷。

【党组织建设】 党建引领组织振兴，创新城市党建。2020年，丹霞街道坚持组织设置与网格划分相融合，联动各党组织，使社区党建与单位党建互联互动、条块结合、共建共享、优势互补；构建“社区吹哨、党员报到”机制，推动在职党员服务社区常态化制度化。截至2020年年底，在职党员注册率、活动参与率均达100%，报到党员23438人次，人均服务时长58.8小时，社区党组织通过党群服务中心为群众办理业务1200余项，开展“一线双联”“民情夜访”活动解决群众反映问题615件，新建立“两新”组织党组织1个，完成麻塘、夏富村级组织活动场所提升工程、中心村党群服务中心提升工程，各村建设村小组党群服务室23个。

发挥党建引领作用，破解无物业小区治理难题。以高坪新村无物业小区作为示范点，围绕小区建设和建后管理，完成小区流动党支部设立，筹建业主委员会，楼道墙面刷白、街巷硬底化、雨污分流、美化绿化等改造项目，建设基层医疗服务点、物业管理站、文体休闲广场、公共停车场等公共服务设施和高坪村新时代文明实践站点、志愿者服务站、实践讲堂（党员活动室）及宣传栏一批。建设垃圾分类示范点。划分党员责任区，产生党员楼栋长15名。设置党群服务站，促进社区精细化治理，提升无物业小区管理服务水平。为无物业分散小区、城中村、城乡接合部等开放或半开放式居民区实行封闭式管理积累经验。

党建引领人才振兴，抓好基层干部队伍建设及体制改革。实施“头雁工程”，全年开展党支部书记培训4期。实施“青苗工程”，后备干部培训1期。动员党组织书记及后备干部参加学历提升班6人。实施南粤党员先锋工程，发展党员13名，组织在职党员到社区报到开展志愿服务1174人次。针对国企退休党员管理问题，新增党支部4个并选优配强党务干部。按上级要求完成纳入街道属地管理林业站和财政所内设机构改革工作。

推进正风肃纪和反腐败斗争，加强干部队伍作风建设。2020年，丹霞街道制定党工委党风廉政建设主体责任清单和班子成员主体责任清单，签订廉政承诺书36份，开展党性党风党纪和廉洁从政教育5次。严肃执纪问责，组织各种明察暗访52次，谈话提醒15人次，排查线索18条，办结18条。收到信访件5件，办结5件；立案13宗，办结13宗，给予党纪处分13人。

【疫情防控】 2020年疫情期间，丹霞街道建立群防群治工作格局，组织成立临时党支部29个，设置党员先锋岗67个、党员先锋队18支投入疫情防控，统筹疫情防控资金135万余元，累计排查市外来（返）仁化人员及落实隔离措施2597户，排查核实闭环管理购退热药、咳嗽药物人员32155人，做到早发现、早报告、早隔离、早治疗，全年无疫情病例发生，疫情防控局面稳定。

【城镇提升】 2020年，丹霞街道稳步推进城镇提升，巩固国省道和阅丹公路路域整治成果，发挥“路长制”和“红袖章”队伍作用，构建联防联治整治体系，累计巡查136天次，整治占道经营26处、流动摊贩3处、乱堆放83处、乱拉挂12处、乱张贴13处、乱停放10处，发放限期整改通知书18份，拆除乱搭建21宗，拆除乱搭建面积1370.5平方米。推进重点项目征地拆迁，完成新项目征地5宗，其中，原仁化镇农科所片区征地10.44公顷，县新图书馆建设项目0.07公顷，丹霞街道农场、中心东风组片区征地3.53公顷，中心村委会片储备地征地1.22公顷。抓好违建别墅专项整治工作，拆除违建别墅3幢。

【综治维稳】 2020年，丹霞街道落实矛盾纠纷排查化解、领导包案工作机制，强化组织领导，压实工作责任，发挥“中心+网格化+信息化”和“红袖章”治安联防作用，全年排查各种矛盾纠纷106宗，调处97宗，处于稳控状态9宗，答复县信访局转来信访信件33宗。逐个制定防控措施和防控目标稳妥化解排查出具体社会风险点15类43个。

【“扫黑除恶”专项斗争】 2020年，丹霞街道建立长效机制，出台《丹霞街道扫黑除恶宣传发动机制》等工作机制和方案14个，召开综治例会12次、“扫黑除恶”专项斗争“两查三对比”会议12次。常态化开展“扫黑除恶”专项斗争，印发宣传资料36661份，结合疫情防控入户排查、民情夜访及大型宣传活动等机遇，采取入户、移动摊点、悬挂宣传标语、填写“扫黑除恶”调查问卷等宣传方式，打出宣传“组合拳”。全年新增“扫黑除恶”线索12条，其中涉恶5条，涉乱7条，12条线索均已办结，办结率100%。

【精准扶贫】 2020年，丹霞街道围绕“两不愁三保障一相当”“八有”“十项”目标，开展精准扶贫兜底医疗救助保障工作，推进以低保救助、特困供养、医疗救助、临时救助、残疾人救助为主线，与扶贫、人社、住房、教育等专项救助制度相衔接保障体系，全面落实低保、“五保”、医疗救助、临时救助等社会救助政策。落实“4+2+2”兜底保障机制和预警机制，压实街道和村“三人小组”工作职责，落实产业扶贫、消费扶贫等工作，杜绝返贫、致贫现象发生，如期高质量完成脱贫任务。岭田村、康溪村2个省定贫困村及贫困户全部退出贫困村、贫困户序列，贫困发生率为0，贫困发生率低于2%。

【全面深化改革】 2020年，丹霞街道深化生态文明体制改革，贯彻落实韶关市森林防灭火工作“23条”，全面推进“创森”各项指标任务完成。严格审批林业资源开发，有效管控林业资源。开展扬尘专项整治，实行常态化巡查机制。严格管控焚烧污染，加强烟花爆竹管控。持续开展水污染防治工作，全面推行河长制、湖长制，开展河湖“五清”专项行动，有序推进全域自来水全覆盖提升工程。深化农村综合改革，完成土地确权颁证4892本，颁证率100%。成立仁化县康溪农业有限责任公司，完成“一镇一业”农业公司成立工作。开展农村集体产权制度改革工作，各村委完成制定工作实施方案及农户家庭成员摸底登记工作，建立农民专业合作社55个。

【环保与安全生产】 2020年，丹霞街道构建街道、村（居）、网格三级环保管理网络体系，强化督导检查。年内，开展辖区内企业有针对性检查4次，处理环保投诉案件21宗。强化安全大排查大整治，检查企业98家次，发现一般隐患32条，已整改隐患29条，整改率90.6%。开展小档口、酒店、学校、敬老院消防安全检查12次，检查生产经营单位、学校、幼儿园91家，参与检查28人次，发现隐患11处，已整改9处。完成高坪社区火灾高风险区域整治。全年全街道辖区未发生重特大事故及食品药品安全事故。

【武装工作】 2020年，丹霞街道调整双拥工作领导小组，成立退役军人服务站，按照“五有”标准建设街道退役军人服务中心，17个村（居）退役军人服务工作联络点正常运作，城南、水南2个村（居）被纳入星级退役军人服务站建设。配齐配强专武干部、民兵连长干部，抓好民兵队伍建设。专武干部、民兵干部、基干民兵档案资料归档和民兵信息化管理系统信息录入工作通过上级人武部点验考核。年内，黄屋村民兵连被评为县先进民兵单位，3人被评为县民兵先进个人。

【人居环境综合整治】 2020年，丹霞街道持续开展“固定党日+”活动助力“三清三拆三整一改”工作，有序推进农村人居环境综合整治。有13个行政村完成“三清三拆三整治”，完成2个省定贫困村及2个国省道沿线村庄人居环境综合整治。做好农村破旧泥砖房拆后利用工作，绿化村庄面积2.2公顷，完成拆旧复垦面积6.61公顷，拆后土地利用面积17350.35平方米，建设“四小园”365个。利用拆后土地面积568平方米建设美丽庭院15个。配合县委农办做好省定贫困村农村人居环境整治项目、“丹霞彩虹”省级新农村示范片二期工程建设竣工验收工作。有序推进车湾村和夏富村美丽乡村建设、夏富村新时代文明实践广场建设、车湾村月岭组及界江农场整治提升、董塘河碧道沿线村庄美丽乡村（狮井村、麻塘村）工程。完成仁化县丹霞山片区农村生态环境治理工程，建设雨污分流管道9840米、污水处理设施16个。完成户厕改造148户、公厕改造1户。完成“四好公路”建设7.694千米。

【助力县级文明城市创建】 2020年，丹霞街道围绕创文重点、补短板、强弱项，全力推进全国县级文明城市创建，严格落实创文网格化管理，结合在职党员社区报到、“固定党日+”等党建活动，各网格单位以志愿者形式，常态化开展创文入户宣传、创文综合整治等活动，累计投入资金160余万元。重点打造丹霞街道、丹霞街道新城社区2个新时代文明实践所（站）试点，常态化开展新时代文明实践活动，累计开展活动92场次。

【全域旅游】 2020年，丹霞街道开展创建“党员诚信店”示范活动，评定示范民宿5间，带领村民诚信经营。完成夏富村第二批广东省文化和旅游特色村申报工作。做好阅丹公路建设和秩序整治，完成公路平交口硬底化建设82条、公路沿线可视范围穿衣戴帽房屋82栋、外立面改造面积2.9万平方米、绿化提升26.6千米，做好常态化管护，购置洒水车1台，配备保洁员3名，巡护员4人。构建阅丹乡村旅游重点村瑶塘村、省级古村落夏富村等丹霞山内多处景点，助推全域旅游发展。

2020年丹霞街道村（居、社区）基本情况表

表35

村（居）名称	村小组（个）	自然村（个）	村（居）委会集体纯收入（万元）	现有集体经济发展项目	特产	村（居）委会负责人
胡坑	14	14	48.88	山塘水库租金、锦电总公司生产扶持金、小（2）型水电站发电、锦电入股分红	西瓜、花生、红花油茶	罗仁松
官口	10	10	12.4	林地、电站租金，石场出租、锦电入股分红	英德麻竹、水稻花生	刘卫明
康溪	11	8	19.72	光伏发电、商铺出租、果场租金、林场租金	贡柑、花生、香芋、百香果	黄细金
城南	9	6	69.63	门店、房屋、林地、鱼塘，资产出租	贡柑、酸萝卜	陈宝华
新东	6	6	29.53	无	水稻、花生	卢金传
岭田	11	7	10.4	光伏、商铺	水稻、贡柑	黄康明
狮井	12	10	14.1	锦电入股分红、租赁费、协调费	贡柑、香芋	谭细祥
麻塘	4	1	15.25	锦电入股分红	水稻、贡柑、鱼	谭文良
中心	8	8	30.07	—	四大家鱼	欧培娣
黄屋	11	11	50.54	霞景酒店、黄屋电站、老山门摊档补偿金等	贡柑、花生、草莓	刘德能
车湾	12	12	14.21	锦电入股分红、商铺出租	贡柑、砂糖橘、篙竹、沃柑	李小明
夏富	12	8	20.95	锦电入股分红、果园出租、商铺出租	沙田柚、柑橘、篙竹、淮山	李尧星

续表35

村（居）名 称	村小组（个）	自然村（个）	村（居）委会集体纯收入（万元）	现有集体经济发展项目	特 产	村（居）委会负责人
高联	3	3	—	—	水稻、贡柑	张仕明
水南社区	4	—	—	—	—	梁明福
新城社区	8	—	—	—	—	谢学勤
老城社区	12	—	—	—	—	李月古
高坪社区	11	—	—	—	—	叶春桃

（张玉珍）

董塘镇

【概况】 董塘镇位于仁化县城西南部，东邻丹霞街道办，北接红山镇，西毗石塘镇和乐昌市，南连浈江区。镇政府驻董塘社区，距县城12千米。省道246线贯穿墟镇，1小时内可到武广高铁韶关站，国道535线可达乐昌市，省道517线可达红山镇，京广铁路黄岗支线从镇区北面经过，董塘河与锦江河相接，交通便利。辖区总面积243.34平方千米，其中耕地2691.39公顷。辖五一、河富、董中、安岗、坪岗、南湖、高莲、江头、白莲、红星、新莲、董联、高宅、新龙、岩头、瑶族、塘联17个村委会和董塘社区、广东铝厂社区、凡口社区3个居委会，198个村民小组。2020年年末，全镇户籍人口13246户42350人，其中农业人口26695人。根据第七次全国人口普查统计数据，2020年全镇常住人口31837人。是第一批省级中心城镇，省教育强镇。

董塘镇地处粤北山区，属中亚热带季风气候。整体地形四面山地，中间小盆地，墟镇处于盆地中央，主要以丘陵山地为主。镇域旅游资源丰富，有景点巴寨、燕岩、大石山、飞花水瀑布，属丹霞山风景名胜区；古塔有国家级文物保护单位、广东省现存最早唐代砖塔云龙寺塔，省级文物保护单位唐末宋初澌溪寺塔，及明万历腾凤塔。革命遗址有省级文物保护单位工农革命独立第四团团部旧址（董劝书院），韶关市文物保护单位思诒堂，及华阳寨、大革命烈士纪念碑等。矿产资源丰富，有铅锌、铁矿、石灰石等。工业发达，有知名企业中金岭南凡口铅锌矿、丹霞冶炼厂。土地肥沃，农业发展以优质水稻和高产地膜花生生产为主，农作物主要有优质稻、花生、柑橘、火龙果、淮山、竹类等。养殖业主要以养猪、养鱼和养鸽为主。

2020年1月，高莲村被广东省爱国卫生运动委员会授予“广东省卫生村”称号；7月，新龙村被广东省妇女联合会和广东省精神文明建设委员会办公室命名为第六批广东省家庭文明建设示范点；12月，董塘镇退役军人服务站被广东省退役军人事务厅评为“五星级服务站”，安岗村被确认为2020年广东省“民主法治示范村”创建单位。

【镇域经济概况】 2020年，董塘镇全镇完成地区生产总值42.9亿元，增长2.6%，固定资产投资3.7亿元；镇财政收入8453.34万元，增长4.93%；农村居民人均可支配收入为20322

元，增长4.65%。各项事业全面发展，社会和谐稳定，人民群众安居乐业。

【基层党建】 2020年，董塘镇推进“头雁”“青苗”工程，建强乡村振兴“主力军”，全镇20个村（社区）储备后备干部85名。落实行村（社区）党组织书记县级备案管理、年度轮训、出国（境）管理等制度。撤换村支部书记6个，增补调整村级支委成员26名，调整不符合条件后备干部9名。12月28日，全镇完成党组织换届选举。新增入党申请人员46名，入党积极分子21名，发展党员21人，其中农村党员16名。新建“两新”党组织，将符合条件的新农人生态农业发展有限公司和韶关丹霞女农业科技有限公司按照党章规定和党员人数合理设置党组织。

【全域旅游】 2020年，董塘镇围绕安岗“红色村”党建示范项目，结合农村人居环境整治提升工程，打响“传承红色基因、助推乡村振兴”党建示范品牌，安岗村打造成为乡村旅游示范村，新龙村打造成为环丹美丽乡村典范。通过辐射带动，推动文化旅游产业与现代农业相融合，全面推进全域旅游工作，美丽乡村新龙、高莲、江头和安岗“红色村”、大井绿美古树乡村成为远近闻名“网红村”。

【产业共建】 2020年，董塘镇完成项目用地征地4.85公顷，助推丹霞冶炼厂炼锌渣绿色化升级改造项目实施。开展工农关系协调和矛盾纠纷排查化解工作，助力凡口铅锌矿选矿厂技术升级改造项目、中金岭南有色金属产业基地等产业共建项目，推动全县产业共建取得实效。

【农业发展】 2020年，董塘镇围绕“一村一品、一镇一业”示范项目建设，优化农业产业布局和模式。全镇农林牧渔业产值56813万元，增长4.4%；粮食播种面积1520.2公顷，其中水稻种植面积1466.67公顷；蔬菜种植面积273.33公顷。实施江头、董联、河富蔬菜基地建设，丹霞女农业蔬菜种植基地被认定为粤港澳大湾区“菜篮子”生产基地和省扶贫龙头企业，董联村蔬菜种植项目、安岗村花卉项目被认定为省级“一村一品”专业村建设项目，河富鑫睿种猪场、创盛公司奶山羊养殖场建成投产。

【城镇建设】 2020年，董塘镇继续深入实施“139”镇街整治提升工程，完成“三项整治”“九大基础工程”。完成墟镇主干道乱拉乱挂线路迁改整治，建成污水管网3.5千米。建成董塘镇临时农贸市场，引进第三方公司推行农贸市场市场化管理。完成主干道风貌街提升，利用闲置用地建成仁塘路、兴塘路停车场2个。有序推进董塘新城建设，持续拓展城镇发展框架。

【“路长制”工作】 2020年，董塘镇围绕韶关市“路长制”示范镇建设，健全“路长制”组织领导，整合政府人才资源成立镇级“路长制”办公室，成立村级路长办公室20个，设置镇级路长14名、执行路长21名，配备“路长制”村级队伍182人，常态化开展路域巡查整治，覆盖辖区1条国道、2条省道、1条县道、34条乡道。结合“路长制”、志愿者文明劝导等工作，定期开展墟镇主要路段、重点区域交通劝导活动，全年参与交通劝导活动300人次。完成“四好农村路”砂土路面17.8千米改造提升。

【农村人居环境综合整治】 2020年，董塘镇持续开展农村破旧泥砖房拆除工作，累计拆除破旧泥砖房7249间，面积210136.424平方米。推动农村破旧泥砖房“清拆用”工作，结合“四小园”实施绿化和村内公共设施面积共6294.3平方米，拆旧复垦42698.39平方米。完成董塘河碧道沿线美丽乡村工程、董塘镇示范镇美丽乡村工程建设。累计完成无害化户厕改造373户，改造率100%，新建、改造公厕26座。全面推进全域自然村集中供水全覆盖工程，完成15个村128个村小组全域供水工程主体建设。实施万里碧道董塘段建设，完成慢步道、行车道硬底化14.4千米。8月1日，全市城乡人居环境整治现场会在董塘镇新龙村、安岗村、镇红色文化广场等召开。

【脱贫攻坚】 2020年，董塘镇523户贫困户1557人实现脱贫，有劳力贫困户人均可支配收入21402.86元；5个省定贫困村均达到“十项指标”标准出列，全村居民可支配收入由帮扶前7870元增长到15455元，增长率97%。建成133.33公顷连片蔬菜产业基地1个、66.67公顷连片贡柑基地1个。成立贡柑农民专业合作社6个、贡柑种植家庭农场17个，辐射带动种植户587户1605人，其中带动贫困户75户157人。增设就业帮扶公益性岗位12个，81名贫困户实现家门口就业。销售贫困户各类农副产品20吨，金额120万元。建立健全脱贫预警机制，及时对新莲村、白莲村2户返贫边缘户采取有效干预措施。高标准承接省委组织部、省商务厅挂牌督战脱贫攻坚调研活动，代表仁化县完成省2019年度扶贫开发成效考核工作、乡村振兴省第三方考核工作、省审计组对脱贫攻坚和乡村振兴跟踪审计等重点工作。

【社会治理】 2020年，董塘镇稳步推进国土空间规划、卫片执法、地质灾害隐患点治理工作，推动土地确权收尾工作、房地一体登记、农村宅基地联合审批工作有效落实。深入开展“扫黑除恶”专项行动。加强调处化解农村矛盾纠纷，强化领导干部定期下基层接访制度，积极化解信访积案，全年调处各类网络问政206件，回复率100%；受理群众来信、来访192宗，成功调处185宗，调处成功率达96%。承接凡口矿、丹霞冶炼厂等国有企业退休人员社会化管理1792名，完善凡口社区党组织建设、制度建设，规范人员管理。

【文化建设】 2020年，董塘镇完成省教育强镇第二轮复评工作，筹措资金10万元落实奖教奖学。成功开通校园公交专线2条，有效解决7个较偏远村400名学生上学难问题。开展“仁化好人”“仁化新乡贤”等先进典型选树活动和文明创建活动，推荐“仁化好人”2名、“仁化新乡贤”2名。唱响乡风文明主旋律，举办新时代文明实践活动128场次。强化网络安全管理，开展“扫黄打非”专项行动，加强宗教和民间信仰场所管理。

【生态环境保护】 2020年，董塘镇推进“散乱污”企业（场所）排查和综合整治，强化道路、工地扬尘等污染治理。全面落实“河长制”各项工作部署，积极开展河湖“五清”“清四乱”和董塘河流域综合整治、专项打击非法采砂等工作。强化畜禽养殖整治和畜禽粪污资源化利用，整治养殖场120家。实现城乡生活垃圾收运处理体系全覆盖，城镇污水处理覆盖率100%。有序推进“创森”工作，完成董塘镇森林公园、河富大井绿美古树公园、环丹乡村路段及董塘河碧道绿化和生态景观提升改造建设。镇、村出动600多车次3000多人次开展森林防火日常巡查和夜间专项巡查，多渠道开展防火政策、法规宣传，严厉打击野外用火行为，处理违法野外用火人员8人。

【生产安全】 2020年，董塘镇开展企业巡查306家（次），排查安全隐患48宗，完成整改48宗，整改率100%。建立企业隐患报告奖励制度企业21家。开展“铁拳行动”综合整治工作，责令停产整顿企业2家。结合疫情防控开展学校、敬老院等重点场所安全生产检查。落实消防安全工作，开展打通生命通道专项整治行动、“打开生命窗”专项行动、推进消防安全宣传“五进三年”计划、七类重点行业领域安全生产专项整治行动、全面落实“六类场所，十项必查”专项整治行动、“敲门行动”、“三合一”、“三小”场所全面排查整治，出动人次1672人次，检查场所669家次，发现消防安全隐患284处，隐患整改率94%。常态化开展煤山巡查及专项联合整治，开展煤山日常巡查126次，联合县、镇职能部门开展专项执法行动11次。

【疫情防控】 2020年1月，新冠肺炎疫情发生后，董塘镇各村（居）对湖北省返乡人员开展大排查。1月24日，新龙村1名武汉返乡人员出现发热等症状，经镇卫生院初步排查，县人民医院专家组及县疾控中心工作人员到场进一步检查，初步诊断该村民可能感染新型冠状病毒肺炎。镇党委、政府立即组织新龙村干部、镇中心卫生院工作人员开展排查，对16名密切接触者实施居家隔离措施。1月26日，该村民确诊后，根据县委、县政府工作部署，新坪村小组实行“整村隔离”，设置值守点5个，由县人民法院、县人民检察院、董塘镇和新龙村的干部职工组成专项工作组，进行24小时盯防，严禁人员出入。董塘镇协调企业为新坪村居家隔离人员提供日常生活物资配送，确保隔离人员生活质量不受影响；通过自行采购、县职能部门和镇卫生院支援方式，筹集发放防护口罩，提供帐篷、棉被、军大衣等御寒物资一批，保障医务人员和值守人员卫生防护和工作条件。每日对新坪村小组开展消杀，每日2次跟踪村民健康情况。新龙村党支部、村委会做好居家隔离人员思想工作，确保村内秩序。2月7日0时，新坪组解除隔离管控，无新增确诊病例，疫情得到有效控制。2月10日，新坪组该例新冠肺炎确诊患者符合解除隔离和出院标准，痊愈出院。董塘镇严格落实“外防输入，内防反弹”工作要求，有效保障人民群众身体健康和生命安全，维护社会安全和稳定。

2020年董塘镇村（居）委会（社区）基本情况表

表36

村（居）名　称	村小组（个）	自然村（个）	村（居）委会集体纯收入（万元）	现有集体经济发展项目	特　产	村（居）委会负责人
安岗	14	6	17.59	水电站、花卉基地	花卉	叶金泉
白莲	10	5	3.48	水电站、生态林	水稻、花生、柑橘	张贻成
董联	13	7	7.48	光伏发电、房屋租金	香芋	叶亚全
董中	18	10	20.99	门店租金、花生蔬菜补偿款	水稻、柑橘、花生	何国强
高莲	10	4	−0.23	水电站、租金	水稻、花生、淮山、贡柑	刘煌义
高宅	11	5	12.84	土地租金	茶花	叶永福
河富	12	6	5.37	租金、管理费、蔬菜基地	蔬菜	吴新水
红星	9	5	19.02	租金	贡柑、花生、水稻	肖国瑞
江头	10	5	23.63	店铺租金、光伏发电、蔬菜基地	贡柑、花生、水稻，辣椒、茄子、丝瓜、水果青瓜和番茄等	张伟全

续表36

村（居）名称	村小组（个）	自然村（个）	村（居）委会集体纯收入（万元）	现有集体经济发展项目	特产	村（居）委会负责人
南湖	17	13	3.66	租金	贡柑、移民月饼	肖彩英
坪岗	17	10	7.45	店铺租金	酸萝卜	陈德优
塘联	3	2	-0.03	店铺租金	柑橘	蒙传盛
五一	26	12	12.82	工程款管理费	贡柑、芋头、花生	邓诗建
新莲	8	6	4.63	锦电分红	花生、水稻 贡柑	吴敏坚
新龙	7	7	-2.08	农场租金	水稻、花生	宁声珍
岩头	6	4	1.65	生态林管理费、租金	花生、水稻 贡柑、鱼	张贻德
瑶族	7	6	3.19	水电站	柑橘、毛竹	李学强
董塘社区	—	3	—	—	—	何志衡
广东铝厂社区	—	—	—	—	—	陈书强
凡口社区	—	—	—	—	—	饶小明

（李信章　罗志平）

石塘镇

【概况】 石塘镇位于县境西部，东连董塘镇，南接浈江区花坪镇，西与乐昌市廊田镇为邻，北与红山镇交界，属石塘镇。镇政府驻石塘镇，距县城19千米。国道535线贯穿全境，石塘河与董塘河相接，交通便利。辖区面积77.92平方千米。辖上中坌、下中坌、石塘、光明、水历、京群6个村委会和石塘居委会（社区）1个。2020年年末总户数4284户，户籍人口13635人，其中，农业人口8683人，迁入人口53人。

石塘镇历史悠久，南北朝时期就有先民卜居该地。镇内人文特点以“中国历史文化名村”、“中国传统村落”、国家AAA级旅游景区石塘村为标志，地方语言独特，李氏祠堂和明清时期古建筑群众多。旅游资源有国家重点文物保护单位、广东省中共党史教育基地、广东省爱国主义教育基地石塘双峰寨，古建筑群景点、土法酿酒景点和李仲生故居等。有流传悠久民间艺术、省级非物质文化遗产“石塘月姐歌”，以清、香、醇著称广东省非物质文化遗产“堆花酒酿造技艺”仁化石塘堆花米酒和各个时节用大米加工而成的各式各样糍粑。

石塘镇具有得天独厚农业资源优势，形成以优质稻、花生、蔬菜、马蹄、西瓜、甜笋竹六大传统项目为主的农业产业结构，建立优质稻、花生、马蹄、甜笋竹基地，形成“一村一品”发展格局。2020年，全镇水稻种植面积906.67公顷，柑橘（贡柑、砂糖橘）种植面积726.67公顷，甜竹笋种植面积333.33公顷，花生种植面积433.33公顷，石塘堆花酒坊34间。

2020年1月，石塘镇人民调解委员会在“大排查、早调解、护维稳、迎国庆”专项活动中被司法部通报表扬；是月，石塘镇石塘村被广东省爱国运动委员会命名为2019 年“广东省卫生村”。7月，石塘镇被广东省文化和旅游厅、广东省工业和信息化厅授予堆花酒传承教育基地。9月，石塘双峰寨被广东省教育厅评定为广东省中小学生研学实践教育基地。11月，石塘古村被广东省体育局、广东省自然资源厅、广东省文化和旅游厅评为“2016—2020年南粤古驿道定向大赛最佳推广站点”。12月31日，石塘镇被广东省文化和旅游厅评为广东省旅游风情小镇。

【镇域经济概况】 2020年，全镇农林牧渔业产值27275.29万元，比上年增长4.3%。农民人均可支配收入17537元。镇财政收入1630万元，比上年增长25.3%。工业产值1205万元。

【农业产业发展】 2020年，石塘镇粮食播种面积968.07公顷，粮食产量 6724.8吨。发展农民专业合作社15家，家庭农场22家，市级龙头企业1家，完成33个村小组集体经济组织成员确认及15个村小组集体经济组织章程制定。实施耕地地力提升和果园地力提升项目，保障农业发展根本。推动现代农业提质增效，成功申报省级“一村一品”京群村广庆公司项目和京群村“一村一品”贡柑专业村项目。

【新农村建设】 2020年，石塘镇完成镇街主干道风貌提升、门户标识、文化公园、镇街绿化美化、镇街农贸市场、停车场建设、污水处理与公厕建设、仁化图书馆石塘分馆等工程建设。建成石塘镇新时代文明实践所仁化县示范所及石塘村新时代文明实践站仁化县示范站。完成全域自然村（上、下中坌村）集中供水全覆盖工程管网敷设41856米，完成率100%。完成危房改造2户，截至是年底，全镇309户危房改造任务全部完工验收。拆除违建7宗。加强镇域环境整治，完成并投入使用农村公厕建设4个，完成无害化卫生户厕改造6户。严格实施农村人居环境整治，实行包干、村庄环境网格化管理制度，开展“地毯式”农村人居环境整治行动52次，域内污水、垃圾、“六乱”得到有效整治。

2020年12月26日，南粤古驿道五周年系列活动之2020年仁化定向比赛在石塘镇石塘村举行（石塘镇　供图）

【党建工作】 2020年，石塘镇切实以中央、省委巡视组等各类巡视为契机，对照问题清单全部逐一落实整改。对仁化县委第八轮巡察县委第二巡察组2019年12月底反馈的5个大项49个小项问题，已全部完成整改，新建制度3个、完善制度12个，坚持将问题整改抓在常态。扎实开展“一线双联”“民情夜访”，通过走访收集问题358个，解决问题356个。落实乡镇党校党员教育阵地功能，开展党员学习培训班13期，累计培训786人次；启动在职党员到社区报到机制，加强在职党员到社区报到服务能力，在职党员完成注册39人，开展社区报到53次，参加报到1270余人次。

【宣传、文明创建工作】 2020年，石塘镇围绕学习贯彻习近平新时代中国特色社会主义思想，制定党委理论学习中心组学习重点和计划，开展学习27次，其中集体学习13次、理论研讨9次、专题辅导5次。开展基层理论宣讲活动48场。创建市级以上文明村4个，文明校园2个，文明单位1个，评选出文明家庭276户。

【全域旅游】 2020年，石塘镇立足红色资源和自然资源优势，稳步推进全域旅游事业，打响红色乡村游品牌。结合“139”城镇提升开展人居环境综合整治，完成墟镇街1.8万平方米房屋外立面改造，统一安装商业广告牌86块，完成护城河水质提升工程，更新完善旅游标示标牌140余处，新建旅游停车场、文化公园、旅游公厕各1处。

【精准扶贫】 2020年，石塘镇紧扣“两不愁、三保障”目标，落实上级决战决胜脱贫攻坚工作部署，发展贡柑种植等扶贫产业项目，带动贫困户17户51人。建成3.33公顷连片山楂产业扶贫基地，带动贫困户64户188人。规范扶贫资金支出使用率100%。落实扶贫政策，实施基础设施项目9项、产业扶持及奖补项目34项、能力建设项目11项，累计完成小额贷款发放38户。全镇贫困户122户263人全面达到现行标准下脱贫标准，脱贫率100%。

【林业工作】 2020年，石塘镇全面加强创森工作，完成大型创森宣传牌、石塘镇文化公园等项目建设。加速推进桉树林改造工程，完成碳汇林改造工程抚育任务100公顷。在国道535线石塘镇镇标至石塘镇区种植樟树693棵。投入约100万元用于石塘镇区至双峰寨1.5千米绿化美化工程及镇区文化公园建设，已完工。

【社会治安综合治理】 2020年，石塘镇镇级直接接访21批23人次，解决办结20宗；村委会一级受理矛盾纠纷79宗，解决77宗；网络问政44宗，答复44宗，信访系统转石塘案件4宗，回复结案4宗；信访局直接转石塘信访案件1宗，暂未答复结案。矛盾纠纷调处率97.4%。发放“扫黑除恶”专项斗争调查问卷9批次、宣传册2200余份，发放宣传环保袋、“扫黑除恶”纸巾盒、印有“扫黑除恶”宣传标语毛巾计2500余份。举办大型户外宣传活动7次，现场发放宣传资料3800余份，现场解答咨询，受教育群众3000余人次。编印“扫黑除恶”工作简报11期。排查上报县扫黑办线索9宗，全部核查办结。

【安全生产】 2020年，石塘镇对辖区内经营商铺、托管中心等进行日常执法监管，检查发现问题隐患37处、下发执法文书36份、其中限期整改通知书5份，截至12月2日，完成以上隐患整改37处，整改完成率100%。全年全镇重特大安全生产事故为零。

【社会民生】 2020年，石塘镇参加医疗保险人数11096人。临时救助27人次，共发放临时救助金31380元；医疗救助2020年扶贫户28人次，共发放医疗救助金额503701.51元。投资41万元建设和更换镇敬老院门卫室设施和消防设备，扩建院内场地；投资20万元在石塘村开展城乡社区养老项目建设，完成设施设备采购和安装。1月，石塘镇城乡供水一体化工程正式通水，供水水质符合国家标准。

【党风廉政建设】 2020年，石塘镇开展农村党员、干部违纪违法线索摸排84次，排查出党员干部违纪违法线索7条；上级交办线索5条，已办结4条。全年立案7人次，给予党纪处分6人。

2020年石塘镇村（居）委会基本情况表

表37

村（居）名称	村小组（个）	自然村（个）	村（居）委会集体纯收入（万元）	现有集体经济发展项目	特　产	村（居）委会负责人
上中坌	11	11	8.52	锦电入股分红、芦头水电站资源管理费	甜竹笋、马蹄、灵芝、贡柑	刘永松
下中坌	4	4	8.40	锦电入股分红、山林租金	马蹄	邱耀军

续表37

村（居）名称	村小组（个）	自然村（个）	村（居）委会集体纯收入（万元）	现有集体经济发展项目	特　产	村（居）委会负责人
石塘	8	1	11.00	锦电入股分红、山林租金、门店出租、果场租金、林场管理费	仁化石塘堆花米酒、优质米、花生油、甜竹笋、贡柑	李朝用
光明	4	5	9.22	锦电入股分红、山林租金、木头出售上缴利润	优质米、贡柑	许梅深
水历	7	7	8.18	锦电入股分红、山林租金、鱼塘、小学出租	优质米	刘贵新
京群	8	8	10.33	锦电入股分红、果园租金、鱼塘、种植管理费	花生油、优质米	周培全
石塘社区	1	1	4.90	农科所场地租金、市场租金	—	王炳养

（张雪琴）

长江镇

【概况】 长江镇因长江河源远流长而得名。位于仁化县东北部，南距仁化县城49千米。地处粤、湘、赣三省五县交界处，东与江西省内良乡、河洞乡接壤，东南与南雄市百顺镇相接，西南与扶溪镇、城口镇毗邻，西北与湖南省汝城县三江口镇、热水镇相依，北与江西省崇义县聂都乡、乐洞乡相连，属省级中心镇。

长江镇素有“九山半水半分田”之称，辖区面积300.64平方千米，其中耕地面积2554.13公顷，林业用地总面积24293.63公顷，森林覆盖率83.71%。下辖16个村委会和1个社区居委会。2020年年末，家庭总户数8341户，户籍总人口27585人。全镇有初级中学1所、小学9所（其中，中心小学1所，完全小学3所，教学点5个）、幼儿园5所（其中公办1所），在校学生3675人；有文化站1个，广播站1个。

镇内交通便利，经省道246线与县城接连，距武深高速路扶溪出入口仅38千米，经省道517线至城口镇与国道106线相连。镇内有6条省道、县乡道通往江西、南雄。

自然资源丰富。山林面积、木材蓄积量均居全县首位，活立木蓄积量125.50万立方米，毛竹约1.33万公顷，是全县最大毛竹基地。镇区水电资源充沛，全镇有小水电站74座。有铀、钨、铜、硅石、钾长石、辉绿石、花岗石等，其中铀矿是国内最早开采地之一，曾为中国“两弹一星”成功发射做出积极贡献。

辖区范围内拥有丰富旅游资源，域内有“脚踏三省”“鸡鸣三省闻”之称的省第三高峰万时山（海拔1559米），有万亩竹海、石崀梯田风光等自然景观，人文景观有古塔，红色遗迹、遗址中共五岭地委、中山公园、广州会馆、红军桥、红军路等。红军曾于1929年、1931年、1932年、1934年4次到长江宣传革命思想，播下革命火种。特色土特产有玉扣纸、浒松腊鸭、长江冬笋、长江米饼、米粉、香菇等。

2020年1月，芭蕉城村被授予“广东省卫生村”称号、学堂坳村被授予“广东省文明村”称号。2月13日，长江镇被广东省爱国运动委员会授予“广东省卫生镇”称号。8月，塘洞村、陈欧村被广东省农业农村厅认定为广东省“一村一品、一镇一业”专业村（毛竹）。12月，长江镇退役军人事务站被广东省退役军人事务厅命名为“广东省级五星级退役军人服务站”。

【镇域经济概况】 2020年，长江镇财政收入2891.92万元，同比增长7.4%；财政支出

2891.92万元，同比增长6.7%。镇属电站发电量3251万千瓦时，同比减少31.6%；总收入1610万元，同比减少31.8%。农民人均可支配收入19255元。耕地面积2554.13公顷，粮食播种面积835.27公顷，粮食产量5919吨。森林覆盖率83.71%。

【基层党建】 2020年，长江镇对标《加强党的基层组织建设三年行动计划》工作要求，优化党组织设置，提升党组织战斗力，撤并党支部1个（林业站党支部，并入政法党支部）。完成17个村（社区）和3个机关党组织换届选举工作。新建高洞、木溪党群服务中心2个，修缮升级党群服务中心油洞、凌溪、浒松3个，新建锦江党群服务中心1个。实施“头雁”工程和“青苗”培养工程，各村（社区）均按要求配备后备干部人选4名。按照“村培镇管”发展党员模式，发展党员18名。开展镇党校党员教育培训14期，培训党员1000余人次。优化党政机构，制定长江镇职能配置、内设机构和人员编制规定，设置内设机构10个，成立长江镇综合治理委员会、公共服务委员会和综合行政执法委员会。10月，完成镇林业站、财政所移交工作。

【作风建设】 2020年，长江镇履行党委主体责任和纪委监督责任，镇党委书记履行第一责任人责任。全年，班子成员谈话提醒131人次，其中，党委书记谈话提醒班子成员68人次，班子成员对分管领域工作人员和所联系村（居）干部谈话提醒63人次。坚决查处违纪违法问题，收到问题线索12条，办结线索7条，其中立案6宗，处分党员干部6人，5条线索正在办理中。开展党风廉政学习教育活动，以案促改，利用典型案例开展警示教育学习12期。

【疫情防控】 2020年，长江镇以党建引领为核心，一手抓疫情防控，一手抓复工复产，做到疫情防控和复工复产“两手抓、两不误”。疫情防控期间，成立党员先锋岗37个、党员消杀队22个，志愿参加疫情防控无职党员223名。

【脱贫攻坚】 2020年，长江镇7个省定贫困村和9个分散村549户1633人全部脱贫出列。全面落实医疗、养老、低保、残疾及教育等政策。实施困难群众动态监测预警帮扶机制，帮助解决因病、因意外事故家庭224人（户）次18.18万元。建立完善扶贫资产登记确权项目153项2979.72万元。全面落实扶贫资金使用和省商务厅挂牌督战工作。开展“一线双联”“民情夜访”“访贫问效”“书记遍访”等活动，发动党员干部带头深入贫困户家中了解生产生活情况和思想动态，切实为贫困户解决困难。

【乡村振兴】 2020年，长江镇始终坚持党管人才原则，打造乡村振兴高素质人才队伍。全年招录“丹霞英才”7名，普通事业干部2名、公务员3名（其中1名为支部书记考录）、“三支一扶”人员2名，社会救助专职人员1名，消防队队员3名。开展农村人居环境整治，发挥广大群众主体作用，落实“门前三包”。各驻村镇干部强化责任，加强督促和工作指导，确保整治工作落地见效。

【平安建设】 2020年，长江镇受理信访事项21宗，解决事项18宗。镇、村排查化解各项矛盾纠纷57起，成功化解率100%。通过“两查三对比”排查上报“扫黑除恶”线索9条，办结回复8条，移交到县职能部门立案处理1条，建立相关办理台账。完善综治视频监控网络体系，组建镇、村（居）“红袖章”治安联防队伍。重点围绕政治、禁毒、民族宗教、森林防火、河砂和稀土等矿产资源开采等领域，抓好社会风险防控工作，全镇整体和谐稳定。

【安全生产】 2020年，长江镇常抓不懈安全生产，深入各行业开展安全生产定期例行大检查和整改任务倒逼机制，检查生产经营单位196家次，发现一般安全隐患107处，整改隐患104处，各种安全隐患得到有效遏制。设立应急专用值守办公室，做好地质灾害点巡查以及防洪防汛期间预警监测工作。

【城镇提升】 2020年，长江镇完成镇区路灯改造工程，安装路灯520盏，实现镇区规划范围照明亮化。结合“139”城镇提升，开展“六乱”专项整治，拆除乱搭乱建91宗5673.5平方米，完成镇区主干道风貌提升。建成镇街门户标志标识、停车场。提升改造农贸市场（二期）。完成镇区主干道路面“白改黑”并安装违停抓拍点7个。新建新时代文明实践广场和旅游公厕。新改建长江竹韵风度书房，建有集篮球场、羽毛球场、乒乓球场及竹文化长廊为一体体育公园1个。打造长江镇“十里休闲碧道”1条、象形岭“禁毒”文化主题公园1个。

2020年长江镇村（居）委会（社区）基本情况表

表38

村（居）名　称	村小组（个）	自然村（个）	村（居）委会集体纯收入（万元）	现有集体经济发展项目	特　产	村（居）委会负责人
居委会	9	9	0	无	长江米饼、米粉	邹业春
塘洞	15	15	20.71	商铺、山林、电站	冬笋、香菇、竹木	吕家华
莲河	8	10	68.97	山林、电站	砂糖橘、贡柑	马雪发
冷饭坑	8	8	51.64	电站、租金、山林	冬笋、笋干、香菇、竹木	曾凡华
河田	12	12	21.13	电站、其他企业上缴利润	冬笋、香菇	夏后松
浒松	12	16	17.93	山林、租金、电站、锦电分红	腊鸭、毛竹、冬笋、柑橘	郑华胜
油洞	9	9	13.80	电站、租金	冬笋	刘长海
凌溪	9	9	9.86	山林、电站	冬笋、玉扣纸、黄酒	黄金发
芭蕉垅	7	7	14.91	电站、山林、锦电分红、商铺	毛竹、冬笋、山楂	梁绘芹
沙坪	10	10	36.49	租金、电站	灵芝、香菇	黄美英
石崑	12	30	30.73	电站、锦电利息、林场、商铺出租、仁化丹霞商铺年收益	毛竹、水稻	张根香
高洞	12	17	14.92	电站、商铺	毛竹、山楂、香芋	莫　敏
里周	10	10	41.73	电站、山林	香菇、山楂	邓利庭
木溪	9	13	28.95	电站、锦电分红	香芋、腊鸭	饶昌胜

续表38

村（居）名　称	村小组（个）	自然村（个）	村（居）委会集体纯收入（万元）	现有集体经济发展项目	特　产	村（居）委会负责人
陈欧	16	26	75.74	山林、租金、电站	毛竹、冬笋、香菇、柑橘	刘九英
学堂坳	7	10	44.62	光伏发电、政府联营电站、商铺	冬笋、香菇、贡柑、砂糖橘、酸枣糕、灵芝	邓家顺
锦江	11	11	44.25	土地出租、林场、商铺租金、电站分红、锦电分红	白糖饼、长江米粉、柑橘	邓建福

（李志鹏）

扶溪镇

【概况】 扶溪镇位于仁化县境东北部，东连南雄百顺镇，南接闻韶镇，西与丹霞街道、县城为邻，北与长江镇交界，属山区镇。辖扶中、紫岭、斜周、水口、长坑、古夏、蛇离、左龙、厚塘村委会9个和居委会1个，年末户籍总户数3792户，户籍总人口13813人，其中农业人口8969人。镇政府驻紫岭村委会，距县城37千米。省道342线贯穿全境，锦江河与扶溪河相接，交通便利。辖区面积187.9平方千米，林业用地总面积15049.86公顷，森林覆盖率83.99%。耕地面积1781.29公顷，其中有效灌溉面积927公顷。全镇有初级中学1所、小学5所（其中，中心小学1所，完全小学1所，教学点3个）、幼儿园2所（其中，公办1所），在校学生1295人；有文化站1个，广播站1个。

扶溪镇是典型盆地山区镇，物产资源丰富，矿产资源主要有铀、铁、钨、硅石、花岗石等，土特产主要有优质稻米、板鸭、砂糖橘、贡柑、冬笋、香菇等。水资源丰富，年均降雨量达1690毫米，水能蕴藏量1万千瓦。人文历史悠久，存有石拱桥、石坎路、古亭、寺庙、宝塔、碉楼、明清古建筑群体和土法造纸遗址，部分保存完好。主要景点有省文物保护单位明代水口白塔（又名水口塔、双水塔）、中国传统村落古夏村、唐代南台庙（龙母庙）、明代石亭、“广东最美梯田”扶溪梯田等。民俗文化有市级非物质文化遗产八音、走马灯、土法造纸，花灯、火狮、火龙、禾斋、板凳舞等。是广东省休闲农业与乡村旅游示范镇。

扶溪镇是革命老区。1929年，彭德怀先后率红五军游击仁化时，在扶溪筹集大量钱财和物资；1931年，邓斌（邓小平）、李明瑞率红七军经扶溪转战至长江、赣南，完成“7000里远征”；1932年4—5月，彭德怀率红三军团转战至扶溪一周余；红军长征时期、解放战争时期，扶溪是南方三年游击活动范围和中共五岭地委游击范围。

2020年，扶溪镇被广东省农业农村厅评为“一村一品、一镇一业”专业镇。

【产业经济发展】 2020年，扶溪镇农林牧渔业产值24222.91万元，同比上年增长4.2%；镇财政收入2112.28万元，同比上年增长5.67%；工业产值1477万元。坚持大力发展生态经济，优化农业产业结构，重点打造优质稻产业，优质水稻种植面积684公顷，占粮食播种面积90%，其中鸭稻共作产业面积96公顷。农民人均可支配收入

19328元。全域旅游有新进展，加强蛇离梯田开发，重点扶持苦竹坪梯田复耕，成功举办农民丰收节。年内，扶溪镇和古夏村分别被农业农村厅认定为市级“一镇一业、一村一品”农业特色专业镇和专业村；扶中、紫岭鸭稻米产业被列为省“一村一品”建设示范项目；扶溪大米被农业农村部列入2020年国家第三批名特优新农产品名录；成功申报省级示范家庭农场1家，成功申办广州海关“出境水果果园注册登记证书”农业企业1家。

【扶溪大米产业发展】 2020年，扶溪镇结合广东省名特优新区域公用品牌、无公害农产品产地认定证书产品扶溪大米米质纯正、质粒完整、晶莹剔透、香味浓郁、口感极佳特点，发挥该镇无工业污染，土壤、水质条件优异，终年热量丰富，光照充足，雨热同季，昼夜温差较大，有利于水稻灌浆充实等优势，发展扶溪大米产业。与省农业科学院水稻研究所开展技术合作，推行“专家+农技人员+科技试验示范基地+科技示范主体”农业技术推广服务模式，建立26.67公顷现代农业优质水稻产业科技示范基地1个。通过“合作社+基地+农户（贫困户）”模式和流转土地、订单收购农户稻米、建立示范生产基地等方式，调动农户种植优质水稻353.33公顷，推动扶溪大米产业化经营及贫困户增收脱贫。年内，扶溪大米被农业农村部列入2020年国家第三批名特优新农产品名录。

【城镇建设】 2020年，扶溪镇实施全域自然村集中供水全覆盖项目，实现81个自然村安全饮用自来水全覆盖。新自来水水压稳定、水质良好，受益群众6000余人。清理村巷道卫生死角、乱堆放建筑材料3892处，拆除破旧泥砖房4678间，拆除乱搭乱建、违章建筑43处，拆除非法违规商业广告、招牌6处，整治生活垃圾、生活污水、水体污染1004宗，实行拆旧建绿413处。建成“四好农村路”10.8千米，全部竣工通车。

【精准扶贫】 2020年，扶溪镇全面完成脱贫任务，现行标准下农村相对贫困人口218户660人全部稳定脱贫，3个省定贫困村全部出列。4月底，扶溪镇最后1户4人贫困人口按脱贫出列程序完成脱贫出列。根据县“4+2+2”机制，制定扶溪镇动态监测和兜底保障机制，设立镇、村扶贫基金，动态开展返贫人口和新发生贫困人口监测和帮扶，并对21户存在风险贫困户（农户）及时采取干预措施。截至11月底，解决贫困户人口就业150人；开展产业扶贫，牵线116户贫困户与专业合作社等新型经营主体签订产供销协议。开展消费扶贫帮助贫困户消除疫情、农产品市场价格等因素影响，全镇实现消费扶贫15万元。

【生态环境保护】 2020年，扶溪镇完成镇区生活污水处理厂建设，接通主要污水管网。实施村道、庭院、房前屋后绿化美化工程，建设“四小园”359个。开展植树造林，森林覆盖率达83.99%，超出全县平均水平3.22个百分点。

【社会稳定工作】 2020年，扶溪镇完善矛盾纠纷排查化解机制，坚持执行月例会研判制度，结合“一线双联”“民情夜访”，深入推进矛盾纠纷排查化解工作，全年化解矛盾纠纷146宗。成功申请司法救助金6万余元，解决2016年涉及农民70余名跨县务工欠薪案。坚持“扫黑除恶”治乱并进，开展打击“两违”、非法采砂采矿、吸毒贩毒等专项整治行动，集中排查整顿影响营商环境突出问题一批。推动依法行政，提高政府工作人员执法水平。年内，7名公务员通过行政人员综合法律知识考试。安全生产工作态势总体平稳，全年全镇没有发生安全生产事故。

2020年扶溪镇村（居）委会基本情况表

表39

村（居）名称	村小组（个）	自然村（个）	村（居）委会集体纯收入（万元）	现有集体经济发展项目	特 产	村（居）委会负责人
居委会	3	0	5.1	南雄坝电站分红，市场管理费收入	无	黄丽珠
紫岭	9	5	18.67	南雄坝电站分红、村电站承包租金、丹霞新城店铺租金	优质稻米	谭艳梅
扶中	14	12	5.36	小水电站分红、鱼塘、砖厂租金	优质稻米	罗胜奇
水口	4	4	7.59	小水电站分红、电管所股金分红	柑橘	谭雪意
古夏	13	10	6.68	小水电站分红	腊鸭、古夏大米、古夏谷花糍等	李幸峰
厚塘	10	7	19	小水电站分红，丹霞新城商铺租金	鸭、优质稻米	邓润旗
长坑	9	9	7.8	小水电站分红	冬笋	罗润昌
斜周	8	8	17.5	小水电站资源费、股金分红，商铺租金、果园承包金	柑橘	肖善文
蛇离	8	8	7.02	小水电站分红	冬笋	谭金华
左龙	6	6	6.9	小水电站分红	竹笋、香菇	阙传旺

（姜悦悦）

闻韶镇

【概况】 闻韶镇位于仁化县东部，距县城32千米，东连南雄，南接黄坑镇，西与丹霞街道为邻，北与扶溪交界，辖区总面积85.78平方千米，镇辖村委会5个、居委会1个。2020年年末户籍总人口1648户6280人，有九年一贯制学校1所，中心幼儿园1所，在校学生454人。镇内旅游资源丰富，有人文景观省级文物保护单位华林寺塔和古村、石拱桥、庙宇及自然景观笔架山、风车巷、“天然氧吧”暖水温泉等，省道324线公路贯穿全镇，交通便利。水资源丰富，4条河流与浈江相连，有水电站12座总装机容量5300千瓦，是全镇经济支柱之一。矿产资源主要有金、银、铜和磁、稀土、翡翠岩、黄蜡石、温泉等。有竹制加工厂3家，农特产主要有冬笋、香菇、番薯、优质米、黄豆、花生、贡柑。

【镇域经济概况】 2020年，闻韶镇财政收入1423.02万元，比上年增长27.43%；农民人均可支配收入16817元，比上年增长4.6%。

【农业农村发展】 2020年，闻韶镇粮食播种面积421.07公顷，粮食产量2960.2吨，其中优质稻种植面积126.53公顷。全面落实惠农政策，发放综合直补

943532.59元。种养殖业平衡发展，全年养猪户22户，比上年增加6户，养猪5825头，比上年增加1762头；养鸡16.3万羽、鸭1.8万羽、鹅743羽，“三鸟”存栏15.2万羽，比上年增长1.8%。发展现代农业，优化农业产业结构和产业布局调整，打造“一镇一业、一村一品”。全年全镇贡柑种植面积306.53公顷，年产量1900吨，产值635.35万元。年内，闻韶镇贡柑在丹霞贡柑果王争霸赛中获金奖。砂糖橘种植4.79公顷，产量52.6吨，产值26.3万元。三华李种植20公顷。邀请专家举办各种技术培训班16期，其他农类培训班12期。全面推进农民购买政策性水稻保险，农户参保率100%。实行农村综合改革，推进农村集体产权制度改革工作，完成全镇经济联社5个、经济社40个登记赋码工作，完成率100%。

【林业发展】 2020年，闻韶镇深化林权制度改革，加强生态林管护，全力做好森林管护工作。建立健全巡山制度，开展集中整治森林秩序，打击涉林违法犯罪行动。全镇毛竹68.2公顷，加大毛竹抚育力度，提高群众管护技术。接受群众来电访16人次，受理山林纠纷2宗，成功调处2宗，调处率100%。新种杉、茶面积1326公顷，义务植树479株，开展森林防火广播宣传180余次，印发护林防火宣传资料3600余份，张贴防火宣传标语536条，悬挂固定横幅38条，严禁野外用火。全年全镇无山火发生。

【精准扶贫】 2020年，闻韶镇有建档立卡贫困户75户229人，享受低保待遇105人，其中农村低保100人，城镇低保5人，“五保”户20人，其中集中供养13人，分散供养7人，投入资金69.82万元。开展以奖代补和产业帮扶，为贫困户提供“造血功能”。建立贫困家庭健康档案，全镇51名贫困子女在校生获得教育补助共计94500元，发放率100%。全年投入产业扶贫专项资金630万元，发放鸡苗2188羽、鸭苗946羽、鹅苗350羽、饲料251包、肥料734包，涉及金额213965.66元。建立华塘山节和暖水村精准扶贫贡柑种植示范基地2个，江南村精准扶贫毛竹种植示范基地1个；动员36户贫困户加入同兴盛果品专业合作社，54户贫困户加入闻韶永利毛竹合作社，并签订产销协议，签订率100%；依托镇现有竹制品加工厂，为贫困户提供产品销售。加大农村电商点建设，以“互联网+电商扶贫服务站+贫困户”合作模式推进电商助农扶贫。举办在家务农有能力贫困户农业技能培训班2期，贫困户有18人通过县、镇公益性岗位，政府或帮扶单位推荐等渠道解决就业问题。全镇办理消费扶贫爱心卡42人，镇、村、帮扶单位累计消费扶贫115735.20元。全镇29户贫困户实现小额贷款，涉及贷款82.7万元。发放贫困户光伏发电项目分红款4笔，人均实得分红1022.22元，发放贫困户中金岭南一期、二期项目分红款8笔，人均实得分红342.85元。全年全镇75户贫困户229人全部脱贫。

【农村人居环境综合整治】 2020年，闻韶镇全面开展农村人居环境整治，清理房前、巷道、杂物、河岸、村道垃圾1236处331吨，清理沟渠池塘淤泥54.6吨，清理清理漂浮物和障碍物49吨，整治村巷道及生产工具、建筑材料968处。推进破旧泥砖房拆除工作，拆除破旧泥砖房3177间，拆除面积67068.28平方米。推进“厕所革命”，改厕任务51户全部完成，改厕率100%。

【生态文明建设】 2020年，闻韶镇大力推进生态文明建设，完成镇区污水处理厂和塘源村污水收处系统建设项目，涉建村庄污水得到有效治理。落实河长制度，全镇河长巡河427次，投入人工护河236人次，出动拖拉机55车次，清理河道15.2千米，清理转运垃圾46吨，未发现有乱建、乱排乱倒、乱采砂、乱截流等“四乱”现象。常态化抓好扬尘整治，每周排查主要路段和村，与建筑施工单位签订扬尘控制承诺书，有效控遏制扬尘现象。推进企业污染排放处理，每周安排政府工作人员巡查辖内企业，与企业签订环保责任书，有效控制企业垃圾、污水、废气处理。严格落实农村“禁烧秸秆”工作，有效控制焚烧秸秆、垃圾行为。加强值班值守和巡查，持续抓好森林防火工作。

【安全生产】 2020年，闻韶镇加大安全生产宣传力度，抓好消防安全、危险化学物品管理、小水电站日常巡查、交通安全等工作，专项整治完善食品物品及爆炸物管理措施，落实“三防”工作责任制，完善应急物资管理调配。全年排查安全隐患50处，下发限期整改通知书13份，均完成整改，整改率100%，出动参加应急抢险38人次，清理下徐金竹园山体塌方、闻韶镇泰学校至下徐路段山体塌方。全年无安全事故发生。

【人大工作】 2020年，闻韶镇人大主席团加强自身素质，提高人大代表履职能力和工作水平，全年收到代表意见、建议18条，认真开展监督办理工作。其中，在疫情防控期间代表提出增加华坑防疫卡口并提供卡点防控必需物资装备的建议，镇政府即于1月29日在辖区新增3个卡点并给每个卡点提供生活物资和防控设备。其他17件建议和意见全部答复代表，答复率100%。

【计生服务】 2020年，闻韶镇贯彻落实中央、省人口和计划生育工作精神，提高计生优质服务。全年全镇户籍人口出生人数44人，人口出生率控制在0.82%内，政策生育率6.82%，出生性别比为91.3。孕前优生检查任务数18对，完成检查15对，完成率83.33%。走访慰问计生困难户16户。

【档案工作】 2020年，闻韶镇档案工作经费纳入年度财政预算，建立健全镇村档案员工作岗位考核机制。举办档案员培训班3期。完成2020年度文书、照片和实物档案收旧档案工作，整理文书档案58卷，照片档案43卷，实物32件（卷）。

【党建工作】 2020年，闻韶镇党委抓好党建工作，强化党员教育管理，结合“一线双联”“三会一课”及“固定党日+”在职党员到社区报到，利用镇党校阵地全年举办入党积极分子和党员教育培训学习班12期。发展新党员8名，预备党员转正7名。“七一”建党节慰问党员58名。镇党委书记、支部书记上党课36人次，培训党员960人次。发动党员到社区参加自愿服务活动50人次，报到先锋56人次，人均服务时长29.3小时。

【党风廉政建设】 2020年，闻韶镇贯彻党风廉政建设责任制，全面推进从严治党。镇纪委开展明察暗访22次，办结县纪委移交镇纪委线索2宗，办结率100%，谈话提醒26人次，批评教育6人次，责令检查4人次。播放教育警示片2次，参加观看人员223人，开展廉政教育专题课3次，参加人员163人。

【扫黑除恶】 2020年，闻韶镇投入“扫黑除恶”专项资金3万元，开展户外宣传活动20场次，参加宣传活动人员2000人次，悬挂横幅130条，张贴宣传标语500余条，印发宣传资料8256份，发放宣传物品3000份，发出短信和微信193条，为群众答疑问题400人次，群众参加“仁化县‘扫黑除恶’专项斗争调查问卷”2000余人次。撰写宣传简讯39篇。摸排出“扫黑除恶”有效线索2条并移交公安机关处理。

【综治维稳】 2020年，闻韶镇做好“扫黄打非”工作，严禁“黄赌毒”，坚决打击涉毒违法犯罪行为。落实基层“大调解”活动，排查出不稳定因素案件和矛盾纠纷33宗，成功调处30宗，领导包案稳控4宗，稳控率100%。刑事案件立案3宗，破案2宗，破案率63.33%。受理行政案件3宗，查处2宗，查处率63.3%。加强精神病者、戒毒康复人员等特殊人群分类管理，做到有登记、有随访、有帮教管理措施、有专人管理，台账健全。

【普法宣传】 2020年，闻韶镇加大创建“平安闻韶”工作宣传力度，以普法禁毒反邪教宣传为重点，通过悬挂横幅张贴宣传标语发放宣传资料，发送短信和微信，到学校上法制课，召开干部职工座谈会，网上考试等形式，抓好普法宣传落实，提升群众安全防范意识。发放普法宣传资料2642份、防火宣传册2642本，张贴防火交通安全宣传标语883条，开展禁毒宣传活动6次、平安校园宣传活动6次。

【社会保障工作】 2020年，闻韶镇帮助86名待业人员实现就业，为年满60岁的城乡居民发放城乡居民养老金，发放率100%。完善全镇51户低保户医保续保。全镇参加医保人员3690人，参保率81.51%。咨询解决群众社保问题216人次，临时救助24人，发放医疗救助金3万元。镇、村干部职工社会保险参保率100%。发放军烈属、退伍军人、现役军人和参战老兵慰问金3万元。高标准完成镇退役军人服务站建设。免费为残疾人办理城乡居民保险68人，组织残疾人参加柑橘、三华李种植和蜜蜂养殖创业培训班，增加残疾人参加社会就业和创业机会。完善敬老院基础设施建设和院内绿化美化工作，保障集中供养人员基本生活。

【文教卫生体育工作】 2020年，闻韶镇推进文教卫生事业，开展“同心同书”、“祖国新春好”、春联进万家、“我们的节目·端午绣艾包”、暑期安全教育、“情满中秋，喜迎国庆”中秋文艺演出、镇村干部徒步古驿道10千米等一系列活动。全力推进教育现代化，全面普及学前教育，幼儿入园率96%以上。推进公共卫生体系、农村卫生体系和城镇社区卫生服务体系建设，完善镇、村医疗站设备，解决人民群众看病难问题。

【镇域经济产业发展】 2020年，闻韶镇抓好镇属小水电站日常管理，更新电站发电设备，做到开源节流，提高企业经济效益。抓好仁化县温氏楼房式闻韶一体化生猪产业园工程和项目建设，完成租地38.67公顷，其中山地18.67公顷、耕地20公顷。

【武装和双拥工作】 2020年，闻韶镇全面完成上级下达征兵任务，高质量完成民兵整组工作。组织民兵参加疫情防控、应急抢险等工作。开展“双拥”拥军优抚活动，春节、“八一”建军节期间慰问优抚对象，发放慰问金。镇、村召开军属、退伍军人座谈会14次。高标准完成镇退役军人服务站建设，全覆盖走访慰问、了解军烈属退役军人家庭现状，帮助解决实际困难。

【“两违”整治】 2020年，闻韶镇发现违法用地6宗，镇政府、镇国土所、规划办采取动态巡查劝告和下发责令停止国土资源违法行为通知书等形式，将土地行为控制在萌芽状态。多次组织派出所、国土规划、综治等部门开展辖内违法采矿行为动态巡查，全年未发现非法采矿和违法建房行为。

【妇联工作】 2020年，闻韶镇妇联做好建档立卡贫困户“两癌”免费检查、省妇女儿童基金会援建单身母亲安居房工作。发放单身母亲安居房资金2万元。开展各种节目活动5次，举办妇女科技种植培训班2期，走访慰问困难妇女儿童8户26人。

2020年闻韶镇村（居）委会基本情况表

表40

村（居）名称	村小组（个）	自然村（个）	村（居）委会集体纯收入（万元）	特　产	村（居）委会负责人
闻韶居委会	—	—	3.8	—	谭志雄
下徐	10	7	8.2	冬笋、花生、贡柑	邓有为
江南	6	6	9.8	优质米、贡柑	马绍兰
塘源	6	6	10.5	冬菇、贡柑	温天成
华塘	10	8	12.5	冬笋、黄豆、贡柑	朱德群
白竹	8	3	9.5	番薯、优质米、贡柑	何松华

（黎学荣）

城口镇

【概况】 城口镇位于县境北部，东连长江镇和扶溪镇，南接丹霞街道，西与红山镇为邻，北与湖南省汝城县三江口镇交界，属山区镇。镇政府驻城口镇城群村委会辖区（墟镇内），距县城38千米。国道106线、武深高速（仁化段）贯穿全境，城口东河河流与城口西河相接，交通便利。辖区面积266.89平方千米。辖东罗、东坑、城群、上寨、东光、恩村、厚坑村委会7个和城口镇社区居民委员会1个。2020年年末总户数3402户，总人口10884人，其中农业人口9313人，迁入人口12人。常用耕地面积1230公顷，粮食播种面积689公顷，粮食产量4838吨。林业用地面积21187.6公顷，森林覆盖率89.71%。主要经济来源有农业生产、水力发电、畜牧养殖、矿产资源等。全镇有初级中学1所、小学4所（其中，中心小学1所，完全小学0所，教学点3个）、幼儿园1所（其中，公办1所），在校学生782人；有文化站1个，广播站1个。全镇参加医疗保险人数8430人，覆盖面100%。主产优质稻谷、柑橘、辣椒和茶叶，土特产有冬笋、香菇、木耳等，其中以“古秦城板鸭”闻名。域内资源有水利、林木和矿产，工业以萤石矿开采、小型水电站为主，有企业水电管理所、仁化县城口镇城兴加油站等24家。旅游景点主要有红军长征粤北纪念馆、红军街、秘密交通站、谭甫仁旧居、“中国传统村落”恩村古村落、上寨美丽乡村、丹霞丰源温泉度假村等。

丹霞丰源温泉度假村一角（龙全明　摄）

2020年2月，城口镇被广东省爱国卫生运动委员会评为“2019年广东省卫生镇”；3月，城口镇被广东省农业农村厅、广东省文化和旅游厅评为“2019年度休闲农业与乡村旅游示范镇”；11月，城口镇被中国人民银行广州分行、广东省地方金融监管管理局评为“2020年度广东省移动支付示范镇”。

【镇域经济概况】 2020年，城口镇农林牧渔业产值20992.52万元，比上年增长4.3%；固定资产投资2.27亿元。镇财政收入4350.11万元，同比上年减少51.89%；农民人均可支配收入20384元，同比增幅达4.6%。

【现代农业化发展】 2020年，城口镇加快推进“一镇一业、一村一品”、休闲农业与乡村旅游，扩大柑橘、毛竹种植及山苍子和油茶基地建设。种植柑橘453.33公顷、蔬菜36公顷、油茶59.13公顷、山楂22.8公顷、山苍子200公顷，建设油茶基地20公顷，毛竹种植面积0.27万公顷，有产业示范基地6个。全年粮食生产任务为733.87公顷，完成早稻种植275.35公顷、中晚稻417公顷、其他粮食作物41.52公顷。建畜禽养殖场22家，年出栏量4.5万头，年产值1.8亿元。

【全域旅游】 2020年，城口镇以“红色+温泉+古村”模式打造城口红色小镇，加速红色旅游基础设施建设，制定完善城口镇旅游发展规划。完成城口镇创AAA级景区申报工作。完成丹霞丰源温泉度假村一期建设项目并营业，完成红色培训中心（温泉公寓44号）主体建设及项目用地内高压线迁改、项目用地审批等工作。红色小镇运营公司进入正常运作阶段。完善恩村、上寨古村旅游配套设施建设及乡村人居环境整治，提升村内便民服务中心功能。新增民宿类个体户2家、餐饮个体户16家、生态农业类个体户5家。丹霞丰源温泉企业带动新增直接就业岗位200个，间接带动就业岗位500个。

【生态环境整治】 2020年，城口镇引入市场化管理机制，定期清理河道。完成辖区锦江流域养殖基数摸排及河湖“四乱”问题核查工作，强化打击非法采砂行动。加强畜禽养殖治理，关闭野生动物养殖场（蛇类、竹鼠、海狸鼠）3家，畜禽养殖场22家均完善用地和环保手续。东坑村被省爱国卫生运动委员会评为“2019年广东省卫生村”，城口镇被省爱国卫生运动委员会评为“2019年广东省卫生镇”。林业用地面积2.13万公顷，生态公益林0.73万公顷、商品林1.4万公顷，森林蓄积量177万立方米。完成城口红色森林公园、恩村恩溪古树公园建设，提升改造国道106线沿线广场、村道、河道等周边生态景观、绿化。

【省际廊道形象提升】 2020年，城口镇完成城口南北标识2个和主要景观节点4个建设。完成高速路口至纪念馆、计生办至广东桥286个单元房屋外立面提升改造、主干道提升改造、美化绿化亮化工程及红军街115栋房屋外立面提升工程。提升改造谭甫仁将军旧居、地下交通站、胜一理发店、广兴栈及游客咨询服务中心。完成镇区旅游厕所4间、停车场4个建设和城口镇镇标、红军街及红色小镇内标识牌、导览图及门户牌。

【人居环境综合整治】 2020年，城口镇完成7个行政村人居环境整治和建设生态宜居美丽乡村规划。镇村实行“村收集、镇转运、县处理”垃圾处理模式，保洁覆盖率100%。强化“两违”“六乱”整治，加强镇村建房指导。稳妥推进农村破旧泥砖房清拆整治工作，完善镇村污水处理系统。

【交通体系完善】 2020年，城口镇至红山镇及长江镇县道59千米升级为省道，并进行改造和道路安防建设。改造大中桥梁5座。解决7个建制村通水泥（油）路，在上寨、恩村建设通建制村样板路2条。新建农村客运候车亭7个。拓宽乡道507线至建制村东罗原有道路（乡道507线）12千米。完成木洞、左坑、土洞、药普村道硬底化建设工程6.34千米。修复城群、左坑、官奢、东光、东坑“畅返不畅”村道多条。完成辖区内国省道交叉路口硬底化56处。

【脱贫攻坚】 2020年4月，城口镇2019年剩余未脱贫相对贫困人口5户19人如期达到脱贫标准，全镇贫困户达标率100%。全镇4个相对贫困村达到脱贫退出标准，其中村集体年收入均10万元以上。贫困人口人均可支配收入由2016年的5684.7元增长到2020年的17605.83元。建立柑橘种植示范基地和合作社，带动89户贫困户种植柑橘29.01公顷。安排贫困户人员在环卫保洁、保安、政府后勤等公益性岗位就业33人，设置扶贫就业安置点3个。投入扶贫资金306.3万元实施基础设施项目33个，提升省定贫困村巷道硬底化、路灯亮化、灌溉水渠、文化广场、文化室和自来水设施等生产生活条件，提升村容村貌。

【公共事业发展】 2020年，城口镇7个行政村均建设文化室、卫生站、农村书屋、公共服务站等。完成“厕所革命”改造183户、村公厕建设6座。完成省定贫困村（建档立卡贫困户）集中供水建设工程建设，启动第二期非省定贫困村全域自然村集中供水全覆盖项目。高质量完成第七次全国人口普查工作。落实困难群众帮扶救助机制。稳步推进流浪乞讨救助工作。按时足额发放残疾人“两项”补贴。城口镇新时代文明实践所和恩村新时代文明实践站是仁化县试点。

【社会治理强化】 2020年，城口镇贯彻落实第三次全国土地调查和国土规划编制，做好地质隐患点排查治理、卫片执法、拆旧复垦等工作。做好矛盾纠纷排查调处工作，全年办理上级转办信件19件，办结19宗，办结率100%；排查出各类矛盾纠纷37宗，成功处理36宗，调处率97%。推进“中心+网格化+信息化”建设，完成综治视联网会议系统延伸至村（社区）综治中心建设试点7个，完成各行政村36个、红军街17个视频监控系统升级改造。强化社会风险隐患排查化解工作。平稳有序完成城群村新城电站和半奢水电站2个独立供电区农网改造接收工作。落实“扫黑除恶”线索研判制度及“扫黑除恶”专项斗争工作联席会议制度，加强特殊人群服务管理，开展禁毒工作及创建“无毒社区”，运用多种形式全面深入开展创建平安城口活动。

【疫情防控】 2020年，城口镇实行网格化治理，划分两大网格片区、细分9个网格小区、77个网格点，在网格中建立检查卡口23个，发动无职党员166名、群众394名参与疫情防控，入户宣传及排查1万余人次。组织做好应急演练，常态化严抓疫情防控工作。全年，全镇无确诊病例和疑似病例。

2020年城口镇村（居）委会基本情况表

表41

村（居）名称	村小组（个）	自然村（个）	村（居）委会集体纯收入（万元）	现有集体经济发展项目	特产	村（居）委会负责人
东罗	8	12	22	毛竹合作社	竹笋	蒙万贱
东坑	8	8	8.61	小型水电站、毛竹	竹笋	苏东明
城群	18	7	19.8	萤石矿、石板材、石碑石、硅铁矿	香菇、“古秦城”腊味	黄守忠

续表41

村（居）名　称	村小组（个）	自然村（个）	村（居）委会集体纯收入（万元）	现有集体经济发展项目	特　产	村（居）委会负责人
上寨	11	5	22	小型水电站	柑橘	黄仁润
东光	5	7	28.4	优质稻谷、绿色茄子基地、小型水电站、毛竹	优质稻谷、柑橘	李福春
恩村	8	5	21.5	温氏养猪、辣椒合作社、香黏米、毛竹	辣椒、砂糖橘	邓攸发
厚坑	9	8	13.5	水电站	辣椒	曹良平
社区居委会	—	—	—	—	—	朱洪光

（罗昭谦）

红山镇

【概况】　红山镇位于仁化县城西北，粤湘两省交界处，是仁化县革命老区及林业生态镇。东邻城口镇，南接董塘镇、石塘镇，西连乐昌市五山镇，北与湖南汝城县大坪镇接壤。距县城52千米，距国道106线30千米，县道335线贯穿全镇，西有公路经前洞村通往乐昌市，交通便利。辖区总面积169.64平方千米，林业用地总面积15201.39公顷，森林覆盖率90.62%。辖行政村8个和红山社区1个，77个村民小组。年末户籍总户数3061户11097人。

红山镇地处粤北山区，地形主要以山地为主，山高陡峭，山多田少，林木、水利资源丰富，生态环境优越。域内有高坪省级自然保护区，是仁化县城居民食水源头地。旅游资源主要以烟竹村黄岭嶂、新白村红军烈士纪念碑、红军桥等绿色生态资源与红色革命资源为主。特产主要有茶叶、冬笋、香菇、番薯等。

【镇域经济概况】　2020年，红山镇财政收入3538.62万元，农林牧渔业产值14397.33万元，比上年增长4.2%。农村人均可支配收入19235元。

【特色农业发展】　2020年，红山镇重点发展茶叶产业，举办茶叶采摘直播活动2次，帮助茶农拓宽销路。8月，鱼皇村被认定为省级“一镇一业、一村一品”特色专业村。推动发展特色林下经济，建设育苗基地0.67公顷，推广草珊瑚种植40余公顷，产值约120万元。引进蔬菜种植项目，发展佛手瓜种植13.33余公顷，带动种植户60余户，每公顷增收4.5万元；举办柑橘、猕猴桃种植技术培训班多次。超额完成保障粮食生产任务373.33公顷；完成水稻保险核保304.73公顷，理赔水稻保险6户，开展粮食生产技术服务15次。

【党建工作】　2020年，红山镇依托镇党校平台，邀请“百人讲师团”讲师及镇领导班子开展主题教育专题党课15场，轮训党员343名。各党支部开展志愿服务活动35次，落实实事好事75件，解决群众关心热点难点问题一批。开展“一线双联”“民情夜访”活动，实施“头雁”“青苗”工程。加强整治“软弱涣散”村党组织，加强和提升村“两委”班子战斗力，投入27万元加强党建阵地建设，整顿工作取得成效。

【城乡面貌改善】　2020年，红山镇持续完善基础设施，完成烟竹、小楣水和红山社区硬底化建设11条线路19.775千米。完成农村无害化卫厕改造314户，建设卫生公厕12个。12月，全域集中供水项目工程全面完工并投入使用。统筹使用水源保护经费85万元，完成全镇19个公厕净化池和人工湿地建设，烟竹村污水收集处理池2个、前洞污水沟以及全镇污水管网维护、维修及清理，镇区污水沟淤泥清理及污水沟加盖板零星修补。12月，新山、新白农村人居环境整治提升项目通过审核验收。投入300余万元用于村庄环境整治工作，发动1175人次参与完成清理房前屋后和巷道生产工具4467处，清理柴草杂物、积存垃圾、塑料袋等垃圾4431处，清理沟渠池塘溪河淤泥、漂浮物和障碍物2111处，完成生活垃圾、污水等整治1596宗。

【生态质量提高】 2020年，红山镇完成中央环保督查整改任务，全面保护县城饮用水水源地保护区，地表水质检测合格率100%。开展河湖“五清”“清四乱”专项治理，村级河长巡查432人次，镇级河长巡查446人次，未发现有违法采砂等违法犯罪活动。集中开展河道水面垃圾漂浮物清理专项行动2次，清理垃圾46吨，出动人员260人次，投入资金10万元。统筹推进山水林田湖草生态保护修复工程，严厉打击非法开采稀土、高岭土矿等违法犯罪活动。持续深入开展扬尘专项整治，加大野外火源管理力度，严格管制焚烧污染，加强烟花爆竹管控。开展“创森”宣传活动。组织开展全民义务植树活动，植树1209棵。严防森林火灾发生，结合清明节、“五一”国际劳动节、中秋节、国庆节等重点节日，每天出动护林员到各处山场巡查，每天出动无人机飞行巡查2架次，排除隐患10余处，排查清除森林公园火灾隐患点5处。

2020年12月4日，红山镇在红山学校开展国家宪法日宣传活动（红山镇　供图）

【民生福祉增进】 2020年，红山镇建立稳定脱贫长效机制，完成152千瓦光伏发电项目、南航110千瓦光伏发电项目并网投产，项目收益分配兼顾贫困户增收和村集体经济发展壮大。全镇建档立卡贫困户317户1142人全面脱贫。社会事业加快发展，完成镇文化站升级改造和村级“大喇叭”工程建设。成功创建韶关市文明乡镇，烟竹村获县级文明村称号。红山学校北校区水毁运动场改造工程完工并配置灯光篮球场和小型足球场；投入50万元改造烟竹教学点。

【社会治理加强】 2020年，红山镇加强政治、经济、生态环境、金融等领域风险防范化解，加大网络诈骗防范宣传。落实信访积案包案制，深化矛盾纠纷大调解，排查矛盾纠纷53件，调解成功50件，调解成功率94%；持续推进“平安红山”建设，开展“无毒社区”创建和“扫黑除恶”专项斗争行动，发现“扫黑除恶”有效线索2条，查处刑事案件10起。严格落实应急值守工作，严厉打击违法违规野外用火行为。加强公共安全体系建设，完善应急机制，全年没有发生安全生产事故，安全生产形势持续稳定。

【民生实事完成】 2020年，红山镇完成民生实事8项：分散村集中安全饮水建设工程完成验收并投入使用；完成中小河流治理烟竹水河段891米、前洞水河段745米建设工程；完成镇文化站升级改造工程；完成小椙水村麻竹下地质灾害点总体搬迁工作；完成新白、新山2个省定贫困村农村人居环境提升工程验收；加大水源保护力度，组织人员清理全镇水源流域河道和高坪水库垃圾，完成烟竹村污水收集处理池建设2个，完成前洞污水沟及全镇污水管网维护、维修及清理；启动红山幼儿园搬迁选址重建工程；完成红山敬老院扩建工程。

2020年红山镇村（居）委会基本情况表

表42

村（居）名称	村小组（个）	自然村（个）	村委会（社区）集体纯收入（万元）	现有集体经济发展项目	特　产	村（居）委会负责人
青迳	15	19	7.8	林木	萝卜	连双田
新白	10	12	10.2	小水电站	冬笋	李余清
新山	10	12	11.9	小水电站	冬笋	丘路生
中山	10	12	8.1	小水电站	猕猴桃	梁顺游
前洞	10	10	3.4	小水电站	冬笋	叶流玉
鱼皇	7	11	80.2	小水电站	茶叶	袁远清
烟竹	9	14	37	小水电站	茶叶	张道双
小椙水	3	8	36	锦江电站分红	茶叶	张玉林
社区居委会	3	4	0.4	小水电站	茶叶	谭芬芬

（张　澎）

周田镇

【概况】 周田镇位于仁化县境南部，东连始兴县，南接曲江区，西与大桥镇、丹霞街道为邻，北与黄坑镇交界，辖区面积296.12平方千米，属省级中心镇。镇中心距仁化县城17千米，国道106线、323线和韶赣铁路、韶赣高速公路及武深高速贯穿全镇，设有丹霞山火车站和韶赣高速公路丹霞出口。浈江河与北江水相接，水陆交通便利。辖平甫、周田、较坑、龙坑、上道、鸡龙、台滩、谭屋、新庄、麻洋、雷坑、上坪、灵溪、下洞、瑶溪15个行政村和周田社区1个居委会，全镇年末户籍人口8250户28645人，耕地面积1723.5公顷，粮食播种面积874.8公顷，粮食产量6269吨，林业用地总面积22059.88公顷，森林覆盖率79.71%。主要经济来源有种植业、养殖业、外出务工等。有初级中学1所、小学2所、幼儿园3所（其中公办1所、私立2所），在校学生3462人；有文化站1个、广播站1个。主产优质谷、柑橘、西瓜、油茶、蒿竹，土特产有灵溪冬菇、平甫黄金柰李、上坪贡柑、鸡龙萝卜、龙坑粉葛、麻洋红瓜子等，其中以灵溪香菇和平甫黄金柰李闻名。工业以仁化县产业转移工业园（原仁化县产业集地）和水力发电为主，有“四上”和房地产业企业14家，其中规模以上工业9家、重点服务业1家、限额以上贸易业1家、房地产业3家。旅游景点主要有灵溪河森林旅游度假公园、广东省古村落灵溪大围古村、周田风度（张屋）古村等。

2020年，周田镇被广东省爱卫会办公室授予“广东省卫生镇”称号。

【镇域经济概况】 2020年，周田镇生产总值10.05亿元，同比增长2.9%。镇财政收入8293.5万元，比上年增加67.6%。农林牧渔业产值5.07亿元，同比增长4.2%，农民人均可支配收入19945元。规上工业总产值7.79亿元。

【产业结构优化】 2020年，周田镇以增加农民收入为中心、提高广大农民生活水平为根本出发点，推动现代农业提质增效。年内，完成省级“一镇一业，一村一品”平甫柰李专业村建设项目建设，社会化服务面积86.67公顷；贡柑种植面积1500公顷。在平甫村投资雪印集团蔬菜种植产业项目，建设2公顷标准温室大棚以及20公顷露天蔬菜种植基地；完成较坑草珊瑚基地8公顷，打造“一村一品”扶贫产业。申报家庭农场169家，申报县级新型农业经营主体4家，申报仁化县柑橘产业园项目主体1家，开展新型职业农民教育培训，发展壮大新型职业农民队伍。稳定粮食生产，完成较坑8公顷园地垦造水田工作。

【脱贫攻坚】 2020年，周田镇相对贫困人口472户1243人全部退出，5个省定贫困村全部出列。其中，2019年退出469户1240人，2020年4月退出3户3人（均为2019年新增户），占建档立卡贫困户人数100%。全面落实“4+2+2”动态监测预警机制，结合“一线双联”“民情夜访”工作机制，挂点县领导、挂点单位到镇村开展一线双联活动2074人次，“民情夜访”活动527人次，收集问题519件，解决问题518件，及时排除致贫返贫风险。

【村容村貌改善】 2020年，周田镇开展村庄人居环境整治，每个季度举行“村庄清洁战役”活动，定期督导落实。推进生活垃圾收运处置体系健全，每个村（居）配备保洁员，建设垃圾收集点194个，农村生活垃圾收集运输全覆盖。梯次推进农村生活污水治理，建设雨污分流管网建设135.14千米，建成污水处理设施80个，自然村覆盖率均为67%。建设村道路面硬化（村委会通自然村）159.71千米，自然村村内道路硬化103.09千米。农村无害化卫生户厕改造任务数为211户，卫生户厕普及率、无害化户厕完成率均为100%。

【民生福祉全面增进】 2020年，周田镇文化书屋加层、镇街绿化美化亮化等8个项目全面完工，完成镇污水处理厂及污水管道改造主体工程，进行设备安装和调试。农村综合改革不断深化，16个村（居）党群服务中心全面投入使用，一站式公共服务能力提升；15个村级卫生站建设全面完工，基层卫生服务能力提升。卫生事业稳步发展，计生服务水平不断提升。提升困难群众基本生活保障，按要求将12户35人生活困难群众纳入低保。开展医疗救助工作，年内完成医疗救助170人，总救助487次（含一站式结算），救助金额586860.8元。

【疫情防控】 新冠肺炎疫情发生后，周田镇党委、政府团结带领全镇干部群众打好疫情防控的人民战争、总体战、阻击战。在全镇范围成立临时党支部50个，设置先锋岗26个，组建党员先锋消杀队20支。在韶赣高速丹霞出口、丹霞山火车站、工业园和镇区、村庄主要入口设立卡口26个，其中24小时值守卡口4个。定期对镇区主要街道两旁人行道、政府大院、客运站候车区域、火车站门口广场、农贸市场、敬老院等公共场所进行消杀。稳妥推进复工复产复学，按照上级疫情防控工作指引，指导帮助辖区企业、经营场所、项目工地、学校、幼儿园恢复生产、教学秩序，促进疫情防控和经济发展两手抓、两不误。

【生态文明建设】 2020年，周田镇做好河长制工作，遵循"预防为主、防治结合、全面规划、综合治理"方针，坚持标本兼治原则，开展全镇水域水面清漂物清理专项行动，清理河流39.59千米。加强山塘除险加固工作，第一批病险山塘除险加固工程7宗，完成除险加固病险山塘4宗，施工建设3宗。整治中小河流10条计11千米，涉及8个村委会。设立护林防火永久性宣传牌20块，入户发放宣传资料5500余份，聘用护林员24名，加强野外用火巡查，整改隐患点16个。15个行政村春季植树4000余棵；投入450万余元，在韶赣铁路沿线植树2000余棵。

【社会治理水平提升】 2020年，周田镇强化"扫黑除恶"专项斗争线索办理，核查"扫黑除恶"线索2条，联合派出所查处违法犯罪行为1起。深化安全生产专项整治，结合疫情期间安全检查、复产复工、重大节假日检查、"铁拳行动"等各类专项行动，检查经营单位193家次，发现隐患44项，完成整改38项，整改率86.36%。加强涉毒人员管控，社区戒毒（康复）执行率100%，无人员脱失现象。推进"扫黄打非"规范化建设，有效整合文化场所、新时代文明实践站、综治网格化开展"扫黄打非"工作，组织开展"扫黄打非"联合检查10次；全镇16个村（居）召开"扫黄打非"工作会议4次，各村（居）自行排查文化书屋书籍13次。

2020年周田镇村（社区）基本情况表

表43

村（社区）名称	村小组（个）	自然村（个）	村（社区）集体纯收入（万元）	现有集体经济发展项目	特　产	村（社区）负责人
较坑	18	14	9.64	山林、租金	蒿竹、贡柑、花生	丘兆洪（党总支书记） 邱光来（村委主任）
平甫	20	17	44.82	租金、电站、果园、商铺	柰李、西瓜	罗朋文
周田	24	6	83.54	山林、租金	优质谷、西瓜	雷小强
龙坑	5	5	10.85	山林、租金	优质谷、贡柑、西瓜	梁树红（任至10月）、华鹏程（10月任职）
上道	10	9	7.19	山林、租金	优质谷、花生、蒿竹	李振春
鸡龙	6	3	5.60	电站分红、租金、果园	萝卜、沙葛	欧晓兰

续表43

村（社区）名称	村小组（个）	自然村（个）	村（社区）集体纯收入（万元）	现有集体经济发展项目	特　产	村（社区）负责人
台滩	15	15	11.65	山林、锦江电站分红、租金	优质谷、花生	龚厘团
新庄	10	10	1.18	锦江电站分红、山林、租金	优质谷、花生	朱伟金
谭屋	10	10	2.20	锦江电站分红、山林	优质谷、花生	张清华
上坪	7	7	9.56	锦江电站分红、租金、山林	优质谷、贡柑、蒿竹	赖绍斌（任至10月）、龚燕林（10月任职）
雷坑	7	7	13.84	租金、山林、电站协调费、光伏发电	蒿竹、药材	彭长明
麻洋	6	6	11.66	租金、电站分红	红瓜子、蒿竹	黄新华
灵溪	15	12	11.41	电站、山林、租金	冬菇、冬笋	高荣星
下洞	10	7	12.50	灵溪河森林公园及电站协调费、山林、租金	冬菇、冬笋	幸　军
瑶溪	5	5	2.58	锦江电站分红、电站、租金、山林	冬菇、木耳、蜂蜜	邵万明
社区	—	—	7.84	无	—	孔志海

（周林峰）

黄坑镇

【概况】　黄坑镇位于县境东南部，东连南雄、始兴县，南接周田镇，西与世界地质公园丹霞山毗邻，北与闻韶镇交界。镇政府驻黄坑墟，距县城15千米。武深高速、国道106线穿境而过，交通便利。辖区面积164.94平方千米。辖村委会高塘、黄坑、小溪、下营、古竹、蓝田、曰庄7个和社区居委会1个，年末户籍人口4142户15528人，农业人口10984人，迁入人口88人。耕地面积1608公顷，粮食播种面积543.33公顷，粮食产量3656吨。林业用地面积13804.28公顷，森林覆盖率79.71%。主要经济来源有种植业、服务业、旅游业、养殖业等。全镇有初级中学1所、小学2所（其中，中心小学1所，完全小学1所）、幼儿园2所（其中，公办1所），在校学生1449人；有文化站1个，广播站1个。全镇参加医疗保险人数11962人，覆盖面99.98%。主产竹木、水稻、柑橘、茶叶和花生，土特产有竹木、柑橘、茶叶等，其中以贡柑闻名。域内资源有硅石和地热，工业以小型水电站、加工业为主，有企业上坑水电站、中寨水电站、辉祥果业打蜡厂等65家。旅游景点主要有黄坑南庄生态名园、东庄门楼、冯屋文明公祠等。

黄坑镇是省级“一镇一业、一村一品”专业镇，是仁化县柑橘省级现代农业产业园核心区，主导产业贡柑取得“丹霞贡柑”国家地理标志。种植贡柑农户2800余户，面积0.15万公顷，年产量3万吨，年产值2亿元，形成“一村一品、一镇一业”发展格局。4月，黄坑镇被中共广东省委网络安全和信息化委员会办公室列为广东省数字乡村发展试点镇。9月，黄坑镇电商公共服务中心被广东省互联网业联合会评为广东省首批“E网兴农”农村电商示范站，下营村、小溪村被广东省农业农村厅认定为首批“一村一品、一镇一业”专业村。

【镇域经济概况】 2020年，黄坑镇财政收入5984.75万元，比上年增加264%。全年农林牧渔业产值2.58亿元，比上年增长4.4%。农民人均收入20632元。完成固定资产投资55826万元，增长41.09%。

【党建工作】 2020年，黄坑镇推进“两学一做”“三会一课”制度化常态化，举办班子“两学一做”集中专题研讨学习12期、培训班5期，培训人数2246人次。开展“一线双联”，累计走访77个村小组226户，座谈群众520余人，收集并及时答复群众反映问题和意见82项。加强干部选任监督，狠抓廉政教育，组织开展好各类纪律教育活动，增强领导干部廉政意识。开展谈话提醒76人次、集体谈话13次。强化工作监督，促进作风建设，开展明察暗访14次。

【精准扶贫】 2020年，黄坑镇完成脱贫攻坚任务，建档立卡贫困户248户677人“八有”全部达标退出，黄坑、曰庄、下营3个贫困村“十项指标”全部达标出列。教育、医疗、住房“三保障”落实率100%，其中2020年贫困学生133人、参加基本医疗248户677人、贫困户危房改造194户。发动有劳动能力贫困户种植贡柑127户，建立“公司+基地+农户”带贫益贫机制，建立镇级贡柑基地66.67余公顷，贫困村建有贡柑产业基地33.33公顷以上。组织党员与困难群众结对子，落实镇村干部“一对一”帮扶联系贫困户制度，推行“访贫问效”制度，巩固脱贫攻坚成效。

【乡村振兴】 2020年，黄坑镇被定为省数字乡村试点镇和省首批“E网兴农”农村电商示范站。下营村建立全省首家“农村夜校”示范点，被列为省商务厅联系打造乡村振兴示范村。实施“村庄清洁行动战役”“三清三拆三整治”和农村破旧泥砖房清理整治工作，全面推进生活污水治理，完成农村改厕工作任务。持续开展农村破旧泥砖房拆除和“清拆用”等工作，拆后复绿面积约8.55万平方米，建设农村“四小园”243个2.62万平方米，新建农村工具房45间0.45万平方米。完成“美丽乡村”示范点蓝田村委会蓝田村、下营村委会上皇村、高塘村委会新木村建设。完成中小河流治理项目58.6千米，打造景观点11个。开展春季义务植树活动和送树苗下乡活动，创建森林小镇申报工作。做好国省道沿线环境和扬尘治理工作，加强环境卫生整治和垃圾清运工作。推进全域自然村集中供水全覆盖项目工程并加强后期运营管理。按照“四好农村公路”标准，推进省道244线道路硬底化升级改造工程。

【疫情防控】 2020年，黄坑镇发挥基层党组织动员能力，统筹做好疫情防控工作。实施镇、村干部网格化管控管理，全镇按村（居）划分为8个片区73个小网格，并成立临时党支部。坚持“领导在先、党员在先、干部在先”，落实全民健康排查、入户体测、宣传发动及居家隔离等措施。发动党员、群众，全面落实联防联控措施，构筑群防群治严密防线。加强敬老院、卫生院、学校、企业等重点场所管控，实施“敲门行动”，全方位排查重点人员并实施居家隔离，落实好属地责任。做好各企业复工复产和疫情防控工作，统筹推进常态化疫情防控和经济社会发展。

【文明创建】 2020年，黄坑镇统筹县、镇、村三级资金共10万余元突出打造黄坑镇新时代文明实践示范所、新时代文明实践示范站、回归田园（休闲农庄）新时代文明示范点。开展农村夜校、农业技术指导、贡柑种植培训、党员+服务等特色活动，开展新时代文明实践活动41场。统筹36.66万元完成镇文化站升级改造和7个行政村综合性文化服务中心建设；统筹28万元建成全自动智能化仁化县图书馆黄坑分馆。

【民生保障】 2020年，黄坑镇新增养老保险参保163人，完成新农保续保缴费2339人，城乡居民医疗保险完成参保缴费11962人。解决群众来访咨询934例，办理社保卡补办业务107例。解决劳动人事争议事项8宗，为工人讨回工薪约40万元。加强技能培训，举办贡柑种植、养鸡、粤菜师傅等农技培训班，参训人员173人。实现稳定就业，就业率100%。贯彻落实低保、“五保”、残疾、重病及其他困难人员保障服务，落实城乡低保170户393人、分散供养特困人员25人、集中供养特困人员13人，为19户43人申领临时救助，为26人申领残疾人“两项补贴”。

【“三农”基础建设】 2020年，黄坑镇积极引导新型经营主体开展“无公害农产品”“绿色食品”“有机食品”认证工作。有“无公害农产品”有4家、省级名牌产品有3家。全面落实耕地地力保护补贴政策，规范粮食补贴发放，完成2021年耕地地力保护补贴面积申报工作。推进粮食安全生产工作，引导黄化病树果园农户复耕种植水稻，集中流转60公顷耕地给种植大户开展水稻种植。开展农村会计代理服务工作，实现村组集体财务会计电算化核算和管理，办理委托代理会计业务。完成各村“两委”干部任职期间所有重大经济事项和财务收支情况审计，完成村（社区）“两委”换届工作。扎实推进农村集体产权制度改革工作。

【社会治理】 2020年，黄坑镇开展重点行业、重点领域治理工作，推进“扫黑除恶”专项斗争，落实领导干部联系群众工作机制，加强矛盾纠纷排查化解，排查调处各类矛盾纠纷107宗，调处成功97宗。推进“互联网+乡村公共法律服务”社会治理现代化建设，引进法律智能机器人，搭建远程调解平台，及时化解村民矛盾。开展“无邪教”创建工作和禁毒工作，以“六进”宣传形式开展禁毒宣传活动129次，分级分类管控、网格化管理吸毒人员和严重精神障碍患者。开展“红袖章”平安志愿工作，营造全民联防联控氛围，保障社会稳定和人民群众安全。

【生态治理】 2020年，黄坑镇开展水污染、大气污染、固体废物污染等防治工作，推进污水处理厂及其管网升级改造工程、畜禽养殖场污染治理12家，加强农业源污染防治和禁养区环境管理。全面开展河长制工作，做好水面漂浮物日常清理工作，聘请第三方公司监测辖区水质，全年水质达到Ⅱ类水质。推进林业生态建设，开展创建森林小镇申报工作，下营村委会成功申报最美村道。组织开展义务植树活动，种植各类树苗花卉5000余株。加强生态环境巡查监管，加大环保宣传力度，增强群众环保意识，营造生态文明氛围。

2020年黄坑镇村委会（社区）基本情况表

表44

村委会（社区）名称	村小组（个）	自然村（个）	村委会（社区）集体纯收入（万元）	现有集体经济发展项目	特　产	村委会（社区）负责人
高塘	16	16	4.98	无	贡柑	冯立雄
下营	13	13	14.58	精准扶贫黑山羊养殖项目、精准扶贫光伏发电项目	贡柑	简河清
黄坑	13	13	68.25	精准扶贫黑山羊养殖项目、精准扶贫光伏发电项目	贡柑	黄果平
小溪	7	7	12.16	入股锦江电力开发公司	贡柑	李光前
蓝田	5	5	8.74	无	贡柑	张　微
曰庄	11	11	15.06	精准扶贫黑山羊养殖项目	贡柑	江金昌
古竹	12	12	16.37	入股锦江电力开发公司、上坑电站	贡柑	欧秋生
社区	1	0	0.36	无	贡柑	莫尚中

（李　威）

大桥镇

【概况】 大桥镇地处仁化县南部，东连周田镇灵溪、枫湾镇，南接火山镇、湾头黄浪，西与犁市镇黄竹为邻，北与周田镇较坑、平甫接壤，距县城24千米，镇政府驻大桥墟。国道106线、323线贯通全境，浈江河从北至南、锦江水由西至东流经辖区，水陆交通便利。辖区面积132.8平方千米，辖村委会大桥、古洋、长坝、亲联、共和、水江6个和大桥社区居委会1个，年末户籍人口2976户11119人，农业人口8453人，迁入人口27人。森林覆盖率81.76%。域内资源有林木和丹霞地貌，旅游景点主要有金喆园、五马寨生态园、仁爱老街、五马归槽、韶石山、青云古寺等。

主产沙田柚、贡柑、水稻、花生和桑葚，土特产有沙田柚、贡柑、桑葚等，其中以沙田柚闻名。全镇有初级中学1所、小学3所（其中，中心小学1所，教学点2个）、幼儿园1所（公办1所），在校学生940人；有文化站1个、广播站1个。全镇参加医疗保险人数8326人，覆盖面98%。有企业韶关市农科所、金喆园、金果园、五马寨生态园、旭日葡萄生态园、韶关市宁鑫机电厂、宝盛加油站7家。

2020年，长坝村入选农业农村部“2020年全国乡村特色产业亿元村”名单。

【镇域经济概况】 2020年，大桥镇财政收入6609.47万元（其中拆旧复垦补偿费用4710.2万元），比上年增长277.47%。农林牧渔业产值26430.4万元，比上年增长4.3%。农民人均可支配收入19773元。耕地面积627.5公顷，粮食播种面积564.33公顷，粮食产量4016.8吨。结合省休闲农业与乡村旅游示范镇，发展特色休闲农业和旅游服务业，利用资源优势打造粤港澳大湾区“菜篮子”“果盘子”生产基地，已获批2处（韶关金喆园生态农业有限公司、仁化县和而友生态农业有限公司）。

【疫情防控】 2020年，大桥镇按照上级疫情防控指挥部统筹部署，发挥党员干部群众力量，全面落实疫情防控各项措施，形成镇村组三级网格化管理机制，实现疫情防控群防群治，设立总网格1个，下设大网格8个、小网格73个，党员先锋模范岗82个，全镇网格管理员380人，其中党员146人，群众234人。疫情防控期间，组织镇、村党员干部群众全面开展排查、监测、盯防、消杀、宣传等工作，指导企业复工复产和学校复学复课。全年全镇未出现疫情病例。

【脱贫攻坚】 2020年，大桥镇实现153户贫困户413人达到“两不愁、三保障、一相当”目标。11月30日，完成使用县财政拨付扶贫资金2462214.3元（东莞引导资金150万元、“6·30”扶贫济困日资金529514.3元、县级资金33.87万元、中央资金9.4万元）。通过镇、村、驻村工作队员调查研讨，结合贫困户意愿，开展产业落户帮扶、外出务工、技能培训、资产性投资项目等多元化扶贫项目。全面落实“三保障”惠民政策。健全和完善农村社会保障体系，根据“应保尽保”原则，全镇贫困户均实现安全住房、享受医疗保障、60岁以上贫困人口领取城乡居民基本养老保险金。低保户、“五保”户和残疾人3类特殊人群全部享受相应政策补贴。

【农村人居环境整治】 2020年，大桥镇清理农村生活垃圾37.83吨；清理村内水塘数量32口、沟渠数量21.16千米；清理畜禽养殖粪污等农业生产废弃物13.8吨；整治村巷道及生产工具、建筑材料2036处，生活垃圾、生活污水488处；整治“三线”（电力线、电视线、通信线）22处。除古洋村卜古洋片区外，全域完成农村人居环境综合整治，完成村巷道硬底化和雨污分流。“丹霞彩虹”省级新农村示范片和大桥村榕树下村小组整治效果突出。无害化卫生户厕改造计划43户，完成户厕改造40户，已验收奖补38户；处于改造状态3户。完成69个村小组集中供水，实现全域集中安全供水。

【党建工作】 2020年，大桥镇以“两学一做”学习教育常态化制度化为统揽，结合镇党委理论学习中心组学习及“三会一课”“固定党日+”等活动形式，深入开展习近平新时代中国特色社会主义思想教育。加强镇党校阵地建设工作，开展党校培训12期。及时调整村级党组织书记和干部，严格按照不低于1：2比例储备后备人选，选拔出党组织书记后备人选14名，其中女性6人，35岁以下12人，本科以上学历4人；选拔村（社区）“两委”干部后备人选14名，其中女性7人，35岁以下13人，本科以上学历2人。严格执行后备人选帮带培养工作制度，镇党委书记、帮带干部与后备人选每季度至少开展谈心谈话活动1次，并在“教育培养情况表”做好谈话相关记录。

【农业发展】 2020年，大桥镇抓紧抓好新增水稻种植面积任务落实，认真核实大桥镇2020年耕地地力保护补贴面积，确保补贴发放到位。依托“一村一品、一镇一业”项目引领，促进产业特色化、优质化、精细化。长坝村沙田柚种植面积0.19万公顷，年产3.1万吨，产品远销珠三角、港澳地区，被广东省农业农村厅认定为“一村一品、一镇一业”专业村，入选2020年全国乡村特色产业亿元村。培育壮大新型农业经营主体一批，其中省级农业龙头企业2家、市级农业龙头企业2家、县级农业龙头企业2家；家庭农场29家，其中省级示范家庭农场2家、市级示范家庭农场5家；农民专业合作社27家，其中国家级示范农民专业合作社1家、县级示范农民专业合作社2家；种植大户33家；绿色食品3家、有机食品15家、无公害食品认证9家。完成省、市级项目资金实施和验收，发展贡柑、葡萄、猕猴桃、大棚蔬菜种植，确保农民增产增收。

【平安建设】 2020年，大桥镇围绕创建“平安大桥”主题，加强社会治安综合治理基层基础建设，坚持打防并举，狠抓队伍建设，保障社会安定和经济发展。强化“扫黑除恶”专项斗争线索摸排，开展重点领域摸排治理，召开班子专题会议7次、推进会7次、“两查三对比”会议1次，收到涉黑涉恶有关线索2条，有效线索2条，已处理2条。打击非法采砂行为，杜绝非法采砂现象。做好矛盾纠纷化解，全面调解纠纷42件，涉及金额75万元。推进全民禁毒工程工作，登记在册吸毒人员全部纳入综治网格化管理，实现有效管控和帮教措施全落实。加大重点群体和重点人员教育力度，推动问题解决在基层，人员吸附在当地。配合上级部门切实做好反邪教和打击传销、非法集资等工作。

【环保工作】 2020年，大桥镇加强镇村组网格化环境监督管理和污染源排查，确保饮用水水源安全。完成镇级污水处理设施建设工程设备安装调试。持续开展河湖“五清”“四乱”专项行动，镇村各级河长开展巡河768人次，巡查发现问题103次，建立定期巡查台账和问题清单，并逐一落实整改。

【民政工作】 2020年，大桥镇采集上报正常离任村干部信息102人。投入22万元完善敬老院A、B两栋楼屋顶防晒设施建设及旧房修缮、C栋旧房土瓦屋面修缮。完成残疾人动态更新241人。实施全省社区康园中心品牌连锁化战略，投入约15万元完成社区康园中心项目建设。做好分散特困人员、低保户及未脱贫建档立卡贫困户入户工作，通过手机定位、上传相片，完成逐一入户、逐一对照、逐一检查，全镇共入113户；在入户过程中，落实“八有”情况，完善村委干部分片包干分散人员巡查制度，督促分散特困人员护理人做好护理工作。通过努力，分散供养特困人员、低保户生活状况得到明显改善。

2020年大桥镇村（居）委会基本情况表

表45

村（居）委会名称	村小组（个）	自然村（个）	村（居）委会集体纯收入（万元）	现有集体经济发展项目	特产	村（居）委会负责人
长坝	10	10	11.01	—	沙田柚	罗四清
古洋	21	21	19.04	—	无	张联东
大桥	12	12	20.53	商铺租金、山林租金、合作社入股分红	无	何远球
共和	8	8	2.91	无	无	张 吉
亲联	10	10	22.77	无	无	邱文辉
水江	9	9	6.92	商铺出租	贡柑	余祥军
居委会	—	—	无	—	无	钟善庭

（郭慧玲）

人　物

劳动模范

【宁声珍】　女，1967年11月生，广东乳源人，中共党员，1999年3月参加工作，仁化县董塘镇新龙村党支部书记、村委会主任。她贯彻执行党委政府决定，注重党建工作，发挥党组织战斗堡垒和党员干部先锋模范作用，扎实推进精准脱贫、乡村振兴工作。团结带领村干部参与人居环境整治工作，进村入户做通做好村民思想解释工作，推动乡村振兴战略实施。在“拆除破旧泥砖房”整治工作中，完成率达96%。开展“2019冬季战役”，清理各村庄垃圾杂草，增强村民环境保护意识，推动“环丹”村庄建设。组织妇女积极有效举办各种特色文化活动，弘扬优秀传统文化，把新龙村打造成为远近闻名“网红村”，村民人均收入逐年提高。2019年，新龙村被选定为“中国农民丰收节”韶关仁化生态农业博览会展示点。主动积极做好新冠肺炎疫情防控工作，被评为广东省抗击新冠肺炎“先进个人”。先后被评为优秀妇女干部、优秀共产党员、市“三八红旗手”。2020年获评韶关市劳动模范。

美丽新农村董塘镇新龙村（王诚　摄）

广东省优秀共青团员

【张婧婧】　女，1997年4月生，仁化县妇幼保健计划生育服务中心护士。2015年7月参加工作。工作中，张婧婧以实际行动践行南丁格尔精神，曾献血救助素昧平生的大出血产妇。2020年，在抗击新型冠状病毒肺炎阻击战中，张婧婧奉命坚守在高速出口疫情防控卡口岗位，对县外到（返）仁化人员进行疫情监测，从上午8时至次日0时，连续工作16个小时，全程不离岗，不畏严寒，不畏风雨，冲锋在前，勇挑重担，坚守在疫情防控一线，表现出一名优秀医务工作者应有的担当和责任，用爱和责任守护人民群众的健康和生命。2月10日、13日，在接到广东省护理学会紧急招募岭南天使志愿者抗疫护理先锋队员和仁化县关于组派医疗队援助湖北的通知后，张婧婧响应祖国和人民的号召，率先报名，以实际行动践行初心使命，发扬抗疫精神。在她的带动下，县妇幼保健计划生育有6位医务工作者报名参加支援湖北抗疫活动。曾被评为仁化县卫生健康系统2018年度优秀护士，仁化县2019年第一、二季度“见义勇为”好人，第四届仁化县“道德模范”，仁化县“最美医护工作者”。2020年，被评为2019—2020年度“广东省优秀共青团员”。

（团县委）

新冠肺炎疫情防控先进个人

【曾繁锦】 1970年4月生，广东仁化人，中共党员，1991年6月参加工作，黄坑镇卫生院副院长。曾繁锦坚持“医者父母心”原则，始终把患者生命健康放在第一位，不断学习提高医疗技术水平和服务质量，掌握医患沟通技巧，积极参加医院基本公共卫生服务，亲自下乡为患者体检。提供医疗咨询，疾病预防，卫生保健等服务，深受患者及群众称赞与信任。2020年1月24日（除夕）早上，已值班24小时的曾繁锦还未来得及下班，就接到卫生院召开紧急会议的通知，带着一脸疲惫参加会议，继续上班。当晚，接到医务人员取消休假全员参与新疫情防控工作部署通知后，他一直住在单位，坚守岗位，参加大数据排查及统筹工作，配合县疾控、县人民医院开展受疫情突袭的湖北返乡人员及高速丹霞山服务区人员等新型冠状病毒鼻咽拭子采样工作，第一个值守公交车站站点、龙皇坪体温检测站点体温检测排查岗，每天参加湖北返乡人员体温排查检测，做好返乡宣教工作。对卫生院职工、乡村医生、镇机关单位、武深高速丹霞山服务区职工开展新型冠状病毒肺炎防控知识培训。自除夕与家人匆匆吃过一顿团圆饭后，曾繁锦一连10余天或上夜班执勤，或回到单位接着上班，没有回过家陪家人。同事问他，他总是笑着说：“我也没有做什么，我只是做了我的本职工作，愿疫情早日散去。”2020年获评全国“抗击新冠肺炎斗争表现突出的城乡社区卫生工作者”。

（县卫健局）

【李锦源】 1984年1月生，广东仁化人，中共党员，2005年9月参加工作，仁化县董塘镇中心卫生院门诊主任、副主任中医师，兼社区三人小组成员，负责疫情防控“一码通”平台工作。2020年1月24日，董塘镇中心卫生院接诊一例武汉返乡多日后出现发热症状村民。李锦源接到通知后，火速赶回单位接诊。在接诊过程中，李锦源毫无畏难情绪，按照平时疫情防控演练做好基本防护措施，不畏被感染风险，进入隔离室详细询问患者病情，并按新型冠状病毒肺炎防控指南接诊，初步认定该患者符合“新

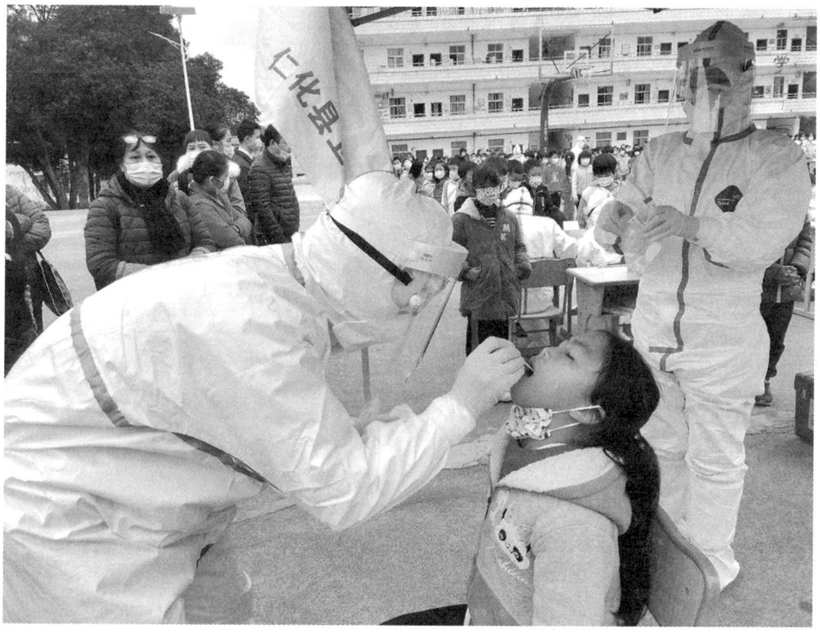

2020年12月4日，仁化县各医疗单位应急队员在周田镇中心小学开展新冠疫情全员核酸检测演练（县卫健局　供图）

型冠状病毒肺炎疑似病例”症状特点。随即，及时联系县人民医院专家组及县疾控中心专家组转诊。在等候转诊时，李锦源留守现场，对病人及家属做初步的健康宣教，指导他们做好个人防护和居家隔离等措施。同时做好初步流调，并严格按“外防输入、内防扩散”原则，与单位防控小组成员一起指导本单位、村委进行全面消杀，防止疫情扩散。李锦源在接诊过程中，处理得当，为避免疫情在仁化县扩散做出重要贡献。新冠肺炎疫情防控工作以来，李锦源身先士卒、不计较个人得失，真正发挥共产党员“不忘初心、牢记使命”先锋模范作用。2020年10月，李锦源获广东省抗击新冠肺炎“先进个人”称号。

（县卫健局）

【宁声珍】 女，1967年11月生，广东乳源人，中共党员，1999年3月参加工作，仁化县董塘镇新龙村党支部书记、村委会主任。2020年1月24日，新龙村开展湖北返乡人员排查时发现一名武汉返回村民有发热等可疑症状，宁声珍来不及准备家里的年夜饭，立即报告上级，并组织协调村党员干部、镇卫生院医护人员迅速开展调查工作，当即排查出密切接触人员16名。通过对村民进行耐心的解释和劝导，全村40户200人全部配合工作，开始居家隔离医学观察。1月26日，该村民确诊后，县政府发出通告，对所在村小组全体村民进行居家隔离医学观察，村口设置值守点5个，严禁人员出入。宁声珍带领村党员干部做好值守点的24小时值守工作，并发动丈夫与自己一同参与夜班值守。除了做好日常疫情防控工作，宁声珍还跟着医护人员一同进入隔离的村小组，与村民沟通交流，安抚好村民情绪、帮助处理各种生活问题。她还主动充当“配送员”，每天都和党员突击队一起将肉类、青菜、食盐等生活物品及时配送到位，切实保障了居家隔离家庭的生活物资需求。因隔离措施及时、有效，阻断了病毒传播，除确诊病例外，未报告新的感染者，新龙村的疫情得到有效控制。2020年10月，宁声珍获广东省抗击新冠肺炎“先进个人”称号。

（董塘镇）

【梁娟】 女，1984年5月生，广东仁化人，中共党员，仁化县人民法院董塘人民法庭庭长兼刑事审判庭负责人。梁娟自2007年7月到法院工作以来，先后在长江法庭、民二庭、周田法庭、刑庭等部门工作。面对类型繁多、案情复杂的各类民事、刑事、执行案件，她不断摸索、积累审判执行经验，作为审判员主审案件1034宗，参审案件402宗。突如其来的新冠肺炎疫情发生后，她充分发挥党员先锋模范作用，主动申请到疫情发生地、挂点单位、网格社区等抗疫一线参与联防联控工作，用实际行动践行共产党员的初心使命和责任担当。作为一名法官，其主动扛起重担，担任辖区内首宗妨害新冠肺炎疫情防控违法犯罪案件的主审法官，加班加点做好案件审理准备工作，仅用5天将案件顺利审结，依法从严从快惩治涉疫犯罪，在全社会形成震慑态势，为维护人民群众生命安全和身体健康提供有力司法服务和保障。2020年，获全省法院新冠肺炎疫情防控工作个人嘉奖。

（县法院）

先进单位·先进个人

2020年获省级（含省直部门及市委、市政府授予）以上先进单位称号一览表

表46

单　位	授予时间	荣誉称号	授予单位
仁化县	2020年5月	广东省率先实现农业农村现代化试点县	广东省农业农村厅
仁化县	2020年6月	广东省全域旅游示范区	广东省文化和旅游厅
仁化县	2020年6月	2019年度脱贫攻坚工作先进县	中共韶关市委、韶关市人民政府
仁化县	2020年7月	2019年度推进乡村振兴战略实绩考核优秀	中共广东省委实施乡村振兴战略领导小组
仁化县	2020年7月	2019年度广东省严重精神障碍管理治疗工作先进县	广东省精神卫生中心
仁化县	2020年10月	双拥模范县	中共广东省委、广东省人民政府、广东省军区
仁化县	2020年11月	全国文明城市	中央精神文明建设指导委员会
仁化县	2020年12月	国家全域旅游示范区	文化和旅游部
仁化县	2020年12月	2020年“四好农村路”省级示范县	广东省交通运输厅、广东省农业农村厅、广东省扶贫开发办公室
仁化县人民政府	2020年10月	“广东摄影之乡”突出成绩单位	广东省摄影家协会
仁化县疾病预防控制中心	2020年1月	韶关市抗击新冠肺炎疫情先进集体	中共韶关市委、韶关市人民政府
仁化县红山镇卫生院	2020年1月	韶关市文明单位	中共韶关市委、韶关市人民政府
石塘镇人民调解委员会	2020年1月	“大排查、早调解、护稳定、迎国庆”专项活动表现突出集体	中华人民共和国司法部

续表46

单　位	授予时间	荣誉称号	授予单位
石塘镇石塘村	2020年1月	2019年广东省卫生村	广东省爱国卫生运动委员会
扶溪镇斜周村社区	2020年1月	2018—2020年度韶关市文明村镇	中共韶关市委、韶关市人民政府
长江镇芭蕉垅村	2020年1月	广东省卫生村	广东省爱国卫生运动委员会
董塘镇高莲村	2020年1月	广东省卫生村	广东省爱国卫生运动委员会
周田镇	2020年2月	广东省卫生镇	广东省爱国卫生运动委员会
城口镇	2020年2月	广东省卫生镇	广东省爱国卫生运动委员会
长江镇	2020年2月	广东省卫生镇	广东省爱国卫生运动委员会
城口镇东坑村	2020年2月	广东省卫生村	广东省爱国卫生运动委员会
城口镇	2020年3月	2019年度休闲农业与乡村旅游示范镇	广东省农业农村厅 广东省文化和旅游厅
凡口铅锌矿质控中心化验室	2020年3月	广东省先进女职工集体	广东省总工会
黄坑镇人民政府	2020年4月	广东省数字化乡村发展试点镇	中共广东省委网络安全和信息化委员会办公室秘书处
中国人民银行仁化县支行	2020年5月	2019年度中国人民银行五四红旗团支部	共青团中国人民银行委员会
凡口铅锌矿运输车间	2020年5月	广东省国资委系统五四红旗团支部	共青团广东省人民政府国有资产监督管理委员会
仁化县税务局第一税务分局	2020年5月	广东省“巾帼文明岗”	广东省妇女联合会
韶关市仁化县红豆兰庭文化创意有限公司	2020年5月	第一批广东省妇女手工业创业创新基地	广东省妇女联合会
凡口铅锌矿	2020年6月	广东扶贫济困日红棉杯铜杯	广东省扶贫开发领导小组
锦江电力开发总公司	2020年6月	连续二十年（1998—2019年） 广东省守合同重信用企业	广东省市场监督管理局
仁化县禁毒委员会办公室	2020年6月	最美禁毒团队	广东省禁毒委员会办公室
董塘镇新龙村	2020年7月	广东省家庭文明建设示范点	广东省妇女联合会、广东省精神文明建设委员会办公室
石塘镇双峰寨	2020年7月	省级中小学生研学实践基地	广东省教育厅
石塘堆花酒传承教育基地——石塘古村“堆花酒”工坊（“石塘堆花米酒酿造技艺”省级非遗项目）	2020年7月	广东省工业旅游精品线路—— 韶关矿野保健之旅	广东省文化和旅游厅、 广东省工业和信息化厅

续表46

单　位	授予时间	荣誉称号	授予单位
中核锦原铀业有限公司爆破QC小组	2020年7月	优秀QC小组三等奖	中核集团公司
仁化县摄影家协会	2020年7月	2019年度“先进摄影组织单位”	广东省摄影家协会
红山镇鱼皇村	2020年8月	广东省“一村一品、一镇一业”专业村	广东省农业农村厅
扶溪镇	2020年8月	广东省“一村一品、一镇一业”专业镇	广东省农业农村厅
扶溪镇古夏村	2020年8月	广东省“一村一品、一镇一业”专业村	广东省农业农村厅
长江镇塘洞村	2020年8月	广东省“一村一品、一镇一业”专业村	广东省农业农村厅
长江镇陈欧村	2020年8月	广东省“一村一品、一镇一业”专业村	广东省农业农村厅
大桥镇长坝村	2020年8月	广东省“一村一品、一镇一业”专业村	广东省农业农村厅
黄坑镇	2020年9月	广东省“一村一品、一镇一业”专业镇	广东省农业农村厅
黄坑镇下营村	2020年9月	首批省级“一村一品、一镇一业”专业村	广东省农业农村厅
黄坑镇小溪村	2020年9月	首批省级“一村一品、一镇一业”专业村	广东省农业农村厅
仁化县老区建设促进会	2020年9月	2020年度老区宣传工作三等奖	中国老区建设促进会
黄坑镇电商公共服务中心	2020年9月	广东省首批“E网兴农”农村电商示范站	广东省互联网业联合会
凡口铅锌矿	2020年9月	全国“安康杯”竞赛优胜单位	中华全国总工会、中华人民共和国应急管理部、国家卫生健康委员会
凡口铅锌矿	2020年9月	环保诚信企业	广东省生态环境厅
韶关市生态环境局仁化分局	2020年9月	第二次全国污染源普查表现突出集体	国务院第二次全国污染源普查领导小组办公室
仁化县税务局第一税务分局	2020年10月	2018—2019年度广东省税务系统省级青年文明号	国家税务总局广东省税务局共青团广东省委员会
石塘古村	2020年11月	2016—2020年南粤古驿道定向大赛最佳推广站点	广东省体育局、广东省自然资源厅、广东省文化和旅游厅
仁化县妇女联合会	2020年11月	2020年度全国妇女宣传舆论阵地建设先进单位	中国妇女报社
仁化县司法局	2020年12月	组织宣传人民调解工作先进集体	中华全国人民调解员协会
石塘镇	2020年12月	第二批广东省旅游风情小镇	广东省文化和旅游厅

续表46

单　位	授予时间	荣誉称号	授予单位
丹霞街道岭田村	2020年12月	广东省卫生村	广东省爱国卫生运动委员会
丹霞街道夏富村	2020年12月	广东省卫生村	广东省爱国卫生运动委员会
董塘镇安岗村	2020年12月	广东省“民主法治示范村”	中共广东省委全面依法治省委员会办公室、中共广东省委农村工作办公室、广东省司法厅、广东省民政厅
董塘镇退役军人服务站	2020年12月	广东省五星级退役军人服务站	广东省退役军人事务厅
长江镇退役军人服务站	2020年12月	广东省五星级退役军人服务站	广东省退役军人事务厅
仁化县人民检察院	2020年12月	广东省职工书屋	广东省总工会
锦江电力开发总公司	2020年12月	韶关市先进集体	中共韶关市委、韶关市人民政府
仁化县税务局	2020年12月	全国模范职工之家	中华全国总工会
仁化县扶溪镇商会	2020年12月	2019年广东省工商联系统“四好”商会	广东省工商业联合会（总商会）
凡口铅锌矿	2020年12月	“十三五”节能减排先进单位	环境保护杂志社
仁化县高坪水利水电管理所	2020年12月	继续确认命名为广东省水利系统文明单位	广东省水利厅精神文明建设指导委员会
仁化县水务局（原仁化县水利局机关）	2020年12月	继续确认命名为广东省水利系统文明单位	广东省水利厅精神文明建设指导委员会
仁化县火冲坑水利水电管理所	2020年12月	继续确认命名为广东省水利系统文明单位	广东省水利厅精神文明建设指导委员会
广东仁化银龙供水有限公司	2020年12月	韶关市先进集体	中共韶关市委、韶关市人民政府

全国文明城市仁化县（龙全明　摄）

2020年获省级（含省直部门及市委、市政府授予）以上先进个人称号一览表

表47

姓　名	性　别	授予时间	获奖时工作单位	荣誉称号	授予单位
张晓飞	男	2020年1月	黄坑镇人民政府	2019年“民兵工作先进个人（先进专武干部）”	广东省国防动员委员会
梁丽娟	女	2020年1月	中国移动仁化分公司	2019年度广东公司先进个人	中国移动广东公司
叶　青	男	2020年1月	中国移动仁化分公司	2019年度广东公司先进个人	中国移动广东公司
陈艳艳	男	2020年1月	中国移动仁化分公司	2019年度广东公司先进个人	中国移动广东公司
江思亮	男	2020年1月	中国移动仁化分公司	2019年度广东公司先进个人	中国移动广东公司
徐淑琼	女	2020年3月	中国邮政仁化县分公司	2019年度广东邮政先进女职工工作者	中国邮政集团有限公司广东省分公司、中国邮政集团工会广东省委员会
陈尚周	男	2020年4月	凡口铅锌矿	市政府特殊津贴人才	韶关市人民政府
唐振辉	男	2020年4月	中国联通仁化分公司	中国联通集团公司劳动模范	中国联通集团公司
朱　伟	男	2020年5月	中国人民银行仁化县支行	2019年度中国人民银行广州分行优秀共青团员	共青团中国人民银行广州分行委员会
张婧婧	女	2020年5月	仁化县妇幼保健计划生育服务中心	2019—2020年度“广东省优秀共青团员（防疫重点领域）”	共青团广东省委员会
吴静涛	男	2020年5月	仁化县工业和信息化局	工作表现突出人员	广东省工业和信息化厅
史建南	男	2020年5月	中国移动仁化分公司	2019—2020年度广东公司优秀共产党员	中国移动广东公司
何琳燕	女	2020年6月	中国联通仁化分公司	中国联通广东省公司优秀党员	中国联通广东省公司
邓　敏	女	2020年6月	仁化县人民医院	抗疫突出贡献会员	中国民主促进会广东省委员会

续表47

姓　名	性　别	授予时间	获奖时工作单位	荣誉称号	授予单位
刘平昌	男	2020年6月	仁化县第一中学	抗疫先进会员	中国民主促进会广东省委员会
陈伟祥	男	2020年9月	韶关市生态环境局仁化分局	第二次全国污染源普查表现突出个人	国务院第二次全国污染源普查领导小组办公室
黄忠婷（家庭）	女	2020年9月	董塘镇河富村	2020年广东省“五好家庭”	广东省妇女联合会
欧咏梅（家庭）	女	2020年10月	仁化县税务局	2020年广东百户“最美家庭”	中共广东省委宣传部、广东省精神文明建设委员会、广东省妇女联合会
宁声珍	女	2020年10月	董塘镇新龙村	广东省抗击新冠肺炎疫情先进个人	中共广东省委、广东省人民政府
李锦源	男	2020年10月	董塘镇中心卫生院	广东省抗击新冠肺炎疫情先进个人	中共广东省委、广东省人民政府
曾　文	男	2020年10月	仁化县公安局水南派出所	嘉奖	公安部
曾繁锦	男	2020年11月	黄坑镇卫生院	抗击新冠肺炎疫情斗争中表现突出的城乡社区卫生工作者	中国社区卫生协会
谭玉玲	女	2020年11月	中共仁化县委办公室	优秀新闻秘书	南方日报社
谭玉玲	女	2020年11月	中共仁化县委办公室	2020年度新闻秘书好稿奖	南方日报社
王　湘	女	2020年11月	凡口铅锌矿选矿厂	2015—2019年广东省工会女职工工作先进工作者	广东省总工会
赖仁桥	男	2020年11月	仁化县人民检察院第一检察部	个人嘉奖	中共韶关市委员会
赖运美	男	2020年12月	凡口铅锌矿	广东省劳动模范	中共广东省委、广东省人民政府
谭玉玲	女	2020年12月	中共仁化县委办公室	十佳特约记者	广东省老区建设促进会、广东省源流杂志社
彭良武	男	2020年12月	仁化县老区建设促进会	全省老区开展烈士后裔助学二十五周年工作先进个人	广东省老区建设促进会、广东省老区建设基金会
周艳飞	女	2020年12月	凡口铅锌矿选矿厂	广东省工业系统先进女职工演讲比赛优秀奖	广东省工业工会委员会
罗振江	男	2020年12月	凡口铅锌矿建筑材料厂	韶关市劳动模范	中共韶关市委、韶关市人民政府
吴华建	男	2020年12月	董塘镇专职消防队	优秀政府专职队队员	广东省消防救援总队
宁声珍	女	2020年12月	董塘镇新龙村	韶关市劳动模范	中共韶关市委、韶关市人民政府

社会经济统计资料

2020年仁化县基本情况表

表48

项目		单位	2020年	2019年	增减（%）
人口情况	一、年末总人口（户籍）	人	243995	244976	-0.4
	其中：男	人	125184	124924	0.2
	女	人	118811	120052	-1
	二、年末总户数	户	75295	75218	0.1
	三、年出生人口	人	1733	2051	-15.5
	出生率	‰	8.98	10.64	-15.6
	四、年死亡人数	人	1351	1351	0
	死亡率	‰	7	7.01	-0.1
	五、年平均人口	人	242201	244875	-0.2
	六、自然增长率	‰	1.98	3.63	-45.5
劳动力	年末社会就业人员	万人	9.54	9.5	-0.4
	其中：第一产业	万人	5.26	5.27	-0.2
	第二产业	万人	1.18	1.43	-17.5
	第三产业	万人	3.1	2.8	10.7
土地情况	土地面积	平方千米	2223	2223	0
	1.耕地面积	公顷	21272.4	21325	-0.2
	2.林业用地	万公顷	18.33	18.34	-0.05
镇村	镇（街道办）	个	11	11	0
	村委会	个	109	109	0
	居委会	个	16	16	0

2020年仁化县地区生产总值统计表（当年价格）

表49

指　标	2020年（万元）	2019年（万元）	2020年占比（%）
地区生产总值	1035148	1002232	100
一、第一产业	227614	208290	22
农林牧渔专业及辅助性活动	1511	1353	0.15
二、第二产业	425191	403403	41.1
1.工业	330317	339488	31.9
2.建筑业	94874	63915	9.2
三、第三产业	382343	390539	36.9
1.交通运输、仓储和邮政业	30344	32861	2.9
2.批发零售业	62228	70081	6
3.住宿和餐饮业	13053	15364	1.3
4.金融业	30175	28297	2.9
5.房地产业	57445	50959	5.5
6.其他服务业	187587	191625	18.1

说明：第三产业含农林牧渔业服务业及金属制品、机械和设备修理业增加值

2020年仁化县国民经济主要指标情况表

表50

项　目	单位	2020年	2019年	增减（%）
地区生产总值（当年价）	万元	1035148	1002232	2.9
规上工业总产值	万元	715229	798865	–5.7
农业总产值	万元	379639	333941	4.3
农业机械总动力	万千瓦	12.56	12.5	0.9
全县固定资产投资总额	万元	—	—	–2.8
年末通车公路里程	千米	2202.87	2203.67	–0.04

续表50

项　目	单位	2020年	2019年	增减（%）
公路货运周转量（全社会）	万吨/千米	80123	82625	-3
公路客运周转量（全社会）	万人/千米	8523.23	8893.59	-4.2
社会消费品零售总额	万元	230025	389159	-8.4
外贸出口总额	万元	1200	1149	4.4
实际利用外资总额	万美元	1170	507	130.8
旅游总收入	亿元	31	72.57	-51.6
旅游人数	万人	616.2	1168.09	-41.4
地方一般公共预算收入	万元	59441	65559	-9.3
地方一般公共预算支出	万元	261921	283084	-7.5
金融机构各项存款余额	万元	1077984	1012395	6.5
其中：住户存款余额	万元	854144	781816	9.3
金融机构各项贷款余额	万元	529165	466377	13.5
城镇居民人均可支配收入	元	30909.6	29494	4.8
农村居民人均可支配收入	元	19409	18556	4.6
年末参加失业保险人数	人	15204	14008	8.5
年末参加城乡社会养老保险人数	人	82343	83314	-1.2
年末参加工伤保险在职人数	人	23227	23380	-0.7
年末享受社会养老保险人数	人	39147	38262	2.3

说明：地区生产总值增速为可比价增速，固定资产投资总额只公布增速

2020年仁化县国民经济主要人均指标情况表

表51

项　目	单　位	2020年	2019年	增减（%）
人口密度	人/平方千米	83.6	97.4	-14.2
人均地区生产总值（当年价）	元	55638	53912	3.2
人均耕地面积	亩	1.72	1.49	15.4
人均粮食产量	公斤	368.7	307.7	19.8
人均社会消费品零售总额	元	12380	18168	-31.9
人均城乡居民年末储蓄余额	元	15971	36499	26

续表51

项　目	单　位	2020年	2019年	增减（%）
人均一般公共预算收入	元	3199	3061	4.5
城镇居民人均可支配收入	元	30909.6	29494	4.8
农村居民人均可支配收入	元	19406	18556	4.6
每万人拥有卫生技术人员数	人	73.7	52.2	41.2
每万人拥有病床位数	张/万人	43.5	36.4	19.5

说明：此表人均指标除城镇、农村居民人均可支配收入外以常住人口计算

2020年仁化县主要农产品产量统计情况表

表52

指标名称	单　位	2020年	2019年	增减（%）
粮食	吨	68501	65909	3.9
其中：稻谷	吨	65316	63696	2.5
花生	吨	25872	24608	5.1
水果	吨	152375	136740	11.4
茶叶	吨	1455	1401	3.9
蔬菜	吨	96364	89007	8.3
水产品	吨	9677	9639	0.4
生猪饲养量	万头	25.7	32.95	－21.9
生猪出栏量	万头	16.8	20.2	－16.8
三鸟饲养量	万只	695.05	703.8	－1.2
三鸟存栏量	万只	146.1	190.5	－23.3
禽蛋产量	吨	2032	1977	2.8

2020年仁化县主要工业产品产量统计情况表

表53

产品名称	计量单位	产品产量		增减（%）
		2020年	2019年	
发电量	万千瓦时	98780	100648	-6.1
其中：水电	万千瓦时	18654	21942	-29.7
火电	万千瓦时	53875	52006	3.6
锌精矿	吨	103769	108911	-4.7
锌 锭	吨	148154	144089	2.8
硫 酸	吨	51423	51987	-1
铝 材	吨	7588	8180	-7.2
人造板	立方米	325719	325932	-0.1

2020年仁化县文教卫生统计情况表

表54

项目	单位	2020年	2019年	增长（%）
一、教育				
学校数	所	71	73	-2.7
其中：普通教育	所	29	29	0
普通中小学在校学生数	人	29273	28924	1.2
普通中小学招生数	人	6418	6640	-3.3
普通中小学毕业生	人	6022	5929	1.6
教职员工数	人	3406	3353	1.6
专任教师	人	2661	2680	-0.7
学龄儿童入学率	%	100	100	0
二、卫生				
卫生机构数	个	149	147	1.4
卫生院	间	10	10	0
卫生机构床位数	张	809	780	3.7
卫生技术人员数	人	1369	1329	3
其中：执业医师	人	294	289	1.7
执业助理医师	人	124	125	-0.8
注册护士	人	448	430	4.2

（罗 培）

附　　录

组织机构在职领导班子成员名单

中国共产党仁化县委员会

书　记：林国华

副书记：周小明　邱志坚

常　委：林国华　周小明　邱志坚　谢庆伟　张　毅（任至3月）　苏　斌（5月任职）　邓红红（女，任至5月）　林　静（女，5月任职）　谭建华（任至4月）　刘拥军（7月任职）　丘光强　邹永祥　李伟杰　张　军　连辉标　梁晓辉（任至2月）　陈浩华（2月任职）

仁化县人民代表大会常务委员会

主　任：廖志常（任至4月）

代理主任：黄付养（4月起代理）

副主任：黄付养　邓田庭　马小荣（女）　廖兰英（女）　夏德文　李建平

仁化县人民政府

县　长：周小明

副县长：邹永祥　梁晓晖（任至2月）　陈浩华（2月任职）　沈建图　包伟红（女）　梁钰清　钟卫苏　苏　斌　曹　正（任至8月）

中国人民政治协商会议仁化县委员会

主　席：李秀荣（病假，任至1月）　邱志坚（5月任职）

副主席：张标兵　李志贞（女）　陈喜年　赖东北　邹汉明（5月任职）

秘书长：林志平

中国共产党仁化县纪律检查委员会

书　记：张　毅（任至3月）　苏　斌（5月任职）

副书记：黎　明　陈少忠

常　委：张　毅（任至3月）　黎　明　陈少忠　李润平　张建珍（女）　谭德永　胡　伟

仁化县监察委员会

主　任：张　毅（任至3月）（3月起空缺）

副主任：黎　明　陈少忠

委　员：张建珍（女）　胡　伟　兰长福　邱文灵

中共仁化县委巡察工作领导小组办公室

主　任：李润平

副主任：张秀群（女）　何衍盛

县纪委监委办公室、派驻组，县委巡察组

办公室主任：赖剑和

干部管理监督室主任：（空缺至9月）　胡素敏（女，9月任职）

宣教调研室主任：（空缺至9月）　邱少芸（女，9月任职）

党风政风监督室主任：邓堂忠
信访室主任：罗建芳
案件监督管理室主任：曾凡文
第一监督检查和审查调查室主任：江智高
第二监督检查和审查调查室主任：黄　德
第三监督检查和审查调查室主任：曾德有
第四监督检查和审查调查室主任：（空缺）
第五监督检查和审查调查室主任：徐德宏
第六监督检查和审查调查室主任：徐于传
案件审理室主任：黄远飞
派驻第一纪检监察组组长：叶文华
派驻第二纪检监察组组长：李兆用
派驻第三纪检监察组组长：凌延盛
派驻第四纪检监察组组长：叶燕红
派驻第五纪检监察组组长：何庆林
派驻第六纪检监察组组长：陈著光
县委第一巡察组组长：罗海红
县委第二巡察组组长：黄本奎
县委第三巡察组组长：丘贯中
县委第四巡察组组长：李英云

中共仁化县委办公室

主　任：丘光强（县委常委兼）
副主任：肖春波（县委办常务副主任）
潘小明（任至9月）
卢明春　谢曾增（9月任职）

仁化县保密局局长：陈展辉

中共仁化县委组织部

部　长：李伟杰
副部长：周任康　李家明
欧钊黎　易永恒（兼职）
部务委员：严华明（1月任职）
何伟平（1月任职）
邓盛明（1月任职，任至11月）

中共仁化县委宣传部

部　长：邓红红（女，任至5月）
林　静（女，5月任职）
常务副部长：李子初
副部长：邹雪玲（女）
谢翊辉

中共仁化县委讲师团

团　长：李子初
副团长：邓贵胜

中共仁化县委统一战线工作部

部　长：邓红红（女，任至5月）
林　静（女，5月任职）
副部长：梁　炜　叶志琴（女，任至1月）
刘润芳（1月任职）
苏　健（任至8月）
梁家宁（8月任职）

仁化县台港澳事务局局长：梁　炜
仁化县民族宗教事务局局长：
叶志琴（女，任至2月）
刘润芳（2月任职）

中共仁化县委政法委员会

书　记：谭建华（任至4月）
刘拥军（7月任职）
常务副书记：罗金宝
副书记：徐友生　谭群辉

中共仁化县委机构编制委员会办公室

主　任：罗有发
副主任：冯金才　朱德新
陈旭虹（女）

中共仁化县直属机关工作委员会

书　记：王记有
副书记：唐　华
纪工委书记：何光华
工委委员：朱有明

中共仁化县委老干部局

局　长：易永恒
副局长：杨日生（任至8月）
赖东海　邓盛明（9月任职）
局务会成员：杨日生（8月任职）

仁化县史志办公室

主　任：徐诚林（任至9月）
潘小明（9月任职）
副主任：涂丽玲（女）

仁化县档案馆

馆　长：刘贤琴（女，任至2月）
施旭臻（4月任职）
副馆长：顾仁福　施旭臻（任至4月）
潘立军（6月任职）

中共仁化县委党校、仁化开放大学

党校校长：李伟杰
党校常务副校长、仁化开放大学校长：曾韶基
党校副校长：黄玉文
仁化开放大学副校长：邱云辉
欧阳剑蔚

中共仁化县委农村工作办公室

主　任：梁伟军
常务副主任：李文华（女）
专职副主任：梁　峰

仁化县人大常委会办公室（各工委）

办公室主任：李伟强
副主任：叶桥忠　谢耀华
城乡建设环境与资源保护工作委员会主任：谭家福
副主任：周恩善
法制工作委员会主任：邱建华（任至8月）
刘永保（8月任职）
副主任：肖　玲（女）
选举联络人事任免工作委员会主任：徐仁辉
副主任：张展辉（任至8月）
陈佳榈（女，8月任职）
教育科学文化卫生工作委员会主任：刘永保（任至8月）
邱建华（8月任职）
副主任：陈佳榈（女，任至8月）
张展辉（8月任职）
财政经济工作委员会主任：
李庆明
副主任：刘伟雄

仁化县人民政府办公室

主　任：刘炳鸿
副主任：刘建新　陈伟平
仇旭君
党组成员：邹文秀（女）
仁化县外事局局长：刘炳鸿
仁化县信访局局长：刘炳鸿

仁化县发展和改革局（仁化县粮食和物资储备局）

局　长：邓诗常
副局长：周海军　张水甜
余　俭（女）

仁化县教育局

局　长：肖振东
副局长：陈　健　肖移珍（女）
邓伟强

仁化县工业和信息化局

局　长：梁家宁（任至8月）
何述华（8月任职）
副局长：陈应权（任至8月）
李勇明（8月任职）
庞国雄
麦海燕（女）
谭世楷（挂职至10月）
仁化县科技局局长：
梁家宁（任至8月）
何述华（8月任职）
县科技局分管领导：
谭菊兰（女，任至1月）
庞国雄（1月任职）

仁化县公安局

局　长：苏　斌
政　委：张伙胜
副局长：钟　彬　李飞龙（4月任职）
罗金城（任至4月）
赖海文　郑　戈（任至4月）
纪委书记：何建明
副局长：江建辉
政工办主任：陈志云

仁化县民政局

局　长：谭卫东
副局长：詹碧清　范　灵（女）
李远扬

仁化县司法局

党组书记、局长：黎　东
党组成员、副局长：肖作顺
廖国钰（女）
马　良（任至5月）
罗福贤（9月任职）
党组成员：叶财古　刘树永

仁化县财政局

局　长：温天才
副局长：朱少媚（女）
邱岳铭　范智慧
党组成员：徐于动　李　珍（女）

仁化县人力资源和社会保障局

局长、党组书记：何为君
副局长：谢东生　何　艾（女）
　　樊　欣
党组成员：梁京伟　彭仕育（1月任职）
　　李华源（1月任职）

仁化县自然资源局

局　长：刘世标
副局长：邓晓薇（女）　刘锦云
　　沈胜庭　张　阳（1月挂职）
党组成员：黄玉华

仁化县住房和城乡规划建设局

党组书记、局长：章　俊
党组成员、副局长：关东升
　　连光才　谢高文
党组成员：陈华民

仁化县交通运输局

党组书记、局长：林伟浩
党组成员、副局长：黄雪辉
　　杨　智　邵应康
党组成员：谭东财

仁化县水务局

党组书记、局长：刘　强
党组成员、副局长：杨永新
　　张明福　江美成
党组成员、工会主席：赖东明
副局长：郑玲丽（女，5月挂职）
　　朱泓波（5月挂职）

仁化县农业农村局

党组书记、县委农办主任、局长、县扶贫办主任：梁伟军
党组副书记、县委农办副主任、县扶贫办常务副主任：
　　李文华（女）
党组成员、系统党委书记：
　　成晋荣（8月兼任系统党委书记）
党组成员：罗展华
党组成员、副局长：谭定权
　　刘克慧（女）　潘志斌
党组成员、县委农办专职副主任、县扶贫办专职副主任：
　　梁　峰
副局长：曾志平（4月挂职）
　　朱　梁（4月挂职）

仁化县文化广电旅游体育局

局　长：许关平
副局长：沈家富　赖　力
　　刘　东　黄芳芳（女）
　　黄　樱（女）
　　许美花（女，5月挂职）

仁化县卫生健康局

党组书记、局长：邬立雄
副局长：李光聪（任至3月）
　　卜卫群（女）　马爱军
　　陈胜辉（5月任职）

仁化县退役军人事务局

局　长：彭国强
副局长：曾凡军　赵仕雄
党组成员：刘志勇

仁化县应急管理局

局　长：肖润华
副局长：吴春球　黄文胜
　　李志平　周祁常

仁化县审计局

局　长：何旺财
副局长：林国华　梁红标
　　朱秋兰（女）
总审计师：卜筱瑜（女）

仁化县市场监督管理局

局　长：邓志立
副局长：陈治平　苏学州
　　黄家磊　陈　彬
　　钟立强（任至9月）
　　黄仁烽

仁化县统计局

局　长：马甲娣（女，任至3月）
　　梁海钧（3月任职）
副局长：刘卫国　袁　虹（女）

仁化县医疗保障局

局　长：谭卫财
副局长：赖东北　黄正亿

仁化县政务服务数据管理局

党组书记、局长：谢树富
副局长：刘晓霞（女）
　　李为军（任至1月）
　　潘　峻（4月任职）

仁化县林业局

党组书记、局长：廖永香（女）
党组成员、副局长：谢文桥
　　刘韶山　徐于冠

党组成员：蓝　磊　郭红伟
李曙星
副局长：张本焱（挂职至9月）

政协仁化县委员会各科（室）

秘书长兼办公室主任：林志平
办公室副主任：蒙万胜
张小兰（女）
组织联络科科长：钟文辉
组织联络科副科长：曾凡清（任至8月）
叶汉明（8月任职）
宣传科科长：温永清
宣传科副科长：叶汉明（任至8月）
曾凡清（8月任职）

仁化县人民法院

院　长：蓝韶东
副院长：张仁潮　王　宁

仁化县人民检察院

检察长：钟全芳（女）
副检察长：李　红（女，任至6月）
谢　健（6月任职）
罗红波

仁化县总工会

主　　席：马小荣（女）
常务副主席：刘志宏
副主席：罗培槐
挂职副主席：梁欢欢（女，10月挂职）
兼职副主席：郭卫东　熊　平

共青团仁化县委员会

书　记：李书文
副书记：余香莲（女）
何淑勤（女）
冯子超（9月挂职）
陈　珊（女，兼职，9月任职）
唐立红（女，兼职，9月任职）

仁化县妇女联合会

主　席：肖　莲（女）
副主席：郭兰招（女，任至12月）
宁家红（女，任至4月）
陈　欣（女，10月任职）
奚铭敏（女，4月挂职）
刘丽娟（女，兼职）
申丽萍（女，兼职）

仁化县科学技术协会

党组书记：叶志琴（女，1月任职）
主　席：梁家宁（任至6月）
马　良（6月任职）
党组成员、副主席：谭菊兰（女）

仁化县文学艺术界联合会

主　席：谢翊辉
副主席：李子春（女）

仁化县社会科学学会联合会

主　席：邹雪玲（女）
副主席：唐　军

仁化县归国华侨联合会

主　席：刘映芳（女）
副主席：罗楚红（兼秘书长）
王文国（兼职）
陈伟平（兼职）
吴晓蓉（女，兼职）
常　委：幸凯斌（兼职）

仁化县残疾人联合会

理事长：梁德明

仁化县红十字会

会　长：包伟红（女，副县长兼任）
常务副会长：肖世强

仁化县老区建设促进会

会　长：彭良武
副会长：刘向群（兼秘书长）
蒙丽萍（女）

仁化县工商业联合会

党组书记、主席：苏　健（任至8月）
梁家宁（9月任职）
专职副主席兼秘书长：叶华青
兼职副主席：吴飞宇　郑鹏飞
杨文根　黄建国
封建华　李细罗
谢九发（女）
杨　冲　刘永强
张深文　熊　平
刘锦祥　姜志远
邵燕华（女）
刘丽娟（女）
王有华
符小密（女）

仁化县个体劳动者协会

会　长：岑美英（女）

副会长：彭金华　郭炎川

仁化县私营企业协会

会　长：岑美英（女）

副会长：刘道明

仁化县畜牧兽医水产局

局　长：罗展华

副局长：谢增纲　涂新红　蓝长旺

总畜牧兽医师：申广秋

仁化县行政服务中心

主　任：李　艳（女，任至10月）

副主任：苏　恬（女）　潘秀红（女）　吴江海

仁化县农业机械事务中心

主　任：何述华（任至8月）　李　艳（女，8月任职）

副主任：冯碧云（女，任至12月）　李集发　赖东北（4月任职）

仁化县融媒体中心

主　任：郭继周

副主任：陈贤坤　欧健明

仁化县供销合作社联合社

主　任：刘宝明

副主任：郭宝华　何丽红（女）　王金焕（女）

仁化县国家现代农业示范区管理委员会

主　任：成晋荣（任至8月）　何世平（9月任职）

副主任：叶爱华　李子强

仁化县机关事务管理中心

主　任：赵丹宁

副主任：李勇明（任至9月）　何有财　李智华（9月任职）　唐　慧（女）

仁化县社会保险基金管理中心

主　任：李华源

副主任：蒙才斌　何　旭　陈应权（9月任职）

仁化县丹霞旅游经济开发试验区管理委员会

主　任：（空缺）

副主任：刘小飞　邹明华

仁化县产业转移工业园服务中心

主　任：何世平（任至8月）　李春华（8月任职）

副主任：（空缺至1月）　谭玉娟（1月任职）

中国民主促进会仁化县支部

主　委：邓田庭

副主委：陈运莲（女）　罗兆祥　赖丽恒（女）　朱家强

仁化县烟草专卖局（分公司）

局长（经理）：赖育新

副局长：欧鹏飞（任至3月）　王奇赞（3月任职）

副经理：邓建良（任至3月）　欧鹏飞（3月任职）

国家税务总局仁化县税务局

党委书记、局长：朱伟东（任至9月）　邓粤雄（9月任职）

党委委员、副局长（正科长级）：刘文健

党委委员、副局长：罗　群　何建生（任至7月）

党委委员、纪检组组长：曾昭林（任至7月）

仁化县气象局

党组书记、局长：郑　勇（任至11月）　欧冠华（11月任职）

副局长：李胜利

纪检组组长：刘美莲（女）

韶关市生态环境局仁化分局

局　长：温宇军

副局长：郭永古

仁化县消防救援大队

大队长：杨　鑫

韶关市仁化公路事务中心

主　任：梁颂文

副主任：张述堂　郭海珠　刘日发

韶关市住房公积金管理中心仁化办事处

主　任：周丽娟（女）
副主任：刘春玲（女）

韶关水文分局

局　长：周　艏
副局长：赖仲淄
总工程师：韩学军

丹霞山管理委员会

党委书记、主任（兼）：林国华
党委副书记（兼）：周小明
党委副书记、副主任，丹霞山国家级自然保护区管理局局长：谢庆伟
纪委书记：廖宏峰
副主任：侯荣丰
副主任，丹霞山国家级自然保护区管理局副局长：陈　昉（女）
副主任（兼），丹霞山国家级自然保护区管理局副局长（兼）：沈建图
梁钰清
刘子龙

深圳市中金岭南有色金属股份有限公司凡口铅锌矿

党委副书记、矿长：田志刚
党委书记：蔡　文
党委副书记、纪委书记、工会主席：吴湘华
党委委员、常务副矿长：
陈卫东（5月任职）
党委委员、副矿长：姚彦翔
林振烈　陈卫东（任至5月）
阮喜清（任至5月）
郑　伦（5月任职）
党委委员、安全总监：
阮喜清（5月任职）

深圳市中金岭南有色金属股份有限公司丹霞冶炼厂

党委书记、厂长：吴　涛
党委副书记、工会主席、纪委书记：曾令成（任至9月）
李良生（10月任职）
副厂长：张登凯　杨　平
廖云军　秦启春
罗　振（11月任职）

韶关市国有仁化林场

党总支委书记、场长：
蓝叶胜（11月任职）
党总支委委员、副场长：
官秀思　潘　超
姚为锋（6月任职）
党总支委委员、会计师：孟光辉

红军长征粤北纪念馆

馆　长：（空缺）
副馆长：侯文斌（5月任职，主持全面工作）
曾神福（5月任职）

中国人民银行仁化县支行

党组书记、行长：曹　正
党组成员、纪检组长、副行长：杨　杰
党组成员、副行长：赖建新
范　灵（女，任至5月）

广东仁化农村商业银行股份有限公司

党委书记、董事长：何宗志
行　长：喻　白
监事长：伍时伟
副行长：赖海斌　刘志增

中国邮政储蓄银行仁化县支行

行　长：邓德锋
副行长：李步林（任至11月）
梁文斌（11月任职）

中国建设银行股份有限公司仁化支行

行　长：黄俊文
副行长：黄晓健

中国农业银行仁化县支行

行　长：伍国富
副行长：池治山（任至11月）
高勤聪　涂创庭（11月任职）
纪委书记：陈宏章（任至11月）
池治山（11月任职）

中国工商银行股份有限公司仁化支行

行　长：祝小兵
副行长：宾　峰（任至5月）
夏海帆（任至11月）
张　鸿（9月任职）
钟建雄（11月任职）

中国银行股份有限公司韶关仁化支行

行　长：沈　利

副行长：黄丽滇（女，任至3月）

刘红涛（女，3月任职）

刘　芳（女，任至12月）

林龙田

中国人寿保险股份有限公司仁化县支公司

总经理：李志英（任至4月）

肖　梦（4月任职）

中国人民财产保险股份有限公司仁化支公司

经　理：邓军贵（任至9月）

曾海祥（9月任职）

副经理：曾海祥（任至9月）

曾　凯（6月任职）

安信证券股份有限公司韶关仁化锦水路营业部

总经理：李　祺

广东电网韶关仁化供电局

党委书记：刘建光

工会主席：李伟强

副总经理：李伟强　刘阿刚

王　娴（3月任职）

中国移动通信集团广东有限公司仁化分公司

总经理：（空缺）

副总经理：房勇明　史建南

中国邮政集团公司广东省仁化县分公司

总经理：陈志毅（任至9月）

廖翼民（9月任职）

副总经理：江志敏　吴清华

中国电信股份有限公司仁化分公司

总经理：邓刚琪（任至11月）

程伟韬（11月任职）

副总经理：丘福海（任至1月）

杨志生

廖山华（4月任职）

中国联合网络通信有限公司仁化县分公司

仁化政要营销服务公司小CEO1：何琳燕

仁化综合营销服务公司小CEO：李凌捷

锦江电力开发总公司

党委书记、董事长：曾军干

党委副书记、总经理：吴联成

党委委员、副总经理：郑荣权

总工程师：雷自力

党委专职副书记：吴宗红

纪委书记：郭卫东

党委委员：谢玉梅（女）

邓田养

丹霞街道

党工委书记：连辉标

党工委副书记：侯政春

梁美娥（女，任至4月）

曾威荣　刘学民（7月任职）

人大工委主任：梁美娥（女，4月任职）

党工委委员：马兴战（任至8月）

冯锐成

熊　婵（女）

曹培镇　谭　浩

张石龙　赖贵平

丘文超（9月任职）

办事处主任：侯政春

办事处副主任：冯锐成

赖道友

赖海文

董塘镇

党委书记：万志明

党委副书记：刘志坚　肖志文

刁祥军（任至5月）

郑　戈（5月任职）

党委委员：肖文荣　郭　粤

麦海芳（女，任至5月）

张静怡（女，5月任职）

唐　源　黄大放（任至8月）

曾祥勤（9月任职）

邓炜斌　谢金云

人大主席：刘剑勇

镇　长：刘志坚

副镇长：谢金云　刘大旺

曾　聪

石塘镇

党委书记：江艳芬（女）

党委副书记：徐　泳　罗福胜

罗伟雄（1月任职）

严华明（任至4月）

人大主席：李培林
纪委书记：张　明
党委委员：刘祖松　朱帆杰
何梅娣（女）
叶展飞　冯海年
刘新其
镇　长：徐　泳
副镇长：刘祖松　连志毅（任至9月）
阳　凡（9月任职）
麦海桃（女）

长江镇

党委书记：邹汉明
党委副书记：李杏兰（女）
张细友　邹家平
党委委员：沈家志　朱德九（3月任职）
钟文君（女）
刘　敏（女）
周凤林　邹孟宏
温　健（任至1月）
罗伟雄（任至1月）
邱全有（1月任职）
人大主席：熊世伟
镇　长：李杏兰（女）
副镇长：罗伟雄（任至1月）
刘天蔚（任至6月）
刘　敏（女，10月任职）
刘大红

扶溪镇

党委书记：祝向恩
党委副书记：邓文光　罗　耿
蒙书发
党委委员、纪委书记：郑玉江
党委委员：李少锋　刘建光
邓作华　蒙　彪
黎郁文
李惠方（女，任至5月）
吴志勤（女，5月任职）
人大主席：骆宝生
镇　长：邓文光
副镇长：邓作华　李凤昌
温石头　邓郁聪（挂职至10月）

闻韶镇

党委书记：刘普新
党委副书记：肖武荣　朱建辉
谭志强
党委委员：邓树根
李芬萍（女）
刘茗瑞（女）
温志清　张功庭
刘厚明
刘四娣（女，任至9月）
朱志勇（9月任职）
人大主席：黎名全
镇　长：肖武荣
副镇长：刘厚明　欧江锋
曾志坚

城口镇

党委书记：李汉辉
党委副书记：张增清　钟韶荣
蔡定忠
党委委员：刘　明　刘工溥
林　敏（女）
顾智波　张　能
龚元凡
蓝　琳（女）
罗钦文（9月任职）
人大主席：郭胜洪
镇　长：张增清
副镇长：顾智波　吴书友
赖香松

红山镇

党委书记：王剑斌
党委副书记：何海生　刘家雄
王启贵
党委委员：赖茹辛　顾志坚
张海斌　张　帆
邱冬福　张本焱(9月任职）
人大主席：李培云
镇　长：何海生
副镇长：张桥古（任至9月）
张相群（9月任职）
冯紫娟（女）
周巧群（挂职至9月）

周田镇

党委书记：冯奋德
党委副书记：冯　鹄　黄志军
袁济军
党委委员：刘润芳（任至4月）
温　健（4月任职）
杨秀芬（女）
许雪峰　廖苑威
饶长田　谢世安
余诗金（任至5月）
丘兆洪（5月任职）
人大主席：邓　飞
镇　长：冯　鹄
副镇长：许雪峰　许兴远

罗福贤（任至9月）
马发平（9月任职）
李春华（挂职至8月）

黄坑镇

党委书记：谭家琪
党委副书记：邓永林
沈　刚（1月任职）
沈家盛（任至5月）
刁祥军（4月任职）
党委委员：李维胜（任至8月）
江谷林　张晓飞
罗海莲（女）
连穗霞（女）
李启豪　曾华昌
罗永军（9月任职）
人大主席：许俊华
镇　长：邓永林
副镇长：卢华英（女）
沈　刚（任至1月）
汤福亮（9月任职）

大桥镇

党委书记：黄银泰
党委副书记：蒙升龙　张　文
谢卫锋
党委委员、纪委书记：
刘群珍（女）
党委委员：张保卫　钟祥坚
张晓彬　邵　强
黄晓梅（女）
李　聪
人大主席：钱世全
镇　长：蒙升龙
副镇长：张晓彬　肖炎林
卓桂英（女）

在县委十三届十二次全会第一次全体会议上的讲话

（2020年12月29日）

中共仁化县委书记　林国华

同志们：

这次县委全会，主要任务是深入学习贯彻习近平总书记在党的十九届五中全会上的重要讲话和五中全会精神，认真贯彻落实习近平总书记出席深圳经济特区建立40周年庆祝大会和视察广东重要讲话、重要指示精神，以及省委十二届十一次、十二次全会和市委十二届十三次全会精神，研究谋划“十四五”时期仁化经济社会发展，审议《中共仁化县委关于制定仁化县国民经济和社会发展第十四个五年规划和二〇三五年远景目标的建议》和《仁化县关于落实韶关市〈关于深入学习贯彻习近平总书记出席深圳经济特区建立40周年庆祝大会和视察广东重要讲话重要指示精神高质量对接融入粤港澳大湾区深圳先行示范区建设的实施方案〉任务分工清单》，推动建设更高水平“生态、活力、幸福”新仁化，奋力打造北部生态发展区绿色发展仁化样板。

“十三五”时期，县委坚持以习近平新时代中国特色社会主义思想为指导，深入学习贯彻习近平总书记对广东重要讲话和重要指示批示精神，按照党中央、省委和市委决策部署，团结带领全县广大党员干部群众，积极融入服务“双区”建设，大力实施“一三九”发展战略，党的建设和经济社会各项事业发展取得新进步。特别是今年以来，县委统筹推进新冠肺炎疫情防控和经济社会发展，扎实做好“六稳”工作、全面落实“六保”任务，保持了经济社会平稳发展和社会大局稳定，“十三五”规划主要目标任务即将完成，全面建成小康社会基本实现。粤北生态屏障支撑进一步筑牢。全县单位生产总值能源消耗五年累计下降14.23%，森林覆盖率达到80.51%、空气优良率达到98.07%，县城区水源地水质和全县主要江河水质达标率均达100%，几项生态核心指标稳中有升且居全市前列。生态经济提质增效。预计2020年地区生产总值达到100亿元左右，人均地区生产总值达到4.6万元；经济结构不断优化，产业结构调整为21.8∶37.3∶40.9；成功创建国家全域旅游示范区，荣获全国数字农业农村发展先进县。活力城乡成效显著。红军长征粤北纪念馆顺利开馆，成功打造省际廊道，交通、水利、污水处理等基础设施建设不断完善；农村人居环境整治成效明显，连线连片打造岭南特色乡村风貌示范带，城乡面貌得到显著提升。幸福民生持续改善。新冠肺炎疫情防控成效显著，实现唯一一例输入型确诊病例“零扩散”“零死亡”，有力守好广东“北大门”；全县33个省定贫困村和3174户、9115人建档立卡贫困户全部达到脱贫出列标准；成为全省珠三角以外成功创建的首个全国文明城市；教育、医疗、卫生、体育、文化事业发展加快，是全国第二批新时代文明实践中心建设试点县，党管武装和“双拥”工作持续加强。党的领导和党的建设全面加强。贯彻新时代党的建设总要求和新时代党的组织路线，扎实开展“两学一做”学习教育和“不忘初心、牢记使命”主题教育，纵深推进“大学习、深调研、真落实”，党员干部“四个意识”明显增强，“四个自信”更加坚定，“两个维护”更加自觉；创新开展“一线双联”“民情夜访”等活动，干群关系更加密切，“民情夜访”工作在全省、全市推广。

这些成绩的取得，是县四套班子勠力同心、迎难而上的结果，是广大干部群众齐心协力、奋勇拼搏的结果。在此，我代表县委向奋战在各条战线的同志们和长期关心支持仁化发展的社会各界人士，表示衷心的感谢，并致以崇高的敬意！下面，我代表县委常委会，讲三点意见。

一、深入学习贯彻习近平总书记重要讲话、重要指示批示精神，准确把握新发展阶段形势任务，增强在全面建设社会主义现代化新征程中实现高质量发展的使命感责任感紧迫感

迈向“十四五”，仁化将与全国全省全市一道进入全面建设社会主义现代化的新发展阶段，我们必须准确把握新形势、新任务、新要求，深化县情认识，找准目标定位，努力在推进现代化建设新征程中实现更大作为。

（一）深入贯彻落实党的十九届五中全会，省委十二届十一次、十二次全会和市委十二届十三次全会精神，自觉肩负起打造北部生态发展区绿色发展仁化样板的使命担当。党的十九届五中全会是在我国进入新发展阶段、实现中华民族伟大复兴正处于关键时期召开的一次具有全局性、历史性意义的会议。全会审议通过的《中共中央关于制定国民经济和社会发展第十四个五年规划和二〇三五年远景目标的建议》，是全面贯彻习近平新时代中国特色社会主义思想的纲领性文件，是今后5年乃至更长时期我国经济社会发展的行动指南。党的十九届五中全会召开前夕，习近平总书记再次亲临广东视察，出席深圳经济特区建立40周年庆祝大会并发表重要讲话，为科学谋划制定我县“十四五”规划和二〇三五年远景目标提供了根本遵循。省委十二届十一次全会优化完善提升“1+1+9”工作部署，形成了我省推进现代化建设的具体行动方案和施工图。省委十二届十二次全会研究谋划了“十四五”时期广东改革发展的一系列重大问题，吹响了广东在新征程中走在全国前列、创造新的辉煌的冲锋号。市委十二届十三次全会研究谋划了“十四五”时期韶关经济社会发展工作；同时，市委王瑞军书记参加全会分组仁化小组讨论时，充分肯定了仁化在“十三五”期间生态保护、生态经济等方面取得的显著成效，并要求仁化当好对外展示韶关生态保护、绿色发展的窗口。这是对仁化工作的高度肯定，也是市委对仁化的关心关怀和殷切期望。仁化属北部生态发展区，生态优势是最大优势，绿色发展是根本出路。我们要切实把思想和行动统一到党的十九届五中全会和习近平总书记重要讲话、重要指示批示精神上来，统一到省委、市委全会精神上来，努力走出一条生态环境保护和经济发展相辅相成、相得益彰的发展新路子，奋力打造北部生态发展区绿色发展仁化样板。

（二）深入贯彻落实省委“1+1+9”工作部署和高质量加快构建“一核一带一区”区域发展格局要求，准确把握新发展阶段仁化的目标定位。省委进一步深化“1+1+9”工作部署，为全省各地在新发展阶段实现高质量发展明确了具体路径。省委书记李希强调，各地要认真思考谋划总定位总目标下各自的工作定位和具体目标，对照“1+1+9”工作部署，找准抓落实的结合点、着力点、突破口。我县作为北部生态发展区重要组成部分，近年来通过实施“一三九”发展战略，经济社会发展取得长足进步，为开启新征程奠定了坚实基础。迈向“十四五”，我们面临的环境、形势都发生了深刻变化，呈现出一系列新的阶段性特征。突出表现在：一是经济总量持续稳定增长，但经济总量偏小、产业结构不优等问题突出。二是生态环境质量持续改善，但作为国家重点生态功能区，生态环保责任重压力大。三是人民生活水平显著提高，但教育、医疗、卫生等民生事业与人民群众的期待仍然有差距。四是城镇提升和乡村振兴取得显著成绩，但是城乡二元结构问题仍然突出。五是社会持续和谐稳定，但社会治理现代化水平仍有待提升。这些新的阶段性特征，表明仁化经济社会仍然处于转型升级、爬坡越坎的关键时期。立足县情阶段性变化，如何实现高质量发展，关键是要因时因势优化完善提升我县的发展思路。考虑到省委对9项重点任务进行了调整，以及市委提出的新工作要求，我们对“一三九”发展战略进行优化完善提升。即，始终围绕建设“生态、活力、幸福”新仁化这一目标不变，主攻“生态经济、活力城乡、幸福民生”三大重点领域，大力推进“生态农业、全域旅游、绿色工业，生态屏障、新型城镇化、乡村振兴，基本公共服务均等化、精神文明、社会治理现代化”九大任务建设。同时，我们在“一三九”工作主线的基础上，突出“两带”“两区”建设（武深高速农业经济带、红色文化旅游经济带建设，董塘凡口绿色工业园区、省级产业转移工业园区建设），构成“一线两带两区”战略布局，实现富民强县。这是紧跟中央和省委、市委的最新要求作出的战略优化，更加突出生态保护、生态经济、民生事业、城乡区域协调发展、社会治理等要求，符合人民日益增长的美好生活需要，体现了仁化作为北部生态发展区重要组成部分的责任担当，是我县立足新发展阶段，贯彻新发展理念、推进高质量发展的具体措施，是落实省委“1+1+9”工作部署和高质量加快构建“一核一带一区”区域发展格局的具体行动。我们要保持定力，发扬钉钉子精神，一张蓝图绘到底，笃定心志抓落实，坚决把中央和省委、市委的工作要求贯彻到底，推动建设更高水平“生态、活力、幸福”新仁化，奋力打造北部生态发展区绿色发展仁化样板。

（三）深入贯彻落实中央、省委、市委关于“十四五”时期的重大部署，把新发展阶段仁化高质量发展的路子走对走实走好。习近平总书记亲自谋划、亲自指导、亲自主持制定中央《建议》，系统擘画了我国“十四五”时期经济社会发展和到2035年基本实现社会主义现代化的宏伟蓝图。省委《建议》

把实现好、维护好、发展好最广大人民根本利益作为发展的出发点和落脚点，明确到2035年全体人民共同富裕率先取得更为明显的实质性进展。市委《建议》分阶段量化目标，到2035年与全国全省同步基本实现社会主义现代化。我们贯彻中央、省委、市委《建议》，制定了我县《建议》，提请这次全会审议。

综合考虑仁化发展基础、条件变化和未来发展趋势，锚定“十四五”和二〇三五年远景目标，可以分三个阶段努力奋斗：

第一阶段，用3年左右时间，“一线两带两区”建设取得明显进展，乡村振兴取得较大成效，在全面建设社会主义现代化新征程中开好局、起好步。

第二阶段，用5年左右时间，到“十四五”末，经济社会发展实现新的更大突破，居民生活水平显著提升，更高水平“生态、活力、幸福”新仁化的建设成效充分体现，成功打造北部生态发展区绿色发展仁化样板。

第三阶段，到2035年，与全国全省全市同步基本实现社会主义现代化，经济社会综合实力大幅跃升，经济总量和城乡居民收入迈上新台阶，人的全面发展、全体人民共同富裕取得更为明显的实质性进展。

同志们，仁化的幸福明天是靠我们的双手去奋斗出来的。我们要紧紧围绕三个阶段性目标，乘势而上、起而行之，以“功成不必在我”的精神境界和“功成必定有我”的历史担当，铆足干劲、不懈奋斗，推动仁化在新发展阶段实现更高质量的发展。

二、深入学习贯彻习近平总书记关于新发展阶段的重要论述精神，以高质量推进“一线两带两区”建设奋力打造北部生态发展区绿色发展仁化样板

习近平总书记强调，“十四五”时期经济社会发展要以推动高质量发展为主题。我们必须把高质量发展摆在突出位置，聚焦目标定位，统筹考虑，突出重点，选准切入点，努力实现更高质量、更有效率、更加公平、更可持续、更为安全的发展。

（一）深入推进“一线两带两区”建设，大力发展生态经济。坚持新发展理念，按照“面上保护、点上开发”原则，构建以生态农业、绿色工业、生态旅游为主体的“需要山水而不污染山水”的生态产业体系。

一是推进武深高速农业经济带建设，加快新型农业现代化。按照省委“全产业链发展富民兴村特色优势产业”的工作要求，把农业现代化作为农业发展的主攻方向，充分发挥三个农业国字品牌优势，围绕武深高速仁化段沿线打造现代特色农业经济带，加快建设现代农业产业体系，推动全县农业由增产向提质转变。做强“一县多园、一镇一业、一村一品”，加快柑橘省级现代农业产业园建设并争取申报创建国家现代农业产业园，以园区建设引领带动农业产业规模化、集约化、特色化、科技化发展，优化提升贡柑、沙田柚、茶叶、毛竹等特色优势产业发展。积极培育壮大一批新型农业主体，引导和发展一批农业龙头企业，推进园区+企业+合作社+农户的产业模式，推动连片规模化种养。大力发展精致农业，对标绿色有机食品标准，引进大型精深加工项目，补齐产业短板，增加农产品附加值。推进数字乡村建设，发展“互联网+农产品”模式，推动农村电商发展。谋划构建集加工、物流、冷链等为一体的现代加工物流市场体系，延伸服务到田间地头，提供农产品仓储、保鲜技术服务支撑，推动产加销、贸工农一体化发展，提升生态农业设施化、品牌化、数字化水平，打响仁化农业品牌，着力打造“双区”优质农产品生产供应基地。

二是推进红色文化旅游经济带建设，加快农文旅融合发展。围绕畅通国内大循环和联通国内国际双循环、促进消费有利政策，发挥丹霞山以及我县全国文明城市、国家全域旅游示范区的品牌效应，以红色文化旅游经济带建设为重点，大力发展以需求为导向的文旅产业，着力打造旅游消费城市。充分利用我县丰富红色文化资源，加快推进长征国家文化公园（仁化段）建设，积极推进城口红色小镇二期建设，加大南粤古驿道的修复和活化利用，规划打造“浓缩”展现长征故事与场景的长征主题精品游环线，推动红色文化产业发展。以市委支持加快大丹霞、环丹霞山片区生态经济圈建设为契机，优化旅游公共服务配套设施建设，引进社会资本开发建设星级民宿、精品度假酒店等，全面提升旅游服务能力。健全完善旅游产业链条，探索建立消费集聚区，大力发展旅游手信产业，谋划打造仁化特色美食街、网红打卡点，支持农家乐发展，形成与AAAAA级景区相配套的餐饮、住宿等服务。依托环丹生态宜居美丽乡村、特色农业产业带，推动“特色农业+红色文化+旅游”融合发展，抓住游客的胃、眼、心，打造集观光、采摘、餐饮、体验于一体的生态游、红色文化游、乡村游精品线路，吸引更多游客到仁化休闲旅游度假。加强旅游宣传推介，常态开展丹霞国际马拉松、徒步穿越丹霞山、环丹自行车、文化旅游节等品牌赛事，打造旅游消费节点城市。

三是推进董塘凡口绿色工业园区和省级产业转移工业园区建设，加快新型工业化。绿色工业是强县的基础，必须以更加有力的措施提高绿色工业发展质量。坚持把园区作为工业发展的重大平台，按照“厂区变园区，产区变城区”的转型发展思路，推动以产兴城、以城促产、产城融合。以中金岭南有色金属绿色循环产业示范园区建设为抓手，加快凡口铅锌矿、丹霞冶炼厂等重点骨干企业技改扩能、提质增效，推进矿产品精深加工，延伸有色金属产业链条，推动传统产业绿色化转型升级。大力推进省级产业转移工业园建设，完善园区基础设施建设，以产业园区规划修编为契机优化园区布局，积极盘活闲置土地资源，建设园区标准厂房，提升园区承载能力和服务质量。围绕稳链补链强链控链，促进“链主”企业自身“提质升级”，培育壮大一批基础条件好的“专精特新”企业，谋划构建集研发、制造、流通和服务一体化的产业链，实现绿色工业可持续发展。

（二）全面推进改革开放，增强高质量发展新动能。持续深化供给侧结构性改革，以更大魄力谋划推进改革开放，不断畅通内外双循环，拓展发展空间，为高质量发展赋能。

一是深化重点领域改革，激发发展活力。坚持问题导向，聚焦重点领域和关键环节推进改革，下大力气破除体制机制障碍，推动改革与发展深度融合、高效联动。深化生态领域改革，探索生态系统严格保护和资源合理利用平衡模式，积极主动争取生态补偿、转移支付及上级绿色产业发展支持政策，将“绿水青山”蕴含的资源价值转化为现实环境生产力，释放“绿水青山”的经济价值。深化农村综合改革，按照上级部署推进土地征收及农村集体留用地安置制度改革，将农村连片的可开发用地置换出来，腾出发展空间，探索“资源变资产、资金变股金、农民变股东”的发展模式，推动资源资产化、资本化、价值化。建立符合市场经济规律的集体经济运行机制，大力支持农民合作社和家庭农场发展，转变农业发展模式，优化农业产业结构，为加快农业现代化注入新动力。研深吃透中央、省、市关于“双区”的政策文件精神，按照上级部署做好深圳先行示范区综合改革试点实施方案27条改革举措和40条首批授权事项的系列推广工作。

二是提升政务服务水平，优化营商环境。深化简政放权、放管结合、优化服务改革，完善审批流程，实行全程电子化网办、全流程“证照联办”，不断提高办事效率。推进政务数据资源整合，加快“数字政府”建设，提升政务服务水平。坚持“要素跟着项目走”，深化要素市场化配置改革。认真落实国家和省、市各项惠企政策和减税降费措施，加强中小微企业资本市场融资服务，引导各类资金项目投向中小微企业，大力支持本地企业积极参与到全县经济社会建设发展。健全守信激励和失信惩戒机制，加快推进社会信用体系建设，构建以信用为基础的新型监管体系，有效降低制度性交易成本。牢固树立法治是最好的营商环境理念，努力构建亲清新型政商关系。

三是聚焦对接融入“双区”，扩大开放合作。招商引资工作是经济发展的引擎，要把招商引资作为对外开放合作、对接融入“双区”的重点工作。实施招商引资“一把手”工程，强化招商队伍建设，健全完善招商引资工作机制。主动接受“双区”辐射带动，结合仁化产业发展和布局需要，大力开展生态农业、生态旅游、绿色工业产业链招商。积极开展“双区”产业对接，加强与驻仁中省企业、上市公司及在仁有生产基础的大型企业的合作，鼓励其将产业链的上下游项目布局仁化，不断拉长产业链条，打造产业集群。利用好虎仁对口帮扶平台，突出产业和民生两个重点，努力在产业共建、民生事业等方面取得更大实效。要拓宽招商引资渠道，通过政府支持、引导企业之间产需对接等方式，让企业能落地、快发展。加强跨区域交流合作新路径，探索与湖南郴州、江西赣州等“红三角”城市共同推进旅游、文化、经贸、环境治理等领域合作，构建与周边地区优势互补、错位发展、互促共进的格局。围绕提升融入国内国际双循环重要通道支撑，积极完善对接“双区”、联动周边、拓展发展的通达条件，大力推进国省道、“四好农村路”、出省通道改造升级，畅顺农村道路微循环，缩短城乡距离，加快农村快递物流发展，降低物流成本。要谋划和储备一批基础设施、民生保障、产业共建等重大项目，加强项目前期包装，争取更多项目纳入国家、省、市“十四五”规划盘子，为仁化高质量发展提供项目支撑。

（三）统筹城乡区域协调发展，打造宜居宜业宜游活力城乡。统筹生态环境和经济社会全面协调可持续发展，以及以人为核心的新型城镇化，建设全域生态优良、城乡协调发展、共同繁荣的活力城乡。

一是筑牢生态屏障。绿色是高质量发展的鲜明底色，要突出生态保护主旋律，打赢打好污染防治攻坚战，建设天蓝、水清、土净、地绿的美丽仁化。全域加强生态保护修复。积极配合服务南岭国家公园丹霞山片区建设，推进现有自然保护地整合优化，调整优化生态保护红线，保护好森林及生物多样性。以创建国家森林城市为抓手，强化森林资源培育和管护，推行林长制改革，落实落细森林防灭火各项举措。统筹推进山水林田湖草等生态保护修复工程，构建生态廊道和生物多样性保护网络，推动绿色生态屏障体系持续优化。全域推进生态环境治理。常态化精细化抓好扬尘专项整治和道路路域环境综合整治，遏制和管控露天焚烧行为，改善空气质量，保卫好一片蓝天。全面落实河长制，持续开展畜禽养殖污染整治工作，高质量推进锦江河、浈江仁化段及中小河流域综合治理和万里碧道建设，加强饮用水源地保护，健全水质监测预警体系，守护好一江碧水。加快推进重金属污染治理项目建设和重金属农田土壤治理修复，保护好一方净土。严格实施“三线一单”生态环境管控体系，严厉惩处破坏生态环境的行为，用最严格制度最严密法治保护生态环境。全域推广绿色低碳发展模式。积极推进低碳发展、循环发展，完善再生资源回收体系，实行垃圾分类回收，推动资源利用最大化。巩固拓展全国文明城市成果，积极推行绿色低碳生活方式，推动个人和家庭践行绿色低碳生活理念，倡导适度消费、光盘行动、低碳出行，实施节能、节水、节地、节材行动，推动节约型社会建设。

二是全面落实以人为核心的新型城镇化。坚持以工促农、以城带乡，推动城乡基础设施一体化，促进城乡协调发展，破解城乡二元结构难题。要持续推进县城扩容提质，深入推进县城品质提升行动，推动基础设施和公共服务提档升级，提升县城综合承载能力。推进老旧小区和背街小巷微改造，以“绣花”功夫提升城市管理科学化精细化水平，持续提升城市风貌。要把乡镇作为新型城镇化建设的有效载体，加快圩镇风貌改造提升，补齐基础设施和公共服务短板，充分挖掘镇（街）产业特色、人文底蕴和生态禀赋，分片区打造一批特色小镇集群，合理有效配置资源，实现城镇集中集约式发展，提升圩镇人口集聚能力。要把工业和农业、城市和乡村作为一个整体统筹考虑，谋划推动城乡基础设施互联互通、公共服务普惠共享、资源要素平等交换、生产要素充分对接，引导更多人才、资金、技术等要素资源“上山下乡”，促进城乡融合发展，打造宜居宜业宜游仁化。

三是全面实施乡村振兴战略。坚持遵循乡村发展规律、立足乡村资源禀赋，实施乡村建设行动，推动农村基础设施提档升级，加快补齐农村供水、供电、道路、信息网络、农田水利等基础设施短板。全面推进农村人居环境整治，扎实推进“厕所革命”“四好农村路”和农村安全饮用水保障工程建设，抓好生活垃圾处理和污水治理，切实改善农村生产生活条件。全面推进农房管控和风貌提升，持续抓好“四沿”区域美丽乡村示范带建设，全域推进打造干净整洁村、美丽宜居村、特色精品村，建立健全长效管护机制。要实施高素质农民培育工程，提高农民科技文化素质，完善助农服务体系，培育全面发展的精勤农民。要巩固拓展脱贫攻坚成果同乡村振兴有效衔接，完善防止返贫致贫监测帮扶机制，强化扶贫项目资金资产管理和监督，巩固提升脱贫的成色质量。要实行最严格的耕地保护和节约用地制度，以“零容忍”的态度坚决打击违法占用耕地行为，牢牢守住耕地保护红线和粮食安全底线。

（四）坚持改善民生，确保幸福民生更有保障更可持续。坚持把实现好、维护好、发展好最广大人民根本利益作为发展的出发点和落脚点，尽力而为、量力而行，不断增进民生福祉，让人民群众的获得感成色更足、幸福感更可持续、安全感更有保障。

一是推动基本公共服务均等化，让人民群众的获得感成色更足。推进共同富裕是一项长期任务，不可能一蹴而就，要实事求是，扎扎实实办好民生实事。深入推进教育现代化。坚持教育优先发展，全面优化教育资源布局，扩大优质学前教育、义务教育和高中教育、职业教育资源供给，提升基础教育办学条件，力争成功创建全国义务教育优质均衡发展县。强化思政教育，实施教师教育振兴工程，提升教师教书育人能力素质，落实新时代立德树人工程，全面发展素质教育。大力推进卫生创强。深化疫情防控补短板工作，加强公共卫生设施建设，积极补齐硬件设施设备短板，加强紧密型县域医共体建设，推动优质医疗资源下沉基层，推进分级诊疗建设，着力提升医疗服务能力以及应对突发公共卫生事件的能力，织牢公共卫生防控网。完善社会保障体系。全力“稳就业”“保就业”，统筹推进“广东技工”“粤菜师傅”“南粤家政”培训工程，多渠道促进高校毕业生、农民工及就业困难人员等重点群体稳定就业。落实特殊困难群众兜底保障工作，关注关爱孤寡老人、困难儿童、残疾人等特殊群体，加快养老服务体系建设，强化流浪乞讨人员救助管理，让全民共享改革发展成果。

二是深化精神文明建设，让人民群众的幸福感更可持续。坚持将精神文明建设工作贯穿经济社会发展的全过程。抓好全国新时代文明实践中心试点建设，强化价值引领，培育和践行社会主义核心价值观。加强新时代文明实践中心阵地规范化建设，深入开展新时代文明实践活动，提升志愿服务队服务质量，打通宣传、教育、服务群众的“最后一公里”。巩固拓展全国文明城市成果，把成功创建全国文明城市作为工作新的起点，推进精神文明建设工作制度化、常态化，以制度机制保障全国文明城市成果。持续强化城市网格化精细管理，不断增强文明城市建设成效，把全国文明城市“金字招牌”越擦越亮，实现文明建设融入发展、发展提升文明建设的良性互动，推动文明建设成果向更宽领域、更深层次、更高水平迈进。提升公共文化服务水平，加强文化基础设施建设，实施文化惠民工程，引导文化资源向农村基层倾斜，持续加强村综合性文化服务中心建设，健全县、镇、村三级公共文化设施网络，不断提升文化供给质量。

三是推进社会治理现代化，让人民群众的安全感更有保障。认真贯彻总体国家安全观，统筹发展和安全，打造共建共治共享社会治理格局。持续提升社会治理水平，发挥网格化管理作用，创新“党建+”工作模式，探索完善党建与县域社会治理深度融合的途径，统筹网格内党的建设、社会保障、综合治理、应急管理、社会救助等工作，实现网格化服务管理“多网合一”、全域覆盖。建设更高水平平安仁化，加强社会治安防控体系建设，坚持打、防、管、控、建并举，推进“雪亮工程”、“视联网”工程和智慧城市建设，构建立体化、智能化社会治安防控体系。加强公安派出所规范化建设，严格落实“八个一”勤务机制和“红袖章”治安联防组织“三个一”工作机制。深化开展全民禁毒和“扫黄打非”工作。巩固拓展扫黑除恶专项斗争成果，把经验做法转化为长效常治的制度安排，推动扫黑除恶常态化。防范化解重大风险，坚持底线思维，用大概率思维应对小概率事件，健全风险排查化解机制，加强“弱信号”的搜集分析研究，定期对各领域各方面风险隐患排查梳理，把问题化解于未萌、解决在初始阶段。加强意识形态阵地建设和管理，确保意识形态安全。扎实做好疫情防控、安全生产、食品安全、自然灾害等重点领域风险防范化解工作，坚决防止发生重大风险，全力维护社会和谐稳定。

三、加强党的全面领导和党的建设，为全面建设社会主义现代化提供坚强政治保证和组织保证

实现“十四五”时期发展目标和二〇三五年远景目标，关键在党、根本在党。要全面贯彻新时代党的建设总要求和新时代党的组织路线，深入推进全面从严治党，不断提升党的建设质量，增强全县各级党组织创造力、凝聚力、战斗力，确保各项工作任务落到实处。

（一）全面加强党对经济社会发展的领导。坚持党的全面领导是经济社会发展必须遵循的首要原则。要把学习贯彻习近平新时代中国特色社会主义思想作为头等大事和首要政治任务，切实把党的全面领导落实到经济社会发展各领域各方面各环节。巩固拓展“不忘初心、牢记使命”主题教育成果，严格执行省委坚决落实“两个维护”十项制度机制，严格落实管党治党主体责任，严明政治纪律和政治规矩，教育引导全县上下进一步增强“四个意识”、坚定“四个自信”、做到“两个维护”。要加强和改进党对人大、政协工作的领导，充分发挥工会、共青团、妇联等群团组织作用，进一步巩固和发展最广泛的爱国统一战线。加强党管武装工作，扎实开展全民国防教育，继续争创“双拥模范县”。突出制度建设这条主线，全面推进依法治县。完善党委研究经济社会发展战略、分析经济形势、研究重大政策的工作机制，充分发挥党委全面深化改革委、国安委、财经委、网络安全和信息化委、实施乡村振兴战略领导小组、审计委等议事协调机构职能作用。要围绕目标任务化、任务项目化、项目清单化、清单责任化，将各项工作任务量化分解，形成具体可操作的推动高质量发展的指标体系、政策体系、考评体系等，发挥督查考核指挥棒作用，推动形成一级抓一级、层层抓落实的生动局面，确保党中央、省委、市委决策部署全面有效落实。

（二）打造忠诚干净担当的高素质干部队伍。坚持党管干部原则，坚持新时期好干部标准，坚持政治标准第一，把各级干部队伍建设得更加坚强有力。要着眼新发展阶段要求，稳妥有序推进镇村领导班子换届工作，优化班子结构，强化整体功能。要加强领导干部教育培养，加大年轻干部培养选拔力度，定期选派有潜力的优秀后备干部到基层一线和重点工作中挂职锻炼，强化思想淬炼、政治历练、实践锻炼、专业训练，切实提升干部攻坚克难、服务高质量发展的能力。要深入实施“丹霞英才”计划，发挥人才驿站作用，大力引进生态环保、教育医疗、旅游文化、乡村振兴等领域的人才，加快人才公寓建设，营造良好的人才集聚发展环境。要坚持严管与厚爱结合、激励和约束并重，落实干部实绩档案、考验性管理、重点工作年度优秀工作人员评选等制度，完善干部考核评价机制、激励机制和容错免责机制，突出基层、突出一线、突出实干、突出实绩，推动形成能者上、优者奖、庸者下、劣者汰的正确导向，进一步激发党员干部干事创业的精气神。

（三）持之以恒正风肃纪反腐。坚定不移推动全面从严治党向纵深发展。要加强作风建设，深入开展“六讲六比”作风建设，驰而不息纠治“四风”，严格落实中央八项规定及其实施细则精神，坚决反对形式主义、官僚主义，落实基层减负工作要求。常态化开展“一线双联”“民情夜访”，推动党员干部在深入基层、服务群众中不断改进作风。要加强党风廉政建设，严格落实党风廉政建设主体责任，紧盯“关键少数”，深化运用监督执纪“四种形态”，完善同级监督机制，强化落实党内谈话机制，切实做到抓小抓早抓苗头。发挥廉政教育基地作用，深入开展红色革命传统教育以及廉政教育，涵养廉洁文化。要深入开展反腐败斗争，巩固拓展基层反腐三年行动成果，以“零容忍”态度大力整治群众身边的不正之风和腐败问题，保持反腐高压态势，一体推进不敢腐不能腐不想腐，营造风清气正的政治生态。

同志们，新蓝图振奋人心，新征程催人奋进。让我们更加紧密地团结在以习近平同志为核心的党中央周围，高举习近平新时代中国特色社会主义思想伟大旗帜，不忘初心、牢记使命、接续奋斗，以一往无前的奋斗姿态、风雨无阻的精神状态，推动建设更高水平“生态、活力、幸福”新仁化，奋力打造北部生态发展区绿色发展仁化样板，为广东在全面建设社会主义现代化国家新征程中走在全国前列、创造新的辉煌和韶关争当北部生态发展区高质量发展排头兵作出更大贡献！

名词解释：

1.省委“1+1+9”工作部署：“1”是加强党的全面领导和党的建设。“1”是以更大魄力、在更高起点上推进改革开放。“9”是9个方面的重点工作，分别为举全省之力推进粤港澳大湾区建设和支持深圳建设中国特色社会主义先行示范区；扎实推进高质量发展、打造新发展格局的战略支点；加快建设科技创新强省；加快建设现代化经济体系；全面实施乡村振兴战略；高质量加快构建“一核一带一区”区域发展格局；深入推进文化强省建设；营造共建共治共享社会治理格局；统筹发展和安全建设更高水平的平安广东。

2.“一核一带一区”：“一核”即珠三角地区，是引领全省发展的核心区和主引擎；“一带”即沿海经济带，是新时代全省发展的主战场；“一区”即北部生态发展区，是全省重要的生态屏障，包括韶关、梅州、清远、河源、云浮5市。

3."一三九"发展战略：围绕建设"生态、活力、幸福"新仁化这一目标，主攻"生态经济、活力城乡、幸福民生"三大重点领域，大力推进"生态农业、全域旅游、绿色工业，生态屏障、新型城镇化、乡村振兴，基本公共服务均等化、精神文明、社会治理现代化"九大任务建设。

4."一线两带两区"：以实施"一三九"发展战略为工作主线，大力推进红色文化旅游经济带、武深高速农业经济带、董塘凡口绿色工业园区、省产业转移工业园区建设。

5."三线一单"：生态保护红线、环境质量底线、资源利用上线和生态环境准入清单。

6."四好农村路"：指建好、管好、护好、运营好农村公路。

7."专精特新"企业：主营业务和发展重点符合国家产业政策及相关要求，技术创新和融资能力强，发展速度、效益和质量好，走专业化、精细化、特色化、新颖化发展道路的中小企业。

8."六稳""六保"：指稳就业、稳金融、稳外贸、稳外资、稳投资、稳预期；保居民就业、保基本民生、保市场主体、保粮食能源安全、保产业链供应链稳定、保基层运转。

9."四沿"：沿交通线、省际边界、景区、城市郊区。

10."丹霞英才计划"：韶关市2019年启动实施的高层次人才引进的新举措，计划用3年时间，引进全日制博士生、硕士生和重点高校全日制本科生等。

11."四风"：形式主义、官僚主义、享乐主义、奢靡之风。

12.监督执纪"四种形态"：第一种指党内关系要正常化，批评和自我批评要经常开展，让咬耳扯袖、红脸出汗成为常态。第二种指党纪轻处分和组织处理要成为大多数。第三种指对严重违纪的重处分、作出重大职务调整应当是少数。第四种指对严重违纪涉嫌违法立案审查的只能是极少数。

13."六讲六比"作风建设活动：全县开展以"讲学习、比能力，讲宗旨、比服务，讲正气、比党性，讲发展、比创新，讲奉献、比实绩，讲落实、比担当"为主题的"六讲六比"作风建设活动。

政府工作报告

——2021年2月9日在仁化县第十五届人民代表大会第七次会议上

仁化县人民政府县长　周小明

各位代表：

现在，我代表县人民政府，向大会报告工作，请予审议，并请各位政协委员和其他列席会议人员提出意见。

"十三五"工作回顾

"十三五"时期，全县政府系统高举习近平新时代中国特色社会主义思想伟大旗帜，在县委的坚强领导下，在县人大及其常委会、县政协的监督支持下，全面贯彻落实中央、省、市和县委的决策部署，坚持稳中求进工作总基调，坚持新发展理念，坚持高质量发展，凝心聚力，砥砺奋进，大力实施“一三九”发展战略[1]和“一线两带两区”建设[2]，以生态优势融入“双区”建设，全面完成脱贫攻坚任务，决胜全面建成小康社会取得决定性成效，较好完成了“十三五”规划主要目标任务，仁化高质量发展之路越走越宽。

过去五年，我们坚持发展为要，经济运行稳中有进。

现代农业加速发展。按照“一县多园、一镇一业、一村一品”产业总体布局，统筹推进农业产业兴旺发展。大力推进国家现代农业示范区和省级柑橘现代农业产业园建设。围绕贡柑、沙田柚等优势特色农产品，重点推进绿色产业示范基地建设。大桥镇长坝村、黄坑镇黄坑村、红山镇鱼皇村获评“国家级专业村”。长江镇获评“中国毛竹之乡”。全县国家地理标志保护农产品3个，全国名特优新农产品4个，“三品认证”[3]产品65个，省级名牌农产品29个，省级“菜篮子”基地[4]3个，粤港澳大湾区“菜篮子”基地4个。荣获“全国数字农业农村发展先进县”称号。

工业经济量质并举。人均地区生产总值达4.7万元，年均增长3.6%。产业结构调整为22：41.1：36.9。新增规上工业企业26家，新建工业项目40个，其中超亿元项目17个。新增高新技术企业10家，新增省、市级工程技术研究中心18家。实施丹霞冶炼厂炼锌渣绿色化升级改造、凡口铅锌矿尾矿资源综合回收及环境治理开发等一批技改项目，完成工业技改投资12.4亿元。

园区平台提档升级。仁化产业转移工业园被确认为“省级产业转移工业园”。园区开发区域已实现“九通一平”建设，建成滨江东路、工业二路、新庄五路等路网11.53公里。完成排水排污管道7.9公里。建成投产企业25家，规模以上企业11家，产值超亿元企业4家，高新技术企业6家。园区已形成有色金属深加工产业、储能产业、新能源电池材料产业集聚发展格局。

全域旅游遍地开花。推进“大丹霞”旅游经济圈建设，配合市政府完成阅丹公路、大中门以及6个配套服务站点建设，打造丹霞山美景与田园风光串珠成链旅游景观路。成立仁化县客栈民宿协会，建成丹霞民宿客栈、农家乐500余家。瑶塘村被评为“首批全国乡村旅游重点村”。红军长征粤北纪念馆建成开放。修缮26处红色革命遗址，打造城口红色特色小镇。新改建县级旅游集散中心、镇级旅游咨询中心、旅游厕所、旅游指示标识一批，建成智慧旅游综合管理系统。五马寨、金喆园、凡口国家矿山公园成功创建AAA级旅游景区。成功举办徒步穿越丹霞、丹霞山马拉松、环丹自行车等系列大型品牌赛事。充分利用丹霞山自然学校、南岭生态气象中心等科普研学基地，发展研学科普教育旅游。成功创建“国家全域旅游示范区”。

过去五年，我们坚持生态优先，绿色发展行稳致远。

全面推进污染防治。全县单位生产总值能源消耗五年累计下降16.64%，森林覆盖率达80.51%，空气优良率达98.9%，县城区水源地水质和全县主要江河水质达标率均达100%，几项生态指标稳中有升且居全市前列。整治畜禽养殖场700余家。建成150兆瓦规模和农田治理一体化光伏电站。完成董塘镇五一村、高宅村重金属污染农田土壤治理修复。凡口铅锌矿矿山综合生态修复项目成功入选“广东省首届国土空间生态修复十大范例”。在全市环境保护责任考核、水污染防治攻坚战考核中连续多年排名第一。国家重点生态功能区生态环境质量考核连续多年排名全省前列。

持续增强绿色底蕴。坚持以“四大工程”[5]为抓手，坚定不移推进林业生态建设。完成各类造林面积6.6万亩、封山育林8.1万亩、森林抚育25万亩。全县社会造林累计9.2万亩，义务植树281.6万株。完成城南省级森林公园和长江镇、城口镇等5个镇级森林公园景观改造提升。完成乡村绿化美化示范点建设77个，丹霞街道城南村等9个乡村被评为“国家森林乡村”，长江镇、周田镇被评为“广东省森林小镇”。丹霞街道麻塘村、董塘镇河富大井村入选广东省“十大魅力古树乡村”。完成省道246线、大岭工业园至车湾等道路绿化和生态景观提升改造。

积极主动融入“双区”。大力发展“一镇一业、一村一品”，增强优质农产品供给，着力打造服务“双区”的“米袋子”“菜篮子”“果盘子”。产业共建引进项目80个，其中在建或已投产项目56个。完成虎仁产业共建园配套道路建设和一期土地平整。虎仁富仁商务中心已投入使用。2.7万平方米园区标准厂房项目已动工建设。按照“唱响红色主旋律 打造绚美大丹霞”工作思路，建设城口丰源温泉、宝能文旅城等旅游项目一批，着力打造“双区”旅游休闲首选地。

过去五年，我们坚持城乡统筹，仁爱仁化更具魅力。

城市形象不断提升。完成北门片区路网、丹霞新城路网、锦江路、滨江路建设。完成老城社区、高坪路、莲塘村等背街小巷整治提升一批。实施县城“五小”惠民工程[6]、文化广场改造、公共停车场建设一批。全面提升老旧公厕和新建公厕一批。完成县城建设路店招优化和外立面安全隐患整治。完成高坪社区改造试点建设、县城三板桥至大岭红绿灯路段升级改造。完善老旧小区和主干道基础设施。积极开展垃圾分类试点工作。整治提升环丹霞山国省道沿线房屋外立面一批，改造提升重要景观节点一批。不断改善市容市貌，实施城市精细化管理，成为全省珠三角以外成功创建的首个“全国文明城市”。

仁化县“四好农村路”丹霞街道夏富村上迳段（龙全明 摄）

镇村环境不断改善。整体推进、连片打造环丹生态宜居美丽乡村，建成“丹霞彩虹”省级新农村示范片。大力实施“千村示范、万村整治”工程，完成“三清三拆三整治”和村道路面硬底化自然村984个，完成雨污分流管网建设自然村880个，完成污水处理设施自然村682个。稳妥推进农村破旧泥砖房清拆整治工作。村庄保洁覆盖率、生活垃圾无害化处理率、乡镇污水处理覆盖率均实现100%。

交通体系不断优化。完成高速公路建设61.4公里，国省道改造38公里。建成高标准农村公路达1272.5公里，公路管养率达100%，11个镇（街）109个行政村全部通客车。推广应用12台新能源公共汽车。荣获“四好农村路”省级示范县。全面铺开普通公路路长制“136”行动计划[7]，深入推进公路建、管、养、运综合治理，积极打造“畅、安、舒、洁、绿、美”路域环境。形成了以县城为中心，以国省道为主轴、城乡相连、省市畅通、纵横交错、四通八达的交通网络体系。

过去五年，我们坚持共治共享，社会民生持续改善。

脱贫攻坚全面小康。围绕"两不愁三保障"标准，推动各项扶贫政策落地惠民。全面完成贫困户危房改造。贫困人口人均可支配收入由2015年的3515元增长到1.837万元。深入开展消费扶贫，销售蔬菜、水果等各类农副产品。全县建立产业基地68个，电商扶贫服务站44个。全县所有贫困人口均已达到脱贫标准、33个省定贫困村同步达到退出标准。全县扶贫开发工作连续四年在全市扶贫开发工作成效考核中获得优秀，连续两年代表韶关市接受省级扶贫开发成效考核并获得优秀。

公共事业加快发展。1387个政务服务事项实现"马上办"，548个行政许可事项实现网上办理。30个部门1328个政务服务事项实现"一窗办"。整合优化网络问政和县12345政府服务热线平台，实现政务平台和网络平台有机统一。建立党群服务中心137个。完成县人民医院综合楼和专家楼、县妇幼保健院异地新建、"120"急救体系标准化、7个乡镇卫生院标准化、11个基层医疗卫生单位中医馆、109间村卫生站规范化建设。推进紧密型县域医共体建设，促进基本公共卫生服务均等化。县档案馆荣获"全国档案系统先进集体"称号。第七次全国人口普查工作有序推进。

社会治理成效显著。稳步推进第三次全国土地调查和国土空间规划编制。全面完成卫片执法工作。积极开展地质灾害隐患点工程治理，治理矿山石场复绿面积20.6公顷。率先在全市完成垦造水田工作任务，新增水田面积1070.5亩。完成拆旧复垦指标任务631.3亩。完成电子沙盘建设初步采集。深入开展扫黑除恶专项行动。强化领导干部定期下基层接访制度，积极化解信访积案。深入推进"一村一法律顾问"。健全和完善村务公开和民主管理制度，营造共享、共治、共管的良好氛围。

人民生活持续改善。坚持教育优先发展，被授予"广东省推进教育现代化先进县"称号。全面推进教师"县管校聘"管理改革，落实"立德树人"根本任务。新建田家炳小学、城北小学、城北幼儿园、长江中学综合楼，改扩建丹霞街道中心幼儿园。新增公办学前教育学位800个、实现"5080"目标[8]。完成文化馆总分馆和125个基层综合性文化服务中心建设，建成4家风度书房。持续加强城乡居民基本医疗保险参保缴费工作，实现基本医疗保障全覆盖。落实困难群众帮扶救助机制。建立健全困境儿童救助保护机制。稳步推进流浪乞讨救助工作。按时足额发放残疾人"两项"补贴。连续六届被评为"广东省双拥模范县"。是全国第二批新时代文明实践中心建设试点县。

过去五年，我们坚持依法行政，政府建设不断加强。

坚决落实县委部署，扎实开展"两学一做"学习教育和"不忘初心、牢记使命"主题教育，纵深推进"大学习、深调研、真落实"，创新开展"一线双联""民情夜访"等活动。稳步推进法治政府建设，全面落实"谁执法谁普法"普法责任制，圆满完成"七五"普法工作。人大代表意见建议和政协委员提案办复率、满意率均达100%。严格按程序决策、按规矩办事，加强重大行政决策、规范性文件合法性审查。健全完善县政府"三重一大"事项集体决策、县政府法律顾问等制度。严明"五天四夜"规定，严格执行节假日领导干部带班值守制度。全面落实领导干部保密工作责任制。深化简政放权、"放管服"改革，全面推进"一门式一网式"政府服务[9]。顺利完成政府部门机构改革、镇（街）行政体制改革。政府系统党风廉政建设和反腐败工作深入推进。

各位代表，2020年，一场新冠肺炎疫情突袭而来，严重威胁人民群众身体健康和生命安全。疫情就是命令，防控就是责任。面对疫情，全县上下在县委的坚强领导下，坚决贯彻党中央、省、市决策部署，众志成城、守望相助，医务人员白衣执甲、基层干部冲锋在前，战疫情、促发展，确保疫情防控和经济社会发展两手抓、两手硬，奋力夺取疫情防控和经济社会发展双胜利。

一年来，我们坚持慎终如始，疫情防控持续稳定。

建立健全防控机制。第一时间启动突发公共卫生事件应急响应机制，迅速组建疫情防控指挥部，建立“三个一”[10]工作指挥闭环机制。坚持“三个在先”[11]防控组织体系，形成“三套网格”[12]机制。网格共建立420个临时党支部，发动党员干部构建群防群治体系，落实分区分级精准防疫措施。实现唯一一例新冠肺炎输入型确诊病例“零扩散”“零死亡”，有力守好广东“北大门”。

补齐医疗卫生短板。完成疫苗冷链配送和预防接种标准化建设。完成县人民医院和县疾控中心核酸检测实验室建设。改造县人民医院发热门诊、县妇幼保健院以及11家基层医疗单位发热诊室并投入使用。启动县人民医院新建发热门诊及感染科防治楼建设。组织新冠肺炎防控实操培训和应急演练，提高应急处置和医疗救治能力。

常态化抓疫情防控。毫不松懈筑牢“外防输入、内防反弹”严密防线，全面执行预检分诊制度，充分发挥发热门诊、诊所、药店等“哨点”监测作用。坚持网格化管理，发挥社区“三人小组”[13]等一线防控力量作用。加强农贸市场、水产品加工经营企业及冷冻肉类产品常态化监测。严格执行健康监测、出入管理制度。

一年来，我们坚持稳中求进，经济发展持续向好。

加快企业复工达产。成立复工复产专班，建立县领导挂点企业15个工作网格，实施“大企帮小企”活动，出台系列暖企政策，从降低企业租金成本和社保成本、保障企业应急运输、协助企业购买防疫物资等方面加大惠企政策，确保企业全部顺利复工达产。县属国有企业减免物业租金达168.64万元。对8家企业授信7890万元，发放贷款2940万元。

两带两区协同发展。全力推进武深高速农业经济带建设，优质特色农产品供给能力显著提升。超额完成市下达我县2020年粮食生产任务。新增认定县级农业龙头企业6家、县级农民专业合作社示范社5家、县级示范家庭农场13家。全力推进红色文化旅游经济带建设，规划打造了5条红色旅游线路。丹霞红色文化旅游线路被认定为“省级乡村旅游精品线路”。全力推进董塘凡口绿色工业园区和省级产业转移工业园区建设。园区标准厂房、丹霞冶炼厂、凡口铅锌矿、升隆电源、广东源著等一批重大项目稳步实施。省级产业转移工业园区工业六路及新庄五路、韶关盈瑾等项目落地建成。新签约招商引资项目22个，其中超亿元项目12个，超额完成市下达任务。

六稳[14]六保[15]落实落地。全年完成地区生产总值103.51亿元，增长2.9%。完成固定资产投资54.07亿元。一般公共预算收入5.94亿元。全年新动工项目77个，总投资45.22亿元。为企业减税降费1.23亿元。全县农林牧渔业产值增长4.3%。“粤菜师傅”“南粤家政”“广东技工”三大工程稳步推进，城镇新增就业1700人以上，城镇登记失业率控制在3.5%以内。在全市率先落实企业隐患排查奖励制度。全县安全生产形势持续稳定。

与此同时，民族宗教、外事、妇女儿童、应急管理、人民防空、审计、统计、金融、保密、消防、信访、通信等各项工作取得新成绩。

各位代表，历尽天华成此景，人间万事出艰辛。一直以来，市委市政府坚强领导、深切关怀，增添了仁化奋勇争先的强烈信心；县委统揽全局、科学决策，县人大、县政协全力支持、有效监督，汇聚了仁化奋勇前行的强大力量；全县干部群众同心协力、同舟共济，广大在外乡贤回报家乡、鼎力相助，谱写了仁化奋勇赶超的合奏乐章。在此，我代表县人民政府，向全县人民，向各位人大代表、政协委员，向各民主党派、工商联、各人民团体和各界人士，向中省驻仁单位、部队官兵，表示衷心的感谢并致以崇高的敬意！

在看到成绩的同时，我们更清醒认识到存在的困难和挑战。当前，全县经济基础仍然较为薄弱，产业缺乏大项目支撑，发展质效亟待提高；城市功能有待完善，乡村振兴任务繁重，城乡二元结构问题还未有效破解，发展不平衡不充分矛盾依然凸显；财政收支矛盾更加突出，“六稳”“六保”压力持续增加，民生领域还存在一些短板；巡视巡察、督查交办的工作需要健全机制、全面整改；干事氛围还不够浓烈，执行力需进一步提高。对此，我们要高度重视，保持清醒头脑，全力攻坚克难，确保取得实效。

“十四五”奋斗目标和主要任务

“十四五”时期是我国“两个一百年”奋斗目标的历史交汇期，也是全面开启建设社会主义现代化强国新征程的重要机遇期。机遇前所未有，挑战前所未有。

“十四五”时期政府工作指导思想是：以习近平新时代中国特色社会主义思想为指导，深入贯彻党的十九大和十九届历次全会精神，全面贯彻落实党的基本理论、基本路线、基本方略，深入贯彻落实习近平总书记对广东系列重要讲话和重要指示批示精神，坚持党的全面领导、坚持以人民为中心、坚持新发展理念、坚持深化改革开放，坚持系统观念，以推动高质量发展为主题，以满足人民日益增长的美好生活需要为根本目的，积极抢抓国际国内双循环重大机遇，按照省委“1+1+9”工作部署和“一核一带一区”[16]区域发展格局，主动融入“双区”，深入推进“一三九”发展战略和“一线两带两区”建设，推动建设更高水平“生态、活力、幸福”新仁化，奋力打造北部生态发展区绿色发展仁化样板。

“十四五”时期主要目标：锚定二〇三五年基本实现社会主义现代化远景目标，综合考虑内外部发展趋势和仁化发展条件，我县“十四五”时期经济社会发展要努力实现以下主要目标。

——让仁化生态环境持续改善。国土空间开发保护格局得到持续优化，生产生活方式绿色转型成效显著，资源能源配置更加合理、利用效率大幅提高，森林覆盖率、空气质量优良率等核心指标稳居全市前列，如期成功创建国家森林城市，粤北生态屏障更加牢固，城乡人居环境明显改善。

——让仁化经济发展持续提质。到二〇二五年，全县地区生产总值达到130亿元，人均地区生产总值达6万元以上。生态农业稳步发展，绿色工业快速崛起，生态旅游蓬勃发展，传统产业焕发新活力，新兴产业占比逐年提高。县域经济综合实力增强，基础设施更加完善，中心城区扩容提质成效显著，城镇化率达45%以上，城乡二元结构问题得到缓解。

——让仁化改革开放持续深化。重点领域和关键环节改革取得突破性进展，政府服务效能不断提升，与“双区”相衔接的市场体系基本建立，公平竞争制度更加健全，更高水平开放型经济新体制基本形成，市场主体更加充满活力。

——让仁化民生福祉持续增强。实现更加充分更高质量就业，城镇登记失业率控制在3.5%以内，城乡居民收入增长与经济增长基本同步，多层次社会保障体系更加健全，基本公共服务均等化水平明显提高，教育资源布局更加合理，卫生资源配置和医疗服务能力进一步提升，脱贫攻坚成果巩固拓展，乡村振兴战略全面推进。

——让仁化文明建设持续

深入。社会主义核心价值观深入人心，人民思想道德素质、科学文化素质和身心健康素质明显提高，公共文化服务体系和文化产业体系更加健全，人民精神文化生活日益丰富，红色文化大力弘扬，“仁爱仁化”城市形象更加凸显，全国文明城市品牌更加响亮。

——让仁化治理效能持续优化。社会主义民主法治更加健全，社会公平正义进一步彰显，政府作用更好发挥，行政效率和公信力显著提升，社会治理水平明显提高，防范化解重大风险体制机制不断健全，突发公共事件应急能力显著增强，自然灾害防御水平明显提升，发展安全保障更加有力，社会大局保持和谐稳定，具有仁化特色的平安建设样板、基层治理示范区基本形成。

2021年工作安排

2021年是中国共产党成立100周年，也是“十四五”的开局之年，做好今年的工作至关重要。

今年政府工作的总体要求是：以习近平新时代中国特色社会主义思想为指导，全面贯彻党的十九大和十九届二中、三中、四中、五中全会及中央经济工作会议精神，深入贯彻落实习近平总书记对广东系列重要讲话和重要指示批示精神，认真落实省委、市委、县委全会部署要求，坚持稳中求进工作总基调，立足新发展阶段，贯彻新发展理念，积极参与构建新发展格局，以推动高质量发展为主题，以深化供给侧结构性改革为主线，以改革创新为根本动力，以全面依法治县为根本保障，坚持系统观念，巩固拓展疫情防控和经济社会发展成果，更好统筹发展和安全，更加注重生态优先、绿色发展，积极融入对接“双区”建设，深入推进“一线两带两区”建设，扎实做好“六稳”工作、全面落实“六保”任务，努力保持经济运行在合理区间，奋力打造北部生态发展区绿色发展仁化样板，确保“十四五”开好局、起好步，以优异成绩庆祝建党100周年。

今年经济社会发展的主要预期目标是：实现地区生产总值增长5%，固定资产投资增长3%，地方一般公共预算收入增长6%，社会消费品零售总额增长5%，工业增加值增长4.2%，城镇登记失业率控制在3.5%以内，居民人均可支配收入增长与经济增长基本同步，单位生产总值能耗完成省下达任务。

围绕以上目标任务，我们将重点抓好如下工作。

（一）坚定不移攻坚乡村振兴，夯实高质量发展压舱石

加快发展生态农业。县农业农村局牵头严守耕地红线，建设3000亩双季稻扩面增产区，打造300亩水稻绿色高质高效示范区，推动粮食生产稳定增收。对标服务和融入“双区”建设，围绕武深高速沿线农业特色优势，加快推进现代农业产业园建设，发展现代化智慧农业。加快实施数字农业农村发展行动。加快生态农业产业发展，推进绿色防控示范基地建设，打造生态农业示范点一批，高质量建设服务“双区”优质农产品供应地。完成高标准农田建设2万亩。县农业农村局、县工信局负责发展农产品精深加工、包装、物流、冷链等产业。县自然资源局负责大力开展农村乱占耕地建房整治，积极推进补充耕地整改工作。

改善提升人居环境。县农业农村局负责加快实施阅丹公路沿线、董塘河碧道沿线村庄及周田镇重点村庄示范点、省际廊道美丽乡村示范区等建设。持续开展“三清三拆三整治”行动，实现80%以上村庄达到干净整洁村标准，40%以上行政村达到美丽宜居村标准。深化实施“千村示范、万村整治”工程，扎实推进农房管控和风貌提升。稳步推进农村“厕所革命”。完成周田镇、石塘镇重点村“四小园”[17]建设。完成3条街和民宿村打造。县住建管理局牵头持续开展乡镇（镇街）提升“139”行动计划[18]，加快第三

批乡镇整治提升。

着力推进强村富民。坚持以加强基层党建为统领，切实增强农村基层党组织自我保障、服务群众、推动发展能力。加快补齐农村基础设施和公共服务短板，县农业农村局负责加快推进农村安全饮用水保障工程，县交通运输局负责加快推动“四好农村路”提档升级，县自然资源局负责持续推进拆旧复垦工作，县水务局负责推进中小河流综合治理、碧道沿线休闲游憩设施建设。

广泛培育文明乡风。县文广旅体局负责以社会主义核心价值观为引领，加强农村题材文艺创作，深入挖掘仁化红色文化，讲好红色故事。各镇（街）牵头完善基层综合性文化服务中心功能提升，深入开展文明村镇达标创建，深化“仁爱仁化”主题活动，大力实施文化惠民工程。健全自治、法治、德治相结合的乡村治理体系，持续推进村（组）议事和公开制度，继续引导基层社会组织积极参与社会治理。

（二）坚定不移攻坚绿色工业，探索高质量发展新模式

促进工业集聚发展。加快推动园区“产区变城区”，升级改造园区配套设施。县工信局牵头促进董塘凡口绿色工业园区有色金属产业绿色升级，支持凡口铅锌矿尾矿资源综合回收及环境治理开发等项目推进，配合凡口铅锌矿开展采矿证扩证办理。丹霞开发区牵头推进省级产业转移工业园区建设，推动广东凯捷、广东威玛、广东源著、广东西力、深圳卓邦、深圳耀邦、韶关盈瑾等项目落地。加快健全产业链条，引导工业企业入园集约集群发展。办好中国电器工业协会铅酸蓄电池分会全国会员大会。

提升园区承载能力。丹霞开发区牵头实施“扩园提质”战略，持续优化完善园区水、电、气、油等供应配套设施建设。加快完成园区标准厂房、商业综合体、110千伏变电站项目建设。完善职工公寓楼、商业服务、物流配送等公共设施。探索“政府+企业+民间资本”等投入途径，促进优质企业、民间资本参与园区平台建设。虎仁指挥部牵头全面深化产业共建，加快虎仁产业共建园建设。市生态环境局仁化分局牵头争取扩大重金属铅限制性环境容量指标和电池生产容量，保障园区产业发展。

精准突破招商引资。县工信局牵头立足有色金属、新能源电池等主导产业优势，完善招商引资配套优惠政策。县工信局、丹霞开发区、县文广旅体局、县农业农村局牵头建立并落实“双区”产业转移承接清单。丹霞开发区牵头建立省级产业转移工业园区准入清单，着重引进一批大项目、好项目。县各招商责任单位负责重点引进有色金属、动力储能电池、生态文化旅游、现代农业等产业项目。严格执行招商引资、联审联批等制度，高质量完成招商任务。县政务服务数据管理局、县行政服务中心牵头加快“数字政府”建设，加大“粤系列”[19]指尖办事小程序推广力度。

强力保障要素供给。丹霞开发区、县工信局、县自然资源局牵头做好省级产业转移工业园区和董塘凡口绿色工业园区用地谋划，完成园区可招商成熟土地500亩以上。稳妥推进广东铝厂旧车间厂房等闲置和低效工业用地盘活利用。中国人民银行仁化支行、县财政局、县税务局、县人社局牵头落实金融、财税、社保等扶持政策。县发改局牵头争取专项债、特别国债、中央预算内投资支持我县项目建设。县自然资源局负责做好用地报批、闲置土地处置、垦造水田等工作。严格执行招拍挂制度，推进土地市场化管理。积极有效推进批而未供土地盘活工作。

（三）坚定不移攻坚生态优先，增强高质量发展支撑力

加快绿色发展步伐。县工信局牵头建立创新企业培育后备库，完善科技创新机制。丹霞开发区牵头启动省级产业转移工业园区创建省级高新区申报工作。落实制造业高质量发展综合评价机制，优化资源要素配置。

县工信局、丹霞开发区负责支持凡口铅锌矿、丹霞冶炼厂、凯鸿纳米、广东威玛等大中企业加强技术改造和技术研发，引进以先进有色金属材料、新能源产品研发等为主导的科研机构或高新企业，促进传统产业绿色升级。县自然资源局负责全面落实国土空间规划、耕地保护要求，促进经济社会与生态文明建设协调发展。

推进全域旅游发展。县文广旅体局牵头积极推进红色文化旅游经济带建设，加快文旅体融合发展。抓好丹霞山文物保护与修复、入口廊道景观提升、入口社区提升等项目建设。加快长征国家文化公园（仁化段）建设，规划打造“浓缩”展现长征故事与场景的长征主题精品游环线，推动红色文化产业发展。健全完善旅游产业链，大力发展旅游手信产业和农家乐，谋划打造仁化特色美食街、网红打卡点。打造2条具有仁化特色文化精品绿色旅游线路。新改建一批旅游厕所。完善红色旅游景区（点）标识标牌，建设智慧旅游二期和仁化汽车站旅游集散中心。完善全域旅游公共信息服务体系建设。常态化开展徒步穿越丹霞、丹霞山马拉松、环丹自行车等系列大型品牌赛事，打造与大湾区世界级旅游目的地衔接呼应的生态旅游高地。

积极对接“双区”大市场。县工信局、丹霞开发区牵头积极开展“双区”产业对接，加强与驻仁中省企业、上市公司及在仁有生产基地的大型企业的合作，鼓励其将产业链的上下游项目布局仁化，不断拉长产业链条，打造产业集群。利用好虎仁对口帮扶平台，突出产业和民生两个重点，努力在产业共建、民生事业等方面取得更大实效。县交通运输局牵头围绕提升融入国内国际双循环重要通道支撑，积极完善对接“双区”、联动周边、拓展发展的通达条件、大力推进国省道、出省通道改造升级。虎仁指挥部牵头完成新签约亿元以上工业项目5个，新开工亿元以上项目3个，新开工3000万元以上项目3个。

切实筑牢生态屏障。县林业局牵头配合服务南岭国家公园丹霞山片区建设，推进现有自然保护地整合优化。扎实抓好“四大工程”，推进林业生态建设，实施周田镇平甫村绿美古树乡村、锦江两岸生态公益林示范区等建设。全面推行“林长制”，重点防治“一把火”“一把刀”“一条虫”。大力发展林下经济，完成低产油茶林改造1000亩。完成高质量水源林造林2000亩，力争成功创建国家森林城市。县自然资源局、市生态环境局仁化分局负责调整优化生态保护红线，实施“两山”理论实践创新基地创建。组织推进自然保护区人类活动遥感监测点位整改。严格实施“三线一单”[20]生态环境管控体系，严厉惩处破坏生态环境行为。县自然资源局负责推进南粤古驿道修复及活化利用。县水务局、县自然资源局、县林业局、县公安局负责依法严厉打击非法盗采河砂、稀土、煤炭、森林资源等违法犯罪行为。

（四）坚定不移攻坚城镇提升，打造高质量发展助推器

优化城市空间布局。县自然资源局牵头以“四城同创”为目标，围绕县级国土空间规划和市委提出的县城品质提升“439”行动计划[21]，不断优化城市发展空间布局。加快完成《仁化县国土空间规划（2020—2035年）》编制。继续做好“三旧”改造工作。县交通运输局负责落实中央交通强国部署以及省实施交通强国建设试点十大工程要求，扎实做好雄乐高速（仁化段）前期工作。县住建管理局负责推进北环线建设和联通县城“断头路”打通工作。加强城市信息化管理，制定完善全县电子地图。

完善城市功能配套。县交通运输局牵头加快新、老城间交通基础设施建设。继续推进“四好农村路”建设，完成乡道543线车湾至车头段、乡道575线六角亭至旱溪桥段、乡道637线上联至下洞段建设。完成省道244龙皇坪至闻韶段路面改造。县住建管理局牵头加快完成丹霞新城

甫仁路、幼儿园西侧道路等一批市政道路建设。稳妥推进规划二路、啸仙路等现有断头路征拆工作。积极开展雨污分流、道路改造、垃圾分类收集和消防设施改造。扎实推进锦霞大道、仁桥南路等主干道路面修复工程，加快推进一江两岸亮化提升工程。

提高城市治理水平。县交通运输局牵头推进“地方公路日常养护市场化”改革。县住建管理局牵头持续提升环丹霞山绿化景观及县城市政园林等设施的后期管护水平，常态化开展环境卫生整治，围绕城乡接合部和各镇（街）的背街小巷、老旧小区、农贸市场、公路沿线等重点区域，集中解决积存垃圾、卫生死角、沿路抛洒等突出问题。规范运营现有垃圾无害化处理设施，加快落实仁化县厨余垃圾处理中心选址和厂房建设。加快推进新型城镇化发展步伐和“数字城管”落地见效，不断完善城市管理和服务，推动城市管理精细化、智能化、数字化水平。

擦亮仁爱仁化品牌。县文明办牵头持之以恒建设“崇仁博爱、生态活力、幸福宜居”的“仁爱仁化”文明城市，确保顺利高分通过文明城市年度测评。建立高效运转的巩固提升文明城市建设常态化长效工作机制。巩固拓展全国文明城市成果，深化拓展新时代文明实践中心建设。对标建设或更新一批具有仁化特色的公益广告和景观小品。积极推行绿色低碳生活方式，促进适度消费、光盘行动、低碳出行，实施节能、节水、节地、节材行动，推动节约型社会建设。城口镇负责推进城口红色小镇二期项目建设。县文广旅体局负责打造一台以红色文化为主题的歌舞剧。

（五）坚定不移攻坚风险防范，筑牢高质量发展安全线

持续抓好疫情防控。县疫情指挥办牵头时刻绷紧疫情防控这根弦，健全“三个一”社区网格化疫情防控机制，织牢织密“外防输入、内防扩散”公共卫生防控体系。加强重点人群防控，对高风险岗位人群加强培训、监督、教育和管理。县卫健局、县教育局、县民政局牵头加强重点场所防控，聚焦疫情防控隔离点、医疗、学校、农村、养老、救助管理等场所。市场监管局牵头强化冷链食品等高风险品种全链条监管。县疫情指挥办牵头科学谋划、周密部署，加强网格化管理，完善好应急处置预案，强化生活物资保障供应，确保社会大局和谐稳定。

巩固脱贫攻坚成果。县农业农村局牵头推进巩固脱贫攻坚成果与乡村振兴有效衔接，完善产业、就业、消费、教育、医疗等扶贫长效机制，防止贫困人口返贫和新增致贫。推动各级机关、国有企事业单位和民营企业、社会团体、公民个人等积极参与消费扶贫，大力推动“广东消费扶贫”系列活动。统筹用好医保、养老、社会救助等综合社会保障政策。强化人才培养及提升，为扶贫和乡村振兴提供智力支撑。打造农村田园综合体和乡村振兴示范区，不断创新扶贫和乡村振兴持续发展新路径。

全力做好污染防治。县农业农村局、县林业局、县公安局和各镇（街）负责遏制和管控露天焚烧行为。县公安局牵头落实烟花爆竹禁燃禁放管控。县应急管理局牵头做好森林防火工作，改善空气质量，保卫好一片蓝天。县畜牧局牵头持续加强畜禽养殖整治，大力推广高效生态养殖技术模式。各镇（街）负责完成已建成镇级污水处理厂验收工作，加快配套管网建设，做好运营管护，落实老旧污水处理设施整改。县水务局牵头全面落实“河长制”“湖长制”，高质量推进锦江河、浈江（仁化段）及中小河流域综合治理和万里碧道建设。加强饮用水源地保护，健全水质监测预警体系，守护好一江碧水。县农业农村局牵头推进农药包装废弃物和废弃农膜回收利用，严控农业面源污染。县自然资源局负责强化矿山地质环境恢复治理、绿色矿山建设和非煤矿山管理，保

护好一方净土。市生态环境局仁化分局负责以崭新姿态、全新面貌做好新一轮中央环保督查整改工作。统筹推进涉重金属污染治理项目建设，加强固体废物综合管理。全面加强丹霞山景区内排污整治。

防范化解重大风险。县公安局牵头全面维护社会治安稳定，建设“平安仁化”。严厉打击电信网络诈骗、传统盗抢骗、涉食药环和涉黄赌毒违法犯罪行为。全力推动派出所规范化建设，持续落实和完善基层派出所“八个一”勤务机制[22]、红袖章治安联防组织“三个一”工作制度[23]。县司法局牵头实施依法治县工作，推进镇（街）综合行政执法改革。建设覆盖城乡居民的公共法律服务体系，发挥法律援助惠民作用。县市场监管局牵头落实食品药品、特种设备、产品质量安全监管工作。县自然资源局牵头加强土地和地质灾害动态巡查，引导群众树立依法依规用地意识，按时保质完成地质灾害治理工程。县财政局负责强化地方政府债务管理，稳妥推进存量隐性债务化解。县应急管理局负责推进应急管理体系和能力现代化建设，深化重点行业领域各类专项整治行动，确保全县安全生产形势持续稳定。

（六）坚定不移攻坚民生保障，奏响高质量发展协奏曲

优先发展教育事业。县教育局负责全面提升各类基础教育办学条件，不断缩小城乡教育差距，提高教育现代化水平。积极创建全国义务教育优质均衡发展县。加快推动“学区化”管理办学，建立城乡互助共同体。推进仁化中学恢复初中办学。加快推进仁化中学三项优化工程建设。启动实验学校综合楼和红山镇中心幼儿园建设。加强学校安全风险防控体系建设。

加快建设健康仁化。县卫健局负责加强中医优势专科建设，提升基层医疗卫生单位中医馆服务能力。持续深化医药卫生体制改革，实施国家基本公共卫生服务项目，推进紧密型县域医共体建设。加大职业健康行政监督执法力度，积极推进职业健康检查机构和尘肺病康复点建设。县医保局负责成立县医保中心，完善各项规章制度。

托底保障民生工程。县文广旅体局牵头实施县图书馆新建、县博物馆修缮、县文化馆（站）扩建、县图书分馆建设提升工程。县医保局负责全面落实困难群众参加基本医疗保险帮扶政策，稳步推进医疗保障信息平台上线工作。县民政局负责深入推进养老服务体系建设，落实镇（街）敬老院基础设施改造提升。加强孤弃儿童保障工作，推进农村留守儿童、困境儿童和留守妇女建档立卡工作。推进“广东兜底民生服务社会双百工程”建设。县退役军人事务局负责继续做好“双拥”工作，巩固提升退役军人服务保障体系建设水平，加强烈士纪念设施维护和管理。县人社局负责持续推进“粤菜师傅”“南粤家政”“广东技工”三大工程。实现城镇新增就业1500人。县教育局、县人社局、县卫健局、县民政局、县住建管理局、县文广旅体局等部门牵头推进基本公共服务均等化。

抓好八件民生实事(由人大代表从以下十件中票决出八件)：

1.完成县人民医院发热门诊建设及感染科防治楼建设。

2.完成城镇老旧小区改造一批。

3.实施第一农贸市场升级改造工程。

4.完成新城幼儿园（暂命名）建设。

5.完成中等职业学校实训楼建设。

6.完成山水林田湖草生态保护修复试点工程。

7.落实新能源城市公交补贴。

8.推进垃圾分类试点工作。

9.完成10家基层医疗机构医疗污水处理系统建设。

10.实施摩托车驾驶证“送考下乡”。

（七）坚定不移攻坚自身建设，锻造高质量发展指挥棒

旗帜鲜明讲政治。增强“四个意识”、坚定“四个自

信”、做到“两个维护”，始终同以习近平同志为核心的党中央保持高度一致。全面加强政府系统党建工作，严守政治纪律、政治规矩，确保中央和省、市、县委各项决策部署落到实处。严格落实意识形态工作责任制，坚决维护政府系统意识形态安全。

依法行政优决策。全面推进法治政府示范县建设。严格履行重大行政决策法定程序，落实行政执法三项制度，确保行政负责人出庭应诉率达100%，推进行政决策科学化、民主化、法制化。深入推进政务公开，自觉接受人大法律监督、政协民主监督和社会舆论监督，确保权力在阳光下运行。

担当作为提效能。转变工作作风，提升服务质量，当好“服务员”，以政府的“效率指数”提升经济社会的“发展指数”。深化拓展“精文简会”和基层减负工作。大力弘扬担当精神，推行目标任务化、任务项目化、项目清单化、清单责任化，为担当者担当、让履职者尽责。

清正廉洁树形象。把全面从严治党贯彻落实到政府工作各个方面，更大力度推进党风廉政建设和反腐败工作。持续巩固“不忘初心、牢记使命”主题教育成果。认真抓好巡视整改“后半篇”文章。严格落实中央八项规定及实施细则，严防“四风”问题反弹回潮。坚持过紧日子，严控“三公”经费。严肃整治侵害群众利益的不正之风和腐败问题。

各位代表，任重千钧，唯有担当。让我们更加紧密地团结在以习近平同志为核心的党中央周围，高举习近平新时代中国特色社会主义思想伟大旗帜，在县委的坚强领导下，不忘初心、牢记使命、接续奋斗，以一往无前的奋斗姿态、风雨无阻的精神状态，与全县人民一道，奋力打造北部生态发展区绿色发展仁化样板，努力争当韶关市生态文明和乡风文明建设排头兵，以优异成绩向中国共产党成立100周年献礼！

名词解释：

1.“一三九”发展战略：围绕建设“生态、活力、幸福”新仁化这一目标，主攻“生态经济、活力城乡、幸福民生”三大重点领域，大力推进“生态农业、全域旅游、绿色工业，生态屏障、新型城镇化、乡村振兴，基本公共服务均等化、精神文明、社会治理现代化”九大任务建设。

2.“一线两带两区”建设：以实施“一三九”发展战略为工作主线，大力推进红色文化旅游经济带、武深高速农业经济带、董塘凡口绿色工业园区、省级产业转移工业园区建设。

3.“三品认证”产品：指无公害农产品、绿色食品、有机农产品认证。

4.省级“菜篮子”基地：指以从事“菜篮子”产品（肉、菜、果、蛋、奶、水产品）的生产、加工、储备流通为主业，保证广东省“菜篮子”产品供应，经营规模和指标达到规定标准，并经过省“菜篮子”管理机构认定的基地。

5.“四大工程”：指植树造林和绿化、“森林进城，公园下乡”、乡村绿化美化、景观林带建设四大重点林业生态工程。

6.“五小”惠民工程：指小公园、小广场、小运动场、小停车场、小菜市场。

7.普通公路路长制“136”行动计划：“1”即制定一个方案，“3”即组建三支队伍，“6”即开展六项重点工作。

8.“5080”目标：指公办幼儿园在园幼儿数占比达到50%以上，公办幼儿园和普惠性民办幼儿园占比达到80%以上。

9.“一门式一网式”政府服务：指依托各级实体办事大厅和网上办事大厅，整合部门分设的办事窗口和审批服务系统为政府综合服务窗口和网上统一申办受理平台，实现一个门、一张网办事，管住管好政府服务的进出两端。

10.“三个一”工作指挥闭环机制：疫情指挥部每天一部

署工作、镇（街）党委每天一会商、网格支部每天一小会，形成三级党组织集中会商、研判、决策、部署和落实机制。

11.“三个在先”防控组织体系：领导在先、党员在先、干部在先。

12.“三套网格”机制：区域、行业、单位网格管理机制。

13.社区“三人小组”：村居干部、基层民警和医务人员组成三人小组的社区防控模式。

14.“六稳”：稳就业、稳金融、稳外贸、稳外资、稳投资、稳预期。

15.“六保”：保居民就业、保基本民生、保市场主体、保粮食能源安全、保产业链供应链稳定、保基层运转。

16.“一核一带一区”：“一核”即珠三角地区，是引领全省发展的核心区和主引擎；“一带”即沿海经济带，是新时代全省发展的主战场；“一区”即北部生态发展区，是全省重要的生态屏障，包括韶关、梅州、清远、河源、云浮5市。

17.“四小园”建设：小菜园、小果园、小花园、小游园建设。

18.乡镇（镇街）提升“139”行动计划：“1”是镇街整治提升专项规划，“3”是垃圾、污水、“六乱”三项整治，“9”是九大基础工程。

19.“粤系列”指尖办事小程序：指“粤省事”“粤商通”等系列政务服务小程序，便利群众办事。

20.“三线一单”：生态保护红线、环境质量底线、资源利用上线和生态环境准入清单。

21.县城品质提升“439”行动计划：“4”是全国文明城市、国家森林城市、国家卫生城市、国家园林城市“四城同创”，“3”是垃圾、污水、“六乱”三项整治，“9”是九项品质提升工程。

22.“八个一”勤务制度：每周一研判、每周一提示、每日一设卡、每周一走访、每月一检查、每村（居）一组织、每日一内查、每周一训练。

23.“三个一”工作制度：每村（居）一群组，每日一巡访，每周一调解。

2020年中国共产党仁化县委员会文件目录一览表

表55

序　号	发文单位	文件名	文　号	发文时间
1	中共仁化县委 仁化县人民政府	中共仁化县委 仁化县人民政府关于调整部分县党政班子成员工作分工的通知	仁发〔2020〕1号	2020年2月27日
2	中共仁化县委	中共仁化县委 仁化县人民政府关于调整部分县党政班子成员工作分工的通知	仁发〔2020〕2号	2020年7月28日
3	中共仁化县委	中共仁化县委关于印发《仁化县深化乡镇街道体制改革完善基层治理体系实施方案》的通知	仁发〔2020〕3号	2020年8月14日
4	中共仁化县委	中共仁化县委关于制定仁化县国民经济和社会发展第十四个五年规划和二〇三五年远景目标的建议	仁发〔2020〕4号	2020年12月31日

2020年仁化县人民政府文件目录一览表

表56

序　号	文件标题	文　号	发文时间
1	仁化县人民政府关于将仁化县“二万五千米长征主题精品游线路”列入市级重点项目并统筹协调推进的请示	仁府报〔2020〕1号	2020年1月
2	仁化县人民政府关于设立非入粤检疫检查站的请示	仁府报〔2020〕2号	2020年2月
3	仁化县人民政府关于推荐扶溪镇扶中村等3个村申报020年扶持壮大村级集体经济试点的请示	仁府报〔2020〕3号	2020年2月
4	仁化县人民政府关于上报2020年广东省韶关市仁化县国家现代农业产业园申报材料的请示	仁府报〔2020〕4号	2020年3月
5	仁化县人民政府关于请求解决仁化县2020年违法用地项目报批水田指标的请示	仁府报〔2020〕5号	2020年4月
6	仁化县人民政府关于设置“广东省仁化县丹霞街道办东田矿区建筑用灰岩矿”等两宗采矿权的请示	仁府报〔2020〕6号	2020年7月
7	仁化县人民政府关于撤销仁化县赤石迳水生野生动物县级保护区的请示	仁府报〔2020〕7号	2020年7月
8	仁化县人民政府关于同意我县全面铺开普通公路路长制“136”行动工作的请示	仁府报〔2020〕8号	2020年7月
9	仁化县人民政府关于将仁化县董塘镇100兆瓦光伏扶贫与土壤改良综合示范项目增补纳入国家可再生能源电价附加资金补助项目的请示	仁府报〔2020〕9号	2020年8月
10	仁化县人民政府关于将仁化县董塘镇100兆瓦光伏扶贫与土壤改良综合示范项目增补纳入国家可再生能源电价附加资金补助项目的请示	仁府报〔2020〕10号	2020年8月
11	仁化县人民政府关于将仁化县董塘镇100兆瓦光伏扶贫与土壤改良综合示范项目增补纳入国家可再生能源电价附加资金补助项目的请示	仁府报〔2020〕11号	2020年8月
12	仁化县人民政府关于将仁化县董塘镇100兆瓦光伏扶贫与土壤改良综合示范项目增补纳入国家可再生能源电价附加资金补助项目的请示	仁府报〔2020〕12号	2020年8月
13	仁化县人民政府关于垫付仁化县董塘镇100兆瓦光伏扶贫与土壤改良综合示范项目光伏发电国家电价补助的函	仁府报〔2020〕13号	2020年8月
14	仁化县人民政府关于请求协调将仁化县董塘镇100兆瓦光伏扶贫与土壤改良综合示范项目增补纳入国家可再生能源电价附加资金补助项目的请示	仁府报〔2020〕14号	2020年9月
15	仁化县人民政府关于将仁化县董塘镇104兆瓦光伏扶贫与土壤改良综合示范项目增补纳入国家可再生能源电价附加资金补助项目的请示	仁府报〔2020〕15号	2020年9月

续表56

序　号	文件标题	文　号	发文时间
16	仁化县人民政府关于将仁化县董塘镇105兆瓦光伏扶贫与土壤改良综合示范项目增补纳入国家可再生能源电价附加资金补助项目的请示	仁府报〔2020〕16号	2020年9月
17	仁化县人民政府关于请求协调广东电网有限责任公司预先垫付仁化县董塘镇100兆瓦光伏扶贫与土壤改良综合示范项目国家电价补助的请示	仁府报〔2020〕23号	2020年10月
18	仁化县人民政府关于要求解决丹霞山人工林第三、四期调查评估费的请示	仁府报〔2020〕24号	2020年10月
19	仁化县人民政府关于请求协调支持仁化县华粤煤矸石电力有限公司煤矸石与生物质耦合燃烧发电示范项目2021年上网电量安排的请示	仁府报〔2020〕25号	2020年10月
20	仁化县人民政府关于推进丹霞山东南门项目相关工作的请示	仁府报〔2020〕26号	2020年10月
21	仁化县人民政府关于调整南岭国家公园丹霞山入口社区建设项目名称及建设内容的请示	仁府报〔2020〕27号	2020年10月
22	仁化县人民政府关于请求解决武深高速公路仁化段土地与房屋征收相关费用的请示	仁府报〔2020〕28号	2020年11月
23	仁化县人民政府关于请求同意仁化县小水电清理整改退出试点工作实施方案的请示	仁府报〔2020〕29号	2020年11月
24	仁化县人民政府关于申报2021年国家级电子商务进农村综合示范县的请示	仁府报〔2020〕30号	2020年11月
25	仁化县人民政府关于请求明确大岭工业园片区发展定位的请示	仁府报〔2020〕31号	2020年11月
26	仁化县人民政府关于调整广东粤北华南虎省级自然保护区（长江片）小班的请示	仁府报〔2020〕32号	2020年11月
27	仁化县人民政府关于申请地质灾害防治市级配套专项资金的请示	仁府报〔2020〕33号	2020年12月
28	关于请求支持韶关保绿环保科技股份有限公司25万吨/年危险废物综合利用项目办理审批手续的请示	仁府报〔2020〕34号	2020年12月
29	仁化县人民政府关于请求解决仁化县2020年项目用地报批耕地以及水田指标的请示	仁府报〔2020〕35号	2020年12月
30	仁化县人民政府关于申请地质灾害综合治理省级资金的请示	仁府报〔2020〕36号	2020年12月
31	关于同意收储仁化县产业转移工业园XZC-3地块国有土地使用权的批复	仁府复〔2020〕1号	2020年1月
32	关于同意收储仁化县产业转移工业园110千伏变电站地块国有土地使用权的批复	仁府复〔2020〕2号	2020年1月
33	关于仁化县长江镇企业文化楼土地确权的批复	仁府复〔2020〕3号	2020年3月
34	关于同意办理仁化县老检察院部分土地分割的批复	仁府复〔2020〕4号	2020年4月

续表56

序　号	文件标题	文　号	发文时间
35	仁化县人民政府关于同意广东仁化县产业转移工业园区总体规划（2020—2035）的批复	仁府复〔2020〕5号	2020年5月
36	关于办理仁化县老检察院部分土地划拨补出让手续的批复	仁府复〔2020〕6号	2020年5月
37	关于同意仁化县卫生健康局部分土地办理分割的批复	仁府复〔2020〕7号	2020年5月
38	关于同意将县丹霞新城道路地块划拨给县住房和城乡建设管理局的批复	仁府复〔2020〕8号	2020年6月
39	关于同意将6个乡镇污水处理厂地块划拨给县城镇污水处理管理中心的批复	仁府复〔2020〕9号	2020年6月
40	关于办理仁化县卫生健康局部分土地划拨补出让手续的批复	仁府复〔2020〕10号	2020年6月
41	关于同意将仁化县丹霞街道中心村北门片E-1、E-2地块划拨给仁化县城北小学的批复	仁府复〔2020〕11号	2020年6月
42	关于同意将县周田有色金属循环经济产业基地工业二路及滨江东路等道路地块划拨的批复	仁府复〔2020〕12号	2020年6月
43	关于项目征地留用地安置补偿的批复	仁府复〔2020〕13号	2020年6月
44	关于收回仁化县闻韶镇白竹村五组地块国有土地使用权的批复	仁府复〔2020〕14号	2020年7月
45	关于收回仁化县白水泥厂部分地块国有土地使用权的批复	仁府复〔2020〕15号	2020年7月
46	关于同意将县仁化中学北侧地块划拨给仁化县仁化中学的批复	仁府复〔2020〕16号	2020年7月
47	关于同意将仁化县丹霞新城幼儿园地块划拨给仁化县教育局的批复	仁府复〔2020〕17号	2020年7月
48	关于同意大唐仁化农光互补光伏项目社会稳定风险评估报告的批复	仁府复〔2020〕18号	2020年7月
49	关于仁化县石塘森工站土地确权的批复	仁府复〔2020〕19号	2020年7月
50	关于无偿收回原仁化县环保局部分地块国有土地使用权的批复	仁府复〔2020〕20号	2020年8月
51	关于韶关市仁化县2020年度第二批次城镇建设用地项目社会稳定风险评估的批复	仁府复〔2020〕21号	2020年8月
52	仁化县人民政府关于同意挂牌督办重大火灾隐患单位（仁化县霞峰宾馆）的批复	仁府复〔2020〕22号	2020年8月
53	关于同意申报仁化县传统技艺“仁化艾糍制作技艺”和“仁化白毛茶制作技艺”为韶关市第八批非物质文件遗产保护名录项目的批复	仁府复〔2020〕29号	2020年10月

续表56

序　号	文件标题	文　号	发文时间
54	关于同意无偿收回仁化县建设路原通用厂西侧部分地块国有土地使用权的批复	仁府复〔2020〕30号	2020年10月
55	关于同意撤销仁化县丹冶西侧地块项目用地划拨手续的批复	仁府复〔2020〕31号	2020年10月
56	关于韶关市仁化县2020年度第四批次城镇建设项目征地社会稳定风险评估的批复	仁府复〔2020〕32号	2020年10月
57	关于韶关市仁化县2020年度第七批次城镇建设项目征地社会稳定风险评估的批复	仁府复〔2020〕33号	2020年10月
58	关于韶关市仁化县96736部队项目征地社会稳定风险评估的批复	仁府复〔2020〕34号	2020年10月
59	关于收回董塘镇高宅村地块国有土地使用权的批复	仁府复〔2020〕35号	2020年10月
60	关于同意董塘镇申报创建森林小镇的批复	仁府复〔2020〕36号	2020年11月
61	关于同意大桥镇关于申报创建森林小镇的批复	仁府复〔2020〕37号	2020年11月
62	关于同意黄坑镇关于申报创建森林小镇的批复	仁府复〔2020〕38号	2020年11月
63	关于收回董塘镇高宅村地块国有土地使用权的批复	仁府复〔2020〕39号	2020年11月
64	关于同意撤销仁化县丹霞街道三板桥村A、B地块项目用地划拨手续的批复	仁府复〔2020〕40号	2020年11月
65	关于对仁化县省级以上生态公益林落界成果报告的批复	仁府复〔2020〕41号	2020年11月
66	关于韶关市仁化县2020年度第八批次城镇建设项目征地社会稳定风险评估的批复	仁府复〔2020〕42号	2020年12月
67	关于韶关市仁化县2020年度第七批次城镇建设项目征地社会稳定风险评估的批复	仁府复〔2020〕43号	2020年12月
68	关于韶关市仁化县2020年度第十批次城镇建设项目征地社会稳定风险评估的批复	仁府复〔2020〕44号	2020年12月
69	关于韶关市仁化县2020年度第九批次城镇建设用地项目社会稳定风险评估的批复	仁府复〔2020〕45号	2020年12月
70	关于韶关市仁化县2020年度第五批次城镇建设用地项目社会稳定风险评估的批复	仁府复〔2020〕46号	2020年12月
71	仁化县人民政府关于同意仁化县村村通自来水工程建设任务县级验收总结报告的批复	仁府复〔2020〕47号	2020年12月
72	关于同意使用集体建设用地建文化室的批复	仁府复〔2020〕48号	2020年12月
73	关于同意将仁化县丹霞街道岭田学冲公租房地块划拨给县房产管理所使用的批复	仁府复〔2020〕49号	2020年12月

续表56

序　号	文件标题	文　号	发文时间
74	关于同意将仁化县丹霞街道岭田学冲政府安置地划拨给县住房和城乡建设管理局使用的批复	仁府复〔2020〕50号	2020年12月
75	仁化县人民政府关于同意挂牌督办重大火灾隐患单位（仁化县博思特幼儿园及仁化县丹霞金果果幼儿园）的批复	仁府复〔2020〕51号	2020年12月
76	关于韶关市仁化县2020年度第六批次城镇建设项目征地社会稳定风险评估的批复	仁府复〔2020〕52号	2020年12月
77	关于研究全县森林防灭火、三防职能移交专项工作会议纪要	仁府纪要〔2020〕1号	2020年1月
78	关于协调丹霞街道山塘塌方事故处置工作的会议纪要	仁府纪要〔2020〕2号	2020年1月
79	关于研究电信至松香厂市政路拆迁、旧田小拆迁安置店铺、北门片区拆迁安置等有关事宜的会议纪要	仁府纪要〔2020〕3号	2020年1月
80	关于研究环丹霞山碧道试点项目建设会议纪要	仁府纪要〔2020〕4号	2020年1月
81	关于研究农业农村部门工作会议纪要	仁府纪要〔2020〕5号	2020年1月
82	关于做好“米袋子”“菜篮子”商品稳价保供和市场稳定工作专题会议纪要	仁府纪要〔2020〕6号	2020年2月
83	关于研究阳光电源项目事宜的会议纪要	仁府纪要〔2020〕7号	2020年2月
84	关于推进全县教育系统疫情防控工作的专题会议纪要	仁府纪要〔2020〕8号	2020年2月
85	关于研究董塘-丹霞街道段碧道建设工作协调会议纪要	仁府纪要〔2020〕9号	2020年2月
86	关于专题研究我县中小学教师工资待遇落实情况的会议纪要	仁府纪要〔2020〕10号	2020年2月
87	关于研究疫情防控期间企业复工复产金融支持工作的会议纪要	仁府纪要〔2020〕11号	2020年2月
88	关于红色安岗精品村打造的工作会议纪要	仁府纪要〔2020〕12号	2020年3月
89	关于研究建筑企业复工工作会议纪要	仁府纪要〔2020〕13号	2020年3月
90	关于研究疫情防控物资保障工作的会议纪要	仁府纪要〔2020〕14号	2020年3月
91	仁化县四级应急广播系统（大喇叭工程）建设工作推进会议纪要	仁府纪要〔2020〕15号	2020年3月
92	新冠肺炎疫情防治隔离点垃圾清运工作推进会会议纪要	仁府纪要〔2020〕16号	2020年3月
93	关于董塘-丹霞街道段碧道建设工作协调会议纪要	仁府纪要〔2020〕17号	2020年3月

续表56

序　号	文件标题	文　号	发文时间
94	关于研究教育领域疫情防控、安全生产、重点项目调度和学前教育发展等工作专题会议纪要	仁府纪要〔2020〕18号	2020年3月
95	关于研究高坪社区改造建设试点工作会议纪要	仁府纪要〔2020〕19号	2020年3月
96	关于研究红军长征文化主题公园建设工作推进会议纪要	仁府纪要〔2020〕20号	2020年3月
97	关于韶赣铁路沿线村庄环境综合整治工作推进会议纪要	仁府纪要〔2020〕21号	2020年3月
98	关于研究仁化县仁创文旅公司筹建相关事宜会议纪要	仁府纪要〔2020〕22号	2020年3月
99	关于全县第一季度经济形势研判工作会议纪要	仁府纪要〔2020〕23号	2020年3月
100	关于推进丹霞山蔚景温德姆度假酒店建设项目调度会议纪要	仁府纪要〔2020〕25号	2020年4月
101	关于宝能项目协调工作会议纪要	仁府纪要〔2020〕26号	2020年4月
102	关于教育有关项目协调会议纪要	仁府纪要〔2020〕27号	2020年4月
103	关于研究周田镇平甫村人居环境整治工作专题会议纪要	仁府纪要〔2020〕28号	2020年4月
104	关于研究柑橘产业园建设和中小河流治理项目的专题会议纪要	仁府纪要〔2020〕29号	2020年4月
105	关于研究重点建设项目协调工作会议纪要	仁府纪要〔2020〕30号	2020年4月
106	关于原县委书记县长离任审计发现问题整改工作的会议纪要	仁府纪要〔2020〕31号	2020年4月
107	关于研究政务服务数据管理专项工作会议纪要	仁府纪要〔2020〕32号	2020年4月
108	关于研究智力残疾和精神残疾女童专项工作会议纪要	仁府纪要〔2020〕33号	2020年4月
109	关于研究仁化县农村供水工程建设工作的会议纪要	仁府纪要〔2020〕34号	2020年4月
110	关于研究丹山路贯通和凤鸣谷项目建设推进会会议纪要	仁府纪要〔2020〕35号	2020年4月
111	关于研究丰源温泉项目、城口红旅公司相关事项专题会议纪要	仁府纪要〔2020〕36号	2020年4月
112	关于研究2020年一季度GDP成员单位联席会议纪要	仁府纪要〔2020〕37号	2020年4月
113	关于贯彻落实市政府2020年第二次全体（扩大）会议工作会议纪要	仁府纪要〔2020〕38号	2020年4月

续表56

序　号	文件标题	文　号	发文时间
114	关于仁化县图书馆新改建项目推进会会议纪要	仁府纪要〔2020〕39号	2020年5月
115	关于研究我县独立供电区域农村电网接收改造工作的会议纪要	仁府纪要〔2020〕40号	2020年5月
116	关于研究县城第一农贸市场升级改造工作的会议纪要	仁府纪要〔2020〕41号	2020年5月
117	关于研究夏富古村旅游配套提升改造建设现场会会议纪要	仁府纪要〔2020〕42号	2020年5月
118	关于研究部署我县新建水质自动监测站建设工作的会议纪要	仁府纪要〔2020〕43号	2020年5月
119	关于石塘镇双峰寨护城河水质提升工程重新设计施工的会议纪要	仁府纪要〔2020〕44号	2020年5月
120	关于专题研究闻韶镇补充招聘退役军人服务站工作人员事宜协调会会议纪要	仁府纪要〔2020〕45号	2020年5月
121	关于研究县管河道清淤工作的会议纪要	仁府纪要〔2020〕46号	2020年5月
122	关于研究2020年第三批学生返校工作会议纪要	仁府纪要〔2020〕47号	2020年5月
123	关于研究流浪乞讨人员、困境女童关爱保护工作会议纪要	仁府纪要〔2020〕48号	2020年5月
124	关于研究部署环保专项资金支出工作的会议纪要	仁府纪要〔2020〕49号	2020年5月
125	关于研究阌丹公路沿线拟建民宿群选址工作推进会议纪要	仁府纪要〔2020〕50号	2020年5月
126	关于研究全域自然村集中供水全覆盖工程项目推进会议纪要	仁府纪要〔2020〕51号	2020年6月
127	关于研究丹霞街道狮井村非法储存柴油“黑油点”处置工作专题会议纪要	仁府纪要〔2020〕52号	2020年6月
128	关于研究学前教育普及普惠联席工作会议纪要	仁府纪要〔2020〕53号	2020年6月
129	关于研究教育有关工作会议纪要	仁府纪要〔2020〕54号	2020年6月
130	关于部署对口帮扶工作的会议纪要	仁府纪要〔2020〕55号	2020年6月
131	关于研究宝能集团在仁项目协调会议纪要	仁府纪要〔2020〕56号	2020年6月
132	关于研究部分退役士兵社保接续工作联席会议纪要	仁府纪要〔2020〕57号	2020年6月
133	关于研究2020年第四批学生返校工作会议纪要	仁府纪要〔2020〕58号	2020年6月
134	关于研究仁化县图书馆新改建项目协调会议纪要	仁府纪要〔2020〕59号	2020年6月

续表56

序　号	文件标题	文　号	发文时间
135	关于研究修订仁化县双峰寨陈列布展设计工作协调会议纪要	仁府纪要〔2020〕60号	2020年6月
136	关于研究不良资产处置工作的会议纪要	仁府纪要〔2020〕61号	2020年6月
137	关于推进丹霞山度假酒店项目的调度会议纪要	仁府纪要〔2020〕62号	2020年6月
138	关于仁化县配合韶关市2020年“文化和自然遗产日”非遗宣传展示广东主会场暨“全域旅游在行动·广东人游广东”健康出行季系列活动推进会议纪要	仁府纪要〔2020〕63号	2020年6月
139	关于研究丹霞丰源温泉（二期）建设项目、城口红色培训基地项目调度会会议纪要	仁府纪要〔2020〕64号	2020年6月
140	关于处置仁化县中等职业学校宿舍楼后侧边坡滑坡处置现场会议纪要	仁府纪要〔2020〕65号	2020年6月
141	关于新城幼儿园、学校建设项目推进会会议纪要	仁府纪要〔2020〕66号	2020年6月
142	关于研究银海公司围墙变形处置工作的会议纪要	仁府纪要〔2020〕67号	2020年6月
143	关于研究韶关市天伦实业有限公司退款事宜的会议纪要	仁府纪要〔2020〕68号	2020年6月
144	关于研究阳光电源信访事项工作的会议纪要	仁府纪要〔2020〕69号	2020年6月
145	关于研究仁化县双峰寨陈列布展工程预算工作协调会议纪要	仁府纪要〔2020〕70号	2020年6月
146	关于研究仁化县1–5月经济工作的会议纪要	仁府纪要〔2020〕71号	2020年6月
147	关于研究银海搬迁项目的会议纪要	仁府纪要〔2020〕72号	2020年6月
148	关于研究乡土人家农庄房屋征收补偿工作的会议纪要	仁府纪要〔2020〕73号	2020年6月
149	关于研究全县中小学校、幼儿园疫情防控及安全工作会议纪要	仁府纪要〔2020〕74号	2020年6月
150	关于研究九丰公司丹霞冶炼厂燃气供应项目相关事项专题会议纪要	仁府纪要〔2020〕75号	2020年7月
151	关于研究水源地保护、饮用水工程会议纪要	仁府纪要〔2020〕76号	2020年7月
152	关于研究仁化县第二期应急广播系统建设工作推进视频会会议纪要	仁府纪要〔2020〕77号	2020年7月
153	关于研究部署创建国家森林城市工作会议纪要	仁府纪要〔2020〕78号	2020年7月
154	关于研究大唐仁化农光互补光伏项目的会议纪要	仁府纪要〔2020〕79号	2020年7月
155	关于研究周田镇较坑村垦造水田工作推进会议纪要	仁府纪要〔2020〕80号	2020年7月

续表56

序　号	文件标题	文　号	发文时间
156	关于研究部署创文工作会议纪要	仁府纪要〔2020〕81号	2020年7月
157	关于研究仁化县恒达新型材料有限公司环境信访调处会议纪要	仁府纪要〔2020〕82号	2020年7月
158	关于研究仁化县产业转移工业园重点项目推进工作专题会议纪要	仁府纪要〔2020〕83号	2020年7月
159	关于研究县第二期应急广播（大喇叭）系统建设工作推进会会议纪要	仁府纪要〔2020〕84号	2020年7月
160	关于研究原矿产公司位于卜古岭的资产由县文旅公司管理的会议纪要	仁府纪要〔2020〕85号	2020年7月
161	关于研究教育专题工作会议纪要	仁府纪要〔2020〕86号	2020年7月
162	关于研究2020年高考部门联席会议纪要	仁府纪要〔2020〕87号	2020年7月
163	关于研究污水处理厂二期路面修复变更和城镇燃气相关事项的会议纪要	仁府纪要〔2020〕88号	2020年7月
164	关于研究重点项目（丰源温泉二期、红色培训基地项目）、电力自供区改造调度会议纪要	仁府纪要〔2020〕89号	2020年7月
165	关于研究我县全域自来水管护运营、农村人居环境整治工作的会议纪要	仁府纪要〔2020〕90号	2020年7月
166	关于研究县图书馆新建项目会议纪要	仁府纪要〔2020〕91号	2020年8月
167	关于研究天能集团在仁投资意向内容的会议纪要	仁府纪要〔2020〕92号	2020年8月
168	关于研究选址原格顶学校兴办民办学校会议纪要	仁府纪要〔2020〕93号	2020年8月
169	关于研究农村供水、人居环境的专题会议纪要	仁府纪要〔2020〕94号	2020年8月
170	关于研究部署当前和下半年经济运行分析会议纪要	仁府纪要〔2020〕95号	2020年8月
171	关于推进宝能在仁项目工作的会议纪要	仁府纪要〔2020〕96号	2020年8月
172	关于推进西坑电站处置工作的会议纪要	仁府纪要〔2020〕97号	2020年8月
173	关于研究2021年涉农资金项目申报工作会议纪要	仁府纪要〔2020〕98号	2020年8月
174	关于研究凡口建安公司和仁化伟达公司改制工作的会议纪要	仁府纪要〔2020〕99号	2020年8月
175	关于教育有关专题工作会议纪要	仁府纪要〔2020〕100号	2020年8月
176	关于研究仁化县重点项目推进会议纪要	仁府纪要〔2020〕101号	2020年9月

续表56

序　号	文件标题	文　号	发文时间
177	关于研究县图书馆变更项目立项投资规模工作协调会议纪要	仁府纪要〔2020〕102号	2020年9月
178	关于研究安全生产专题工作会议纪要	仁府纪要〔2020〕103号	2020年9月
179	关于研究红山镇小楣水村麻竹下组地质灾害避险搬迁项目推进专题会议纪要	仁府纪要〔2020〕104号	2020年9月
180	关于研究推进近期教育重点工作项目专题会会议纪要	仁府纪要〔2020〕105号	2020年9月
181	关于研究广东富仁实业投资开发有限公司建设相关事宜的会议纪要	仁府纪要〔2020〕106号	2020年9月
182	关于研究仁化县1—8月经济形势研判暨第七次全国人口普查工作会会议纪要	仁府纪要〔2020〕107号	2020年9月
183	关于研究县城第一农贸市场升级改造摊档临时安置工作的会议纪要	仁府纪要〔2020〕108号	2020年9月
184	关于研究中金岭南丹霞冶炼厂用地问题专题会议纪要	仁府纪要〔2020〕109号	2020年9月
185	关于研究仁化县1—8月经济运行工作会议纪要	仁府纪要〔2020〕110号	2020年9月
186	关于研究推进校园安全工作专题会议纪要	仁府纪要〔2020〕111号	2020年10月
187	关于研究大岭农场有关事项协调会议纪要	仁府纪要〔2020〕112号	2020年10月
188	关于研究重建董塘镇谢文滔、谢锡星烈士旧居会议纪要	仁府纪要〔2020〕113号	2020年10月
189	关于研究推进碧桂园配建商铺补偿工作专题会议纪要	仁府纪要〔2020〕114号	2020年10月
190	关于研究仁化县农村集中供水工程工作推进会议纪要	仁府纪要〔2020〕115号	2020年10月
191	关于研究韶赣铁路沿线环境整治、周田镇张屋村人居环境整治、农业园区项目用地会议纪要	仁府纪要〔2020〕116号	2020年10月
192	关于研究仁化县松材线虫病防治工作推进会议纪要	仁府纪要〔2020〕117号	2020年10月
193	关于研究收回房产管理所位于丹霞街道中心村北门片部分地块国有土地使用权的会议纪要	仁府纪要〔2020〕118号	2020年10月
194	关于研究丹霞新城南侧五号地做进一步土壤污染状况调查的会议纪要	仁府纪要〔2020〕119号	2020年10月
195	关于研究解决原凡口子弟学校退休教师待遇有关事宜的会议纪要	仁府纪要〔2020〕120号	2020年10月
196	关于研究组建仁化县市政工程公司工作方案的会议纪要	仁府纪要〔2020〕121号	2020年10月

续表56

序 号	文件标题	文 号	发文时间
197	关于研究仁化县配合开展2020环丹霞山自行车赛活动相关工作会议纪要	仁府纪要〔2020〕122号	2020年10月
198	关于研究2020年度仁化县国家重点生态功能区县域生态环境考核上报材料工作会议纪要	仁府纪要〔2020〕123号	2020年10月
199	关于“粤菜师傅”“广东技工”“南粤家政”三项工程进展专题工作会议纪要	仁府纪要〔2020〕124号	2020年11月
200	关于研究推进乡村生态振兴工作的会议纪要	仁府纪要〔2020〕125号	2020年11月
201	关于加强冷链食品新冠病毒核酸检测工作的会议纪要	仁府纪要〔2020〕126号	2020年11月
202	关于研究垦造水田专题工作会议纪要	仁府纪要〔2020〕127号	2020年11月
203	关于研究住管、公路、交通、自然资源等部门“十四五”规划工作的会议纪要	仁府纪要〔2020〕128号	2020年11月
204	关于研究全县经济工作及第七次全国人口普查现场登记工作暨山水林田湖草生态保护修复试点工程项目推进工作会议纪要	仁府纪要〔2020〕129号	2020年11月
205	关于研究仁化县汇盛豪苑回迁和补偿相关事宜协调会议纪要	仁府纪要〔2020〕130号	2020年11月
206	关于研究乡土人家农庄房屋征收工作取消事宜的会议纪要	仁府纪要〔2020〕131号	2020年11月
207	关于研究困难群众基本生活保障工作会议纪要	仁府纪要〔2020〕132号	2020年11月
208	关于研究教育有关工作专题会议纪要	仁府纪要〔2020〕133号	2020年11月
209	关于研究仁化县住管局新增车辆设备采购专题会议纪要	仁府纪要〔2020〕134号	2020年11月
210	关于研究困难群众基本生活保障工作会议纪要	仁府纪要〔2020〕135号	2020年11月
211	关于研究推进“粤商通”政务平台宣传推广工作会议纪要	仁府纪要〔2020〕136号	2020年11月
212	关于研究仁化县锦江市场物业运营有限公司注销工作的会议纪要	仁府纪要〔2020〕137号	2020年11月
213	关于研究仁化县城一江两岸景观灯光亮化工程设施设计建设事项的会议纪要	仁府纪要〔2020〕138号	2020年11月
214	关于研究“盈锦花园暨丹霞城市商业步行街项目”会议纪要	仁府纪要〔2020〕139号	2020年12月
215	关于研究病险山塘工程项目建设专题协调会议纪要	仁府纪要〔2020〕140号	2020年12月
216	关于教育专题工作会议纪要	仁府纪要〔2020〕141号	2020年12月
217	关于研究扬尘整治专项工作会议纪要	仁府纪要〔2020〕142号	2020年12月

续表56

序　号	文件标题	文　号	发文时间
218	关于研究农业园区项目用地、韶关片区入口社区提升工程、安顺达天然气管道敷设工作会议纪要	仁府纪要〔2020〕143号	2020年12月
219	关于研究我县公墓用地工作会议纪要	仁府纪要〔2020〕144号	2020年12月
220	关于研究扬尘整治工作的会议纪要	仁府纪要〔2020〕145号	2020年12月
221	关于研究推进山水林田湖草生态修复试点项目资金支出工作的会议纪要	仁府纪要〔2020〕146号	2020年12月
222	关于研究仁化县安顺达管道天然气有限公司天然气高压管网项目施工协调会议纪要	仁府纪要〔2020〕147号	2020年12月
223	关于研究调度挂点重点项目的会议纪要	仁府纪要〔2020〕148号	2020年12月
224	关于研究推进县地质灾害综合治理“一治理、两搬迁”工作会议纪要	仁府纪要〔2020〕149号	2020年12月
225	关于研究仁化县第四届文化旅游节活动相关工作会议纪要	仁府纪要〔2020〕150号	2020年12月
226	关于研究仁化县河道清淤采砂专项整治工作部署会议纪要	仁府纪要〔2020〕151号	2020年12月
227	关于研究广东力圣蓄电池有限公司退款事宜的会议纪要	仁府纪要〔2020〕152号	2020年12月
228	关于研究仁化县安顺达管道天然气有限公司天然气高压管网项目施工协调会议纪要	仁府纪要〔2020〕153号	2020年12月
229	关于研究恢复仁化中学初中办学专题座谈会会议纪要	仁府纪要〔2020〕154号	2020年12月
230	关于研究教育有关项目现场调研会议纪要	仁府纪要〔2020〕155号	2020年12月
231	关于研究“丹霞彩虹”省级新农村示范片建设项目联席会会议纪要	仁府纪要〔2020〕156号	2020年12月
232	关于研究推进丹霞街道断石村、瑶塘村污水处理设施改造提升工作会议纪要	仁府纪要〔2020〕157号	2020年12月
233	关于研究教育有关工作会议纪要	仁府纪要〔2020〕158号	2020年12月
234	关于研究县水泥三厂职工宿舍区自来水工程改造会议纪要	仁府纪要〔2020〕159号	2020年12月
235	县长专题会议纪要（1号）董塘阳光电源项目相关处置工作	—	2020年1月
236	县长专题会议纪要（2号）（关于仁化县中等职业学校宿舍楼建设处置的专题会议）	—	2020年1月
237	县长专题会议纪要（3号）（关于仁化县润力房地产公司金福雅苑处置的专题会议）	—	2020年1月

续表56

序　号	文件标题	文　号	发文时间
238	县长专题会议纪要（4号）项目土地协调会议纪要	—	2020年1月
239	县长专题会议纪要（5号）关于召开新型冠状病毒感染的肺炎疫情防控工作会	—	2020年1月
240	县长专题会议纪要（6号）关于召开新型冠状病毒感染的肺炎疫情防控紧急会	—	2020年1月
241	县长专题会议纪要（7号）关于研究“网格化、片区化”疫情防控工作专题会	—	2020年2月
242	县长专题会议纪要（8号）关于研究县城物业单位落实疫情防控工作专题会议纪要	—	2020年2月
243	县长专题会议纪要（9号）全县安全生产和消防工作暨第一季度防范重特大生产安全事故会	—	2020年2月
244	县长专题会议纪要（25号）（研究土地卫片执法图斑查改工作会议纪要）	—	2020年4月
245	县长专题会议纪要（26号）部署有关工作会	—	2020年4月
246	县长专题会议纪要（27号）（调度推进商业综合体、标准厂房和周田冷链储运等建设项目）	—	2020年4月
247	县长专题会议纪要（28号）（仁化碧桂园一期项目永久用电线路建设和X800线丹霞山北门至车湾段路面提升改造）	—	2020年4月
248	县长专题会议纪要（城市管理、扬尘整治、垃圾分类、四好农村路）	—	2020年4月
249	县长专题会议纪要（原县委书记县长离任经济责任审计的问题整改落实工作）	—	2020年4月
250	县长专题会议纪要（2020年春季学期学生返校工作）	—	2020年4月
251	县长专题会议纪要（32号）阳光电源项目专题会	—	2020年4月
252	县长专题会议（33号）（房地产调研）	—	2020年4月
253	县长专题会议纪要（34号）（全市城镇提升439镇街建设139现场会、5&#8226；10重点项目动工仪式）	—	2020年4月
254	县长专题会议纪要（35号）（关于研究部署信访工作会议纪要）	—	2020年5月
255	县长专题会议纪要（36号）（关于研究部署《广东审计重要信息要目〔2020〕第3期》批示落实工作）	—	2020年5月
256	县长专题会议纪要（37号）（农村饮水工程、粮食和生猪生产）	—	2020年5月

续表56

序　号	文件标题	文　号	发文时间
257	县长专题会议纪要（38号）（研究省委办特急件文件精神）	—	2020年5月
258	县长专题会议纪要（39号）（研究丹霞山度假酒店）	—	2020年5月
259	县长专题会议纪要（40号）（周田镇历史遗留问题）	—	2020年5月
260	县长专题会议纪要（41号）（丹霞街道历史遗留问题）	—	2020年5月
261	县长专题会议纪要（42号）（新城幼儿园、小、中学及周边市政道路建设工作）	—	2020年5月
262	县长专题会议纪要（43号）（研究丹霞街道车湾村车头桥险情）	—	2020年6月
263	县长专题会议纪要（44号）（重点项目调度会）	—	2020年6月
264	县长专题会议纪要（45号）（第二农贸市场海丽达幼儿园周边环境整治问题）	—	2020年6月
265	县长专题会议纪要（46号）（协调推进宝能集团在仁项目）	—	2020年6月
266	县长专题会议纪要（47号）（财政收入）	—	2020年6月
267	县长专题会议纪要（48号）（违建别墅专项整治工作会）	—	2020年6月
268	县长专题会议纪要（49号）（新建图书馆、闻韶温氏项目、法院案件执行情况）	—	2020年7月
269	县长专题会议纪要（50号）（2015年以来巡视等各类监督检查反馈问题整改落实工作）	—	2020年7月
270	县长专题会议纪要（51号）（仁化县“十三五”总结及“十四五”规划设想专题征求意见）	—	2020年7月
271	县长专题会议纪要（52号）（仁化县自然保护地整合优化专题征求意见）	—	2020年7月
272	县长专题会议纪要（53号）（仁化县行政诉讼整改方案、红山村民搬迁至街道用电等相关问题、夏富新村事宜）	—	2020年7月
273	县长专题会议纪要（54号）（关于研究2020年工作要点、市对县绩效考核评价、金福雅苑楼盘以及“两站两员”工作）	—	2020年7月
274	县长专题会议纪要（55号）（红山村民搬迁至街道用电、丹霞新城啸仙路拆迁相关问题）	—	2020年7月
275	56号	—	2020年8月
276	县长专题会议纪要（57号）（5月经济运行、河道清淤、审计整改、重点项目、第四批返园返校工作）	—	2020年8月

续表56

序　号	文件标题	文　号	发文时间
277	县长专题会议纪要（58号）（近期新冠肺炎疫情防控工作）	—	2020年8月
278	县长专题会议纪要（59号）（研究县政府班子分工暂时调整事项）	—	2020年9月
279	县长专题会议纪要（60号）（研究破旧泥砖房拆除补助工作、“6.30”资金回收使用、拆旧复垦政策事宜）	—	2020年10月
280	县长专题会议纪要（61号）（研究适龄残疾儿童少年入学工作）	—	2020年10月
281	县长专题会议纪要（62号）（研究数字政府改革建设和政府一体化政务服务能力工作）	—	2020年10月
282	县长专题会议纪要（63号）（研究教育相关工作）	—	2020年10月
283	县长专题会议纪要（64号）（研究宝能项目相关工作）	—	2020年11月

2020年中共仁化县委办公室文件目录一览表

表57

序　号	发文单位	文件名	文　号	发文时间
1	中共仁化县委办公室仁化县人民政府办公室	中共仁化县委办公室 仁化县人民政府办公室关于印发《县四套班子、法检“两长”同志定点联系镇、村工作方案》的通知	仁办发〔2020〕1号	2020年9月4日
2	中共仁化县委办公室仁化县人民政府办公室	中共仁化县委办公室、仁化县人民政府办公室关于印发《中共仁化县丹霞街道工作委员会、仁化县人民政府丹霞街道办事处职能配置内设机构和人员编制规定》的通知	仁办发〔2020〕2号	2020年10月30日
3	中共仁化县委办公室仁化县人民政府办公室	中共仁化县委办公室、仁化县人民政府办公室关于印发《中共仁化县董塘镇委员会、仁化县董塘镇人民政府职能配置、内设机构和人员编制规定》的通知	仁办发〔2020〕3号	2020年10月30日
4	中共仁化县委办公室仁化县人民政府办公室	中共仁化县委办公室、仁化县人民政府办公室关于印发《中共仁化县石塘镇委员会、仁化县石塘镇人民政府职能配置、内设机构和人员编制规定》的通知	仁办发〔2020〕4号	2020年10月30日

续表57

序　号	发文单位	文件名	文　号	发文时间
5	中共仁化县委办公室 仁化县人民政 府办公室	中共仁化县委办公室、仁化县人民政府办公室关于印发《中共仁化县长江镇委员会、仁化县长江镇人民政府职能配置、内设机构和人员编制规定》的通知	仁办发〔2020〕5号	2020年10月30日
6	中共仁化县委办公室 仁化县人民政 府办公室	中共仁化县委办公室、仁化县人民政府办公室关于印发《中共仁化县扶溪镇委员会、仁化县扶溪镇人民政府职能配置、内设机构和人员编制规定》的通知	仁办发〔2020〕6号	2020年10月30日
7	中共仁化县委办公室 仁化县人民政 府办公室	中共仁化县委办公室、仁化县人民政府办公室关于印发《中共仁化县闻韶镇委员会、仁化县闻韶镇人民政府职能配置、内设机构和人员编制规定》的通知	仁办发〔2020〕7号	2020年10月30日
8	中共仁化县委办公室 仁化县人民政 府办公室	中共仁化县委办公室、仁化县人民政府办公室关于印发《中共仁化县城口镇委员会、仁化县城口镇人民政府职能配置、内设机构和人员编制规定》的通知	仁办发〔2020〕8号	2020年10月30日
9	中共仁化县委办公室 仁化县人民政 府办公室	中共仁化县委办公室、仁化县人民政府办公室关于印发《中共仁化县红山镇委员会、仁化县红山镇人民政府职能配置、内设机构和人员编制规定》的通知	仁办发〔2020〕9号	2020年10月30日
10	中共仁化县委办公室 仁化县人民政 府办公室	中共仁化县委办公室、仁化县人民政府办公室关于印发《中共仁化县周田镇委员会、仁化县周田镇人民政府职能配置、内设机构和人员编制规定》的通知	仁办发〔2020〕10号	2020年10月30日
11	中共仁化县委办公室 仁化县人民政 府办公室	中共仁化县委办公室、仁化县人民政府办公室关于印发《中共仁化县黄坑镇委员会、仁化县黄坑镇人民政府职能配置、内设机构和人员编制规定》的通知	仁办发〔2020〕11号	2020年10月30日
12	中共仁化县委办公室 仁化县人民政 府办公室	中共仁化县委办公室、仁化县人民政府办公室关于印发《中共仁化县大桥镇委员会、仁化县大桥镇人民政府职能配置、内设机构和人员编制规定》的通知	仁办发〔2020〕12号	2020年10月30日

续表57

序 号	发文单位	文件名	文 号	发文时间
13	中共仁化县委办公室 仁化县人民政府办公室	中共仁化县委办公室 仁化县人民政府办公室关于印发《仁化县财政局职能配置、内设机构和人员编制规定》的通知	仁办发〔2020〕13号	2020年12月28日
14	中共仁化县委办公室 仁化县人民政府办公室	中共仁化县委办公室 仁化县人民政府办公室关于成立“争当韶关生态文明和乡风文明建设排头兵力促高质量发展”领导小组的通知	仁委办〔2020〕1号	2020年3月5日
15	中共仁化县委办公室	中共仁化县委办公室关于转发《仁化县2020年纪律教育学习月活动实施方案》的通知	仁委办〔2020〕2号	2020年8月20日
16	中共仁化县委办公室	中共仁化县委办公室关于成立仁化县县域社会治理现代化工作领导小组的通知	仁委办〔2020〕3号	2020年8月31日
17	中共仁化县委办公室	中共仁化县委办公室关于成立县委平安仁化建设领导小组的通知	仁委办〔2020〕4号	2020年8月31日
18	中共仁化县委办公室 仁化县人民政府办公室	中共仁化县委办公室、仁化县人民政府办公室关于调整部分县级议事协调机构领导成员的通知	仁委办〔2020〕5号	2020年8月31日
19	中共仁化县委办公室	中共仁化县委办公室关于印发《仁化县四套班子成员开展〈习近平谈治国理政〉第三卷学习培训实施方案》的通知	仁委办〔2020〕6号	2020年9月17日
20	中共仁化县委办公室	中共仁化县委办公室关于印发《中共仁化县委理论学习中心组学习制度》的通知	仁委办〔2020〕7号	2020年10月19日
21	中共仁化县委办公室 仁化县人民政府办公室	中共仁化县委办公室、仁化县人民政府办公室关于调整县委实施乡村振兴战略领导小组专项组设置的通知	仁委办〔2020〕8号	2020年10月20日
22	中共仁化县委办公室 仁化县人民政府办公室	中共仁化县委办公室 仁化县人民政府办公室关于印发《2021年仁化县村（社区）“两委”换届工作实施方案》的通知	仁委办〔2020〕12号	2020年12月15日

2020年仁化县人民政府办公室文件目录一览表

表58

序号	文件标题	文号	发文时间
1	仁化县人民政府办公室关于印发仁化县人民政府办公室公文处理实施细则的通知	仁府办发函〔2020〕1号	2020年1月
2	仁化县人民政府办公室关于印发《仁化县生态产业发展规划（2018—2023年）》的通知	仁府办发函〔2020〕2号	2020年1月
3	仁化县人民政府办公室关于调整仁化县全域自然村集中供水全覆盖领导小组的通知	—	2020年1月
4	关于成立龙皇板山塘塌方处置工作领导小组的通知	—	2020年1月
5	仁化县人民政府办公室关于成立仁化县2020年春运工作领导小组的通知	—	2020年1月
6	仁化县人民政府办公室关于成立仁化县生活垃圾分类工作领导小组的通知	—	2020年1月
7	仁化县人民政府办公室关于成立仁化县金裕新能源发电有限公司光伏扶贫项目相关工作处置领导小组的通知	—	2020年1月
8	仁化县人民政府办公室关于成立仁化县新型冠状病毒肺炎疫情联防联控工作领导小组的通知	—	2020年1月
9	仁化县人民政府办公室关于成立仁化县领导干部离任审计发现问题整改工作领导小组的通知	—	2020年1月
10	仁化县人民政府办公室关于印发中金岭南丹霞冶炼厂扩建项目征地工作方案的通知	仁府办发函〔2020〕3号	2020年2月
11	仁化县人民政府办公室关于印发仁化县大企帮小企 解决企业复工复产实施方案的通知	仁府办发函〔2020〕4号	2020年2月
12	仁化县人民政府办公室关于印发仁化县工业企业复工复产政府服务工作方案的通知	仁府办发函〔2020〕5号	2020年2月
13	仁化县人民政府办公室关于成立仁化县第七次全国人口普查领导小组的通知	—	2020年2月
14	仁化县人民政府办公室关于成立仁化县2020年春耕生产工作领导小组的通知	—	2020年2月
15	仁化县人民政府办公室关于成立仁化县高坪水库饮用水水源地管理和保护工作领导小组的通知	—	2020年2月
16	仁化县人民政府办公室关于成立仁化县疫情防控指挥部企业复工招聘工作领导小组的通知	—	2020年2月

续表58

序　号	文件标题	文　号	发文时间
17	仁化县人民政府办公室关于印发仁化县高端制造材料与动力（储能）电池产业发展规划（2018—2022年）的通知	仁府办发函〔2020〕6号	2020年3月
18	仁化县人民政府办公室关于印发《仁化县重点项目建设工作实施方案》的通知	仁府办发函〔2020〕7号	2020年3月
19	仁化县人民政府办公室关于印发仁化县林权争议调处工作考核方案的通知	仁府办发函〔2020〕8号	2020年3月
20	仁化县人民政府办公室关于印发仁化县2020年春季学校、幼儿园安全开学联动工作方案的通知	仁府办发函〔2020〕9号	2020年3月
21	仁化县人民政府办公室关于印发仁化县打击、整治非法经营野生动物工作方案的通知	仁府办发函〔2020〕10号	2020年3月
22	仁化县人民政府办公室关于建立仁化县“双随机、一公开”监管工作联席会议制度的通知	仁府办发函〔2020〕11号	2020年3月
23	仁化县人民政府办公室关于印发《仁化县促进个体工商户转为企业和小型微型企业升级为“四上”企业的实施意见》的通知	仁府办发函〔2020〕12号	2020年3月
24	仁化县人民政府办公室关于印发仁化县人民政府公报工作实施方案的通知	仁府办发函〔2020〕13号	2020年3月
25	仁化县人民政府办公室关于印发《仁化县现代农业产业发展规划（2019—2022年）》的通知	仁府办发函〔2020〕14号	2020年3月
26	仁化县人民政府办公室关于印发仁化县货运行业乱象问题专项整治行动方案的通知	仁府办发函〔2020〕15号	2020年3月
27	仁化县人民政府办公室关于成立仁化县项目包装工作领导小组的通知	—	2020年3月
28	仁化县人民政府办公室关于成立2020年仁化县创建农业产业强镇建设项目工作领导小组的通知	—	2020年3月
29	仁化县人民政府办公室关于成立仁化县2020年环境提升示范工作领导小组的通知	—	2020年3月
30	仁化县人民政府办公室关于成立仁化县全域土地综合整治试点项目申报领导小组的通知	—	2020年3月
31	仁化县人民政府办公室关于成立仁化县“房地一体”农村不动产登记发证工作领导小组的通知	—	2020年3月
32	仁化县人民政府办公室关于成立仁化一中篮球场挡土墙险情应急处置工作领导小组的通知	—	2020年3月
33	仁化县人民政府办公室关于印发仁化县生活垃圾分类实施方案的通知	仁府办发函〔2020〕16号	2020年4月
34	仁化县人民政府办公室关于印发仁化县2020年垦造水田工作方案的通知	仁府办发函〔2020〕17号	2020年5月

续表58

序号	文件标题	文号	发文时间
35	仁化县人民政府办公室关于印发《仁化县“四好农村路”建设攻坚方案》的通知	仁府办发函〔2020〕18号	2020年5月
36	仁化县人民政府办公室关于印发仁化县2020年水污染防治攻坚战实施方案的通知	仁府办发函〔2020〕20号	2020年6月
37	仁化县人民政府办公室关于印发仁化县2020年整治中小学校周边环境工作方案的通知	仁府办发函〔2020〕21号	2020年6月
38	仁化县人民政府办公室关于印发仁化县改革完善医疗卫生行业综合监管制度实施方案的通知	仁府办发函〔2020〕22号	2020年6月
39	仁化县人民政府办公室关于印发仁化县以食用为目的人工繁育陆生野生动物退出工作方案的通知	仁府办发函〔2020〕23号	2020年6月
40	仁化县人民政府办公室关于印发仁化县推进生猪家禽产业转型升级实施方案的通知	仁府办发函〔2020〕24号	2020年6月
41	仁化县人民政府办公室关于废止涉及野生动物保护领域规范性文件的通知	仁府办发函〔2020〕25号	2020年7月
42	仁化县人民政府办公室关于印发仁化县第二期应急广播系统（大喇叭工程）建设实施方案的通知	仁府办发函〔2020〕26号	2020年7月
43	仁化县人民政府办公室关于印发仁化县中小学校、幼儿园防溺水工作方案的通知	仁府办发函〔2020〕27号	2020年7月
44	仁化县人民政府办公室关于印发仁化县农村供水工程建后运营管理方案的通知	仁府办发函〔2020〕28号	2020年7月
45	仁化县人民政府办公室关于印发仁化县2020年省级电子商务进农村综合示范创建实施方案的通知	仁府办发函〔2020〕29号	2020年7月
46	仁化县人民政府办公室关于印发仁化县推进证照分离改革全覆盖试点工作方案的通知	仁府办发函〔2020〕30号	2020年8月
47	仁化县人民政府办公室关于印发2020年仁化县人民政府履行教育职责评价工作实施方案的通知	仁府办发函〔2020〕31号	2020年8月
48	仁化县人民政府办公室关于印发仁化县以食用为目的的人工繁育陆生野生动物养殖场转型转产验收方案的通知	仁府办发函〔2020〕32号	2020年8月
49	仁化县人民政府办公室关于印发仁化县中小学卫生工作示范学校建设工作方案的通知	仁府办发函〔2020〕33号	2020年8月
50	仁化县人民政府办公室关于印发仁化县开展农村乱占耕地建房问题整治先行摸底排查工作方案的通知	仁府办发函〔2020〕34号	2020年8月
51	仁化县人民政府办公室关于印发仁化县入河排污口排查整治专项行动工作方案的通知	仁府办发函〔2020〕35号	2020年8月
52	—	仁府办发函〔2020〕36号	2020年9月
53	—	仁府办发函〔2020〕37号	2020年9月

续表58

序　号	文件标题	文　号	发文时间
54	—	仁府办发函〔2020〕38号	2020年9月
55	仁化县人民政府办公室关于印发仁化县排查需特别管控的重大安全风险工作方案的通知	仁府办发函〔2020〕39号	2020年9月
56	仁化县人民政府办公室关于印发仁化县开展规范性文件梳理工作实施方案的通知	仁府办发函〔2020〕40号	2020年9月
57	仁化县人民政府办公室关于印发仁化县加快推动制造业高质量发展实施方案的通知	仁府办发函〔2020〕41号	2020年9月
58	仁化县人民政府办公室关于印发仁化县中央生态环境保护督察整改任务销号工作实施方案的通知	仁府办发函〔2020〕42号	2020年10月
59	仁化县人民政府办公室关于印发仁化县集中式饮用水水源地保护区监督管理巡查工作方案的通知	仁府办发函〔2020〕43号	2020年10月
60	仁化县人民政府办公室关于印发仁化县农村削坡建房专项整治行动实施方案（2020—2022年）的通知	仁府办发函〔2020〕44号	2020年10月
61	仁化县人民政府办公室关于印发仁化县2020年度中央财政造林补贴实施方案的通知	仁府办发函〔2020〕45号	2020年10月
62	仁化县人民政府办公室关于印发仁化县2020年政务公开工作要点分工方案的通知	仁府办发函〔2020〕46号	2020年11月
63	仁化县人民政府办公室关于印发仁化县防范电力线路下超高树竹引发森林火灾确保公共安全专项治理工作方案的通知	仁府办发函〔2020〕47号	2020年11月
64	仁化县人民政府办公室关于印发2020仁化县农业招商（博览）会暨中国丹霞贡柑开园节系列活动开幕式工作实施方案的通知	仁府办发函〔2020〕48号	2020年11月
65	仁化县人民政府办公室关于印发仁化县推进丹霞贡柑市场营销体系建设工作方案的通知	仁府办发函〔2020〕49号	2020年12月
66	仁化县人民政府办公室关于印发仁化县创建健康促进县实施方案的通知	仁府办发函〔2020〕50号	2020年12月
67	仁化县人民政府办公室关于印发仁化县国有企业退休人员社会化管理工作实施方案的通知	仁府办发函〔2020〕51号	2020年12月
68	仁化县人民政府办公室关于印发仁化县行政投资项目联审联批工作方案的通知	仁府办发函〔2020〕52号	2020年12月
69	仁化县人民政府办公室关于印发2020学年仁化县在普惠性民办幼儿园扩充公办学位实施方案的通知	仁府办发函〔2020〕53号	2020年12月
70	仁化县人民政府办公室关于印发2020年仁化县迎新年拔河比赛活动方案的通知	仁府办发函〔2020〕54号	2020年12月
71	仁化县人民政府关于印发仁化县历史补充耕地项目整改工作方案的通知	仁府办发函〔2020〕55号	2020年12月

索　　引

主题索引

说　　明

1.本索引采用主题分析法，款目按汉语拼音字母（同音字按声调）顺序排列；

2.《特辑》《大事记》《先进单位、先进个人》《社会经济统计资料》《附录》等篇及表格不作内容主题分析；

3.索引款目后的数字表示内容所在的页码，数字后的英文小写字母（a、b、c）表示栏别（即版面的左、中、右栏）。

C

D

E

F

G

H

J

K

L

M

N

P

Q

R

S

T

W

X

Y

Z

表格索引

青山绿水中的交通“动脉”——仁化县阅丹公路（龙全明 摄）